作者简介

威廉·布莱克斯通（William Blackstone，1723—1780），英国著名法学家。15岁进入牛津大学彭布罗克学院学习，后进入万灵学院学习法律并取得民法学士与博士学位。1746年获准律师资格后执业了一段时间，1753年回到牛津大学开设普通法的讲座，成为英格兰大学教授普通法的第一人。1758—1766年任牛津大学维纳英格兰法教席的首任教授，继续讲授普通法。1770年先后被任命为民事诉讼法庭与王座法庭法官，并因后者而被授予骑士衔，但其最终回到民事诉讼法庭任职，直至因病辞世。

译者简介

游云庭　毕业于华东政法大学外国法制史专业。现为律师。

缪　苗　毕业于上海外国语大学国际经济与贸易专业。现为金融从业人员。

法哲学名著译丛

英国法释义

第一卷

论人之权利

[英]威廉·布莱克斯通 著

游云庭 缪苗 译

COMMENTARIES ON THE LAWS OF ENGLAND

BOOK THE FIRST

William Blackstone

商务印书馆
The Commercial Press

William Blackstone
COMMENTARIES ON THE LAWS OF ENGLAND
BOOK THE FIRST
OXFORD,
PRINTED AT THE CLARENDON PRESS M. DCC. LXV.
中译本根据牛津克拉伦登出版社 1765 年第一版影印本译出

《法哲学名著译丛》编委会

主　编　吴　彦
编委会成员（以姓氏笔画为序）
王　涛　　王凌皞　　冯　威　　孙海波　　朱　振
朱明哲　　汤沛丰　　杨天江　　宋旭光　　陈　辉
郑玉双　　周国兴　　姚　远　　徐震宇　　钱一栋
黄　涛　　黄钰洲　　鲁　楠　　董　政　　雷　磊

中译本前言

应该说,《英国法释义》这本书很早以前就应该被引入中国,因为该书实在是太有名了。18世纪初期,正是工业革命的前夜,科技即将极大提升英国的生产力,但英国的主要法律——普通法,其体例结构却仍与另一判例法——千年前的日耳曼蛮族的法律相去不远,粗糙、凌乱,这显然无法承载社会的进步。此时,牛津大学的一介普通讲师威廉·布莱克斯通独辟蹊径,以千年前罗马帝国辉煌文化铸就的利器——罗马法的体例格式降伏了千年来一直散乱不堪的普通法,将之分类归纳、编排整理,使普通法大放光芒,为工业革命的到来打下坚实的法律基础。此后,这本书更伴随着日不落帝国的舰炮走遍了世界,虽然以坚船利炮获取的征服肯定是暂时的,但这本书却在每一个殖民地播撒下了普通法的种子。殖民者虽然最终撤退了,但《英国法释义》却把当时先进的英国法律的精髓深深烙入了各殖民地的上层建筑中,为其社会发展打下了良好的基础。以这本书传播的英国法律文化和制度为纽带的、拥有相近法律制度和法律文化的英美法系也最终形成了。

本书和中国读者也算相见恨晚。其实其原著进入中国的时间应当已经很久,上海图书馆里就有该书1916年的英文版,根据笔者掌握的资料,《英国法释义》在国内最早的英文版本应当是北京大学图书馆保存的1859年的版本。这样一部巨著，我们几乎可以断定，一直存在于国内学者的视野之中，但是，其中译本却始终与汉语世界的读者缘悭一面。

为什么没有人翻译这本书？着手翻译后，才发现书中有众多的古英文、诺曼法文、拉丁文乃至希腊文、瑞典文、俄语等语言文字，布莱克斯通非常典雅、富有文采的原文以及书的主要内容是近三百年前具有深厚历史积淀的复杂法律制度，这些都成为了横亘在译者面前一座座难以逾越的大山，或许这就是时至今日，仍未有中译本的原因之一吧。此时才深刻理解了刚开始翻译本书时我的导师何勤华教授叮咛的含义："这本书的难度较大，国内曾有不少人想翻译这本书，但后来都放弃了。"

但是，研究英美法制史是绕不开这本书的，国内的学者也曾无数次引用过这本书，不过遗憾的是，由于原文较难读懂，因此引用的多为戴雪的《英宪精义》、丹宁勋爵几部作品中的转引的寥寥几处内容。就这本内容丰富、博大精深的法学经典著作本身而言，这不能不说是一种很大的缺憾。就在我们动笔翻译的前十年，也就是1993年，边沁批判《英国法释义》的名著《政府片论》在商务印书馆的"汉译世界学术名著丛书"中出版了。但《英国法释义》的原著却依然静静地躺在国内的几个大图书馆的书架上"待字闺中"。

为弥补这种缺憾，我们抱着一种试试看的心态来翻译此书。现在回想当时的情形，真有点像唐吉诃德挑战风车，两位不知天高地厚的青年后辈居然敢挑战世界名著，虽然会听到一些冷言冷语，但我们也毫不在乎。我们主修的分别是法律和英语，由于专业背景的互补性，使我们在翻译时具有了一种先天的优越条件，许多疑难之处经两人讨论往往迎刃而解。2003年春,SARS疫情暴发,学校停课,我们就利用这段时间各自在家里刻苦翻译,定期交流,在2003年8月初译完了本书第一卷的初稿,其后就开始反复校对,终于在2004年7月1日完成本书第一卷的全部翻译工作。正是在第一卷的翻译过程中,我们产生了深厚的情谊,并在第一卷翻译完成一年后正式结伴人生,这本译作可以说是我们爱情的见证。

上海人民出版社于2006年9月出版了本书第一版,一共印了5000本,2012年后就很难买到此书了。2019年,商务印书馆联系到了我们,希望重新出版此书。我们对此倍感荣幸,也十分欣喜当年耗费巨大心血的译作能再次出版。

本书的英文名称为"*Commentaries on the Laws of England*",直译成中文应为《英格兰法释义》,事实上,本书的内容也是以诠释英格兰地区的法律为主,题名《英格兰法释义》似乎更为妥当。但考虑到英格兰一直是"大不列颠以及北爱尔兰联合王国"最起主导作用的地区,现代人们通称的英国法一般也指英格兰地区通行的法律,同时,《英国法释义》作为此书的名称也成为一种习惯用法,就像"Common Law"被人们称为"普通法",而非翻译为更准确的"共同法"一样[1],译者也就本着译著中反复强调的遵循先例原则,采纳习惯用法,沿用本书中文名,即《英国法释义》。同时,在书中的相关章节,也以"英国"的译名取代"英格兰"。

译著之先,冠以"译者前言"似乎已成定例,虽然如此定例,已

---

[1] 关于"普通法"(common law)的译名,学者已多有论述,我们虽赞同"common"译为"共同"更符合本意,但出于俗成之尊重,仍沿用"普通"之译名。

招致众多诟病。更何况威廉·布莱克斯通与英国法释义这两个名词,足以让任何有资格为任何经典写前言的人作出最明智的选择,也是唯一的一种选择:三缄其口。因此,译者在这里写的并不是"译者前言",而是我们利用整理的资料,对于想了解布氏及本著的有志者,提供一些背景资料——因而对于那些已经充分掌握这部分的大方而言,请尽于忽略;另外,也通过这样的方式,表达我们——来自异国的学习者,对于爵士与其著作的赞美,尽管这样的赞美如此卑微。

1. 布莱克斯通生平简介[①]

1756年6月5日,是英国学者查尔斯·瓦伊纳[②]逝世的日子,他在弥留之际决定将其部分遗产捐赠给牛津大学,设立专门讲授英国普通法的瓦伊纳讲座和专为奖励学习英国法学生的瓦伊纳奖学金。随后牛津大学的马格达伦学院的韦斯特和古德博士、奥利尔学院的威利博士、万灵学院的布克勒先生以及大学学院的贝茨先生等五位工作人员遵其遗嘱收集并处理他的个人财产,将其著作中将近一卷的内容出版,并用其绝大部分财产还清了他生前的债务。此后又花费半年时间拟定成立这个讲座的计划及制定讲座

[①] 关于布氏生平,中文介绍参阅北京大学仝宗锦博士的学位论文:《威廉·布莱克斯通爵士和他的〈英格兰法释义〉——以英格兰法体系化的问题为中心》之详细论述。本部分参阅了仝博士之论文,在此表示感谢。

[②] 〔英〕查尔斯·瓦伊纳(Charles Viner,1678—1756),英国法研究学者,他将遗产捐给了牛津大学,设立了瓦伊纳讲座和瓦伊纳奖学金。

的章程，并最终于1758年7月3日获毕业生评议会认可。正是这个讲座教授的职位为牛津大学的一个叫威廉·布莱克斯通的普通法研究员提供了成为讲座教授的机会，五年之后，布莱克斯通将自己在该讲座的讲稿整理出版，这就是后来对整个英美法系产生巨大影响的巨著——《英国法释义》的由来。

威廉·布莱克斯通爵士，1723年7月10日出生于伦敦的一个普通市民家中，他在家里排行老四，是最小的孩子。布莱克斯通的早年家庭生活非常不幸，父亲查理·布莱克斯通开了一家很小的丝绸商店，家就在店的二楼。在他出生之前，父亲就因病离开了人世，此时，母亲玛丽坚强地负担起了养家和教育孩子的责任。布莱克斯通幼年时便显现出了不凡的天分，他在七岁之前就通读了《圣经》、弥尔顿的全部作品以及约翰·班扬的《天路历程》。七岁时，布莱克斯通得到了家境殷实的舅舅的资助，进入了英国著名的公立学校——查特豪斯公学就读。但四年后，母亲也去世了，布莱克斯通成了一个孤儿，虽然厄运连连，但是他化悲痛为力量，全身心地投入学习中。在学校里，布莱克斯通精通拉丁文并酷爱诗歌。1738年，15岁的他进入牛津大学学习古典文学和数学，他仍然研究诗歌，特别喜欢莎士比亚，同时对数学和逻辑也有浓厚的兴趣。此外，他还在建筑学上颇有造诣，他曾在20岁时写了一本建筑学的著作《建筑学原理》，尽管没有出版，但此书还是为他赢得了一些赞誉。虽然他极其渴望在牛津大学待下去，但是由于没有个人收入，他被迫另谋出路。在英国，法律职业对于年轻人来说，是可借以飞黄腾达的少数"阶梯"之一。虽然他离开与世隔绝的牛津大学来到喧闹的"现实世界"寻找财富、权力和社会声望，但他这样做是极不情愿的。的确,在此过程中,布莱克斯通发表了一首诗,这首诗题为"一位律师与缪斯的永别",在诗中他实际上说的是:"我真是不幸,我不得不离开幽静宜人的牛津,湮没在那被称为伦敦的灰暗而充满污秽的地方!我的遭遇会怎样?我真是不幸!"

1741年,布莱克斯通进入中殿律师学院学习普通法,1746年取得律师资格成为出庭律师。在此期间,布莱克斯通还于1743年被选为牛津大学万灵学院的院务委员会成员,职责是学院的司库和地产管理人,因此,他曾一度往返于牛津和伦敦之间。由于某种契机,他非常幸运地与曼斯菲尔德勋爵——王座法院首席法官威廉·莫里建立了友谊。曼斯菲尔德勋爵建议布莱克斯通竞任牛津大学罗马法的教职,但该职位的选任权在时任首相的纽卡斯尔公爵手中,公爵在和布莱克斯通面谈时要求他在牛津大学出现争执和骚动时为其所在的辉格党效力,但布莱克斯通暗示其不愿意卷入政治,因此,最终他并未得到该职位。

其后,他接受了曼斯菲尔德勋爵的建议,在牛津大学开设一门关于"英国法"的讲座课,因为没有教职,所以也没有薪金,但假如有这种需求,就可能有足够的学生交费听讲。此后,布莱克斯通便开始牛津的普通法讲座,他的讲座持续了很多年,听众众多,很受欢迎。

1758年,也就是上文所提到的瓦伊纳逝世之后,布莱克斯通以全票当选为英国第一个普通法讲座——瓦伊纳讲座的教授,并在那里讲授普通法直至1766年。1756年至1758年布莱克斯通还曾任牛津大学校长法庭陪审法官、大学出版社代表。由于《英国法释义》的出版,他的讲座名声大振,1761年布莱克斯通进入议会，并任王室法律顾问。此后，他曾出任王后的总检察长(1762—1766)、王室法院法官(1770)，最后逝世于高等民事法院法官任上(1770—1780)。

布莱克斯通多才多艺，著作涉及的领域不仅包括法律，还包括建筑。他的第一部著作是《建筑学原理》，在法律方面著有：《论旁系亲属》《英国法分析》（此书为《英国法释义》的前身）、《英国法释义》。

2.《英国法释义》对于英格兰法律发展的意义

英格兰自诺曼征服之后再未遭外敌入侵，却又并非偏安一隅，而是扩张成为大帝国，将"英国化"等同于"全球化"，于是在心态上与欧洲大陆各国有异。英国人实在不太喜欢冷冰冰的逻辑理性，对待法律也是如此，于是有霍姆斯大法官所说的"法律的生命在于经验，而不是逻辑"。普通法的要义，也就在于经验。先例要遵守，法官要尊敬，国王要尊崇——诗人也热情地讴歌："凭着一个又一个判例，自由慢慢扩展到下层"，[①]经验主义的优势在于：相对更符合实际的社会状况，因为一个又一个的判例，是各位巡回法官在各地司法实践的总结，其中综合了法律原理、普通民众的常识、地方上的习惯，也正是因为如此，英格兰的法律才有"共同"之名。

不过，从历史发展来看，判例主义并不仅仅是飘渺的"民族性格"造成的。英格兰在诺曼征服之后形成了当时欧洲最强大的中

[①]《丁尼生诗选》，上海译文出版社1995年版，第88页。

央王权，通过几位强势君主的努力，建立起一套中央司法体系。这种中央体系与旧式的、分裂性质的封建司法体系不同，能够在内容和形式上形成统一的法律制度。与此相比，欧洲大陆各国的世俗法律体系凌乱不堪，地方法律和习惯各行其道，无法依靠判例建立稳定的制度。伏尔泰评论当时法国的状况时说，每到一个驿站，换了马车，法律制度也已经随之改变了。

在中世纪欧洲，最大范围的统一司法体系是教会，而教会法的内容来自于罗马法。在英格兰，王权的强大使得世俗法律体系可以与教会法相抗衡，由此开始形成二元局面。这种状态也延伸到法律职业和法律教育领域。

英格兰的普通法律师和法官们（大多数法官来自于律师队伍）构成了强大的团体，从某种角度看，正是这个职业团体在实践中不断推动法律的发展。出于实践的考虑，英格兰的律师在传统上是通过学徒式的实习形式获得法律教育的。律师学院培养律师，同时也承担管理的工作（因此也称为"律师公会"）。四大律师学院基本垄断了普通法律师的培养，一般聘请资深律师和法官作为学院讲师；学生们除了听讲以外，还接受模拟法庭、阅读、辩论等形式的教育，另外还包括以聚餐形式的讨论会。未经律师学院培养认可并经律所实习的人，无法在普通法法院担任代理人，不能出庭辩护。

在大学教育方面，与欧洲大陆的其他大学类似，英格兰的大学仅教授教会法和罗马法。最初，大学受到教会的管辖，以此对抗世俗王权，争取自己的独立地位，甚至拥有设置独立法庭的权利，以至于形成了特殊的法律管辖。虽然大学渐渐地脱离了教会的控制,但依据传统,仍然只教授教会法和罗马法。对于这些法律的学习,大致属于经院式的理论学习,因为在实践中,除了教会法院、海事法院等处,在其他地方几乎没有使用的余地。尽管大学的独立有助于培养自由精神和学术传统,但是对于法律教育而言,英格兰当时的大学教育显然是与实践脱节的。

判例的经验主义是普通法的优点,同时也是缺点。长时期积淀而形成的判例,经过律师学院学徒式的法律教育,越来越无法为普通民众所理解。不过,这种情况在其他国家同样也存在,英格兰的问题在于,作为社会中层的绅士阶层想要涉足法律知识也逐渐变得困难起来了。布莱克斯通在讲座开设之初所表达的担忧也在于此,绅士和贵族阶层长期不接触自己国家实践中的法律,而使法律职业形成工匠行会式的垄断封闭状态,实在是没有什么好处。

但是,尽管其间有若干前辈(如布雷克顿、格兰维尔、黑尔和柯克等)努力开拓出的小径,但在布莱克斯通面前仍然是一片杂草丛生、荆棘遍地的荒原。在18世纪的英格兰,普通法仅仅被视为一种程序法,而非实体法,是基于社会需要而发展起来的各种救济途径的总和。当时有很多法律人认为,法律(普通法)不应是创制的,而应该由社会生活中自发成长;所以,法律不能被定义,只能被描述。当时的法律作品一般可以分成以下三类:[①]

(1) 以字母顺序或年代顺序进行排列。

(2) 按照主题进行写作,这对于第一类作品而言已算进步,即

[①] Michael lobban, Blackstone and the Science of Law, *The Historical Journal*, Vol. 30, No. 2. (Jun., 1987), pp. 313-315.

便如此，他们还是没有什么条理观念，全文杂乱无章、无主线和原则可言。

（3）法律词典。

然而，布莱克斯通改变了这个状况，将"理性"引入了英格兰法。至此，英国出现了法学，因为从严格意义上讲，此前所有的仅仅是诉讼之术，而不是学问。此后，大雅之堂的牛津、剑桥，也开始讲授英国法了。布氏在"导论"第一章中谈道：一个真正意义上的英国法教育者的课程应该像一张完整的英国法"地图"。他的职责是在这张地图上勾勒出英国法这个"国家"的形状、它的邻国和边境线以及国家内部郡与郡之间的分界。在此我们不难想见，布氏完成这张地图的难度和付出的艰辛。布氏早年在大学接受的罗马法教育在此发挥了巨大的功效，另外，他对数学、逻辑和建筑学的兴趣对于整理这片繁杂的法律园地应该也不无助益。

布莱克斯通效法盖尤斯和他的《法学阶梯》，把整个英国法的客体划分为四个部分：1.个人的权利，以及获得和丧失此类权利的条件及方式。2.物的权利，以及获得或失去此类权利的方式。3.侵害个人的不法行为，亦即民事损害，以及依法对其进行救济的方法。4.公共不法行为，亦即重罪和轻罪，以及预防和处罚此类行为的方法。

布莱克斯通认为，英国法的每一个案例、惯例、习惯、制定法或者条例，都可以归入这四个部分中。因此，归入任何一个部分的"法律"都可加以分类，并均衡地被编入合乎逻辑的子类中；而且所有部分中作为所有法律基础的"一般原则"，都可能加以推演——这就使得英国法有了一种在当时没有被认识到、自然也非显而易见的合理依据。

实际上,布莱克斯通所做的工作,与罗马时期各大法学家的理论归纳有类似之处,从实践总结出原则和理论,推动法律的进一步发展,而不是根据理论制定法律,再将法律推行到实践中去使所有人遵守。

四卷本的《英国法释义》问世后,被公认为经典之作,成为英国法里程碑式的著作,其地位至今无法撼动。即使是布氏和《英国法释义》的对手,如边沁,也不得不承认《英国法释义》的重大影响和重要地位。从某种角度看,边沁所追求的目标,也是英国法律的科学化和理性化,只是他走得离英国法律传统太远,致使其变成了破坏者而不是建设者①。

对于英国法而言,无论怎样赞美布莱克斯通爵士和他的《英国法释义》都不为过,曼斯菲尔德勋爵在向年轻人推荐阅读书目时说,该书的分析推理浸透着一种令人愉快的、浅显易懂的风格,读者在不知不觉中就能接受构成英国法整体基础的基本原则;而丹宁勋爵则称这部书为"我们有史以来最伟大的一部法学著作"②。

---

① 边沁的《政府片论》(Fragment on Government,1776)是对《英国法释义》的正面回应,副标题为:"评威廉·布莱克斯通爵士《释义》一书导论中关于政府问题的一般理论。附一篇评论全书的序言"。该书遭到普通法法律家们的冷眼,丹宁勋爵谈到此事时说,边沁写《政府片论》时,正住在勋爵本人的家乡惠特奇,这件事是出自这个平静的小镇的为数不多的丑闻之一。参见〔英〕丹宁勋爵,《法律的未来》,刘庸安、张文镇译,法律出版社1999年版,第19—20页。

② 以上参见〔英〕丹宁勋爵,《法律的未来》,刘庸安、张文镇译,法律出版社1999年版,第17—18页。

3.《英国法释义》对美国的影响[①]

当英国人来到美洲之后,他们把英国的普通法也带到了美洲,但是当时美洲殖民地的法律著作非常缺乏:"美洲殖民地并未产生出任何伟大的法律体系或百科全书,它所确实产生的只是数以百计的门外汉、冒牌律师和半吊子律师以及少数法律学识扎实者所做的多种多样、分散驳杂的实际努力。在美洲殖民地于1788年前发表的所有已知的法学著述(约六十种)当中,没有一种是职业律师适用的专著。"[②]因此,《英国法释义》这本系统论述英国普通法的著作便在美国大受欢迎。伯克在他的《论与美洲和解的演讲》中提到,他曾听说布莱克斯通的《英国法释义》在美洲的销量几乎与英国的销量同样多[③]。美国学者甚至把英国法释义称为"法律圣经"。按照旧有的传说,美国法官只要在马褡裢的两个口袋中分别装上两卷布莱克斯通的书,就可以把英国法完全坐在自己的屁股底下,无论他们去往何处,他们都可以而且也确实随身携带着他们的马褡裢[④]。

[①] 关于《英国法释义》对于美国法律发展之影响,拙文"论美国殖民地时期对英国普通法制度的继受"(收录于中国期刊网中国优秀博硕士学位论文全文数据库),对此进行了较为详细的论述。

[②] 参见〔美〕丹尼尔·布尔斯廷,《美国人——殖民地历程》,时殷弘等译,上海译文出版社1997年版,第266页。

[③] 〔英〕埃德蒙·伯克,《美洲三书》,缪哲选译,商务印书馆2003年版,第94页。

[④] 〔美〕卡尔文·伍达德,"威廉·布莱克斯通爵士与英美法理学",张志铭译,载于《宪法的政治理论》,生活·读书·新知三联书店1997年版,第76页。

中译本前言

《英国法释义》的第一个美国版本出现于1722年,在此之前,在美国大约卖出了1000本英国版的《英国法释义》。一位叫托马斯·马歇尔的弗吉尼亚居民购买了这个版本的《英国法释义》给他的大儿子约翰·马歇尔来学习,他和妻子都希望这个17岁的孩子成为律师。在参加了四年的独立战争之后,约翰·马歇尔开始阅读布莱克斯通,到27岁时,他已经读了四遍《英国法释义》。后来,他成为了美国联邦最高法院的法官,可能也是美国历史上最伟大的法官[①]。

当独立战争使耶鲁大学的课程不得不中断的时候,詹姆斯·肯特自学了《英国法释义》,他后来说:"这部著作激励了15岁的我,我满怀崇敬之情,并决心投身法律。"后来,他以《英国法释义》为蓝本,以他在哥伦比亚大学的讲稿为基础,出版了《美国法释义》(Commentaries on American law),这本法学名著对美国法律的发展产生了巨大影响[②]。

美国学者丹尼尔·布尔斯廷认为:"布莱克斯通是为任何有文化者都能掌握其法律传统的庞大纲要提供手段的第一人。因此,这种'布莱克斯通热'(该书于18和19世纪在美国多次重版)既反映了法律知识在美洲受人欢迎的程度,也反映了其欠缺薄弱之处。布莱克斯通之于美洲法律恰如诺亚·韦伯斯特的蓝皮识字课本之于美洲文化。只要四卷《英国法释义》在手,任何人,无论多么远离古老的专业的中心,远离法院或立法机构,都能成为业余律师。对

[①] Albert W. Alschuler, Rediscovering Blackstone, 145 *U. Pa. L. Rev.* 1, p. 6.
[②] Ibid., p. 2.

于正在发展的美利坚人,无论其为雄心勃勃的边远地区居民或是颇有抱负的政治家,布莱克斯通是天赐神物。[1]"

在《布莱克法学大辞典》(*Black's Law Dictionary*)中有一个词条是"Blackstone lawyer",它其中的一种解释就是"特别指美国南北战争前主要通过自学布莱克斯通的《英国法释义》来获得法律训练的律师"[2]。布尔斯廷也曾说过:通过法律观念和法律术语播及山林原野,布莱克斯通为造就领导新大陆的自强不息者做出了很大贡献[3]。

游云庭　缪苗
初稿完成于 2006 年 5 月,修订于 2019 年 12 月

---

[1] 〔美〕丹尼尔·布尔斯廷,《美国人——殖民地历程》,时殷弘等译,上海译文出版社 1997 年版,第 266—267 页。

[2] *Black's Law Dictionary*, 7ed. West Group 1999, p.165.

[3] 〔美〕丹尼尔·布尔斯廷,《美国人——殖民地历程》,时殷弘等译,上海译文出版社 1997 年版,第 267 页。

目 录

序言 …………………………………………………………… 1

导 论

第一章　论英国法的研究 ……………………………………… 7
第二章　法律性质概论 ………………………………………… 53
第三章　英国的法律 …………………………………………… 81
第四章　适用英国法之国家与地区 …………………………… 117

第一卷　论人之权利

第一章　个人的绝对权利 ……………………………………… 149
第二章　议会 …………………………………………………… 178
第三章　国王及其资格 ………………………………………… 228
第四章　国王的王室 …………………………………………… 262
第五章　隶属于国王的咨询机构 ……………………………… 271
第六章　国王的职责 …………………………………………… 278
第七章　国王的特权 …………………………………………… 282
第八章　国王的收入 …………………………………………… 332
第九章　低级司法行政官 ……………………………………… 402

第十章　包括外国人、外籍居民及本国人在内的全体人民 … 436
第十一章　神职人员 … 449
第十二章　公民阶层 … 475
第十三章　陆军军人与海军军人 … 490
第十四章　雇主与受雇者 … 508
第十五章　丈夫与妻子 … 521
第十六章　父母与子女 … 538
第十七章　监护人与被监护人 … 556
第十八章　法人 … 565

古代英国王系一览 … 589
人名译名对照表 … 593
译后记 … 599

序　　言

　　以下章节包括了作者在牛津大学所做的英国法系列讲座的内容。他的计划最初形成于1753年。虽然这样一种尝试在当时那个年代在英国那样一个国家不可不谓是一项创举，但还是有人对任何试图对已有教学模式进行创新的举动抱有偏见，不过作者仍很高兴地发现（他本人每念及于此也充满自豪和欣慰），他的大胆尝试得到了校内外各方人士的鼓励和支持，而长久以来他就一直希望他的工作能得到这些人的肯定和尊重。

　　瓦伊纳先生于1756年逝世。他对牛津大学的慷慨资助推动了普通法的研究，并促成一个面向公众的讲座在两年后得以成立并长期存在。而在此之前，对普通法的研究一直只是作者私人进行的活动。英国宪法和法律方面的知识现在已为学术界权威普遍接受，成为德育教育的一部分，现在维持本讲座的经费（包括学生的奖学金）已经通过捐款落实；而即将出版的《英国法释义》一书的作者也很荣幸能当选为瓦伊纳讲座的第一任教授。

　　既然接受了这一职务，出于职责所在，也出于他自己的意愿，他将以更加勤勉和专注的态度（即使许多人会认为这么做大可不必）对英国法的基本原理和英国民主政体的形成基础进行深入的研究。而那些近年来任职于司法部门的人相信已经感觉到，由于很好地把握了法律和法理学的基本精神和各项原则,加之对英国宪法的起源、历史及其合理性有了一个正确的认识,现代法庭大多表现出勃勃生机,它们所做的判决也常常让人击节称叹,而这些是我们的先辈从未体验过的。如果作者本人在研究上述知识时,能够对那些对自己或别人来说都早已习以为常、视而不见的谬误有所察觉并进行修正的话,那他也可算是劳有所获了。即使他仍会在某些方面犯错误,那些坦诚而又有见地的读者想必也能体谅他从事这样一项涵盖甚广、耗神费力的新兴研究的难处。

连续几年花费大量精力从事研究工作,同时又要兼顾他的职责,如今他的健康状况已大不如前,并且他也久已无暇顾及他的其他爱好。因此他希望能获得校方批准在结束这个年度讲座后即告退休。而另一方面,他的一些更有见识的朋友却认为他对他的学生们提出的忠告也应得到公众的关注,所以他几乎是毫不犹豫地将他的著作加以出版,即使读者出于坦诚(这和通过深入研究的方式进行的考查完全不同)对他的著作不会给予很高的评价也在所不惜。这种评价于他完全是适当的,因为他早就不该再继续他的授课了——如果他自己有权力作出这样的决定的话。

他会下决心将其著作出版的真正原因是如今的出版物中虽有一些确是出于著者的意愿,有些却实在是情势所迫下的产物。听过作者的课的人所做的笔记,有些被认为值得进行审校和誊写(这往往是出于对他的过分偏爱),而这些誊写版本常常又被四处传阅,结果导致其著作的副本越来越多。即使这些副本中没有什么大错误,各种瑕疵却是在所难免。这些副本有的落入唯利是图之人的手中,被偷偷地售卖。既然他有充分的理由阻止这种秘密印制其著作的行为,那么与其为别人的谬误承担责任,他还不如亲自将其著作出版,向公众坦承自己著作中的错误。最后,在此谨表歉意,望能得到公众谅解。

导　　论

第一章　论英国法的研究①

副校长先生、在座的各位先生们：

在座众多尊敬的听众皆对这个职位的接任者寄予厚望，这一学科所涉及的又是一个全新的领域，并且（我无法忽视的是）接受这一职位即意味着承担重大的责任，这一切皆会使有幸接受这个职位的人难免诚惶诚恐。这是一门新生的学科，初为公共学术机构所接受，而且虽然这种认识有失偏颇，但它确实一直被公认为是一门枯燥无味、不会出任何成果的学科。不仅如此，迄今为止也很少有人曾钻研过这门学科的理论及基础知识。而现在，这个职位的接任者必须意识到，这样一门学科的发展很大程度上将取决于他的作为。他必须认识到，如果他传授知识的计划不够细致或未经深思熟虑，或者他在传授过程中没有表现出足够的说服力，因而显得很肤浅的话，都将会对这门最有用的、最具理性的学科的进一步发展造成很大的负面影响，并且同时还会在一段时间内挫伤那些英明睿智而又慷慨大方的捐助者对这门学科的发展给予热心资助的积极性。而当他凭借自身的经验，发现要以一种他所期望的

---

① 1758年10月25日在牛津大学瓦伊纳讲座（Vinerian lectures）上的开幕演讲（本书的注释采用脚注形式，原注与译注混排，采用①②③……的序列排序，每页单独起排，译注后标注"——译者"以示区别。——译者）。

方式完成这个艰巨的重大任务,他个人的力量(因为缺乏可供借鉴的先例)显得多么薄弱时,他心中一定是特别忐忑不安的。之所以这么说,是因为他早就已经坦率地承认,他个人以前为促进这门学科的发展而做的努力远未达到他自认为尽善尽美的标准。然而,这个职位的接任者在这所大学里不仅感受到了诚意,而且也已得到了至高无上的尊重,那就是——这所伟大的、由学问渊博之人构成的大学通过自由的选举一致通过了对他的任命(他将怀着最深切的、最诚挚的感激之情永远将这种荣幸铭记于心)。公众对他所下的这种判断完全取代了他自己对自身作出的判断,使他相信至少就这个职位而言,他并非完全不能胜任。他冒昧地希望他的勤勉和专注能弥补他的不足,这也将是他永恒追求的目标。他觉得,对于在座各位对他才能的肯定,他所能作出的最好的回报就是通过不懈的努力在一定程度上达到这个目标。

由这一职位的接任者负责进行研究、加以整理以及通过相关学术课程的开设来加以诠释的,是我们国家自己的宪法和法律。英国绅士们对本国法律的了解,与其他欧洲国家的绅士们对他们自己国家法律的了解相比要逊色得多。欧洲的绝大多数国家采用的民法(或称为罗马法)都与该国的国内法相互融和,也因此而彼此之间略有不同。在这些国家里,没有哪位有身份的人,或者至少没有哪位学者,在师从当地大学为数众多的杰出教授研习一两门有关《查士丁尼法学阶梯》以及有关本国宪法的课程之前会认为他应受的教育已经完成了。同样,在我们岛屿的北部①,民法也经常和当地的习惯

---

① 指不列颠岛北部的苏格兰。在19世纪以前,苏格兰的法律制度一直深受罗马法的影响。——译者

法共同使用。在那里，我们几乎不可能找到一个已经接受过人文教育，但对民法——这门既保护他作为一个人的自然权利，同时又规范他作为一个公民的行为的学科却不具备必要的了解的人。

当然，即使在英国本土，罗马法也并未被完全忽视。对罗马法的判决的略微了解即理所当然地被认为是一位绅士不小的成就。有一种早已盛行的风气，最近尤甚，即把有望在这方面有所建树的本国人才送往瑞士、德国及荷兰的大学学习。虽然这些大学在其他方面远逊于英国的大学，但在罗马法及本国的国内法（两者几乎可说是同一回事）的研究方面却要出色得多。与此同时，罗马法及这些国家自己的国内法虽然建立在最坚实的基础之上且已为长久以来的经验所认可，但在我国却被所有的人忽视甚至完全不为他们所知（只除了真正应用它的法律界人士之外），这不能不说是与我国值得称道的法律体系非常不和谐的一种现象。

当然，我的本意绝非贬低对罗马法的研究，因为罗马法不仅仅是一种具有法律约束力的权威，同时也是成文理性的总集，没有人比我更确信它的法律条款是多么出色，它的判决又是多么的公正。也没有人比我更明白，它对于学者、神职人员、政治家甚至是普通法学家来说是多么有用，又为他们增添了多少光彩。但我们不能对其崇拜过甚，以至于为了狄奥多西[①]和查士丁尼[②]而舍弃了我们

[①] 此处指狄奥多西二世（Theodosius II, 401—450 年），东罗马皇帝，曾编纂《狄奥多西法典》。——译者

[②] 此处指查士丁尼一世（Justinian I, 483—565 年），东罗马皇帝，以其重组帝国政府行政体系及支持罗马法而闻名。后人将其在位期间编纂的《查士丁尼法典》《查士丁尼学说汇纂》《查士丁尼法学阶梯》及其逝世后编成的《查士丁尼新律》合称为《查士丁尼国法大全》（亦称为《查士丁尼民法大全》）。——译者

的阿尔弗烈德①和爱德华②。我们也不能只遵循古罗马执政官的法令或是罗马皇帝的诏书而无视我们古老的传统或是议会的决议。除非我们宁愿生活在罗马和拜占庭③的君主独裁统治之下(前者的得以实行正是依靠罗马和拜占庭帝国的鼎盛),而不愿享受英国自由的宪法(后者正是因为适应这种宪法才能得以流传下来)。

在不贬低罗马法巨大的真正价值的前提下,我希望各位能允许我坚持我的观点,那就是,如果一个英国人只能对英国宪法或是罗马法两者之一有所了解的话,那么他最好还是对罗马法而不是对英国宪法一无所知。因为我认为,对我们身处的这个社会所采用的法律有足够的了解是每一位正统的绅士、每一位学者都必须具备的社交礼仪,同时又是人文教育和德育教育中非常有用的,我甚至可以说是必不可少的内容,这一点应当是无可争议的。古罗马的例子使我更加确信这一点。从古罗马西塞罗④的著作中我们可以得知,在古罗马时代,每一个男孩都必须把《十二表法》⑤铭记于心。对他们而言,在他们年幼的脑海中打上古罗马宪法和法律

---

① 阿尔弗烈德(Alfred,849—899年),英格兰西撒克逊王国国王、学者及立法者,曾击败了丹麦人的侵略并使英格兰成为统一的王国。——译者

② 此处可能指爱德华一世(Edward I,1239—1307年),古代英格兰国王,其在位初年曾颁布多部重要法律,故被称为"英国的查士丁尼",亦有可能指忏悔者爱德华(有关内容详见"导论"第三章)。——译者

③ 即东罗马帝国。——译者

④ 《法律篇》,第二卷,第23节(De Legg. 2.23)[西塞罗(Cicero,前106—前43年),古罗马政治家、雄辩家、著作家,著有《演说术》《演说篇》《国家篇》《法律篇》等著作。——译者]。

⑤ 《十二表法》,又称《十二铜表法》,因其最早刻在十二块铜表上(亦有一种说法是刻在象牙上)而得名,它是罗马最早的法典和罗马法系的开端,由一个十人委员会于公元前451—前450年制定,内容包括公法、私法、刑法及诉讼法的规定。——译者

第一章　论英国法的研究

基础知识的烙印,是幼年时期不可或缺的一课。

但实际情况是,对本国宪法和法律的研究在英国普遍被长期忽视,这在一定程度上已经引起了对其显著地位背后的真实情况的怀疑。因此,本篇导论所关注的首要问题就是通过指出其在现实生活各方面的特定作用来表明了解本国国内法的作用。同时,我还将针对导致这门有用的学科遭到忽视的原因进行一些推测。此外,作为补充,我还将提到一些对在我国大学中复兴英国宪法和法律研究的恰当性的看法。

首先,为说明了解本国法律的作用的问题,我们只需想想我国卓越的社会模式和政治体制就可以了,因为这种模式和体制正是处于英国法律体系的管理之下的。英国宪法可能是世上唯一一部仅以政治自由和公民自由为管辖对象并以实现这种自由为终极目标的宪法①。这种自由的主要特点,确切地说应当是一种在法律允许的范围内做任何事的权利②。而只有当各个社会阶层、各种社会规则都遵循那些合理的行为准则时,这种权利才能得以实现。这种权利保护哪怕是出身最低贱的人,使他们不致受到任何人(包括地位最高的人)的侮辱和压迫。既然每一位公民都可以从维护英国法律中受益,那么每个人自然都有熟悉英国法律的义务。至少他应该对与他切身相关的那部分法律有所了解,以免他身为社会一员,却对社会加诸于他的责任义务一无所知,并因此招致责难

---

① 孟德斯鸠,《论法的精神》(Montesq. Esp. L. 1. 11. C. 5.)。
② 其精髓就是我们有权随心所欲地做任何事,只有法律权威禁止的事情除外(Facultas ejus, quod cuique facere, libet, nisi quid vi, aut jure prohibetur.)。《查士丁尼法学阶梯》,第一卷,第三篇,第一部分(Inst. 1. 3 1.)。

或造成诸多不便。对于那些处于社会下层的人来说，既然他们既没有时间也没有能力再把他们的视野进一步拓展到他们生来所处的狭小的生活范围之外，那么这种有限的认识就已经足以满足他们的需要了。但那些得蒙命运眷顾，被赋予更强的能力、更多的财富和闲暇的人则不应轻易满足于对英国法律粗浅的了解。他们在天赋能力及财富上的优势，不应只用于为他们自己谋利，更应为公众造福。如果他们对英国法律没有相当程度的了解，那么在现实生活中发生的各种事件中，他们都将无法很好地承担他们的责任，无论那种责任是对公众的还是对他们自己的。为了更清楚地表明这一点，我认为很有必要举几个具体的例子。

我们不妨先以那些拥有自己独立的动产和不动产的英国绅士们为例，因为在我国的成年男子中他们不仅是一个举足轻重的群体，而且确实发挥着最大的作用。甚至在洛克先生①看来，哪怕认为他们对本国法律知识一窍不通也是很荒唐可笑的一件事。因为正是这些人所拥有的地产以及因此而产生的一系列诸如继承、转让和交割、限定继承及抵押等法律关系组成了法律知识中范围最为广泛也最为错综复杂的部分。除非是职业律师，否则要对它们之间的细微差别有一个透彻的了解，对任何人来说可能都是一项太过艰难繁重的任务。然而即便如此，只要想想这些先生们在进行这些法律活动时所处的劣势地位就不难明白，对他们而言，对有关地产及其转让的一些最主要的法律原则有一些了解在一定程度

---

① 《教育漫话》，第 187 节（*Education*. §. 187.）[约翰·洛克（John Locke, 1632—1704 年），英国哲学家，著有《人类理智论》《政府论》等著作。——译者]。

上确实能起到规范并保护他们行为的作用。至少,只需略通法律即可以使他们免于被迫接受因粗暴推行而在英国臭名昭著的强制征税政策。

再如,根据任何法律的原则,遗嘱的措辞和内容以及相应的证明都必须遵循一定的格式。对那些自愿选择或是因条件不允许而不得不在没有专业法律人士指导的情况下订立遗嘱的人而言,没有相关的法律知识无疑会使后果堪虞。很多家庭就曾因为遭遇此种情况而束手无策、陷入困境,或者是因此而使旁人在辨别立遗嘱人的真实意思表示时(有时甚至仅仅在试图发现他的意思时)遇到很大困难。对于此类事件,那些出席过法院案件审理的人应该是最好的证人。有时,可能只是因为立遗嘱人在其遗嘱中忽略了一两个正规用语而使其遗嘱不具有法律意义上的无可争议的精确性,或者仅仅由于在执行遗嘱时到场的证人不足法律要求之数,就有可能导致其遗产最后真正的归属与立遗嘱人那在旁人看来含糊不清的真实意图完全背道而驰。

接下来,让我们从个人关注的层面进一步提升到公众考虑的层面来看待这个问题。所有富有的绅士们,因为他们拥有的财富的关系,都有可能受法院之召加入陪审团,并以陪审团成员的名义对权利进行确认、对损害进行评估、对指控进行权衡,甚至有时还要剥夺他们同胞的生命。也就是说他们常常需要在经过法院宣誓程序后对一些事关重大的问题作出裁决。而要解决这些问题,要求他们具备相当的法律技能,尤其是当法律与事实紧密结合在一起时,而这种情况又是经常发生的。然而,这些绅士们,甚至包括我们最好的陪审团成员在内,普遍地缺乏足够的能力来哪怕仅仅是差强人意地履行他们的职责,这已经极大地损害了陪审团制度的权威性。相应地,法官们不可避免地拥有了更大的权力去指导、操纵甚至撤销陪审团的裁决,而这种权力或许已经超越了宪政体制原先打算授予法官的权力界限。

然而,对一位英国绅士而言,赋予其陪审团成员的身份并不仅仅是要其判定是非曲直及为其同胞主持正义,更为重要的是,他必须凭借这种身份才能得以维持他所在的地区的良好秩序;惩治行为放纵和游手好闲的人;保护性情温和和勤勉努力的人,以及最为重要的是,弥合微小的分歧并防止诬告事件的发生。然而要很好地实现这些目标,我们的治安官先生必须对他的工作有很好的了解。他不仅要有这种意愿,更要具备这种能力(当然也包括相应的知识),这样他才能以合法而有效的方式主持公道。此外,当他因为感情用事,或是出于无知或者荒唐的想法而错误地行使了他的职权时,他将遭到比他地位低下的人的鄙视,以及那些他要就自己的行为对之负责的人的严厉申斥。

更进一步说,绝大多数拥有可观财产的绅士,总会在他们一生中的某些时候萌生进入议会成为他们国家的代表的壮志雄心。而那些有此雄心接受如此重大的责任的人,最好同时记住这种责任的本质及其重要性。这些人在进入议会后,他们本人、他们的财产甚至他们的随从都将因此而享有特权,他们将加入党派,他们将有权决定是否拨款,将有权投票支持受欢迎的政府、反对不受欢迎的政府。尽管如此,使得他们与其他绅士们相比更受人注目、得人尊敬的却并不仅仅是这些权力,而是其他一些远为重要也更受人关注的因素。他们是英国宪法的守护者,负有制定、废除及诠释英国法律的责任；他们还身负密切关注、抑制进而防止每一次会对英国构成威胁的革新的重任，同时他们也必须倡导并采纳任何建立在坚实基础上、经过仔细斟酌的改进措施并珍视其成果；此外，他们还受到其天性、个人名誉及宗教信仰的约束，负有将英国的宪法和法律流传后世的责任，并且可能的话还要对之加以改进，或者至少保证其不受任何破坏。试想一下，如果立法机关中的某位成员对英国现有的法律尚且全然无知，却又在投票赞成通过一项新的法律，这将是多么糟糕的一件事！对于一个对他所评论的法律其实全然无知的人而言，以他有限的能力对法律进行的诠释又该是多么的肤浅！

事实上，无论社会发展到哪个阶段，社会生活中所有的行业、文理学科都会把对相应知识的传授作为一种必需，唯独立法——这项最高尚却也最困难的工作——是个例外，这着实令人惊异。几乎所有从事艺术、商业或其他如机械之类的技术活的人都必须经过一段学徒时期，要成就一位神学家、医生或法律应用方面的专家更是要求此人对相关专业有长期的研究和深入的理解。然而那些财势显赫的先生们却总认为自己天生就是个立法者。但图利①对此却不敢苟同。他说："作为一名元老院议员，必须对宪法有透彻的了解"，他又进一步补充道②，"这种了解是最广泛意义上的。这不仅要求这位议员具备相应的学习技巧和勤勤恳恳的态度，他

———————
① 图利（Tully），即西塞罗。——译者
② 《法律篇》，第三卷，第18节（*De Legg. 3. 18.*）。对一个议员来说，他必须熟悉共和国的情况，这条规则……对一个准备履行其义务的议员来说知识广泛、努力勤奋和技艺超群是不可缺少的（*Est senatori necessarium nosse rempublicam；idque late patet：— genus boc omne scientine，diligentiae memoriae est；sine quo paratus esse senator sullo pacto potest.*）。

还必须就这门学问进行深入的思考。三种因素缺少了任何一项，这位议员就必定是不称职的。"

由于对我国法律的妄加变更而对公众造成的损害早已显而易见、毋庸置疑。现在真正值得公众关注的是，这种损害究竟在多大程度上应归咎于那些上议员的缺乏教育。由于对各种事物进行改造使之更现代化在英国已成为一种风尚，我们那些极有纪念价值的古老建筑物被工作马虎、毫无经验的工人们随意改建、粉刷，已经面目全非。而现在，英国的普通法也正面临着与这些古建筑物一样的遭遇。其后果是普通法的均衡协调被扭曲、破坏，原本的朴实无华也为徒有其表的虚饰和华而不实的创新所取代。说实话，几乎所有令人困惑的状况、细枝末节上的差别、掺杂不清的关系及种种延误（这有时已不仅使英国法院也使其他地方的法院为之蒙羞）都并非源于普通法本身，而是议会法案对普通法进行的改革造成的。这些法案，用爱德华·柯克①爵士的话②来说，"充斥着种种附带条款，且常常是由一些在法律方面没有或几乎没有什么见识的人匆忙制定或修改的"。这位经验丰富的伟大法官宣称，在他的整个职业生涯中，还从不曾碰到有哪两个问题可以完全依据普通法上的权利来解决。这位法官还感叹那些判断力低下又无甚学识的立法者给普通法带来的混乱。同时他又补充到："但是，如果议会法律的制定因循一贯之旧例，则必须于任何法律制定之前，即能熟谙相应的普通法规定，并须熟稔先前之立法是如何弥补在其

---

① 爱德华·柯克（Edward Coke，1552—1634年），英国法学家，曾任英国下议院议长、总检察长，著有四卷本《英国法学阶梯》、《判例汇编》等著作。——译者
② 《判例汇编》，第二卷，"前言"（2 Rep. Pref.）。

之前之立法之不足及该新一立法经实践证明之不足,那么就几乎不会产生任何法律上的问题了,而那些学者也应该无须再像现在这样常常需要绞尽脑汁对法律上那些不易察觉的,互相矛盾的词、句、条款加以解释以期不断填补法律上的漏洞从而不致引起纷争了。"如果由此带来的麻烦在伊丽莎白女王时期就已经显而易见的话,那么在如今法律条款之繁复已十倍于伊丽莎白女王时期,而如今那些法规制定者对普通法的理解又不曾相应地更加深刻的情况下,其结果导致的巨大灾难也当在诸位意料之中了。

总的来说,我国的这些绅士们是得到拥护的,他们在钻研本国法律上付出的努力也得到肯定,其程度并不亚于甚至甚于英国贵族阶级受拥戴的程度,只是他们在陪审团中的表现就不那么被认可了。但除了作为陪审团成员之外,他们还有其他一些特有的职责,这些职责影响远为深远,更应得到他们的重视。例如,他们不仅天生就继承了王室顾问的身份,并凭借他们的贵族身份所带来的荣耀而跻身法官之列,更重要的是,他们是所有同胞间的财产纠纷的仲裁者,而且往往是这些人最后的倚靠。从这个意义上来说,他们在法律界的这种身份使他们必须就法律中最微妙也最重要的问题作出裁决,此外还必须发现并纠正那些逃过了最睿智也最富有经验的法律界人士、掌玺大臣及位于威斯敏斯特的法院法官的审查的错误。他们的判决是终局性的、决定性的、不可撤销的,对他们作出的判决不能进行上诉,不能进行修正,甚至连复查都不允许。下级法院必须遵从他们所作的任何决定。不如此,则有关财产的规定将不复统一与恒定。

如果只是一个只有最低限度司法管辖权的法官缺乏必需的法

律知识的话,诚然这也会使他遭人蔑视并使那些聘任他的人也一起蒙羞,但相对来说,因他的无能而造成的影响仍是微不足道的。因为他的判决要接受其他法院的审查,他犯的错误也会因此而得到纠正。但如果是一个高级法官在不具备任何法律知识的情况下就贸然就某个可能关乎整个家庭的生计福祉的问题作出裁决的话,那必将会造成极其严重的后果和长远的负面影响!更何况,他作出正确的和错误的裁决的可能性是相当的。如果碰巧他作出的裁决是错误的,那么所造成的损害将是一种最让人担心的损害——一种根本不可能得到救济的损害!

然而另一方面,这种责任又是如此重大,除了像我们杰出的宪法已经做的那样将之寄托于贵族之手外,我们恐怕别无选择。究其原因,一则这些贵族们所拥有的独立的财产和高贵的身份使得人们因此认定他们比起那些地位低下的人来应该有更多时间去更广泛地学习法律知识。再则我国政体的缔造者们总是信赖那些集谨小慎微与柔儒怜悯两种情感于一身的人,而这种情感正是贵族们所特有的。这两种情感的结合一方面可以使得那些人在就事关公正的问题作出裁决时免受个人利益或感情用事的干扰,另一方面,这对一个身负荣誉的人来说也是一种约束。当他就某些问题(他通常天生就有权对这类问题作出裁决)独立作出裁决时,这种约束在法律眼中与其他人进行的宣誓具有相同的效力。

古罗马的《学说汇纂》中记载的一则逸闻,对我们现在所讨论的问题或可适用。塞维尤斯·苏尔皮西乌斯[①],一位罗马贵族、著

---

① 塞维尤斯·苏尔皮西乌斯(Servius Sulpicius,前106—前43年),古罗马著名法学家,曾任执政官,西塞罗的朋友和竞争对手,其近180篇论著现均已失传。——译者

名的演说家,曾经求教于昆图斯·慕迪乌斯·斯凯沃拉①,一位罗马法学者。然而他虽然想了解罗马法的一些知识,却甚至连基本的专业用语都不知道,而斯凯沃拉在向他讲解罗马法知识时又必须要用到这些专业术语。鉴于此,斯凯沃拉忍不住责备苏尔皮西乌斯,这些责备的言辞值得我们永远铭记②:"身为一个罗马贵族、一个法律演说家,对他尤其应当熟悉的罗马法却一无所知,这简直是一种耻辱。"这种谴责给苏尔皮西乌斯留下极其深刻的印象,促使他立即就投身于对罗马法的学习中。后来,他对罗马法的研究达到了非常精通的地步。在他身后共留下了大约180卷罗马法专著,他本人也成为一位在西塞罗③眼中甚至比斯凯沃拉还要全面的法学家。

当然我并不希望诸位认为我意在建议我们这些英国贵族和绅士们也都成为和苏尔皮西乌斯一样伟大的法学家。诚然,他的这种品质确实使他不仅成为一位伟大的法学家,也成就了一位出色的演说家、坚定的爱国者和睿智的、永不知疲倦的元老院议员,但这个故事对我们的真正启迪是,在任何时代、任何国家,如果一个人身受国家的重托担负起维护、执行和修正本国法律的职责,而他实际上却又对此却一窍不通的话,这一定会被看作是他的奇耻大辱。

---

① 昆图斯·慕迪乌斯·斯凯沃拉(Quintus Mutius Scaevola,？—前82年),古罗马著名法学家,曾任罗马执政官、亚细亚省总督、大祭司,是对罗马法进行科学研究的创始人。——译者

② 《查士丁尼学说汇纂》(F f. 1. 2. 2. §. 43.)。身为一个罗马贵族、一个法律演说家,对他尤其应当熟悉的罗马法却一无所知,这简直就是一种耻辱(*Turpe esse patricio, et nobili, et causas oranti, jus in quo versaretur ignorare*)。

③ 《布鲁图斯》,第41页(*Brut*. 41.)。

但是，以我们这样的身份地位，即使我们能对日常观察所见之人作出一个普遍性的判断，我们实际上也几乎根本找不到机会在那些有身份有地位的人身上验证这个观点。但令人欣慰的是，一旦我们设定了一定的标准，我们也能提出类似的例子。因此诸位应当能够理解为何当你们的教授公开宣称在我们这些人刚开始对普通法进行研究时，那些出身高贵且拥有可观财富的先生们就一直以勤勉的态度和孜孜不倦的努力投身其中时，无论是教授个人还是公众都闻之欣然。他们中有些人时至今日仍是我校的光荣，另一些人则仍在继续通过将本国的政体和法律与其他国家进行比较，或是在本国的各级议会中充分发挥他们的从政能力，从而不断为培养他们的学院争得新的荣誉。

那些地位相对低下的人，尤其是他们中以法律为专业的人也应当尽可能多地了解法律方面的知识。尤其是对神职人员而言，哪怕仅仅只是考虑他们的这种身份，他们就有充分的理由应当在与他们的地位财富相对应的一般义务之外，再对各方面的法律知识有所了解，尤其是其中与且只与他们切身相关的部分。这其中包括诸如圣职授予权，神职人员的授职和就职，圣物、圣职的买卖及其契约，神职人员的统一着装，居停之所及兼职，什一税及其他教会收费以及诸如神职人员的婚姻（尤其是最近，对这一问题的相关法律的了解已显得尤为重要）等各方面的问题。这些都是由专门的成文法规定应当由他们负责的事务。要对这些问题有一个正确的理解，要清楚地分辨出哪些是法律授予神职人员的权力、哪些是他们应尽的职责、哪些又为法律所禁止，这些人必须对法律有相当程度的了解。而这除了通过亲自运用这些法律并了解熟悉这些法律的制定者外别无他法。

至于那些以医学为专业的先生们,我不得不坦率地承认,我并不觉得他们有什么特殊的理由需要学习法律方面的知识。除非是他们为了使自己在绅士的行列中不显得太过特立独行,或者是为了自我充实,掌握更加丰富的知识。他们的职业高度专业化,常人根本难以理解。从这个意义上说,他们倒确实应当具备广博的知识。如果我提出这样一种观点,他们应当不会觉得我很荒唐可笑:如果一位医生能熟悉有关遗嘱的法律条文或者至少对执行遗嘱的正规程序有所了解的话,那他将会对那些突然遭遇变故的家庭带来极大的帮助。

但那些想要精通王国教会法院和海事法院所采用的罗马法和教会法的先生们却是除了普通法律师外最有必要认真投入到对国内法的研究中去的人。因为就固有的约束力而言,罗马法和教会法在这个国家中并没有任何强制力和权威性。它们在英国没有任何约束力,正如英国法律在罗马也没有任何约束力一样。但是这些外国法律因其一些独有的特点使其在被运用于一些特定法院的部分特定案件的审理时显得非常合宜,故已经被本国法律认可并具有了约束力。当然,这些外国法律的约束力是完全建立在其被认可并被采用的基础上的,它们的强制力也以此为限。即使在荷兰这个成文法非常完善,根据成文法所作的裁决被普遍接受的国家里,我们仍然可以从范·利文①的著作中了解到:"成文法的强

---

① 《民法大全献词》(*Dedicatio corporis juris civilis.*),1663 年版[范·利文(Van Leeuwen,1626—1682 年),著名荷兰法学家。——译者]。

制力是通过习俗及人们对这些习俗明示的或默示的认同而形成的。因为如若不然，"他又补充到，"我们就不会受其约束，正如我们不会受阿尔曼人①、法兰克人、撒克逊人、哥特人、汪达尔人或其他古老民族的法律的约束一样"。因此，在普通法与罗马法发生分歧时，无论这种分歧是有关古代的还是现代的、罗马法还是教会法的案件，永远都是以普通法为准。在那些允许适用罗马法和教会法的英国法院，如果两者中任一个被适用到了它未被允许涉及的案件上并因此而超越了其权限，或是这些英国法院对本属普通法管辖范围的案件的判决却继续适用罗马法或教会法的判例，针对上述任何一种情况，普通法往往会中断该诉讼程序并宣布其无效②。即使这些法院声称它们的做法是依据了查士丁尼或教皇格列高利制定的法律或是符合天主教最高法院或帝国大法院③颁布的法令，对国王在威斯敏斯特的法院而言，这个理由也远不够充分。因此，对每一位罗马法学家或教会法学家而言，无论他是处事严谨的法官，抑或是为人谨慎、声誉卓著的律师，他都必须清楚地了解在哪些案件中英国的法律是认可罗马法的，这种认可的限度为何，在哪些案件中后者又是不被认可的，以及这两种法律在哪些方面是相互交织、融合并进而组成了以诸如"国王的海事法""国王的军事法""国王的教会法"等标题为显著特点的普通法的补充内

---

① 阿尔曼人（Almains），日耳曼人的别称。——译者
② 马修·黑尔，《英格兰普通法史》，第二章（Hale. Hist. C. L. c. 2.）；《福莱特》，约翰·塞尔登编辑（Selden *in Fletam*.）；《判例汇编》，第五卷，"考德雷案"（5 Rep. Caudrey's Case）；《英国法学阶梯》，第二卷，第 599 页（2 Inst. 599）。
③ 帝国大法院（The Rota），1495—1806 年期间神圣罗马帝国的最高法院。——译者

容的。在过去一个多世纪里,牛津大学已经清楚认识到这种了解的必要性。在她的章程中明确规定①,针对法学研究生的表现而进行的年度讨论的三个问题中必须有一个与普通法有关。此外,制定这项规定的另一个原因是:"因为学习罗马法的学生决不能不了解国内法,也不能对普通法和罗马法间的显著区别一无所知"(*quia juris civilis studiosos decet haud imperitos esse juris municipalis, differentias exteri patriique juris notas hbabere*)。此外,剑桥大学的章程②也很明确地表达了同样的意思。

在这个各方绅士汇聚之所,这个所有知识的发源之地,要从熟悉普通法的用处和必要性中推出关于开设我们这个讲座的合理性的结论是轻而易举的事。但究竟为何以前从未在大学中设立类似我们这一讲座的课程,又为何对普通法的研究基本上一直处于停滞状态,关于这两点,我将继续深入地探讨下去。

约翰·福蒂斯丘爵士③在他的《英国法礼赞》(*Panegyric on the Laws of England*)中(该文集著于亨利六世统治时期)④声称这位曾受他谆谆告诫要潜心研究英国法的年青君主曾提出过这样一个显而易见的问题:"既然英国法是如此优秀、如此富有成效,又

---

① 《牛津大学章程》,第七章,第二部分,第二节(*Tit*. VII. Sect. 2. §. 2.)。

② 对于一个已经得到法律博士学位的人而言,他仍必须学习英国法。他决不能拙于自己祖国的法律,同样也绝不能对本国法律与外国法律间的本质区别一无所知(*Doctor legum mox a doctoratu dabit operam legibus Angliae, ut non sit imperitus earum legum quas habet sua patria, et differentias exteri patriique juris noscat. Stat. Eliz. R. c.* 14. Cowel. *Institut. in proëmio.*)。

③ 约翰·福蒂斯丘(John Fortescue,约 1385—约 1479 年),英格兰法学家,曾任王座法院首席法官,以法学论文集《英国法礼赞》(约 1470 年)而闻名。——译者

④ 第47章。

是如此合宜,那为何它不像罗马法和教会法一样在大学里得以传授呢?"福蒂斯丘的回答,虽然包含着应有的恭敬,实际上给出的却只是一个无力的、无法令人满意的理由。简而言之,①即"这是因为当时沿用普通法进行的诉讼往往同时运用三种不同的语言:英文、拉丁文和法文。而在大学里,所有的科目都只以拉丁文进行传授",因此,他总结到,"在英国的大学里无论传授还是学习普通法都很不便"。虽然我们并不打算认真追究其可信度(因此而产生的负面影响也已经被最近在你们学校章程中表现出来的睿智一扫而光),但对于究竟为何对国内法的研究作为一门学科已遭人忘却,我们或许可以自己给出一个解释。这个解释比起这位博学的大法官先生出于谨慎而提供给他的王室学生的理由来应该会更好,或者至少听上去会更合理一些。

普通法,这个未见诸于文字的箴言和习俗的古老总集,且不论它是如何被汇集起来,又是源于何处,在这个国家中的历史已经非常久远。并且,虽然因为年代更迭而使它有了一些变动甚至遭到一些损害,但在很大程度上,它仍平安度过了诺曼征服所造成的强烈冲击而基本上未受太大影响。这,再加上普通法的判例广为人知以及它非常适合英国的国情特征这两点原因,使得普通法在英国被普遍接受。由于要掌握普通法的知识最主要是要对过去那些黑暗的年代有所了解,所以照塞尔登②先生的说法,普通法的教授

---

① 《英国法礼赞》,第 48 章(c.48)。
② 《福莱特》(in Fletam. 7.7.)[约翰·塞尔登(John Selden,1584—1654 年),英国法律文物学家、东方学家和政治家,著有《荣誉的头衔》《盎格鲁—不列颠编年史》《什一税历史》等著作。——译者]。

总是在隐修院、在大学里及上层贵族的家庭内部进行。尤其是神职人员,由于当时他们研究的范围已涉及几乎所有的学科,所以像他们以前的同行不列颠的德鲁伊特①一样,他们对普通法的精通就显得至关重要。马姆斯伯里的威廉②告诉我们,诺曼征服之后不久神职人员们就被赋予了这样的身份:只有神职人员才能成为律师(Nullus clericus nisi causidicus)。所以,沿袭诺曼人的做法③,法官通常都是由宗教命令加以任命④,并且所有的低级官员都由低级的神职人员出任,致使时至今日,这些人的继任者仍被称为"教士"(clerks)。⑤

但普通法在英国并不是以文字形式,而是通过习俗、运用和经验才得以流传下来,而且那些在征服者威廉和他的两个儿子统治期间大批涌入英国、对英国的法律和语言都完全陌生的外国传教士对其并无好感。而随即发生的一件事更是使普通法几乎濒于彻

---

① 恺撒大帝,《高卢战记》第6、12页,(Caesar de bello Gal. 6.12.)[德鲁伊特(Druids),德鲁伊教的祭司,古代盖尔或不列颠人中一个牧师品级的成员,他们在威尔士及爱尔兰传说中是预言家和占卜家。——译者]。

② 《英国历代国王编年史》,第四卷(de gest. reg. l. 4)[马姆斯伯里的威廉(William of Malmsbury,? 1090—? 1143年),英国历史学家,马姆斯伯里的隐修士,著有《英国历代国王编年史(449—1127年)》等。——译者]。

③ 威廉·达格代尔,《英国法的起源》或《英国法的历史记忆》,第八章(Dugdale Orig. jurid. c. 8)。

④ 法官是由那些英明睿智的权威人士来担任的——如大主教、主教、在天主教教堂中任职的教士或是在天主教教堂和修道院中占据高位之人,如女修道院院长、教堂的领导者之类(Les juges sont sages personnel et autentiques,—sicome les archevesques, evesques les chanoines des eglises cathedraulx, et les autres personnes qui ont dignitez in saincte eglise; les abbez, les prieurs conventaulx, et les gouverneurs des eglises, etc.)。《习惯法汇编》,第九章(Grand Coustumier, ch. 9.)。

⑤ "clerk"一词在英语中既表示教士,又表示法官助理。——译者

底衰败的境地。在阿马尔菲新发现①了一部查士丁尼的《学说汇纂》,这使得罗马法很快在整个西欧流行起来。在此之前,虽然罗马法在意大利②及罗马帝国东部诸省仍具有一定的法律效力③,但基本上罗马法在欧洲早已被弃之不用、遭人遗忘了④。而如今这部法典却已成为那些从中借鉴了许多法律原则和箴言用于充实教会法的天主教教士的最爱。对这部法典的研究被引入几所国外大学,尤其是博洛尼亚⑤的大学。在这些大学里,和其他学科一样,学校围绕这一学科组织讲座、进行练习,并且也授予这一学科的学位。彼时,欧洲大陆国家刚开始从罗马帝国覆灭所造成的动荡中平复过来,开始逐渐形成形式较温和的政府。由于罗马法是当时现存的最完善的、成文的法律体系,所以这些国家都或多或少地将罗马法的权威性与本国的封建习惯相互结合并以此作为本国法律的基础。⑥

很快,这种当时风行的做法就流行到了英国。西奥博尔德⑦,一位十分热衷于罗马法研究的诺曼大修道院院长,在被任命为坎

---

① 大约公元 1130 年[阿马尔菲(Amalfi),意大利南部地名。——译者]。
② 《虔诚者路易法典》,第二部分,第四章,第 102 页(*Capitular. Hludov. Pii.* 4. 102)[虔诚者路易(Houis the Pious,778 年 4 月 16 日—840 年 6 月 20 日),814 年 1 月 28 日—840 年 6 月 20 日在位,或称路易一世,法兰克国王,罗马皇帝。——译者]。
③ 《福莱特》,约翰・塞尔登编辑(Selden *in Fletam*. 5.5.)。
④ 《西哥特法律》,第二卷,第一编,第九章(*LL. Wisigoth.* 2.1.19.)。
⑤ 博洛尼亚(Bologna),意大利城市。——译者
⑥ 让・多玛,《自然秩序中的民法》(巴黎,1689),第十三章,第九节(Domat's treatise of laws. c. 13 § . 9.)。教皇英诺森四世的书信(*Epistol. Innocent. IV. in M. Paris.*)(公元 1254 年)。
⑦ 西奥博尔德(Theobald,约 1090—1161 年),英国政治家,曾任坎特伯雷大主教。——译者

第一章 论英国法的研究

特伯雷大主教①时,同行的随员中有许多在民法研究方面学识卓著的专家。另外还有一位姓瓦卡里乌斯名叫罗杰的人②,西奥博尔德将他派到牛津大学③向英国人传授罗马法。但由于英国早就已经建立了一个温和而又理性的法律体系,所以民法在英国并不像在那些欧洲大陆国家那样容易被接受。此外,虽然那些天主教神职人员(他们效忠于外国大主教的意志)以极大的热忱接受了罗马法,但对那些普通信徒来说,他们更倾向于保留原来的法律,并且他们也已经强烈感受到了诺曼人的各种革新带来的影响,所以他们仍然坚持沿用普通法。国王斯蒂芬当时立刻就颁布了一项公告④,禁止对由意大利传入英国的罗马法进行研究。这项公告被天主教修道士当成是对天主教的大不敬行为⑤,因此虽然它可以防止英国的法院引入罗马法的诉讼程序,却无法阻止教士们在他们自己的学校和修道院中教授民法知识和阅读相关著作。

从此英国好像分裂成了两个对立的阵营。一方是外国人居多的主教和其他天主教神职人员,他们专注于研究已经紧密相联、密不可分的罗马法和教会法;另一方是贵族和普通信徒,他们以同样

---

① 公元1138年。
② 瓦卡里乌斯(Vacarius,?1115—?1200年),罗马法和教会法学家,出生于意大利,曾在牛津大学讲授罗马法,并编制一套9卷本关于《查士丁尼法典》的《学说汇纂》的论集,通称《穷人之书》。——译者
③ 坎特伯雷的杰拉斯,"坎特伯雷大主教教会行动"(Gervas. Dorobern. *Act. Pontif. Cantuar. Col.* 1665.)。
④ 罗格·培根(Rog. Bacon)引用《福莱特》,约翰·塞尔登编辑(Selden. *in Fletam.* 7.6.);《英国法礼赞》,第33章(Fortesc. c. 33);以及《判例汇编》,第八卷,"前言"(8 Rep. Pref.)。
⑤ 琼·塞若斯必瑞斯,《政治学》,第8、22页(Joan. Sarisburiens. *Polycrat.* 8. 22.)。

坚决的态度固守原有的普通法。这两方彼此都对自己不熟悉的另一方妒羡不已,但同时,两方又都不愿意承认对方的法律体系有任何优点,虽然实际上,两种法律体系都确实各有不少值得借鉴之处。两者间的这种对立一方面表现在教会学者们①在任何场合谈到国内法时流露出的怨气上,另一方面则表现在贵族们在著名的默顿议会②上对罗马法表现出来的强硬态度上。当时,那些高级教士力图通过一项法案,宣布所有的私生子女的亲生父母,不论在什么时候结婚,在婚后该私生子女即拥有合法地位,他们所提出的唯一理由是因为神圣教会(即教会法)宣称这种情况下的私生子女拥有合法的身份。但是,据议会的档案③显示,所有的伯爵和男爵异口同声地答复说:"他们决不会改变英国法,因为其已得到广为认可并已沿用至今,他们决不会对其作任何变动。"而在其后一个世纪里④,我们也不难发现类似的对立始终盛行。例如,英国贵族阶级曾以一种预言式的口吻宣称:"不论是过去还是将来,我们的国王陛下和议员们都不会同意让罗马法来统治大英帝国"⑤,类似这种神职人员和普通信徒之间敌对情绪的例子可谓不

---

① 琼·塞若斯必瑞斯,《政治学》,第 5、16 页(Joan. Sariburiens. *Polycrat*. 5. 16.);波利多尔·弗吉尔,《英国历史》(Polydor, Vergil. *Hist. l.* 9.)。

② 默顿议会(Parliament of Merton),指 1235 年由贵族和主教代表于萨里的默顿庄园召开的会议,其通过的《默顿法》被普遍认为是英国最早的制定法。——译者

③ 《默顿法》,亨利三世二十年,第三卷,第九章(*Stat. Merton*. 20 Hen, Ⅲ. *c*. 9.)所有的伯爵和男爵异口同声地答复说:"他们决不会改变英国法,因为其已得到广为认可并已沿用至今,他们决不会对其作任何变动"(*Et omnes comites et barones una voce responderunt, quod nolunt leges Angliae mutare, quae bucusque usitatae sunt et approbatae*.)

④ 《理查二世十一年法》(11 Ric. Ⅱ.)。

⑤ 约翰·塞尔登,《背后的脸》(Selden. *Jan. Anglor. l.* 2. §. 43.);《英国法礼赞》,第 33 章(Fortesc. *c*. 33)。

胜枚举。

事已至此,天主教神职人员发现他们根本不可能在英国根除国内法的影响,因此他们开始逐渐地脱离世俗法院。到最后教会终于在英王亨利三世统治初期颁布法令[①],禁止所有的牧师担任世俗法院的律师,很快这些神职人员也不再继续出任世俗法院的法官。同时由于他们发现他们在行使职权时作出的每一个决定都必须遵循英国的法律和习俗[②],因此他们也不愿再为担任政府官员而进行宣誓。至此,这些神职人员虽然仍占据大法官的高位显职,但也是因为当时这一职位其实并没有什么司法权力。但随着其职权根据法律规定越来越大,他们开始依自己的见解对世俗法院的诉讼程序进行改造。

但无论他们脱离世俗法院后去了哪里,也无论他们的职权延伸到何处,他们推行罗马法、排挤国内法的热忱始终不减。这一点在各种不同的宗教派别各自的教会法院,牛津、剑桥两所大学中设立的衡平法院以及前面提及的大法官法院中表现得尤为明显。这些法院的诉讼程序时至今日仍与罗马法具有很大的相似性。除了这些法院都受天主教教士(对这些人来说,把国内法从英国根除是一件重要的宗教事务)的直接领导之外,对这一现象我们恐怕再提不出更好的解释。教皇英诺森四世曾禁止[③]神职人员在公共场合

---

① 亨利·斯佩尔曼,《英格兰教会会议、法令、法律及组织》(Spelman. Concil.),公元1217年;大卫·威尔金斯,《盎格鲁-撒克逊教会法和民法》,第一卷,第574、599页(Wilkins, *vol*. I. *p*. 574,599.)。

② 《福莱特》,约翰·塞尔登编辑(Selden. *in Fletam*. 9. 3.)。

③ 马修·帕里斯(M. Paris),《大编年史》,公元1254年。

宣讲国内法,因为他认为国内法的判决不是以罗马法为基础,而仅仅是建立在普通信徒中流传的习俗的基础上的。如果我们考虑以下的事实:英国大学正是从那时开始采用现在这种教学方式,而且从那时开始直到宗教改革①时期一直都完全由天主教神职人员掌管(直到约翰·梅森爵士成为牛津大学历史上第一位出身新教徒同时也是非神职人员的校长),那我们将不难了解为何在那个世风拘谨②的年代,在牛津、剑桥等学术中心,人们津津乐道于对罗马法的研究,而普通法却遭到蔑视,甚至被认为与异端

---

① 16世纪,欧洲改革天主教会的运动,产生了新教。——译者
② 当时对罗马法那种荒唐的、近乎迷信的崇拜,一个最有力的例子就是即使是学识最渊博的作家也认为即便是圣母玛利亚也必须精通罗马法和教会法,否则就不能被认为具备完美的品格。关于这一点,13世纪著名的多明我会博士阿尔贝图斯·马格努斯在他的《基督教圣母赞美诗汇萃》(这本书与其说是一本人文著作,不如说是一本神学著作)中说过的这样一段话可为明证。他说:"圣母力求完善罗马法和教会法。以下事实可兹证明:律师的智慧可从三方面得到彰显,首先是对一个公正英明的法官他能掌握的全部要点作出认可;其次他能战胜任何奸诈狡猾、诡计多端的对手;第三他总能绝处逢生。而伟大的圣母玛利亚能在最绝望的境地战胜最狡诈的对手——恶魔撒旦,在最英明的裁判者——上帝处实现她的愿望。"两个世纪之后,一位杰出的圣方济各会修士卜斯提此观点郑重地进行了补充:"妇女精通法律并没什么不合时宜。因为据说翻译家约翰·安德伦的妻子就对罗马法和普通法都了如指掌,她甚至敢于在学校中做公开的演讲。"[There cannot be a stronger instance of the absurd and superstitious veneration that was paid to these laws, than that the most learned writers of the times thought they could not form a perfect character, even of the blessed virgin, without making her a civilian and a canonist. Which Albertus Magnus, the renowned dominican doctor of the thirteenth century, thus proves in his *Summa de laudibus cloristiferae virginis* (*divinum magis quam bumanum opus*) qu. 23. §. 5. "*Item quod jura civilia*, & *leges*, & *decreta scivit in summo*, *probatur boc modo*; *sapientia advocati manifestatur in tribus*; *unum*, *quod obtineat omnia contra judicem justum* & *sapientem*; *secundo*, *quod contra adversarium astutum* & *sagacem*; *tertio*, *quod in causa* 　　(接下页注释)

宗教改革之后，普通法仍然受到许多因素的制约而无法成为学校教育的一部分。首先，长期存在的惯例和已被接纳的习俗在任何领域，尤其是在学校训练中，自会有其巨大的影响力和很高的权威性。其次，那些对我们的年轻一代进行法律教育的人都很清楚，罗马法的真正的内在价值是建立在理性而不是强制性义务的基础上的。此外，虽然普通法与罗马法相比可谓毫不逊色，甚至可能更为出色，但这些人对普通法的价值却是一无所知。然而，阻碍普通法进入学校教育的最主要的原因还在于普通法在天主教时代一直是遭禁的，因此对普通法的研究一直是在那些学术中心以外的地方通过一种完全不同的途径在进行着。但现在，人们已经开始意识到这种忽视普通法的惯例和习俗是很不合理的，同时普通法的真正价值也正越来越为人所了解，因此我们可以期望人们很快会再次采用以前的那种古老方法来研究普通法，并且在牛津、剑桥两所大学中会成立研究普通法的学院，而不是仅仅局限于我前面提到过的那种"完全不同的途径"。

由于遭到神职人员的摒弃，对普通法的研究和运用自然转而由那些非神职人员（当然不包括他们之中的落伍之人）负责了。这

（接上页注释） desperata; sed beatissima virgo, contra judicem sapientissimum, Dominum; contra adversarium callidissimum, dyabolum; in causa nostra desperata; sententiam optatam obtinuit." To Which an eminent *franciscan*, two centuries afterwards, Bernardinus de Busti(*Mariale*, part. 4. serm. 9.) very gravely subjoins this note. "*Nec videtur incongruum muliere babere peritiam juris. Legitur enim de uxore Joannis Andreae glossatoris, quod tantam peritiam in utroque jure babuit, ut publice in scholis legere ausa sit.*"]

些人从内心深处嫌恶罗马法①,他们不仅毫不犹豫地公开表示对罗马法的蔑视,甚至还以最公开的方式显示他们对罗马法的无知②。然而,由于神职人员在教育界的力量仍占很大优势,加之普通法已不再像从前那样在全国各地传授,所以对普通法的研究和实践仍然面临重重困难。如果不是在关键时刻发生的一个特定事件给普通法以很大的支持的话,它很有可能已经渐渐让位于民法

---

① 《英国法礼赞》,第25章。

② 土伦修道院院长事件可以清楚地表明这一点。这位修道院院长将某位教派领袖传唤到阿维尼翁,要求其就"违反对建造新建筑物的禁令(contra inbibitionem novi operis)"而建起一座私人礼拜堂一事作出解释。塞尔登先生清楚地告诉我们"违反对建造新建筑物的禁令"关乎罗马法和普通法中共有的一个条目:关于对建造新建筑物的抗议(de novi operis muntiatione),这一条目禁止建造任何新建筑物以防较古老的建筑受损。然而国王的御用律师,其后又担任国王的首席财政大臣的斯奇朴维斯却声称在阿维尼翁宣布的罪状简直荒唐透顶。他说:"'违反对建造新建筑物的禁令'这种说法根本是一派胡言,毫无意义。"随后高等法院的法官舒德勒平息了这一事件,但他却没有告诉斯奇朴维斯他们其实是通过对那些人的法律(指罗马法和教会法)做了一些修正才达到目的的。也正因为如此,斯奇朴维斯作出一个英明的决定,对这一事件的始末就此不闻不问。他说:"既然这只不过是对那些人的法律做的一点修正,那我们大可以置之不理。"[This remarkably appeared in the case of the abbot of Torun, M. 22. E. 3. 24. who had caused a certain prior to be summoned to answer at Avignon for erecting an oratory *contra inhibitionem novi operis*; by which words Mr. Selden, (*in Flet.* 8. 5.) very justly understands to be meant the title *de novi operis muntiatione* both in the civil and canon laws, (*Ff.* 39. 1. *C.* 8. 11. and *Decretal.* not *Extrav.* 5. 32.) whereby the erection of any new buildings in prejudice of more antient ones was prohibited. But Skipwith the king's serjeant and afterwards chief baron of the excheequer, declares them to be flat nonsense; "*in ceux parolx*, *contra inhibitionem novi operis*, *ny ad pas entendment*"; and justice Schardelow mends the matter but little by informing him, that they signify a restitution *in their law*; for which reason he very sagely resolves to pay no sort of regard to them. "*Ceo n'est que un restitution en lour ley, par que a ceo n'avomus regard*, etc."]

甚至已经被其取代(今天在布雷克顿①的著作和《福莱特》②一书中仍可经常见到《查士丁尼国法大全》的节录。由此可见我的这种怀疑不是没有根据的)。

我所说的这一特定事件指的是民事高等法院——审判财产纠纷的大法院不再采用巡回制,而是设在一个固定的地点,常设的法官职位则定为终身制的并周知全国。而以前,该法院和其他的高等法院一样,都是设在国王的主要法院所在地——国王法院③内的。换言之,即设在王室成员的居住地,并且随着国王的居所从一地迁往另一地,这些法院的所在地也随之迁移。这给起诉人造成了极大的不便。为了消除这种不便,国王约翰和国王亨利三世④颁布的《自由大宪章》⑤中都有这么一条:"民事高等法院不应再随国王的法院流动设立,而应设立在某些固定的场所"。从此以后,民事诉讼案件就一直只在威斯敏斯特宫进行审理(瘟疫流行时期一些必要的迁移除外)。这使得以前散居于英国各地的国内法专家聚集到了一起并进而成为一个整体。借

---

① 布雷克顿(Bracton,？—1268年),中世纪英国法学家,曾任王室法院法官,著有《论英国的法律和习惯》。——译者

② 《福莱特》是一本由不知名的作者所写的六卷本拉丁文法律著作,据说写于爱德华一世统治时期,该书被爱德华·柯克称作是一部权威著作,可能是作者被囚禁于弗里特(Fleet)监狱时所写,并因此而得名。——译者

③ 国王法院(Aula Regia),英国诺曼征服后于1066年设立的法院。——译者

④ 《自由大宪章》(The Great Charter of Liberties),第11条。

⑤ 《自由大宪章》,亦称《大宪章》,是英国国王约翰在封建领主迫使下于1215年6月15日签署的保证公民自由和政治权利的宪法性文件,被公认为是英国宪法自由权的基础。——译者

此,一个由那些用斯佩尔曼①的话来说"由从不把普通法当成是一门无足轻重、仅供消遣的次要学科,而是全身心地投入对普通法的研究中的人组成的全新的团体得以成立"。在我们"英国的查士丁尼"——爱德华一世的支持下,这些人很快使得英国法日臻完善。

这个团体成立后,在这些专家间自然而然地形成了一种学院式的等级。由于对普通法的研究不为牛津和剑桥所接受,这些学者发现他们有必要自己创立一所新的学院。于是这些人陆陆续续地在威斯敏斯特市(国王法院所在地)和伦敦市之间购买了一些房屋(即现在的出庭律师学院和预备律师学院的所在地)。这样他们既能很方便地往来于威斯敏斯特市,又能充分利用伦敦充足的生活资源②。在这里,学生们围绕普通法进行操练,阅读各种著作,最后被授予普通法学位,这一切就像其他大学里围绕教会法和罗马法所做的一样。其中所授予"出庭律师"学位(该学位最初曾被命名为"学徒"(apprentices)③,该词来源于"学习"(apprendre),相当于我们大学的学士学位。而授予的高级律

---

① 亨利·斯佩尔曼,《古史词典》,第 334 页(Glossar. 334.)[亨利·斯佩尔曼(？—1641 年),英国法学家,著有《渎圣罪史》《英格兰教会会议、法令、法律及组织》等著作。——译者]。

② 《英国法礼赞》,第 48 章(Fortesc. c. 48)。

③ "出庭律师"学位应当是由英王爱德华一世于其继位第二十年在议会上的一项法令中规定的[亨利·斯佩尔曼,《古史词典》,第 37 页(Splem. Gloss. 37.);威廉·杜格德尔,《法律渊源》,第 55 页(Dugdale. Orig. jurid. 55.)]。

师(serjeant)学位①,该词源于拉丁文以"法律为业者"(*servientis ad legem*),则大体上与现在的博士学位相当。

英国王室似乎很快就把这个新生的普通法学院纳入其保护之下。亨利三世在他在位的第十九年颁布了一项针对伦敦市长和郡长的命令,禁止伦敦市内所有法律学校的教师再继续在伦敦市内教授法律②。这一举动更有效地给这所学院以扶植和支持。"法律"这个词作为一种一般性的说法,其确切含义为何在如今的学者中有一些分歧:究竟是教授民法,还是普通法,还是两者都遭到禁止?但实际上,不论是哪种情况,国王的目的其实是一样的。如果只是教授民法遭到禁止(塞尔登先生持这种观点③),那这无疑是对那些神职人员把普通法教育排除在他们的学校之外的一种报

---

① 在英国的法律著作中我第一次遇到"高级律师"(serjeant)这种提法是在爱德华一世统治时期颁布的《威斯敏斯特法律一》,即《爱德华一世三年法》(3 Edw. Ⅰ. c.29.),第29章及同一时期霍恩所著《正义宝鉴》(Hom's Mirror, c.1§.10. c.2. §.5. c.3. §.1.)一书中。然而早在帕里斯于1255年亨利三世统治时期所著《圣艾本修道院院长约翰二世生平》一书中就已经提到普通法的拥护者,称其为一个广为人知的阶层(*quos banei narratores vulgariter appellamus*)。同时,我们在那一时期的英国历史中还能找到有关科伊夫帽这种古物(科伊夫帽:覆盖着头的顶部、后部及两侧的紧帽。——译者)的案件。公元1259年,有一名布菲的人在被要求对其严重的欺诈和渎职行为作出解释时,声称他是某一宗教团体的神职人员并应得到相应的优待,而他的这一身份到那时为止仍属绝密。鉴于此,此人想要解开他戴着的科伊夫帽上的带子以便向众人证明他留着僧侣式的削发,但却遭到制止。——随后,一名官员抓住他的脖子(而不是他的科伊夫帽上的带子)把他拖进了牢房。对此,斯佩尔曼(*Glossar*. 335.)推测,那些背教的神职人员,虽然知道触犯了教会法,仍被鼓动留在世俗法院担任律师或法官,而科伊夫帽往往就被这些人用来隐藏他们僧侣式的削发。

② 法律规定,不允许任何教师在伦敦市内的学校教授法律(*Ne aliquis scholas regens de legibus in eadem civitate de caetero ibidem leges doceat*.)。

③ 《福莱特》(*in Flet*. 8.2.)。

复。如果教授国内法也在被禁之列(按照爱德华·柯克爵士①的理解,这条禁令表达的是这个意思),那其目的显然是通过在伦敦市范围内禁止私人教授法律而使所有的普通法律师都聚集到伦敦郊外新成立的那所公立学院中去。

这所法律高等学府(福蒂斯丘②和爱德华·柯克爵士③坚称其为高等学府)由两所不同的法律学院构成。一所被称为预备律师学院,那些较年轻的学生通常在此学习。福蒂斯丘④说过:"他们在此学习和研究普通法的渊源,视其为法律的基础部分,他们从中受益、渐渐成熟,然后获准进入高一级学院即出庭律师学院继续对普通法的深造。"接着他还提到,那些英国骑士、男爵、大公和其他贵族经常把他们的孩子送到这两所学院,虽然他们实际上并不想让他们的孩子以法律为专业或是以此谋生。在福蒂斯丘那个时期,大约有两千名学生在这两所学院中学习。照福蒂斯丘的说法,所有这些学生都出身于有身份的家庭。

所以很明显的是,虽然英国的大学由于是由僧侣掌管而刻意忽视了普通法这门学科,但在亨利六世时期,对那些年轻的贵族和绅士们而言,学习有关普通法的渊源及其基本原理的课程已成为非常必要也是很普遍的做法。但这种风气后来渐渐式微。到了现在伊丽莎白女王统治时期,爱德华·柯克⑤爵士已无须再同时为

---

① 《英国法学阶梯》,第二卷,"前言"(2 Inst. proëm)。
② 《英国法礼赞》,第 49 章(c. 49)。
③ 《判例汇编》,第三卷,"前言"(3 Rep. pref.)。
④ 同上。
⑤ 《判例汇编》,第三卷,"前言"(3 Rep. pref.)。

上千名学生同时上课,因为现在的学生人数较之以往明显要少的多了。造成现在这种状况的原因主要有:首先,现在充斥预备律师学院的绝大多数是那些对普通法只略通皮毛的老师。对于那些出身绅士家庭的学生(无论他们身份地位高低)来说,这些老师实在不够资格也不适宜教授他们,所以现在鲜有年轻的学生进入预备律师学院学习。其次,由于预备律师学院为管理学生们的日常生活和学业方面而订立的制度及管理措施在学生的道德培养和学术研究方面都毫无实用价值,因此这些制度和措施现在已完全形同虚设。最后一个原因是:那些出身高贵而又富有的人在英国大学里接受完通常的教育后一般就再没有这份闲暇或是这种决心到一所新的学校里再去学一门新的课程。虽然现在那些绅士们大多不再去预备律师学院学习,但实际上对他们中有些人来说,对普通法制度的了解却是必须的。这里我所说的"有些人"指的是那些打算以此为专业的人。至于他们中的大部分在结束大学教育后通常就或是专心打理他们的庄园,或是到国外游历,或是进入社交圈,根本不会想到要学习英国法,更不用说那些贵族了。实际上,除非我们的大学能为他们开设英国法这门学科,否则他们就再不会有任何机会得到这方面的指导了。

而我们的大学其实很适宜为来自社会各个阶层、身份地位各不相同的先生们提供这方面的学习机会,这一点根本毋庸置疑。这是因为我刚才提到的那些针对出庭律师学院和预备律师学院的不满之词对英国的大学皆不适用。在我们的大学里,每位绅士都能与那些和他身份地位相当的人交往。在这里,他们无须完全凭借自身的审慎来规范自己的言行和所从事的研究活动,学校自有一套英明、严谨同时又通情达理，且与他们的身份相配的规章制度来管理他们。而遵守这套规章制度（对年轻人来说这会给他们带来荣誉）与其说是对他们的一种约束，还不如说是出于他们自己的意愿和选择。他们也无须为他们出于个人兴趣意在消遣或是为了替朋友和国家效命（这在他们来说更为高尚）而从事的活动忧虑过甚，因为学习普通法与他们的其他追求是毫不冲突的，不仅不会妨碍，相反只会为其增添光彩。

总的说来，如果仍有人像那些修道士一样固守对普通法的偏见，对这门学科严格说来究竟在多大程度上是学术性的以及它的学术性是否正规，持不信任的态度，恐怕这样的人根本就没考虑过一所大学的组织结构及办学目的，要不然就是因为他们是以一种刻薄的心态在看待大学这种学术机构。一所大学如果只把它教授的课程局限在有限的一两门有学识的职业上，那它应当因它的这种狭隘思想遭到谴责。值得称道的是，那种更开放的、更不带偏见的思维方式在我们现在所处的这个时代正盛行。对我们学校那些英明而有爱心的资助人①来说（最近一段时期以来更是整个大学都开始持这种观点②），如果能让学生在拓展心智及提高自身修养方面有所获益（即使这种获益无关对其才智的培养），那仍意味着我们古老的教育体系已成功地进行了不少改善。因此，我可以肯

---

① 上议院议长克拉伦登先生，在他的宣传小册子的第 325 页关于教育一节中，就曾表示过对这一问题的焦虑。他说："那些诸如骑术、跳舞、击剑之类的技能的传授，不应沦为安排在较为严肃的课程间隙的一种可有可无的点缀。"

② 通过完全召集历史上克拉伦登（Clarendon）领主的其他贵族后裔，条件是将其出版所产生的利润运用在大学里来设立管理学。

定地说，任何知识（无论它是多么有违常规）只要加以适当的规范，都适宜在我们大学里教授，也适宜每位绅士来学习。而普通法这门学科，它是一门设定判断是非的标准，弘扬正义，阻止、惩治和纠正罪恶的学科；它的理论汇聚了最高尚之人的思想精粹，它的实践又运用了人类心灵中最基本也最重要的美德；它涵盖甚广又可普遍适用，既考虑到每个人作为一个个体的需要，同时又顾及整个团体。人们以前竟会认为这样的一门学科不需要在大学中教授，这不仅使人震惊更使人不免为之焦虑。如果说普通法以前不属于学术知识范围之内的话，无疑现在就正是时候由我们来使之被纳入这一范围之中。至于那些对我们接受普通法持有异议的人（如果真有那样的人的话），我们不妨用他们自己的观点来反驳他们：既然他们自己承认伦理学是学术知识的一个分科，那么亚里士多德自己也曾说过：提到他祖国的法律，法学（即有关这些法律的知识）是伦理学中最主要[①]同时也是最完善的部分。

出于对这一真理的坚定信念，我们慷慨的捐助者瓦伊纳先生，花了大约半个世纪的时间收集建立新的普通法教育模式所需的资料，以期使尚处于初级阶段的普通法研究更加完善。现在，他委托母校的精英们对他出于一腔热忱进行的构思加以规划和实施。他已经下定决心要把他在学术上的努力倾注于"永远为后世造福、为祖国效力"[②]上。同时他也意识到，为完成自己的心愿，他所能采取的最好、最有效的方式就是为他母校的这些年轻学生们提供普

[①] 希腊语关于伦理的讲述（Τελεια μαλιστα αρετη, ὁτι της τελειας αρετης χρησις εστιν. Ethic. ad Nicomach. l. 5. c. 3.）。

[②] 参见瓦伊纳先生著作节略本，第十八卷，"序言"。

通法学习上的帮助。在此,我们将永远铭记他的慷慨之举,也由衷地为他的贫苦生活感到悲伤和遗憾。至于说到这所大学在收到这份对其大有裨益的慷慨捐助后所受的触动,毫无疑问的,这不仅体现在它接受这份荣幸时怀着的最崇高的敬意上[①],也体现在学校调动空前的力量来实施瓦伊纳先生的构想的实际行动上[②],最重要的是体现在学校已经卓有成效地保护英国的宪法和法律,使其既不遭忽视也不被滥用(类似的学院很可能会忽视或滥用英国的宪法和法律)[③]。我们已经看到校园里人人竞相最深刻地理解这位慷慨

---

① 瓦伊纳先生已经经毕业生评议会决议被列入牛津大学公众资助者的名单之中。

② 瓦伊纳先生于1756年6月5日逝世。在其后的一年半时间里,学校委派五位因工作勤勉而受赏识的行政人员(马格达伦学院的韦斯特和古德博士、奥利尔学院的威利博士、万灵学院的布克勒先生以及大学学院的贝茨先生)遵其遗嘱,收集并处理他的个人财产,将其著作中将近一卷的内容出版,并用其绝大部分财产还清了他生前的债务。此后又花费半年时间权衡拟定成立这个讲座的计划及制定讲座的章程,并最终于1758年7月3日获毕业生评议会认可。当年10月20日选出讲座教授,次日选定两名获得普通奖学金的学生。最后于1761年的年度审计时,决定设立一个研究生奖学金,并随即于次年1月选定将获得这个奖学金名额的研究生——通过出售瓦伊纳先生的著作所得资金设立的这个基金,在扣除上述三个奖学金花销之后,所余应当仍足够再各另增设一个普通奖学金和一个研究生奖学金名额,或者再另增三个普通奖学金名额,当然,这样的安排只是权宜之计。

③ 章程内容如下:

1. 瓦伊纳先生捐赠的款项开设一独立的账户,每年由学校委派的账户管理者和学院教授共同进行审计一次并将结果呈报毕业生评议会。

2. 设立英国法教授职位,年薪200英镑;教授须由毕业生评议会选出,当选时至少具备牛津大学文科硕士学位或罗马法学士学位上述学位须于其注册入学起十年之内取得;此外,此人还应具备四年以上在法律界从事讼务律师工作的经验。

3. 此英国法教授(无论是直接当选,还是由毕业生评议会早先任命的代理教授升任),每学期都须于大学学期开始之前某些规定的时间,用英语向公众做一有关英国法的正式讲演;如未能履行这一职责,每次须罚20英镑,并充入瓦伊纳先生的共同基金。此外(无论该教授是直接被选任的,还是由代理教授升任的——该代理教授如属临时任职,则须经副校长和学监任命;如属长期任职,则任命事由及该名代理　(接下页注释)

（接上页注释）教授本人每年须经毕业生评议会认可），每位教授每学期须开设至少一个用英语授课的英国法讲座。要求该讲座包含不少于60次的讲课，并要求课时安排合理，每星期讲演不超过四次。教授应于讲课开始前一月发出公告，对于瓦伊纳基金奖学金获得者应免收费用；但对于其他听讲者可收取一定费用，收费标准依毕业生评议会决议随时调整而定。至于前文提及的每学期总共60次的讲课，每位教授每缺课一次且又于年内遭投诉至副校长处，则须罚40先令，并充入瓦伊纳共同基金。教授如实履行职责则须由本人提供证明。

4. 教授终生任职，然有下列情形者，可经毕业生评议会批准由副校长剥夺其教授职位：有任何为校规所禁止的不端行为者；致力于另一专业并因而放弃英国法专业者；因工作疏漏已受副校长及学监警告而仍公然再犯者。

5. 研究生奖学金金额初次设立时为每人每年50英镑，普通奖学金为每人每年30英镑。毕业生评议会视瓦伊纳基金收入状况随时调整奖学金金额。

6. 研究生奖学金获得者由毕业生评议会选出，当选时须未婚，至少具备文科硕士学位或罗马法学士学位，当选时须为牛津大学任一学院之成员；如原为瓦伊纳基金普通奖学金获得者或牛津大学其他奖学金获得者（此种情况须为由毕业生评议会授权并批准的奖学金获得者）可享受以下优惠政策：如当选时非务实律师，只须于当选后一年之内进入律师界即可。研究生奖学金获得者每年中须有两个月在校居住，如若不然则须将当年奖学金充入瓦伊纳先生的共同基金。

7. 普通奖学金获得者由毕业生评议会选出，当选时须未婚。须为牛津大学任一学院之成员且注册入学至少24个月时。取得罗马法学士学位过程中未经留级、休学之事。在攻读文科学位或其他学位过程中，获得奖学金之前，入学的第二至第八年间，须研修过瓦伊纳讲座教授两门课程并持有任课教授的亲笔证明。获得奖学金后一年内须进入律师界。获奖学金后前四年每年须有六个月在校居住，四年后每年须有四个月在校居住，直至取得文科硕士或罗马法学士学位。此后每年仍须有两个月在校居住，如若不然，则须将当年奖学金充入瓦伊纳先生的共同基金。

8. 普通奖学金获得者中如有下列情形者，可经毕业生评议会批准由副校长宣布其获奖资格失效：不出席教授所授之课程者；未能取得罗马法学士学位遭副校长及学监正式警告者。普通奖学金及研究生奖学金期限十年，期满之后须经重新挑选。然十年期间获得者中有下列情形者，可经毕业生评议会批准，由副校长宣布其获奖资格失效：明显行为不端者；连续两年未在校居住者；婚嫁者；在规定期限内未进入律师界（遭副校长及学监正式警告者）；致力于另一专业并因而放弃英国法专业者。

9. 一旦教授职位、普通奖学金及研究生奖学金名额出现空缺，则当年教授薪金或奖学金款项由其前任（或其代表）及其继任者按比例分配，继任者应于职位或名额空缺后一月内选出。若此一月适逢学校假期，则可推迟至下一学期开始第一周内选出。为重新推选教授或奖学金获得者或其他任何有关瓦伊纳基金之事而召开毕业生评议会之前十日须在各学校及评议会大厅张贴公告，说明召开评议会之事由。

的资助者的构想并最忠实地加以实施；我们也很高兴地回忆起那些因其才能、财富、地位、学识或经验而显得特别出众的人们也对推动瓦伊纳先生的讲座的成功举行表现出极大的热忱。

普通法的优势来自于这门法律本身的科学性，只要这些学术活动的中心对普通法稍微多一点关注，可能就会对其发展有相当大的助益。活跃于这些学术中心的学者，他们不仅有才智也有足够的空闲时间。这意味着他们在接受了研究和教授普通法的任务后能够加以适当的权宜变通，或是用他们比一般学者更为睿智的头脑来完成任务[①]。他们会改进研究方法、精简冗杂的部分并化解各种微不足道的意见分歧。因为经过许多世纪的应用，在任何一种人类体制中都必然会产生上面这些糟粕。至于那些忙于日常工作及活跃于其他更为生机勃勃的行业的职业人士是不会屈尊接受这样一项任务的。为英国大学的利益和声誉计（两者其实系出同源），请恕我大胆断言：即使对普通法的研究在我们大学或是在剑桥大学日臻完善，英国的贵族和绅士们也不会因此而缩短他们的在校时间或是就此看轻大学教育对他们的助益。现在我们已扩展了大学教育的招生范围，接受一些来自其他阶层的公民进入我们的大学接受教育。希望诸位不要以为这无关紧要，因为借此我们可以吸引众多有实力的法律界人士来共同维护我们的权益并保证我们的收入，而这些人士在这方面的力量也是不容小觑的。

那些想从事法律职业的绅士们将会发现在进入出庭律师学院学习前先在大学里为普通法及其他学科的学习打好基础，这于他

[①] 参见培根爵士的提案及其提供之摘要。

们将是很有帮助的(姑且先不论这是否切实可行),这一点我想已无须争辩了。要说是否还有什么比以前那种直接进入出庭律师学院学习普通法的做法更冒险、更令人产生挫折感的,我想我们不妨来探讨一下我们周围这些律师的经历。试想一下,一个初出茅庐、毫无经验的年轻人,在他生命中最易受影响的阶段,在除了他自身的审慎之外再无任何制约的情况下突然就暴露于声色犬马的诱惑之中。不仅如此,在不知道自己该通过何种途径来继续深造时,他往往得不到任何来自公众的指点;在他面对一个初学者经常会遇到的艰难困苦并感到焦虑不安时,也没有任何人会给他个人的援助,帮助他走出困境。在这种情况下,他只能要么与世隔绝,独自一人从大量未经整理的知识中抽象概括出普通法的理论,而这期间要经过的枯燥乏味的过程当然也只能由他一人忍受;要么他可以勤勤恳恳地出入于各种法院旁听,以使他能够把理论与实践结合起来,这样他也应该能够应付日常的法律工作了。有鉴于此,我想当我们听说决策失误在律师界司空见惯时,当我们听说许多很有才能的绅士已经厌倦了这种毫无前途的求索过程[①],转而沉溺于娱乐消遣或是研究其他比较无害的学科时,或是当我们听说许多资质平庸的人甫一开始就陷入困惑并且终其一生只能在黑暗中茫然地摸索时,我们应当不会太过惊讶的。

---

① 亨利·斯佩尔曼在其所著《古史词典》的序言中,将他对于这种状况的焦虑做了一个生动的描述:"母亲把我送到伦敦去学习普通法。然而当我踏进心目中的法学圣殿时,遭遇的却是我根本听不懂的外语,还有粗俗的方言、粗糙的教学风格、错误的教育制度,简直是一片混乱。我不得不承认,当时我一想到将要开始忍受这一切,马上就丧失了开始学业的勇气。"

那些身处律师界的人显然也需要有人在法律基本原理方面指点他们,这也促使一种习惯做法渐渐成了气候(这种做法一旦被普遍接受必会导致灾难性的后果)。我所指的这种做法,即舍弃在某些人看来对培养事务律师毫无帮助的人文教育,代之以让他们跟随一些颇有法律技巧的出庭律师学习,以便让他们早日彻底领会一些律师界通用的行事方法,务求使他们熟练掌握那些死板的处理法律事务的程序。更糟糕的是,现在这种做法还备受这些人的推崇。当然确实有个别几位学识卓著、为人光明磊落的律师,他们虽然也是由这种方式培养出来的,但却表现出众,在律师界享有很高的地位。这使得律师界这种简单粗陋的培养模式在一定程度上得到认可,也使得许多无甚远见的家长受到了误导。但这些目光短浅的家长却没有考虑到,这些人的法律才能与生俱来,可以不受任何不利因素的干扰。这样几个极个别的例子根本就不具有普遍意义。此外,他们也没有注意到,这几位非常出色的律师自己却往往会被身边一些最有力的例子——他们自己的子女的经历说服,而不得不承认另一种完全不同的打下法律基础的途径,即接受正规的学校教育。作为对他们的回应,或许我也应该请这些家长们看看现在占据了司法界最高职位的几位先生们,以此向他们暗示一下学校教育的优越性[1]——但我知道,虽然这些人能听懂我的暗示,但他们仍会(实际上他们已经这么做了)阻碍我在律师界推行学校教育。

---

[1] 当时占据司法界最高的四个职位的皆为绅士出身。其中两位为万灵学院研究生,一位为基督学院学生,另一位则为剑桥大学三一学院研究生。

第一章 论英国法的研究

在正确看待这少数几个特别出众的特例的前提下,凭经验我们当能预料到,一个凭着做出庭律师和事务律师①的跟班进入律师界的人将来一定会发现他采取这种方式从一开始就错了。因为如果其所学仅限于律师的日常业务的话,那么其所知也将永远仅限于此。如果没人教导他,他所从事的业务以基础的法学基本原理和首要原则的话,那么与已有案例只略有一点点小差别的案件也会使他不知所措、方寸大乱。他的知识领域将永远仅限于法律是这样规定的②(*ita lex scripta est*)。他将几乎不期望能够领会任何由法律的精神和正义的自然基础中提炼出的观点,更不用奢望能够形成属于自己的观点了。

问题还远不止于此。如果对这种培养方式的迷恋盛行到一定程度的话,我们就再不用指望能在律师界发现任何才华出众或学识卓越的绅士了。因为没有哪一个出身高贵、家世显赫或是教养良好的人会安于机械模仿那些律师界的糟粕,这种繁重乏味的体力劳动于他们简直形同苦役。而最终导致的后果将会是:对英国法的诠释和执行(包括对我们的财产、自由权甚至生命的全权处置)都将落入那些出身卑微的人或缺乏法律知识的人的手中,而受到波及的将会是全体公众。

要想防止上述情形的发生,唯一的办法是使接受大学教育成为进入英国普通法业界的必要前提,同时普通法的基本原理必须成为大学教育的一部分。各门学科不仅彼此之间互有联系,而且

---

① 见:Kennet's life of Somner. p. 67。
② 《查士丁尼学说汇纂》(*Ff*. 40.9.12.)。

也正是这种与其他学科间的联系使得一门学科得以兴盛,因为每一门学科都能从这种与其他学科间的联系中得益进而得以发展。如果一个普通法的学生能够通过仔细揣摩并模仿那些真正的古罗马文学家的作品(这其中他最重视的应当是历史学家和演说家)而形成自己的观点和风格;如果他能够运用最纯粹的逻辑学中那些简明易懂的规则进行严密的推理来辨明合理的论据和谬论之间的区别;如果他能够运用数学证明的方法专心致志、矢志不渝地探询隐藏在那些错综复杂的推论中的真理;如果他通过了解纯哲学及经验哲学的知识而提高了他的艺术修养及在自然科学方面的造诣;如果他已经对人类法律最好也是最权威的基础——自然法中蕴含的合理的原则留下了深刻的印象;最后,如果他对这些如今已经被抽象为罗马法的实用体系的自然法法则已进行了深入思考;对一个学生来说,如果他已经做到了哪怕是其中一点的话(虽然要做到这几点对那些能够为自己的大学增光添彩的极具才华的教授们来说是轻而易举的),那么他就不仅已有资格学习普通法,而且其实已经在这一领域树立了声誉,从而使他从一开始就已在学习上享有极大的优势。此外如果他能够在完成学业或是在掌握了上述学术技能后,再花一到两年的时间以科学的方法为他将来的工作打下坚实的基础,而不是贸然地直接进入律师界的话(此时进入这一行业对他而言尚为时过早,他还不可能对这一行业有一正确的理解),那么他必能够轻而易举地开展他的事业,甚至将能够以一种近乎直觉的敏锐反应清楚地辨明这一行业的复杂情况。

我并不坚持认为上述这种先学习后加入律师行列的做法其动机是出于基于从个人角度出发的原则,我也不认为这种做法只适用于个别几个特例。我的这种推断是基于更普遍的情况而言。也正因为如此,除了刚才我所讨论的作为一个律师的职业技能方面的素质外,我还必须补充对其道德素质上的要求。要成就一个真正能够对律师界造成深远影响的英国法律师,要成就海德[1]、黑尔[2]或塔尔伯特[3],效忠国王、热爱自由、拥护宪法、荣誉感和坚定的宗教信仰这几点都是必需的。虽然迄今为止有些人出于客观或主观原因而不具备其中几项素质并可能因此成为反面的例子,以往的经验仍使我们相信,就培养学生的忠诚、公德心、荣誉感及宗教信仰而言,英国的牛津和剑桥两所大学无疑是所有大学中做得最为尽善尽美的。

在我结束演讲前,对于我刚才力图不负各位寄予我的厚望而建议学生们采用的那些学习方法,在座诸位可能希望我能做一个简短而又全面的总结。在我郑重其事地做这几次演讲的过程中(按照规定每个新学期伊始我都要做类似的演讲。这更多的是出于对这所杰出的学院表达公开的敬意的目的,而不是为了对我们的学生私下里进行指导)[4],我发现对于我们的资助者寄予我们的

---

[1] 此处应指爱德华·海德(Edward Hyde,1609—1674年),英国历史学家和政治家,曾任英国大法官,著有《英国叛乱和内战史》。——译者

[2] 即马修·黑尔(Matthew Hale,1609—1676年),英国法学家,曾任财政法院首席法官和王座法院首席法官,著有《英格兰普通法史》《论议会的最初制度、权力和管辖》等著作。——译者

[3] 塔尔伯特(Talbot,1685—1737年),英国法学家,曾任副总检察长、大法官,他的一些判例成为衡平法发展中的里程碑。——译者

[4] 参见罗伯特·洛斯(Lowth),《致克鲁伊亚娜》(*Oratio Crewiana*),第365页。

厚望和在座各位对我的期许,我所能作出的最好的回答就是常常试着对普通法那些最易理解的也最易被历史学家和评论界加诸各种没有实际意义的点缀的公正客观的条款加以阐述。但是要完整地做好这一系列的讲演(我每年在这上面都要花不少心思),我必须采用更加系统的方式。而在没有找到这样一种方式之前,我将大胆地继续采用我已然采用的方式①。当然,对其框架我会不断进行补充和修整以使之更加合理。此外,我还将尽力把所有这些浅显易懂的内容灌输到那些初学者们对普通法一无所知的头脑中去(我们常常轻易认定这些人对普通法的法律术语和观点已略知一二,但实际上他们从来就没有机会学习这方面的知识)。虽然以我一己之力不可能达到上述目的,但我仍将为此作出不懈的努力。而现在我相信诸位将允许我仅仅就在我的观念里,一个真正学术意义上的英国法教育者该做些什么而不是就我所知他们已经做了些什么作一个简单的陈述。

一个真正意义上的英国法教育者的课程应该像一张完整的英国法"地图"。他的职责是在这张地图上勾勒出英国法这个"国家"的形状、它的邻国和边境线以及国家内部郡与郡之间的分界。至于更细致地描绘城市内部区域的划分或是确定一个微不足道的小村落的经纬度则并非他的职责所在。他应当像福蒂斯丘提及的预备律师学院里的那些学生那样,"把精力都投入到追溯英国法的起

---

① 《英国法分析》一书于1759年第一次出版。书中展示了随后出版的《英国法释义》一书的主要章节及排列顺序。《英国法释义》一书内容源于作者于1753年在牛津大学所做的系列讲座。

第一章 论英国法的研究

源和研究其基本原理中去"。因为如查士丁尼所说①,如果一个有着细微洞察力的学生却从一开始就被迫把精力分散到许多不同的问题上并因此而不堪重负的话,其结果不是迫使他就此放弃他的学业,就是致使他不得不付出极大的努力去克服种种阻碍和自己的沮丧情绪以攻克这些难关。因此我们所要做的就是尽我们所能对英国法追根溯源。甚至应追溯至恺撒②和塔西佗③时期对布立吞人④和日耳曼人风俗习惯的记载;追溯至欧洲大陆北部国家尤其是那些征服了不列颠的撒克逊先祖的道德准则;追溯至罗马法的条文,不论它是自帕比尼安⑤时期流传下来的还是由瓦卡里乌

---

① 在一般地说明了这些概念之后,朕认为开始阐明罗马人民法律最适宜的方法,看来只能是首先作简明的解释,然后极度审慎地和精确地深入细节。如果一开始就用各种各样的繁复题材来加重学生的思想负担,由于这时候学生对这些还很陌生,所以,不胜负担,那么就会发生下列两种情况之一:或者我们将使他们完全放弃学习,或者我们将使他们花费很大功夫,有时还会使他们对自己丧失信心(青年们多半就因此而被难倒),最后才把他们带到目的地;而如果通过更平坦的道路,他们本可既不用费劲,也不会丧失自信,很快地就被带到那里[*Incipientibus nobis exponere jura populi Romani, ita videntur tradi posse commodissime, si primo levi ac simplici via singula tradantur: Alioqui, si statim ab initio rudem adhuc et infirmum animum, studiosi multitudine ac varietate rerum oneravimus, duorum alterum, aut desertorem studiorum efficiemus, aut cum magno labore, saepe etiam cum diffidentia (quae plerumque juvenes avertit) serius ad id perducemus, ad quod, leviore via ductus, sine magno labore, et sine ulla diffidentia maturius perduci potuisset.*][《查士丁尼法学阶梯》,第一卷,第一篇,第二部分(Inst. 1. 1. 2.)]。
② 恺撒(Julius Caesar,前100—前44年),罗马将军、政治家、独裁者、历史学家,著有《高卢战记》《内战记》。——译者
③ 塔西佗(Tacitus,约56—约120年),古罗马历史学家,曾任元老院议员、执政官和亚细亚行省总督,著有《历史》《编年史》。——译者
④ 布立吞人(Britons),古罗马人入侵时居住在古不列颠岛的凯尔特人之一。——译者
⑤ 帕比尼安(Papinian,约150—212年),古罗马五大法学家之一,《查士丁尼学说汇纂》中有601篇是摘录他的著作,《学说引证法》中规定,一旦五大法学家观点不相上下时,应以其意见为准。——译者

斯及其追随者引进我国的；但最主要的是要追溯至古代法律知识的集大成者——封建法，或者按照斯佩尔曼①对它的命名，"西方诸邻国之法"。我们应当将这些基本的准则和原理与自然法及其他国家法律的准则加以衡量和比较，并以理性解释之、用具体的例子阐明之、用无上的权威确认之。此外，我们还应当用演绎的方法推断出这些准则和原理的发展历史，观察其发展过程中经历的变化和改革，并揭示这些准则和原理与发生在本国的社会更迭之间的联系究竟紧密到何种程度，或是否曾受其影响。

这样一个研究普通法的计划，如果由一个既谨慎又有天分的人来实施的话，将必能使各行各业、各个阶层的学生都视其为一项有益而又理性的活动。但我们必须认识到，学习普通法绝不仅仅只是一项消遣。因为正如一位极有见识的作家曾对一些类似的情况所作的评论②那样，那些学习者"如果只是把学习当成一种消遣，并不真打算在上面花精力的话，那他将会非常失望的"。但实际上，那些学习者们需要花费在这上面的心思并不会比他们花在掌握其他学科的基本原理上的心思多多少，有时甚至及不上他们在喜爱的娱乐活动或体育锻炼上花的心思多。更何况并非每一个学生都要花同样多的精力学习普通法的每一个分支。普通法的有些分支学科，例如民事诉讼形式上的程序或土地财产纠纷中免不了的细微差别，就不值得花费太多的精力去掌握（当然那些从事这方面专业的先生们例外）。对大部分人而言，我个人认为约翰·福

---

① 《论议会》，第 57 页（Of Parliaments. 57.）。
② 泰勒博士的《民法原理》的"前言"（Dr. Taylor's preface to Elem. of civil law.）。

第一章 论英国法的研究

蒂斯丘爵士①在他的王室学生②决定开始学习普通法时对他说的话也许对他们同样适用(此处我所引用的话与福蒂斯丘的原话有一些小小的出入):"对一位绅士来说,他根本无须付出太大的努力去探究普通法中的微小细节。如果他想成为一名律师,那他只要能够在专家的指点下追溯出普通法的基本原则和主要分支学科的起源也就绰绰有余了。因此,一旦他下决心发挥所有的潜力投入到对这些普通法的原则和分支学科的学习和理解中,那么他就能毫不费力地在极短的时间内领会普通法的精髓。这是因为,虽然获得作为一名法官所必须具备的知识至少要经过 20 年的苦心钻研,但对一个出身显贵或地位很高的人来说,只要他具备起码的理

---

① 所以,我的王子,您并不需要通过这种繁琐的投入和研究来探索我们法律的奥秘。一个具备合格学位的律师,作为一个学习者,您只需熟悉法律原则、原因和要素,这就足够了。因此,最高贵的王子,您很快就会通过适度地对法律学习的投入,在英格兰的法律中得到充分的指导,如果您这样做,您就会把它放在心上。我非常清楚您所具有的快速的理解力和对法律巨大的热忱,我敢说,通过一年的训练,在那些学习中(虽然对于一个法官来说,20 年的知识和实践几乎不足以获得资格),你将获得足够的知识,匹配您高贵的身份;在此期间,确保您参加,并进行军事演习(您的爱好所在),它依旧作为您的消遣,在您闲暇时最好取悦您。第八章(此处应指《英国法礼赞》。——译者)〔Tibi, princeps, necesse non erit mysteria legis Angliae longo disciplinatu rimare. Sufficiet tibi,—et fatis denominari legista mereberis, si legum prinicipia etc. causas, usque ad elementa, discipuli more indagaveris,—Quare tu, princips serenissime, parvo tempore, parvo industria, sufficienter eris in legibus regm Angliae eruditus, dummodo ad ejus apprehensionem tu conferas animum tuum.—Nosco manque ingenii tui perspicacitatem, quo audacter pronuntio quod in legibus illis (licet earum peritia, quails judicibas necessaria est, vix viginti annorum lucubrationibus acquiratur) tu, doctrinam principi congruam in anno uno suffcienter nancisceris; nec interim militarem disciplinam, ad quam tam ardenter anhelas, negliges; sed ea, recreationis loco, etiam anno illo tu ad libitum perfrueris, c. 8.〕。

② 即亨利六世国王。——译者

解力，那么一年时间就已经足够他学习与他的身份相匹配的法律知识了，并且同时他还能有暇兼顾提高自身其他方面的修养。"

当然也有这么一些人（我相信这样的人只是极少数），他们有一种错误的观念，认定大学只会造成对许多卓越见解的浪费，大学的目的只是为了让那些年轻人有地方消磨他们从孩童到成人的成长阶段中的一段尴尬时期。在他们看来，彼时那些正处于青春期尴尬年龄的青年人已摆脱了学校的约束，却又尚未开始有教养的成年人那种可以漠视行为规范的生活，并且处于这一阶段的年轻人无论在心智的成长还是道德修养的提高上都处于停滞状态。持有这种观念的人将永远无法体会到学习普通法的乐趣，因此我想瓦伊纳先生是不会希望他们来这里学习的。另一方面，也有众多为人坦诚的青年贵族，他们在我们当中可谓出类拔萃，但这并非因为他们的高贵出身和显赫财富，而是因为他们始终如一的表现及对知识的渴求。对于这些杰出的青年，我想我们的捐助者瓦伊纳先生是愿意把他在研究普通法的强烈欲望和使命感的驱使下耗尽毕生精力所取得的成果留给他们的。他也一定会欣慰地念及（如果他的这种想法能服务于他的思想的话），为了造福后代或服务公众，他所能采取的最有效的方法就是创立一个普通法讲座以向成长中的一代传授我国先进政体的精髓，并使他们产生更加了解他们祖国的宪法和法律的渴望。

第二章 法律性质概论

从最普遍、最广泛的意义上说,法律就是一种运动的规律,这种规律无差别地适用于所有种类的运动——不论这种运动是生命的还是非生命的运动,也不论是理性的还是非理性的运动。正因如此我们才既把运动学、万有引力学、光学、机械学的规律称作"法",同时又把存在于自然界和国家之间的规范也称之为"法"。这种运动的规律是由某些地位较高者预先设定的,所有地位较低者必须遵守之。

如此当上帝建立宇宙,从无到有创造万物时,他已将某些规则铭刻于其中,这些规则万物永远不能违反,且没有这些规则,万物便不成其为万物了。当造物主使万物运动起来时,他又创造了若干运动规律,所有可以移动的躯体皆须遵守之。现在我们不妨将眼光从最宏观的角度收回到最具体的例子上:当工人制造一只钟或其他机械装置时,他可以按自己的喜好设定某些该装置运行所应遵循的规律,比如指针应当在规定的多少时间内划过规定的多少区域,只要钟的运转符合这种规则,那么它就能一直正常工作下去,实现它当初被制造出来的目的。

假如我们更进一步,从纯粹的非生命物质推及植物和动物,我们会发现它们也受规律支配,事实上支配它们的规律在数量上还要更多一些,当然同样也是一经设定即不可再改变的。植物生长的整个过程,从播种到生根,由生根到再一次的结籽;动物吸收营养的方式、消化方式、内分泌方式,乃至与其生命息息相关的各个方面的生理规律,都不是任意形成的或由生物按自己意志设定的,而是自然而然地遵循着一种神奇的方式在运行着,并受到伟大的造物主设定的永恒正确的规律的指引。

因而这就是广义上的法律的定义:一种由某些地位较高者设定的规律。对于生物们而言,它们既没有能力对其加以思考,亦无力对其施加任何主观影响,只要生物本身要继续存在下去,就必须不折不扣地遵循这些规律,因为其存在与否完全取决于是否服从规律。但就更特定意义上的法律而言,或者说本书所要讨论的法律,指的并非是普遍的运动规律,而是人类活动或行为的规则。亦即,人——这一尘世万物中最高贵的生灵,生来兼具理性与自由意志的生物,对其总体行为进行规范时必须运用其天赋才能对之加以利用的种种规则。

人,作为造物主创造出来的一种生物,更作为纯粹的一种依附性生物,不可避免地受其创造者所设定的规则的控制。虽然任何生物,只要是独立于其他生物而存在的,就可以只遵从自己设定的规则而无须再遵从其他规则,但依附的状态必然迫使地位较低者接受其所依附者的意志,并以这种意志作为他所遵从的行为规则,事实上这样的规则并不处处涉及,而是只存在于其须依赖于所依附者的方面。因此,这种规则的范围和影响有大有小,取决于地位较低者对地位较高者的依赖的范围和程度是大还是小,是完全依赖还是有限度依赖。既然人类在每一方面都完全依赖于其创造者,则人类无可避免地在所有方面均须遵从其创造者的意志。

这种造物主的意志便被称为自然法。之所以这样称呼,是因为对上帝而言,正如他在创造万物并赋予其运动天性的同时即建立了若干规律作为这种运动的万世不易的规则,同样,当其创造人类,并使人们在一生中可依本身的自由意志支配自己行为时,也为人性制定了特定的永恒不变的法律,以便人类的自由意志在一定程度上受到规范和限制。与此同时,造物主还赋予人类理性以探寻这些法律的本质意义。

如果将造物主仅仅视为具有无限力量的上帝,其当然具有按其喜好为其创造物——人类,制定任意法律的能力,即使这种法律既严苛又不公正。但造物主同时也是一个具有无限智慧的上帝,因此上帝仅制定了与公平正义相联的法律,这些法律在任何人类社会明确的规范出现之前即已作为事物的本质而存在,那就是亘古不变的明辨善恶的法律,造物主本人的后来的所有神启皆与之相符。只要这些法律是指导人类行为所必需的,上帝就会赋予人类探寻这些法律所需的理性。这些规律还包括:我们应当为人诚实;不可伤害他人;使每个人各得其所。这三条普遍原则是查士丁尼[①]所归纳的法律的全部原则。

但如果要探寻自然法的这些基本原则,必须要靠人类充分运用其所具备的正确的理性,而要实现这些基本原则又只能借助一系列形而上学的鸿篇巨制的话,那么对人类而言,时至今日他们仍

---

① 这是法律的三大原则:应当为人诚实;不可伤害任何人;使每个人各得其所(Juris praecepta sunt hace, honeste vivere, alterum non laedere, suum cuique tribuere.)。《查士丁尼法学阶梯》,第一卷,第一篇,第三部分(Inst. 1.1.3.)。

将缺乏某些刺激他们进行探索的诱因,从而导致世界的大部分地方继续满足于思想上的惰性,而这种惰性又必然与无知为伴。幸运的是,造物主之所以是上帝,不仅在于他拥有无限的力量和无限的智慧,也在于他无限的仁慈,所以造物主乐于为人性设计结构和框架,使我们无须他人敦促而仅出于自爱——这一人类活动的普遍原则,便能探索和追求正义的规则。因为造物主将法律的永恒正义与每个个人的幸福如此密不可分地交织联系在一起,以致于后者如不服从前者便无法实现;而若前者被不折不扣地遵守则后者必然会实现。正义与人类幸福相互联系在一起的结果是上帝未如一些人徒劳揣测的那样,使用大量抽象的规则和格言将自然法复杂化,然后再将这些规则和格言运用到被简单归类为适宜或不适宜事物之中,而是宽厚而仁慈地把须遵从的规则概括为一句慈父般的箴言:"人应当追求自己的幸福。"这就是我们所说的伦理学或者自然法的基础。至于我们的法律体系中由这句箴言扩展出的若干条法律条文,实际上都只是被用来表明这样或那样的行为符合人类真正的幸福,因此实施这类行为可以顺理成章地被认为是自然法的一部分;或者,反过来说,这样或那样的行为有损于人类的真正幸福,因此为自然法所禁止。

自人类存在之日起便由上帝亲自制定的自然法,其所具有的约束力理所当然的高于其他任何法律。这种约束力无时不有、无所不在,所有与之抵触的人类法律均归于无效。至于那些有效的人类法律所具有的全部的强制力和权威性也都直接或间接地源于自然法。

但是为了使自然法适用于每个人的特殊紧急情况,理性的帮助依然十分必要。如前文所述,理性的任务就是权衡究竟何种方法可以使我们实现属于自己的真正的幸福,从而使我们了解在某一特定生活状态下自然法给我们的是何种指示。如果我们的理性能始终处于我们的第一位祖先违犯戒律之前的状态——纯净无瑕、不为激情所扰、不为偏见所迷、不为疾病、纵酒所损,那么完成这一任务将会是轻松而愉快的,我们除理性外便无须其他指引。但如今世人之经历皆与之相悖,每个人的理性都并非无瑕,其见解中无知、错误比比皆是。

人类理性的有瑕状态给了仁慈的神意的介入很多机会,对人类理性的脆弱、不纯净及盲目性的同情和怜悯,使上帝乐于在不同的时代以各种不同的方式通过给予直接、即时的启示来展示和执行其法律。上帝在这种情况下所传达的原则即我们所称的神启法或神法,它们只能从神圣的《圣经》中找到。当这些箴言被揭示时,人们发现其堪比最初自然法的真正组成部分,因为它们都必然通向人类幸福的源泉。但是既然我们已经知道上帝揭示这些箴言之前,哪怕是生活在最睿智的时代的人类都未能自行发现它们,我们就不能由此得出这样一个结论:即使在理性处于目前这种有瑕状态时,还是可以依靠它来了解这些真理。由于神法中的道德规范确实与自然法中的此类规范系出同源,因此两者的约束力本质上也具有相同效力并且都具有永恒性。但是(就人类的经验而言)毫无疑问,神法的权威远远高于我们通常所说的自然法。因为一个是直接由上帝亲自宣布的自然法,另一个仅仅是我们借助人类理性想象出的自然法。若我们看待后者能像看待前者那样确信无疑,那两者自当具有相同权威,但在达到这种状态之前,两者将永远不能相提并论。

人类法律都由两大基本依据决定——神启法和自然法,这也就是说,所有的人类法律都不能违反它们。不过,确实也存在大量神启法和自然法都未曾涉及的方面,虽然神法和自然法赋予人类自行决断的权利,但为社会利益计,类似情况还是必须被限制在一定范围内。这些神启法和自然法都未曾涉及的方面正是人类法律最具强制力和影响力的地方,这是因为,对于那些神启法和自然法有所涉及的情况,人类法律是从属于前者的,它的作用仅仅是对其中有关的规定作出解释而已。以谋杀行为为例,神法明确禁止这种行为,自然法的规定明显也是如此,这种罪行的真正违法性正是源自于这些禁令。而为该禁令附加刑罚的人类法律,并没有在道德意义上增加这种罪行的罪恶程度,也没有形成任何新的道德上的约束力以戒绝这种犯罪。不止如此,如果任何人类法律许可或命令我们为谋杀行为,则我们有义务违反这种法律,不然的话,我们必然会同时违反神法和自然法的规定。但对于本来这两种最高法律就未曾涉及的情况,也就是那些既不是规定必须做,也没有被禁止的事情(比如向外国出口羊毛①),尘世立法机构便有了立法干涉的机会和余地,可以将这一以前并不违法的行为规定为违法。

假如人类生活在彼此之间互不相干的自然状态下,那么除自然法和上帝的法律外,就不需要其他的法律了。而且这种状态下其他法律也不可能存在,因为法律须由地位较高者制定,而在自然状态下,人人平等,除了我们生命的创造者之外没有其他地位较高

---

① 为促进本国纺织业发展,英国曾一度禁止向外国出口羊毛。——译者

的人。但人生来就是一种群居动物,因此,便如学者们在此问题上论证的那样①,既没有能力,而且确实也没有胆量独立生存。然而,由于整个人类不可能共同居住在一个巨大的团体中,因此人必然被划分成多个群体,并进而组成一些独立的团体、社会、国家。虽然它们彼此是完全独立的,但在它们之间必然会发生一些交往。为了规范这种彼此间的交往,出现了第三种法律,被称为——"国际法"②。由于所有这些国家都不会承认其他国家的地位更高,也不可能接受他国的统治,因此,国际法完全由自然法的规则所决定,至多再包括一些国家间的协议、条约、联盟或多边的公约。而且在签订这些协议、公约时,我们也不可能采纳其他规则,而只可能沿用唯一一部双方共同遵守的法律——自然法的规定。对此罗马法有非常准确的评论③:自然理性用以支配全体人类的规则,被称为万民法④(*quod naturalis ratio inter omnes homines constituit, vocatur jus gentium*)。

因此,我认为在继续深入探讨本部分的主要议题——市民法或国内法之前,非常有必要先讨论一下自然法、神启法和国际法。市民法⑤或国内法是治理个别的行政区、社会或国家所依据的法律。因此,查士丁尼将其定义为:"市民法是每个国家为自己的政府所制

---

① 塞缪尔·普芬道夫,《自然法与万民法》,第七卷,第一章(Puffendorf, *l.* 7. *c.* 1.),以及译注者巴贝拉克的评论。
② 国际法(Law of Nations),亦被称为万国法。——译者
③ 《查士丁尼学说汇纂》(*Ff.* 1.1.9.)。
④ 万民法是古罗马适用于罗马公民与非罗马公民之间及非罗马公民之间的法律,现代国际法的很多内容来源于此。——译者
⑤ 市民法是古罗马适用于罗马公民之间的法律。——译者

定的法律"①(*jus civile est quod quisque sibi populus constituit*)。我在此依通说称之为国内法(municipal law),因为尽管从严格意义上说这一词语表示单个的自治城镇(*municipium*)的特殊习惯法,但该词使用在任何一个由相同法律和习惯的统治国家上也很恰当。

国内法,根据这一理解,可被准确地定义为:"一种由一国最高权力机构所预先制定,规定合法行为、禁止不法行为的公民行为规则。"接下来我们将努力解释一下由这一定义所引出的国内法的若干特点。

首先,这是一种规则,而不是一个长官突然发出的对某人的临时命令或涉及某人的临时命令,而是一种具有永久性、统一性、普遍性的规则。因此,一项没收张三的赃物或以重叛国罪剥夺其公权的议会特别法案,就并不符合国内法的概念,因为此法案仅适用于张三,总体而言与全社会无关。这样的法案与其说是一项法律,还不如说是一项判决。但一项宣布张三被指控罪行应视为叛国罪的法案,便具有永久性、统一性、普遍性的效力,因此是一项名副其实的规则。其所以被称为规则,还在于它和建议及意见有所区别。对于建议和意见,我们可视其正确与否,并判断其对所建议事物是否合理,自由选择接受与否。而我们对法律的服从则并不取决于我们对法律的认可,而是取决于立法者的意志。建议只是劝服,法律则是命令;建议仅仅在人们情愿时生效,法律即使在人们不情愿时也发生效力。

---

① 《查士丁尼法学阶梯》,第一卷,第二篇,第一部分(*Inst*. 1.2.1)。

法律被称作一种规则,还与契约或协议有所区别。因为契约 45
是由我们作出的许诺,而法律则是针对我们发出的命令。契约的
表述方式是:"我将为此事,或我将不为此事。"而法律的表述方式
是:"汝应当为此事,或汝不得为此事。"虽然契约确实也含有义务
的成分,从本质上说与法律上的义务是一样的,但两者的义务来源
是不同的。在契约中,在我们有义务做一件事之前,是由我们自己
来决定或承诺我们将做什么样的事;而法律则根本不经我们自行
承诺或决定即规定我们有做某事的义务。正是基于上述原因,法
律才被定义为"一种规则"。

国内法已被称作"一种公民行为规则"。这种特征把国内法同
自然法、神启法相区别。自然法是一种道德行为规则,神启法不但
是一种道德行为规则,而且也是一种宗教规则。这两种法律视人
为一种生物,从个体的角度出发,指出了人对于上帝、对其自身和
对其邻人的责任。国内法或市民法则把人看成一个公民,除了自
然法和宗教法规定的义务外,对其邻人还负有其他责任。公民之
所以负有这些责任是因为他作为公共团体的一份子,享受到了团
体带来的利益。至于这些责任,在他而言就是为社会的继续存在
及和平作出他的一份贡献的责任。

国内法也是"一项预先制定的规则"。因为一项只存在于立法
者头脑中的空洞的决议,既然并未由外部的文字符号加以阐明,就
不能成为一部真正意义上的法律。因此该决议被公告于要遵守的
人是其成为一项法律的必要条件。至于究竟以何种方式公告,实
际上无关紧要。一项决议可以通过通行的习俗和长期使用的惯例
进行公告,因为习俗和惯例都被视为先前已经公开宣布,如英国的

普通法就是这样一个例子。关于以公告方式公布法律,这一方式的例子包括由专门任命的官员公开宣布以及被安排在教堂或者其他公众集会上宣读的议会的法律。最后,还可以通过书写、印刷以及类似方式进行通告,这是我们议会所有法案适用的常规程序。但是,不论以何种方式公布法律,颁布者均应采用最为公开和清晰的表达方式。不能像卡利古拉皇帝[①]那样(根据狄奥·卡修斯[②]的说法):为更为有效地蒙骗他的臣民,卡利古拉把他的法律文本用很小的字符写成,然后挂在很高的柱子上。还有比这更荒谬的办法,就是被称作事后制定法律的办法:在有人实施某行为(该行为本身无所谓对错)后,立法者随即首次宣布,这是一种犯罪行为,并且对已经做过这一行为的人进行处罚。在这种情况下,被处罚者不可能预见到:一种行为,按照行为完成时的法律是无罪的,却被后来的法律修改成有罪,所以他没有任何避免此行为的动因,因而所有对这种行为的处罚都是残暴且不公正的[③]。出于上述原因,所有法律的效力不应溯及既往,且应当在施行之前公布,这样才符

---

① 卡利古拉(Caligula),意为"小靴子",是罗马皇帝盖尤斯·恺撒(Gaius Ceasar, 12—41年)的绰号,此人专横残暴,后被刺杀。——译者

② 狄奥·卡修斯(Dio Cassius,约150—235年),古罗马行政官、历史学家,著有《罗马史》。——译者

③ 罗马人称这样的法律为事后追溯法或者私法,西塞罗(de leg. 3. 19. and in his oration pro domo, 17.)在他的演说中这样说:"因为那(事后制定法律)是一种特权,根据这些特别法律,平民个人的利益将受到损害,所以神法禁止这样做,《十二表法》也禁止这样做。制定这样的法律从无先例:没有什么比这种做法更为残忍,更为有害,从这种意义上说,也没有什么比这更令人难以容忍!"("Vetant leges sacratae, vetant duodecim tabulae, leges privatis hominibus irrogari, id enim est privilegium. Nemo unquam tulit, nihil est crudelius, nihil perniciosus, nihil quod minus haec civitas ferre possit.")

合"预先制定"这一术语的含义。而一旦法律以惯常的方式被公告或预先制定时,那么国民便有义务尽快透彻了解法律。因为倘若本应知道法律的人对于法律的无知被承认是一个正当的借口的话,法律就会失去效力,而人们就总能安然无恙地逃脱法律的制裁。

不仅如此,国内法更是"一种由一国最高权力机构制定的民事行为规则"。因为根据前文所述,掌握立法权是一个实体拥有比另一个实体更高地位的最有力的表现。因此一部法律的核心内容中必不可少的一项便是——它是由最高权力机关所制定的。最高统治权和立法机关确实是同义的术语,两者中哪一个离开对方也无法继续存在。

这将自然而然的引导我们对于社会体制和市民社会的政府的性质,以及属于一国最高统治权(无论最高统治权究竟由哪一个实体所掌握)中本质的、固有的权力——立法权和执法权,进行一番简明扼要的探究。

社会组织唯一真实和自然的基础是人类个体的欲望与恐惧。这并不是说我们像某些学者一样相信这样一种理论:以前曾有一段时期,"社会"这个东西是不存在的,但由于意识到自己的欲望和自身的脆弱性,人们在理性的驱动下聚集在一个大草原上,签订一份最早的契约,并选出在场最高的男子作为他们的统治者。这种关于确实曾存在过一种人与人之间互不交往的原始状态的构想过于草率,以致令人难以认真对待它。不仅如此,这种构想还与上古人类起源的记录及这种记录在随后两千多年间被保存下来的过程(这种记录及其保存都是由单个家庭完成的)都存在明显的矛盾之处,上述两者都受到了单个家庭的影响。正是在这些单个的家庭之间形成了最初的社会,其范围每天都在扩展,当其发展到采用族长制的游牧状态已无法承载时,这个社会本身必然会通过许多次向外迁居分裂成更多的社会团体。此后,随着农业开始出现,为更多劳动力提供了工作并维持了他们的生活,向外迁居的频率开始降低,并且先前独立出去的许多部落又重新合并。这些合并有时以强迫或征服的方式,有时出于偶然的因素,有时则可能通过达成协议的方式。但尽管社会并非由于人类个体在欲望及恐惧的驱使下以签订契约的方式正式形成的,但正是这种对于自身的脆弱和缺陷的深切体会促使人们联合起来;也正是这种对于自身的缺点和缺陷的深切体会显示了联盟的必要性;因此,人类的这种体会不仅是社会最天然牢固的基础,也是使其不致松散的凝聚力。这就是我们所指的原始的社会契约,尽管可能没有证据可以表明在最初的国家形成时这一契约曾被正式公布过,但每一次联合在一起的行动,在本质上及理论上而言都必然意味着,也必须被理解为这样一种原始契约,即:整体应当保护它的所有部分,每一部分则应当服从于整体的意志;或者,换句话说,社会应当保护每个个人成员的权利,作为对得到保护的回报,每个成员必须服从社会的法律。没有全体的服从,社会的保护实际上是不可能及于任何个人的。

　　社会组织一旦形成,出于保护这种组织,维持其有序状态的需要,政府的产生是必然的。此时除非任命一些长官,所有社会成员必须遵从他们的命令和决定,否则人们将继续保持在原始的状态,世间将没有任何裁判者界定他们的权利或纠正他们的不法行为。

但由于社会所有成员生而平等,人们可能会问:政府的控制权应当被交到谁的手里?对此问题进行笼统的回答是很容易的,但现在误入歧途的政治狂热极易引起的灾难中有一半的导火索正是产生于将这种笼统的答案运用到具体情况的过程中。总体而言,所有的人都认为政府应当被授权由这样的人管理,在他们身上某些品质体现得最为明显,这些完美的品质同时也是被称为最高主宰的上帝所具有的品格。我所指的是三种必备的伟大品格:智慧、美德、力量。智慧——可以使其辨别社会真正的利益所在;美德——可以使其努力谋求这种利益;力量,或者说能力——可以把上述认识和意图付诸于实际行动。以上就是最高统治权的本质基础,也是在每一个组织良好的政府体制都应当具备的必要条件。

对于我们所知的世上现有的几种形式的政府最初究竟是如何起源的,这一问题至今仍然没有一个确切的说法,不仅如此,这一问题还引起了无穷的争论。不过,我并不想介入这些争论,而且这也不是我的职责所在。无论这些政府如何起源,或它们藉何种权利存在下去,在它们中必有一种至高的、不可违抗的、绝对的、不受限制的权威,亦即被授予统治权(*jura summi imperii*),或称作最高统治权的机关。这一权威掌握在这样一些人手中,(根据此类国家缔造者们的明示或他们集体的心照不宣的默许)那些属于最高统治者的必备品格——智慧、美德、力量,最有可能在他们身上找到。

古代的政治学作者们只承认三种标准的政府形式:第一种,最高统治权被授予一个包括该社会所有成员在内的全体大会掌握,这种形式被称作民主政体;第二种,最高统治权由经挑选的成员组成的委员会掌握,这种形式被称作贵族政体;最后一种,最高统治权被授予一个唯一的个人,这种状态下的政府形式被命名为君主政体。这些政治学作者们认为,所有其他类型的政体或为此三者的不良变种,或可还原为此三者。

如前文所述,所谓最高统治权,即立法权。因为不论政府外在形式如何、行政机关设置又如何,也不论制定法律之权力由哪一实体掌握,所有其他政府权力都必须与其保持一致,并受它指挥。因为立法者可以通过公布新的法令和规则,随时改变政府的外在形式和行政权力,并可以将法律的执行权置于其认可的任何人之手,且国家所有其他权力机关在履行他们各自特定的职能时皆须服从于立法权,否则宪法体制将无法继续。

在民主政体下,立法权属于全体民众,公众的美德,或者善良的意图比在其他两种政府形式中更容易找到。民众大会在出谋划策方面较为笨拙,法律的执行也不甚得力,但总体而言处事公正,并且总在一定程度上具备公益精神和爱国精神。贵族政体具有比其他政府形式更多的智慧,因为这种政体是由(或应当是由)最有见识的公民组成。但比之共和政体,贵族政体欠缺诚实;比之君主政体,其又缺少力量。至于君主政体,毫无疑问它是所有政体中最具力量的,所有政府的权力都被聚集在一起,统一于君主手中。但这样的话就存在君主利用此种力量为短视或不义的行为的直接危险。

故而所有这三种政府形式都有它们各自的优点和缺点。民主政体通常最适于指出制定法律的目的,贵族政体最适于创造出实现法律目的的方法,而君主政体则宜于将上述方法付诸实施。如前所述，古代的人们基本上没有想到过除此三种政府形式外还会有其他任何固定不变的政府形式。尽管西塞罗宣称①："最佳的共和政体是由国王、贵族、平民这三个阶层的混合组成的"(*esse optime constitutam rem publicam, quae ex tribus generibus illis, regali, optimo, et populari, sit modice confusa*)。但塔西佗将这种认为存在一种完全不属于这三种政体但又兼具其优点的混合型政府的观点视为不切实际的幻想，而且即使有一个那样的政府产生，也不可能稳固而长久②。

但我们所在的这个岛屿却非常幸运，英国的宪政体制已经维持了很长时间，且我相信其将长久延续下去，对于塔西佗的权威论断而言，这确实是个现成的例外。由于我们国家的法律执行权掌握在一个唯一的人手中，故而所有只有在最专制的君主政体中才具有的优势——行动迅速，不受牵制，英国的体制都具备。同时，由于王国的立法机构的权力被委托给三个彼此间完全独立的权力机关行使：第一——国王；第二——上议院，即由依据虔诚、出身、智慧、勇武、财产选拔出的人组成的贵族议会；第三——下议院，由民众在他们自己的阶层中自由选择议员，这就使得英国政体成为民主政体的一种。这个由不同发条驱动，关注不同利益的聚合体，

---

① 西塞罗，《论共和国》片段，第二卷(*de rep. l. 2.*)。
② 所有的国家或城邦的政府必在民主政体、贵族政体、君主政体三者之中居其一。虽然有人提出在一种共和政体之下可以包含这全部三种政府形式，但该主张实践起来却并不容易，而且即使能够实现，这种政体也不可能长久存在(*Cunctas nationes et urbes populus aut primores, aut singuli regunt: delecta ex his, et constituta reipublicae forma laudari facilius quam evenire, vel, si evenit, haud diuturna esse potest. Ann l. 4.*)。

便组成了英国议会(parliament)①,其拥有对所有事物的最高处置权。这三个分支中的任何一个都不会给另外两者制造麻烦,但另外两个分支中的一个会对其进行抑制;每一个分支都被配备了一个具有牵制力的权力机关,足以抵制任何该机关认为不合时宜的或危险的改革举措。

于是,由此三者组成的立法机关就成了英国宪政体制中被授予最高统治权的机关,并且其是以对社会最有益的方式存在着。因为在其他任何政府形态里,我们不可能如此确信我们能发现政府的三种伟大特性如此完美、如此妥当的结合。如果最高权力只被三个分支中的任何一个单独掌握,我们都将不得不面对不受约束的君主制、贵族制或民主制政体造成的种种麻烦,并且会因此而缺乏优秀政体的三种必备品格的两种——或美德、或智慧、或力量。如果最高权力被授权于三个分支中的任何两个,例如,国王和上议院,我们的法律将规划得当,执行得力,但民众的利益可能常常被忽视。如由国王和下议院掌握,我们就会缺少谨慎、周到、善于撺旋,这些本当是由贵族提供的;如果立法机关的最高权力仅仅被两院掌握,那么国王就对他们的行动完全失去了牵制力,它们可能会被怂恿侵犯国王特权,或者说不定会罢免国王的职务,从而削弱(如果不是完全废除)行政权力的力量。但这个岛国的宪政组合得是如此完美无缺,除非破坏立法机构分支之间的均势,否则任何东西都不能对其构成威胁和损害。因为一旦发生此三者中任何一

---

① 此处的"议会"(Parliament)并非单指由上下两院组成的议会,而是指由国王和议会两院共同组成的立法机关。——译者

个丧失独立性,或沦为另两者意见的附庸的情况,宪政体制都将很快终结。而立法机构,由于最初的建立是通过社会的普遍认可和基本法案,因此也将发生变更。同时,根据洛克先生的说法(他的理论可能太过危言耸听),无论这种变更是如何发生的,结果都会立刻导致政府机构间联系的纽带完全断裂①。此时民众将陷入无政府状态,然而他们同时也就拥有了自行组织起来成立一个新的立法权力机关的自由。

  对三种通常的政府类型及由我们独特的宪法体制(汲取了所有这三种类型的政府各自的优点,并以此为基础构建的体制)进行了粗略的评价之后,我将继续我的评述。由于立法权构成了最高权力机关的本质,所以在任何国家里无论最高权力究竟由哪个机关掌握,制定法律都是只属于该权力机关的权力。或者根据我们自己定义所用的措词,也就是说:预先制定公民行为的规则。这一结论同样也可以从市民社会的国家制度及其根本目的中得出。由于一个国家是一个集合的主体,由许多出于自身的安全与便利考虑而团结起来的个人所组成,这些人想要像一个人一样共同行动。如果要行动起来像一个人,就须根据一个统一意志行动。但是,由于政治社会是由许多自然的人们组成的,他们中每一个人都有其特定的意志和意图,这些特定的意志不可能通过任何自然联盟达成统一,也不可能彼此折衷并达到一种可以长久协调一致的状态,以组成并产生那样一个整体的统一意志。因此,要形成统一意志,除了建立一个政治联盟外别无良策。这一联盟的建立应通过让所

---

① 《政府论》,下篇,第 212 节(On government, part 2. §. 212.)。

有的人同意使他们自己的个人意志服从于一个人、一个或一个以上集团的意志并对这个人或集团授予最高权威来完成。这个人（或集团）的意志在不同的国家,根据其不同的宪法被认定为法律。

因此,制定法律虽然是最高权力机关的权力,但同样更是其义务。因为既然各个社会成员履行了服从国家的意志的义务,那么他们就应当能从体现国家意志的国家法律中获得指引。但是,由于个人的人数是如此众多,国家不可能对每一个特定的人的每一个特定行为下达指令,所以国家制定了总体规则——为所有人在所有方面（不论是积极义务还是消极义务）,不间断地提供信息,进行指导。这些规则使每个人可以了解:什么应视为自己的,什么应视为别人的,哪些绝对义务和哪些相对义务是他应当履行的;什么应被认为是诚实的,什么应被认为不诚实,什么又被认为是中性的;每个人可以在何种程度上保持他的天赋自由;作为为获得社会带给他的利益而付出的代价,他又放弃了哪些天赋自由;以及为保护公众的安宁,每个人应当以何种方式节制地行使国家赋予他的权利。

通过以上的论述,我相信我们定义的前半部分的正确性是明白无误的:"国内法是由一国最高权力机构预先制定的公民行为规则。"我现在将继续论述其下半部分,即国内法是如此预先规定的一种规则:"规定合法行为,禁止不法行为。"

为确保法律正确地履行这一职责,首先必须做的就是以法律确立并强调合法行为和不法行为之间的界限。此事一旦完成,那么接下来:"命令人们为合法行为、纠正并禁止不法行为"自然也就成了法律——这一公民行为准则的当然责任。之后唯一的问题便是考虑法律应当以何种方式强调合法行为和不法行为的界限,以

第二章 法律性质概论

及应通过何种方法命令人们为合法行为和禁止不法行为。

基于上述目的，每一部法律应当包括如下若干部分：第一，说明。这部分对那些应遵守的合法行为及应避免的不法行为作出明确的不容更改的定义。第二，指示。在此部分，受法律管辖者被指示并强制命令要奉行合法行为，避免为不法行为。第三，救济条款。这部分条款规定了一种恢复人的个人权利，或者纠正其个人不法行为的方法。在纠正不法行为的方法上，可能还应增加第四部分，即通常称作法律的制裁和处罚措施的部分，此部分规定那些犯有任何公共不法行为、违反法律规定或失职的人应被施以何种处罚或遭受何种痛苦。

关于它们中的第一部分——对国内法的说明，更多的是依靠立法者的智慧和意愿来完成，而不是依靠神启法或自然法。这种学说，由于以前鲜有论及，所以有必要在此进行详细解说。那些彼时由上帝和自然赋予并因此而得名的天赋权利，诸如生命权和自由权，已经无需再藉由人类法律的力量更加切实地被赋予每个人了；而且即使国内法宣告其不容侵犯，这些权利亦不因此额外增加效力。相反，人类立法机构无权对这些权利进行剥夺或破坏，除非权利所有者自己犯有应使他丧失权利的罪行。同样，神法和自然法规定的义务（例如对上帝的崇拜、抚养子女以及其他类似义务）也并不因为被尘世法律宣告为义务而更具约束力。对于犯罪和轻罪，如为神启法和自然法所禁止，被称为本质上不合法的行为（mala in se）的罪行，如谋杀、盗窃、伪誓等，情况亦是如此。这些行为即使被人类立法机构宣布为非法，其罪恶性也不会额外增加。这是因为，如前文所述，在上述例子中人类立法机构仅仅附属于伟大的立法者,抄写并公布他的行为规则而已。故而,从整体上看,对于那些就其固有的本质而言已分出是非的行为,国内法的说明部分便毫无效力与权威可言。

55　　但对于那些本身属于中性的事物而言,情况就完全不同了。它们是正确还是错误、公正还是不公正、是应履行的义务还是应避免的罪行,都取决于立法机构视其是否适宜于促进社会的安宁及更有效地实现文明生活的目标。因此,我们自己的普通法规定:妻子的动产在婚后立刻成为丈夫的财产,丈夫对之拥有权利;我们的制定法也已宣布:所有的垄断行为都是一种违反公共利益的罪行。但无论是这种权利,还是那种罪行,都不是以自然法为依据的,而仅仅是法律基于市民社会的目标而创立的。而有时,一些事物本身虽然源于自然法的规定,但在特定的环境下以特定的方式为此事究竟是对还是错,仍有赖于尘世法律的规定。例如,在公民的义务中,服从上级是神启法和自然法规定的宗教原则,但究竟哪些人是上级,又应当在何种情况下,或在多大程度上应服从于他们,就属于人类法律决定的范围。又如,就侵权行为或犯罪行为而言,必须留待我们的立法机关来判别:在何种情况下扣押他人的牛构成抢劫,而在哪些情况下(比如当地主因欠债者无力偿还租金而牵走它们),其又是有正当理由的行为。

　　对于国内法的说明部分就讨论到这里,而其指示部分很大程度上与说明部分的情况相同。这是因为指示部分实际上包含前者在内,而前者一般是从指示部分提炼出来的。当法律如此表述:"尔等不得盗窃。"就暗示了一种说明——盗窃行为是一种犯罪。并且我们已经知道,对本质上无所谓对错的事情,判别其合法还

第二章　法律性质概论

是非法的精髓就是根据法律的指示部分要求为此事还是避免此事。

法律的救济措施部分是由前两部分引出的必不可少的一部分，没有这部分内容，法律的含义必将变得模糊不清、残缺不全。当权利的行使受到阻碍或权利遭受侵害时，若没有办法可以恢复这些权利并对其加以确认的话，那么宣布这些权利便毫无意义，命令人们遵照指示必定也是徒劳的。这就是我们所说的法律提供保护的确切含义。例如，若法律的说明部分规定："在张三之父死后，其土地或遗产归张三所有。"同时指示部分规定："未经所有权人许可，禁止任何人占有他人财产。"那么倘若李四胆敢占有上述土地的话，那么法律的救济部分便会履行其职责，让李四将非法占有物返还张三，并赔偿因侵占行为造成的损失。

谈到法律的制裁条款，或称为使违反公共义务者蒙受灾难的部分，据说人类立法机构制定法律的制裁条款时，多半宁可选择报复，也不选择补偿；宁可给予处罚，也不切实给予具体的奖励。这是因为，首先，遵守国家法律的一般必然结果就是——各项公民权利和自由受到很好的保护，人们能够安定的享受这些权利和自由，这本身就是对人们守法行为的最有价值的回报和最好的奖赏。其次，如果每一种美德的保持都必须通过给予具体的奖励才能实现的话，任何国家都不可能有足够的储备来颁发这笔庞大的奖金。更重要的是，在人类的行为准则中，对灾祸的畏惧所造成的约束力远远大于对善的向往[①]。出于以上种种原因，尽管有时对善举进

---

① 洛克，《人类理解论》，第二卷，第二十一章（Hum. Und. b. 2. c. 21.）。

行适当的奖励会取得良好的效果,但我们仍然发现,那些强制命令和规定我们义务的国内法律,几乎很少(如果曾经有的话)对守法行为提供特权或奖赏。相反,总是带着谴责违法者的处罚措施而来,这些措施或者直接确定处罚的性质、轻重;或者将其授权给法官以及受委托将法律付诸执行的人自由裁量。

57　　在法律的所有部分中,最有效力的部分就是处罚措施部分。因为除非我们在作出指示的同时宣布:"这将是你们不服从的后果",否则只单单指示"要这样做,或者不能那样做"将是徒劳无功的。所以我们必须意识到法律的主要力量包含在其所附带的处罚措施中。在这些措施中,我们可以发现人类法律主要约束力之所在。

立法者们和他们制定的法律被认为是"强制的"或"强迫的",不是因为它们通过一些固有的暴力行为来约束一个人,使其除服从立法者及其法律的命令外别无选择——这只是狭义上的义务的含义;而是因为通过公示和宣告一项对违法者的处罚,它们藉此向公众宣布:任何人都不能轻率地选择违反法律。鉴于惩罚的威慑力,守法显然比违法可取得多。而且,即使将奖励守法和以处罚威慑违法同时进行,法律的约束力还是主要来自于处罚:因为就本质而言,对守法的奖励只能起劝说和诱导的作用,除了处罚之外其他措施都不具有强制力。

人类法律的约束力是建立在人类良知基础上的,我们主要的伦理学作者们都如此认为,这也确实是有充分理由的事实。但如果人类的良知是仅有的或者是力量最强的约束的话,那就只有善良的人们才会尊重法律,不良之徒则会藐视法律。因此这一原则虽然正确,但领会其含义时仍需加上一些限制条件。按照我的理解,就权利而言,这种原则应理解为:当法律判定一块土地属于张三时,不再阻碍张三行使权利或侵害其权利就取决于良知的作用。对自然义务以及侵犯上述权利的"本质上不合法"的行为也是一样。此时我们也受良知的约束,因为早在人类法律存在之前,我们就受神启法和自然法的约束,要履行我们的自然义务并避免"本质上不合法"的行为的发生。但对那些只规定了法定义务,并不禁止实施本质上不合法(mala in se)的行为,而仅仅禁止实施法律所禁止(mala prohibita)的行为,并为每项违法行为确定相应的刑罚的法律而言,在此情况下,我认为良知除了在我们违反人类法律时命令我们服从处罚措施外,就无需更多地被念及。因为如若不然,万一认定一个国家的所有上述刑事法律是针对受法律管辖者的良知设下的一种陷阱的话,那么这个国家众多的刑事法规都将不仅会被看成一种失策,更会被视为一种邪恶的东西。但是,在那些每个人都有"或者不为此行为,或者甘愿接受刑罚"选择权的案件中,无论其认为适宜并欣然选择的是哪一边,从他的选择中就可以对他的良知一目了然了。例如,为保护猎物,成文法规定了一种对任何不具备资格的捕杀野兔者进行罚款的措施。而这一禁止性法律并不使该违法行为具有道德上的过错,仅有的良知上的义务便是如遇征收便缴纳罚款。

如此我已对国内法所作的定义进行了系统的分析、研究且指出其为"一种民事行为的——规则——由一国最高权力机构——预先制定——规定合法行为,禁止不法行为"。在阐述过程中,我努力把一些有用的原理——涉及市民社会的政府的性质,人类法律的约束力等与之结合讨论。在我结束此部分之前,再增添一些关于法律解释的评论应并无不当。

在古罗马,当人们对法律的解释出现任何疑问时,按照惯例是将案件以书面形式向皇帝陈述,然后按照他的意见作出裁决。的确,这是个糟糕的法律解释方法。征询立法机构的意见来解决具体的争议,不但是无休无止的,还给皇帝提供了很多偏袒一方和压迫民众机会。皇帝的解答被称为敕令,其对随后的案件便具有了永恒法律的效力。不过,每一个明智的罗马法学家都把这些敕令和一般意义的法律区别开来,因为敕令中只有事物的原理部分才能对他们有指导作用。马克里努斯皇帝[①],根据他的历史学家卡普脱利努斯所述,因为其无法容忍诸如康茂德[②]和卡拉卡拉皇帝[③]那些草率且劣拙的解答也被奉为法律,曾经断然废除了这些敕令,仅保留了有普遍性的诏书。但查士丁尼皇帝的想法则有所不同,他把所有的敕令都保留了下来。在教会法[④](亦称为《教皇教令集》)里也有类似的方式,其中所有的教令都是最严格意义上的教皇解答,不过与所有公认的推理方式不同,教会法由个别到一般论证问题。

解释立法者的意图,最合理的办法就是从立法者最自然和最可能反映其意志的标志中探究他在制定法律时的意图。这些标志

[①] 马克里努斯(Macrinus,约150—235年),罗马皇帝,但未获得元老院承认,并于其即位的第二年被杀。——译者

[②] 康茂德(Commodus,161—192年),罗马皇帝,以暴虐统治而闻名。——译者

[③] 卡拉卡拉(Caracalla,188—217年),罗马皇帝,罗马历史上最嗜血成性的暴君之一。——译者

[④] 《查士丁尼法学阶梯》,第一卷,第二篇,第六部分(*Inst.*1.2.6.)。

第二章　法律性质概论

包括该法律的用词、上下文、主题内容、效力和影响及法律的宗旨与制定的理由。让我们逐一对其进行解释。

（1）用词一般应从通常的、众所周知的词义上去理解其含义，要多考虑其一般和通常的用法，而不是其语法的适宜性。如由普芬道夫[①]提到过的法律规定："禁止普通教徒用手殴打牧师"，亦适用于用凶器伤害牧师者。又如，文科专用语或专业术语的解释就应根据对文科中的某一学科、贸易或科学等某一特定领域很有研究的人所理解的含义来解释。所以，根据《王位继承法》[②]英格兰的王位仅授予"索菲亚公主，及其所生的，作为新教徒的继承人"。"其所生的继承人"（heirs of her body）在法律意义上仅包括她特定的嫡系子孙，确定这几个词的精准含义，必须得到法学家的帮助。最后，当两部法律的用词明显互相矛盾时，后来的法律取代先前的法律：后法取代与之相违的前法（leges posteriores priores contrarias abrogant）是一句具有普遍性的法律原则，对我们本国的法律亦是如此。相应的，在古罗马的《十二表法》也有一条规定：使民众最新制定的法律成为公认的法律（quod populus postremum jussit, id jus ratum esto）。

（2）如果偶尔遇到词义不能确定时，我们可以联系上下文确定其含义。无论何时，当词义出现歧义、模棱两可或是难以理解时，可能奏效的办法之一就是将之与上下文中的词语或句子进行

[①] 塞缪尔·普芬道夫，《自然法与万民法》(L. of N. and N. 5.12.3.)［塞缪尔·普芬道夫(1632—1694年)，德国国际法、法理和历史学家，他对德国的自然法哲学有很大影响。——译者］。

[②] 该法制定于1701年。——译者

比较。因此,解释一部议会法律时常常可以从它的前言或者序言中得到帮助。将一部法律和其他由同一立法者制定,主题相近或直接与同一问题有关的法律进行比较的做法与前一种方法性质相同,也同样有用。因此,当英国法律宣布谋杀行为是重罪,不得主张教士豁免权时,我们需查阅英国的同类法律来认识什么是"教士的豁免权"。普通法严厉谴责圣职圣物买卖合同的规定,对于讨论教会法认定的买卖圣职行为的问题也提供了很大启发。

(3)至于说到主题内容,法律用词始终应被理解为是围绕某一主题的。因为法律的主题始终存在于立法者的心目中,其所有的表述都为了达到主题的目的。例如,当我们的爱德华三世的一部法律规定禁止所有神职人员向罗马购买"*provisions*"时,似乎是要禁止从罗马购买谷物和其他粮食,但当我们考虑到这部成文法是用来抑制教皇、剥夺教廷收入的,而且教皇对教会有俸圣职人选的提名也叫"*provisions*"时,我们就会明白上述禁令仅仅针对有俸圣职这种"*provisions*"。

(4)关于法律的效力与影响,其适用规则为:当词语照字面意思理解明显不合理或没有任何含义时,我们必须略微变通其一般含义。普芬道夫就提到过博罗尼亚的法律有这样的规定[①]:"凡将血液洒落到街上的人应遭到最严厉的处罚。"经过长期争议,该规定不适用于那些在有人因癫痫发作而跌倒在街上时要割破其静脉的外科医生。

(5)最后,当法律的用词语义模糊时,探寻法律真实含义的最

[①] 《自然法与万民法》,第五卷,第十二章,第八节($l.5.c.12\S.8.$)。

第二章 法律性质概论

普遍、有效的办法便是思考制定法律的理由和法律的宗旨，或思考是什么缘故促使立法者颁布它的。因为一旦制定法律的理由不复存在，则法律本身也应当相应与其一同终止。这方面可以举出一个由西塞罗[或是词藻华丽的专著《海伦尼乌斯》(*Herennius*)一书的任何其他作者][1]提供的案例：曾有法律规定，那些在风暴中弃船而逃者即丧失船上的所有财产，船只和装载的货物应当全部归留在船上的人所有。在一场危险的暴风雨中，所有的船员都弃船而逃，只有一名生病的乘客因为有病在身未能逃离船只。令人意外的是，此船安全抵港，于是这名病人继续占有该船，并宣称享有法律规定的权益。对于此案，所有精通法律的人都认为这个病人的情况不符合法律的宗旨，因为制定这一规定的目的是为了奖励那些冒着生命危险保护船只的人；而这一点是此人无法假装的，因为他待在船上既不是为了保护船只，而且也没有对船货得以保全起任何作用。

从这些解释法律的方法中，从它们所蕴含的理性中，产生了我们所谓的衡平法，格劳秀斯[2]对其定义为[3]："对于法律（由于法律范围过于广泛）不足之处的修正"。因为法律不可能预见和涵盖所有的案件，因此在将普遍的规定适用于具体实例时，应当有一个权力机关被授权来排除法律对某些特殊情况的适用。即那些如果立法者本人原先能预见到也会将之排除出法律的适用范围的特殊情

---

[1]　*l*. 1. *c*. 11.
[2]　格劳秀斯(Grotius, 1583—1645年)，荷兰法学家，其巨著《战争与和平法》奠定了现代国际法的基础。——译者
[3]　按照平等原则的；在衡平法上(*de aequitate*)。

况。这些特例,根据格劳秀斯的表述,应为:"法律没有对其详尽规定,而是把一部分内容授权一名公正而睿智的法官自由裁量"(*lex non exacte definit, sed arbitrio boni viri permittit*)。

因此衡平法,从本质上说是基于每一个具体案件的特殊情况。如果衡平法也制定固定的规则和是非标准的话,必然会损害其精髓,使其沦为成文法。而另一方面,对于使所有案件的审判都适用衡平的原则也不能太过纵容,以免法律因此被我们悉数破坏,使所有问题的决定权都被法官掌握。如果只有一般法律没有衡平法的话,虽然法律会显得僵化且令人讨厌,但却远比只有衡平法没有一般法更符合公众的利益。后者将会使每一个法官都成为立法者,从而引起无穷无尽的混乱。因为到那时,人与人之间在智力和情感上有多大的区别,在我们的法院里就会制定差不多数量的不同行为规则。

第三章　英国的法律

英国的国内法，或者说预先规定此王国居民必须遵守的民事行为的规则，应当归为两大类："*lex non scripta*"，即不成文法或普通法；"*lex scripta*"，即成文法或制定法。

不成文法不但包括各地通行的习惯［亦即通常所称的普通法（common law）］，也包括仅在王国某些地区通行的特定的习惯，以及那些按惯例只有在特定法院和特定的司法管辖权范围内才被沿用的法律。

当我称我国法律中的这几部分为"不成文法"时，我的意思并不是说它们现在仅仅是口头上的法律，或者说从古至今一直仅仅靠人们口耳相传。虽然以前确实存在过这样的情况，由于整个西方世界都没有读写方面的教育，因此所有法律都是口头习惯法，自然那些沿用不成文法的地区也因而从不具备将法律记录下来的观念，因此，不管是不列颠人还是高卢人，他们的德鲁伊特都是凭自己的记忆来保存所有的法律知识[1]。据说早期的撒克逊人以及他们在大陆上的同族兄弟都是他们只凭记忆和使用保存法律（*leges*

---

[1] 恺撒，《高卢战记》，第六卷，第十三章（*Caes. de b. G. lib. 6. c. 13.*）。

sola memoria et usu retinebant)①。但在我国，现存的法律习惯的历史遗迹和实物都记载于几个法院法官们的记录以及记录法院判决和报告的书籍、博学的先哲法学家们的论文中，这些文字材料都是从远古保存下来、流传至今的。而我之所以将我国法律的这几部分归类为不成文法(leges non scriptae)，是因为与议会的成文法不同，它们最初的制度和权威并非以书面形式规定下来，而是通过长期的应用，以及由于在整个王国被普遍接受，才得以确立法律的约束力和强制力。我们如此的归类方式，正如奥卢斯·革利乌斯(Aulus Gellius)对不成文法(jus non scriptum)所下的定义一样："通过人们默示的认可和不成文习惯而具有约束力的法律"(tacito et illiterato hominum consensu et moribus expressum)。

我们古代的法学家，特别是福蒂斯丘②，不遗余力的鼓吹这种观点：这些早在古老的布立吞人时期即已存在的习惯法，至今虽历经数次政府的更迭和居民组成的变化，依然一成不变，保持其纯洁性。这种观点对习惯法的某些部分或许适用，但就整体而言，如塞尔登先生在对此的评注中所说：我们在理解这一论断时应当体谅作者当时的立场。这一论断应当仅仅说明(事实似乎也是如此)，尽管毫无疑问在英国与许多外来民族——罗马人、皮克特人③、撒克逊人④、丹麦人、诺曼人⑤相互融和的过程中，这些民族原有的法

---

① 亨利·斯佩尔曼，《古史词典》，第 362 页(Spelm. Gl. 362.)。
② 《英国法礼赞》，第 17 章(c. 17)。
③ 皮克特人(Picts)，英国北部的古代民族之一，罗马人一直未能征服他们，9世纪时他们与苏格兰人联合建立了王国，后成为苏格兰。——译者
④ 撒克逊人(Saxons)，五至六世纪曾征服英国部分地区的西日耳曼人。——译者
⑤ 诺曼人(Normans)，十世纪定居于诺曼底的斯堪的纳维亚人和法国人的后裔。——译者

第三章 英国的法律

律必然已经在不知不觉中被引入且融合进英国固有的法律中,从而,通过不同国家箴言警句的积累,使英国法律的整体结构和语言获得了最大程度的改进,但英国法从未由一种法律体系正式转变为另一种法律体系。培根爵士曾说过①:我们的法律和我们的语言一样,皆为博采众长的产物;虽然我们的语言异常丰富,但我们的法律更加全面完善。

事实上我们的文物研究者和早期的历史学家们的工作确实明白无误的向我们证实了这一点:我国法律的主干其本质是混合的。因为他们告诉我们,早在阿尔弗烈德的时代,由于王国部分辖区的地方习惯法已经变得相当的纷繁复杂,因此他感到有必要为整个王国汇编一本通用的法典。这本法典后来被称为《法令集》(*dome-book*)或《司法手册》(*liber judicialis*)。据说这本法律汇编在爱德华四世统治时期还尚存于世。但遗憾的是,该书现已失传。我们可以推测,这本书包含了普通法的基本原则、对于犯罪的处罚以及司法程序的体制。下面的命令是从阿尔弗烈德之子老爱德华②的法律中发现的,从要求遵守这本书的命令中我们就可以找到很多种习惯法:"我明确的反复强调的命令就是:告诫那些政府中的掌权者们,作为法官,他们须管好自己的行为,对所有人公平处事。正如《法令集》规定的那样:自由勇敢、毫无畏惧的宣布普

---

① 参见培根爵士的提案及其提供的摘要[培根(Bacon,1561—1626年),英国哲学家、随笔作家、法学家和政治家。——译者]。
② 《老爱德华法令集》,第一章[老爱德华(Edward the elder,? —924年),英国国王,阿尔弗烈德大王之子,他曾联合麦西亚共同收复了很多被丹麦人侵占的领土。——译者]。

通法"[*Omnibus qui reipublicae praesunt etiam atque etiam mando, ut omnibus aequos se praebeant judices, perinde ac in judiciali libro (Saxonice, Som-bec) scriptum habetur: nec quicquam formident quin jus commune(Saxonice, polepihee) audacter libereque dicant*]。

但此后不久,丹麦人入侵并建立政权,从而引入了新的习惯法,并使这部阿尔弗烈德的法典遭到了废弃,或者至少是与其他法律的粗糙融合导致其地位降低、效力大打折扣。这样一来,十一世纪在英国不同地方存在着三种主要的法律体系。Ⅰ."*Mercen-Lage*",亦称为麦西亚法。在不列颠岛中部以及与威尔士接壤的各郡中施行。古代布立吞的居民大多退居于此地,因此该法主要是阿尔弗烈德的法律和古布立吞,或德鲁伊特的习惯法的相互融合。Ⅱ."*West-Saxon-Lage*",亦称为西撒克逊法。包括不列颠岛西部、南部各郡,从肯特郡到德文郡适用此法。这些法律可能也与上文提及的阿尔弗烈德的法律相同。作为国内法,阿尔弗烈德的法律在他统治的几乎所有辖区适用,这些郡中尤其值得一提的是伯克郡——阿尔弗烈德的特别王宫所在地。Ⅲ."*Dane-Lage*",亦称为丹麦法。这个名字揭示了该法的来源与内容。该法律主要适用于中部其余各郡及东部海岸地区——即那个海盗民族的聚居地。至于北部地区,彼时正由另一个不同的政府所统治[①]。

除以上三种法律外,罗杰·霍夫顿(Roger of Hoveden)[②]和

---

① 马修·黑尔,《英格兰普通法史》(Hal. Hist. 55.)。
② 亨利二世时期(*in Hen. II.*)。

罗努普鲁斯·塞斯特利西斯（Ranulplus Cestrensis）告诉我们，忏悔者爱德华编纂了一部统一的法典或法律汇编[1]在整个王国施行，然而另一方面，霍夫顿和另一位古老的手写本编年史的作者[2]又一致向我们证实，这一工作的规划和操作早在其祖父埃德加国王时就已开始。其实一直以来这种对法律进行总体汇编的类似办法都很有效，因此，其他一些大国也实施过类似的举措，通常这些国家也由一些较小的省份组成，每个地区都有各自不同的地方习惯。比如在15世纪初，葡萄牙的爱德华国王就进行过类似的编纂[3]。在西班牙阿龙佐十世统治时期，其在1250年将其父圣·费迪南的计划付诸实施，将各省份的习惯法汇编成一部法典，这就是著名的《七章法典》(las partidas)[4]。同时期的瑞典将经各地的法学家（laghman）所确认的特定地方习惯汇编成一本通用的共同法律的集成，该书被命名为《国家法》(land's lagh)，与英国的普通法相类似[5]。

不论是埃德加国王还是忏悔者爱德华的工作，只不过根据一个半世纪以来的经验对阿尔弗烈德的法典或者说《法令集》进行了一些改进和补充，似乎充其量只是它的一个新的版本或者说是重新颁布而已。正因如此阿尔弗烈德通常被上述历史学家称为"英国法的奠基者"(the legum Anglicanarum conditor)，而忏悔者爱

---

[1] 忏悔者爱德华编纂的统一法典或法律汇编(in *Edw. Confessor.*)[忏悔者爱德华(Edward the Confessor,约1003—1066年)，英格兰国王。——译者]。
[2] 爱德玛，《新英格兰历史》，塞尔登编辑，第6页(in *Seld. ad Eadmer.* 6.)。
[3] 《现代通史》，第二十二卷，第135页(Mod. Un. Hist. xxii. 135.)。
[4] 同上书，第二十卷，第211页。
[5] 同上书，第二十三卷，第21、58页。

德华仅仅被称为"修复者"(the *restitutor*)。但无论如何,这些是在我们的历史中经常以"忏悔者爱德华的法律"这一名称被提到的法律,是我们的祖先在诺曼家族的第一代王室统治时期凭借艰苦卓绝的努力才得以维护的法律,是历代王室在遭遇内忧外患时往往会承诺对其维护并加以完善的法律——这种情况下,这往往是他们所能做的最受爱戴的事。这些英国法律斗志昂扬地抵御了罗马法的多次入侵。在12世纪,罗马法在欧洲大陆建立了一个几乎覆盖所有国家的新的罗马帝国,并且或许就是因此导致这些国家失去了政治自由;与之相比,彼时英国也是因为坚持了本国法律,自由的宪政体制才会得到改进而不是退化。这些法律,简言之,促使阿尔弗烈德开始对法律格言和习惯进行搜集,其中的内容也源自于此,这就是我们现在所知道的被命名为"普通法"的法律。这一名称一方面可以与其他法律——如制定法、罗马法、商法等相区别;另一方面,更确切地说,这个名字表明这是一部能在整个王国普遍适用的法律,是老爱德华在废除了前文提到的部分地方的习惯法和特别法之后提出的普通法(*jus commune*)或者全体人民共享的权利(*folcright*)的名字。

尽管这些法律格言和习惯法的收集是普通法最可靠的基石,但这些收集到的法律格言和习惯法,其年代的久远性已超出历史的记载或人类记忆的范围,而没有什么比要精准确定一项适用了很长时间的古老习惯的起源和确切起始期更为困难的了。因此在我们的法律中,判断一项习惯法是否可取,总是视其使用的时间是不是长到已无法追忆;或者判断一条法律格言是否属于正式的法律,总是取决于自人们有记忆始是否有相反的例证。正是这些赋予了法律权威性和约束力，这也是构成这个国家的普通法，或称为不成文法(*lex non scripta*)的法律格言和习惯法的本质所在。

这种不成文法或普通法，被分成三类：Ⅰ.通用习惯——为整个王国的共同规则，它们构成了较为严格意义上和普遍意义上的普通法。Ⅱ.特殊习惯法，大部分特殊习惯法仅对特定地区的居民有效。Ⅲ.某些特殊法律，这些法律习惯上仅由特定法院在其普遍而广泛的管辖范围内采纳和应用。

1. 通用习惯，或者普通法（这样称呼也很合适），是对国王常设法院的程序性规定和实体判决起指导作用的法律。对土地遗产的继承、获得和转让财产的方法和形式、合同的要式性及约束力、解释遗嘱、地契、议会法律的规则、民事损害的各种救济方法、世俗犯罪的不同类型、刑罚措施及量刑，还有弘扬普遍正义所要求的不胜枚举的各种更加细微的制度，这些程序规定在很大程度上都是由普通法确定的。以普通法为依据我们规定：诸如英国应有四家高等法院：大法官法院、王座法院、民事高等法院、财政法院；只有长子才是被继承人的法定继承人；财产的取得与转让应通过书面的形式；未经盖印的契约无效；遗嘱的解释应适当宽泛，而对合同的内容应作限定解释；有借据的欠款可以通过债务诉讼索回；破坏治安是犯罪行为，可通过罚款和监禁进行处罚；所有这些都并非成文的议会法律和法令的规定，而仅仅以古老的习惯——即普通法——作为依据和证明。

一些人把普通法分为两种主要的基本部分。1.确定的习惯。比如在三兄弟中，应当是老大而不是老幺成为老二的继承人。

2.确定的规则和法律格言。比如"国王不可能为违法之事",又如"不得要求一个人自我指控",还有诸如此类。但在我看来,上述两者是一回事,因为这些法律格言的效力完全建立在人们对其普遍接受并使用的基础上的,并且证明这条或那条格言是一条普通法规则的唯一办法就是证明其长久以来就是人们遵循的习惯。

但如此很自然就产生了一个重要的问题,怎样才能使这些习惯法与法律格言为民众所周知?又由谁来判断其有效性?答案是:通过不同法院的法官。他们是法律的守护者,是必须判决一切有疑问的案件并且受誓言约束须依照本国法律进行裁判的当世的神谕使者。他们的普通法知识源自经验与学习,一方面源于福蒂斯丘所说的"二十年夜以继日的学习"(*viginti annorum lucubrationes*)①,另一方面源于其本人对于前任们判决长时间的学习和适应。实际上这些法院判决确实是我们能提供的,用以证明作为构成普通法的一部分的习惯确实存在的最主要、最可靠的证据。法院判决本身以及判决完成前的程序,都被仔细登记并被命名为档案(*records*),保存于公共的档案室,并作为上文所说的"证据"被专门存放。在对那些以前的判例可提供启发和帮助的案件作出决策时,一旦发生任何重大问题,都经常会去查询这些档案。因此,甚至早在诺曼征服的时代,"对过去大事的记忆力"(*praeteritorum memoria eventorum*)已然是评定"受过最好法律教育"(*legibus patriae optime instituti*)②的最主要标准之一。当

---

① 《英国法礼赞》,第8章(*c.*8.)。
② 约翰·塞尔登在《什一税历史》(*Tith.*)第8章的论述。

新的诉讼中再次出现同类案件时,遵循先例是一项既定的规则。一方面是因为这样可以保持司法天平的稳定性与公正性,不易因为后任法官的个人观点而产生波动,另一方面还因为在这种情况下,法律是经庄严判决并正式颁布的,以往不确定或也可能不被重视的问题现在已成为永久性的规则,因此后任法官不能凭其个人情绪随意对其加以改动或变化。因为法官曾宣誓他不会根据他个人的判断,而应根据众所周知的国家法律和习惯进行判案,他无权颁布一项新的法律,只能维护原有的法律并加以解释。当然,这一规则也有例外,即当以前的决定很明显违反理性时,在违背神法时当然更是如此。但即便出现这样的情况,后来的法官也不会声称他制定了一项新法,他只是澄清对于旧法的误解而已。因为如果法官发现以前的判决明显是荒谬的或不公正的,这项判决并不会被宣布是一项不合格的法律,而是会被宣布为根本就不是法律。也就是说,既然该决定曾被错误地判决过,那么它就不是一项有效的王国习惯。正因如此,我们的法学家们对普通法的理性如此推崇备至也就不难理解了,他们告诉我们,法律就是理性的完美体现,法律总是力图达到这样的境界,故此,不符合理性的就不是法律。这并不是说法律中每一条规则具有的特定合理性在相隔很长时间后还是能够被准确地定位,而是只要该规则中没有什么直接违背理性就可以了,此时我们就可以推定该规则是一项良好的规则[①]。在

---

① 此处与罗马法一致:我们不可能一一找到我们祖先制定的法律的理性所在;因此,我们不能强求上述理性,否则很多原来已经确定的法律将被废除(Ff. I.3.20,21. "Non omnium, quae a majoribus nostris constituta sunt, ratio reddi potest. Et ideo rationes eorum quae constituuntur, inquiri non oportet: alioquin multa ex his, quae certa sunt, subvertuntur.")。

英国法中，很久以前人们就观察到了这样的现象：无论何时只要人们因为无法回忆起或不能找到一项确立的规则的理性所在，就轻率地用成文法或新的决议违背它时，那么最终人们总会在变革所带来种种不便中体会到这项规则的智慧所在。

所以普通法的原则就应是：除非存在明显荒谬性或不合理，否则先例和规则必须被遵循。因为尽管乍一看先例中蕴含的理性可能不甚明显，但既然我们对于以往的先例是服从的，那么我们就应当推定它们都是经过深思熟虑的，是有效的。下面通过例证来阐明这一原则。很久以来有这样一项规定，拥有一半相同血统的兄弟（同父异母或同母异父）不能作为法定继承人相互继承遗产，该遗产应转归国王或其他领主。现在这是一项实在法，由习惯法确立并规定，该习惯是以司法判决为依据，当代的法官如果不遵守该规定便违背了其誓言并违反了法律规定。尽管这一法律中的理性源自于封建法，对每一个人而言并非都是显而易见的，但这一法律并没有违反自然正义之处。因此，如果碰巧两位有一半相同血统的兄弟中有一个非常贫困，一个当代的法官可能会希望法律另有规定，但他无权变更这一法律规定。但倘若现在任何法院判决，其中的哥哥可以占据由其兄弟购买的任何土地，以后的法官会毫不犹豫地宣布先前的这一判决是不公正且不符合理性的，因此不是法律。既然有时会发生法官误判法律的情况，所以法律及法官的意见并不总是可以相互转换的概念，或者说两者并非一件事或相同的事。然而就总体而言，我们还是可以得出一项普遍的规则"什么是普通法？法院的判决就是证据"。民法中也有类似的规则：国王一旦作出决定,即可成为将来的行动指南。①

故此法院的判决受到最高度的重视,不但被作为可靠的记录保存在各个法院的档案室中,而且也被分成许多卷《判例汇编》(reports)陈列在律师的图书馆里供人们查阅。这些判例汇编是不同案件的历史记录,其中包括通常保存在记录中的诉讼程序的简短摘要、争讼各方的观点、法院判决的依据,这些都由判决时在场的人用简短的摘记形式记录下来。上述这些内容不仅作为案件记录的索引,也对之进行了很好的解释。在要获得案件的结果和具体的细节时,法官常会下令去查阅这些内容。现存的《判例汇编》是一系列定期出版的判例集,时间上从爱德华二世统治时期到亨利八世时期。这些判例由法院书记官或法庭记录员记录,由国王出资每年出版,因此其被命名为《年鉴》(year books)。如今人们很希望当初这项有益的传统能遵循适当的规范一直持续至今,但从亨利八世统治时期至今,这项工作却是由同时代的许多民间人士进行的,(除了詹姆斯一世,他曾应培根爵士的建议,高薪聘请过两名专职汇编人,但这一明智之举却很快被废弃了)他们的工作有时匆忙而不准确,有时又有错漏且缺乏技巧,出版物既粗糙又不周全,对于同一判决进行叙述的出版物可能会相互矛盾。部分古代最有价值的《判例汇编》是由大法官柯克爵士编印的,他对法律有

---

① 若国王审查案件缘由并马上作出决定,那么该国的法官应当知道这一法律不但适用于引发该决定的案件,也适用于类似性质的其他案件(Si imperialis majestas causam cognitionaliter examinaverit, et partibus, cominus constitutis sententiam dixerit, omnes omnino judices, qui sub nostro imperio sunt, sciant hanc esse legem, non solum illi causae pro qua producta est, sed et in omnibus similibus. C. 1. 14. 12.)。

着渊博的学识。虽然他的作品还是明显受到他所在时代的影响,透出很强的陈腐古怪的气息,但他的著作却依然受到极高的尊崇,人们引用这些著作时往往无须提及作者的名字①。

除了这些汇编者,还有其他一些学者和著作也受到了普通法学习者们的尊敬和推崇。他们是格兰维尔②、布雷克顿、《布利顿法律汇编》③《福莱特》、利特尔顿④、菲茨赫伯特⑤以及其他一些古代作者,他们的论著被引为权威,在证明过去曾经发生过的案件中的某些部分已被确定为判例因而已经是确定的和首要的法律原则时,他们的论著可作为证据。在那些其著作对于法院有任何本质上的权威性而并非依靠引用以前的学者们的观点增强著作影响力的作者中,按时间顺序最后一位就是我们刚提到过的博学的法官爱德华·柯克爵士。他写了四卷本的《英国法学阶梯》,虽然该书的命名是没什么根据的,因为从文中的内容看几乎没有《法学阶

---

① 比如,他所编印的《判例汇编》被命名为"kat exocen, the reports"。在引用这些著作时,我们不像在引用其他作者的著作时那样称之为"柯克的'Rep.'第一或第二卷",而是通常称之为"'Rep.'第一或第二卷"。柯克法官编印的《判例汇编》同样也是以一种特殊的方式被引用,除了按卷号被引用外,还会按照在他三卷著作中被编入的案件判决时所处的年代的统治君主的名号来引用,即伊丽莎白女王、詹姆斯国王和查理一世国王。有时我们称之为"'Cro.'第一、二、三卷",但更通常的做法是称之为"'Cro. Eliz.''Cro. Jac.'和'Cro. Car.'"。

② 格兰维尔(Glanvil,?—1190年),英国法学家,著有《论英格兰王国的法律与习惯》等著作。——译者

③ 《布利顿法律汇编》(Britton),大约写于1290年的一部英格兰法律著作,其作者可能是赫勒弗德郡的主教约翰·李·布利顿,也可能是同名的其他人。——译者

④ 利特尔顿(Littleton,1402—1481年),英国法学家,著有三卷本《土地保有》(Tenures),该书是英国土地法的权威著作。——译者

⑤ 菲茨赫伯特(Fitzherbert,1470—1538年),英国法学家,著有三卷本《新令状选编》,该书是英国系统汇编法律的首次尝试。——译者

梯》式的条理性，但是柯克本人对该书名十分满意。第一卷是对几篇有关保有权的优秀专题论著进行的详尽评注，这些论著是由利特尔顿法官在爱德华四世统治时期汇编的。这些评注是学习普通法的富矿，虽然非常缺乏条理性[1]，但其将大量《判例汇编》和《年鉴》中的材料收集在一起；第二卷是对许多古代议会法律的评注，也毫无系统性与条理性；第三卷是一篇对于刑事诉讼的较为系统的评论专著；第四卷是对于不同种类法院的论述。[2]

关于英国法律首要的基础和主要的组成部分——通用的不成文习惯或称为普通法就说到这里，这些习惯不时经由法院的判决被宣告，这些判决由我们的公共档案保存下来，在我们的《判例汇编》中被解释，由法学界的前辈高人的权威著述进行摘要并加以阐明以供日常应用。

对于罗马法，在罗马尚处于自由时代时也曾非常重视习惯法，但即使如此还是比不上我们的法律。罗马法仅在成文法规定不力之处才采纳习惯法。《学说汇纂》[3]中提出的理由充分证明了我们的实践的合理性，习惯法在与成文法不矛盾时与成文法具有相同的效力，尤利安努斯说："既然成文法仅仅因为人们依据判断对其认可就对我们有约束力，那么那些虽然不成文，但也受人们认可的法律也应该对每个人有约束力。一个是人民投票宣布对一部法律

---

[1] 该著作被人们引用时通常被称为"Co. Litt."或"1 Inst."。
[2] 该书的第二、三、四册被引用时标为"2，3，or 4 Inst."，并不提及作者的名字。据我们观察，这一被区别对待的荣誉并没有被大多数其他《判例汇编》和类似书籍的编辑者所分享，其他书籍被引用时被称为"2 Ventris，4 Leonard，1 Siderfin"及诸如此类的名称。
[3] 《查士丁尼学说汇纂》(Ff.1.3.32.)。

的认同,另一个是人民在行为处事中一致遵循一部法律以此表示认同,两者有何区别?"在罗马尚保留一定公民自由的阶段,他们的法律还是可以理喻的,但当帝国的暴政完全确立之时,罗马法"表述"的语言就完全不同了。乌尔比安①说"由于民众把他们所有的力量与权威交于君主,所以君主专政便具有了法律的效力"(*Quod principi placuit legis habet vigorem*, *cum populus ei et in eum omne suum imperium et potestatem conferat*)②。《查士丁尼法典》③中则写道:"皇帝单独一人就既是法律的制定者又是法律的解释者"(*Imperator solus et conditor et interpres legis existimatur*)。还写道:"反对国王的诏令者大逆不道"(*sacrilegii instar est rescripto principis obviare*④)。所以这确实是英国自由的典型标志之一:我们的普通法是以习惯法为依据的,习惯法基本上是通过民众的自愿接受来推行的,而这正是习惯法和自由相联系的内在证据。

2. 英国不成文法的第二部分是特定习惯法,或者称仅在个别地区居民中适用的法律。

这些特殊习惯法,或其中的一部分,毫无疑问是我们前文提到的大量地方习惯法的存世部分,阿尔弗烈德国王以及之后的埃德加国王和忏悔者爱德华正是从这些特殊习惯法中收集整理出了现行的普通法。当时为使整个王国能享受到一部统一而通行的法律

---

① 乌尔比安(Ulpain,约160—228年),古罗马法学家,著有《执政官告示评注》《论萨宾民法》等著作,其著作是《学说汇纂》的主要来源之一。——译者
② 《查士丁尼学说汇纂》(*Ff*. I. 4. 1.)。
③ 《查士丁尼法典》(*C*. I. 14. 12.)。
④ 同上书(*C*. I. 23. 5.)。

的便利,每个地区都放弃了一些各自原有的特殊习惯法。但是,由于一些早已为人所遗忘的原因,个别郡、市、城镇、采邑和领地,很久以前就享有这样一种特权——在当地习惯法的规定和王国的大部分其他地区的规定不甚相同时遵从当地习惯法,而且它们的这些特权还得到了几部议会法律的确认①。

比如,肯特郡和王国其他部分的平均继承制(尽管诺曼征服前其可能是全国通行的规则)。该习惯法规定:所有的儿子都和长子一样,拥有继承父亲遗留的财产和其他东西的继承权;并且即使被继承人被处绞刑并剥夺公权,其不动产还是免受领主的没收,由其继承人继承。又如一种流行于多个古代自治城镇的习惯法,被称为幼子继承制(borough-english),应当由幼子,而不是他的兄长们,继承不动产。再如其他城镇有这样的习惯法,寡妇对于亡夫财产的继承权,应当包括其亡夫所有的土地,而普通法规定其只可得到其中的 1/3。又如每个采邑或多或少都有那么一些由领主们掌握的个别的、特殊的习惯法,它们是用来约束那些在册土地的佃户们。类似的还有规定一些城市和贸易集镇可以开设各类低级法院的习惯法,这些法院拥有审判诉讼的权力。若这种裁决权力未得到国王的授权,则完全可以以已确立的古老的不成文习惯法为依据。最后,再如,许多伦敦的特殊习惯法涉及贸易、学徒制、寡妇、孤儿以及很多种不同性质的事件,虽然伦敦的这些习惯法也得到议会法律的确认,但这些习惯与国家的通行法律规定完全相抵触

---

① 《自由大宪章》,第九章(Mag. Cart. c. 9);《爱德华三世一年法法律二》,第九章(1 Edw. III. st. 2. c. 9);《爱德华三世十四年法法律一》,第一章(14 Edw. III. st. 1. c. 1);《亨利四世二年法》,第一章(2 Hen. IV. c. 1.)。

时,仅仅由于特殊习惯法的规定才具有效力①。

在这部分内容里很有必要提一下仅在国王的臣民中的某一类人中适用的一种特殊的习惯法体系,就是所谓的商事习惯法,亦称为"lex mercatoria"。为了促进贸易的发展,这些商事习惯法无论与普通法如何抵触,在所有的商业交易中仍具有最高的法律效力,该法律的格言是:"每个人在他自己所从事的行业中都是值得信赖的"(cuilibet in sua arte credendum est)。

与特殊习惯法有关的规则,或涉及其确实存在的证据,或是对其有效性的证明,还有就是涉及许可特殊习惯法适用的方式。我们将首先讨论有关证明的规则。

对于平均继承制和幼子继承制,法律对它们加以特别的关注②,没有必要证明这些习惯确实存在,要解决的问题是产生此类争议的地区是否为适用该法律的地区。而对所有其他的民间习惯法则都必须个别论证:既要证实这些习惯法确实存在,也要证明争议之事属于该习惯法的管辖范围③。两种情况下案件的审判(既要证明该习惯法的存在,如"在戴尔领地的田产只能由男性继承人继承,不得由女性继承人继承";又要证明系争田产在领地范围之内)都应当由12人组成的陪审团,而不是由法官审判,除非类似个案已由同一法院审理、判决并记录在案。④

---

① 《判例汇编》,第八卷,第 126 页(8 Rep. 126.);《判例汇编》,"查理一世国王"卷,第 347 页(Cro. Car. 347.)。
② 爱德华·柯克,《英国法学阶梯》,第一卷,第 175 页(Co. Litt. 175 b.)。
③ 利特尔顿,《土地保有》,第 265 节(Litt. §.265.)。
④ 克里斯托弗·圣·吉尔曼,《教授和学生》,第 10 页(Dr. and St. I. 10.)。

第三章　英国的法律

伦敦的习惯法在审判做法上与所有其他地区都不同：其不同之处在于如果一项伦敦地区的习惯法的存在被提出质疑，其不应由陪审团来审理，而应由伦敦市长和高级市政官通过他们的市法院法官对此加以证明①；除非市政当局本身的利益也牵涉这项习惯，比如涉及征收路桥使用费的权力等类似事项时，法律便允许他们出于自身也涉及此案的缘故不必对其证明。②

在一项习惯法被证明确实存在后，下一步便是调查其有效性，因为如果它不是一项有效的习惯法，就应当不再适用。"一项不良的或无效的习惯应当被废止"（Malus usus abolendus est）是一条既定的法律原则③。为确认一项特殊的习惯法有效，下面的条件是非常必不可少的。

（1）它已经使用（生效）了如此长的时间，以至于人类记忆中没有与之相反的记录。因此，如果任何人能够显示这项习惯始于何时，其就不是一项有效的习惯。正因如此，没有一项习惯法能够在违背议会法律明确规定的情况下存在，因为成文法本身就证明了，曾有一段时间该习惯法是不存在的④。

（2）该项习惯法必须是一直沿用的。习惯法一旦被打断将导致其暂时停止生效：重新被沿用将使该习惯法拥有一个新的开始，从而使得该习惯法始于人们有记忆的时间范围内的，如此一来这

---

① 《判例汇编》，"查理一世国王"卷，第 516 页（Cro. Car. 516.）。
② 《博学的亨利·霍巴特爵士的判例汇编》，第 85 页（Hob. 85.）。
③ 利特尔顿，《土地保有》，第 212 节（Litt. §. 212.）；《英国法学阶梯》，第四卷，第 274 页（4 Inst. 274.）。
④ 爱德华·柯克，《英国法学阶梯》，第一卷，第 113 页（Co. Litt. 113 b.）。

项习惯法就是无效的。但对此的理解应限于习惯法所有的权利本身的中止,而对占有权的行使即使中断了十年或二十年也不会破坏一项习惯法①。比如我对他人的土地享有过路权,即使我十年之内未经过该片土地,该习惯法还是未被破坏,只是增加了证明其有效性的难度而已。但不论出于什么原因,如果有一天这项权利终止了,这项习惯法也就走到了尽头。

(3) 习惯法必须使各方和睦相处,为各方默许,而不会导致争吵或引发争议②。习惯法起源于普遍的认同,如果它们从很久以前就引发了争议的话,无论这种争议是法律上的还是其他方面的,都证明了该项习惯法缺乏这种普遍的认同。

(4) 习惯法应当是合理的③,或者反过来说,至少不可以是不合理的。但这并不总是如爱德华·柯克爵士所说④:其应当为所有没有学识的人的理性所理解。但法律证实的人类的和法律的理性应当能够理解该习惯法。因此一项习惯法,只要能满足与任何真正的法律理性没有违背之处的条件,那么尽管人们无法确定其本身具有的特殊理性,但依然可以承认其为一项有效的习惯法。因此,一项规定在十月份的第三天到来之前,所有的人都不能在公共草地上放牧的牧区习惯法,就是有效的习惯法。然而为什么确定这个特别的日子,而不是前一天或后一天,人们很难指出其中的合理性所在。但如果有这样的习惯法:在领主将他的牛放进公共

---

① 爱德华·柯克,《英国法学阶梯》,第一卷,第 114 页(Co. Litt. 114 b.)。
② 同上。
③ 利特尔顿,《土地保有》,第 212 节(Litt. §.212)。
④ 《英国法学阶梯》,第一卷,第 62 页(1 Inst. 62.)。

草地之前,其他人的牛皆不得进入,这就是不合理的,因此就不是有效的习惯法:因为如果碰巧领主从不把牛放进公共草地,那佃户们将丧失他们所有的收入①。

(5)习惯法应当是确定的。这样的一项习惯法:"地产由其所有人的所有亲生子女中最应得到它的人来继承"就是无效的。因为,怎样才能决定这样的"应该得到"呢?但另一项习惯:"由亲生的第一男性继承人来继承,排除女性"就是确定的习惯法,因此是有效的②。一项习惯法规定:"每英亩缴纳两便士可以代替什一税"是有效的习惯法;但如果规定"有时两便士,有时三便士,视土地所有人喜好而定"就因其不确定性而是一项无效的习惯法。但一项习惯法规定:"对经官册登记的不动产的罚款金额为土地价格一年的增加值",尽管土地价格是不确定的,其依然是一项有效的习惯法。因为该价格可以随时确定,对此法律的原则是:把能够确定的事情当成确定的事情来处理(*id certum est, quod certum reddi potest*)。

(6)虽然习惯法是通过普遍认同而确立的,但其确立后就是强制性的,对于自己是否适用于这些习惯,任何人都没有选择权。因此,一项习惯法规定:"所有居民应按财产比例分摊一座桥梁的维修费用",就是一项有效的规定。而另一项习惯法规定:"每个人根据自己的意愿捐款修桥",就是可笑且徒劳的,事实上其根本就不能算是习惯法。

---

① 爱德华·柯克,《完全的不动产权利》,第33节(Co. Copyh. §.33.)。
② 《案例节录》,第一卷,第565页(1 Roll. Abr. 565.)。

（7）最后，习惯法之间应互不矛盾，任何一项习惯法都不可能在与另一项习惯法相抵触的情况下被确立。因为如果两者都是真正的习惯法，那么两者都是从差不多的古代传下来的，而且都是由人们共同认可而确立的，认为这样的习惯法之间存在矛盾显然是荒谬的。因此，如果一个人声称：根据习惯法他有权拥有可以看到别人的花园的窗户；另一个人就不能根据习惯法主张阻挡或遮断窗口视线的权利。因为上述两项相互矛盾的习惯法不可能都是正确的，也不可能同时存在。后者应该否认前者主张的习惯法的存在①。

下一个问题是对于这些特殊习惯法的许可。由于这些习惯法削弱了普通法，所以须对其作限定解释。所以根据平均继承制的习惯法，一个15岁的未成年人可以通过一种被称为自由保有地的转让②的财产转让形式有期限地或永久出让不动产。但该习惯不允许他使用任何其他财产转让形式转让，甚至将这些不动产出租七年也不可以，这即是因为习惯法必须被严格执行③，此外，所有的特殊习惯法都必须服从国王的特权。因此，如果国王购买的土地位于适用平均继承制的地区，在当地发生继承时所有的儿子平分土地，但当国王逊位后，应由其长子单独继承上述土地④。以上就是第二个部分不成文法（*leges non scriptae*），亦即那些仅适用于部分地区或民众的特殊习惯法。

---

① 《判例汇编》，第九卷，第58页（9 Rep. 58.）。
② 自由保有地的转让（a deed of feoffment），中世纪英国法中规定的自由保有土地上设立或转移地产权益的标准模式，必须以受封或转移保有的仪式完成。——译者
③ 《完全的不动产权利》，第33节（Co. Cop. §. 33.）。
④ 爱德华·柯克，《英国法学阶梯》，第一卷，第15页（Co. Litt. 15 b.）。

3. 习惯法的第三部分是特别法律。习惯上它们仅在若干所特别法院和特殊的司法管辖范围内被接受和适用。照此理解我认为其中也包括罗马法和教会法。

把罗马法和教会法归入不成文法,或者说不成文法的标题之下,乍一看可能会感到不太适宜。因为罗马法和教会法是由国家权力机关在其法典、法令、条例及议会法案、政令及裁决中加以宣布的,它们的执行则是通过既精通成文法又精通不成文法的专业人士通过解释法律、运用法律作出裁决及撰写专著来进行的。但我这么做是援用了马修·黑尔[①]的先例的,因为显而易见,不论是教会法还是罗马法,都不是因为是成文法才在这个王国具有所有法律上的约束力,而且它们的法律效力和强制力也不是像我国成文法(或者称为议会法律)那样是依靠它们本身的权威性。它们对英国的国民并不产生约束力,因为其内容是从教皇们或者罗马的皇帝们的敕令中汇编的、是由查士丁尼皇帝编纂的或是由格列高利教皇颁布并认证的。上述因素并没有赋予它们在这个国家任何法律效力,英国的立法机构过去没有、现在也不会承认任何外国的政权在这个国家里有高于或与自己平起平坐的权力,亦不会允许它们有对英国的(哪怕是最卑贱的)臣民适用法律的权力。但是不论是教会法还是罗马法,其被我国或欧洲其他王国接受,仅仅是因为一些特定的法院作为古老的不成文惯例或习俗接受和认可了它们,从而使其构成了不成文法,亦即习惯法的一部分。要不然就是因为它们在一些其他案件中经议会同意被采用,以此获得"*leges*

---

① 《英格兰普通法史》,第二章(Hist. C. L. c. 2.)。

scriptae",亦即制定法的法律效力。这种情况在《亨利八世二十五年法》第二十一章向尊敬的国王陛下的致辞中用以下引人注目的语句明确进行了宣告:"此乃陛下仁治下之王国,吾等臣民于上帝之下只蒙您之恩典;除您为此王国之繁荣而订立、颁布、规定之法律;以及经由陛下及陛下之先祖容许,此王国臣民曾自主选择、认同、实施之法律,并在长期的应用与习惯过程中用以约束自身而遵循之上述法律外,古往今来未有臣服于其他任何外人之法令。此并非奉行异域君王、皇族、主教之法令,而是遵循此王国之古代法律及惯例。古代法律及惯例亦源于上述由臣等认同、接受并习惯,由陛下及陛下之先祖确立之法律。除此之外臣等再不接受其他任何法律之约束。"

就纯粹的罗马法而言,其通常被认为是罗马皇帝颁布的民法或国内法,由《法学阶梯》《查士丁尼法典》《查士丁尼学说汇纂》,及查士丁尼本人和他的一些继任者的《新律》组成。由于阐释我们自己的法律时经常会引用到它们,所以在此对其仅进行简短的大致说明应该无甚不妥。

罗马法最初在古代国王敕令的基础上形成,然后是十人委员会(decemviri)的《十二表法》,接着是元老院或民众大会的制定法,之后为裁判官的告示、博学的法学家们的法学家解答(*responsa prudentum*),最终由皇帝的法令(亦即历代皇帝的敕令)为其奠定基础。至此,罗马法已变得奇厚无比,如李维[①]所言:"一本又一本

[①] 李维(Livy),《罗马史》,第三卷,第34章(*l. 3. c. 34.*)[李维(前53—17年),古罗马历史学家,著有《罗马史》(*Ab urbe condita*)142卷。——译者]。

的法律垒成了一堆庞然大物"(*tam immensus aliarum super alias acervatarum legum cumulus*)。而按照一位查士丁尼之前的学者的计算:这些法律已经相当于很多头骆驼的载重量了[①]。这一问题先是由三位私人法学家——格列戈利尤斯、海默基尼斯以及帕比利乌斯的收集整理而部分得到改善。接着是小狄奥多西皇帝,在他的命令下,于公元438年编纂了一部法典,该法典系统收集了当时适用的所有皇帝敕令。直到几个世纪之后,在欧洲西部《狄奥多西法典》还是唯一一本公认可信的民法选集。或许正因如此,法兰克人和哥特人在为他们新建立的王国拟定法规时,才会如此频繁地参照这本法典。而查士丁尼只管辖帝国的东面部分,在他的推动下,现在罗马法的主要部分在大约公元533年由特里波尼[②]和其他法学家编纂完成。

罗马法的主要内容包括:Ⅰ.四卷本的《法学阶梯》,包含了罗马法的基本原则和理论。Ⅱ.五十卷本的《学说汇纂》,包括以系统的方法汇编的著名法学家们的观点和著作。Ⅲ.一部新的《法典》[③],亦称为皇帝敕令的汇编。因为整整一个世纪的时间流逝已经使得前一部《狄奥多西法典》显得不甚完备。Ⅳ.《新律》,时间晚于前几本书,相当于《法典》的增补本,其内容包括了查士丁尼的继任皇帝们针对不时出现的新问题颁布的新敕令。上述这些便构成了罗马法的主体部分,由于其公布于查士丁尼统治时期,因此亦称

[①] 泰勒博士,《民法原理》,第17页(*Taylor's elements of civil law*. 17.)。

[②] 特里波尼(Tribonia,约470—543年),拜占庭法学家,为《查士丁尼国法大全》的完成做出很大贡献。——译者

[③] 后人称之为《查士丁尼法典》。——译者

为《查士丁尼国法大全》(corpus juris civilis)。然而,此后,其便迅速被人们冷落并遗忘。直到大约 1130 年,一份《学说汇纂》的手抄本在意大利的阿马尔菲被发现。这一事件,再加上罗马教廷的政策,使罗马法突然开始普及并拥有了法律效力①,并且开始在很多国家推行。这引发了对罗马法进行的大量的注释,数量浩如烟海,也使我们现在拥有的罗马法的资料超过了任何其他的法律体系。

教会法是罗马教廷的法律的主要部分,管辖的范围为教会拥有管辖权或声称拥有管辖权的事物。其由拉丁人的古代祖先的判决意见、大公会议的教令②、罗马教廷教皇的敕答以及诏书汇编而成。但上述这些法令和早期的罗马民法一样杂乱无章,直到 1151 年左右,有一个叫格拉提安③的意大利僧侣受到阿马尔菲发现的《学说汇纂》的鼓舞和启发,将上述教令按条理进行归类并汇编成三册,他将其命名为《教会法规谬误订正》(concordia discordantium canonum)④,但人们一般称其为《格拉提安教令集》(decretum Gratiani)。这本书所包含的教令只到教皇亚历山大三世时期为止,从那时起直到教皇格列高利九世任期内的教令,在格列高利九世教皇本人的支持和推动下,在 1230 年左右以差不多的方法被汇编成了五册出版,名为《格列高利九世教令集》(decretalia Gregorii noni)。大约在 1298 年,卜尼法斯八世又增编了第六册,

---

① 参见原书第一章,第 18 页。
② 大公会议(General Council),指来自世界各地的罗马天主教主教召开的会议。——译者
③ 格拉提安(Gratian,约 1090—1159 年),教会法学家,曾编纂了《格拉提安教令集》,该著作以罗马法的方法对教会法进行了系统整理,对后世有很大影响。——译者
④ 亦译为《教会法规歧异汇编》。——译者

名为《第六卷教令集》(sextus decretalium)。《克莱门特法令集》，又名《克莱门特五世教令集》也使用了类似方法，由克莱门特五世的继任者约翰二十二世于1317年认证生效。约翰二十二世还颁布了他的二十条教令，名为《教皇约翰的编外教令》(extravagantes Joannis)。以上教令集在一定程度上都符合罗马法中《新律》的体例。后来教皇的教令又被编为五册名为《常用编外教令》(extravagantes communes)的教令集被补充入上述内容中。以上全部——格拉提安的教令集、格列高利的教令集、《第六卷教令集》《克莱门特法令集》、约翰及其继任者的《编外教令》就构成了《教会法大全》(corpus juris canonici)，或者说是罗马教会法的主体部分。

和所有基督教国家一样，在天主教教皇制度仍适用的时代，我国把这些教皇的法律汇编奉为正统。除此之外，我国还有一种国内的教会法，包括《教廷使节法》和《教省宪纲》，它们仅在天主教教会和王国处于紧急情况时适用。《教廷使节法》是由红衣主教奥索及奥索蓬主持的全国教会会议通过的教会法，这些红衣主教是大约1220年到1268年亨利八世的统治时期由教皇格列高利九世和哈德良四世的罗马教廷派出的使节。《教省宪纲》主要是由从亨利三世统治时期的斯蒂芬·朗顿到亨利五世时的亨利·彻切利之间历任坎特伯雷大主教主持的地方性教会会议的教令，在亨利六世时期还曾在约克大主教的辖区适用[①]。在宗教改革开始时，也就是在亨利八世统治时期，议会[②]曾立法规定：对所有的教会法律进

[①] 《教省宪纲》(Burn's eccl. law, pref. viii.)。
[②] 《亨利八世二十五年法》，第十九章(Statute 25 Hen. VIII. c. 19)，该规定后经《伊丽莎白一年法》第一章(1 Eliz. c. 1.)所确认并且再次生效。

行一次审查。在这次审查完成以前所有已经制定的教会的教令、教规、条例、教会会议决议只要不违反国家的法律并且与国王的特权不冲突就可继续生效和使用。由于这次审查至今没有完成,因此目前英国教会法仍根据这部议会法律而有效力。

至于1603年詹姆斯一世时期由僧侣制定的、从未被议会确认的宗教法规,根据以法律和制度的原则为依据作出的正式规定:当其不仅仅作为对古代教会法律的解释性规定,而且作为新规则的介绍性规定时,不论在教士们看来对这些法律应当予以何等程度的重视,它们对普通信徒[①]都不具有约束力。

有四种法院获准适用罗马法和教会法,但在使用中各有不同的限制。Ⅰ.大主教法院、主教法院及大主教和主教下级官员的法院,在我们的法律中通常被称为基督教教会法院(*curiae christianitatis*)或教会法院。Ⅱ.军事法院。Ⅲ.海事法院。Ⅳ.牛津、剑桥两所大学的法院。总体而言,它们对罗马法和教会法普遍接受及不同的接受程度都完全建立在习惯法的基础上。而且,议会后来批准了确认两所大学习惯法的特许状,从而以议会法律的形式对上述法院适用罗马法和教会法的做法予以确认。对于这种做法的更详细的内容将在本书讨论法院的司法管辖权时加以阐述。现在只须对与上述四类法院都相关的某些具体细节略作评论应该也就足够了,这也有助于更有效的向读者灌输那些已经确定的与这些法院相关的原则[②]。

---

① 约翰·斯特兰奇,《既决案例汇编》,第1057页(Stra. 1057.)。
② 马修·黑尔,《英格兰普通法史》,第二章(Hale Hist. c. 2.)。

（1）首先，普通法法院拥有对上述法院的监督权，使之不超越管辖范围；普通法法院有权判定其是否超越管辖权，在它们越界时可以遏制并禁止此种越轨行为；（在它们拒绝服从时）处罚管理此事的官员和（在某些情况下的）执行法官；并且宣布判决为非法。

（2）普通法自身保留了所有有关议会法律（包括涉及法院的受案范围及判决范围）的解释权。因此如果这些法院拒绝接受议会的法律或者对它们含义的解释超出了普通法对它们的解释，位于威斯敏斯特的国王的法院就将发出"诉讼中止令"，以制止此种行为并接管案件。

（3）作为最终救济手段，国王可以受理对所有上述法院案件的上诉。这便证明了这些法院运用的管辖权既非来源于任何外国统治者，也非来源于法院自身的固有权利，而是来源于英国的国王。——因此从上面三项明显表明普通法的优越性的标志可以看出，毫无疑问，虽然罗马法和教会法通过习惯法的形式在我们一些法院的部分案件中得到承认，但其仅仅是次要的而且是从属于更重要法律的法律（leges sub graviori lege）。因此，它们才会在得到承认的同时受到限制并且被改动，还按英国法的模式进行了修订。对我们而言，它们绝非一种独立类型的法律，而只是英国习惯法或不成文法的从属分支而已，对它们恰当的称呼应该是《国王的教会法》《国王的军事法》《国王的海事法》及《国王的大学法》。

接下来我们讨论制定法（leges scriptae），即王国的成文法，它们是由国王陛下在得到议会上下两院的僧俗议员们的同意及批准的前提下制定的成文法、法案、敕令①。在我们制定法汇编中记载的保存至今最古老的制定法就是鼎鼎大名的于亨利三世九年由议会批准的《大宪章》。虽然在其之前肯定还有很多制定法,但这些法律的文字记录现已灭失。不过它们的判决可能已经被古代普通法的原则所吸收,至今仍被我们使用。

对于制定这些成文法的方式,我们会在后文研究议会制度时作深入的探讨。在这里我们仅讨论制定法的不同类型,以及对它们进行解释的部分通行规则②。

第一,关于成文法的若干种类。成文法分为一般法和特别法,亦称为公共法和私法。一部一般法或公共法是涉及整个社会的通用规则,对于这些规则,法院审判时依其职责必须依法加以注意,当事人无需对该法律特别主张,而且任何一方当事人也不能主张

---

① 《判例汇编》,第八卷,第 20 页(8 Rep. 20.)。
② 引用这些议会的法律的方法各有不同。我们很多古代的制定法是以制定该法的议会的召开地来命名的,如默顿法和马尔布里奇法、威斯敏斯特法、格罗斯特法以及温彻斯特法,另有一些是以法律管辖范围命名的,如《威尔士和爱尔兰法》《宗教合约法》《国王特权法》,还有一些则使用该法律最基本的词语与其他法律相区别,这是一个很古老的命名的办法,犹太人曾用它来命名《摩西五经》,天主教会以此来命名它们的赞美诗和日课(天主教徒每日的礼拜。——译者),罗马教廷以此命名教皇的诏书……总之,这一方法被全体古代罗马法学家和教会法学家所使用,且这一命名方法在他们中间使用得相当普遍,不但在命名到"章"的层面时使用,在命名到更低层面时也使用。与之类似,我们至今仍以最基本的词语对一些古代制定法进行命名,如《关于购买者的法律》《谨慎行事的命令》。但最普遍的命名这些法律的方法,特别是自爱德华二世时代以后,则是通过把法律制定时国王统治的年份,与其章或特别法案的数字编号相结合,如《乔治二世九年法》第四章(9 Geo. Ⅱ. c. 4.)。由于议会一次会期通过的所有法案被集中起来以适当的方式编入一部法律,因此当同一年召开两次议会时,我们通常称其为"法律一"和"法律二"(Stat. 1 or Stat. 2)。以该方法命名,那么《权利法案》应被命名为《威廉和玛丽一年法律二》第二章(1 W. & M. st. 2. c. 2),表示其为威廉国王和玛丽女王执政的第一年的第二部制定法(亦即由该年第二次议会制定的法律)的第二章。

对于其有豁免权。特别法或私法不是通过通用规则而是例外规定，它们只对特定的个人或个人事务有效，比如罗马法上的元老院判决（senatus-decreta），就是相对于涉及整个社会的元老院决议（senatus-consulta）的特别法①。对于特别法和私法，除非当事人正式主动主张或陈述这些法律，法院没有义务注意这些法律。下面说明一下它们的区别，《伊丽莎白十三年法》第十章规定：禁止神职人员签订超过二十一年，即其三届任期的出租地产契约。这就是一项公共法，是约束国家所有神职人员的规则。而一项允许切斯特主教与某甲或某乙签订六十年租约的法案就是上述规则的例外规定，该规定仅与当事各方及主教的继任者有关，所以是一项私法。

制定法也可以分为对普通法的解释性规定和对其缺陷的完善性规定。解释性规定指当王国的旧有习惯法渐渐遭到废弃或产生争议时，议会在其认为适合的案件中，保存永久性的事实证明（in perpetuum rei testimonium），这样做可以避免所有的悬而未决的情况及争议，宣告普通法现在这样且历来如此。如《叛国法》（即《爱德华三世二十五年法》第二章）并未规定任何新类型的叛国行为，而是宣布并列举出以往普通法规定的叛国罪行的若干种类，以对犯罪主体进行归类。完善性规定是用来对普通法删繁补缺的，这些繁杂和缺陷有的是所有人类法律普遍都有的缺点，有的是因时间和环境变化而产生的，有的则来自于阅历不足的法官因考虑不周而作出的有瑕疵的判决，还有的是其他种种原因引起的。完

---

① 格拉维纳，《市民法的起源》，第 24 节（Gravin. orig. 1. §. 24.）。

善性规定或者通过对普通法范围过窄或限制过多的规定扩展使用范围来发挥作用,或者对其规定过于宽泛或过于繁杂之处限定范围,这就使议会法律中的完善性法律又衍生出下一级法律——扩展性法律和限制性法律。还是以叛国罪的案件为例,损坏王国的流通货币的犯罪是普通法规定的薄弱之处,因此,人们认为《伊丽莎白五年法》第二章将其列入重叛国罪的规定十分可取。由于普通法中并未如此规定,因此这是一项扩展性法律。普通法也曾规定:宗教团体可以将其土地出租任何年限,直到上文提及的《伊丽莎白十三年法》禁止这种做法,因此这便是一项限制性规定。

第二,有关解释成文法所涉及的规则主要是下面这些:

(1) 解释所有完善性成文法有三个因素要考虑:原有法律规定、纰漏之处、补救措施,亦即,在制定成文法时普通法的相应规定如何、哪里有纰漏之处,即普通法没有规定的是什么;以及议会制定怎样的补救措施来消除纰漏之处[①]。而法官的职责就是通过解释制定法、推行补救措施消除纰漏之处。我们再次以《伊丽莎白十三年法》的限制性规定为例。根据普通法规定,教会团体可以以他们认为合适的任何年限签订土地租约,其中的纰漏之处在于:教士们可能签订时间长得明显不合理的租约导致他们的继任者处于贫困状态;而法律采用的补救措施便是使教会当事人所签订的时间长于二十一年即三届教士任期的所有土地租约归于无效。现在对于这一成文法解释应当掌握的是:如果是一个主教所签订的土地

[①] 《判例汇编》,第三卷,第 7 页 (3 Rep. 7b.);爱德华·柯克,《英国法学阶梯》,第一卷,第 11、42 页 (Co. Litt. 11*b*、42.)。

租约,那么即使其期限长于法律规定,但在主教任期之内,该租约仍是有效的。或者如果是一个主任牧师经其所在大教堂全体成员同意而签订的租约,在其任期内也是有效的;这是因为这一法律是出于保护他们的继任者们,为了这些人的利益才制定的①。在出租者任期届满后,租约就失效了,因此其中的纰漏之处亦被有效地消除了。而在他们的任期内,租约也不会出现上述的纰漏,也就不必适用补救措施了。

(2) 一部管辖下一级人和事的成文法,不能由于其中的泛指意义上的词而扩张管辖到上一级别。所以一部管辖"主任牧师、受俸牧师、牧区牧师、牧区教堂牧师以及其他有宗教职务者"的成文法应理解为不能延伸管辖到主教,这是因为尽管主教也有宗教职务,但该成文法中提及的级别最高的神职人员是主任牧师,而主教的级别比主任牧师更高②。

(3) 刑事法律必须严格解释。如《爱德华六世一年法》规定:"凡被定罪为盗窃若干匹马的人不能享有教士豁免权。"法官们认为这一规定不能适用于只偷了一匹马的人。为达到惩罚只偷了一匹马的人目的,第二年议会通过了一部新的法律③。在离我们更近的时代,《乔治二世十四年法》第六章规定:"盗窃羊,或其他牛者,不得享有教士豁免权,应判处重罪。"但这一全面性词句"或者其他牛"被认为不够严谨,因此不能以此创立一种新的死刑罪名,

---

① 爱德华·柯克,《英国法学阶梯》,第一卷,第 45 页(Co. Litt. 45.);《判例汇编》,第三卷,第 60 页(3 Rep. 60.)。
② 《判例汇编》,第二卷,第 46 页(2 Rep. 46.)。
③ 《培根普通法构成要件》,第十二章(Bac. Elem. c. 12.)。

所以这一法律被解释为只对盗窃羊的罪犯有效。因此,在以后一次议会会议中,人们觉得有必要另外制定一条成文法规定,《乔治二世十五年法》第三十四章把上述规定以列举名称的方式扩展至"公牛、母牛、牛、阉牛、小牛、小母牛、仔牛和羊羔"。

(4) 对于处置欺诈行为的法律应作宽泛且有利于打击犯罪的解释。这可能和上一条规则有矛盾,因为多数处置欺诈行为的法律实际上是刑事法律。在此我将对这其中的区别加以解释:当成文法处理违法者,对其判处刑罚如施以枷刑(公开羞辱)或罚款时,就应严格解释。但当成文法通过如宣告欺诈交易无效等手段处置犯罪行为时,就应当作宽泛解释。《伊丽莎白十三年法》第五章就依据了这一原则,该法撤销欺诈者为欺骗债权人和其他人而实施的赠与行为,这其中的"其他人"就可以通过泛指的词理解为为逃避"女王陛下"的没收而实施的赠与行为①。

(5) 制定法的一部分必须联系其他部分进行解释,如果可能的话整部制定法都应如此。一物之有效胜于其无效(*ut res magis valeat quam pereat*)。如果一块土地被议会以法律形式授予国王及其继承人,但保留甲的权利,甲在当时对其租约还有三年,此时甲可以在三年期限里保留这块土地,之后其将归国王所有。通过这样的解释该法每一项条款都在这件事上发挥了作用。但是——

(6) 一项保留若完全与法律的主要部分相矛盾则无效的。因此如果一项议会法律将土地授予国王及其继承人,保留土地上任何其他人的权利,或者将甲的土地授予国王同时保留甲的权利,而

---

① 《判例汇编》,第三卷,第 82 页(3 Rep. 82.)。

第三章 英国的法律

以上两者的保留都与议会法律的主要部分相矛盾。倘若这是有效的话,将使议会法律不起作用或无效,因此该保留无效,并且土地应当无条件地归国王所有①。

(7)当普通法与成文法规定不同时,成文法的规定取代普通法的规定,同时新的成文法取代旧的成文法规定,上述规定依据的普遍原则将在接下来的章节中论述,"后法撤销与之相矛盾的前法"(leges posteriores priores contrarias abrogant)。但上述原则应被理解为:该原则仅在后来的法律表达出否定的条款时,或其法律主题默示了否定的含义时生效。如果以前的法律规定:一个陪审员陪审特定案件一年可得到 20 英镑;而新出台的法律规定为 20 马克。此时后来的法律虽然没有直接表达,但必然默示了对前法的否定,因此实际上撤销了前者。此处如果"20 马克"成为一项限制条件,先前法律规定的 20 英镑的要求自然就被终止了②。但如果两部法律都仅仅是一些认可性的规定,这样的两部法律就可以并存,此时后者并不撤销前者,而是两者具有并存的效力。如前法规定可以向季审法院控告一种犯罪,后法规定同一种犯罪可以向巡回法院提出控告,此时季审法院对此案的司法管辖权并没有被取消,而是两类法院拥有并行的司法管辖权,违法者可以在两者中的任何一家受到控诉。除非新的法律添加了表达否定含义的词语,如"此犯罪应向巡回法院控告,除此以外,皆不允许③"。

(8)如果一项撤销前法的后法,其本身也被以后的法律撤销,

---

① 《判例汇编》,第一卷,第 47 页(1 Rep. 47.)。
② 《詹金斯八世纪判例汇编(英格兰财税法庭)》,第 2、73 页(Jenk. Cent. 2. 73.)。
③ 《判例汇编》,第十一卷,第 63 页(11 Rep. 63.)。

那么最早的那部法律便由此恢复生效,且无需新法中对此有正式的表述。所以,《亨利八世二十六年法》和《亨利八世三十五年法》宣布国王是教会最高首脑,之后该规定被《威廉和玛丽一年法》所废止,但这一法律又被《伊丽莎白一年法》所撤销,此时,在伊丽莎白女王的法律中无需任何恢复最初法律的表述,亨利国王的法律实际上已经不言而喻地恢复了①。

(9) 先前议会减损其后任议会权力的法律不具有约束力。因此《亨利七世十一年法》第一章规定:"事实上帮助国王者,议会及其他机关的法律不得宣告其叛国并剥夺其权利。"被认为仅在对其因重叛国罪提起普通公诉时有效,但无法约束或阻止任何议会对其剥夺其民事权利和民事行为能力②。因为立法机关,作为事实上的最高权力者,历届之间是平等的,始终拥有绝对的权威,其不承认世界上有比其地位更高的事物,如先前的立法机关已经制定的法规能够约束后任议会,等于承认先前的立法机关地位高于后任议会。根据类似原则,西塞罗在他给阿提库斯③的信中就对那些力图束缚继任的立法机关手脚的限制性法律条文嗤之以鼻。他说:"如果当你废除法律本身时,你同时就废止了那些禁止性条款,而这些条款本来是用来防止这种废止行为的④。"

---

① 《英国法学阶梯》,第四卷,第 325 页(4 Inst. 325.)。
② 《英国法学阶梯》,第四卷,第 43 页(4 Inst. 43.)。
③ 阿提库斯(Atticus,前 109—前 32 年),罗马骑士,他最重要的著作是经整理出版的西塞罗给他写的一些信札。——译者
④ 如果当你废除法律本身时,你同时就废止了那些禁止性条款,而这些条款本身就是用来废止这种行为的(Cum lex abrogatur, illud ipsum abrogatur, quo non eam abrogari oporteat. l. 3. ep. 23.)。

（10）最后，不能执行的议会法律无效。同时，如果这些法律同时引出任何明显违背一般理性的荒谬结论的话，那么这些法律及其引出的结论无效。我在论述本条规则时加上了这些限定语，但我知道通常人们论及这条规则时涵盖的范围更广：违反理性的议会法律无效。但如果议会断然颁布一部生效后将违反理性的法律，我认为没有权力机关能对其制约。而那些常被援引用以证明上述规则的广泛适用范围的例子实际上都无法证明当法律不符合理性时，法官可以拒绝接受。因为那样的话相当于将司法权力凌驾于立法机关之上，这对所有的政体都是颠覆性的。但当法律中的泛指性的词确实引出了某些有违理性的结论时（这些泛指性的词有时偶尔会造成不合理的后果），法官们就可以郑重地得出结论：此种后果原先未能被议会预见到，因此法官们有权通过衡平的原则解释制定法从而不理会议会的法律。如果议会法律授权某人审判所有在其戴尔领地所发生的诉讼，但是如果出现了他本人作为一方当事人的案件，该法律被解释为不适用于此案，因为无论什么人审判自己和他人的争议都是不合理的[①]。但是如果我们可以想像议会也可能会这样规定，这个人应当不但可以审判他人的案件，也应审判自己的案件。当法律以如此清晰明白的语句进行表达，在其是否确为议会目的的问题上没有任何讨论的余地时，那么没有法院有权力阻挠议会实现其目的。

以上就是英国成文法和习惯法的几大基础，除此之外，衡平法也经常被用于对这些成文法和习惯法进行辅助、解释和限制。衡

[①] 《判例汇编》，第八卷，第118页(8 Rep.118.)。

平法是什么？为什么其精髓不能被简化为固定的规则，都已论于前文。所以我只补充：有些专门为衡平法设立的法院，当这些带有普遍性的法律遭遇特殊案件显得过于刻板时，这些法院调和并修正这些僵化的法律；当法律规定不够详细无法处理不太明显的欺诈行为时，这些法院查明案件并处罚违法者；对那些事关职责和信任的案件，换句话说，可能不是严格与法律相符而是以良心为约束力的案件，这些法院拯救由于灾祸和人为疏漏造成的特定危险。简言之，衡平法院善意地、以救济为目的地解决上述所有的案件。以上就是我们的衡平法院的职责，当然，其只处理财产方面的诉讼。这是因为我们宪政体制的自由精神不能容忍在刑事案件中授予任何法官超出字面含义解释法律的权力。这个审慎的举措，一方面很好保护了公众的自由，同时也保证不会对个人造成伤害。一个人不可能遭受比法律规定的惩罚更重的处罚，但他却有可能被从轻发落。法律并非不可能被滥用于因偏见而使一个人遭受超出对法律字面意义的合理解释所允许的刑罚，但对照字面理解明显会造成过重处罚的案件，国王对此拥有豁免的权力。

第四章　适用英国法之国家与地区

根据普通法的规定,英格兰王国的范围只包括英格兰领土本身,而不包括威尔士、苏格兰、爱尔兰或任一英联邦自治领,英国国内法也只在英格兰领土范围内拥有管辖权。然而英国的国内法律及地方习惯法如今确实在上述国家及其他许多邻近国家通行(当然有些国家采用全部的英国法及惯例,有些则只采用一部分,并且或多或少总会受到一些限制)。因此,在我们开始讨论英格兰王国本身的法律以前,还是应当先对这些法律的起源及适用对象进行一番探讨。

在恺撒和塔西佗将威尔士整个并入英国之前的漫长岁月中,威尔士一直是一个独立于英格兰的国家。当时它处于原始农业社会阶段,从未被征服,也未经开化,甚至在遭到撒克逊人的野蛮入侵后仍是如此,当时古代不列颠岛上的信奉基督教的居民主动退居于那些由天然屏障保护的居住地之内以躲避那些异教徒侵略者。然而那些侵略者自己后来也开始转信基督教并逐渐形成了强大的正规统治机构。与此同时,那些古老的威尔士土著居民的避居之处也被逐步侵占,变得越来越狭小。随着居住地不断地被占领,这些土著居民被迫不断地从一个居住地迁移到另一个,而居住地的不断丧失则导致了他们原始的自给自足状态也被不断削弱。

我们可以发现,从英国历史极早期开始,威尔士的历代统治者就已臣服于英格兰国王。最后到爱德华一世统治时期,这位应当可以被命名为"威尔士征服者"的君主终于废黜了威尔士的古代王室世系,英格兰国王的长子则顺理成章地成为威尔士名义上的统治者,而威尔士地区也就成了英格兰王国的自治领之一①,或者按照《拉特兰法》②的表述:"威尔士国及其国民曾遵循封建法(对国王表示臣服即是其表现),由威尔士国王统治。现在它已完全成为一个附属于英格兰王国的自治领,并与英格兰王国合并统一,成为英格兰王国的一部分"[terra Walliae cum incolis suis, prius regi jure feodali subjecta, (of which homage was the sign) jam in proprietatis dominium totaliter et cum integritate conversa est, et coronae regni Angliae tanquam pars corporis ejusdem annexa et unita]。该法还对威尔士法律的许多部分进行了修改,使之更接近英格兰王国的标准,尤其在司法诉讼程序的体制上更是如此。但威尔士的法律③仍然在很大程度上保留了原有的内容,尤其是关于遗产继承的规定,即:威尔士居民的私有土地并非由长子一人继承,而是由其男性后代平均分配。然而随后颁布的几项法律却使他们这种地方性的豁免权被进一步削弱。而使他们最终丧失法律独立性的则是《亨利八世二十七年法》第二十六章。但这一章同时也使他们的公民的地位得到了最大程度的提升——即规定允许威尔士居

---

① 《约翰·沃恩爵士判例汇编》,第400页(Vaugh. 400.)。
② 《爱德华一世十年法》(10 Edw. I.)[《拉特兰法》(Statute of Rutland),制定于1284年,涉及国王回收债务之事的法律。——译者]。
③ 《爱德华一世十二年法》(12 Edw. I.)。

民以英国国民的身份完全适用英国法律。这样一来，这个英勇的民族开始逐渐享受真正的自由，在不知不觉间接受了这种平等的地位，成为了与其征服者具有同等地位的国民。这种在征服一个国家后表现出宽宏大量的接纳姿态的方法，罗马共和国在其通过赐予战败国公民以罗马公民的特权从而使整个意大利臣服之前，一直都运用得非常成功。

《亨利八世二十七年法》规定：Ⅰ.威尔士自治领是英格兰王国的永久组成部分。Ⅱ.出生于威尔士的公民与国王的其他臣民享有同等的自由权利。Ⅲ.威尔士境内私人土地的继承遵循英国的土地保有条件和继承规定。Ⅳ.除威尔士当地治安部门的条例外，威尔士境内适用且仅适用英国法律。《亨利八世三十四、三十五年法》第二十六章对上述内容予以确认，此外还新增了一些法规，并将威尔士全境划分为十二个郡。简言之，即将威尔士纳入如今的这种体制之中。现在威尔士的体制与英格兰王国的体制只有一些细微的差异，而且这些差异大多是因其享受的特别待遇（如威尔士有自己不从属于威斯敏斯特宫的独立法院）而产生的。此外固然尚有一些无关紧要的特殊之处，但英格兰国内的许多郡中也可以找到此类特殊规定。

苏格兰王国则早在其国王詹姆斯六世登基成为英格兰国王后就已与英格兰实现了王权统一[①]。此外其也早有与英格兰王国实行统一的计划，因为人们相信既然两国在古代处于同一政体统治之下，两国法律又殊多相似之处（当然还远谈不上完全相同），那么

---

① 有关内容详见原书第三章。——译者

两国的统一自当更容易进行。可话虽如此,在一个多世纪的时间里,苏格兰仍然是一个完全与英格兰王国分离的独立王国。根据一项议会法律《詹姆斯一世一年法》第一章的宣告,英格兰与苏格兰这两个闻名于世的古老而又强盛的王国曾经是一体的。而爱德华·柯克爵士则认为①,两国不仅在宗教信仰和语言方面,在古代法律、王位继承、两国议会、贵族头衔、政府及司法官员、令状及习惯法,甚至两国的法律用语方面都惊人的一致。他由此认定两国各自的普通法系出同源。尤其值得注意的是,苏格兰最古老、最可靠的、记录着其古老的普通法规定的一本书——《国王之尊》(*Regiam Majestatem*)②,与我国存在于亨利二世统治时期,记录着我们的普通法基本原则的格兰维尔的著作存在着惊人的相似之处。至于两国现行法律间的众多差异则无疑是由两国各自庞大而又互无交流的司法部门不同的司法实践及相互独立、互不相同的两个议会的不同法案导致的,因为两国正是通过这些互不相同的司法实践和议会法案才得以对本国古老的普通法进行诸多变动和废除。

虽然爱德华·柯克爵士及当时两国的政治家都认为两国的统一进程困难重重,但这些困难最终都被克服了。在两国议会于1707年,也就是安妮女王五年,就事关统一的二十五项条款达成一致后,两国的统一大业最终完成。这些条款中最重要的几项,其大意如下:

---

① 《英国法学阶梯》,第四卷,第 345 页(4 Inst. 345.)。
② 《国王之尊》,苏格兰早期的一部法律汇编,据说是戴维一世(David I,1124—1253 年在位)下令编纂而成,但关于其起源及成书年代仍无定论。——译者

（1）自1707年5月1日起,英格兰王国与苏格兰王国永久统一为一个王国,命名为"大不列颠王国"。

（2）大不列颠王国君权继承制度沿袭原英格兰王国的君权继承制。

（3）仅有一个议会代表该联合王国。

（4）两国所有公民互享两国所有的公民权利和特别待遇,另有约定的情况除外。

（9）英格兰每征收2,000,000英镑土地税,苏格兰相应征收48,000英镑。

（16）和（17）整个联合王国范围内度量衡及货币沿用英格兰标准。

（18）苏格兰在贸易、关税及国内货物税方面的相关法律应与英格兰保持一致。其他苏格兰法律继续有效,但仍可由不列颠王国议会进行修改。然此类修改应注意以下原则:事关公共政策的法律可由议会酌情修改;事关公民个人权利的法律则只可在明显有利于苏格兰公民的前提下进行修改。

（22）议会中应有16名有爵位之男子代表苏格兰贵族,而下议院中苏格兰公民应占45个席位。

（23）该16名苏格兰贵族享有议会的所有特权。此外,所有苏格兰贵族即为大不列颠王国贵族,地位低于统一实现时同等爵位之英格兰贵族。他们享受贵族的所有特权,但无权成为上议院议员或在审判贵族时进行表决。

以上即为此事关统一的25项条款的主要内容,此25项条款经《安妮五年法》第八章正式批准并确认。该法律中还列举了两条议会法案,一条关于苏格兰,规定苏格兰国教会及四所大学将永远予以保留,历代联合王国统治者无一例外都必须宣誓承诺维持其原状。而另一条则关于英格兰(即《安妮五年法》第六章),宣布《伊丽莎白十三年法》及《查理二世十三年法》中的各项统一法案(不包括已由议会进行修改的法案)以及在该法律颁布时仍然有效的旨在保护英格兰国教会的所有法案都将永久有效。该法案还规定,历代国王及女王无一例外都必须宣誓承诺维持英格兰、爱尔兰、威尔士及特威德河①边上贝里克郡原状。此外,《安妮五年法》还规定,这两条法案"必须作为维护统一的基础和必要条件永远加以遵守"。

此25项条款及统一法案规定必须遵守的内容包括:Ⅰ.两王国如今已紧密统一、不可分割,只有违反当两者尚为彼此分离、相互独立的两个国家时即已相互规定的作为"维护统一的基础和必要条件"的各项条款及法案的情况才可能使两国再次分裂。Ⅱ.无论"基础和必要条件"中增加任何新的内容,都不应危及对英格兰和苏格兰两国国教会于统一实现时状态的维持及对确定两国共同的祈祷式的统一法案的维护。Ⅲ.因此对两国国教会组织形式或英格兰国教会礼拜仪式的任何变动都将被认为是对"基础和必要条件"的破坏并被认为将会对统一构成极大威胁。Ⅳ.苏格兰国内法除已经由议会修改的部分外,其余在苏格兰境内继续保留。同时,由于议会到目前为止只在极个别情况下认为适宜修改苏格兰国内法,因此该法(指未经议会修改的部分)在苏格兰境内继续具有绝对的强制力。所以,一般而言,英格兰国内法或普通法在苏格

---

① 特威德河(Tweed),英格兰和苏格兰边界上一条河的名字,源于苏格兰皮布斯郡南部,注入北海。——译者

兰境内不具强制力或有效性。因此，在本书以下内容中，除了偶然出现的几个例子外，我们将不会过多提及联合王国中在苏格兰范围内被使用的国内法。

特威德河边上的贝里克郡虽然自爱德华四世统治时期被英格兰征服后就一直归顺英国国王，但却并不属于英格兰王国的一部分；虽然服从议会的所有法案，在议会中也有下议院议员作为代表，但所遵守的却并非普通法。因此《乔治二世二十年法》第四十二章宣布，议会通过的任何法案即使仅提及英格兰，相同的内容也应被认为适用于威尔士自治领及贝里克郡。然而贝里克郡当地遵循的是苏格兰法，威斯敏斯特宫法院的常规司法程序在当地不具有法律效力①。

至于爱尔兰，虽然它并不独立，而是英格兰的附属国，但却是一个不同的王国。在亨利八世 33 岁继位登基之前（他的继位由议会通过的《亨利八世三十五年法》第三章予以确认），它仅仅被命名为爱尔兰自治领或爱尔兰贵族领地②，有关爱尔兰君主的称号也只不过是爱尔兰领主（dominus Hiberniae）。但是，正如虽然苏格兰和英格兰现在属于同一个王国，但却各自采取不同的国内法，与此正相反，英格兰和爱尔兰虽是两个不同的王国，但采用的却是同一种法律。爱尔兰居民绝大部分为英格兰人后裔。他们在亨利二世征服爱尔兰后来到此地将其作为一个殖民地进行开发，与此同

---

① 《塞德芬王座法院判例汇编》，第一卷，第 382 页（1 Sid. 382.）；《肖沃判例汇编》，第二卷，第 365 页（2 Show. 365.）。

② 《爱尔兰法》(Stat. Hiberniae.)，亨利三世十四年（14 Hen. Ⅲ.）。

时，他们也使英格兰法律流传到了爱尔兰。爱尔兰就是这样被英格兰征服、开发、统治，由始至终一直是一个附属国，因此爱尔兰必须遵守其领主国英格兰认为适宜并指定其遵守的法律，接受这些法律的制约。

爱尔兰在被亨利二世征服时处于爱尔兰人所谓的《布雷恩法》[①]治理之下。因为爱尔兰的法官通常被命名为布雷恩（Brehons）[②]，爱尔兰的法律便因此得名。然而约翰国王在其继位第十二年前往爱尔兰，带了许多极具才能的英国法学者与之同行。在爱尔兰，约翰国王以爱尔兰自治领征服者的名义颁发特许状，规定并确认爱尔兰必须以英格兰的法律加以治理[③]。爱德华·柯克爵士[④]相信该特许状是经议会确认的。但是由于许多爱尔兰人拒绝遵从该法律，仍然坚持采用《布雷恩法》，亨利三世[⑤]及爱德华一世[⑥]都不得不反复重申该项命令。最终于爱德华统治时期在基耳

[①] 《布雷恩法》（Brehon laws），爱尔兰古代法律，诺曼入侵前在整个爱尔兰适用。——译者

[②] 《英国法学阶梯》，第四卷，第 358 页（4 Inst. 358.）；埃德蒙·斯宾塞，《爱尔兰的国家观》，第 1513 页（Edm. Spenser's state of Ireland. p.1513），休斯版（edit. Hughes）［实际上布雷恩是古代爱尔兰仲裁人和法律解说者，并非现代意义上的法官。——译者］。

[③] 《约翰·沃恩爵士判例汇编》，第 294 页（Vaugh. 294.），威廉·普林，《时间顺序的辩护和历史范例》，第 85 页（2 Pryn. Rec. 85.）。

[④] 《英国法学阶梯》，第一卷，第 341 页（1 Inst. 341.）。

[⑤] 在位三十年（1 Rym. Foed. 442.）。

[⑥] 在位五年——治理爱尔兰的法律为上帝所厌恶并与正义相抵触，因此不应被看成法律——看来对我们及我们的议会而言，最宜采取的做法是让爱尔兰人用英国法来进行自我管理（pro eo quod leges quibus utuntur Hybernici Deo detestabiles existunt, et omni juri dissonant, adeo, quod leges censeri non de beant; nobis et consilio nostro satis videtur expediens, eisdem utendas concedere leges Anglicanas. 3 Pryn. Rec. 1218.）。

肯尼①召开的议会在克拉伦斯公爵莱昂内尔②(即后来的爱尔兰总督)领导下通过了《爱德华三世四十年法》,正式废除《布雷恩法》。议会一致同意宣布《布雷恩法》并非法律,而只是近期在爱尔兰悄悄流行的一种次等习俗。然而直到伊丽莎白女王统治时期,爱尔兰当地未开化的原住民仍坚持保留《布雷恩法》。他们将其描述为③"确实无文字记载,但通过信仰及风俗得以在众人间流传的一种规则。这种规则在判断双方是非时常能显示出完全的公正性,但多数情况下常与各种神法和人法相悖"。爱尔兰人对《布雷恩法》特性的描述唯有后半部分得到爱德华一世及其孙子的认同。

但既然爱尔兰是一个特殊的自治领并拥有自己的议会,我们就应当注意到,英格兰那些年代久远、为文字记载所不及的习俗或普通法,虽然也被规定作为爱尔兰的法律规则,但实际上自约翰国王十二年起就没有一项英格兰议会通过的法案其效力可以及于爱尔兰,除非该法案特别提及或用一些类似于"在国王所有的自治领内"的普遍性措词将爱尔兰包括在内。有一本英格兰《法律年鉴》④特别提及这种情况并加以解释:"爱尔兰拥有自己的议会,可以制定和修改法律。我们的法律并不约束他们,因为他们并不派

---

① 基耳肯尼(Kilkenny),爱尔兰东南部之一郡。——译者
② 克拉伦斯公爵莱昂内尔(Lionel Duke Of Clarence,1338—1368 年),爱德华二世之次子,爱德华四世的祖先,曾远征法国,1366 年其在基耳肯尼召开议会,通过了著名的《基耳肯尼法》。——译者
③ 埃德蒙·斯宾塞,《爱尔兰的国家观》(Edm. Spenser.),第 1513 页,休斯版。
④ 《理查三世二年法》(2 Ric. III. pl. 12.)。

代表列席我们的议会。但是爱尔兰人与加来①、加斯科涅②和吉耶纳③的居民一样,只要继续归顺国王,就是国王的臣民。"根据爱德华·柯克爵士的描述④,爱尔兰议会依据《波伊宁斯法》⑤所采用的制定法律的方法大致如下:Ⅰ.爱尔兰总督大人及枢密院必须以加盖爱尔兰国玺的信件向英格兰国王确认有待通过的法案。Ⅱ.英格兰国王及枢密院将会对所提法案进行权衡、修改、加以批准或否决,并用加盖英格兰国玺的信件对所做的回复予以确认。随后,Ⅲ.这些法案将在爱尔兰议会上提出,被议会接受或否决。这种方式意味着爱尔兰议会仅仅只有消极地拒绝、接受(而非提议制定)某项法律的权力,除此之外不再拥有其他任何权力。而现在的惯例是,提交议会讨论的法案通常由议会上下两院中任一院按照法案的不同标题分类进行拟定,以法案的形式提交总督大人及枢密院进行审议。而总督大人及枢密院通常甚至都不把这些法案呈报回英格兰,即随意地直接予以否决。

然而爱尔兰这个国家由于被排除在英格兰各项法律的受惠者范围之外,因而被剥夺了享受许多以完善普通法为目的而制定的法律的权利,而这些法律往往总能为受惠者带来不少好处。不仅如此,爱尔兰的司法尺度也因此而与英格兰的不复统一。因此,爱

---

① 加来(Calais),法国北部港口。——译者
② 加斯科涅(Gascoigny),法国西南部地区名。——译者
③ 吉耶纳(Guienne),历史上法国西南部的地区,原为法国一省。——译者
④ 《英国法学阶梯》,第四卷,第353页(4 Inst. 353.)。
⑤ 《波伊宁斯法》,1495年爱尔兰议会通过的限制爱尔兰议会权力、恢复英王对爱尔兰统治权的法律,因为这次会议是由亨利王子的助手波伊宁斯召集并操纵,故得此名。——译者

第四章　适用英国法之国家与地区

尔兰在亨利七世十年通过了一系列法律[爱德华·波伊宁斯①爵士是当时的爱尔兰代理总督,这些法律也因此得名《波伊宁斯法》]。这一系列法律中有一条规定,议会在英格兰制定的所有法律在全爱尔兰均具有强制力②。然而同一条法律还规定,从国王约翰统治时期到《波伊宁斯法》制定之前这段时间内制定的任一条英格兰法律在爱尔兰都不具约束力。此外,该法律还规定,从亨利七世十年起议会通过的任何法案,除非特别提及或用一些具有普遍意义的措词将爱尔兰包括在内,否则对爱尔兰公民即不具约束力③。而另一方面,该法律同样清楚地规定,若爱尔兰被特别提及或用一些具有普遍意义的措词包括在内,则爱尔兰公民将受该法案约束。这种规定是出于一个附属国的特有属性和状况:附属除了意味着附属者必须遵从主人意愿或附属国必须遵循领主国法律的一种义务外,并不具有其他任何含义。领主国这种高高在上的地位真正的、根本的基础在于征服者所享有的权利,这种权利如果不是由自然法赋予的,那就是由国际法赋予的。这种权利以征服者与被征服者公开或私底下签订的协议为基础,即如果失败者承认胜利者为其主人,则胜利者将视其为臣民而非敌人④。

但是由于爱尔兰的这种附属国地位现在几乎已经被遗忘并且

---

①　爱德华·波伊宁斯(Edward Poynings,1459—1521年),曾任英国驻爱尔兰总督,他曾把英格兰通用的公法全部推行于爱尔兰,并在另一部法律中规定爱尔兰议会的召集和立法必须受英王及其枢密院的监督。——译者
②　《英国法学阶梯》,第四卷,第351页(4 Inst. 351.)。
③　《普通法案例报告》,第十二卷,第112页(12 Pep. 112.)。
④　塞缪尔·普芬道夫,《自然法与万民法》(Puff. L. of N. 8.6.24.)。

很容易引起爱尔兰民族的争议,因此早在数年之前就已经不得不再次重申一下爱尔兰如今这种地位的由来。因此《乔治一世六年法》第五章宣布,爱尔兰王国应是一个从属于大不列颠王国的附庸国,并应与大不列颠王国保持永久统一。大不列颠王国的国王陛下,在得到大不列颠王国议会上下议院的许可下,有权力制定法律约束爱尔兰人。

由此我们可以了解爱尔兰法律是如何被广泛地与英格兰法律联系起来的。这种联系其实是非常必要的,因为爱尔兰法院与威尔士法院一样,最终都要依靠英格兰的法院来进行终审判决。和由爱尔兰王座法院向英国王座法院提起的纠错令状一样[①](该令状实质上是一种上诉),从爱尔兰所有其他法院提起的上诉将被立即呈送至英国上议院。因此乔治一世的同一部法律明确宣布爱尔兰贵族没有确认或推翻任何判决或裁定的司法权。"虽然审判通常由他们自己的法院进行,但作为最终解决手段的上诉应向领主国法院提起。"这一宪法性规定在所有下级领地适用的正当性或者甚至可以说是必要性是基于如下两个理由:Ⅰ.因为如若不然,则领主国要求或允许类似爱尔兰这样的下级自治领采用的法律将可能会在未经领主国同意的情况下不知不觉地被自治领改变。Ⅱ.因为如若不然,其判决将可能会习惯性地不利于领主国的利益或降低其地位,或使该附属国仅附属于国王个人而非英国的王权[②]。

---

① 据一本名为《不同种类的法院》(diversity of courts, c. bank le rov.)的古书中记载,这种做法在亨利八世时期是一项法律。

② 《约翰·沃恩爵士判例汇编》,第402页(Vaugh. 402.)。

第四章 适用英国法之国家与地区

至于其他归顺于大不列颠王权的邻近小岛,其中一些[如怀特岛①、波特兰岛②、赛尼特岛③及其他此类岛屿]由于是邻近郡的一部分,因此被认为附属于母岛并与之一起成为英格兰王国的组成部分。但此外还有其他一些岛屿应作特别对待。

首先,如马恩岛④就是分离于英格兰之外的一片不同的地区,并不受英格兰法律的约束。议会通过的任何法案其效力都不及于马恩岛。除非该法案中特别提及,则该法案才在马恩岛有约束力⑤。马恩岛原先是一个附属的受封王国,其最初归顺于挪威国王,后又转而归顺英国的约翰国王及亨利三世国王。随后又归顺苏格兰国王,后来再次转而归顺英格兰王权。最后我们可以发现,亨利四世国王对该岛主张征服者的权力,并将该岛的统治权赐予诺森伯兰伯爵。在后者被剥夺公民权后又根据亨利四世七年⑥颁发的特许状被宣布依法归约翰·德·斯坦利爵士所有。马恩岛在斯坦利爵士的嫡系后裔中传了八代,直到公元1594年德比伯爵费迪南德去世,他的女儿们与他尚在世的兄弟威廉就该岛的继承问题发生争论,并继而引出了对最初的那张特许状的合法

---

① 怀特岛(Isle of Wight),英吉利海峡中的一个岛,与英格兰中南海岸相望。——译者
② 波特兰岛(Isle of Portland),英国多塞特郡的一个半岛。——译者
③ 赛尼特岛(Isle of Thanet),英格兰东南北海上与大陆之间被斯通河湾分隔的半岛。——译者
④ 马恩岛(Isle of Man),英国大不列颠群岛中的一座岛屿,位于英格兰西北岸外的爱尔兰海上。——译者
⑤ 《英国法学阶梯》,第四卷,第284页(4 Inst. 284.);《安德森英国民事法律判例汇编》,第二卷,第116页(2 And. 116.)。
⑥ 塞尔登,《荣誉的头衔》,(Selden. tit. hon. I. 3.)。

性的质疑①，马恩岛由此被女王没收并归其所有。随后国王詹姆斯一世又曾多次将该岛赐予他人，在这些赐予最终都归于无效或者被受赐人放弃后，《詹姆斯一世七年法》正式宣布马恩岛依法重新归德比伯爵威廉及其亲生的男性继承人所有，剩余继承权则由其一般意义上的男性继承人享有。该决定于次年由议会法案确认，并对伯爵及其男性子孙之间的转让权力进行了限制。德比伯爵詹姆斯是威廉伯爵的最后一位父系男性继承人，在他于公元1735年去世后，亚瑟尔公爵以母系"一般意义上的继承人"的身份继承了该岛。与此同时，虽然作为马恩岛勋爵，德比伯爵这一头衔久已不被使用，但通过批准或反对法律及对上诉案件行使受理权，这一头衔在该岛仍保留了一定的王室权威性。然而，虽然任何英格兰的令状或是威斯敏斯特法院的诉讼程序在马恩岛都不具权威性，但对马恩岛勋爵所作裁决提出的上诉仍要送呈大不列颠国王并在枢密院审理②。但是鉴于这个属地小岛的王室成员拥有的这种特殊的审判权会损害法律对公众的公平原则，并减少王国的岁入（因为它为负债者、违法者及走私客提供了现成的避难所），《乔治一世十二年法》第二十八章赋予财政部在马恩岛岛主以国王名义行使权力时获得其在该岛所获收益的权力。今年即1765年财政部已确实获得了这种收益并由《乔治三世五年法》第二十六及三十九章予以确认。至此，上述由詹姆斯一世赐予的整个岛屿及其

---

① 威廉·卡姆登，《伊丽莎白时期的英格兰及爱尔兰编年史》(Camden. Eliz.)，1594年。

② 威廉·皮尔·威廉斯，《高等法院判例汇编》，第一卷，第329页(I P. W. 329.)。

附属地［除亚瑟尔家族拥有的土地、他们的领地权（manerial rights）及土地收入以及对主教辖区的捐赠①和付给牧师的薪俸外］所获得的收益必须悉数上交国王，此外该岛还必须服从不列颠王国消费税和关税的征收规定。

至于泽西、格恩西、萨克、奥尔得尼岛及它们的附属小岛，由于是诺曼底公爵领地的一部分，所以英王以诺曼王族首席亲王的身份统一了这些岛屿。这些岛适用它们自己的法律。这些法律大部分是诺曼底公爵领地中的习惯法，它们被收集在一本具有极大的权威性的名为《诺曼底习惯法大汇编》（le grand coustumier）的古书中。国王的令状及威斯敏斯特法院的诉讼程序在岛上不具有法律效力，但国王所作的委任是被接受的。除非被特别提及②，否则这些小岛一般不受英国议会所通过的法案的约束。岛上所有的诉讼事由都由它们自己的司法官员——执达官（bailiffs）和其助手（jurats）裁决，但最终的上诉仍须送呈英格兰国王并在枢密院中审理。

除了这些邻近岛屿外，英国在美洲或其他较远地区的殖民地在某些方面也遵循英国法。这些较远国家的殖民地，有些仅仅只是由于首先由英国公民占领而使我国得以宣称对其拥有所有权。这种占领是通过发现这片土地未经开垦且无人居住后，由英国公民从祖国迁移到当地定居实现的。而另一些则原先已有人居住并从事耕作，后被英国征服或通过签订两国间条约被割让给英国。

---

① 马恩岛或是索得各自的主教辖区或是马恩岛与索得共同的主教辖区曾经属于坎特伯雷大主教辖区的一部分，后由《亨利八世三十三年法》第三十一章（33 Hen. Ⅷ. c. 31.）的规定并入约克郡。

② 《英国法学阶梯》，第四卷，第 286 页（4 Inst. 286.）。

两种权力都有自然法或者至少是国际法作为依据。但两种不同类型的殖民地适用的法律有一定差异。通常的做法是,如果是一片无人居住的土地被英国公民发现并开垦①,则英国所有法律立即在当地适用。这是因为适用英国法是每位英国公民与生俱来的权利,所以无论他们走到哪里,英国法与他们如影随形②。但对于被英国征服或割让给英国的地区而言,由于这些地区已经有自己的法律了,英国国王实际上有权对这些法律进行修正和变更。但是在国王实际变更这些法律之前,当地原有的法律将继续有效,除非这些法律与我们的神法相悖(如某个异教徒国家的法律)③。

我们在美洲的殖民地都是近一个世纪内通过征服并驱逐当地原住民(在此我不想细究这种行为究竟是以何种自然法则为依据的)或是通过签订割让条约取得的,因此主要是属于后一种类型。所以严格说来英国的普通法在当地并不具有权威性,因为这些殖民地不是英国的组成部分,而是特殊的(虽然仍是附属的)自治领。不过,虽然它们与爱尔兰、马恩岛和其他岛屿一样,在未被特别提及的情况下不受任何议会法案的约束,但它们仍服从于议会的控制。这些地方的政府形式大多借鉴自英格兰,总督作为国王在当地的代表或代理人,由国王进行任命(在一些归领主所有的殖民地则由领主任命)。它们虽然有自己的法院,但对这些法院所作判决提出的上诉则应送呈英格兰国王在枢密院进行审理。应对当地紧

---

① 《索尔克尔德王座法院判例汇编》,第411、666页(Salk. 411. 666.)。
② 威廉·皮尔·威廉斯,《高等法院判例汇编》,第二卷,第75页(2P. W^m. 75.)。
③ 《判例汇编》,第七卷,第17页(7 Rep. 17b.),"加尔文案"(Calvin's case);《肖沃议会案例集》,第三十一章(Show. Parl C. 31.)。

急情况的法律是由当地议会(相当于当地的众议院)与地方自治会(相当于当地的上议院)在得到国王本人或其在当地的代表(即总督)许可的情况下共同制定的。但是《威廉三世七、八年法》第二十二章特别规定:在这些殖民地通行的所有法律、习惯法及惯例,凡与大不列颠王国已经或将要制定的有关上述殖民地的法律相悖的,应宣布完全无效并不再使用。

以上就是大不列颠王国几种不同类型的自治领。英格兰国内法对这些地区而言仅仅只是"英格兰的国内法",在这些地区不具任何强制力或权威性。当然,这些地方的法律就其宗旨而言大多是英格兰法律的翻版,但在作为当地通行的法律被不断运用的过程中,它们也拥有了特定的约束力及具备一定权威性的强制力。

至于国王本人通过世袭继承、获取收益或其他方式获得的属于他个人的海外自治领(如汉诺威属地及陛下在德国的其他地产),既然它们根本不属于大不列颠王国王权范围,自然也就与英国法完全无关,与这个王国也不发生任何形式的联系。王国在欧洲大陆的自治领、征服者威廉在完成征服后与英格兰王权一同赋予英格兰的诺曼领地以及自亨利二世起世袭继承的安茹①及其附属地过去都曾给王国带来不少麻烦,对这一点英格兰的立法机构已敏锐地有所察觉。这些立法者知道英国在前后近四百年时间里为保卫这些国外的自治领而陷于劳民伤财的战争泥潭中,直到亨利六世放弃了这些土地(这对整个国家而言真是一桩幸事),英国才得以

---

① 安茹(Anjou),法国罗亚尔河谷的一个历史故地,曾是法国西北的一个省。——译者

解脱。他们也注意到自亨利六世统治时期起的英国对其在海洋上的利益有了更深入的认识并为之投入更大的精力。其成果是,英国在结束了内战后立刻迅速地强盛起来。不仅如此,与以前英国拥有更大面积的土地,本国大臣们的注意力因此更多地被分散到海外的时期相比,此时的英国在欧洲的地位更加举足轻重。鉴于过去的惨痛教训和如今的这种考虑,现在在位的英国国王陛下杰出的议会在《王位继承法》中增加了这样一项限制性条款①:"为防止任何非英格兰王国公民出身的人继承王国的王位和王权,在未经议会同意的情况下,本国不应卷入任何保卫不属于不列颠王国的领土或地域的战争中。"

现在我们来详细研究英格兰王国,它是即将开始的《释义》一书所涉及的法律最直接的统治对象。英格兰王国不仅包括威尔士(我们对此已经进行过充分的讨论),也包括海洋的一部分。海洋或公海也是英格兰王国的组成部分,因此我们的海事法院对其有管辖权(后文中我们会提及相关内容),但海洋并不在普通法的管辖范围内②。海洋的范围开始于低水位线。而在分别表示海洋退潮和涨潮范围的低水位线和高水位线之间,普通法和海事法有共有管辖权(*divisum imperium*),即一种交替的管辖权。海事法的管辖范围是海水涨至满潮时的水面的范围,普通法的管辖范围则是大海落潮时的陆地范围③。

英格兰领土基本上可有两种划分方法:一为教会的划分方法,

---

① 《威廉三世十二、十三年法》,第三章(Stat. 12 & 13 W. III. c. 3.)。
② 爱德华·柯克,《英国法学阶梯》,第一卷,第260页(Co. Litt. 260.)。
③ 亨利·芬奇,《论法律》,第78页(Finch. L. 78.)。

一为法律上的划分方法。

(1) 按教会的划分方法,英格兰领土主要被划分为两个大主教辖区,分别为坎特伯雷大主教辖区和约克大主教辖区。大主教辖区即指一位大主教的管辖权所覆盖的范围。每个辖区又划分为不同的主教辖区或副主教辖区,其中坎特伯雷被划分为21个,而约克大主教辖区除包括由国王亨利八世下令并入的马恩岛主教辖区外,又被分为3个主教辖区。每个主教辖区再被划分为副主教辖区,全国范围内总共60个副主教辖区。每个副主教辖区再被划分为乡村牧区,即一位副主教或乡区牧师的管辖权所涉及的范围。最后,每一乡村牧区之下再被划分为不同的牧区[①]。

一个牧区是指由一位牧区牧师或教堂牧师所管辖的所有教徒(人数大约接近一万)所居住的地区范围。古代的牧区究竟是如何划分的,如今已很难确定。因为人们似乎普遍认同这样一种观点,即基督教在英格兰发展之初并不存在牧区这样的划分,或者当时的一个牧区至少与我们现在的一个主教辖区规模相当。当时教堂不会从教会征收的费用中得到任何拨款,但每个教徒都可按其意愿自由选择任何一位牧师或任何一个教堂缴纳他份内的什一税,唯一的前提是他必须确实向某位牧师或某个教堂缴纳。如果他并没有指定缴纳的对象,则他份内的什一税就缴纳给主教,而主教的职责就是将收缴的什一税在牧师间分配或由他决定用于其他宗教上的用途[②]。

---

① 爱德华·柯克,《英国法学阶梯》,第一卷,第94页(Co. Litt. 94.)。
② 约翰·塞尔登,《什一税历史》,第4,9页(Seld. of tith. 9. 4.);《英国法学阶梯》,第二卷,第646页(2 Inst. 646.);《博学的亨利·霍巴特爵士的判例汇编》,第296页(Hob. 296.)。

卡姆登先生①认为英格兰是于大约 630 年由洪诺留②大主教划分为不同牧区的。而亨利·霍巴特爵士③则认定英格兰的牧区最初是由公元 1179 年召开的拉特兰会议④设立的。两种观点大相径庭,每种看来都与事实有出入。英格兰不同牧区设立的真正年代最有可能是在这两种极端观点中间的某一年。因为塞尔登先生早已清楚地向我们表明⑤,在卡姆登所说的年份之后的很长时间后,神职人员仍然是共同生活,并不存在任何牧区的划分。而撒克逊法中又显示拉特兰会议召开(即霍巴特认为的英格兰牧区被设立的时间)之前,英格兰的不同牧区早已存在了。

早在埃德加国王于 970 年制定的法律中我们就能发现存在着不同牧区的划分。不仅如此,甚至还存在不同的上级教堂间的区分。而在此之前的什一税的缴纳大体上是任意的。也就是说,当时每位教徒(如前文所述)可将其份内的什一税按其意愿随意缴纳给任一教堂或牧师。但这种做法其实很容易导致缴税人的欺骗行为,或者至少也具有太大的随意性;同时,各教堂或牧区会为收缴什一税而进行竞争,从而导致各个教堂或各个牧师间妒忌心理或卑微的承颜候色行径的产生。因此埃德加国王的法律规定⑥:"所

---

① 参见卡姆登(Camden),《不列颠志》(Britannia)[卡姆登(1551—1623 年),英国古物收藏家,著有《不列颠志》,曾设立牛津大学古代史讲座。——译者]。
② 洪诺留一世(Honorius I,?—638 年),意大利籍教皇。——译者
③ 《博学的亨利·霍巴特爵士的判例汇编》,第 296 页(Hob. 296.)[亨利·霍巴特爵士(Henry Hobart,?—1625 年),英国法学家,曾任英国总检察长。——译者]。
④ 拉特兰会议(council of Lateran),指罗马天主教会多次在拉特兰宫召开的会议。——译者
⑤ 《什一税历史》,第九章(of tithes. c. 9.)。
⑥ c. 1.

有的什一税都应缴纳给该牧区所属的上级教堂"(dentur omnes decimae primariae ecclesiae ad quam parochia pertinet)。然而，如果有哪位大乡绅或大贵族在其领有的地产上有一所教堂的话，那么这座教堂与私人祈祷所一样，不属于任何上级教堂。此种情况下，如果此类教堂拥有一个专门用于埋葬教徒的墓地，那么该乡绅可以从什一税中拨出 1/3 用于负担主持教堂的牧师的生活。但如果该教堂没有专门用于埋葬教徒的墓地，那么该乡绅就必须用其他方法自己负担他的教士的生活费用，因为在这种情况下该乡绅所有的什一税收入按规定要上交给上级教堂①。

由此可以证明，当时整个王国都被划分为不同牧区，且这种划分很可能并非一蹴而就，而是逐步完成的。此外，很明显各牧区的边界最初无疑是根据贵族领地间的边界确定的，因为很少会有哪一块领地包括了一个以上的牧区，相反倒是经常会有几块领地同属一个牧区的情况发生。在基督教的影响力渐渐遍及整个王国的同时，贵族们开始在他们自己领有的地产或无人居住的荒地上建造教堂以供他们或邻近领地的佃农居住。同时，为了保证这些教堂能定期进行礼拜仪式，他们不再允许他们的佃农随意将什一税缴纳给整个主教辖区内的任一牧师，而是强制他们向某一指定教堂的主持牧师缴税用以负担其生活，而这样一片居住于其中的教徒必须缴税给同一牧师的土地就形成了一个牧区。并且这种做法也正是造成牧区与牧区间经常会相互交错的原因。因为当一位贵族拥有一片与其主要地产分离但又尚不足以自成一个牧区的土地

---

① *Ibid.c.*2. 亦见于卡纽特(Canute)约于 1030 年颁布的法律的第二章。

时，他会很自然地用这片分离的土地上收缴来的什一税来资助其新建的教堂，尤其是当与这片分离的土地邻近的其他贵族的领地上并没有建造教堂时更是如此。

各个牧区就是这样逐渐形成，牧区教堂也就是这样从指定范围内收缴的什一税中得到资助。然而另外还有一些土地或是由于属某些既无宗教信仰，对这类宗教事务也毫不在意的人所有，或是由于地处丛林或荒地，又或是出于某些如今已无从探究的原因而从未被纳入任何牧区的范围之内，并且时至今日仍是如此。按照一项年代久远的不成文惯例，这些土地上收缴的什一税是缴纳给国王而非主教的。在这一方面，他们信赖国王，相信他将从教会的整体利益出发来分配税收所得①。以上大致就是按教会方法对王国领土的划分。

（2）按法律上的划分方法，英格兰领土被划分为数百个郡，每个郡被划分为不同的百户区，每个百户区被划分为不同的十户区或城镇。现在的这种划分方法应当是始于阿尔弗烈德国王统治时期。当时阿尔弗烈德国王为防止肆虐整个王国的劫掠和动乱等暴行而设立十户区。这种称谓源于撒克逊，之所以被称为十户区，是因为每一区由十位地产的完全保有者的家庭组成。他们居住于同一地区，彼此间就他们的良好行为向国王作出担保或保证，一旦该地区发生任何犯罪事件，他们有义务必须将犯法之人交给国王②。

---

① 《英国法学阶梯》，第二卷，第647页（2 Inst. 647.）；《判例汇编》，第二卷，第44页（2 Rep. 44.）；《判例汇编》，"伊丽莎白女王"卷，第512页（Cro. Eliz. 512.）。
② 《福莱特》（Flet. I. 47.）。关于这一点，忏悔者爱德华国王颁布的法律第二十章合理地指出："每十户居民互为担保人的这种制度带给全体臣民最大的安全和保障。"

因此,古时候任何人都不允许在英国逗留 40 天以上,除非他在某一个十户区进行登记①。每年该地区地位较高的居民中选出一位负责领导其他人,被称为村镇官(tithing-man)或自治镇长官(head-borough)(这些称谓表明了这位长官是来自乡村还是城镇)。在某些乡村地区,自治镇镇长(borsholder 或 borough's-ealder)往往被认为是一个自治市、城镇或是十户区居民中言行最谨慎的一位②。

十户区、市镇(或称村庄)在法律上拥有同等的地位,每一个都有或曾有自己的教堂可以独立进行礼拜仪式、各种圣礼和葬礼。按照爱德华·柯克爵士的观点③,这是用以区分一个市镇的最重要的标志。市镇(或村庄)随着时间的流逝和语言的变化,如今已成为一种一般性的称谓,它泛指几种不同类型的地区,包括市、自治市和普通市镇。市是由若干市镇组成的,是或曾经是一个主教辖区,并且即使这个主教辖区现在已不复存在(如威斯敏斯特),但市仍然保留④。一个自治市按如今的概念是指一个有权委派居民进入议会下议院的市镇⑤,而不管它是否是由几个市镇组成的。其他的普通市镇按爱德华·柯克爵士的说法⑥共有 8803 个。它们即不是市,也不是自治市。其中有一些拥有开设集市的特权,有些则没有,但作为市镇两者在法律上地位相当。有些市镇又有附属地,称为小村庄(hamlets)。《爱克赛特法》(statute of Exeter)中

---

① 安德鲁·霍恩,《正义宝鉴》,第一卷,第三节(Mirr. c. 1. §. 3.)。
② 亨利·芬奇,《论法律》,第 8 页(Finch. L. 8.)。
③ 《英国法学阶梯》,第一卷,第 115 页(I Inst. 115b.)。
④ 爱德华·柯克,《英国法学阶梯》,第一卷,第 109 页(Co. Litt. 109b.)。
⑤ 利特尔顿,《土地保有》,第 164 节(Litt. §. 164.)。
⑥ 《英国法学阶梯》,第一卷,第 116 页(I Inst. 116.)。

频频提及了整个市镇、半市镇和小村庄,从而引起了人们对小村庄这一概念的注意①。按照亨利·斯佩尔曼爵士的解释②,该法案规定整个市镇由十个地产的完全保有者(即属于一个十户联保制单位的十个成员)组成,半市镇由五个组成,而小村庄则少于五个。这些小村庄的居民有些与整个市镇共同接受管理,有些则由另外单独的政府官员管理。而在后一种情况下,一个小村庄会出于法律上的目的而被看成是一个独立的市镇。虽然如今随着居民数量的增加,很多市镇被划分为几个牧区或十户区,但正如前文提及的,这些市镇最初确实只包括一个牧区,即一个十户区,有时甚至一个牧区会包括两个或更多市镇或十户区。

十户地产完全保有者构成一个市镇或十户区,十个十户区构成一个更高级别的划分区域,因其由十户居民的十倍构成,故称为百户区。每个百户区由一个高级治安官或副郡长管理。此外,过去百户区中定期会设立百户区法院以审理各种案件,不过这种制度如今已被废除了。百户区在一些北方的郡中也被称为小邑(wapentakes)③。

将百户区细分为十户区看来应该是阿尔弗烈德特有的发明,但百户区这种制度却并非由他首创,而是由他引入英格兰的。在丹麦,百户区这种制度早已非常流行④。此外,我们也可在法国发现类似的制度。早在两百年前克洛塔尔⑤和西尔德贝

---

① 《爱德华一世十四年法》(14 Edw. I.)。
② 亨利·斯佩尔曼,《古史词典》,第 274 页(Gloss. 274.)。
③ 《福蒂斯丘王座法院判例汇编》,第二十四章(Seld. in Fortesc. c. 24.)。
④ 塞尔登,《荣誉的头衔》(Seld. tit. of hon. 2. 5. 3)。
⑤ 克洛塔尔一世(Clotharius I,500—561 年),墨洛温王朝国王,西尔德贝尔特一世之弟。——译者

第四章 适用英国法之国家与地区

尔特[1]踏上法国土地时就制定了百户区制度,目的是强制性要求每个区域对在本区域内发生的抢劫事件负责。在法国,这种划分单位既是民事上的,也是军事上的。每个单位包括一百名自由人,他们服从于一位被称为百总(centenarius)的官员,而这些官员又服从于一位更高级别的、被称为伯爵"count"或"comes"的长官[2]。事实上,百户区制度应该可追溯到古德意志(后来主宰了高卢的法兰克人及在英格兰定居的撒克逊人都是源于古德意志的民族)。因为我们从塔西佗的著作中可以得知[3],对这个好战的民族来说,百户区这种制度及这个称谓可说是耳熟能详。"每个村庄按百户划分,居民称之为百户区。这种原先单纯的数学概念如今已演变为一种称谓,更是一种荣誉"(Centeni ex singulis pagis sunt, idque ipsum inter suos vocantur; et quod primo numerus fuit, jam nomen et honor est)。

数目并不确定的若干百户区构成一个郡(county)或州(shire)。州是撒克逊人用来表示这一级行政单位的称呼,而郡(county),即"comitatus",显然是来源于"comes",即法兰克人的伯爵(count),相当于英国伯爵(earl)或(按撒克逊人的称呼)高级市政官(alderman)。伯爵或高级市政官是指接受委任负责管理郡或州政府的人。他通常在其副手的辅佐下行使职权,他的副手在拉丁文中被称为"代理伯爵或副伯爵"(vice-comes),在英国则被称为

---

[1] 西尔德贝尔特一世(Childebert I,约498—558年),墨洛温王朝巴黎国王。——译者
[2] 孟德斯鸠,《论法的精神》(Montesq. Sp. L. 30. 17.)。
[3] 《日耳曼尼亚志》,第6页(de morib. German. 6.)。

郡长(sheriff)、执行吏(shrieve)或州司法官(shire-reeve)，用以表示一州的政府官员。随着时间的推移，如今日常的行政工作也已完全移交到这些政府官员的手中。在某些郡，介于州和百户区之间另有一级行政单位，如肯特郡的"府"(lathes)及萨克西斯郡(sussex)的"道"(rapes)，每个单位由大约三至四个百户区构成。这些行政单位以前也有自己的府司法官或道司法官，级别上属于州司法官的下级官员。若一个郡被划分成三个类似这样拥有独立审判权的中级单位，则它们就被称为"分郡"(trithings)①，古时每个分郡由一位分郡司法官治理。在约克郡如今仍存在这样的划分，特称为区(ridings)，即北区、东区和西区。英格兰和威尔士境内郡的数量在不同时期亦有所不同，目前在英格兰共有40个郡，而威尔士有12个。

这些郡中有三个被称为特权领地(counties palatine)，分别是切斯特、达拉莫和兰开斯特。前两者是传统的贵族领地，依据年代久远的不成文惯例形成或者至少在诺曼征服时就已经存在②，而后者则是国王爱德华三世为赏赐金雀花亨利(初为伯爵，后成为兰开斯特公爵)而特别为他设立的。金雀花亨利的女继承人后来嫁给了国王的儿子冈特的约翰③。后者在其岳父去世后经议会确认继承了兰开斯特公爵的头衔④。按布雷克顿的说法⑤，特权领地

---

① 爱德华时期法律，第三十四章(LL. Edw. c. 34.)。
② 塞尔登，《荣誉的头衔》(Seld. tit. hon. 2. 5. 8.)。
③ 冈特的约翰(John of Gant, 1340—1399年)，爱德华三世第四子，其侄理查二世在位期间，他在政治和宪政斗争中起了缓和的作用。——译者
④ 埃德蒙·普洛登，《判例注释和汇编》，第215页(Plowd. 215.)。
⑤ 《论英国的法律与习惯》，第三卷，第八章，第四节(l. 3. c. 8. §. 4.)。

(counties palatine)之所以被称为"有王权的领地"(a palatio),是因为领地的所有者切斯特伯爵、达拉莫主教和兰开斯特公爵,在其所有的领地上拥有国王的权力(jura regalia),这种权力与国王拥有的主宰万物的国王权力(regalem potestatem in omnibus)相当。因此他们有权赦免叛国罪、谋杀罪和其他重罪,他们也有权任命领地内所有的法官和治安官。此外,领地范围内所有的令状和诉状都是以他们的名义签署的(在其他诸郡则都是以国王的名义签署的),所有的违法行为也都被称为"破坏他们治下的社会治安",而不像在其他郡那样被称为"破坏国王治下的社会治安"(contra pacem domini rigis)①。事实上,按照古代法律,每一个拥有独立审判权的法院在审理案件时都将各种违法行为宣称为"破坏本法院治下的社会治安"。如领地刑事法院审判时宣布罪犯"破坏国王治下的治安"(contra pacem domini),市民事法院(court of a corporation)审判时则宣布"破坏副郡长治下的社会治安"(contra pacem ballivorum),而在郡长法院或巡回法院则为"破坏郡长治下的社会治安"(contra pacem vice-comitis)②。此类不列颠领地的领土所享有的特权最初极有可能是仅赋予切斯特和达拉莫两个郡的,因为这两个郡与当时的敌国威尔士和苏格兰交界。国王赋予领主如此之大的权力以鼓舞他时刻密切注意对本国的防御。此外,由于这样一来在当地就有法院可审理案件,领地居民就无须离开领地,从而减小了领地遭到敌国侵犯的可能性。基于同样的考

---

① 《英国法学阶梯》,第四卷,第 204 页(4 Inst. 204.)。
② Seld. in Hengham magn. c. 2.

虑,英格兰原先另外还有两个特权领地——彭布鲁克郡和赫克瑟姆郡——后者现已与诺森伯兰合并。但是彭布鲁克郡于亨利八世二十七年,赫克瑟姆郡于伊丽莎白十四年已由议会撤销。同样的,在亨利八世二十七年,前述特权领地所有者的权力也被削弱了,保留下来的仅仅是以他们的名义签署所有令状的权力,及获得按照普通法的规定罚没叛国者的财产的权力。造成这种情况的原因是继续保留类似领地的理由已不复存在了①。

在以上三个特权领地中,如今只有达拉莫仍属非王室成员所有。切斯特伯爵之爵位,如卡姆登向我们证实的那样,已由国王亨利三世与英格兰王权合并,从那以后切斯特伯爵的头衔一直是授予国王长子的。至于兰开斯特特权领地(或者说公爵领地),在冈特的约翰的儿子亨利·博林布鲁克从国王理查二世手中夺取王位成为亨利四世国王后,即归他所有。但他出于谨慎,未将兰开斯特公爵的头衔归入英格兰王室头衔之中,以免他在失去其中一个头衔后另一个也不保。因为如普洛登②和爱德华·柯克爵士③所说,"他清楚他的兰开斯特头衔是确实无可争议的,他拥有兰开斯特公爵领地也是顺理成章的,但是他的国王头衔却并不那么牢靠,因为在理查二世死后本该由爱德华三世的次子克拉伦斯公爵莱昂内尔继承王位,而他这位亨利四世的父亲冈特的约翰只是爱德华三世的第四个儿子"。因此他在即位当年即在议会制定了一项法案,将

---

① 《英国法学阶梯》,第四卷,第205页(4 Inst. 205.)。
② 《判例注释和汇编》,第215页[普洛登(Plowden,1518—1585年),英国法学家,被认为是当时最博学的律师,著有《判例注释和汇编》等著作。——译者]。
③ 《英国法学阶梯》,第四卷,第205页(4 Inst. 205.)。

第四章 适用英国法之国家与地区

兰开斯特公爵头衔与王室分离,使之成为一个独立的特殊的头衔。也正因如此这个头衔才得以由亨利·博林布鲁克的儿子亨利五世及孙子亨利六世继承。在亨利六世被爱德华四世剥夺王位后,议会宣布该公爵领地已被王室没收①,但同时议会又通过一项法案使该领地继续独立于其他由王室继承的头衔和领地之外。此后,在亨利七世统治初年制定了另一项法案,将该领地再次授予亨利七世及其继承人。按爱德华·柯克爵士②和兰巴德③的说法,直到他们的年代,兰开斯特公爵领地的特权仍依该法律的规定继承,也就是归亨利七世的直系亲属继承人或者说其后代所有,保持独立于英国王位的不同的继承④。

至于伊里岛虽然有时被误称为特权领地,实际上却并不是特权领地,而只是享受王室授予的一定的特权。国王亨利一世赋予伊里主教全岛范围内的君主权,因此他对岛内所有的刑事和民事案件都有审判权⑤。

除此之外还有法人郡,指的是某些领土面积大小不一的特许

---

① 《文屈斯判例汇编》,第一卷,第 155 页(I Ventr. 155.)。
② 《英国法学阶梯》,第四卷,第 206 页(4 Inst. 206.)。
③ 兰巴德,《论英格兰中央法院》,第 233 页(Archeion. 233.)[兰巴德(Lambard, 1536—1601 年),英国法学家、考古学家,著有《论英格兰中央法院》等著作。——译者]。
④ 如果兰巴德和柯克的这种观点有充分的依据的话,那么兰开斯特这种特殊的独立地位在 1688 年革命中一定是一个突出的问题。在那场革命使国王詹姆斯退位后,兰开斯特仍保留了其公爵领地的特殊权力。《威廉三世十三年法》第三章(slatute 13 W. Ⅲ. c. 3.)所称该被剥夺王位者实际上是假冒的威尔士亲王这一点如今已毋庸置疑。然而为了使这位詹姆斯国王的身份完全有效,他的威尔士亲王身份在当时应当被认为是合法的,因为若不如此,他就根本没有利益可被剥夺了。

⑤ 《英国法学阶梯》,第四卷,第 220 页(4 Inst. 220.)。

市和市镇在得到英格兰国王的特别恩典后可以自成一个郡,而不必成为任何一个郡的组成部分。它们由自己的行政官或其他治安官管理,任何其他郡的政府官员都没有权力进行干涉。这一类郡包括伦敦、约克、布里斯托尔、诺里奇、考文垂,等等。以上就是遵循英国法的国家和地区。

第一卷

论人之权利

第一章　个人的绝对权利

英国法客体所包括的对象范围甚广又数目众多,因此为了相对简便清楚地对这些客体加以讨论,我们必须有条不紊地将这些客体归为几类,并且分类务必要清楚、恰当。每一类别既要避免范围过大过泛,又要避免过小过细,因为两种情况都会混淆我们的讨论。

既然国内法是规范公民行为的规则,它规定合法行为、禁止不法行为,或者按照西塞罗[①]及其后英国的布雷克顿[②]的表述:"公正的法律规定何为合法行为,禁止不法行为"(sanctio justa, jubens honesta et prohibens contraria),因此很明显,国内法最基本、最主要的客体即合法行为和不法行为。在本书以下的内容中,我将按照这两个简单明了的分类,首先讨论一下英国法律规定的合法行为,接着再讨论一下为英国法律所禁止的不法行为。

合法行为还可进一步细分。其一是关于人并依赖于人这一主体而存在的,因此被称为"jura personarum",亦称为个人的权利;另外一类诸如某人可以获得的外部对象,或者说是与其人身无关

---

① II Philipp. 12.
② 《论英国的法律与习惯》,第一卷,第三章(l. I. c. 3.)。

的物,被命名为"*jura rerum*",亦称为物的权利。不法行为也被分为:第一,仅对某些特定的、只涉及对个人的权利进行的侵犯,这一类不法行为被称为民事损害(civil injuries);其次是公共不法行为,指对普遍的公共权利的损害,其影响涉及整个社会,被称为犯罪及轻罪。

如上所述,英国法之客体可分为四类,因此本书也就包含了如下四方面内容:Ⅰ.个人的权利,以及获得此类权利的条件及丧失此类权利的方式。Ⅱ.物的权利,以及同样的,获得或失去此类权利的方式。Ⅲ.侵害个人的不法行为,亦称为民事损害,以及依法对其进行救济的方法。Ⅳ.公共不法行为,亦称为犯罪和轻罪,以及预防和处罚此类行为的办法。

首先我们来讨论人的权利以及获得及失去此类权利的条件和原因。

现行国内法规定人们遵守的个人的合法行为包括两类。其一,如要求每个公民应当做到的事,即通常所说的公民义务;其二,如属于一个公民的,即个人的合法行为更加通用的含义,也就是我们所说的权利,亦称为"*jura*"。实际上两者都可以包括在后一种类型中。这是因为,所有的社会义务都是相对的,它们在构成某一个人或一些人的义务的同时必然也构成另一个人或一些人的权利。但我认为,如果我们把大多数所谓的权利当成要求特定人履行的义务而不是属于特定人的权利来考虑的话,将有助于我们更简单、更清楚地认识这一问题。按照我的这种思路举例来说,拥护政府首先应当被认为是人民的义务,而保护人民则是官员的义务。当然也可以反过来说,他们各自的义务实际上也就是对方的权利。

第一章　个人的绝对权利

因此要求人民拥护政府是官员的权利,而得到保护则是人民的权利。

在法律上,人被分为自然人和拟制的人两类。自然人指由自然之神创造的人类,而拟制的人则指从社会和政府的角度由人类法律创造设计的主体,通常被称为法人团体和政治团体。

从人的自然身份考虑,权利可分为两类,即绝对权利和相对的权利。绝对权利指当人作为一个特定的个体,即仅仅作为个人或单个个体时,与其相关并属于其的权利;相对权利是指当人作为社会的一员,与其他社会成员有着千丝万缕的联系时,这种身份赋予他的权利。前者,即人的绝对权利,将是我们这一章的主题。

本章所讨论的个人的绝对权利指的是最基本的、最严格意义上的个人权利。例如只要是处于自然状态下的人就享有的权利,即每个人无论其是否身处某一社会中,都有权享受的权利。而谈到一个人仅仅作为个人而必须履行的义务,即绝对义务,我们就不必期望任何国家的国内法会对此加以阐述或作出任何规定,因为各国国内法的意图和目的一律都是当人作为社会的一员,与其他社会成员有着千丝万缕的联系时,对其行为加以规范。因此这类法律关注的或者说有管辖权的仅仅是社会义务或者说相对义务。从这个意义上说,假设有一个人道德沦丧、行为堕落,但如果他对他的种种恶劣行径秘而不宣且并不有伤风化的话,那么人法对他只能是鞭长莫及。但如果他将他的不道德行为公开化,那么即使这些行为基本上仍只会对他自己造成影响(如酗酒一类的行为),但由于此类行为在社会上树立了坏的榜样或者对社会造成了有害的影响,因此人法仍然有责任对其加以纠正。在这个例子中,公开化与否改变了整个案例的本质。在公开场合言行谨慎是一种相对义务,因此我们的法律对其有强制规定。而个人私底下行为谨慎则是一种绝对义务,人法的法院对其是否被履行永远无从知晓,因此也无力运用任何民事制裁手段对其作出强制规定。但谈到权利,情况就不同了。无论一个人是作为单个的人还是作为与其他人有联系的人,人法对其所享有的权利都有权作出规定并要求人们遵守。

社会的首要目标就是要在个人行使上述绝对权利时为他们提供保障,因为虽然这种权利是永恒不变的自然法赋予每个人的,但如果没有各个友好的社会团体间的相互帮助和交往,人们不可能顺利地行使这些权利,因此人法的首要目的显然就是维护并规范个人的绝对权利。绝对权利虽然是社会权利即相对权利的起源,但却是在国家和社会形成之后才产生的,因此该如何维护并规范此类权利显然应该是在国家和社会形成之后才需要考虑的事。也正因如此,人法的首要考虑是,并且应当始终是,如何对这些本身种类并不多且相对简单的绝对权利加以阐明、保护和实施。至于由此类绝对权利相互间发生的不同联系而产生的各种相对权利,则不仅种类要多得多,而且也更为复杂。比起绝对权利来,这些相对权利在任何法典中都占据更多的篇幅,因此看来似乎得到更多的关注,但实际情况却并非如此。接下来让我们继续研究各国国内法究竟应当在多大程度上关注这些绝对权利本身以及应当如何为它们提供永久的法律保障,而我们的英国法在这两方面实际上又做得如何。

人类的绝对权利作为一种不受限制的自然力,包括辨别善恶的天赋洞察力及自主选择自认为最合适的判断标准的能力,这两者实际上都可被归入一个定义之下,即人类的天赋自由权。这种天赋自由权实际上就是按照个人认为适宜的方式行事,除了自然法之外不受任何约束和控制的权利。它是每个人与生俱来的固有的权利,是上帝在创造人类并赋予他自由意志的同时一起赐予人类的多种天赋之一。然而,任何人一旦踏入社会,就必须部分地放弃他的天赋自由权。这是因为,一个人一旦踏入社会,就可以从与别人的相互"交易"中取得极大的收益,而为了参与这种获益极大的"交易",他必须付出一些代价,强制自己遵循他所处的社会认为合宜并采纳的各种法律。事实上,与他放弃的那种原始未开化的自由权相比,这种对法律的服从与遵循要有意义得多。任何人只要稍加思量,就不会再希望保留这种让他可以任意妄为的绝对的、不受控制的权力,因为这同时意味着别人也拥有同样的权力,而那样的话,个人的社会生活在任何方面都将毫无保障可言。从这个意义上说,作为一个社会成员而享有的政治自由,或称为公民自由,其实就是个人的天赋自由,只不过人法出于公众普遍利益的考虑对这种权利适当地加以必要的约束而已①。如此我们也就不难理解,法律虽然削弱了个人的天赋自由而加强了公民自由,但实际上它借此得以管束每一个人使其不对其他公民造成伤害。但无论是君主、贵族还是民众大会,如果想以此为借口毫无缘由地恣意压制公民的意志的话,那么这种法律在某种程度上就是一种暴政。

---

① 天赋自由,除非法律对此作出必要禁止(Facultas ejus, quod cuique facere libet, nisi quid jure prohibetur. Inst. 1.3.1.)。

不仅如此，即使就法律本身而言（且不论这种法律是否是在得到我们的认可的情况下制定的），如果这些法律是以一种满不在乎的态度在规范并制约着我们的行为，而不抱任何良好的意愿的话，那么这些法律实际上是在破坏我们的自由；相反，如果遵从这些法律规范确实能为公众带来任何利益的话，那么仅仅只须对个人意愿的某一两个方面加以控制就能有助于在其他更重要的方面维护我们的普遍自由，而唯有保证社会处于这样一种状态，我们的独立性才能有所保障。因此爱德华四世颁布法律①，禁止当时地位低于贵族的绅士们在他们的鞋子或靴子上饰以长度超过两英寸的尖头的举动就带有某种压迫的痕迹。因为无论当时的这种风气看上去有多可笑，一味地用罚款来压制这种风气却并不符合公共利益。相反的，国王查理二世颁布的一条看似性质相同的法律②，即去世的人必须身穿全毛的衣服入葬，实际上却是一条符合公众自由的规定。因为这条法律推动了主要产品的贸易，而国家的整体利益很大程度上即取决于此。因此只要能以审慎的态度来制定法律，那么这种法律就不会削弱或破坏自由，相反只会引导我们实现自由。这正是洛克先生始终遵循的原则③：没有法律就没有自由。然而另一方面，政府体制及法律体系只是为维护公民自由才建立的，除了在某些方面出于公共利益的考虑需要对公民加以适当的引导和约束外，公民对其自身的行为应当有完全的自主权。

政治自由和公民自由的观念和运用在大不列颠诸王国正空前

---

① 《爱德华四世三年法》，第五章(3 Edw. IV. c. 5.)。
② 《查理二世三十年法律一》，第三章(30 Car. II. st. I. c. 3.)。
③ 《政府论》，下篇，第 57 节(on Gov. p. 2. §. 57.)。

第一章 个人的绝对权利

活跃，日臻完善。在这种情势下，唯有掌握政治和公民自由的立法机关的一些愚蠢行为或是英国法本身的一些缺陷才有可能损害到或者使我们失去这种自由，因为英国立法机关，当然也包括英国法是唯一可维护哪怕是地位最卑微的国民的政治和公民自由的机构。英国法与欧洲大陆其他国家的现代宪法不同，与罗马法的精神也不符，因为后两者基本上只是那些国家的王室或某些国家的大公为了施行专制霸权控制他们治下的臣民而制定的。而自由精神却已经深深植入我们的宪法，甚至在我们的国土上牢牢生根。即使是一个奴隶或黑人，一旦他踏上英国的土地，他就受到英国法的保护，并凭着他享有的所有天赋权利而立即（*eo instanti*）成为一个自由人[①]。

每个英国人的绝对权利（从政治意义上和广义上来说，这种绝对权利常被称为英国公民的自由权）既是基于天赋权利同时又合乎理性，因此总是与政府的形式同步发展的。虽然有时这种权利会遭受一些波动和变故，但却总是以人性为基础的，这也是这种权利杰出的一个方面。这种权利在有些年代确实受到专横暴虐的统治者的压制，而在另一些时候又确实太过放任几近无法无天（既然我们说任何形式的政府总强过没有政府，那么后者这种无政府状态其实比前者这种专制政府更加糟糕），但是我们的自由的宪法总是有力量使我们的国家摆脱这种困境。每次一旦各种纷争造成的动乱平息下来，英国公民的权利和自由间的平衡总能重新回复到适宜的状态。并且虽然这种权利一次又一次地面临威胁，但每次议会都会坚决地对其最基本的内容予以确认。

[①] 《索尔克尔德王座法院判例汇编》，第 666 页（Salk. 666.）。

这里所说的"最基本的内容",首先包括国王约翰赐予我们的《自由大宪章》这一武器。而他的儿子亨利三世国王随后又对这一宪章的内容稍作修改并由议会予以确认。这一宪章并未对英国的基本法律进行多少新的补充,而是如爱德华·柯克①爵士所评论的那样,将绝大篇幅都专注于解释英国基本法律的主要内容。随后一部名为《恩准宪章》(confirmatio cartarum)②的法律对《大宪章》的内容予以承认,使其成为我们所知的普通法。至此,所有与《大宪章》规定相悖的判决都宣布无效,该宪章的副本被送至所有的大教堂每年两次对公众宣讲。此外,任何言谈、行为或诉讼只要有任何地方与该宪章内容相悖或在任何程度上违反了它的规定,当事人都会遭到被驱逐出教会的惩罚。其次,所谓的"最基本的内容"还包括其后从爱德华一世到亨利四世统治期间颁布的大量对该宪章予以确认的成文法(据我所知爱德华·柯克爵士统计的当时此类法律共有32份③)。以及在间隔很长一段时间后又由议会通过的《权利请愿书》④。这是一份公民自由权的宣言,查理一世最终于其即位初年作出妥协承认了这份宣言。其后,这位满心不情愿的国王还被迫向议会作出更多的让步,直到最终与议会决裂。最后,"最基本的内容"还包括查理二世统治期间通过的许多产生

---

① 《英国法学阶梯》,第二卷,"前言"(2 Inst. proëm.)。
② 《爱德华一世二十五年法》(25 Edw. I.)(《恩准宪章》是爱德华一世于1297年所批准的法律,该法律宣布将《大宪章》作为普通法实施。——译者)。
③ 《英国法学阶梯》,第二卷,"前言"(2 Inst. proëm.)。
④ 《权利请愿书》(The Petition of Right)是议会于1628年查理一世统治时期通过的限制王权的法律文件。——译者

了积极影响的法律,尤其是《人身保护法》①。随后议会上下两院又于1688年2月13日共同向当时的奥伦治王储夫妇提交了一份宣言,即《权利法案》②,在两者分别成为英国国王及女王时,议会通过了这一宣言。这份宣言中有一些值得关注的内容:"他们确实请求、要求并坚持将所有上述各点中的每一条都作为他们不容置疑的权利和自由。"并且议会的一项法案也承认:③"该宣言中宣称并确认的所有权利与自由中的每一条都是英国人民自古享受的、真正的、毋庸置疑的权利。"最后,本世纪初的《王位继承法》④再次对上述各项自由权予以确认,并将国王的王权限制在宫廷之内。此外,该法案还同时增加了一些新的条款以更好地保护英国的宗教、法律及公民自由权。这项法律宣称依据普通法的古老原则,宗教、法律及自由权都是"英国人民与生俱来的权利"⑤。

以上就是有关我们的权利和自由的各项宣言的内容。由这几部法律所规定的公民的各项权利还包括几项个人的豁免权。根据这几部法律中所设定的前提来看,这几项豁免权事实上要么是公民天赋权利中未被放弃的部分,即各种社会法律没有要求个人为了公众利益而必须牺牲的权利,要么是社会允诺给予个人的特权,

---

① 《人身保护法》(habeas corpus act),英王查理二世统治时通过的制定法,旨在对普通法令状不能提供救济的忽视个人权利的情况提供救济。——译者
② 《权利法案》(The Bill of Rights),英国议会于1689年通过的一部重要法律,其确认了英国公民享有的基本权利和自由,确立了英国议会具有独立于国王的法律地位。——译者
③ 《威廉和玛丽一年法律二》,第二章(I W. and M. st. 2. c. 2.)。
④ 《威廉三世十二、十三年法》,第二章(12 & 13 W. III. c. 2.)。
⑤ 埃德蒙·普洛登,《判例注释和汇编》,第55页(Plowd. 55.)。

以代替他们所放弃的天赋权利。公民的各项权利,不论是与生俱来的还是后天取得的,本来曾经是世上每一个人都应享受到的权利,然而现在除英国之外,世界上大多数国家都在贬低甚至破坏这些权利。如今可能只有英国还在强调这些权利,也只有英国人民才能享受到这些权利了。这几项权利又可被分为三个主要的或者说基本的大类:人身安全权、人身自由权及私有财产权。鉴于除了对公民所应享受的这几条重要的权利加以侵犯和削弱外,没有任何已知的手段可用于压迫或削弱公民天生的自由意志,因此要保护公民的各项权利不受侵犯,首先无疑要最大限度和最广泛的维护这三项公民的基本豁免权利。

1. 公民的人身安全权包括个人的生命、肢体、躯干、健康及名誉依法享有不受侵害的权利。

(1) 生命是上帝直接赐予人类的礼物,是每个人天生就具有的权利。从法律角度来说,胎儿一旦能够在母亲子宫内动弹,就被认为拥有生命。因此如果由于一名女子不想要腹中的胎儿而服用药物或用其他手段将胎儿扼杀在子宫里,或是由于外人伤害致使她的胎儿胎死腹中,导致该女子产下一个死婴的话,根据古代法律,这虽不属谋杀,但仍构成杀人罪或非预谋杀人罪①。当然如今这种情况已不会遭到如此严重的罪名的指控,但这种罪行在轻罪

---

① 如果一个人袭击一位孕妇,或者给她下毒试图让其流产,如果这个孩子还活着,那此人构成非预谋杀人罪(*Si aliquis mulierem praegnantem percusserit*, *vel ei venenum dederit*, *per quod fecerit abortivam*; *si puerperium jam formatum fuerit*, *et maxime si fuerit animatum*, *facit bomicidium*. Bracton. *l.* 3. *c.* 21.)。

中仍是极为严重的一种[1]。

对一名尚在母亲腹中的胎儿,或者说待生胎儿(*in ventre sa mere*)来说,其出生在法律上被认为有多种目的。胎儿具备继承遗产或接受经官册登记的不动产的能力。它(it)可以拥有一名指定的监护人[2],它也有权拥有一份仅限它使用的个人财产,并通过这种限制而确实得到这份财产,一切都视同它已经出生[3]。在这一点上,罗马法与英国法有相同的规定[4]。

(2) 人的肢体(我们现在所说的肢体仅包括一个人在与人搏斗中会用到的部位,依据普通法规定导致人失去这些部位的行为仅构成重伤害罪)也是英明的造物主赐予人类的礼物。它使人即使在赤身裸体的情况下也有能力保护自己不受外界伤害,因此这是每个人与生俱来的权利。任何恣意破坏或剥夺这种权利的行为都是对公民自由权的公然侵犯。

按照英国法的观点,一个人的生命及肢体是如此珍贵,以至于英国法甚至赦免出于自卫(*se defendendo*),也就是出于保护自身的生命及肢体的目的而犯下的杀人罪。因为一个人如果是以保护其生命或肢体为目的,那么他的任何行为都被看成是被逼无奈而绝对必要的。因此如果一个人确实受到若不顺从就将丢掉性命或者哪怕仅仅是失去肢体某一部分的威胁,那么他由于惧怕死亡或

---

[1] 《英国法学阶梯》,第三卷,第90页(3 Inst. 90.)。
[2] 《查理二世十二年法》,第二十四章(Stat. 12 Car II c. 24.)。
[3] 《威廉三世十、十一年法》,第十六章(Stat. 10 & 11 W. III. c. 16.)。
[4] 尚在母亲腹中的胎儿在民法上的权利等同于已经出生的婴儿(*Qui in utero sunt, in jure civili intelliguntur in rerum natura esse, cum de eorum commodo agatur. Ff.* 1.5.26.)。

身体伤害而被迫实行的任何作为或其他任何合法举动,即使具备了法律要求的必要要件,在法律上仍是完全无效的[1]。同样的情况在很多轻罪案件中也构成一个充分的免责条件,相关内容将在本书第四卷中出现。在上述情况下一个人所受的逼迫在法律上称为胁迫(*duress*),该词来自于拉丁文"*durities*"。胁迫又可分为两类:监禁胁迫以及恫吓胁迫(*per minas*)。前一种情况下受胁迫的人确实丧失自由,对此我们很快将加以讨论,而后一类威胁所暗示的困境只是即将临近但尚未实现,也就是我们现在正在讨论的一类胁迫。恫吓胁迫指的是对丧失生命或遭到严重伤害或失去肢体某一部分的惧怕,这种惧怕必须基于充足的理由。正如布雷克顿所说:"这种惧怕并非指一个愚蠢又胆小怯懦的人所感受到的那种恐惧,而应当是一个勇敢无畏之人所经受的那种威胁。举例来说,这种恐惧应当是在知道肢体可能受到伤害或生命正处于危险之中时才会产生的恐惧心理[2]"(*suspicio cujuslibet vani et meticulosi hominis, sed talis qui possit cadere in virum constantem; talis enim debet esse metus, qui in se contineat vitae periculum, aut corporis cruciatum*)。惧怕遭到殴打或袭击则不构成充足的理由,因而不是这里所说的威胁。同样,对房屋被焚毁或者货物被夺走或毁坏的恐惧也不在此范围之内。这是因为在上述几种情况下,即使这种恐惧真的成为现实,当事人仍可通过完全地弥补自己所遭受的损失而得到满足[3]。而生命或肢体某一部分的丧失则永远

---

[1] 《英国法学阶梯》,第二卷,第 483 页(2 Inst. 483.)。
[2] 《论英国的法律与习惯》,第二卷,第五章(*l. 2. c.* 5.)。
[3] 《英国法学阶梯》,第二卷,第 483 页(2 Inst. 483.)。

第一章 个人的绝对权利

无法进行相应的补偿。从这个意义上来说,对于一个面临主要一类威胁,即丧失生命或肢体的威胁的人实行赦免符合罗马法中的一条原则"一个人纯粹以保护自己的生命或肢体为目的而实施的任何行为都是正当合法的[①]"(ignoscitur ei qui sanguinem suum qualiter qualiter redemptum voluit)。

法律不仅保护每个人的生命和肢体及其享有的这方面的权利,也提供每个人用以维持生命和肢体的所有必需品。因为没有哪个生活贫苦、境况悲惨的人会有能力自己恰当地运用那些为帮助贫困者而制定的法律来要求社会较富裕阶层满足他们的各种生活所需。虽然出于善心帮助贫困者维持生活符合社会基本原则,但罗马法却不支持这种做法。如我们所见,虽然君士坦丁大帝[②]的敕令要求公众合力抚养那些亲生父母自己无力抚养的孩子,以防止杀害和遗弃婴儿的事件发生,但和我们的弃婴堂宗旨相同的慈善机关的设立虽然被编进了《狄奥多西法典》[③],却没有在查士丁尼编纂的法典中出现。

个人生命及肢体享有的各项权利只有当此人在法律上死亡或自然死亡时才终止。法律上的死亡指的是一个人由普通法诉讼程序作出判决被驱逐出国境[④],或是一个人进入教会供职,也就是进入某一修道院成为一名专职的修士。这两种情况下此人都将被认

[①] 《查士丁尼学说汇纂》(Ff. 48. 21. 1.)。
[②] 君士坦丁大帝(Emperor Constantine,? 288—337 年),罗马皇帝,其统一全国后将国都迁至拜占庭,改名为君士坦丁堡。——译者
[③] l. II. t. 27.
[④] 爱德华·柯克,《英国法学阶梯》,第一卷,第 133 页(Co. Litt. 133.)。

定在法律上已经死亡,他的血缘最近的继承人可继承其财产。这样认定的理由是一个被驱逐出国境的人已经完全与社会隔绝。而对一个修士来说,他选择这个职业意味着他已正式地自愿放弃所有的世俗牵绊。更何况既然天主教教士宣称他们无须承担世俗生活的各项义务,也不必听从世俗官员颁布的命令,那么英国法的原则就不会允许这样的人再享受社会的种种利益,因为是他们自己选择远离社会并拒绝遵守各种社会法规的①。因此,修士在法律上被视为民事上死亡的(*civiliter mortuus*)。在修士进入教会时,应和濒死的人一样立下遗嘱并指定遗嘱执行人。如果他既未立遗嘱也未指定遗嘱执行人,那么世俗之人就可参照自然死亡时没有留下遗嘱的情况将其财产的管理权交给他最近的亲属。而他的遗嘱执行人和遗产管理人拥有与他同等的权力,可向他的债务人提出起诉以收回别人欠他的债务,同时也必须对他的债权人提出的起诉承担法律责任,就好像他确实已经自然死亡一样②。不仅如此,这种原则是如此切实地被贯彻,所以如果一个人虽已与某一修道院院长及其继任者签订契约,但是在指定了遗嘱执行人之后才正式立誓终生为该修道院的修士,而后随着时间推移自己又成为该修道院院长,此时法律允许他以修道院院长的身份起诉自己的遗嘱执行人以收回自己应得之财③。简言之,修士或其他神职人

---

① 在封建法中也有同样的规定:成为基督的捍卫者即意味着不再是世界的捍卫者。不承担义务的人也得不到任何回报(*l. 2. t. 21. dessit esse miles seculi , qui factus est miles Christi ; nec beneficium pertinet ad eum qui non debet gerere officium.*)。
② 利特尔顿,《土地保有》,第 200 节(Litt. §. 200.)。
③ 爱德华·柯克,《英国法学阶梯》,第一卷,第 133 页(Co. Litt. 133 *b.*)。

员确乎在法律上已经死亡,因此若一个人在一生中(自然意义上的)与任何第三人定下契约,而后他本人又成为一名修士的话,那么这份契约在其进入教会时即应立即终止。也正因如此,现实中签订的终生有效的契约或其他财产转让通常都会明确约定在当事人的自然生命结束之前始终有效①。

如前文所述,个人的自然生命是伟大的造物主对每个人的直接馈赠,因此没有任何个人有权力合法地处置或终结任何人(包括他自己在内)的生命。然而如果有人违反了某些特定的社会法律,那么神明常常会允许运用死刑的方式来剥夺他的生命。至于这种制裁手段的性质、所受限制、其必要性和合法性,我们将会在本书结束部分加以讨论。现在我只想强调的是,无论在哪个时代,如果一个国家的政体赋予任何个人或团体在不接受任何法律监督的情况下即能恣意伤害其臣民的生命或肢体的权力,那么这种政体就是最高程度的暴政。同样,如果有任何一种法律对一些较轻较小的案件也处以如此重的刑罚的话,那这种法律其实也是一种专制,只不过程度较轻而已,因为在这种情况下,该国臣民将会意识到自己正身处危险的境地,并出于警惕而对这种法律有所防备。因此,英国的成文法很少,而普通法更是从不采用任何伤及生命或肢体的刑罚手段,除非是确乎出于必须。英国宪法也从未赋予任何人专断的权力,使其在未经法律明确授权的情况下即可对臣民施以剥夺生命或肢体某一部分的刑罚。《大宪章》中也有相关的内

---

① 《判例汇编》,第二卷,第 48 页(2 Rep. 48.);爱德华·柯克,《英国法学阶梯》,第一卷,第 132 页(Co. Litt. 132.)。

容①:"未经与其地位相当之人的审判或不依据国家法律,任何自由人都不应被剥夺生命"(Nullus liber homo, aliquo modo destruatur, nisi per legale judicium parium suorum aut per legem terrae)。照爱德华·柯克爵士的解释②,"不被剥夺生命"(aliquo modo destruatur)这种说法所包括的不仅是禁止剥夺生命或肢体,还包括禁止刑讯(对此我们的法律也是禁止的)或是借任何事实上不合法的权力的名义施以压迫。《爱德华二世五年法》第九章规定,任何人都不应未经审判而被剥夺生命或肢体,因为这与《大宪章》及英国法律的规定相悖,《爱德华三世十八年法》第三章又再一次规定,在未经正当法律程序进行辩护之前任何人都不应被判处死刑。

(3)除了四肢及其他一些对一个人进行自我防卫或攻击敌人而言是必不可少的部位外,其个人及其身体的其他部分也同样享有不受恐吓、攻击、殴打或伤害等身体损害的天赋权利,即使这种损害并不会对生命或肢体造成无法挽回的伤害。

(4)对个人健康的保护使之不致受损或遭到侵扰。

(5)对个人声望、名誉的保护使之不致遭到诋毁或诽谤,这两种权利都是自然正义和理性赋予每个人的权利。因为没有对健康及名誉的保障作为前提,个人就不可能很好地行使其他权利或享受其他利益。但是比起对生命及肢体的权利,以及后文将论述的其他个人权利来,这后三项权利的重要性要小得多,因此在对个人

---

① 《大宪章》,第二十九章。
② 《英国法学阶梯》,第二卷,第 48 页(2 Inst. 48.)。

权利的讨论中只须略微提及一下也就足够了。至于对这三项权利的几个分支进行的更细致的论述将会在"个人的不法行为"这一部分中的"对侵犯这些权利的处理"这一部分中出现。

2. 除了人身安全权,英国法还涉及、确认并保护个人的人身自由权。人身自由权指个人有权自由行动、改变职业或按自己的意愿迁移到任何地方,未经相应的法律程序不得被监禁或管制。和我们前一章所讨论的内容一样,人身自由权是一种严格意义上的天赋权利。英国法从未在没有充足理由的情况下剥夺这种权利。同样,在本国,任何官员都不可能在未得到法律明确许可的情况下仅凭自己的意愿就剥夺这种权利。《大宪章》①中也有与此相关的内容,规定只有以与其地位相当之人的合法判决或本国法律的名义才能对一名自由人实行逮捕或监禁。在《大宪章》之后的许多部古老的法律也明确指出②,仅凭向国王或其枢密院提出的建议或请愿是不足以对任何人实行逮捕或监禁的,必须通过法定的起诉过程或普通法的诉讼程序。查理一世三年通过的《权利请愿书》规定,在没有确实的理由表明某人依据法律须对某事件负责的情况下,任何自由人都不应被监禁或拘留。《查理一世十六年法》第十章则规定,任何人的自由如果遭到任何法院颁布的不合法的命令或作出的判决、国王本人亲自下的命令或是枢密院或枢密院任一成员的任何授权的限制的话,则他可以通过其辩护律师的申请,获取一张"人身保护令",以使其能够出席王座法院或民事高等

---

① 《大宪章》,第二十九章。
② 《爱德华三世五年法》,第九章(5 Edw. III. c. 9.);《爱德华三世二十五年法律五》,第四章(25 Edw. III. st. 5. c. 4.);《爱德华三世二十八年法》,第三章(28 Edw. III. c. 3.)。

法院的审理，法院将会对其被拘押的理由是否正当及拘押行为是否确实合乎正义作出裁决。而《查理二世三十一年法》第二章即通常所称的《人身保护法》则非常明确地指出了获取该令状的方法并对此进行强制规定。只要这个法律未被中止，那么任何英国臣民都不应被长期拘押在监狱中，除非法律要求这样的长期拘押并确认其合法。此外，为防止出现对被押者的出庭，要求不合理的保释金或保证金以规避该法律的情况，《威廉和玛丽一年法律二》第二章明确宣布禁止要求提供过高的保释金。

对人身自由权的维护对公众而言至关重要。因为如果最高长官被赋予任意监禁任何他或他的同僚认为应当监禁的人的权力的话（比如在法国，国王每天都在实践类似权力），那很快其他所有的权利和豁免权都将不复存在。有些人认为，相比较而言，官员出于其专断的意志而进行的不正当侵权，哪怕对象是人的生命和财产，对整个王国造成的危害也比针对臣民的人身自由权进行的侵权所造成的危害要小得多。未经起诉或审判就剥夺某人的生命或将其财产强行充公的做法作为专制政府一种最公然的恶行早已臭名昭著。因为这种情况一旦发生，必将很快地在全国范围内引起对暴君专制的警觉。但如果秘密将某人关入监狱限制其自由，则此人在监狱中的遭遇将不为公众所知或是被遗忘。这种手段因其较为隐秘，不易引起注意，反而成为专制政府一种危害更大的统治工具。但有时当国家确实陷入危机时，甚至秘密监禁也会成为一种必要的手段。然而对我国政体而言值得庆幸的是，政府当局对于国家是否真的陷入极大的危机因而须要采取这种手段以作权宜之计并没有决定的权力。只有议会或立法机关才有权力在它认为适当的时候作出在短时间内暂停实施《人身保护法》的决定并授权国王在不给出任何理由的情况下即可对嫌疑犯实行监禁。这就正如古罗马元老院在其认为罗马共和国正面临危险时也习惯采取任命一位独裁官——一名拥有绝对权力的官员的做法一样。对此,元老院通常还会在这位官员接受任命前颁布一项被称为"《元老院紧急决议》"(*senatus consultum ultimae necessitatis*)的法律,内容是"执政官应注意保证国家不受任何损害"(*dent operam consules, nequid respublica detrimenti capiat*)。同样,类似手段在我国应当也只有在极端紧急的情况下才会被采用,彼时我们的国家虽然暂时失去了自由,但却是为了将来能永久地保留自由。

无论以何种方式限制他人自由都是一种监禁。因此,无论是违背本人意愿将某人扣留在私人房屋中,还是给某人戴上足枷,或是在街上逮捕或强行扣留某人都被视为监禁①。法律禁止非法限制他人自由,因此如果有人受到监禁胁迫(即我们前文已解释过的不合法地强行限制他人自由的行为),除非他签署某份合同或类似文件,否则不能重获自由,那么事后此人可以其曾受胁迫为由不承认这份敲诈性质的文件。但如果某人是合法地被监禁,他为了获得释放或出于其他合理的原因而签署了一份合同或契约的话,这种情况就不属于监禁胁迫。事后他也不能随意推翻这份合同②。要使监禁合法化,必须经司法法院的诉讼程序,或者是得到某位司法官员的授权。这名司法官员必须具备将某人送入监狱的权力。

---

① 《英国法学阶梯》,第二卷,第 589 页(2 Inst. 589.)。
② 同上书,第 482 页(2 Inst. 482.)。

他的授权必须是由他亲笔写就并加盖印章的书面文件,文件中要表明实行监禁的理由,以备《人身保护令》程序(在必要时)进行审查。如果文件中没有写明实行监禁的理由,则监狱看守就不再负有继续扣押这名被押者的责任①。正如爱德华·柯克爵士所说,法律在这方面作出的判定与罗马统治者费斯图思所作的判断一样:在没有指明指控某人所犯的罪行的情况下,将其送入监狱是不合理的。

英国公民皆享有的人身自由权自然使得每个英国人都宣称他有权利按自己的意愿选择在自己的国家定居,未经法律宣判不应被逐出这个国家。事实上,国王拥有特权可以颁布"禁止离境令"(ne exeat regnum),也可以禁止他的臣民在未得到许可的情况下到国外去②。这对于一国的公共利益及保卫国家的需要而言是必须的。但除了议会的权力外,世上再没有其他权力可以违背任一英国臣民(即使他是个罪犯)的意愿将其送离这个国家。这是因为在普通法中根本就没有流放或驱逐这种惩罚,即使如今有人遭到这种刑罚,那也是罪犯为逃避绞刑自己作出的选择或是某些现代议会法案所作的明确指示。为此《大宪章》宣布③,未经与其地位相当之人的判决或不依据本国法律,任何自由人都不得被放逐。根据《人身保护法》,即《查理二世三十一年法》第二章的规定(该法可说是《大宪章》第二,保卫我们的自由权的坚实屏障),属于本国

---

① 《英国法学阶梯》,第二卷,第 52、53 页(2 Inst. 52, 53.)。
② 菲茨赫伯特,《新令状选编》,第 85 页(F. N. B. 85.)。
③ 《大宪章》,第二十九章。

臣民的英格兰、威尔士及贝里克①的居民不应被送至位于苏格兰、爱尔兰、泽西岛②、格恩西岛③或海外的监狱服刑,因为在那里他们得不到普通法的庇护,也享受不到普通法上的权益。如果有人胆敢以其他方式违反该法律,其将被剥夺担任公职的权利,并将被按照王权侵害罪处以刑罚且不能得到国王的赦免。而且受害的一方可以向违法者以及对其进行教唆、提供建议或帮助的人提出起诉,并且除了损害赔偿金(任何陪审团判定的赔偿金都不应低于五百英镑)之外,他应当还可额外得到三倍的赔偿。

在这方面,英格兰为了它的臣民的利益,表现出了如此巨大的仁慈与宽容,甚至对国王而言,虽然他在英国领土范围内有权要求所有他的臣仆为他效劳,但他仍没有权力将任何人送离英国,即使是为了公共利益也不行。他甚至不能在违背本人意愿的情况下任命某人为爱尔兰的总督、代理总督或派某人到国外出任大使④,因为这种做法实际上只不过是一种较为体面的驱逐出境而已。

3. 每个英国公民固有的第三项权利是私有财产权,指的是公民对其所有的获得物都有权自由使用、享有和处理,除英国法律外,这种权利不受任何其他因素的控制或削弱。私有财产权的起源很可能是基于自然法,本书第二卷将对此进行更详细的讨论。而我们现在所见的私有财产权经过改进后的一些新的表现形式,

---

① 贝里克郡(Berwick),英国苏格兰原郡名。——译者
② 泽西岛(Jersey),英吉利海峡上最大的岛屿。——译者
③ 格恩西岛(Guernsey),大不列颠南部一岛屿。——译者
④ 《英国法学阶梯》,第二卷,第47页(2 Inst. 47.)。

为保护财产当前的物主所享有的权利而采取的措施以及在个人间转移这种权利的方法则完全是源于社会法。这些民事上的利益也是个人在放弃了一部分天赋自由权后得到的回报。因此，为维护荣誉与正义，英国法在确定和保护这种私有财产权时始终保持着高度的警惕。《大宪章》也基于同样的原则宣布①：未经与其地位相当之人的判决或不依据本国法律，不得侵占或剥夺任何自由人所拥有的自由保有的不动产权、自由权及免税权。此外，各种古代法律也都规定②，在违反《大宪章》或英国法的情况下，国王不得没收任何人的土地或动产，并且任何人都不应被剥夺继承权、免税权或自由保有的不动产权，除非他已经正当的程序进行过抗辩，最终仍由法律程序被判决剥夺上述权利。凡是违反上述规定所作的决定都将被全部推翻，重新审理。

法律对私有财产权的保护是如此严密，以至于不能允许对私有财产权的哪怕是最轻微的侵犯，甚至哪怕这种侵犯是出于整个社会的共同利益考虑。举例来说，假设横穿一片私人土地修建一条新路可使极大范围内的公众受益，然而在未得到土地所有者的许可之前，法律将不会允许任何个人或团体这么做。即使有人力陈个人利益应当服从社会利益，这种辩解也只是徒劳。因为如果我们允许任何个人或者甚至是公共法院成为公共利益的评判者，对究竟在何种情况下让个人利益服从公共利益才合理作出裁定的话，那必将会造成极大的危害。更何况，就其本质而言，公共利益

---

① 《大宪章》，第二十九章。
② 《爱德华三世五年法》，第九章(5 Edw. III. c. 9.)；《爱德华三世二十五年法律五》，第四章(25 Edw. III. st. 5. c. 4.)；《爱德华三世二十八年法》，第三章(28 Edw. III. c. 3.)。

第一章 个人的绝对权利

最为注重的其实仍是对国内法赋予每个人的个人权利的保护。因此，在刚才的那个例子或其他类似的例子中，只有立法机关才能进行干预并强迫个人顺从，事实上立法机关也确实经常这么做。但立法机关究竟是如何对个人进行干预和强迫的呢？当然绝不会是运用专制的手段强行剥夺臣民的财产，而是通过对其所遭受的损失进行完全对等的补偿。在这种情况下，公众其实是被视为个人，以个人的身份与个人进行交易，而立法机关所做的其实是强迫所有者以合理的价格转让其财产。事实上，立法机关这么做已经是在最大限度地行使其权力，因此在行使过程中总是慎之又慎。而且也只有立法机关才可以像这样将权力发挥至最大。

这并非英国法使公共需要让位于个人神圣不可侵犯的私有财产权的唯一例子。除了不得逼迫公民为了公共利益而放弃个人利益外，未经本人同意负担，或是他在议会中的代表决议规定，也不得向任何英国臣民强制征收任何献给国王的捐税或其他赋税，即使征税是出于防卫国家或维持政府运作的需要。《爱德华一世二十五年法》第五章及第六章规定，在未得到整个王国范围内的共同同意之前，国王不得征收任何捐税或赋税。而《爱德华一世三十四年法律四》第一章对究竟何为共同同意作出了更为详尽的解释。该法规定，未经全国所有的大主教、主教、伯爵、男爵、骑士、自治市公民及其他自由人同意不得征收任何摊派税或捐税①。《爱德华三世十四年法律二》第一章再次规定，未经议会所有下议院和上议

---

① 参见《大宪章》序言部分。该部分内容被认为是爱德华一世三十四年制定的《不得征税法》(de talliagio non concedendo)，实际上只是爱德华一世二十五年以诺曼语颁布的《恩准宪章》(confirmatio cartarum)的拉丁文译本而已。

院议员共同同意，不得要求高级教士、伯爵、男爵及平民、公民、市民和商人缴纳任何捐税。但令我们感到羞愧的是，爱德华三世之后的许多国王都对这项基本法律置若罔闻。他们在其臣民并非出于自愿真正同意的情况下，利用强制借款及慈善捐款的手段来榨取臣民钱财。鉴于此，查理一世三年颁布的《权利请愿书》中有一项规定，未经议会一致通过的法案许可，不得以赠与、借款及慈善捐款、纳税等诸如此类的形式强制任何人支付钱财。最后，《威廉和玛丽一年法律二》第二章又宣布任何未经议会授权、超过时效或是以与议会授权的方式不同的其他方式进行的以国王特权的名义征收钱财供王室使用的行为都是违法的。

上面三部分简单地讨论了一下英国公民皆享有的三条主要的个人绝对权利。但是如果宪法仅仅以刻板的法律条文宣布、确认并保护这些权利而不提供其他任何措施以保障这些权利的切实行使的话，那实际上是收不到什么切实的效果的。因此，宪法额外确立了几条臣民的附加权利作为辅助，这些附加权利的主要作用就是要保证人身安全权、人身自由权及私有财产权这三条基本权利不受侵害。这些附加权利包括：

(1) 议会的组织形式、拥有的权力及享受的特权。相关内容我将在下一章中详细讨论。

(2) 对国王享有的特权的限制。对国王的特权的约束是明确而有力的，因此不得到人民的许可国王是不可能超越他的特权的限制的。与此相关的内容我也会在适当的时候加以讨论。如果说第一项权利的作用是保持立法机关的健全与活力，保证其制定的法律不至于有损于普遍自由的话，那这第二项权利所起的就是对

第一章　个人的绝对权利

行政机关的监督作用。它通过对行政机关加以约束来保证其行为不至凌驾于议会制定并通过的法律之上或是与之相悖。

（3）每个英国人皆享有的第三项附加权利是向法院提出申请为所遭损害要求补偿的权利。在英国，法律是每个人生命、自由和财产的最高仲裁者，因此法院应时刻向所有公民敞开大门并且要保证执法严明适时。《大宪章》①中有一些被着重强调的话是国王亲口说过的，据爱德华·柯克爵士所说②，国王总会亲自出席每一次裁决并在所有国王的法院中将相同内容向公众重复一遍，即"我们既不向任何人出卖、也不拒绝或迟延给予任何人正义与公道"（*nulli vendemus, nulli negabimus, aut differemus rectum vel justitiam*）。这位学者还提到，"因此任何公民（无论是教士还是世俗之人都不例外），只要其财产、土地或本人人身遭到其他公民的伤害，都可通过法律途径寻求补偿，为其所受损害讨回公道和正义。法院在处理过程中应开诚布公而不加欺骗、全然接受而不予拒绝、迅速办理而不拖延"。要列举议会法案根据英国的法律来伸张正义的正面的例子可谓数不胜数，至于究竟何为英国法则是每个公民都应当知道的，或者说如果他愿意的话就能知道，因为这并不以哪一个法官独断专行的意志为转移，而是永恒的、固定的并且只有议会才有权力加以变更的。然而，在此我还想提几部从反面对滥用、扭曲以及妨碍公正的行为（尤其是利用国王特权）加以禁止的法律。如《大宪章》③就规定，任何自由人，除非合乎英国法规

---

① 《大宪章》，第二十九章。
② 《英国法学阶梯》，第二卷，第 55 页（2 Inst. 55.）。
③ 《大宪章》，第二十九章。

定,否则不应被剥夺公民权,换句话说,不应被剥夺受法律保护、享受法律带来的好处的权利。《爱德华三世二年法》第八章及《理查二世十一年法》第十章也规定,禁止以任何加盖国玺、玉玺、国王印章或私玺的命令或信件来对执法进行干扰或是对一般权利的行使加以干扰或阻碍。即使真有此类命令送达,法官也不得因此而不伸张正义。《威廉和玛丽一年法律二》第二章则宣布,以未经议会认可的国王权力来拖延法律的执行或摆脱法律的行为是不合法的。

不仅法律的基本组成部分——司法判决只能由议会进行修改,事关法律的形式的部分——诉讼程序及方法也只能由议会进行变更。这是因为一旦这些基础被推翻,对法律本身进行的任何形式的革新都将只剩一条途径。诚然,国王可以成立新的法院,但这些新法院仍然必须沿袭由普通法确立的原有体制来开展工作。因此,《查理一世十六年法》第十章在废止星室法院(court of starchamber)①的同时宣布,国王本人及枢密院无论是以法案、诉状、条例、控告(libel)(即星室法院的诉讼程序,照搬自罗马法),还是以其他任何专制手段,都没有司法权、权力或权威性对属于任何公民的土地及动产进行审查、质询、裁决或处理。此类案件只能由常规法院通过法律程序进行审理及作出裁决。

(4)若发生普通法程序无力进行处理的特殊损害或侵犯前文所提及的各项权利的案件,尚有第四项每个公民固有的附加权利,

---

① 星室法院,指1487年根据亨利七世制定的法律成立的法院,由于其严酷性及非法扩展权力,非常不得人心,于1641年被废除。——译者

即向国王或议会上下两院请愿以求伸冤的权利。据说俄罗斯的沙皇彼得曾制定了一项法律[①]，规定臣民应首先向本国的两位部长请愿，在均未得到公道的情况下才可第三次向沙皇请愿。但在这种情况下若他的请愿最后仍被判定为不合法，则此人将被处以死刑。这条法律造成的后果是，没有人敢第三次向沙皇请愿，这位最高统治者因此几乎注意不到臣民的冤屈，也就很少有机会替他们伸冤。而在英国，对请愿确实也有一些限制，但究其本质却是截然不同。本国所设的种种限制在弘扬和平精神的同时并未对自由精神造成任何压迫。我们只须注意防止臣民以请愿之名行骚乱暴动之实（就像令人难忘的议会于1640年开幕时发生的那样）。为此，《查理二世十三年法律一》第五章规定，在英国，以对国教会或政府进行变动为目的而向国王或议会上下两院提出的请愿不得由二十人以上签名，除非请愿所提出的事项已获得三名治安法官共同同意或大陪审团大部分成员同意，伦敦则须由市长、高级市政官及地方议会共同同意。此外，请愿书亦不得由两名以上公民共同呈送。但在制定这些规则的同时，《威廉和玛丽一年法律二》第二章又宣布每位臣民都有进行请愿的权利，任何禁止或起诉请愿活动的行为都是违法的。

（5）在此我想提及的第五项公民的附加权利是拥有武器以求自卫的权利。当然这些武器必须与其身份地位相称且必须得到法律的允许。这项权利同样是由《威廉与玛丽一年法律二》第二章宣布的，实际上是基于当社会及法律的制裁手段无力制约压迫人民

[①] 孟德斯鸠，《论法的精神》(Montesq. Sp. L. 12. 26.)。

的暴行时每个公民都有进行抵抗和自我保护的天赋权利这样的考虑而在合理限制的前提下给予公民的一种公共补助。

140　以上几部分包括了有关英国公民的各项权利,或者用更通常的叫法,英国公民的自由权的内容。自由权更多地只是被讨论,而能透彻地理解的人却不太多。然而,每个人,无论地位高低或贫富差异,实在非常有必要对之了然于心并细加思量,以免他对自由权的基础全然无知。这一方面可使他不致结党营私、胆大妄为、视行为规范如无物,另一方面也可避免他因胆小怯懦而对自己应有的权利漠然置之或对侵害他权利的行为曲意顺从。我们已经了解这些权利主要指自由行使人身安全权、人身自由权及私有财产权的权利。只要这些权利不被侵害,那每个公民就都是完全自由的。这是因为暴君专制和压迫必会侵犯上述某项权利,因此只要保证上述权利不受侵害,那专制与压迫也就无从实施了。而要保证这些权利不受侵害,宪法与议会必须得到支持以保持最积极活跃的状态,而国王特权则必须受到明确的限制。但如果这些权利真的受到侵犯或非难,为了证明这些权利的合法性,每位英国公民还有其他一些固有的权利。其中包括:首先,在法院上要求以正规的执法程序和自由的审理过程进行案件审理的权利;其次,向国王及议会请愿以求伸冤的权利,以及最后,拥有及使用武器以进行防卫和自我保护的权利。所有这些都是我们的与生俱来的权利,除了我国法律对其进行的必要的约束外,我们可以充分行使这些权利。而如果我们再深入探究的话,会发现这类约束其实已经非常温和而适度了,因此任何一个理智或正直的人都不会希望这类约束再有任何放松。这是因为一个正直的人会想要做的任何事情我们其实都可以做,并不会受任何约束,真正的约束只有在我们想做任何可能危及自身或其他公民的事情时才切实存在。对我们身处的环境进行的这番讨论当可印证一位博学的法国作家的言论①。这位作家的所思所想所著其实都是基于真正的自由精神②,因此他虽然深受他的祖国的关爱,但却仍然毫不犹豫地承认,英国是世界上唯一一个把政治自由和公民自由作为宪法的最高目标的国家。对于英国宪法的最高目标这个涵盖甚广却又至关重要的课题,我建议各位普通法专业的学生再作更深入细致的研究。在此,我想引用著名的保罗大主教在其卸任时对他的国家所作的祝福作为我的结束语:"愿其永世长存"(*ESTO PERPETUA*)!

---

① 指孟德斯鸠。——译者
② 孟德斯鸠,《论法的精神》(Montesq. Sp. L. 11.5.)。

第二章　议会

142　接下来我们将讨论个人作为社会的成员,彼此之间保持各种不同的关系时所享有的权利及应履行的义务。这些不同的关系包括公共关系和个人关系两类,在此我们将首先讨论公共关系。

将个人与个人联系起来的各种公共关系中,最普遍的是个人与政府间的关系,即,统治者和被统治者,换言之,官员和人民的关系。在官员中,有一些是高级官员,掌握着这个国家的最高权力。其他的则是低级官员,他们的职权都是源自于高级官员,其以下级和副手的身份履行职责,行为对上级负责。

历代所有的专制政府中,最高执政者的权力,即立法权和执法权都是由同一个人或同一个团体所掌握。然而一旦这两种权力被统一在一起,那将再无公众自由可言。官员可以制定专制的法律,并以一种专制的方式来执行这些法律,这是因为其拥有了正义分配者的身份,并且其作为立法者可以将其认为适当的一切权力授予自己。但如果立法权和行政权不属于同一团体或个人的话,那么立法机关就会注意避免赋予行政机关过大的权力,以免行政机关试图破坏立法机关的独立性并进而侵犯公民的自由权。因此,在英

143　国,这种最高统治者的权力被分成两个分支:其一为立法机关,即议会,由国王、上议院及下议院组成;另一支则为行政机关,只包括国

第二章 议会

王一人。本章的主题将会围绕不列颠王国的议会展开,其拥有的立法权及(当然还有)国家的绝对最高权力是由我国的宪法授予的。

最初第一个议会是如何设立的,这个问题的答案与许多其他事件一样已经湮灭于古时不为人知的年代之中了,再要对其追根溯源不但困难重重而且毫无把握。议会(*parliament*)一词本身[或按本国某些历史学家的翻译,称其为讨论会(*colloquium*)]相对来说是一个现代词汇。它源自法语①,表示议会成员们聚集在一起进行讨论的场所。议会一词最初是被用作对12世纪中叶法国国王路易七世统治时期法国的各邦代表大会的指称②。然而有一点可以肯定,早在诺曼语被引进英格兰之前,所有重要的事情都是由国王的大咨询会议(great councils)进行讨论并作出处理的。这种做法在欧洲北部诸国尤其是日耳曼人的国家看来非常流行③,并且随着日耳曼人在罗马帝国解体后不断地向外扩张,这种做法也传遍了整个欧洲的所有国家。虽然这种体制在不同的国家多有变动与修改,但时至今日我们仍可从波兰、德国、瑞典的各种议会及法国的三个等级的大会中发现其留下的痕迹。在这些国家,所谓的议会(Parliament)实际上仅仅是由法官和律师组成的最高法院,因此,无论是理论上还是实际上都不能被称为一国的国民议会。

---

① "Parliament"(议会)一词在古法语中为"parler le ment",中文含义为"意愿之表达"。——译者

② 《现代通史》,第二十三卷,第307页(Mod. Un. Hist. xxiii. 307.)。

③ 对重要性相对较小的事件,国王会与大议会磋商,重大事件则与整个国家的全体人民共同磋商(*De minoribus rebus principes consultant, de majoribus omnes.* Tac, *de mor. Germ. c.* 11.)。

此类国民议会（general council）在英国的历史非常悠久，自古以来名称略有不同，有时被称为"*michel-synoth*"，即大咨询会议；有时被称为"*michel-gemote*"，即大会议，更多时候则被称为"*wittena-gemote*"，即贤人会议。此外，此类国民议会在拉丁文中也有相应的名称，如"*commune concilium regni，magnum concilium regis，curia magna，conventus magnatum vel procerum，assisa generalis*"（王国共同议会、国王大咨询议会、高等法院、贵族会议及全体会议）①，偶尔还会被称为"*communitas regni Angliae*"（英格兰王国会议）。我们可以发现早在西撒克逊伊那国王、麦西亚的奥发国王②、肯特的埃瑟尔伯特国王统治时期，在七国时代诸国就有不少召开国民议会的例子，其目的有时是为了就王国的各项事务进行布置，有时是为了制定新的法律，有时则是为了对原有的法律进行修正，或者按照《福莱特》的说法③，"有了新的损害，就要给予新的救济"（*novis injuriis emersis nova constituere remedia*）。根据《正义宝鉴》④一书的记载⑤，在这些国家统一之后，国王阿尔弗烈德规定了一项永久性的惯例，规定此类议会必须每年召开两

---

① 格兰维尔，《论英格兰王国的法律与习惯》，第十三卷，第三十二章，及第九卷，第十章(Glanvil. *l.* 13. *c.* 32. *l.* 9. *c.* 10.)；《判例汇编》，第九卷，"前言"(9 Rep. Pref.)；《英国法学阶梯》，第二卷，第 526 页(2 Inst. 526.)。

② 奥发(Offa，？—796 年)，麦西亚国王，他是早期盎格鲁-撒克逊人在英格兰最强大的国王之一。——译者

③ 《福莱特》(*l.* 2. *c.* 2.)。

④ 《正义宝鉴》(*mirrour*)，内容涉及针对教会和平的犯罪、诉讼、抗辩、判决及滥用职权。可能是一个名叫安德鲁·霍恩的伦敦首席财务官及鱼商（fishmonger）于 1285—1290 年间用法语写成。——译者

⑤ 《正义宝鉴》，第一章，第三节(c. 1. §. 3.)。

次，如有需要则每年召开两次以上，以处理由上帝的子民所组成的政府的相关事务，讨论这些上帝的子民当如何才能远离罪恶、生活安宁、得享正义。从其后统治英国的撒克逊及丹麦统治者各自颁布的法典中可知，这些统治者经常召开此类议会。并且从这些法典的名称中还可以看出这些法典中有些是由国王在其贤人会议的建议下所颁布的，如"国王埃德加在王国贤人会议上制定的法律"（*haec sunt instituta, quae Edgarus rex consilio sapientum suorum instituit*），有时则是由这些贤人们在国王的建议下制定的，如"贤人会议在国王埃瑟尔斯坦的建议下颁布的法令"（*haec sunt judicia, quae sapientes consilio regis Ethelstani instituerunt*），还有些则是由两者共同制定的，如"国王埃德蒙德与其主教及贤人共同制定的法律"（*hae sunt institutiones, qu. s rex Edmundus et episcopi sui cum sapientibus suis instituerunt*）。

诺曼家族的第一位国王无疑也定期召开此类大咨询议会。而格兰维尔于亨利二世统治期间谈到由司法长官的法院判决的一项罚款的特定数目时曾说，罚款的具体数目从未经国民议会（general assise）确认，而只是依照某几个郡的惯例来确定的①。格兰维尔在此处将国民议会描述成一个广为人知的会议，并将该议会的法令及裁决与惯例即普通法之间作了明显的区分。而在爱德华三世统治时期，一项于征服者威廉统治时期制定的议会法律在一宗有关

---

① 从未经过国民议会确认，只是依据几个郡的惯例来确定。《论英格兰王国的法律与习惯》，第九卷，第十章（*Quanta esse debeat per nullam assisam generalem determinatum est, sed pro consuetudine singulorum comitatuum debetur. l. 9. c. 10.*）。

圣·埃德蒙德埋葬地所在的修道院的案件中被援引作为辩护理由，并且得到法院的认可①。

因此有一点是无可争议的，即议会或者说国民议会与这个国家可说是同时产生的。然而对于有些问题，如议会是如何形成又如何组成的，尤其是是否是下议院的全体议员被召集参加议会以及若下议院议员真的被召集参加议会，那他们又是从何时开始形成一个独立的团体的，我国的古籍研究者之间仍存在着很大的争议。但现在我所关注的并非这些争论，重要的是人们普遍认为议会现在的这种组织形式大体上是在国王约翰于其继位第十七年，即公元1215年所颁布的《大宪章》中明确的。在此份《大宪章》中，他许诺亲自召集所有的大主教、主教、修道院院长、伯爵以及高等男爵（greater barons），并由郡长及副郡长负责召集王国中所有直属封臣。他将于议会召开前四十天通知这些人聚集到某一指定的地点，对交纳给国王的津贴税以及免兵役税的问题作出评定。但事实上，议会这种组成形式最早至少是从亨利三世四十九年，即公元1266年起才存在的，当时召集骑士、公民及自治市市民参加议会的文书有一些留存至今。接下来我将继续探究议会这种五百年前即已形成并存在至今的组织形式其构成究竟是怎样的。在此过程中，我将要讨论的内容包括：首先，召集议会的时间和方式；其次，议会的组成部分；第三，当议会作为一个整体时与之相关的法律和惯例；第四及第五，当上议院和下议院作为两个相互独立的不同主体时与两者分别相关的法律和惯例；第六，上下议院的立法程

---

① 《年鉴》(Year book)，爱德华三世二十一年法，第60页(21. Edw. Ⅲ. 60.)。

第二章 议会

序和制定法律的方法;以及最后,议会召开期间的短时间休会,两次议会召开之间的休会及议会解散的方式。

1. 召集议会的时间和方式。议会通过国王的命令或信件定期召集,令状或信件由大法官法院根据枢密院的通知于议会召开前至少四十天发出。作为国王的特权之一,除了国王之外的其他任何个人或团体,包括议会本身都无权擅自召集议会开会。这种特权是有充分的依据的。假设议会有权无须被召集即可自发地开会,而议会上下两院的全体议员又不可能就开会的合适时间和地点达成一致,那么如果只有一半的议员出席了会议而另一半议员缺席的话,有谁能够决定究竟哪一部分是真正的立法团体,是出席的那一部分呢,还是缺席的那一部分?因此,议会应在一个确定的时间地点被召集开会这一规定是必要的,不仅如此,除了议会自身的一个组成部分之外任何人都不得召集议会也已成为议会的尊严和独立性的体现。而在议会的三个组成部分之中,唯有国王可以来行使这一职责。这是因为国王是一个人,他的意愿是统一的、一贯的,同时国王又是王国的第一人,他的身份比上下两院都要尊贵,而且国王也是议会的组成部分中唯一独立存在的,在议会不存在时国王仍可以执行议会的法案①。虽然按照某些现代的法律,在国王或女王逊位的情况下,若恰巧当时议会不存在,那么最近的

---

① 出于类似的动机,威尼斯共和国在 17 世纪末时终于决定废除每年由国内几个地区选出保民官的制度,取而代之的是新设立的总督一职,即如今掌握这一行政权的职位。威尼斯的历史学家对此给出的两条主要的理由是:1. 有必要使行政机构成为立法机构亦即参议院的一部分,而之前每年选出的地方方官是无权进入参议院的。2. 必须确保仅有一人掌握当大议会解散时对其重新召集的权力(Mod. Un. Hist. xxvii. 15.)。

一届议会将被恢复召开,并且一旦议会恢复召开之后,除非被继任国王解散,否则就将持续召开长达六个月之久,但这其实并不是一种议会自行召集的例外情况,因为恢复召开的议会最初一定仍然是由国王召集的。

诚然,《查理一世十六年法》第一章曾规定如果国王连续三年未召集议会,则贵族们可自行集中发布命令召开议会,若贵族们未行使这一权力,则选民们可自行集会并选举一个议会。但若要将这条规定付诸实施仍会遇到我前面提过的种种困难,更何况这项法案本身就被认为极大地损害了国王特权,因此《查理二世十六年法》第一章废止了这项法案。因此,此后就再无此类先例了。

而恢复了查理二世国王身份的"非常议会"[①]也确实是在查理二世重登王位之前一个多月就已经召开了。当时上议院贵族是行使权力自行集中的,而下议院议员则是议会行使权力以英国自由的捍卫者的名义发布令状召集起来的。这届议会一直存在到12月29日,即查理二世重登王位整整七个月后。这期间它颁布了许多法律,其中有一些至今仍有效。这种凌驾于所有法律之上的做法实际上是当时的形势所迫,因为如果议会不自行召集开会,整个王国是不可能恢复安宁的。国王重新继位之后所做的第一件事就是通过一项法案,宣布虽然本届议会的召开缺少国王的命令[②],但仍是一届有效的议会。因此,虽然议会如此自行集召极大地损害了国王特权,但唯一拥有反对的权力的国王实际上并未表示反对

---

① 非常议会(Convention-parliament),指起初并非由国王召集,后演变为议会的议会会议。——译者
② 《查理二世十二年法》,第一章(Stat. 12 Car. Ⅱ. c. 1.)。

意见,因此这一事件不能作为损害国王权力的例子之一。更何况我们还应当记得,当时法学界实际上对国王颁布的这部消除分歧的法律是否真的能使这届议会成为一届有效的议会存在着极大的怀疑①,并且大多数人持的是否定态度,当然现在看来这种顾虑是完全没有必要的。

同样,在1688年革命时期,上下两院的议员也确实自行行使权力在奥伦治亲王(即后来的威廉国王)的召集下召开议会处理有关国王与整个王国的问题。但我们必须记住,这次会议也和复辟时召开的那届议会一样是由于形势所迫。当时的情况是,詹姆斯二世自行放弃政府,使得王位空缺,而这引起了议员们的普遍忧虑,这可由他们真的自行召集议会后一致通过的决议来证明。在王位确实出现空缺的情况下,由于形势紧迫(*ex necessitate rei*),就可以不必拘泥于国王命令的形式,不然的话议会就再也无法召开了。我们不妨另举一个可能出现的情况作例子。为方便讨论起见,假设整个王室家族成员在某一时刻全部死亡,王室因此也不复存在,这必然会导致王位出现空缺。在这种情况下,即使我们大胆认定由上下两院议员组成的这一代表国家的团体此时有权自行召集议会以重组政府,那也是合情合理的,因为如若不然,则英国必将完全陷入无政府状态。而1688年上下两院召集的议会正是基于这种原则。当时的实际情况是,王位在议会成员未得到王室令状即自行召集议会前就已经出现空缺,而并非是其造成的结果。换言之,并不是他们在国王未发出命令的情况下即自行召集议会

---

① 《塞德芬王座法院判例汇编》,第一卷,第1页(1 Sid. 1.)。

才使得王位出现空缺,而是王位之前即已经由于国王退位而出现空缺。因此若他们真的决定召集议会的话,那就只能在没有国王命令的情况下行事。若王位并无空缺,则他们自行召集议会就是不合常规的,但既然王位真的出现空缺,那他们自行召集议会就是绝对必要的了。因此《威廉和玛丽一年法律一》第一章宣布:虽然这次议会是在没有命令的情况下召开的,或许在形式上还有其他缺陷,但这次会议确实是议会两院会议。因此,虽然我们可以找到这两个极特殊的例外情况,但也只是在形势所迫的情况下才是正当的(此处顺便提一句,这两个例外都导致了政府的重大变革),而已经制定的规则在绝大多数情况下都是确定无疑的,即只有国王才能召集议会开会。

根据本国古代法律规定①,国王必须每年召集一次议会会议,如有需要则应更加频繁。该法的意思并不是说现在或历任的国王受其约束,每年都必须重组一个新的议会,而是说国王可以在他认为有需要的时候允许议会每年召集一次,处理各种冤屈的案件并了结其他有待处理的事务。"有需要"一词语义含糊、极不明确,因此那些想在无议会状态下实行统治的国王可以假装他认为没有召集议会开会的需要而故意不召集议会,有时甚至是很长一段时间。为避免发生这种情况,《查理二世十六年法》第一章规定:上一届议会结束与下一届议会开始之间间隔最长不得超过三年。《威廉和玛丽一年法律二》第二章则宣布,为救济所有冤屈的案件,适时修

---

① 《爱德华三世四年法》,第十四章(4 Edw. III. c. 14.);《爱德华三世三十六年法》,第十章(36 Edw. III. c. 10.)。

第二章 议会

正、强化及维护法律,议会应经常召开会议,这是英国人民享有的权利之一。随后《威廉和玛丽六年法》第二章又对语义模糊的"经常"一词作出如查理二世曾颁布的法令一样明确的规定,在上一届议会休会之后三年内[①]必须召开新一届议会。

2. 接下来我们将讨论的主题是议会的组成部分,包括国王陛下(以其统治者的政治身份参加议会)以及王国的三个不同等级,即僧侣贵族、世俗贵族(他们与国王一起组成一个议院)和平民(他们自成另一个议院[②])。国王和这三个等级共同组成王国的政治团体或者说政府当局,其中国王被称为是"首脑、开始者和结束者"(*caput*, *principium*, *et finis*),这是因为贵族与平民需聚集到一起由国王本人或其代表进行接见,不经这一程序议会是不能开始的[③],同时也只有国王拥有解散议会的权力。

行政机关作为立法机关的一部分但不是全部,这对于保持政体各部分间的平衡是绝对必要的。若立法机关与行政机关完全合而为一,如我们所见,那将会导致专制;即使两者现在能够暂时被完全分离,虽然其目的是为防止专制的产生,但实际上仍会造成两者的统一并最终导致相同的后果。立法机关会不断地侵犯行政机关的权力并渐渐越俎代庖承担起行政机关的职责,从而很快变得专制。正因如此,查理一世时期的长期议会最初与国王共同按符合宪法的方式运作时,能够昭雪大量重大的冤情,也制定了许多有

[①] 三年也是瑞典允许两届全民大会或议会会议间隔的时间(Mod. Un. Hist. xxxiii. 15.)。
[②] 《英国法学阶梯》,第四卷,第1页(4 Inst. 1.)。
[③] 同上书,第6页(4 Inst. 6.)。

益的法律。而一旦上下两院将国王排除在外而自行掌握了立法权,他们很快就取得了对行政机关的控制。这两种权力统一所导致的结果,就是上下两院推翻了当时的教会和政府,并实行了与他们自称希望改善的政府相比更加变本加厉的压迫。正是为了防止这种侵占行政权的情况发生,国王才必须是议会的一部分。当然也正是出于同样的理由,宪法允许国王分享的立法权自然仅仅局限于拒绝接受上下两院决议的权力而非参与决议的权力,因为这已足以满足行政机关作为立法机关一部分的目的了。在这种情况下,我们其实可以这样来理解国王的否决权,正如西塞罗对古罗马保民官拥有的否决权所作的评论那样,国王实际上没有任何为不法行为的能力,而仅仅只有防止不法行为发生的权力①。国王不能牵头对现有的已经确立的法律进行任何修改,但对于上下两院提议并通过的对法律进行的修改,国王有权表示同意或不同意。因此,未经行政机关同意,立法机关无法削弱法律赋予行政机关的权力,因为除非所有的权力机关都同意对其进行修改,否则法律必须永远维持原状。而这实际上正是英国政府的组织形式真正精妙之所在,即,所有的政府组成部分彼此之间相互制约。在立法机关里,平民制约着贵族,贵族也制约着平民,因为双方互相拥有否决对方决议的特权。而平民和贵族则共同受到国王的制约,以防止其侵犯行政机关的权力。而行政权力又受到上下两院的制约从而被限制在一个适当的范围内,因为上下两院享有对国王身边心怀

---

① 根据罗马法,苏拉通过对保民官的保护实际上剥夺了他们造成损害的能力(Sulla...tribunis plebis sua lege injuriae faciendae potestatem ademit, auxilii ferendi reliquit. de LL. 3.9.)。

第二章 议会

叵测的顾问（而非国王本人,虽然这可能对公众更有利,但会破坏国王在宪法上的独立性)的所作所为进行调查、弹劾和处罚的特权。这样,我国民主政体的各个部分彼此间相互支持又相互规范,因为从本质上说,上下两院必然会驱使政府朝两个分别代表两种截然相反的利益的相反方向发展,而国王特权则驱使政府朝着与两者都不同的另一个方向发展,这样一来,它们相互间可以制约其余两方不至逾越适当的界限,从而保证政府作为一个整体不会分崩离析,而与此同时,其中各个部分也因国王这种既是立法机关的一部分,又是唯一的行政机关的混合性特征而紧密地联系在一起。这就像三个不同方向的机械力,它们共同推动政府这台机器朝着与这三个力单独作用时所指的方向都不相同的另一个方向前进,但与此同时,这个方向其实又是这三个力同时参与其中,共同作用下所形成的。这个方向所指引的正是社会的自由与幸福的真正轨迹。

现在让我们就英国的最高统治机构——议会的各个组成部分分别进行讨论。下一章及其后若干章将会以国王陛下作为主题,此处我们先简单提及一下。

按所属阶层由高到低,国王接下来则是僧侣贵族,包括两位大主教,二十四位主教,此外,在亨利八世解散修道院之后,还包括二十六位经过册封的修道院院长和两位修道院副院长[1]。这是一个相当可观的团体,当时在人数上与世俗贵族相当[2]。所有这些僧侣贵族都拥有或至少被认为拥有国王名下某一片古老的男爵封

---

① 塞尔登,《荣誉的头衔》(Seld. tit. hon. 2. 5. 27.)。
② 爱德华·柯克,《英国法学阶梯》,第一卷,第 97 页(Co. Litt. 97.)。

地。因为当时征服者威廉认为应当将教会在自由教役保有①下的教会保有地,也就是主教们在撒克逊政府统治时期拥有的土地以诺曼人统治的封建时代的男爵封地的形式予以保留。这条规定使主教们拥有的土地必须缴纳所有的世俗费用和赋税,而在此之前这些土地是免于此类负担的②。同时这些主教们也因其拥有继承这些男爵封地的资格而得以在上议院中占有一席之地③。虽然从法律角度来说,这些僧侣贵族与世俗贵族属于两个不同的等级,并且在所有的议会法案中与世俗贵族有着明显的区分,但依照惯例,这两个等级通常被混合在一起统称为贵族,投票表决时这两个等级也是混合起来共同进行的,而如此表决得出的多数意见则对两个等级都具有约束力。因此若上议院通过某项法案,那么即使所有的僧侣贵族对此法案投的都是反对票,这项法案的有效性仍是无可置疑的。塞尔登④和爱德华•柯克爵士⑤已经就这种情况举出了很多例子。而从另一方面来看,我却认为如果当时出席的世俗贵族在人数上不及僧侣贵族,而所有的世俗贵族又都投票反对某项法案,但这项法案最终仍获得通过且其有效性不容置疑,这同

---

① 自由教役保有,撒克逊时代遗留下来的一种土地保有方式,是教会作为土地保有人的两种保有方式之一。——译者

② 吉尔伯特,《论财政署法庭》(Gilb. Hist. Exch 55.);大卫•威尔金斯,《盎格鲁-撒克逊教会法和民法》,以及亨利•斯佩尔曼,《英格兰王国古法典与立法》,第291页(Spelm. W. I. 291.)。

③ 格兰维尔,《论英格兰王国的法律与习惯》(Glanv. 7. 1.);爱德华•柯克,《英国法学阶梯》,第一卷,第97页(Co. Litt. 97.);塞尔登,《荣誉的头衔》,第二卷,第五编,第十九章(Seld. tit. hon. 2. 5. 19.)。

④ 塞尔登,《英国贵族的特权》,第一编,第六章(Baronage. p. 1. c. 6.)。

⑤ 《英国法学阶梯》,第二卷,第6,7,585页(2 Inst. 6,7,585.)。

样是一个很好的局面,但爱德华·柯克爵士对此却似乎有所保留①。

世俗贵族包括王国所有的贵族(从严格意义上来说主教并非王国的贵族,而只是议会中的贵族②),不论其拥有何种尊贵的头衔,公爵、侯爵、子爵还是男爵。对于这些贵族头衔我们稍后再详加讨论。这些头衔中有一些是以出身血统世袭的,如所有古老的贵族头衔,有一些是册封的,如所有新封的头衔,还有一些是自英格兰与苏格兰统一后经选举产生的,亦即在上议院中代表苏格兰贵族团体的十六位苏格兰贵族。世俗贵族的人数是不确定的,国王有权力随意增加。在安妮女王统治时期曾出现过一次新册封多达十二位贵族的情况。正是考虑到这种情况,在乔治一世统治时期,上议院通过了一项法案(并且得到全体神职人员的支持)限制贵族的人数。有些人认为这项法案可以防止新册封的贵族无限度地任意涌入上议院,以此来遏制王室在这个神圣的议院中日益增强的权势,从而保证现有贵族对上议院的绝对控制。然而这项法案却未引起下议院的兴趣,最终在下议院中流产了,因为下议院的首领当时非常希望通往上议院的道路能尽可能地保持畅通与便捷。

为了以个人最期望的方式表彰那些对公众做出突出贡献的人,同时又不至对社会造成任何负担,一个治理有序的国家必须对个人的地位等级和所享荣誉有明确的区分,这样才能激励他们这种虽然有时略显野心勃勃,但却值得推崇的为社会服务的热情并

---

① 《英国法学阶梯》,第四卷,第 25 页(4 Inst. 25.)。
② 斯坦福德,《论王室诉讼》,第 153 页(Staunford. P. C. 153.)。

促进个人与个人之间在这方面相互竞争。而这种竞争,或者说高尚的抱负是某些活动的源泉。我所说的这些活动指的是那些在单纯的共和国或是君主专制统治的统治者眼中非常危险,常常招致他们的怨恨,但在自由的君主政体统治下却会对王国产生积极影响的种种活动,因为只有在自由的君主政体的统治下,才能在保证此类活动存在的同时,通过王国至高无上的权力对之加以约束使之不至出轨,王国所有的荣誉正是由此而产生的。这样一种热情与竞争的精神,一旦在整个王国的范围内广为传播,必会为社会注入生气与活力。它将使政府的所有齿轮都转动起来,只要再有一个英明的操纵者,就能指引政府向任何有益的目标前进。因此,任何个人都必须服从公共利益,即使他的主要意图是要宣扬自己个人的观点。尤其在我国这样的多阶层混合的政府体制中,为了构筑一道屏障以抵御对王权及平民的权利进行的侵害从而保证两者的权利都得到维护,贵族团体的存在更是殊为必要。贵族团体建立并维护从农民到王公的地位渐进等级,这一结构呈金字塔形,以广大平民为基础,等级越高人数就越少,最后以国王一人为顶点。正是这种随着地位上升人数同时减少的结构增强了任何政府的稳定性。当最上层统治者突然发生变更时,我们通常会认为王国正处在动荡之中,此时贵族阶层往往比广大平民更迅速地挺身而出成为支撑王权的支柱。若王权被推翻的话,贵族阶层也会与王权的废墟一起被埋葬。这也正是为什么在上个世纪当下议院议员决定废黜国王时,他们还同时投票表决认定上议院的存在是毫无价值甚至是危险的。因此既然贵族的头衔在这个王国中是如此重要,那么让这些头衔的拥有者在立法机构中自成一个与其他分支不发生联系的独立的分支自然也是必须的。倘若贵族与广大平民混为一体，与他们一样只有在选举代表时才能进行投票的话，那么他们所享有的特权必将很快被消灭一切等级差异的洪流所吞没。因此贵族团体自行组成一个不同于下议院的独立议会，各自分别进行讨论，并拥有独立于下议院议员的权力是绝对必要的。

平民则包括所有在王国内拥有财产，但在上议院不享有席位的公民。每位平民在议会中都有发言权，有些是亲自行使，有些则由其代表行使。在一个自由的国度，每个人都被认为是自由行为者，在某种程度上理应是他自己的统治者，因此至少有一部分立法权应归于全体人民。当一国的国土范围较小，公民身份容易确定时，这种权利可由全体公民共同行使，就像希腊小共和国及处于初级形态的罗马所规定的那样。但若一国的领土范围扩大到一定程度，相应的公民数量也不断增加，那这种做法就会导致极大的不便。因此，当同盟者战争①结束时，所有的意大利市民都被赋予罗马自由公民的身份，并且在公民大会上都拥有表决权后，想要再对真正的和假的投票者进行区分就变得根本不可能了。从那时起，所有的选举和公开讨论都陷入了混乱和无序之中。这也为马略②、苏拉③、庞培④、恺撒铺平了道路，使他们得以恣意践踏他们国家的自由权并最终颠覆了整个共和国。因而在英国这样一个大

---

① 同盟者战争（social war，前90—前89年），古罗马的盟友意大利所发动的反对罗马特权和争取政治独立的战争。——译者
② 马略（Marius，前155—前86年），罗马统帅，曾七次担任执政官。——译者
③ 苏拉（Sylla，前138—前78年），古罗马统帅和独裁统治者。——译者
④ 庞培（Pompey，前106—前48年），罗马将军及政治家。——译者

国,我们很明智地决定,既然让每个公民亲自行使表决权是不可行的,那么就由公民选派代表来行使。代表由各个范围较小的地区独立选派,而选派出来的代表则是,或者应当是这些地区中的杰出人士。因此郡由当地拥有土地的人选派的骑士作为代表,普通市镇及自治市则由当地从事买卖或贸易的商人团体选派的市民代表。选派的方法则与瑞典选派讨论重要事务的大会的代表的方法一样,都是以联合镇为单位,伦敦和瑞典斯德哥尔摩一样选派四个代表,其他市两个,有些则只选派一个①。英格兰代表一共513名,苏格兰为45名,总数为558名。每一名代表虽然是由某一特定地区选派的,但一旦当选即为整个王国服务。因为他参加议会的目的并非地域性的,而是全局性的。他的目的并非仅仅是为他所在的选区谋福利,而是为了整个王国的共同利益。正如对代表的召集令上表明的那样②,他应当就"关系到整个议会下院,与国王、政府以及英国及其国教有关的任何困难情况及紧急事件"(de communi consilio super negotiis quibusdam arduis et urgentibus, regem, statum et defensionem regni Angliae et ecclesiae Anglicanae concernentibus)向国王陛下提出建议。因此他与联合教区的代表(united provinces)不同,他并没有受强制必须就某一问题与他所在的选区进行磋商或接受选区提出的建议,除非是他本人出于谨慎认为这样做比较妥当。

以上就是议会的组成部分:国王、僧侣与世俗贵族以及平民。

---

① 《现代通史》,第三十三卷,第18页(Mod. Un. Hist. xxxiii. 18.)。
② 《英国法学阶梯》,第四卷,第14页(4 Inst. 14.)。

这三部分都是必不可少的,因此任何对全体臣民都有约束力的新法律都必须得到三方共同通过。任何仅由其中一方或两方制定的法律对第三方而言都不构成法律。除了有关制定该法律方本身享有的特权的案件,其他案件若沿用该法都是不恰当的。虽然在疯狂的无政府时代,下议院曾通过一项决议①,"任何议会下院制定的法律或宣布为法律的规定都具有法律的强制力,即使国王或上议院对该法并未同意并一致通过,王国所有公民仍受该法律约束"。然而在宪法重新恢复其所有的法律体系后,《查理二世十三年法》第一章特别规定:若任何人蓄意确认议会上下两院或其中之一有排除国王的完整立法权,此人当以王权侵害罪论处。

3. 接下来我们将研究当议会各组成部分统一起来,即当议会作为一个整体时所涉及的法律和惯例。

按爱德华·柯克爵士的说法②,议会的强制力和管辖权是一种至高无上的绝对权力,对任何案件或个人而言,这种权力都是无限的。他还补充到,对于议会这一高等法院而言,"谈到年代久远,它是最古老的;谈到地位尊贵,它是最为崇高的;谈到管辖权限,它的管辖权又是最大的"(*si antiquitatem spectes*, *est vetustissima*; *si dignitatem*, *est honoratissima*; *si juridictionem*, *est capacissima*)这种说法真是非常确切。在制定及确认某项新法,扩大或限制某项法律的适用范围,撤销、废止或重新启用某项法律及对某项法律加以阐述方面,议会拥有的权力是至高无上且不受约束的。它有权

---

① 1648年1月4号。
② 《英国法学阶梯》,第四卷,第36页(4 Inst. 36.)。

处理的法律涉及所有可能的领域,无论是宗教还是世俗方面的、是民事、军事、海事方面的还是刑法方面的。任何体制的政府都必须将这种绝对的专制权力交给某个个人或机构,而议会正是英国宪法所选定的托付这种权力的机构。所有偏离了法律一般审理进程的是非冤屈和实施运用法律及进行法律上的救济的做法都在这一特殊法院的管辖权限之内。议会可以调整或重新安排王位的继承,这在亨利八世和威廉三世统治时期经常发生;可以改变王国所信奉的国教,这在亨利八世及其三个子女统治时期也屡见不鲜;通过诸如统一法案以及有关每三年或每七年举行一次选举的若干法案,议会甚至可以对王国的体制或议会本身的组织结构进行变动或重新建立一套全新的体制或结构。简言之,只要不是本质上不可能的事,议会都能做到。所以有些人毫无顾忌地将议会的权力称为"议会万能权"。诚然这样描绘议会的形象未免太过冒昧,但事实确实是对议会所做的任何事,世上再无其他权力机构可以加以废除。因此为维护本王国的自由,最重要的莫过于确定被委派承担如此重任的议会成员,其正直、勇气和学识都是最为杰出的。财政大臣伯利①阁下有一句著名的至理名言:"唯有议会可以葬送英国。"此外,马修·黑尔爵士也曾评论说②,议会是王国最高最大的法院,王国中再无其他任何法院对其拥有管辖权。因此对议会哪怕只是稍有一点治理不当,整个王国的臣民也是得不到任何形式的救济的。而孟德斯鸠议长的预言(在我看来他如此预言未经

---

① 伯利(Burleigh,1520—1598年),伊丽莎白一世时期的著名政治家,曾任财政大臣,因其作为女王顾问协助英国打败西班牙的无敌舰队而名震欧洲。——译者
② 《议论会的最初制度、权力和管辖》,第 49 页(of parliaments,49.)。

第二章 议会

深思熟虑)也表达了相同的意思①。他说:正如罗马、斯巴达和迦太基最终都丧失了自由走向毁灭一样,英国宪法迟早也会丧失自由走向毁灭。一旦立法权力的腐败程度超过了行政权力,这一时刻也就来临了。

必须承认,洛克先生②和其他一些学者持这样一种观点:"一旦发现立法机构的所作所为有负人民对他们的信任,人民仍然拥有固有的最高权力可以撤销现有的立法机构或对其加以变动。因为人民的信任一旦被任何机构滥用,该机构即失去了这种信任,它将重新回到人民手中。"但无论这种论断在理论上是多站得住脚,我们都不可能获得现行政府的特准允许我们采纳这种观点或是以此为依据展开我们的讨论,因为将议会的权力移交给全体人民实际上意味着解散由人民建立的整个政府体系,并且还将把所有政府官员都贬低到与众人平等的最初状态,而一旦这种至高无上的权力被撤销,所有以前制定的实在法也将同时被废除。因此任何一种人法都不会对这种摧毁所有现行法律,迫使人们在新的基础上重新建立新的法律体系的做法加以确定,更不会允许这种使所有法律条款失效的极端危险情形的出现。因此只要英国宪法得以继续存在,我们就不妨认定议会权力是绝对的、不受控制的。

为了防止因将如此巨大的权力置于不称职或不合适的人选之手而对王国造成损害,为了更好地对这种权力进行管理,按照规定,任何人在未满21岁前不得参加上下两院的会议及表决。虽然

---

① 《论法的精神》(Sp. L. 11. 6.)。
② 《政府论》,下篇,第149、227节(on Gov. p. 2. §. 149,227.)。

按照议会的法律和惯例，未成年人没有资格加入议会，但针对下议院制定的《威廉三世七、八年法》第二十五章还是明确宣布：21岁以下的人都没有参加议会的资格①。而为了避免对宗教及政府进行粗暴的改革，《查理二世三十年法律二》及《乔治一世一年法》第十三章都规定：议会成员必须先在其所在议院当众作出关于效忠、国王最高权力及放弃的宣誓并接受及重申反对变体论②、圣徒的乞灵③及弥撒圣祭④的宣言，否则不得参加上下两院的会议及表决。为了避免由于与外国发生联系、依赖或附属于外国而使王国面临危险，《威廉三世十二、十三年法》第一章规定，任何出生于大不列颠王国境外的外国人，即使已经加入英国国籍，仍没有资格成为议会任何一个议院的成员。

除此之外：正如每个法院都以特定的法律和惯例作为指导，有些采用民法和教会法，有些采用普通法，而有些则有自己独特的法律和惯例一样，议会的高等法院也有自己独特的法律，称为"议会法及惯例"（lex et consuetudo parliamenti）。按爱德华·柯克爵士的说法⑤，这是"一种所有人皆在追求，但只有一小部分人掌握而大多数人并不了解的法律"（ab omnibus quaerenda, a multis

---

① 《英国法学阶梯》，第四卷，第47页（4 Inst. 47.）。
② 变体论（transubstantiation），一种认为尽管圣餐面包和葡萄酒的外表没有变化，但已经变成了耶稣的身体和血的主张。——译者
③ 圣徒的乞灵（invocation of saints），指信徒通过洗礼与耶稣基督合为一体，全体信徒之间达成的团契。——译者
④ 弥撒圣祭（sacrifice of the mass），弥撒圣祭，简称弥撒，罗马天主教的仪式。上述三项主张都与英国国教的教义不符。——译者
⑤ 《英国法学阶梯》，第一卷，第11页（1 Inst. 11.）。

ignorata, a paucis cognita），因此我们不会对这一法律进行任何详细的探究，因为正是这位学者使我们确信[1]，要研究议会法，应当从议会成员的名单和其他记录入手，通过研究先例及不断积累经验来进行，这比单纯地听任何个人所作的讲解要有效得多。然而我们可以确定的是，整个议会法及惯例的起源就只是一句箴言："有关议会任一议院的案件，应由该议院自行审查、讨论并作出判决，与其他任何机构无关。"举例来说，上议院不会容忍下议院插手解决贵族间的诉讼，下议院也不会允许上议院在选择一位市民代表的问题上作出决定，而上下两院都不会允许法院对任何与任一议院有关的案件进行审查。至于上下两院进行审理所依据的原则及所采用的诉讼程序，则完全属于议会的内部事务，无需经过其他任何制定法的阐述和确认。

同样，议会所享有的特权也是如此巨大且不确定，以至于产生这样一种说法，除了议会本身，其他任何机构或个人都无法确切知道议会究竟享有何种特权，而这正是议会享有的最主要的特权。因此，当亨利六世三十一年上议院对触犯议会特权的法官提出质询时，首席法官以其同事的名义宣称，"他们根本无需对此类质询作出答复，因为以前法官从不对事关议会高等法院享有的特权的案件作出裁定。既然这种特权就其本质而言是如此强大，如此至高无上，甚至可以制定新的法律或废除原有的法律，那么对这种特权的掌握和裁定理应是上议院而不是法官的份内之事[2]"。而之

---

[1]《英国法学阶梯》，第四卷，第 50 页（4 Inst. 50.）。
[2] 塞尔登，《英国贵族的特权》，第一编，第四章（Seld. Baronage. part. 1. c. 4.）。

所以赋予议会不确定的特权,主要目的不仅是为了保护议会成员不受其他臣民的侵扰,更重要是为了保护他们不受来自王权的压迫。因此若所有的议会特权都必须确定下来并经过确认,而除了这些经过明确规定的特权外,议会享有的其他特权都得不到承认的话,行政机关就可以很容易地提出不在议会所享受特权范围内的新情况,并以此为掩护来骚扰不受控制的议会成员甚至侵犯议会的自由。从这个意义上说,议会上下两院的尊严与独立在很大程度上是因其享有不确定的特权才得以保持。而上下两院成员所享受的特权中比较著名的则包括:言论自由权、议员本人及其家庭成员享有的特权及议员的不动产和动产享有的特权。首先,关于言论自由权,《威廉和玛丽一年法律二》第二章宣布其为公民皆享有的权利,"议会中言论、辩护及诉讼的自由,不应受到任何法院或议会以外的其他机构的弹劾和质询"。尤其是在每届新议会开会时,下议院的发言人会特别向国王本人提出享有言论自由的要求。同样的,其他特权,包括议员本人、其仆人、土地及动产享有的特权也早在忏悔者爱德华统治时期即已属于豁免权中的一类。在忏悔者爱德华时代制定的法律中①,我们可以找到这样的规定:"对参加大会的众人,无论是受召而来或是自行前来,应提供绝对的保障②"(Ad synodos venientibus, sive summoniti sint, sive per se quid agendum habuerint, sit summa pax)。而在古哥特法律中也有类似的内容:"王国元老院召开大会的十四日内应保证免受骚扰"

---

① 《忏悔者爱德华的法律》,第三章。
② 斯蒂恩胡克,《瑞典法律与古代哥特人法律》,第三卷,第三章(Stiernh. de jure Goth. l. 3. c. 3.)。

(*extenditur haec pax et securitas ad quatuordecim dies，convocato regni senatu*)。这种豁免权不仅包括免受非法暴力侵犯的特权，更包括了议员本人及其仆人免遭合法逮捕及议员的土地和动产免受哪怕是经过法院程序的扣押或没收的特权。其中，以暴力袭击任一议院之成员或其仆人的行为是对议会极大的藐视，将会遭受最严厉的惩罚。同样，根据《亨利四世五年法》第六章及《亨利六世十一年法》第十一章的规定，法院对此类行为也有相应的特殊刑罚。此外，也不得对任一议院的议员实施逮捕、拘留或通过法院程序传达命令；不得逮捕议员的仆人；不得强行进入议员的土地；不得扣押或没收议员的动产，对上述各项若有违反即是对议会享有之特权的破坏。然而，此类特权已经背离了普通法，它只是为了满足避免议会成员将注意力转移到公共事务以外的其他事务上去的需要，因而只在议会开会期间有效。不过议员本人享有的自由特权是个例外。对一位贵族而言，他的自由权永远是神圣不可侵犯的，而对任何下议院议员而言，他本人所享有的自由权在每次休会后40天内及下一次开会前40天内持续有效①。由于现在的这届议会每次休会几乎都不会超过80天，因此实际上只要这届议会继续存在下去，下议院议员本人就始终享有自由权。但在涉及对公众造成妨害的如叛国、破坏治安或其他重罪时，以及在要求提供治安担保的犯罪案件时②，此类人身特权并不适用。至于其他妨碍正常司法程序的特权，根据《威廉三世十二年法》第三章及《乔治二

---

① 《莱文兹英国王座法院与民诉法院判例汇编》，第二卷，第72页(2 Lev. 72.)。
② 《英国法学阶梯》，第四卷，第25页(4 Inst. 25.)。

世十一年法》第二十四章的规定,一旦议会解散或休会或者上下两院休会两周以上,此类特权即可中止。在此休会期间,一位贵族或下议院议员可能会像其他任何普通臣民一样遭到起诉,并且可能在此类诉讼中最终被剥夺其拥有的土地和动产。在此类案件中国王也享有其国王特权,虽然他不能在议会开会期间逮捕议会成员,但可向法院提出请求要求对方偿还债务。此外,按照《安妮二、三年法》第十八章规定,即使在议会开会期间,议会成员仍可因其所犯的轻罪或担任公职时的渎职行为而遭到起诉。同样的,为维护商业界的利益,《乔治三世四年法》第三十三章规定:任何商人,即使拥有议会议员特权,仍可因任何超过100英镑以上的合法债务而经法律程序被捕入狱。而且,除非他在两个月内给出满意的答复,否则他将被视为破产。而且针对此类享有特权的商人所提出的破产罪与针对其他任何人的破产罪名并无任何不同。

以上就是当议会作为一个整体时所涉及的法律和惯例的一些基本条目。接下来我们将继续讨论的是:

4. 专门适用上议院的法律和惯例。对于这些内容的讨论,若不包括上议院的司法职能(相关内容在本书第三、第四卷中再作讨论似乎更为合适)的话,将仅仅占用我们很少的时间。

这些特权中有一条非常古老,是由《狩猎场宪章》[①]宣布并经亨利三世九年议会确认的,即每位受议会召集的僧侣或世俗贵族在去议会参加会议及由议会返回途中经过属于国王的森林时无需

[①] 《狩猎场宪章》,第十一章[《狩猎场宪章》(charter of the forest),亦译为《森林宪章》,亨利三世九年修订的有关狩猎场法律的汇编。——译者]。

授权即可杀死一至两头国王的鹿。只要林务官当时在场或者林务官虽不在场但该贵族已吹响号角示意,则该贵族不会被认为是偷窃。

其次,上议院有权邀请——事实上确实一直都在邀请——王座法院和民事高等法院的法官,级别相当于高级律师或已成为御用状师的财政法院的男爵及大法官法院的掌管者出席上议院的会议,以便就法律上的问题征求他们的意见并进一步了解这些法院的诉讼程序的真正价值所在。此外,国务大臣、检察总长和副检察长及其他作为御用状师的国王的顾问也经常出席贵族院会议,而且直至今日每届议会开会前都会发出命令召集这些人[①]。但最近几年由于他们中许多人都成为下议院议员,因此也就渐渐不再参加上议院会议了。

此外,上议院还享有另一项特权。每位贵族,在得到国王许可后,可由另一位上议院贵族作为代表在其缺席会议时代其进行表决[②]。这项特权下议院成员是不可能拥有的,因为他们本身就只不过是其他一些人在下议院里的代表[③]。

若上议院通过的表决与某位贵族的意见相悖,则上议院允许每位贵族享有将其所持异议及相关理由记入上议院议事录的权利,这种记录通常被命名为他的抗议。

---

① 《亨利八世三年法》,第十章(Stat. 31 Hen. VIII. c. 10.);托马斯·史密斯,《盎格鲁共和国》,第二卷,第三章(Smith's commonw, b. 2. c. 3.);《弗朗西斯·莫尔英国王座法院判例汇编》,第551页(Moor. 551.);《英国法学阶梯》,第四卷,第4页(4 Inst. 4.);马修·黑尔,《论议会的最初制度、权力和管辖》,第140页(Hale of parl. 140.)。
② 塞尔登,《英国贵族的特权》,第一编,第一章(Seld. Baronage. p. 1. c. 1.)。
③ 《英国法学阶梯》,第四卷,第12页(4 Inst. 12.)。

同样，根据议会惯例，任何最终会对贵族享有的权利造成任何影响的法案都应先在贵族院提出并进行讨论，并且下议院不得对其进行任何变更或增补。

163　　此外还有一条仅涉及上议院的法案，即《安妮六年法》第三十三章。该法案是在《联合协定》①第二十二及二十三条制定后相应制定的，用于规范不列颠北部十六位贵族代表的选派。为此该法案指定了选民的宣誓内容，指明了投票选举的模式，防止选民以非正常方式参加对贵族代表的选派。同时该法案还明确规定，选民召开的大会只准处理与选举有关的事务，除此之外，不允许处理其他任何事务，违者以王权侵害罪论处。

5. 下议院专门的法律与惯例，主要涉及征税以及选举议会代表的规定。

首先是在税收方面。虽然下议院出于任何意图或目的而进行的征税在未得到立法机构的另两个组成部分——国王与上议院的批准前都是无效的，但是从古至今，下议院就一直享有一项无可争议的权力和特权，那就是所有的津贴税和议会补贴的款项的征收确实都是由下议院首先进行的②，征得的税款也先由其使用。至于为何唯有下议院享有这种特权，通常的理由是，既然税款是从人民那里征收的，那么唯有代表人民的下议院才有权向他们自己征税，那也是合情合理的。倘若下议院确实只向他们自己征税的话，那么这个理由确实是无懈可击。但众所周知，王国的属地财产中

---

① 《联合协定》(Articles of Union)，1707 年英格兰和苏格兰议会同意两个王国合并而达成的协议。——译者

② 《英国法学阶梯》，第四卷，第 29 页(4 Inst. 29.)。

很大一部分是由上议院议员，也就是贵族拥有的，这些财产同样也需要并且也确实和平民拥有的财产一样进行纳税。既然平民并非是唯一被征税的阶层，那么上述理由自然也就不能作为下议院拥有征税及规定征税方法的独享权利的理由。按照我国宪法的精神，真正的理由看来应该是：贵族作为一个永久世袭的团体，可由国王随意册封，因此被认为比下议院——这个由人民自由选举出来的临时的团体更易受到王室支配且一旦受到支配就更不容易摆脱。因此若给予贵族制定向人民征收的新税种的权力，那将是极端危险的。他们只要有权在认为下议院允许征收的税款名目过多时予以拒绝就足够了。然而由于下议院议员很自然地对这种宝贵的特权极为重视，因此他们绝不会允许上议院除否决权外再行使其他任何权力。因此，他们不会允许上议院利用财政法案对向人民征税的模式进行任何变动或增补。在"财政法案"这一名称下包括了所有的征税法案。根据这些法案，不论出于何种目的，也不论以何种形式，都应直接向臣民征税。征税的名目可以是因政府紧急需要而在整个王国境内普遍征收的，如土地税，也可以是出于个人的利益在某一特定地区征收的，如公路税、牧区房地产税之类。然而马修·黑尔爵士在研究了亨利六世统治时期①议会的做法后曾提出这样一种情形②，他认为在此情形下上议院或许可以修改财政法案，即若下议院允许征收某一税种四年，如吨位税或镑值税，而上议院则将时间缩短为两年。他认为，在此情形下，该法案

---

① 《年鉴》(Year book)，亨利六世三十三年法，第17页(33 Hen. VI. 17.)。
② 《论议会的最初制度、权力和管辖》，第65、66页(on parliaments, 65, 66.)。

只须得到国王批准,无须再被送回下议院得到他们批准或是再经过其他什么形式上的程序即可生效,因为上议院进行的修改与下议院的征税许可仍是一致的。但如今有关下议院享有的特权的观念已经更加完善,上议院几乎不可能再采用这种做法了。而且对于任何被修改过再重新送回下议院的财政法案,其中对征税模式进行的修正必定会被下议院否决。

接下来是关于选举骑士、普通市镇市民代表及自治市市民代表的特权。我们可以看到这些特权包含了对我国宪法中民主部分的运用。在一个民主政体中,最高统治权的行使必须经过选举,而选举即是对人民的意志的宣扬。因此对所有的民主政体而言,究竟应由谁、以何种形式来赋予这种最高统治权,对这两个方面加以规范都是最重要的事。雅典人民就是如此珍视这种天赋特权,以至于任何干涉全民大会的陌生人依法都会被判处死刑,因为在雅典人眼中,这个干涉全民大会的人是在不拥有最高统治者头衔的情况下篡夺最高统治者的权利,因此是犯了重叛国罪。而在英国,由于人民并非召开全体大会而是选派代表开会讨论,因此这种最高统治权的行使即在于选择代表的权利。也正因如此,法律中有许多行之有效的条款可用来严格防止对这种权利的篡夺或滥用。这些条款可分为三个方面:Ⅰ.选民应具备的资格;Ⅱ.候选人应具备的资格;Ⅲ.选举程序。

(1)选民应具备的资格。要求选民在财产方面具备一定资格的真正原因是为了在选举中排除那些地位极其卑微因而被认为不具有独立意志的人。这样的人如果也有选举权的话,那他们必会受这样或那样有碍公平的影响的驱使而随意行使他们的权力。若真是这样,那么那些大人物、诡计多端或家缠万贯的人就能得到与他们在普遍自由的选举中所能得到的相比要多得多的选票。倘若每个人都能真正自由地行使选举权而不受任何影响,那么根据自由权的真实理论和基本原则,每位社会成员,无论多么贫穷,在选派代表(这些人民的代表要付出的代价是他们必须承诺愿意放弃他们的财产、自由甚至生命)的选举中都应享有选举权。但既然对于那些贫穷的或是处于其他一些人的直接统治下的人来说,想要他们能真正自由地行使选举权几乎是一种奢望,那么每一个属于人民的国家自然就必须对其选民应具备的资格作出相应的规定,只有这样才能将那些被认为没有自主意志的人排除在选民队伍之外,从而保证那些被认为拥有独立意志的人彼此间可以真正处于同等的地位。

这种选举形式是以比古罗马百人团①或部落制方式要高明得多的原则为基础制定的。百人团投票方式是由塞尔维乌斯·图利乌斯②制定的,其结果只取决于选举人拥有的财产而非得票数的多少。而部落制投票方式是由古罗马的保民官逐步引进的,只考虑得票数的多少而完全不考虑财产的因素。因此通过前一种投票方式制定的法律总是极其倾向于扩充贵族和富人的权势,而后一种投票方式所制定的法律又总是非常极端地以消除一切不平等为原则。至于我们的选举模式则是两种极端的折衷。除了那些没有

---

① 百人团(centuries),一种罗马军队的编制单位,最初由百人组成,同时罗马人也把选举区分为193个百人团。——译者
② 塞尔维乌斯·图利乌斯(Servius Tullius,活动时期为前578—前534年),传说中的罗马第六代国王。——译者

自主意志因而被完全排除在选举之外的人以外，王国中的每一个自由人总在某一地区享有选举权。而相对财产与土地在选举中也并未完全被忽略，因为虽然哪怕是最富有的人在某一地区也只能投一张票，但只要他的土地分散在全国各地，那他就能在一个以上的地区进行投票并因此而有许多的代表。这正是我们的选举模式的精髓。并不是我妄加断言，而是这种模式确实如我大胆描绘的一般尽善尽美。在这种模式下，任何对现行议会体制进行改变的希望或建议都必须得到真正意义上的全体人民的同意。

让我们再回到选民应具备的资格的问题上。首先讨论每一郡选举骑士的选民应具备的资格。Ⅰ.根据《亨利六世八年法》第七章和《亨利六世十年法》第二章规定每一郡的骑士代表应由居住于同一郡的选民选出。每位选民在选举当年在该郡拥有的终身自由保有的不动产价值不得少于 40 先令，其后又有法令规定该不动产价值指的是在扣除所有应缴纳的费用和其他应扣除的款项（但不包括议会征收的赋税和牧区税）后不动产的价值。骑士是王国中土地所有者的代表，因此选举骑士的选民必须在该骑士代表的郡中拥有地产或房产等不动产。这些不动产必须是终身保有的，即在所有者有生之年始终拥有的，因为制定法令时并未将长期租借的不动产使用权包括在内，而这类经官册登记的不动产权的所有者其身份实际上并不比完全依赖贵族地主的佃农要高多少。而规定不动产每年价值不得少于 40 先令则是因为若适当节俭一点，40 先令是足以负担一年中所有生活必需品的费用的。这样的话，这位不动产所有人就可按自己的意愿成为一个独立的自由人。弗利沃德主教在其著于 60 年前的《大编年史》（*Chronicon Pretiosum*）

一书中已充分证明亨利六世时代的40先令在安妮女王统治时期大约相当于12英镑每年,同时,由于自该主教写出该书以来货币的实际价值已大大降低了,种种因素综合考虑,我们当可得出结论,该主教生活的年代的12英镑大约相当于如今的20英镑。英格兰与威尔士的郡选民必须具备的第二项资格则不如第一项那么重要。这一项资格的相关内容应当是从以下注解中所列的法案中总结出来的[①],即Ⅱ.任何人都必须年满21岁方有资格参加任何选举,这项规定适用于所有地区包括郡和自治市代表的选举。同样,以下的第三条法令也适用于所有地区的代表的选举:Ⅲ.任何犯过伪证罪和唆使他人犯伪证罪之人都没有资格参加任何选举。Ⅳ.任何人若为具备选举资格而通过欺诈性转让得到不动产的,不能凭借此不动产参加选举。所谓欺诈性转让指转让双方签订一协议,在选举结束后原不动产转让将不予执行或转让的不动产将归还转出一方的。这样的协议一经发现即会被宣布无效,而转让的不动产将会确实归接受转让的一方所有。此外,为更有效地防止此类欺诈,又进一步规定:Ⅴ.除一人通过世袭、婚姻、婚姻财产授予(marriage settlement)、遗产或升任牧区有俸圣职或政府公职而获得的不动产外,个人必须在选举开始12个历月之前即已确实拥有其不动产或已确实获得该不动产带来的收益。Ⅵ.凡接受年金或者永久性地租的人须在选举前12个历月向治安书记官登记方

[①] 《威廉三世七、八年法》,第二十五章(7 & 8 W. III. c. 25.);《安妮十年法》,第二十三章(10 Ann. c. 23.);《乔治二世二年法》,第二十一章(2 Geo. II. c. 21.);《乔治二世十八年法》,第十八章(18 Geo. II. c. 18.);《乔治二世三十一年法》,第十四章(31 Geo. II. c. 14.);《乔治三世三年法》,第十四章(3 Geo. III. c. 24.)。

可参加选举。Ⅶ.用作抵押或信托的不动产的所有人若符合上述各项规定则有选举权。Ⅷ.每一处房屋或房产只允许有一人以其名义参加选举以防止分割自由保有不动产的行为。Ⅸ.每一处不动产须于选举开始至少12历月前经土地税额评定,否则不能使其所有人拥有选民资格。Ⅹ.在领地法院案卷中有副本可查的土地保有人不被视为自由保有不动产权者,因而不能参加选举。以上即为郡选民应具备的资格。

而王国中做买卖或做贸易的商人团体则被认为是有资格选举普通市或自治市市民在下议院的代表的选民。但由于做贸易的商人通常漂泊不定,极少长期定居一地,因此,以前都是由国王根据当时形势临时召集最繁华的市镇派代表加入议会。由此,随着市镇因贸易发展和人口增多而渐渐兴盛,它们自然也就被允许在立法机关中占有一席之地。但不幸的是,除少数几个市镇向国王请愿免除这项负担(爱德华三世统治时期①确定了支付给下议院议员的报酬以维持他们的生活。通常每位骑士每天4先令,每位普通市镇或自治市市民代表每天2先令)外,大多数已渐渐废弃的自治市仍受国王召集选派市民代表,与此同时,因为有从旧的市镇转移来的新的贸易和新居民的不断迁入而受到召集的市镇又在不断增多,如今市民代表的人数已是郡骑士的4倍,而议会成员的总数已由福蒂斯丘生活的年代即亨利六世统治时期的300人增加到500人,这其中还不包括来自苏格兰的议会成员。至于两所大学则通常并没有选派代表参加议会的权力,只有爱德华一世二十八

---

① 《英国法学阶梯》,第四卷,第16页(4 Inst. 16.)。

第二章 议会

年曾有一次例外。当时国王召集议会讨论国王在苏格兰的权利问题,并发出令状要求牛津大学派出4至5位、剑桥大学派出2至3位本校最审慎、最博学的法学家共同参加讨论①。而国王詹姆斯一世则赋予两所大学派本校两位代表参加议会的永久特权以作为那些既不是土地所有者,又不属于商人团体,但对社会而言一样是有用之才的大学生的代表,同时也保护学界在立法机关中的权利。有关选举的规定在各自治市之间不尽相同,虽然如今根据《乔治二世二年法》第二十四章规定:选举权的授予必须以下议院就此作出的最近一次决议的规定为准,但各市选举权的规定实际上仍完全取决于各个自治市各自的规章、惯例和章程,这已引起了无尽的争端。此外,根据《乔治二世三年法》第十五章规定:除了因出身、婚配或服刑而被剥夺自由人身份的人之外,任何普通市镇或自治市的其他自由人都必须是在选举开始前12个月即已取得自由人身份,否则没有资格在该市参加选举。

(2) 接下来我们要讨论的是下议院议员候选人应具备的资格。这是由议会的法律惯例②以及注解部分所列的各项法律规定的③。这些规定包括:Ⅰ.候选人不得为外国人或18岁以下的未成年人。

---

① Prynne. parl. wrists. I. 345.
② 《英国法学阶梯》,第四卷,第47页(4 Inst. 47.)。
③ 《亨利五世一年法》,第一章(1 Hen. V. c. 1.);《亨利四世二十三年法》,第十五章(23 Hen. Ⅵ. c. 15.);《威廉和玛丽一年法律二》,第二章(1 W. & M. st. 2. c. 2.);《威廉和玛丽五、六年法》,第七章(5 & 6 W. & M. c. 7.);《威廉三世十一、十二年法》,第二章(11 & 12 W. Ⅲ. c. 2.);《威廉三世十二、十三年法》,第十章(12 & 13 W. Ⅲ. c. 10.);《安妮六年法》,第七章(6 Ann. c. 7.);《安妮九年法》,第五章(9 Ann. c. 5.);《乔治一世一年法》,第五十六章(1 Geo. I. c. 56.);《乔治二世十五年法》,第二十二章(15 Geo. Ⅱ. c. 22.);《乔治二世三十三年法》,第二十章(33 Geo. Ⅱ. c. 20.)。

Ⅱ.候选人不得为12位法官中的任何一人,因为他们将出席上议院会议;不得为神职人员,因为他们将出席教士会议;也不得为犯叛国罪或其他重罪被剥夺公民权和财产权的人,因为他们没有资格参加任何会议①。Ⅲ.郡长及自治市的市长和副郡长在其辖区内不具有参选资格,因为他们原本就是当地的选举监察官②。但一郡的郡长可以成为另一郡的骑士代表③。Ⅳ.严格说来,所有下议院议员应为选派他的地区的居民,但这条规定如今已经完全被忽视了。Ⅴ.除财政部长之外,其他任何负责管理英国自1692年来新增的各项关税和国内税的官员,以及各政府官员(包括负责管理海上捕获之战利品、交通、伤病、酒类执照、海军、食物供应与储备的长官;管理海上捕获之战利品的高级官员和接掌官;陆军账目的审计官;步兵团队长官;殖民地总督及副总督;米诺卡岛④和直布罗陀的官员;国产税局和海关的官员;财政部、国库、海军、粮食供应局、海事法院、发放海陆军饷银的部门的办事人员及官员;国务大臣;负责管理盐务、印花税、上诉、酒类执照、计程马车、小贩的部门的高级文职官员),任何接受王国政府自1705年以来新增的政府部门中的职位的官员都不具备被选为议员的资格。Ⅵ.任何正自愿接受王国政府的年金或曾在任何时候接受过年金的人都不具备参选资格。Ⅶ.除海军或陆军官员接受新的委任外,任何下议

---

① 《英国法学阶梯》,第四卷,第47页(4 Inst. 47.)。
② 马修·黑尔,《论议会的最初制度、权力和管辖》,第114页(Hale of parl. 114.)。
③ 《英国法学阶梯》,第四卷,第48页(4 Inst. 48.)。
④ 米诺卡岛(Minorca),位于地中海西部巴利阿里群岛中的一西班牙岛屿,18世纪的不同时期曾被英国和法国多次占据。——译者

院议员一旦接受了王国政府的职位,他在下议院的席位即行取消,但此人可以再次参选。Ⅷ.所有郡的骑士代表都必须是真正的骑士或是拥有足以使其成为骑士的土地的著名的绅士,而不能是自耕农。另一条规定对此作了进一步明确。Ⅸ.除贵族的长子被授予骑士称号的人及两所大学的代表外,每郡的骑士代表必须真正拥有每年价值不少于600英镑的自由保有的不动产或经官册登记的不动产,而每位普通市镇或自治市市民代表拥有的不动产的价值则不得少于300英镑。这条规定要求商人团体在土地所有者中选择代表从而在一定程度上改善了自治市代表的权势压倒郡代表的局面。此外,具备上述资格而被选出的下议院议员在接受他在下议院中的席位时必须进行宣誓并呈交记载着誓言详细内容的书面文件。但是从另一方面来说,虽然遭到种种限制或会被取消资格的情况,参选仍应当是王国的每一位臣民都拥有的共同的权利。因此,在亨利四世六年召开的考文垂议会上被插入国王的命令中的不允许见习律师或其他法律工作者被选为所在郡骑士代表的禁令实际上是违宪的。而作为回应[1],我们的法律著作和历史学家[2]都将该届议会称为"*parliamentum indoctum*",即无知议会。爱德华·柯克爵士也曾颇为气愤地评论说[3],那届议会根本就没有制定出任何像样的法律。

(3) 关于选举我们要讨论的第三点内容是选举的程序问题。

---

[1] 威廉·普林,"对《英国法学阶梯》第四卷的简短评论"(Pryn. on 4 Inst. 13.)。
[2] 托马斯·沃尔辛厄姆(Walsingh.),公元1405年。
[3] 《英国法学阶梯》,第四卷,第48页(4 Inst. 48.)。

选举的程序也是通过议会法律及注解中所列各项法令来加以规范的。① 我会尝试将这些法令的内容进行融合并从中总结出有关选举程序的概要。

一旦议会召集会议,上议院议长(若是在议会召开期间该职位出现空缺,则由议会任命议长)即向大法官法院的办事人员发出授权令。办事人员再向各郡的郡长发出法院令状要求选举代表各郡及郡内各普通市和自治市的下议院议员。郡长在收到令状后的三日内向各普通市与自治市的合适选举监察官发出加盖其印章的命令书,命令他们选举各自的下议院市民代表。该选举监察官在收到命令书后应提前4日发出选举通知并于命令书送达的8日内举行选举,然后将所选代表名单与命令书一起送还郡长。

而郡骑士代表的选举则必须由各郡的郡长在法院书面命令送达后第一次郡法院开庭时亲自举行。郡法院是由郡长每月至少开庭一次以对案值不超过40先令的小案件进行审理的法院,地点则

---

① 《亨利四世七年法》,第五章(7 Hen. IV. c. 15.);《亨利六世八年法》,第七章(8 Hen. VI. c. 7.);《亨利六世二十三年法》,第十五章(23 Hen. VI. c. 15.);《威廉和玛丽一年法律一》,第二章(1 W. & M. st. 1. c. 2.);《威廉和玛丽二年法律一》,第七章(2 W. & M. st. 1. c. 7.);《威廉和玛丽五、六年法》,第二十章(5 & 6 W. & M. c. 20.);《威廉三世七年法》,第四章(7 W. III. c. 4.);《威廉三世七、八年法》,第二十五章(7 & 8 W. III. c. 7. and c. 25);《威廉三世十、十一年法》,第七章(10 & 11 W. III. c. 7.);《威廉三世十二、十三年法》,第十章(12 & 13 W. III. c. 10);《安妮六年法》,第二十三章(6 Ann. c. 23.);《安妮九年法》,第五章(9 Ann. c. 5.);《安妮十年法》,第十九章、第二十三章(10 Ann. c. 19 and c. 23.);《乔治二世二年法》,第二十四章(2 Geo. II. c. 24.);《乔治二世八年法》,第三十章(8 Geo. II. c. 30.);《乔治二世十八年法》,第十八章(18 Geo. II. c. 18.);《乔治二世十九年法》,第二十八章(19 Geo. II. c. 28.)。

是按郡长的意愿确定的郡内任一地点。但选举郡骑士代表的郡法院其地点则必须是在郡法院最经常召开的地方。若郡法院恰好于书面命令送达的当日或是将于 6 日内召开，则郡长可实行休庭并将选举延期至另一合适的时间，但延期不得超过 16 日，亦不能短于 10 日。但对于开庭地点，未经所有候选人一致同意，郡长不得更改。同时，以上任意一种情况下，都必须于举行选举 10 日前通知公众选举的时间和地点。

对议会而言，确保选举在绝对自由的情况下进行是至关重要的，因此任何对选民施加不公正的影响的行为都是违法并遭到严格禁止的。洛克先生将这种行为视为政府行政长官的背信行为之一①，在他看来这相当于政府的解体："如果其利用社会的权力、金钱或职位来贿赂代表，公然笼络选民或指定应由何人当选的话……因为如此制约候选人及选民并操纵选举的做法"他说，"最终只会摧毁政府的根基，毒化公共安全的源泉"。因此，无论是郡还是自治市的选举的时间、地点一经确定，所有驻扎在该地的士兵都必须于选举开始前至少一日撤离到两英里以外的地方，选举结束一日后方可返回。同样的，暴动也经常使选举流产。说到选举，下议院是唯一有权力对竞争性的选举作出裁决的机构，任何上议院贵族或郡的军官都无权干涉下议院议员的选举。此外，根据法律规定，五港同盟②的监管人不得自行推荐任何议会成员。任何管理消费税、关税、印花税或任职于事关国家财政收入的其他部门

---

① 《政府论》，下篇，第 222 节（on Gov. part. 2. §. 222.）。
② 五港同盟（cinque ports），11 世纪组成海运和防御联盟的一组英国东南部的海港，最初为黑斯廷斯、罗姆尼、海斯、多佛和桑德威奇。——译者

的政府官员若试图说服或劝阻选民投某位候选人的票,以此来干涉选举的话,都将被处以100英镑的罚款并被剥夺担任任何政府官员的资格。

这样下议院——这一立法机构的分支之一才能得到保障不受来自其他两个分支或各种外部的暴力与压迫的不正当影响。但最大的威胁其实在于下院内部通过贿赂、腐败等无耻行径进行勾结。为防止此类事件发生,规定所有的候选人在令状的签署日(通常称为令状的终结部分)之后或某职位出现空缺后,都不得为谋求当选而给予或许诺给予选民任何钱财或款待,无论是个别的几个选民还是某一地区的全体选民,违者将被剥夺在议会中担任该职位的资格。若有人为说服或劝阻某选民投票而给予或许诺给予其任何钱财、礼物、官位、职位或其他报酬,不论这种行为是何时发生的,受贿及行贿的人都将被处以500英镑罚款并被永久剥夺选民资格及在任何机构担任职务的资格。除非受贿人或行贿人在被定罪之前能举报其他同类的贿赂案件,这样他相当于对自己的罪行进行了补偿①。第一起选举贿赂案发生的时间早在伊丽莎白女王十三年。当时有一名托马斯·洛奇之人(此人头脑简单,无法胜任议会的职位)承认他给韦斯特伯里郡的选举监察官和其他官员4英镑以求被正式宣布当选为议员,并且最终他也确实因此而当选。由于这一案件该郡被处以罚款,该郡在下议院的议员席位被撤销,相

---

① 《尤利安贿选法》(the Julian law *de ambitu*)也同样规定在选举中犯有腐败罪行的人会遭到罚款和侮辱,但如果此犯罪之人能指证其他犯有此类罪行的人,则此人可以得回财产并恢复名誉(F*f*.48.14.1.)。

关的官员也遭到罚款和入狱的处罚[1]。然而从那时起,这种做法已越来越盛行,也越来越隐蔽。针对这种情况,议会制定了一些有效的法律,然而要使这些法规确有成效,议会仍缺少将之严格加以执行所需的决心和虔诚。

在种种不公正的影响被有效地(我希望堕落腐化的人类还能允许我说这样的话)遏制之后,选举就应当在指定的那天如期举行。郡长及其他选举监察官应首先宣誓不受贿赂并正当行使职权。同样,各候选人也应在要求下宣誓其具备的候选人资格皆属实,各郡选民也须做同样的宣誓。此外,各郡和各自治市的选民还必须进行放弃和不受贿赂腐化的宣誓。若当选为议员的候选人也被要求必须进行放弃宣誓(oath of abjuration)和不受贿赂腐化的宣誓的话,那其实也是不无道理的,因为这将比仅仅要求选民进行此类宣誓要有效得多。

在选举结束后,各自治市的选举监察官将以多数票当选的代表的名单及郡长的命令书一并送还郡长。郡长再将代表名单、命令书与命令各郡选举骑士代表的令状一起送还大法官法院的办事人员。若是新一届议会的选举,则送达的日期必须在议会开会前,若是为偶然出现的职位空缺而进行的选举则必须在选举结束后14日内,若未能及时送达将被处以500英镑的罚款。若郡长仅仅只是未及时送达当选的骑士代表的名单,则按照亨利六世的旧法

---

[1] 《英国法学阶梯》,第四卷,第23页(4 Inst. 23.);马修·黑尔,《论议会的最初制度、权力和管辖》,第112页(Hale of parl. 112.);《英国下议院日志》(Com. Journ.),1571年5月10、11日。

律，他将被处以100英镑的罚款，各郡选举监察官也将因这一工作失误被处以40英镑的罚款。此外，他们还将遭受后来由威廉国王颁布的法律的制裁，被处以两倍于所造成损失的罚款。此外，任何人若贿赂选举监察官都将被处以300英镑的罚款。但受贿的选举监察官呈报的当选人将继续保有下议院的席位，直至下议院在接受请愿后判定其当选是无效的、不合法的。以上就是郡骑士、普通市民和自治市民代表选举程序的概要，至此我们对仅涉及下议院的法律和惯例的研究可告一段落。

6. 接下来我将讨论议会制定法律的方法，这在议会两院大体相同。我将从下议院开始非常简单地进行一下介绍。但首先我想给出这样一个前提，即出于工作上安排，议会上下两院有其各自的议长。上议院议长即大法官，又称掌玺大臣，他的职责是主持上议院会议并管理规范议员的工作。下议院议长由该议院自行选举，但必须经国王批准。在议长这一问题上，上下两院有其各自不同的惯例，其区别在于下议院议长不能在议院中发表自己的意见或参与讨论，而上议院议长则可以。每一议院中由多数人通过的法案对议院全体成员都具有约束力，此处多数人的意见是通过公开的投票表决产生的。这与威尼斯或其他地方的参议院会议不同，他们的表决都是通过不公开的表决或无记名投票方式进行的。当然，后一种方式有助于防止阴谋或其他违反宪法的合谋，但在我国却是不可行的。至少在下议院就一定行不通，因为下议院每位成员的行为将来都有可能遭到其选民的质询，因此现在就必须公开接受监督。

要向议院提交一项议案，若此议案是为个人案件寻求救济，则首先必须由一位议员提出请愿并同时提出所申诉的冤情。若此请愿所依据的事实尚有争议，则须先由数位议员组成的委员会对其陈述的事项进行审查，然后将结果报告议院，随后议院再给予提交议案的许可。若请愿所依据的事实无可争议，则议院将直接给予许可提交议案。若该议案事关公共事务，则一经动议即可将议案提交议院而无须先提出请愿。以前，所有的议案都是采用请愿的形式，与国王添加的批复一起被记入议会登记表。议案没有任何规定的措辞，只需按案件情况所要求的进行陈述即可①。每届议会结束时，法官将议案以制定法的形式记入制定法登记表。在亨利五世统治时期，为防止工作疏漏或滥用职权的情况发生，在每届议会结束前法案即由法官记录下来。而在亨利六世统治时期，议案初次根据现代的惯例以法案形式被引入议会。

　　被指定提交议案的议员在合适的时间向议会提交有关该议案的书面文件。文件中应包含大量的空格或空白之处用以填写各种未定的事项或必须由议会予以确定的事项（尤其是诸如确切时间、量刑性质与轻重或任何需要筹措的款项），因此，该文件实际上只是该议案的基本框架。若议案被提送至上议院，当该案事关个人案件时，将由两位法官对其进行仔细审阅并确定所有法律方面的规范。该议案将被宣读一次，并在相隔合适的时间后再宣读第二次。每次宣读后下议院议长将向议院成员公开议案的所有内容，并询问各位议员是否应将这项议案进行下去。议案可能一经提出

---

①　参阅爱德华二世九年的《神职人员条例》（*articuli cleri*），可发现此类例子数不胜数。

即遭反对，也有可能在一读或二读后遭到反对，若反对意见占大多数，则议案即遭本届议会的否决。同样，若该议案在以后的程序中遭大多数议员反对，同样也立即遭到否决。

在二读后，议案即被提交，即被送至委员会，若该议案并不十分重要，则委员会成员由议院指定，若议案有一定重要性，则由整个议院共同组成一个委员会。整个议院组成的委员会应由议院全体议员组成，为了组成这样的委员会，议长会暂时离职（另一位议员将会被指定为委员会主席），以一位普通议员的身份参加会议并加入讨论。委员会对议案条款逐条进行讨论，将相关事项填入议案的空白处，进行一些修正，有时甚至会完全彻底改变议案的格式。委员会在对议案进行讨论之后，由主席将该议案内容及修正案报告议院。议院对整个议案再次进行考虑，对每一项条款和每一个修正案都进行反复讨论。议院随后决定同意或不同意委员会制定的修正案，有时则再新增一些议院修正案，然后命令将该议案以正式法律文体或大字体记录在一张或数张装订在一起的长羊皮纸卷上。这一程序结束后，议案将第三次被宣读，有时还会再增加一些新的修正案。而若是增加一项新的条款的话，这项条款的内容将被单独记录在一张羊皮纸上与议案装订在一起，这样的条款被称为追加条款。议长将在再次展示议案内容后手持该议案询问议院该议案是否获得通过。若议员同意通过该议案，则指定一位议员将议案送呈上院以谋求他们的同意。这位议员将在其他几位议员的陪同下将议案送至上议院的围栏处，在那里将其递交给上议院议长，而上议院议长则走下自己的座位接过该议案。

议案在上议院再经与下议院相同的程序（除了在下议院已经

完成的将其内容以正式法律文体记录下来这一程序外)进行讨论。若遭否决,则上议院将不再通知下议院,而只是不动声色地通过否决决议,以避免两院议员间发生争执有失身份。若上议院同意该议案,则由上议院派遣两名助理法官(有时则是两名法官)将他们已同意该议案的消息通知下议院。若上议院未再添加新的修正案,则该议案就被保留在上议院;若上议院又添加了新的修正案,则修正案将与原议案一并送至下议院以取得下议院议员的同意。若下议院议员不同意新修正案的内容,接下来通常由两院各自派出经授权的议员进行会谈,主要目的是为调整解决双方间的分歧。若双方皆拒绝让步,该议案即被否决。若下议院同意新修正案的内容,则由一名下议院议员将该议案送回上议院,并告知他们已经同意的消息。若议案最早是由上议院提起的,所经过的程序在细节上做必要的变更(mutatis mutandis),与上述程序相同。议案在得到上下两院的共同同意后一般由上议院保管,等待国王的御准。

国王御准可以有两种形式:Ⅰ.由国王本人亲自批准。国王头戴王冠,身着王袍到达上议院并要求下议院议员也到上议院后,上议院主事官用诺曼法语(诺曼征服如今仅存的一个象征,并且将来也迟早会被遗忘,除非我们将这种语言作为一种回忆郑重其事地保留下来以提醒我们自己:我们的自由并非永世不朽,它也曾被外国的武力彻底摧毁过)宣读所有已经由上下两院通过的议案的标题并宣布国王的批复。若国王批准了一项公共议案,主事官通常宣布:"国王希望它得以实现"(le roy le veut)。若批准一项个人议案,则宣布:"让事主得偿所愿"(soit fait come il est desirè)。若国王不批准某项议案,则公共议案和个人议案都采用一种说法"国王将对此提出忠告"(le roy s'avisera)。Ⅱ.《亨利八世三十三年法》第二十一章规定:国王可以在他缺席的情况下以他亲笔签名并加盖国玺的特许状来批准议案并通知共同聚集在上议院的上下两院成员。议案在以任何一种形式得到国王的御准时,只有在得到批准之时,而非之前的任何时候,才成为议会的法案或法律。

该法案或法律随即被记入王国的记录中并具有法律上的约束力,并不需要像罗马法对皇帝的敕令所规定那样须经正式颁布后才具有约束力。这是因为从法律的观点来看,所有的英国公民都参与了法律的制定,因为每位公民在制定法律时都有各自的代表在场。然而,国王的文印署仍会印制该法律的副本以求让整个王国的所有公民知晓。在印刷术发明之前,法律通常是由各郡的郡长公布的。在每届议会结束后,国王的令状与本届议会制定的所有法律的手抄本一起被送至郡长处,命令他"务必将该法案与其中包含的所有条款当众宣读并确保该法案在每一相关地区被严格执行与遵守"(*ut statuta illa, et omnes articulos in eisdem contentos, in singulis locis ubi expedire viderit, publice proclamari, et firmiter teneri et observari faciat*)。郡长通常采用的做法是在郡法院中当众宣读该法律,并将其保留在郡法院中,任何人都可在那里阅读或带走副本,这种惯例一直持续到亨利七世统治时期①。

如此制定的法律其实是行使王国承认的世上最高的权力的结果。这种法律拥有约束王国及其附属地所有臣民的权力。不仅如此,就连国王本人若在该法律中被特别提及的话,也要受其约束。

---

① 《英国法学阶梯》,第三卷,第 41 页(3 Inst. 41.),及第四卷,第 26 页(4 Inst. 26.)。

第二章 议会

除非议会运用与制定该法律同样的权力,经同样的程序,否则任何人都不得对其进行变动或修改,不能不受其约束,也无权暂不实行或废止该法律。因为要撤销一项义务必须运用与规定这项义务同等的权力是法律的原则之一。诚然,过去人们认为国王在很多情况下可免受刑罚①,但如今《威廉和玛丽一年法律二》第二章已经规定并宣布:国王未经议会同意即运用国王特权暂不实行某项法律或不受其约束的行为是违法的。

7. 最后第七、第八部分的内容,我将简单介绍一下议会召开期间的短时间休会,两次议会召开之间的长期休会及议会解散的方式。

短期休会,正如这个称呼所表明的那样,持续时间通常不长于议会开会期间从一天到另一天之间的间隔时间,每天由上下两院各自的权力机构分别宣布。在圣诞节、复活节或其他特定的节日或庆典期间,有时也会连续休会两周或一月。但一个议院的休会时间并不一定也是另一议院的休会时间②。有时国王也会表示他希望上下两院或其中之一在某天休会,此时议院通常会遵从国王的意志实行休会③,因为如若不然,且不论拒绝国王这种行为本身有多不敬,议会也势必遭长期休会,而这将会给公共及个人事务的处理造成极大的不便。因为长期休会即意味着一届议会的终结,

---

① 亨利·芬奇,《法律或演讲》,第 81,234 页(Finch. L. 81. 234.)。
② 《英国法学阶梯》,第四卷,第 28 页(4 Inst. 28.)。
③ 《英国下议院日志》(Com. Journ.)多章节出现,例如:1572 年 1 月 11 日,1604 年 4 月 5 日,1621 年 6 月 4 日、11 月 14 日、12 月 18 日,1625 年 7 月 11 日,1660 年 9 月 13 日,1667 年 7 月 25 日,1685 年 8 月 4 日,1691 年 2 月 24 日,1712 年 6 月 21 日,1717 年 4 月 16 日,1741 年 2 月 3 日,1745 年 12 月 10 日。

而那些刚进入程序尚未获得通过的议案就必须在下一届议会上重新再从头开始讨论(如果它还会被讨论的话),而在经过短期休会后,所有的事务仍处于上一次休会时所处的程序,可以继续进行下去而不用再从头开始。

　　短期休会指议会开会期间一天到另一天的间隔,而长期休会则指一届议会与另一届议会间的间隔时间。长期休会由王室权力机构决定,由上议院议长在国王出席的情况下宣布或由国王派遣的委员会宣布,更多则是公告宣布。上下两院必须同时长期休会,因此长期休会并非上议院或下议院的长期休会,而是议会长期休会。虽然议会在除了通过法案或判决案件外其他的时间里实际上根本就不召开会议,但必须宣布长期休会后一届议会才能被看作已经结束。而以前的惯例则是国王在每届议会开会的最后对他同意的议案颁布御准,随后宣布议会长期休会,虽然有时这所谓的"长期休会"仅仅只是一两天①,但一旦如此宣布,之后各议院必须重新开始处理尚未解决的事务。这种惯例是如此通行,以至于一度引发了对国王给予某一个议案御准是否并不理所当然地意味着结束一届议会的讨论②。虽然最后这个问题的答案是否定的,但这种观念却已深入人心,以至于专门制定了《查理一世一年法》第七章以明确宣布:国王给予某一个或几个议案御准并不代表一届议会的结束。甚至在其后很久查理二世重登王位的年代,我们仍可在他当时颁布的第一个议案中发现一份附加的但书③,规定国

---

①　《英国下议院日志》(Com. Journ.),1553 年 10 月 21 日。
②　同上书,1554 年 11 月 21 日。
③　《查理二世十二年法》,第一章(Stat. 12 Car. II. c. 1.)。

王陛下颁布的御准并不代表结束一届议会。但现在要结束议会必须明确颁布公告这种惯例看来已经被接受了。而在王国发生叛乱或面临外国入侵的危险时,议会应当短期或长期休会各自解散,同时国王则被赋予权力①,可于其指定的再次聚集的日期的前十四天发布公告重新召集议会。

议会的解散实际上相当于"议会在法律上的死亡"。有三种情况可以使议会解散。(1)国王本人或由其派遣的代表表明解散议会的意志。因为既然国王是唯一有权力召开议会的机构,那么在他愿意的任何时候宣布议会长期休会一段时间或指定议会解散的最后期限自然也是他拥有的国王特权之一。倘若除了议会本身外,再无其他机构有权宣布议会长期休会或被解散的话,那么议会很有可能就会永远存在下去。倘若它又试图侵犯行政权的话,那将会演变成一种极其危险的情况。不幸的查理一世就曾有过类似的危险经历。当时他非常草率地批准了一项法案,允许议会可以一直存在下去直至它愿意自行解散。最终查理一世沦为他自己批准授予议会的这种过大的权力的牺牲品。因此非常有必要赋予国王权力对上下两院开会持续的时间加以控制,使之不超过英国宪法规定的时间限制。这样一方面可以保证上下两院经常性地定期召集开会以处理各种日常事务及对有冤屈的案件进行救济,另一方面又可保证议会即使是在得到国王许可的情况下也不至于持续过长时间而有违宪法或造成麻烦。

(2)国王逊位也可使议会解散。以前议会在最高统治者去世

---

① 《乔治二世三十年法》,第二十五章(Stat. 30 Geo. II. c. 25.)。

之时即立刻解散,因为国王在法律上被看作议会的首脑[首脑,开始者和结束者(caput, principium, et finis)],首脑一旦去世团体自然也就不复存在了。但是要在继位者登基时立即召集新的议会非常困难,而且一旦王位的继承发生争议,若没有议会的话会导致很大的危险,因此《威廉二世七、八年法》第十五章及《安妮六年法》第七章都规定:国王或女王去世时的议会应在其死后继续存在六个月,除非在此期间继位者宣布议会长期休会或解散。若议会在国王去世时恰逢短期或长期休会各自解散,则应当立即重新召集;若当时恰好上一届议会已解散,新一届议会尚未产生,则上一届议会的成员应重新聚集再次组成一届议会。

(3) 最后,议会可在存在一定时间后自行解散或结束。若议会这一立法机构像以前一样永远存在或在召集它的国王的有生之年持续存在,并且在职位偶尔出现空缺时保证能有新的代表补充进来的话,在这种情况下,一旦议会出现腐败的现象将毫无补救的办法。但如果是不同的团体一个接一个组成新的议会的话,一旦人民了解了本届议会遭到反对的原因,即可在下一届议会中加以改正。此外,一个必定会被解散的立法机构(解散后其成员即成为普通公民,同样完全受到他们为其他人制定的法律的约束)知道他们自己也受到他们规定的权利义务的约束,因此他们制定的法律必定是有益的。根据《威廉和玛丽六年法》第二章规定:同一届议会允许存在的最长期限从召集令送回之日起算,不得超过三年,之后议会即告终止,不再持续下去。但《乔治一世一年法律二》第三十八章将此期限延长为七年。据称,其目的是为减少因经常性选举造成的持续的庞大开支从而防止因此引起的狂热和敌对情绪,

第二章 议会

同时也是为了维护当时刚从叛乱中恢复过来的政府的和平与安定。同一个议会在成立时规定的期限为三年,随后自己将规定期限延长为七年,议会拥有如此大的权力这是仅有的一次。而现在,根据现行的宪法,议会若在七年间未由国王特权解散,则应在第七年末自行中止,即"自然死亡"。

第三章　国王及其资格

根据我国的法律，王国的最高行政权力被授予了一个人——国王，或女王。重要的不是继承王位者的性别，而是被授予王权者必须有此资格，根据《玛丽一年法律三》第一章规定：一俟继位，不论获得王位者是男是女，立刻拥有了最高统治权力的一切象征、全部合法性及所有特权。

在讲授国王的权利与权力时，我将从六个方面研究国王：Ⅰ.国王的资格。Ⅱ.国王的王室。Ⅲ.国王的咨询机构。Ⅳ.国王的职责。Ⅴ.国王的特权。Ⅵ.国王的收入。这里是第一部分：国王的资格。

通过英国人民的普遍认可，英国的行政权力被授权于一人，这种普遍认可的根据就是古老的、不成文的习惯法。法律规则应当被统一制定，具有普遍效力且长期适用，这对国家的自由与和平是必须的。这样就可以准确阐述：谁是那个"被授权的人"；（在遵守国家法律的情况下）谁来关心保护社会；作为对此的回报，每个个人应当对其负责、为其效忠。这一法律规则必须清晰明了、无可置疑，这对于公众的安宁及平民们的良知是最重要的，而在这一重要问题上，我国的宪政体制也并非未曾为我们作出明确规定。因此，本章将力图勾勒出王位继承的宪法原则的轮廓，作者将依据事实自由地发表见解，但同时也会抱着应有的尊崇和敬重的态度，这是自由精神和臣民的高尚品格所共同要求的。

对于本王国的"*jus coronae*",也就是说王位继承权所依据的原则,我的理解是:"根据普通法及宪法习惯,王位是世袭的;这种世袭是以其自身特有的方式进行的,不过继承王位的权利在不同的时代根据议会的法律有所变化,或者受到议会法律的限制;但即使受到限制,王位依然保持世袭制。"本章的任务就是要论证这一论点,并包括其所有分论点。第一,王位是世袭的;第二,这种世袭是以其自身特有的方式进行的;第三,王位继承受制于议会;最后,当其受到上述限制时,王位由新的继承者世袭。

首先,在前任王位所有者驾崩或逊位时,王位通常由第一继承人继承。所有的君主制政体必然在世袭和选任中居其一。而我认为除了那次史无前例的由弑君者们对查理一世国王进行的臭名昭著的审判的之外,没有其他例子表明英国的王位可以通过选任而产生,因此,王位应当是世袭的。但是当我断言王位世袭制时,我绝没有以神授权力(*jure divino*)来命名王位的意思。在巴勒斯坦的以色列,宗教政权的少年当权者的统治之下可能会允许存在这样的称呼。但除了这些受上帝普遍恩惠的国家和其他人类组织外,这种权力在其他任何国家都不可能存在。而且神授权力和世袭权力确实也没有必要像有些人隐约设想过的那样彼此结合在一起。尽管大卫[①]杀死了其前任者的儿子,耶户[②]更是杀死了其前任

[①] 大卫(David,？—前962年),古代以色列第二代国王。——译者
[②] 耶户(Jehu,约前842—前815年在位),《圣经·旧约》中的以色列国王,他谋杀了亚哈、耶希别和太阳神的先知们,以快速驾驶战车而闻名。——译者

185 本人，但大卫和耶户的头衔，如同所罗门①或亚哈②一样都是神授权力。当我们的国王们拥有和他们一样的合法性时，不论王位是从其父亲处继承的还是摧毁了前一王朝统治得来的，这些国王们就在那时（而不是之前的任何时候）即刻拥有了英国的王位，根据的就是类似于大卫和耶户拥有的直接来自于上天的权力。为英国法律所认可的世袭权力，其起源应且仅应归功于我们宪政体制的奠基者。它和犹太王国、希腊和罗马的国内法没有关系，也不是以它们为根据的；一个国家的国内法律既不会和其他国家的基本政治体制有何联系，也不会对其造成影响。英国君主制的缔造者们说不定也会使其成为选任制的君主制，如果他们认为这样合适的话，但他们有足够的理性，在缔造英国君主制之初更倾向于选择使之成为通过世袭进行的王位继任制。这一制度通过人们的普遍认可而得到默认，并逐渐成为普通法的一部分，在普通法上：每一个平民所拥有自己的土地也正是采用同样的世袭制。就其本质而言，土地和王位一样都不是天然可以遗传后代的，而是法律为了公众的利益与社会秩序计，认为应当像确立王位世袭制一样确立土地继承制。

必须承认，选任君主制是所有体制中最显而易见的最适合于维持政体的理性原则和维护人类天性的自由的。相应的我们也从历史中发现，几乎每个国家在诞生之时及初期阶段，其领导者、主

---

① 所罗门（Solomon，？—前930年），以色列国王，大卫之子和继承人。——译者
② 亚哈（Ahab，约前874—前853年），《圣经·旧约》中的以色列北部王国第七代国王。——译者

政官员或君主通常都是选举产生的。如果这个国家的国民能一直正确贯彻这些早期的原则，不为感情或偏见影响，不为腐败所侵蚀，不为强暴统治所吓阻的话，那选举继任者的制度在一个王国里的受欢迎程度与它在一个初级社会里的受欢迎程度将不相上下。若能那样的话，最有智慧、最优秀、最勇敢的人因其天资卓越肯定能得到王位，少数持不同意见者将会恪守义务，顺从多数不存偏见者的意见。但历史和经验告诉我们：（就目前的人类本性而言）任何种类的选举，往往都会为不公正的影响、偏见及欺诈所左右，而且即使选举本身未受操纵，对选举结果失望的少数气急败坏者们也会不停地指责选举中的获胜者，从而引起对获胜者曾左右选举的质疑。这是所有社会都可能经历的梦魇，不管是个人团体、家庭团体，还是包括了除此以外的其他团体并对之进行管理的由公众组成的庞大社会。但对于个人团体和家庭团体而言，解决这一问题还是有优势的：上述的质疑，如无实据，仅会引起一些猜忌和谣言，随着时间流逝自然会消失；即使属实，由于实际上每一个社会成员（只要成为其中一员）都能向法院提起控诉，因此不公平的情况亦可通过司法途径得到救济。然而，在巨大且又独立的社会中，（每个国家都由这样的社会构成）除了自然法之外没有其他地位较高者可以诉诸，除了动用个人的武力之外没有其他办法可以纠正违法行为。因此，如两个国家相互指责对方侵犯自己权益的话，这样的争执只能用军事法则来解决。即使是一个国家内部亦如此，设想一下当共同联盟的基本原则被破坏，特别是当其主政官员被指责为任命不当时，唯一可以受理这种指控的法院只能是战争之神（God of battles），而进行指控可采用的唯一程序就是一场国内战争。因此现在我们国家和绝大多数其他国家才会确立王位的世袭继承制，以防止这种战争伤亡与苦难周而复始地发生，对于这种战争与苦难，古罗马帝国的历史以及更加现代的波兰与德国的教训已经足以向我们表明选任制国家的下场。

第二，但就王位继承的特定方式而言，其与由普通法规定的以继承方式转让不动产的封建继承方式大体一致，不过还是有一到两处实质性的不同。像不动产继承的规定一样，王位传于统治君王的嫡系子孙，比如从约翰国王到理查二世，就经历了一个六世嫡传。与不动产继承一样，王位继承严格遵循男性优先于女性继承、男性中长子享有优先继承权的原则。因此，爱德华五世优先于其弟弟理查德与其姐姐伊丽莎白继承了王位。与土地继承一样，当男性世系中止时，王位由女性后裔继承，按照由塔西佗①曾谈到的古代不列颠习惯法："既然在战争进行时妇女参战理所当然，那么她们的性别就不应妨碍她们继承王位"(*solent foeminarum ductu bellare, et sexum in imperiis non discernere*)。因此玛丽一世继承了爱德华六世的王位；而亨利七世之子亨利八世因未留下后代，所以亨利七世之女苏格兰王后玛格丽特的后代继承了英格兰王位。但在女性继承的情况下，王位继承只适用"长女继承制"，只能由长女及其子孙继承，这与普通法规定的遗产由所有女儿同时继承不同。王位只能由一个人继承，这其中的必要性是显而易见的，这也导致了王室继承法在此方面与普通法的规定不一致，因此，玛丽女王在其弟弟死后单独继承了王位，而没有和她的妹妹伊丽莎

---

① 《阿古利可拉传》(*in vit. Agricolae*)。

白共同执政。另一方面,王位继承与其他继承一样,普遍适用代位继承原则,亦即任何已死之人的嫡系后裔可视为具有与他的长辈活着时一样的身份参加继承。因此,理查二世取得了其父黑太子[①]的权利继承了其祖父爱德华三世的王位,而他的叔叔们,即爱德华三世的小儿子们则没有王位继承权。最后一点,当没有嫡系继承人时,王位便由已故国王的旁系亲属们继承,只要他们是王室血统的嫡传,亦即,最初获得王位者的王室家系的后代。因此,亨利一世继承了威廉二世的王位,约翰继承了理查一世,詹姆斯一世继承了伊丽莎白女王,上述血统都源于征服者威廉,他的血统彼时是唯一的王室血统。但王位继承并不像普通继承那样排除只有一半血统的兄弟、叔父及其他旁系亲属的继承。也就是说,当亲属关系并非始于同一对父母(全部血统出自一位男性祖先),而仅来自于父母中的一个,如当两人父亲相同母亲不同,或反之时,只要两者都是同一祖先的后代,那么以这位祖先的血统为联结点,王室血统可以相互联系。因此玛丽一世继承了爱德华六世,而伊丽莎白继承了玛丽,她们拥有同一个父亲——亨利八世国王,但各自的母亲不同。对于王位继承与普通继承的差异性,在我们将来对继承权的总体性质进行论述后,将会有更深刻的理解。

第三,王权世袭的原则并不代表王位继承权是绝对不能取消的。在心无偏见地对我们的法律、宪法体制和历史传统加以考虑并予以一定程度的注意后,我想不会有人断言王位继承权是绝对

[①] 黑太子(the black prince,1330—1376 年),爱德华三世之子,英法百年战争中的杰出指挥官之一。——译者

不能取消的。毫无疑问,在此王国的最高立法机构——国王和议会两院有权决定破除王位世袭的权利,通过特别限制、预防条款剥夺直接继承人的继承权,并将继承权授予其他任何人。这是严格符合我们宪法和法律规定的,这一点从我们的成文法典中经常可以看到的表述——"国王陛下,他的继承人及继任者"——中就可以了解到。从中我们可以观察到,"继承人"一词肯定含有继承权或世袭权利的意思,一般适用于王室成员,而明确提出"继任者"一词,必然含有这种继承权有时可能被剥夺的含义,或者说可能会出现一个不是国王法定继承人的继任者。这样的规定极其合理,如果没有这样一种(变更继承人的)权力存在的话,我们的政体将存在很大缺陷。我们不妨假设一种很糟糕的情况:如果王位继承人是一个精神失常者或智障者,或者是由于其他类似原因没有能力当政的人,如果即使如此还是不能取消其继承权的话,那国家将处于何等痛苦的境地!因此使某一机构拥有于特殊情况下取消王位继承权的权力是十分必要的。但如果此项权力直接并公开授予臣民们单独掌握,只要臣民们一旦让偏见、不满或喜怒无常的态度或情绪占了上风就可以行使此项权力的话,王位继承和王室尊严都必将岌岌可危。因此最恰当的办法就是将此权力授予议会两院,但两院行使权力时须得到主政君主的认可,因为我们无法设想国王会允许出现损害他自己子孙权力的不当行为。所以,我们的法律将此权力直接授予了国王和议会两院的议员们。

第四,但是,无论王权受到怎样的限制,即使其有时会被依法转让,王权可以世代相传的本质仍未改变,就加冕者而言,王权仍是世袭的。因此虽然从自然属性上,国王和其他人一样,总会去世,但从法律角度来看,国王就其政治身份而言,是永远不死的。当亨利、威廉或爱德华自然死亡后,"国王"通过其继任者又会复活,而国王的权力在其死亡的瞬间授予了其继承人。如果继承程序毫无异议,则这样的继承人称为"自然继承人";如果继承是通过任何非常规的王位继承方法,则称为"事实上的继承人",因此不可能存在王位空位期;相反,如马修·黑尔①爵士曾经提到过的:通过王位继承君王的权力被完全授予了继任者。因此,对于国王而言,无论其如何取得王位,都可以无条件地完全世袭王权,除非存在限制性的规则对此有不同规定。让我们继续前面的比较,在不动产转让也有类似规定,即不动产依法世袭或由土地所有者的继承人继承,但也存在这样一种权力,可将土地财产转让与其他人。如果此项转让进行得简明且彻底,那么对于新所有者,土地是可以继承的,并且依法应传于其继承人;但当被转让的是有条件转让、有转让限制或者是限定继承的土地时,则土地的继承别无他法,必须依照限制条款和预先规定的方法进行。

根据我的理解,上述四点包含了对于王位继承权的宪法概念。对此我们将以历史的眼光回顾近几代英国王位继承的历史、我们古代法学家的学说,以及议会不时制定的确立、宣告、确认、限制、阻碍王位继承资格的若干法案,以对此进行进一步的解释,使之清楚明了,不再存有任何争议。在探讨过程中我们将发现:从这个国

---

① 《王室诉讼史》,第一卷,第61页(1 Hist. P. C. 61.)。

家第一任独任君主——埃格伯特①的时代起,甚至一直到现在为止,上面提到的四条基本原则仍然被认为是王位继承的宪法原则。诚然,在战争期间当王位继承者是未成年人时,由于遭遇欺诈、武力胁迫,王位继承确实经常悬而不决,有时甚至间隔了很长一个时期,但其最终总是会回归原有的继承方式。而且,甚至在继承权遭到侵犯的情况下,王位还是被视为由加冕者通过世袭得到的。那些篡位者早已深刻意识到这一点,因此在他们掌握国家权力时,为取悦民众,他们中的绝大多数都会力图用一些不可靠的材料显示其血统具有继承人的资格。而且当篡位者一旦获得对王位的占有权,他们视其为购买或者获取了一块可以继承的不动产,并通过一种篡位者的世袭权利,将王位传给或力图传给他们自己的子孙后代。

大约在公元 800 年,埃格伯特国王发现自己拥有了西撒克逊王国的王位②,自三百多年前,这一王位便一直无可争议地由其家族占据。他的祖先们是如何获得他们的王位的,是通过武力或欺诈手段获得的,还是靠签订契约或者通过选举获得的?这些对我们的研究而言已无关紧要。并且由于其年代非常久远,必然导致对这一问题进行的所有研究充其量只不过是一些看来似乎合理的推测而已。他对王位的继承权的有效性理应被认为是无可争议

---

① 埃格伯特(Egbert,?—839 年),西撒克逊王国国王,他在西撒克逊周围建立了十分强大的王国,使英格兰在 10 世纪中叶在政治上达到了统一。——译者
② 有关英格兰历任国王的王系及在位时间,请参阅本书"古代英国王系一览"。——译者

的，因为就我们所知再没比此更具有效性的了。他领导的七国联盟①中的其他国家，一些是通过谈判，但大多数为自愿归顺他的。国内的政治制度和国际法都有一条确立的原则：一个国家以这样一种方式与另一个国家统一的——即一国可以保持原有的政府和国名，而另一国家不再保留这些的，则后者完全为前者吸收或融合在前者之中，并且必须采用前者的法律和习惯②。为遵循这一原则，自七国联盟统一于埃格伯特国王领导之下之后，所有被统一的国家都普遍认可了由西撒克逊王国国王的世袭统治。

从埃格伯特到勇敢者埃德蒙③逝世的两百多年间，王位继承处于正常状态，其间有十五位王子继承王位，既没有发生非常情况，王位继承也没有中断过。仅有的一个例外是伊德雷德国王④，作为埃德威格⑤的叔父，他在侄子尚未成年时代其执政达九年之久，而这一时期是危险且麻烦不断的。但伊德雷德的意图是保存而非破坏王位继承制度，因此埃德威格继承了他的王位。

由于丹麦人的军事入侵，勇敢者埃德蒙被迫与丹麦国王卡纽特⑥分割他的王国，而在他死后卡纽特夺取了整个国家，埃德蒙的

---

① 七国联盟（heptarchy），从5世纪到9世纪由七个盎格鲁-撒克逊王国组成的非正式联盟。——译者
② 塞缪尔·普芬道夫，《自然法与万民法》，第八卷，第十二章，第六节（Puff. L. of N. and N. b. 8. c. 12. §. 6.）。
③ 勇敢者埃德蒙（Edmund Ironside，约993—1016年），即埃德蒙二世，英格兰国王，因坚决抵抗丹麦人的入侵而得此名称。——译者
④ 伊德雷德（Edred，？—955年），英格兰国王，他使诺森伯里亚永归英格兰统治。——译者
⑤ 埃德威格（Edwy，？—959年），英格兰国王，西撒克逊和肯特的统治者。——译者
⑥ 卡纽特（Canute，？—1035年），丹麦和英格兰国王。——译者

儿子们则被驱逐到了别的国家。由此王位继承因武力威胁而暂时中断,同时一个新家族被引上了王位,然而新获得王位的家族只继续世袭了三代,在哈迪卡纽特①死后忏悔者爱德华又恢复了古老的撒克逊家族的统治。

作为勇敢者埃德蒙的弟弟,忏悔者爱德华并不是正统的王位继承者,因为勇敢者埃德蒙还有一个儿子尚在人世。他也姓爱德华,被称为流亡者(outlaw)(因其被流放而得名)。但此人当时在匈牙利,而英国当时刚摆脱丹麦人的统治,需要有人立刻入主大统,而忏悔者爱德华是当时身在英国的第二王位继承人。在他尚未留下子女即辞世后,哈罗德二世篡夺了王位,但几乎在与此同时发生了诺曼入侵。实际上王位的继承权一直是应当属于埃德加的,他的名字叫亚瑟林(Atheling)(在撒克逊语中意为第一王室血统),他是流亡者爱德华的儿子,勇敢者埃德蒙之孙。或者如马修·帕里斯②准确地表达了我们古老宪法的含义的话来说:"但勇敢者埃德蒙,由于他是历代国王们的血统的后裔,所以天生就是国王;他是爱德华的父亲,爱德华是埃德加的父亲,所以英格兰国王的权利应当属于埃德加"(*Edmundus autem latusferreum, rex naturalis de stirpe regum, genuit Edwardum; et Edwardus genuit Edgarum, cui de jure debebatur regnum Anglorum*)。

---

① 哈迪卡纽特(Hardicanute,约 1019—1042 年),卡纽特之次子,丹麦和英格兰国王。——译者

② 《大编年史》,公元 1066 年[帕里斯(Paris,?—1259 年),英国本笃会修士,编年史学家,著有《大编年史》。——译者]。

威廉·诺曼主张王权是因为他声称得到了忏悔者爱德华国王的授权，这一授权即使真的存在，本身也是根本无效的，因为正如哈罗德在对威廉的王位要求的回复中一针见血指出的[①]："元老院和民众大会没有对此召开会议形成决议"(que generali senatus et populi conventu et edicto)。这个答复也明确无误地暗示着：当时的人们普遍认为，国王在得到议会的许可后可以支配王位并变更王位继承顺序。然而，哈罗德的继承资格其实也和威廉完全一模一样，他也仅仅是一个平民臣子，不具有任何王室血统。埃德加·亚瑟林毫无疑义的王位继承权被当时的武力所压倒，虽然在诺曼征服之后一直到他未留下子女即去世之前，英国贵族一直坚持认为他才是合法的王位继承人，但他们的努力最后都没有成功，反而使王权更稳固地留在新获得者的家族中。

这次由当时诺曼底的威廉进行的征服和以前的卡纽特入侵一样，将英国的王权强行转移给一个新的家族。不过，虽然王权是强行转移的，但王权的固有属性也都随其相应转移了。因为威廉在黑斯廷斯[②]取得的胜利[③]并非是对整个国家的胜利，而仅仅是对哈罗德个人的胜利，因此，征服者威廉可以宣布获得的唯一权力，就是占有英国王位的权力，而不是改变英国政权性质的权力。所以，由于英国的法律依然有效，征服者威廉必须使王权及其全部内在

---

① 马姆斯伯里的威廉，《英国历代国王编年史》，第3卷(William of Malmsb. l. 3.)。
② 黑斯廷斯战役，英格兰国王哈罗德二世与诺曼底公爵之间的战争，以哈罗德的失败而告终，它确立了诺曼人对英格兰的统治地位。——译者
③ 马修·黑尔，《英格兰普通法史》，第五章(Hale, Hist. C. L. c. 5.)；约翰·塞尔登在《什一税历史》第八章中的论述(Seld. review of tithes, c. 8.)。

属性都符合法律规定,其中首要的和基本的一点就是可继承性。此后我们不得不放弃我们的撒克逊国王们的王统(至少在一段时间内如此),而从征服者威廉的新的王室血统开始继续我们的王室血统继承。正是这位威廉通过战争(虽然如此,但这是国王们取得王位的终极手段)有力地、无可争议地获得了英国的世袭王位。

因此王位从威廉一世传给了他的两个儿子威廉二世和亨利一世。必须承认,王位本应属于罗贝尔①——威廉的长子,但他却由于兄弟间发生冲突、中了兄弟的计谋而被排除在王位占有者之外,罗贝尔的兄弟提出了当时非常普遍的有关继承的观念:当长子已经得到了其所需要的东西之后,(出于其父的意愿,罗贝尔已被册封为诺曼底公爵)此时次子便享有父母的其余遗产。但由于威廉二世死时没有子女,因此不管亨利最初应得到什么,他最终名正言顺地取得了成为国王的有效资格。

而亨利一世的继位者布鲁瓦的斯蒂芬②其实是征服者威廉的外孙,由威廉的女儿阿德莉西娅所生,所以斯蒂芬主张王位所依据的是一种很不充分的继承权,因为他并不是父系中的最优先者,而只是王室血统中最优先的男性而已。真正的继承权应属于马蒂尔达皇后③或者玛德,马蒂尔达皇后是亨利一世的女儿,(在女性继承权得到承认的地方)继承的规则应当是:被继承人儿子的女儿优

---

① 罗贝尔(Robert,1054—1134年),诺曼底公爵,征服者威廉长子,曾参加十字军东征。——译者
② 布鲁瓦的斯蒂芬(Stephen of Blois,约1097—1154年),英格兰国王。——译者
③ 马蒂尔达皇后(Matilda,1102—1167年),英王亨利一世的独生女,与神圣罗马帝国皇帝亨利五世结婚,亨利五世死后,又与金雀花王朝的始祖安茹的杰弗里结婚。——译者

先于女儿的儿子。因此,斯蒂芬与一个纯粹的篡位者相差无几。同时玛德王后通过武力主张权利的行为也并没有失败:虽然这场争执可能会导致各种不同的王位继承方法,但最终以达成妥协而告终,斯蒂芬仍然保持王位,但玛德之子亨利须作为他的继承人,之后斯蒂芬履行了承诺。

亨利,作为第二个以这个名字命名的国王,毫无疑问是征服者威廉的继承人,但他另有一层血缘关系,使他更受英国人的爱戴。他拥有最后一位撒克逊血统的国王勇敢者埃德蒙的嫡传血统。因为勇敢者埃德蒙的儿子流亡者爱德华除了一个未留下子女即去世的名叫埃德加·亚瑟林的儿子外,还有一个女儿叫玛格丽特,她嫁给了苏格兰的马尔科姆国王。玛格丽特拥有撒克逊王朝的王位继承权。她和马尔科姆有了几个子女,其中的马蒂尔达成为了亨利一世的妻子,她和亨利一世生下了玛德王后,而玛德王后正是亨利二世的母亲。因此虽然实际上撒克逊的王位继承权属于马尔科姆和玛格丽特的儿子们,亨利国王最恰当的称号还是应为征服者威廉的继承人,但我们的历史书还是常常声称撒克逊王族在亨利二世时已经复辟。

亨利二世之后,英国的王位传给了他的长子理查一世,由于理查没有子女,王位继承权就应属于他的侄子、他二弟杰弗里的儿子亚瑟。但亨利国王最小的儿子——约翰却趁机篡位,他声称他的贵族特许状显示他拥有世袭的王位继承权[1],应得到王位。也就

---

[1] 在英国的领土上,权力世袭而来(*Regni Angliae*; *quod nobis jure competit haereditario.* Spelm. *Hist.R.Foh.apud* Wilkins. 354.)。

是说,作为死去的国王理查一世的胞弟,他和死去的国王的关系最近。而亚瑟虽然在王位继承中的地位相当于他的父亲杰弗里,但作为他的兄弟的儿子,亚瑟和死去的国王的关系比起他来又远了一层。时至今日,在继承法已经被确定了好几个世纪之后,约翰、红脸威廉①和布鲁瓦的斯蒂芬的王位资格如今在我们看来是非常不可信的,但无论如何,这些问题当时确实已足以使我们虽然勇敢但却没有什么文化的祖先感到很难理解。尤其是对于约翰国王的拥趸的人数之多,我们根本无须感到惊讶,因为即使在其父亲亨利二世当政期间,这也是一个悬而未决的问题②,那就是,哪怕在一般继承中,父亲的遗产究竟是应当由大儿子的子女通过代位继承的方式继承,还是由在世的小儿子以最近的血缘关系所有者的身份继承。而且至今也没有规定当旁系继承人继承王国的领地时,是选择以血统为顺序还是选择以亲等为顺序③。不过,由于亚瑟和他的妹妹(或姐姐)埃莉诺死亡时都没有后裔,约翰的儿子亨利三世的王位资格显然就十分明确且毫无争议了。而且从亨利三世到理查二世连续六代君王,王位始终在真正的王位继承者中传承。在其中的一位国王统治时期④议会颁布过这样的法律:"英国的王位继承法现在过去都这样规定:英国国王的子女,无论是出生于英国或其他国家,在其长辈去世后都应负起继承王位的责任。此法律经我们的最高统治者国王陛下、大主教们、伯爵们、男爵

---

① 红脸威廉(William Rufus,1792—1849年),即威廉二世,英格兰国王。——译者
② 格兰维尔,《论英格兰王国的法律与习惯》,第七卷,第三章(Glanv. *l*. 7. *c*. 3.)。
③ 《现代通史》,第三十卷,第512页(Mod. Un. Hist. XXX. 512.)。
④ 《爱德华三世二十五年法律二》(Stat. 25 Edw. III. st. 2.)。

第三章 国王及其资格

们以及其他重要人物与议会下议院的所有议员们咸与确证,永嗣无误。"

理查二世逊位后[1],由于他没有子女,王位继承人应从其祖父爱德华三世的子女中产生。除了大儿子理查二世的父亲威尔士亲王黑太子爱德华之外,爱德华三世还有很多子女,为避免混淆,我只再提另外三个:二儿子威廉当时已死,且没有后裔;三儿子克拉伦斯公爵莱昂内尔;还有四儿子兰开斯特公爵冈特的约翰。根据王位继承规则,在理查国王退位后,本应将王位授予克拉伦斯公爵莱昂内尔,并且国王在很多年以前便诏告其为王位预定的继承人,此诏告亦得到了议会的批准[2]。但冈特的约翰之子兰开斯特公爵亨利当时手握重兵,他宣布将举兵登上王位,以恢复祖先的基业,平息臣民们的不满,当时如果其他任何人声称拥有王位继承权都将遭到杀身之祸,因此,他顺利登上王位,号亨利四世。但正如马修·黑尔爵士[3]所说,尽管民众们在其篡位的过程中错误地帮助了亨利四世,但他的王位随后并未得到人们的认可,直到他宣布他的王权并非是以王位征服者的名义取得的(其实他很想这样[4])而是以王位继承者的名义取得的。他的继承根据的是王室嫡系血统,与当时议会纪录卷中的记载一致。为此,他展示了继承的两种资格:一种是亨利声称他是在所有拥有王室血统的男性继承人中

---

[1] 理查二世于1399年被亨利·博林布鲁克即亨利四世通过议会罢免,囚禁于伦敦塔,次年被亨利下令处死。——译者
[2] 弗朗西斯·桑德弗德,《宗谱史》,第246页(Sandford's geneal. Hist. 246.)。
[3] 《英格兰普通法史》,第五章(Hist. C. L. c. 5.)。
[4] 塞尔登,《荣誉的头衔》(Seld. tit. hon. 1. 3.)。

的最优先者,因为克拉伦斯公爵仅留下一个女儿费拉帕(通过与马奇伯爵埃德蒙·莫蒂默的联姻,约克王朝的王统便源于这一女性继承人的继承权),另一种是通过重拾一种曾轰动一时的传闻,这种传闻最初是由冈特的约翰散播的:兰开斯特的埃德蒙伯爵(亨利的母亲是他的女继承人)实际上是爱德华一世的大哥,因为他是残疾人,所以父母强行剥夺了他的王位继承权,给了他的弟弟。所以,亨利被授予国王之位,或者是以父系继承人在王位继承上应优先于母系继承人为依据而作为理查二世的继承人,同时如果王室允许在父系继承人都活着时由母系继承人继承的话,他也比那位不幸的王子有更优先的继承权。

然而,我们发现正如前文所述,在爱德华三世时代,议会证明和确认国王的正统性,在亨利三世统治时期,议会实际上是在行使权利确定新的王位继承顺序。通过《亨利四世七年法》第二章上述目的得以实现,该法规定:"英国、法国以及其他领土的王位世袭权力,应当属于我们的最高统治者国王陛下本人①,并传于他嫡亲子女的继承人。"并且宣布亨利国王是不容置疑的王位继承人,国王应由他及他的嫡亲子女继承人担任,其余继承人是国王的儿子们:托马斯爵士、约翰爵士、翰弗瑞爵士,以及他们各自的嫡传继承人。实际上在亨利四世已然是合法的国王的情况下,这部法律所做的仅是为之提供依据,只不过是以前类似法律的翻版而已。然而这部法律却表明,当时人们已普遍认识到:国王和议会有权为王权继承制定新的规则和形式。并且我们可以看出当时的议会是何等小

---

① 让我安静下来(*foit mys et demoerge*)。

心翼翼地回避表明对于亨利原始王位资格的态度。不过爱德华·柯克爵士不止一次地明确指出①，在议会通过这部法律时，其所承认的王位的合法性应当是属于克拉伦斯公爵莱昂内尔的女儿和继承人的费拉帕的继承人的。

尽管如此，英国的王位还是按部就班地由亨利四世传给了他的儿子亨利五世、孙子亨利六世，在亨利六世统治的后期约克家族终于提出了他们按捺已久的王位主张。并且，在王国经历了被血腥玷污的七年动乱之后，最终约克家族的爱德华四世确立了王权。在爱德华四世登基打破了三代统治者历经六十多年的统治后，实际的国王与合法的国王之间的差别第一次开始得到区分，以补偿那些对前朝政权效忠者们的损失，同时通过确认所有由现在所谓的篡权者当权时授予的所有恩赐之权位以及通过的所有法律，对他们的合法继承权不予剥夺来保证王国的和平。在《爱德华四世一年法》第一章，三位亨利被称为"事实上的前任英国国王，但并不合法"。并且，在我所看到的爱德华国王的法律的所有章节里，不论在什么场合只要提到兰开斯特家族的任何国王，他都把他们称为"事实上的前任英国国王，但并不合法"（nuper de facto, et non de jure, reges Angliae）。

爱德华四世留下了二子一女，但长子爱德华五世只在王位上逗留了片刻，便被他阴毒的叔父理查赶下王位。在篡位之前，理查曾向民众们旁敲侧击地提出，爱德华四世的孩子们都是私生子，以便为他的王位继承资格提供证明。一般认为，此后理查杀害了他

---

① 《英国法学阶梯》，第四卷，第37、205页（4 Inst. 37,205）。

的两个侄子,在这两人死后,王位继承权就落到了他们的姐姐伊丽莎白身上。

理查三世的残暴统治给了里士满伯爵亨利主张王位的机会。自王位设立以来,还没有过亲戚关系这样远、这样难以解释的王位主张,除了人们对于当时的篡位者理查的普遍憎恨之外,恐怕再没什么可以帮助亨利成功了。这是因为,即使亨利主张他具有冈特的约翰的血统,但约翰的王位继承资格现在已被推翻。不仅如此,亨利的王位主张其实是通过萨默塞特伯爵约翰,即冈特的约翰和凯瑟琳·斯温福德的私生子的血缘关系。诚然,《理查二世二十年法》确实规定过:这个儿子和其他婚生子女一样,是合法的,并且可以继承所有的土地、公职和爵位,但仍然明确对王位继承进行了保留:"国王的尊位除外"(*excepta dignitate regali*)①。

纵然如此,亨利还是在博思沃思战役②一结束,便登上了国王的宝座。正如爱德华·柯克明确指出的③:合法的登基者应当是爱德华四世的长女伊丽莎白。而亨利对王位的占有,则是由其继位初年召开的议会确认的。在通过基于上述目的法律时,议会似乎学会了他们的前任者们在亨利四世统治时的谨慎。因此,正如当代的历史学家培根爵士所评论的,议会小心地避免承认亨利七世统治的合法性(其实其根本不具有任何合法性)。而且国王将不会通过颁布新的法律或法令的途径拥有合法性,虽然这些法律法

---

① 《英国法学阶梯》,第四卷,第 36 页(4 Inst. 36.)。
② 博思沃思战役,英国玫瑰战争中理查三世与亨利·都铎的一次交战,亨利获胜,理查坠马而死,此次战役奠定了都铎王朝的基础。——译者
③ 《英国法学阶梯》,第四卷,第 37 页(4 Inst. 37.)。

令可能为他确立并且授予他拥有王位的权利。因此议会宁可选择一个折衷的办法,即通过使用隐晦、模棱两可的词句确认既存现实的办法(如那位卓越历史学家所表述的):"王位的权利应当保留、维持、延续于亨利七世国王及其亲生的继承人。"借此既为将来留有余地,同时又承认了其现在对王位的占有,并且没有以任何方式断言这种占有是合法的还是仅仅是事实上的。不过亨利此后迅速迎娶了约克的伊丽莎白——这个无可置疑的征服者威廉的继承人,因此(如爱德华·柯克爵士所宣告的[①])他获得了拥有王位的最佳资格。此后,上述曾令他十分满意的法律便遭到了冷落,以至于该法从未在成文法汇编中被付印。

亨利八世是此桩婚事留下的子女,他以明确无争议的继承权继承了王位,并将王位依次传于他的三个孩子。但在他的统治时期,我们多次发现议会不停地立法节制英国王位的继承。首先就是《亨利八世二十五年法》第十二章,该规定列举了由于对继承资格的争议已经产生或将来可能产生的事端,因为到那时为止法律在涉及继承的问题上尚未制定实质性的完善规定;该法律还规定:王位应当由男性,即国王陛下的儿子们或者说他亲生的男性继承人继承;在这些儿子不在世时,由伊丽莎白女士和她的亲生继承人继承(伊丽莎白被宣告为国王的长女,排除了玛丽女士,因为玛丽的母亲凯瑟琳王后与国王离婚,所以她被推定为私生子[②]);此后

---

① 《英国法学阶梯》,第四卷,第 37 页(4 Inst. 37.)。
② 英国法律规定,凡由教会法院作出的完全解除婚姻关系的离婚判决,所有在该婚姻关系存续期间所生育的子女都会被认定为私生子,而私生子不能成为任何人的继承人。——译者

王位应由女性继承人传于女性继承人以及她们的亲生继承人。若出现若干位王位继承人为同一人所生的情况,则"按照英国王室通常且应当采用的方法"——根据年龄决定继承的顺序。当女性继承人也不在世时,便由国王的其他合法继承人永久继承王位。仅此一条法律即已足以作为本章之初提出的王位继承的全部的四条原则的充分证明。

但是,由于国王与安妮·博琳离婚,《亨利八世二十五年法》中关于王位继承的规定又被《亨利八世二十八年法》第七章所撤销。新法律将伊丽莎白女士判定为和玛丽女士一样的私生子,因此,王位由国王和简·西摩王后生育的子女或将来可能的其他妻子的子女继承。并且,如国王后来的婚姻没有子女,那么应当指定国王无论是通过书面的开封特许状①还是遗嘱限定都会提及及限制的同一个人来获得王位继承权。尽管这是一项极大的权力,但因为该权力是由最高立法机关依法授予国王的,因此,其其具有无可争议的合法性。但这一权力却从未被国王行使,因为根据《亨利八世三十五年法》第一章,国王两个女儿再次成为婚生子女。该法指明爱德华王子为第一王位继承人,然后是玛丽女士,接着是伊丽莎白女士以及他们各自嫡出的继承人。对于王位继承而言,这一后来实际生效的继承顺序,实际上和通常法律规定的继承顺序没什么区别。

由于上述几部限制王位继承权的法律杂乱无章,为避免民众心中对此存在任何疑虑,《玛丽一年法律二》第二章以这样的语句

---

① 开封特许状(letters patent),公开颁发的,包含国王所作的公示命令并加盖国玺的文书。——译者

确认了玛丽女王的王位继承权:"玛丽女王是名副其实、不容置疑的王位继承人,这个王国的王位现在传给玛丽女王陛下继承是公正、合理且合法的。"在玛丽女王与西班牙的菲利普①联姻时②,在作为这桩婚事的前期准备而颁布的法律条文中,王位继承权如此被确定并宣布:"根据已知的普通法、制定法及具有同等效力的习惯法,作为女王对于这个王国及英国所有领土的王权的正统继承者,女王的孩子们,不管是男是女,均将继承上述王权。"而在议会的决议中"王位继承将继续通过惯常的办法进行",却暗含了在议会认为有必要时,可以新设王位继承人并改变王位继承的意思。

对于伊丽莎白女王的即位,人们公认她的王位继承权比她的姐姐更为正统,议会确认③:"根据神法和这个王国的普通法和成文法,女王陛下具有确定无疑的最纯粹的权利成为我们最正当、最合法的最高统治君主和女王;女王陛下具有英国王室血统,并且以正当的身份、嫡出的血统合法地继承王位。王国的王权与王位应当属于她及她亲生的婚生继承人。"同样在伊丽莎白统治时期,我们发现在《伊丽莎白十三年法》第一章中有关于议会对王位继承的指导权以最明确的语言表达出来:"若有任何断言或坚称下列言论属实者,在女王的有生之年应被判为重叛国罪,在女王去世后应被判为轻罪,并处没收其全部动产财产,这些言论为:议会无权修改

---

① 此处指西班牙国王菲利普二世,玛丽女王年轻时曾与其父神圣罗马帝国国王查理五世订婚,后查理悔婚,为了使英格兰人民信奉天主教,玛丽在37岁时又与查理五世之子,当时年仅11岁的菲利普二世结婚。——译者
② 《马其王座法院判例汇编》,第一卷,第二编,第二章(1 Mar. p. 2. c. 2.)。
③ 《伊丽莎白一年法》,第三章(Stat. I Eliz. c. 3.)。

普通法,议会不应监督英国国王的权力或者女王陛下即使得到议会同意也不能制定有效的、具有充分约束力的法律和法规,用以限制和约束此王国的限定王位继承者的血统、限定王位继承者的资格、规定王位的继承权、管理王国的政府。"

　　由于伊丽莎白女王死后没有留下后裔,亨利八世的王系就此灭绝。所以王位继承权又回到了亨利七世和她的王后约克家族的伊丽莎白所生育的其他子女的世系中。他们的长女玛格丽特嫁给了当时的苏格兰国王詹姆斯四世,而苏格兰的詹姆斯六世国王,即英国的詹姆斯一世,即那桩联姻而产生的嫡传王位继承人。詹姆斯一世身上有着和亨利八世一样纯正的王室血统,集中了自征服者威廉以来所有不同王位竞逐者的血统,因此他是征服者威廉无可争议的嫡系继承人。更重要的是,在他身上还汇集了撒克逊君主的血统,这一王室血统自诺曼征服以来便中断了继承王位,直到詹姆斯即位方才恢复。因为如前文所述,玛丽是埃德加·亚瑟林的妹妹(或姐姐),流亡者爱德华的女儿,勇敢者埃德蒙国王的孙女,如果不是诺曼征服废除了撒克逊君主的统治的话,撒克逊国王的王位继承权就属于玛丽。玛丽嫁给了苏格兰国王马尔科姆,而亨利二世是他们的女儿马蒂尔达的继承人,所以一般把亨利二世称为撒克逊王统的恢复者。但必须记住,马尔科姆和她的撒克逊王后不但有女儿,更有儿子,而且从那时起苏格兰王室便是由马尔科姆和玛丽的后代组成的了。由于在苏格兰王室家族中,詹姆斯一世国王是直接的继承人,在他身上不但具有苏格兰的王权,还统一了所有可能存在的英国王位继承权血统,所以詹姆斯成为了埃格伯特和征服者威廉的共同继承者。

第三章 国王及其资格

对一个学问比智慧要出众、能够从八百多年前的历史中推导出自己的王位继承资格的国王而言,也难怪他轻易就听信了那些阿谀奉承者们的话去相信:在他的王位资格中含有某种神意成分,神意之指明显对他爱护有加。但是,尽管对国王的王位授予是一项明智之举,但这一授权明显是依人意而为,王位继承者的继承权并非自然权利,而是一项实定的权力。这一点无需其他提示,只要看一下英国议会的《詹姆斯一世一年法》第一章就可以知道:"……承认并认可,一俟英国前任女王伊丽莎白逝世,其王位便根据与生俱来的继承权,通过合法且无可置疑的继承嫡传于最卓越的陛下,因为他是王室血统中嫡传的、正统的、合法的第一,也是唯一的继承人。"这其中没有一个词语含有任何权利由神赋予的意思。而且,即使这种神赋权利确实存在,也得从这个岛屿的土著居民布立吞人中去找。在布立吞人的国王中,倒确实有几位曾为自己寻找这种神赋的权力[①]。

然而,尽管这种天赋权力的学说毫无疑问是荒谬且不合理的,但还有更令人震惊的:在如此众多的人的王位继承权汇集在詹姆斯一世国王之后,他的儿子,也是他的继承人的查理一世国王却被那些臭名昭著的法官们告知(那些法官后来对他进行了空前绝后的审判):他是一位选任的国王,由民众们选举产生,因此,他必须以他自己正当的身份,就他自己的行为对民众们负责。由这位虔诚而不幸的国王遭受的突如其来的灭顶之灾而引发的骚乱、动荡

[①] 约克的伊丽莎白、苏格兰的玛格丽特王后的母亲,是莫蒂默家族的女继承人。卡特先生曾评论说:莫蒂默家族的血统从格雷迪唯一的姐妹起世袭至莱维林·乔威斯大王,因此该家族拥有威尔士亲王的世袭继承权(iii.705.)。

203 及国民的疯狂之举将永远成为支持在将来任何时代实施世袭君主制的有力论据，因为这些论据最终都向当时受骗的人们证明了：为恢复人们已经失去整整二十年的和平与幸福的生活，他们应当在英国议会的会议上恢复王位继承者的权利。而在基于上述目的经由议会两院制定并审议的公告中①，议会宣布："……根据他们的忠诚与责任，他们衷心地、愉悦地一致同意并宣布：一俟我们的前任最高统治者查理国王逝世，此王国的国王之位根据与生俱来的继承权，通过合法的、无可置疑的继承传于最卓越的查理二世陛下，他是这个王国的王室血统中嫡传的、正当并且合法的第一继承人。他们以最恭顺、最忠诚的态度使他们自己、他们的子孙及后代永远归顺于他、为他效劳。"

因此我认为，议会的这一公告清楚地表明了，从最高当局开始，这个国家已经熟知这一事实：尽管受到议会限制性规定的约束，但是英国的王位一直以来就是一个世袭的王位。本章的其余部分主要是一些议会确认或运用变更、限制王位继承权的实例。如我们所见，这种权力也就是以前议会曾在亨利四世、亨利七世、玛丽女王、伊丽莎白女王统治时期确认或运用过的权力。

按时间顺序排列，第一个例子就是著名的《排除法案》(bill of exclusion)，该法案在当时，也就是查理二世统治的末期引发了轩然大波。众所周知，该法案的意图便是将国王的弟弟即被假定为王位继承人的约克公爵排除在王位继承之外，因为他是天主教徒。该法案被议会下院通过，但在上院遭到否决。国王事先也已宣布，

---

① 《英国下议院日志》(Com. Journ.)，1660年5月8日。

他永远不会被说服同意这项法案。从国王的这一处理中我们可以归纳出两点：Ⅰ.王权被公认为世袭的，除非议会干涉，否则王位继承是不可撤销的。否则的话也就没有必要提出上述法案了。Ⅱ.议会有权使王位继承归于无效。否则的话上述法案在提出时便是无效的了。下议院承认了当时的王位继承权，上议院对此也未持异议，其所质疑的只不过是排除某人的继承权的适当性。不过，由于该法案未能生效，詹姆斯二世国王继承了其先人的王位。他本可以在其有生之年安享王位，但由于其本人的不智之举（再加上同时发生的几件事）导致了1688年的革命①。

这一值得纪念的事件，其发生的基础与原则在我们政治活动中是一种全新的情况，执政君王退位并由此引发王位空缺都是我国历史上从未发生过的事情。这并非对王位继承制的废除，或是国王和议会两院对王权作出的新的限制，而是国家在意识到一国无君的情况下单独作出的行为。在因意识到王位出现空缺而召开的议会两院全体大会上，两院均作出了决议②："詹姆斯二世国王破坏国王与国民所缔结的原始契约、采纳天主教徒及其他阴险狡诈之徒的建议违背国家的根本法律，试图颠覆国家的宪法；其本人现已离开王国国境，放弃对政府的统治权力，所以王位处于空缺状态。③"这样，由于这一突如其来的王位空缺的意外事件，旧的王位继承血统同时宣告终结，该血统自诺曼征服算起已持续了六百多年，自埃格伯特国王时代的七国同盟起算已将近九百年。议会指

---

① 即光荣革命，下同。——译者
② 《英国下议院日志》(Com. Journ.)，1688年2月7日。
③ 实际上国王是被迫出走的。——译者

出的事实：国王试图以破坏原始契约的方式颠覆宪政，国王违反国家根本法律然后其本人又离开王国国境，本身都是显而易见、人所共知的，而从这些事实所推导出的结论——它们导致了对政府统治权力的放弃，这种放弃不仅涉及国王本人，其效力还及于其继承人，并且造成了王位处于完全的空缺状态——则只有我们的先人们才有权判定。因为，不论在什么时候，在整个社会与任何由该社会授予权力的行政首脑之间产生的问题，都只有该社会自身的意见才能加以解决——世界上不存在其他任何机构有权处理这些问题。而上述结论是通过从前述事实中正当推导而得出的，是由我们的先人在一次代表全社会的议会全体会议上作出的郑重决定。他们得出结论的全部依据都可以在当时的议会记录中找到，而对我们而言，这是一个有教育意义的消遣活动，我们可以将其作为一个历史上的纯理论问题加以细细探究。不过，一定要注意的是，我们还是将这种探究仅限于教育和消遣活动为妙。这样一种观点——先人们所作出的决定的公正性与子孙后代的良知息息相关——其所产生的种种政治上的异端邪说一度困扰了这个国家很长时间，幸而最终它们都烟消云散了。所以我宁愿对这个伟大的政治举措的坚实依据进行探讨，而非从其公正性、适当性及必要性来对其进行讨论，因为如果我们可以认为它是非正义的、苛刻的或不必要的，那将意味着我们拥有对其持有异议或推翻其的权力。而恰恰相反，我们的先人们拥有无可辩驳的充分的权力决定这一至关重要的问题，而且事实上他们已经对此作出了决定。时至今日，对于出生在一个以该决议为基础建立的体制之下，从宗教及世俗角度来说都有责任维持这一决议的我们而言，默认他们的决定是我们的义务。

但是,谈到该决议的权威性方面,要使其立论的基础无可指摘,公正及我们对先人的感激之情都使我们有义务补充说明:当时的行动是以一种该行为本身的正义性所保证的适度的、节制的方式进行的,虽然其可能在某些方面超越了我们古代法律的书面内容的范围(其中的原因我将在此后详细说明①),但其还是符合我们的宪法精神及人类的自然权利的。尽管在许多方面(由于特定的人和事所处的环境)其并非完全如人们所希望的那样完美无缺,但正是从那时起一个崭新的时代开始了:由此,特权与自由的界限得到更好的划分;政府的行为准则受到更彻底的检验并被更充分地理解;臣民们的权利也比英国历史上其他任何时期都要更加明确地得到法律条文的保护。特别值得一提的是,议会用他们的判断力及高超的智慧避免了出现不合理的极端看法,一些狂热的共和主义者的理想主义理论本来很可能会导致议会产生这种极端的看法。这些人不仅仅把詹姆斯国王的行为不端视为事实上的破坏和颠覆政府的行为,而且是视为一种试图颠覆宪政的行为。根据洛克先生的理论②:这种极端的看法将导致社会重返自然状态,消除一切由荣誉、地位、官职、财产所造成的差别,摧毁最高统治权,相应地废除一切实在法,并授权人民以新的政体为基础自由地建立一个新的政府组织。因此,议会很谨慎地投票表决,认定詹姆斯国王的行为只不过是放弃现有的政府并造成王位的空缺。这样的

---

① 见原书第七章。
② 《政府论》,下篇,第十九章(on Gov. p. 2. c. 19.)。

表决使政府在行政首脑已离职的情况下仍被允许继续存在,虽然詹姆斯已经不再是国王,但国王这一职位得以保留,宪法体制由此得以完整保留。如果作为宪法体制主要组成部分的国王权力被废除或哪怕仅仅是被中止,政府的一切合理的基本原则都必将土崩瓦解。

仅仅这一假定——王位的空缺,一旦被认定的话,那么当时随即采取的措施便几乎是顺理成章的。因为,无论何时如果王位出现空缺的话(这种空缺除国王退位外也可能由其他原因造成。如全部王室成员都已去世,议会又没有指定继位者),而且我认为,无论是何种原因造成的王位空缺,只要一旦发生,那么对王位空缺的处置权看来都会顺理成章地归于议会两院的议员们,因为他们是国民的代表和国家的托管者。这是因为没有比他们更为合适的权力机关可以授权,同时这种权力又确实需要被授予某个机构,否则的话,政府的架构肯定会解体并崩塌。因此,议会两院才会颁布这一基础性法律条款:由于王位空缺,他们开始着手以他们认为的最合理的方式填补这一空缺。填补这一空缺的工作以下面的方式以议会于1688年2月12日的公告宣告完成[①]:"奥伦治亲王和亲王夫人威廉和玛丽,被宣告,并成为国王和女王,在他们两人共同的有生之年及他们两人中健在那一位的有生之年,拥有王权及王位;在他们两人共存人世期间,全部权力的执行权单独归于上文提到的奥伦治亲王,并由奥伦治亲王以上文提到的"国王和女王"的名义执行。在他们逝世后,王权和王位归属于上文提到的"亲王夫

[①] 《英国下议院日志》(Com. Journ.),1688年2月12日。

人"的亲生继承人；如果玛丽女王没有子女，则归属于丹麦的安妮女王及她的亲生继承人；如果安妮已过世且没有子女，则归属于前文提到的奥伦治亲王的亲生继承人。"

或许，根据前文中提到的确立原则，议会也可以（只要他们乐于这么做）将王位授予一个全新的与王室血统毫无关系的家族。但议员们太了解王室世袭继承制的利害关系了，也太了解王室世袭制作为一种在人们头脑中根深蒂固的习俗的影响力了，所以他们最多根据现实的需求和他们自我保护的需要对古代流传下来的王室世系稍作修正，而不敢太为离谱。因此，他们将王位依次授予：首先是威廉国王和玛丽女王——詹姆斯国王的长女，在他们夫妇共同的有生之年，再是他们中健在者的有生之年；然后是玛丽女王的子女，如果她没有子女，王位便限于由安妮女王——詹姆斯国王的次女，和她的子女；最后，上面的条件也不成立，才是威廉国王的儿子，即查理一世的孙子，詹姆斯二世国王的侄子和女婿，也就是詹姆斯二世唯一的妹妹玛丽的儿子。这一王位授予方案包括了查理一世国王所有信奉新教的后裔，由于生怕一个天主教徒继承王位，查理一世的其他后裔，比如詹姆斯二世国王的其他子女（无论他们何时出生），都将被完全排除在王位继承者之外。因此，这一继承顺序便据此生效了。

因此，三位国王——威廉国王、玛丽女王、安妮女王，并非通过继承权取得王位，而是通过捐赠的途径，或者，根据法学家的用语：置得（purchase）。置得也就是法学家们认为除了继承之外，以其他途径获得一块土地的方式。新的王位继承办法并不仅仅包括将詹姆斯国王,以及号称威尔士亲王的人①排除出王位之外,还包括使王位以旧的世袭办法继承。因为事实上原有的继承程序在某些情况下已经被破除,当然议会仍对此加以关注,并且对此加以相当程度(虽然谈不上最高程度)的重视。我们来看一下,假如没有退位事件的发生,而且詹姆斯国王除了他的两个女儿玛丽女王和安妮女王外没有子女,王位的继承顺序将会如何。如此,继承顺序应为:玛丽女王和她的子女;安妮女王和她的子女;威廉国王和他的子女。不过我们应该还记得,玛丽女王仅仅是和她丈夫威廉国王在一起的名义上的女王,威廉单独拥有国王的权力;而且虽然威廉国王子女的王位继承权晚于安妮女王子女的王位继承权,但是威廉国王本人的继承权完全优先于安妮女王。因此显而易见,这些国王、女王的占有王位的顺序依据的是一种与通常继承办法不同的资格。

直到威廉国王统治的末期,随着格罗彻斯特公爵之死,所有上述国王、女王们会留下尚在世的子女的希望都已破灭,此时国王和议会觉得有必要再次运用他们的权利任命一名王位继承人,以防再次出现王位空缺的情况。由于除了指定威廉国王、玛丽女王和安妮女王的子女为王位继承人的法律外,在革命后没有制定其他王位继承的法律,如果这种情况继续的话,在他们死后,必然会出现王位的空缺。此前,议会已经通过《威廉和玛丽一年法律二》第二章规定:凡有与罗马教廷复交,或接受罗马教廷的教义、信奉天

---

① 英国法定王位继承人均被封为威尔士亲王。当时詹姆斯一世逃离英国之前生有一子,按理应为王位继承人。——译者

主教或与天主教徒成婚者,不论何人,皆被永远排除在王位继承者之外,不得继承、占有王位或行使王权。万一出现这种情况,人民可被免除对他的忠诚义务。此时王位应当由这样的人来继承:本身是新教徒,而且是从新教徒处继承的王位,因为与罗马教廷复交、接受其教义、信奉天主教或与天主教徒成婚的国王皆被视为自然死亡。因此,不仅为了与他们自己先前的法律保持一致,同时又尽量尊重他们在之前的决议中承认的原有的世袭王族血统,国王和议会转而将目光投向了索菲娅公主,汉诺威公爵的遗孀,女选帝侯,是她那个时代最多才多艺的公主[①]。因为,由于查理一世的新教徒子孙即将绝后,旧的王位继承法律指引他们重新追溯到詹姆斯一世的后裔。索菲娅公主是波希米亚王后伊丽莎白的女儿,而伊丽莎白是詹姆斯一世的小女儿,这也是除因信仰天主教而被剥夺继承资格者以外最有资格的古代王室血统。《威廉三世十二、十三年法》第二章作了如下安排:预期威廉国王和安妮女王死时将没有子女,因此索菲娅或她亲生的新教徒继承人将成为王位继任者。同时该法还规定:无论何人此后成为国王,都应依照现有的法律规定加入英国国教教会。

这是迄今为止议会制定的最后一部限制王位继承的法律,而从亨利四世起到现在的这些确实存在的限制性法律明白无误地证明了国王和议会拥有变更或重新设定王位顺序的权力。实际上现

[①] 桑德弗德(Sandford)在他于1677年出版的《宗谱史》(genealogical history)第535页中写道:"伊丽莎白公主、路易莎公主和索菲娅公主是波希米亚王后的三个女儿。在欧洲,大女儿以最博学的人而闻名,二女儿以最伟大的艺术家而著称,三女儿则被认为是欧洲最多才多艺的女性。"

在再次对质疑上述权力者课以重刑,《安妮六年法》第七章规定:凡有以手写或印刷方式故意、含有敌意且直接地宣扬此王国的国王与议会无权立法约束王权及王位继承者,不论何人,皆以重叛国罪论处;若其以传授、教唆或公开演讲方式为上述行为的,以王权侵害罪论处。

由于索菲娅公主早于安妮女王去世,因此王位继承人被限定为索菲娅公主的儿子兼继承人乔治一世国王。安妮女王死后,他成为了国王。乔治一世把王位传给了现任国王的前任——乔治二世国王陛下,乔治二世之后便是乔治一世的孙子兼继承人,我们现在的最高统治者陛下——乔治三世国王。

从以上论述不难得出结论:尽管不像以前那样实行无条件的世袭君主制,但现在的王位资格依然是世袭的;当然,过去和现在继承所根据的共同血统或祖先还是有所不同的。早期的王位共同血统是埃格伯特国王的,然后是征服者威廉的,之后在詹姆斯一世时期两大血统汇成一体,这种情况一直延续到了1688年王位空缺时。现在的王位血统是索菲亚公主的,她的继承权是由新的国王和议会共同授权的。早期的王位继承是无条件的,王位传于下一代继承人没有任何限制。但现在,根据新的王位继承方法,继承是有条件的,只限定于以下人士继承:此人应当是索菲亚公主亲生的继承人,同时还要是英国国教的新教徒,并且其配偶必须是新教徒。

根据我的理解,这一有条件世袭制的适当的折中办法包含了这个王国王位继承权的正确的宪法理念。这种折中介于两种极端状态之间,无论两者中的哪一种都同样会对我们社会赖以立足的基础和社会结构造成毁灭性的打击。如果每一届行政长官都由民众选举产生，并且可以被他的国民根据法律条文的明文规定加以罢免（如果不是受到处罚的话）。这种制度听起来像是最完美的自由，撰写成成文的规定看上去也一定非常完美。但在实践中，其往往会造成动荡、争斗和无政府状态。而另一方面，如果神授的不可取消的王位世袭权力一旦与无限制的被动服从原则相结合，那么毫无疑问将是所有的宪政体制中最专制、最可怕的。但当我们的法律所设定并授权于王室血统的这种王位世袭权力与我们前一章所讨论的自由权完全结合起来时，其就和一般的国民的继承权相同。两者的联合就构成了一种理论上最为完美，实践中最能经受考验，而且我相信时间上也是最为长久的宪政体制。我们的法律解释者有责任在教授学生这一宪法体制时还其本来面目，每一个优秀的英国国民都有义务尊重宪法、掌握宪法知识、保卫宪法体制。

第四章　国王的王室

根据英国的法律,王后(女王)是国王的王室中的首要成员。

英国的王后(女王)包括摄政女王、王后和国王的遗孀三种。摄政女王,亦称女君主、女君王,是以其本身具有的合法资格执掌王权的女子,如第一位英国女王——玛丽女王(也有可能她只能算是第二个[①])、伊丽莎白女王、安妮女王。执政女王视同于国王,具有与男国王一样的权力、特权、合法性、尊号以及职责。这一原则由《玛丽一世一年法律三》第一章所确定,并且本文前一章的开头部分对此已作了介绍。而王后则是现任统治君王的妻子,其凭借婚姻享有了多种王室特权,从而使她凌驾于其他妇女之上[②]。

首先,王后是民众中的一员,与国王并非一体。她不像其他已婚女子,在婚姻存续期间与丈夫紧密结合,从而丧失了法律上的,或者说独立存在的地位。表现为王后可以购买、转让、出租土地,颁发不动产权证明,以及为其他土地所有者可以为的行为而无须经过她的国王丈夫的同意,王后的这一特权与撒克逊人[③]来到

---

① 此处作者应当指的是亨利七世之妻、爱德华四世的长女伊丽莎白,才是英国的第一位女王(有关内容详见原书上一章)。——译者

② 亨利·芬奇,《论法律》,第 86 页(Finch. L. 86.)。

③ 塞尔登,《背后的脸》(Seld. *Jan. Angl.* I.42.)。

这片土地的时间一样久远,是其他已婚妇女无法企及的①。王后还能从国王处取得拨款,而其他妻子则不能从丈夫处取得拨款。这一特殊规定与罗马法中的"最虔诚的王后许配最神圣的国王"(augusta ,or piissima regina conjux divi imperatoris)的规定相类似。根据查士丁尼的法律②,王后既可以拨款给国王,也可接受国王的拨款。英国的王后拥有独立于国王的法院、司法官员,这些法院和司法官员的设立不仅仅是出于礼仪上的考虑,他们也执行法律。王后的首席、次席检察官还有权和国王的检察官③一起出席国王法院的法庭审判。王后可以在无须其丈夫的介入的情况下单独控告他人或接受他人的控告。她可以拥有独立的动产和不动产,而且有权通过立遗嘱的方式对这些财产进行处置。总之,在所有法律诉讼中,王后均被视为一个未婚女子,而非一个有夫之妇;一个单身女子,而非已婚妇女④。对此问题,爱德华·柯克爵士的解释就是:因为普通法的智慧就在于,国王[应始终关心、思考公共利益和王国的国家大事(circa ardua regni)]不应因为他妻子的家务事而忧虑、烦恼,因此法律视王后为一个未婚女子,授权其可以在没有国王的干涉的情况下自行处理她的个人事务。

王后也有很多豁免权和不大的特权。例如,王后无须支付通行税⑤以及任何法院的罚款⑥。但就总体而言,除法律明确规定王

---

① 《判例汇编》,第四卷,第 23 页(4 Rep. 23.)。
② 《查士丁尼法典》(Cod. 5. 16. 26.)。
③ 塞尔登,《荣誉的头衔》,第一卷,第六编,第七章(Selden tit. hon. 1. 6. 7.)。
④ 亨利·芬奇,《论法律》,第 86 页(Finch. L. 86.);爱德华·柯克,《英国法学阶梯》,第一卷,第 133 页(Co. Litt. 133.)。
⑤ 爱德华·柯克,《英国法学阶梯》,第一卷,第 133 页(Co. Litt. 133)。
⑥ 亨利·芬奇,《论法律》,第 185 页(Finch. L. 185.)。

后有豁免权的领域之外,王后的地位与其他国民平等;她的地位并非与国王平起平坐,实际上只是国王的臣民。罗马法中有类似的规定①:"王后无法律豁免权"(augusta legibus soluta non est)。

王后还有一些财政上的特权,这些特权为她提供了一份独立的收入。比如,首先,她有权享受一种被称为"aurum reginae",即王后年金的古老特权。王后年金是王室收入的一种,所有王后在与国王的婚姻存续期间都拥有该收入,该年金从所有向国王交纳10马克以上自愿性贡金或罚款者支付的款项中扣除,这些人由于受到国王的恩惠——国王对其授予过特权、赐予过财物、颁发过特许状、进行过赦免或受到过其他王室的恩宠而要进行回报,年金的金额为不少于全部向国王交纳的贡金或罚款额的 1/10。如果该罚款仅仅是一笔记录在案的罚款,那就将成为对王后的一项欠款记录②。比如,如果国王收到 100 银马克的款项以换取永久经营权或开办集市、博览会、狩猎场、饲养猎物、小猎物的围场的特权时,王后就有权得到其中的 10 个银马克,或者(通过当时的货币的折算)一个金马克,以与"aurum reginae"③,即王后年金的名称相符合。但由议会或教会所拨付给国王的捐税或津贴税款项不得抽取王后年金,法院违背犯人意愿征收的罚款及国王未向臣民支付对价的臣民自愿向国王捐献的贡金亦不在此列;任何买卖或以契约形式达成的交易,如果虽然取得了收入,但国王的现有收入因此而

---

① 《罗马查士丁尼法律摘要》,第一卷,第三编,第三十一章(Ff. 1. 3. 31.)。
② 普林,《王后年金》,第 2 页(Pryn. Aur. Reg. 2.)。
③ 《判例汇编》,第十二卷,第 21 页(12 Rep. 21.);《英国法学阶梯》,第四卷,第 358 页(4 Inst. 358.)。

第四章 国王的王室

减少,或国王的属地因此而缩小的,王后亦不能从中取得收入①。

无论在诺曼征服之前还是征服以后不久,我们古代王后们的收入似乎都是来自于国王领地以外的特定的保留地,这些保留地直接拨付于王后殿下,与国王的领地是分开的。在《末日审判书》②中就经常出现在确定一块土地向国王交纳的地租金额后,再增加一笔为王后所保留的相应数量的黄金或其他形式的贡金③。这些钱经常被用于一些特殊用途,如购买王后殿下用的羊毛④、灯油⑤、从头到脚的服饰⑥,这些经常性支出十分不菲,比如亨利二世十五年,单单由伦敦市支付的一件王后穿的礼袍便超过了80英镑⑦。这种情况在某种程度上类似于东方国家,在那里王后全身服饰的各个部分都往往指定由一个城市或地区为其购买⑧。而

---

① Pryn 6. Madox. hist. exch. 242.
② 《末日审判书》(*Domesday book*),征服者威廉统治时期制作的一种关于英格兰财产状况的调查记录,该调查的主要目的是弄清国王直属封臣的土地的范围和价值。——译者
③ 据记载,贝德福德郡的雷顿领地每年支付22英镑,其他领地也有类似的规定;另须支付二盎司黄金供王后使用。也在贝德福德郡,在列尼领地及其他领地有这样的规定:领地的管家须在他的女主人(王后)到来之时进行庆贺,并奉上80便士的礼金(Pryn. Append. to *Aur. Reg.* 2,3.)。
④ 同上书,为王后采购羊毛之用(*Causa coadunandi ianam reginae*. Domesd.)。
⑤ 同上书,伦敦市,供应王后使用的灯油(*Civitas London. Pro oleo ad lampad. reginae. Mag. rot. pip. temp. Hen. II*)。
⑥ 伦敦市,供应王后使用的腰带,20 先令[*Vicecomes Berkescire*, *xvi l. pro cappa reginae*. (*Mag. rot. pip.* 19-22 Hen. II. 同上书.) *Civitas Lond. cordubanario reginae xx s. Mag. Rot.* 2 Hen. II. Madox hist. exch. 419.]。
⑦ 供应一件王后穿的礼袍要 80 英镑 6 先令 8 便士(*Pro roba ad opus reginae*, quater xx l. & vi s. & viii. d. *Mag. rot.* 5 Hen. II. 同上书,250)。
⑧ 他们说,波斯和叙利亚的野蛮国王习惯于以这种方式向各自的城市分摊他们皇后的开支:一个城市提供她的头饰,另一个城市提供她的脖颈的饰品,第三个城市提供她的服饰(*Solere aiunt barbaros reges Persarum ac Syrorum—uxoribus civitates attribuere*, *hoc mado*; *haec civitas mulieri redimiculum praebeat*, *haec in collum*, *haec in crines*, etc. Cie. in Verrem. lib. 3. c. 33.)。

且，王后年金只是一笔固定的收入，王后还有更多的额外收入，这些收入来源于王后的游说工作，这些卓有成效的游说使她经常可以从国王那里得到宠爱和恩惠。在《末日审判书》及亨利一世的宏大记录《财税卷宗》①中对古代王后的收入来源略有提及，但却语焉不详。在亨利二世统治时期的一本书中对王后收入的收集方式的记载就能使人对此有详尽的了解。相关的内容也在亨利二世时期通常认为由蒂尔伯里的吉维斯所著一本书中的古代国家财政官②进行的对话中自成一个独立的开头。此后，这种收入便成为所有英国王后所例行享受的待遇，这种情况一直延续到了亨利八世死时。而在都铎王室这一代即位后，征收王后用款似乎完全被遗忘了，由于直到詹姆斯一世即位时中间将近有六十年时间没有王后③，因此，事隔多年后，此事也就很自然地受到了广泛质疑，并且国王就此征询了大法官与财政大臣的意见，他们就此提交的报告对王后非常不利④，以致于当时的人们认为，不论安妮王后（尽管她也曾要求得到这笔收入）以后何时提出这一主张都是不合适的。到了1635年也就是查理一世十一年，这一时期国王为筹措资

---

① 参见：Madox *Discepiat.episiolar*.74. Pryn. *Aur.Regin*. Append. 5.［《财税卷宗》（*pipe-roll*），1131年和1156年至1833年间（1216和1403年除外）的英格兰财政部账目记录。——译者］

② *lib*.2.*c*.26.

③ 期间的英国君主或死时尚未成年，或为女性——亨利八世死后其幼子，年仅九岁的爱德华六世于1574年即位，其在位七年后于1553年死去，之后由爱德华六世的姐姐玛丽即位，玛丽死于1588年，后由她的妹妹伊丽莎白一世即位，伊丽莎白一世死于1613年。——译者

④ 普林先生剖析了他们提出的理由，暗示他们的调查报告是非常肤浅的（*Aur. Reg*.125.）。

第四章 国王的王室

金经常使用各种权宜之计,这种权宜之计就是依靠在我们的古老记录中记载过的,但已长久不用的筹款办法(其中收受海外资金是一个致命的例子),在《查理一世二年法》中,查理一世应王后亨利埃塔·玛丽娅的请求,颁发了为王后征收贡金的命令。但此后,可能是因为王后认为这笔钱数量太少且征收太难的缘故,国王又以10000英镑的价格购买了这一权力。此后在查理二世复辟时,废除了兵役土地保有制及相应的罚金,王后这笔合法存在的可怜收入也几乎落到了一无所有的境地,同时也使普林先生的努力化为了泡影。正是他的著作促使凯瑟琳王后提出了恢复这一废弃已久的权力,这一著作为他——一个苦恼、审慎而有才干的古代制度研究者增添了不少荣誉。

另有一项属于王后的特别待遇,因为我们所有古代学者都提到过[①],所以在此提一下:所有捕获后运上岸的鲸鱼都是"御用之鱼",所以应当在国王和王后之间进行分割,鱼头归国王所有,鱼尾则归王后所有。"大家都知道,如果是鲟鱼的话,就全都归国王所有,但对于鲸鱼,国王得到鱼头,王后得到鱼尾就足够了"(*De sturgione observetur, quod rex illum habebit integrum: de balena vero sufficit, si rex habeat caput, et regina caudam*)。根据古书的记载[②],这种古怪的分割方法的理由是:鲸鱼的骨头可以装饰王后的衣橱。

不过,虽然从各方面说王后都是一个处于臣民地位的人,但是

---

① 布雷克顿,《论英国的法律和习惯》,第三卷,第三章(Bracton, *l.* 3. *c.* 3.);《布利顿》,第十七章;(Britton, *c.* 17.);《福莱特》(Fleta, *l.* I. *c.* 45 & 46)。

② 普林,《王后年金》,第127页(Pryn. *Aur. Reg.* 127.)。

就她的人身与生命安全而言,她与国王处于同等重要的地位。《爱德华三世二十五年法》规定,妄图谋害国王的伴侣者所犯下的叛国罪行与妄图谋害国王本人罪行的严重程度不相上下;凡亵渎玷污王后者,犯此罪行之人及王后本人(若此人犯罪乃经她同意)亦触犯上述重叛国罪。亨利八世的一部法律规定①:与国王婚配的女子,如果结婚时不是处女且婚前未告知国王的,皆以叛国罪论处②。但这一法律此后很快便被撤销了,因为其严重侵犯了自然正义与女性的尊严。不过如果王后被指控任何类型的叛国罪,应当由贵族院的议员们对她(不论是现任的王后还是前国王的遗孀)进行审判,比如安妮·博琳王后就曾于亨利八世二十八年接受过审判。

执政女王的丈夫——比如安妮女王的丈夫丹麦的乔治亲王——是她的臣民。如果其背叛女王,应以重叛国罪论处。但对于夫妻之间的忠贞义务的问题,女王的丈夫不受上述处罚禁令的管辖。其中的理由应当是:如果一个王后不忠于国王,可能致使王位继承人血统不纯;女王丈夫对女王不忠却不会引发这种危害。

国王的遗孀享有大部分王后的特权。但密谋杀害她或侵犯她的贞操不属于重叛国罪;理由与前文提到的类似,即这不会危及王位继承。但出于王室尊严的考虑(pro dignitate regali),任何人迎娶国王的遗孀都需得到现任国王的特批,违者将受到没收全部

---

① 《亨利八世三十三年法》,第二十一章(Stat. 33 Hen. VIII. c. 21.)。
② 亨利八世在未得到罗马教廷批准的情况下便和他的第一任王后,其兄长的遗孀、西班牙国王的妹妹阿拉贡·凯瑟琳离婚,之后迎娶了第二任王后安妮·博琳,婚后发现博琳已于婚前失贞,便在结婚十八个月后处死了她。——译者

动产及不动产的处罚。爱德华·柯克爵士的著作①中曾提到过这一规定出自《亨利四世六年法》，但该法律未被印行。国王的遗孀即使出生于外国，在国王去世后仍有权取得应得的遗产，而其他外国人便无此待遇②。如同一般贵族的遗孀下嫁普通人仍能保持爵位一样，国王的遗孀如果再嫁给其他臣民，也不会失去其王室成员的身份。比如亨利五世的遗孀凯瑟琳王后，尽管她与一位平民绅士再婚，此人名叫欧文·玛利迪斯·都铎，通常被称为欧文·都铎，但在一起针对卡莱尔③主教的诉讼中她还是被称为"英国王后凯瑟琳"。同样，当纳瓦拉王后与爱德华一世的兄弟埃德蒙结婚后，在对国王遗产进行分配的诉讼中仍被称为纳瓦拉王后④。

威尔士亲王，亦即王位继承人，以及他的王妃；及长公主，亦即国王的长女，对他们，法律也有特别的规定。因为根据《爱德华三世二十五年法》规定：凡密谋杀害前者（即威尔士亲王）或玷污后两者贞操者，皆以等同于密谋杀害国王或玷污王后贞操的重叛国罪论处。这一规定的理由和前面的相类似，因为威尔士亲王是第一王位继承人，若他的妻子被亵渎则王室血统可能被私生子玷污。而国王的长女在没有男性继承人时可以单独继承王位，因此她比她的妹妹们得到更多的法律保护。根据上面的法律规定，并结合了一些其他封建原则，当兵役土地保有制的规定还在执行时，国王可以为其长女的婚事征收一笔补充的捐税，但此规定只适用于长

---

① 《英国法学阶梯》，第二卷，第 18 页（2 Inst. 18.）。
② 爱德华·柯克，《英国法学阶梯》，第一卷，第 31 页（Co. Litt. 31 b.）。
③ 卡莱尔（Carlisle），英格兰西北部一自治市镇，邻苏格兰边界。——译者
④ 《英国法学阶梯》，第二卷，第 50 页（2 Inst. 50.）。

女。王位继承人通常通过特别的授衔及册封仪式被封为威尔士亲王兼切斯特伯爵,但如果是国王长子作为王位继承人的,他只通过继承获得康沃尔公爵的爵位,而没有其他新的册封①。

国王的其他子女们,由于并非是王位继承序列的直接继承人,根据法律规定,其仅有的特权便是其身份上的排名位于所有僧俗贵族和公共官员之前,除此之外法律未再作特别规定,上述规定出自于《亨利八世三十一年法》第十章,该法规定:除国王的子女外,余人不得在议会会厅中坐在为教士等级设立的位置的旁边;议会会厅中有几名事先认定的高级官员位置优先于所有的公爵,但不得优先于国王的儿子、叔父、侄子[爱德华·柯克解释说②:"侄子"(nephew)实际应为"孙子",即拉丁文"nepos"]或其兄弟姐妹的儿子。在1718年,对于乔治一世国王向所有大法官提交的一个法律问题,大法官们以十比二的表决结果通过了如下解决方案:在他们父亲终生时间内③,国王所有的孙子孙女在未成年时的管教权力及管理和批准他们婚姻的权力,都属于这个国家国王陛下的权力管辖范围。以上内容基本阐释了有关国王陛下的王室家庭成员的法律规定。

---

① 《判例汇编》,第八卷,第 1 页(8 Rep. 1.);塞尔登,《荣誉的头衔》(Seld. titl. of hon. 2. 5.)。
② 《英国法学阶梯》,第四卷,第 362 页(4 Inst. 362.)。
③ 福蒂斯丘,《威斯敏斯特宫衡平法案例选集》,第 401—440 页(Frotesc. Al. 401-440)。

第五章　隶属于国王的咨询机构

我们要论述的国王的第三方面,是关于他咨询机构。为协助国王履行职责、维持尊严、行使特权,法律为其设置了各种咨询机构为其提供决策咨询。

(1)第一个咨询机构是议会高等法院,对此前文已言之甚详。

(2)第二,王国的贵族们凭借他们的出身成为世袭的国王国策顾问。国王可以将他们召集起来对所有的国家大事献计献策。贵族们可以在议会召开期间提供建议,不过他们主要还是在议会没有召开时发挥咨询作用[1]。布雷克顿在论及他所处的年代的贵族阶层时[2],认为贵族应当被称作:咨议,此词源于"咨询";指国王召集这些人听取他们的建议(consules, a consulendo; reges enim tales sibi associant ad consulendum)。在我们的法律书籍中明确指出[3],设立贵族有两个原因:Ⅰ.为国王提供建议(Ad consulendum);Ⅱ.保卫国王(Ad defendendum regem)。基于以上原因,法律赋予他们若干重要特权:如他们有免受逮捕及其他监禁方式的特权,

---

[1] 爱德华·柯克,《英国法学阶梯》,第一卷,第110页(Co. Litt. 110.)。
[2] 《论英国的法律与习惯》,第一卷,第八章(l. I. c. 8.)。
[3] 《判例汇编》,第七卷,第34页(7 Rep. 34.),及第九卷,第49页(9 Rep. 49.),第十二卷,第96页(12 Rep. 96.)。

221　甚至在议会休会时也是如此。这是由于法律认为：贵族为协助国王治理国家出谋划策，并为保卫国家的安全英勇作战贡献力量。

过去贵族大会向国王提供咨询意见的例子屡见不鲜，当然由于会期更为固定的议会的出现，贵族大会制度现已被废弃。爱德华·柯克爵士①向我们提供了《亨利四世五年法》中的一个案件摘录，有关国王和诺森伯兰伯爵之间进行的一次土地交换，双方同意该交易中的土地价值根据议会提出的参考价格决定（如果在圣卢西亚节②之前有议会召开的话），否则就由（贵族的）大咨询会议提供参考价格，因为国王已承诺，万一议会在圣卢西亚节之前不开会，其将在该节日之前召集大咨询会议。在我们古代国王统治时期还可以找到许多同一类型会议的例子。不过以正式的形式召集贵族们开会已几百年没有出现过了，所以，当1640年长期议会③召开之前，查理一世签发出许多盖有国玺的命令召集全英国的贵族参加他在约克召开的大咨询会议时，克拉伦登伯爵④将这种召集形式称为以前闻所未闻的新的创举；根据他自己的解释，他是指这种形式是如此古老，已经有几百年没有用过了。虽然前一次召开这一会议的时间确实已经非常久远，而且自那以后也再未以如此正式的形式召集这一会议，但是，为应对紧急情况，我们的国王们

---

　① 《英国法学阶梯》，第一卷，第110页（1 Inst. 110.）。
　② 圣卢西亚节（the feast of St. Lucia），每年12月13日，是北欧国家传统节日。——译者
　③ 长期议会（long parliament），指1640年11月由查理一世召集的其在任期间的第五届议会，至1653年4月被克伦威尔解散，而后又于1659年底复会，并一直持续到1660年3月的一届议会，由于存续时间长而得名。——译者
　④ 《英格兰普通法史》（Hist. b. 2.）。

在危急时刻曾数次召集尽可能多的、容易通知到的贵族征询意见。如詹姆斯二世国王在奥伦治亲王登陆后便召集了贵族会议。而奥伦治亲王本人,他在召开宣布他为国王的议会会议前也曾召集过贵族会议。

除了参加全体会议的权力之外,一般认为,王国的每个贵族都有权要求晋见国王,并满怀敬意地以优雅的语言向国王陈述其对于事关公众福祉的重要事件的建议。因此,在爱德华二世统治时期,议会在针对休·斯宾塞提出的指控中有这样一条(他们因此而被驱逐出境):"他们定下邪恶的奸谋,不能容忍王国的重要人物——国王忠诚的顾问们与国王面谈,甚至哪怕靠近国王都不行;除非是出于他们父子二人的意愿,按他们规定的方式,并且在他们两人或至少其中一个在场旁听的情况下进行[①]。"

(3)隶属于国王的第三个咨询机构,根据爱德华·柯克爵士[②]的说法,是法院的法官们,他们就法律事务向国王提供咨询。法院的法官们在我们的制定法中经常出现,尤其是《爱德华三世十四年法》第五章和其他一些法律。因此,当法律中提及普遍意义上的国王的"咨询机构"时,应当根据法律主题的性质(secundum subjectam materiam)加以定义、具体指明并以此理解这一定义,而如果其主题涉及法律时,"由国王的咨询机构……"就应理解为"由国王法律事务的咨询机构……",即国王的法官们。因此,在《理查二世十六年法》第五章在将任何教皇诏书或其他任何罗马教廷的命令输入

---

① 《英国法学阶梯》,第四卷,第 53 页(4 Inst. 53.)。
② 《英国法学阶梯》,第一卷,第 110 页(1 Inst. 110.)。

王国的行为为严重犯罪的行为，犯罪者应被捆绑起来交由国王及其咨询机构审讯并定罪的规定中，国王的咨询机构应理解为国王法院的法官们，因为这里的主题涉及法律，同时这一办法也是解释"咨询机构"一词的通用办法①。

（4）但是，隶属于国王的最主要的咨询机构是他的枢密院（privy council），通常人们称这一鼎鼎大名的机构为咨询会（the council）。这一机构，根据爱德华·柯克爵士的描述②，位于国王的朝廷和宫殿中，是一个按国王意愿建立并隶属于国王的高贵、卓越、值得尊敬的组织。枢密院顾问人选完全按国王的意愿决定，国王还可按自己的意愿调整其人数，在古代为12人左右。之后，枢密院官员数量大肆膨胀，一度出现了人数过多导致效率低下、保密性差的情况，因此，查理二世国王于1679年将其人数限制为30人。其中15人为国家主要官员，这些人由于他们的职位成为国王的顾问；其余15人由国王钦点，其中贵族10人、平民5人③。但从那以后，枢密院的人数又增加了不少，到目前为止人数仍不确定。也是在查理二世时代，枢密院大臣一职再次恢复古制，由谢夫斯伯里伯爵安东尼担任。根据《亨利八世三十一年法》第十章的规定，这一职位的地位仅次于大法官和财政大臣。

枢密院顾问由国王任命，但不颁发特许状或聘书。受聘者在宣读必要的誓词后，立即成为枢密院顾问，在任命他们的国王的有生之年，他们的任期可一直持续下去，不过国王可以撤销他们的

---

① 《英国法学阶梯》，第三卷，第125页（3 Inst. 125.）。
② 《英国法学阶梯》，第四卷，第53页（4 Inst. 53.）。
③ Temple's Mem. part 3.

第五章 隶属于国王的咨询机构

职务。

从这一职位的宣誓中可以了解一名枢密院顾问的职责①。誓词共有七条：Ⅰ.发挥其最大的机敏和审慎尽其所能为国王提供治国建议。Ⅱ.其提供建议的目的是为了国王的荣誉和公众的利益，不应受个人喜好、情感、需求、疑虑及畏惧心理所左右。Ⅲ.对国王所提建议应当保密。Ⅳ.不得贪污受贿。Ⅴ.一旦国王做出决定，应为执行提供帮助并完善执行方案。Ⅵ.坚持独立意见（对有违上述几条予以抵制）。Ⅶ.最后一点，总之，恪守一个优秀而正派的顾问对其统治君主应尽之职责。

枢密院的权力是调查所有反政府的犯罪，并监禁这些违法者，以便在法院对他们进行审判。但枢密院只有调查权，没有处罚权。由枢密院拘留的人根据《查理一世十六年法》第十章有权申请《人身保护令状》(habeas corpus)，这与被普通治安官拘留的人的待遇相同。同时，根据同一法律，星室法院和权利请求法院②两家由枢密院顾问出任法官的法院都被撤销了。这两家法院若再审理任何属于本王国国民之间发生的财产纠纷案件，均被宣布为非法审判。但对王国司法管辖权范围以外的殖民地案件和海事案件，以及智障者、精神不健全者（这些案件是国王特权的特殊"精华"），涉及上述案件的，即使其中最终会涉及大量财产纠纷，枢密院作为这些案

---

① 《英国法学阶梯》，第四卷，第54页(4 Inst.54.)。
② 权利请求法院(court of request)，一种小型的衡平法院，受理穷人及国王的仆人提起的诉讼，于1641年被撤销。但是亦有学者认为：1641年的法案废止了枢密院的司法权的同时并未废止权利请求法院。因为事实上权利请求法院并不被认为是枢密院的一部分，所以实际上一直存在至1642年，只是复辟之后没有再恢复罢了。——译者

件的上诉法院,对此依然继续享有审判权,或者更确切地说,这些上诉案件由国王陛下本人受理,由他的枢密院协助审判。

至于成为这个机构的成员资格:任何生于英国的国民都有资格成为枢密院的一员,此外,为王国政府的安全计要进行宣誓,为国教的安全计还要接受相关测试。但是,为防止曾在威廉国王统治时期多次发生过的,有外国政府的奸细潜入这一举足轻重的岗位的事件重演,《王位继承法》规定①:出生于英国领土之外者即使经议会同意加入英国国籍亦不得加入枢密院,除非其父母为英国国民。

枢密院顾问在法律上的特权,主要体现在法律保护他们的人身安全,打击任何企图谋害其人身安全的行为。而根据《亨利七世三年法》第十四章规定:若任何国王的家仆密谋或策划谋害枢密院顾问的生命安全,即使未付诸行动,也应被判为重罪。爱德华·柯克爵士告诉我们②:之所以制定该法律,是因为这些仆人在国王附近,不论在白天还是夜晚都有比一般人更快、更致命的办法杀害这些国家的栋梁之臣。当时有一起阴谋于通过该法律的那届议会召开前夕被策划,策划者是亨利七世国王的几名家仆,(如不制止)可能造成很严重的后果。这一法律仅适用于国王的仆人。不过《安妮九年法》第十六章对此作了进一步规定:在枢密院顾问履行职务期间,凡有试图非法杀害、攻击、趁其不备袭击或伤害其人身,皆应以重罪论处,并可处以死刑。这一法律是针对胆大妄为的行凶者

---

① 《威廉三世十二、十三年法》,第二章(Stat. 12 & 13 W. III. c. 2.)。
② 《英国法学阶梯》,第三卷,第38页(3 Inst. 38.)。

格鲁伊斯卡德制定的，当时此人正在枢密院的一个委员会中接受重罪的审讯，他用一把折刀刺伤了哈利先生——即后来的牛津伯爵。

枢密院的解散取决于国王的意愿，而且国王可以在任何他认为适当的时机罢免任何一个或全体枢密院成员的职务，再重新任命新成员。由于枢密院的全部权力皆来自于国王，因此根据普通法规定，当国王逊位时，枢密院基于此事实自动解散。但为了避免在新国王登基时没有枢密院所带来的交接不便，现在的规定又有所改变，根据《安妮六年法》第七章的规定：除非继任国王立刻解散枢密院，否则其可在前任国王逊位后自动延续六个月的任期。

第六章　国王的职责

我论述的下一个问题是国王的职责,即根据宪法国王负有的义务。正是考虑到国王要履行这些职责,我国的法律才赋予他显赫的地位及特权。在法律中有一句格言:保护与服从是相对应的①。我认为,1688年的议会会议宣布詹姆斯国王违反了国王与民众之间的原始契约,此处议会所说的"原始契约"指的就是这些相对应的义务。然而,由于据称这份原始契约主要只是一种理论上存在的东西,而且只能根据自然法规则和理性推导出其内容;不仅如此,根据人们的不同理解可能推导出相差悬殊的不同结果,因此,该原始契约的具体条文在很大程度上存在争议,所以,在革命后人们认为有必要公开宣布这些国王和民众的相互义务,并将这些义务的内容明确下来。这样一来,无论以前有人因简单而刻板的思维对这份原始契约的存在提出过何种质疑,他们现在必定会放弃这种念头了,特别是对于1688年以来历任统治英国的君主的质疑。

国王最根本的职责便是:依据法律统治他的人民。在欧洲大陆上我们的日耳曼祖先有这样的法律规定②:国王的权力并非无

---

① 《判例汇编》,第七卷,第5页(7 Rep. 5.)。
② 塔西佗,《日耳曼尼亚志》,第七章(Tac. *de M. G. c.* 7.)。

限大,也非不受约束(Nec regibus infinita aut libera potestas)。这一规定不仅仅与自然法、自由精神、理性和人类社会的根本原则相一致,而且一直以来都被明确奉为英国普通法的基本规定,甚至在国王的特权如日中天时也不例外。在亨利三世时代著书的布雷克顿说过①:"国王不应服从于人,但应服从于上帝、服从于法律,因为法律创造了国王。让国王回报法律吧,因为法律授予了国王国家的领土、统治的权力和其他一切。如果他根据自己的意志与个人喜好、而不是法律治理国家,他就不是名副其实的国王。"他还说过②:"国王也有上级,即上帝,还有法律,因为法律使他成为一名国王。"然后,布雷克顿(也包括福蒂斯丘)③第一次明确地对通过征服和暴力推行的专制君主制和独裁统治,以及由政府和民众相互认可而创立的政府统治或文官统治之间作出区分(布雷克顿声称英国政府属于后者),之后他立刻总结出一条原则:"英国国王必须根据法律规定统治他的国民。因为国王受他加冕时的誓言约束,他必须遵守他自己的法律并依法行事。"但是,为了消除所有人们对此的疑虑和异议,《威廉三世十二、十三年法》第二章明确宣布:"……英国的法律是英国人民与生俱来的权利;所有登上此王国王位的国王、女王都应依据上述法律治理本王国的政府;凡其下属大臣、官员均应各自依照上述法律为国王效劳;故而保障本王国现有政权及国民权利与自由的所有普通法、成文法及本国其他现行法律、法规均为由国王陛下提出,经两院僧俗议员修改并认可,

---

① 《论英国的法律和习惯》,第一卷,第八章(l.1.c.8.)。
② 《论英国的法律和习惯》,第二卷,第十六章,第三节(l.2.c.16.§.3.)。
③ 《论英国的法律和习惯》,第九章,第三十四节(c.9.§.34.)。

并依据他们共同的权力正式批准并生效。"

至于国王与民众签订的原始契约的条款问题,我认为这些条款已包含在国王加冕时宣誓的誓词中。《威廉和玛丽一年法律一》第六章规定的这一誓词适用于每一个即将继承此王国王位的国王与女王,应在王国的大主教或主教主持下在全体国民面前宣读,这些国民本身也相应的对国王进行忠诚宣誓。国王或女王的加冕宣誓通过下列形式表达出来:

大主教或主教问:"你是否庄严宣誓保证根据议会认可的制定法、其他法律和习惯法统治英国及其属地人民?"——国王或女王回答:"我庄严宣誓依此行事。"

大主教或主教问:"在作出所有的判决时,你是否会以仁慈之心运用你的权力保证法律被执行、正义被弘扬吗?"——国王或女王回答:"我会的。"

大主教或主教问:"你是否会最大限度运用你的权力捍卫上帝的法律、捍卫《福音书》①中的信仰,并捍卫法律规定的经改革的新教宗教信仰?并且你是否会保护这个国家的主教和教士,并保护由他们负责管理的教会以及根据法律已经规定或将要规定的这些主教、教士们共同或各自的权利和特权?"——国王或女王回答:"我宣誓完全依此行事。"

此后国王或女王将手置于神圣的《福音书》之上,说:"我将信守我刚才于此地宣誓之事,并依誓言行事,所以请保佑我吧,上帝!"然后亲吻《福音书》。

---

① 《福音书》由耶稣及使徒布讲的训言,这是基督教《启示录》的中心内容。——译者

第六章 国王的职责

这就是根据我们的法律规定，现行的加冕宣誓仪式。其中的主要部分可能至少和《正义宝鉴》①一样古老，甚至可以上溯到布雷克顿的时代②。不过，誓言的措词在革命后曾被更改，这是因为（根据议会法律宣称）誓词本身由一些有疑义的词句所构成，而这些词句所涉及的古代宪法和法律不为当代所知③不过，无论国王的加冕宣誓是如何被表达出来的，国王的誓词都是一份最无可争议的内容明确的主要的原始契约。然而毫无疑问，不管是在加冕典礼之前还是之后，或者说不管国王是否进行过宣誓，保护臣民的义务都必然包含在最高统治者的义务之中。同时对臣民们来说也是一样，在国王继承王位之后臣民即有义务对其效忠，即使国王此时还没有接受他的效忠宣誓，或者其甚至根本没有进行过效忠宣誓，他都应忠于国王。臣民对国王相应的忠诚我们会在适当的地方再详加阐述。现在我们只研究在这份原始契约中国王的部分表明了一名君主对他的人民所负有的全部义务，即：依据法律进行统治；以仁慈之心审判案件；捍卫法律规定的宗教信仰。

---

① *cap.*1.§.2.
② 《论英国的法律与习惯》，第三卷，第一编，第九章(*l.*3.*tr.*I.*c.*9.)。
③ 在古代爱德华四世统治时期，利透和马克利尼亚曾出版过一本对开本的《成文法摘要》(*the statutes*)，其中保存了一份古代国王加冕时的誓词的副本，因为这本书现已十分罕见，所以我在此将其摘录如下："这是国王在他的加冕典礼上宣誓的誓词；他将保持由英国古代作为基督徒的国王所授予的权利和神圣教会的特权，并且他将完全拥有英国国王所有的一切。保持全部的土地、荣誉、尊位、权利和特权，免受任何伤害；只要他存活于世，他将重新找回他们古代国家已消散的、受到侵害或失去的国王的权利；他将保持教会的和平与安宁，使神职人员和人民和睦相处；他将使王国的成文法和习惯法与民众制定和选择的法律相一致，废除全部不良的成文法与习惯法；并将尽其所能在所有方面为他王国的人民保持稳定的和平与安宁，所以请保佑他吧，上帝！"

第七章　国王的特权

在前几章里我们曾提到过[①],公民自由的主要保障措施之一(或者换句话说),英国的宪法体制就是以划定众所周知的王权范围的方式限制国王的特权,这样一方面国王未经人民的同意不能超越这一范围行使特权,另一方面,国王亦不能违反社会原始契约,这种原始契约存在于所有国家的国王与臣民之间,但在其他国家都是暗示的,只有在我们的国家最为明确。现在我们的任务便是详细研究国王的特权,从总体上阐述设立国王特权的必要性,最重要的是通过一些实例阐明国王特权的范围及对其的限制性规定。而且从上述的研究中我们将得出一个明确的结论:由英国法律授予国王的权力是我们社会必不可少的支柱,其对于保护我们的公民自由权是必须的,同时又不侵犯到我们的天赋自由权。

现在我们怀着尊重之情、以高雅的方式讨论并研究限制国王特权的问题,没有什么比这更能证明我们国家有真正自由的了,这种真正的自由是这个时代和这个国家的骄傲。这一论题在过去的一些时代被认为既敏感又神圣,如果用一个臣民的笔对此加以论述会被认为是一种亵渎。以前对国王特权的限制被列为国家机密

[①] 原书第一章,第137页。

(arcana imperii),如同富饶女神①(bona dea)的神秘性一样,除了诸如为国王工作的人以外,不允许任何人对其进行深入研究。这可能是对国王的特权进行的限制和富饶女神的神圣性一样,经不起严谨而理性的研究。威名远扬的伊丽莎白女王本人就曾毫无顾忌的要求她的议会禁止谈论王位宝座②,并且这位最受爱戴的女王和她的大臣们一直表示,即使是威严的议会"也应当不要讨论、评价或干涉女王陛下的特权③"。而她的继任者詹姆斯一世国王则接受了君权神授的高尚理念,不止一次地在其演说中提出"正如人类质疑上帝可以做什么就属于无神论,犯了亵渎神灵之罪一样,臣民质疑国王运用其最大权力可以做什么就属于无礼犯上,犯了煽动叛乱之罪"。他还补充说:"一名好的基督徒应当依上帝的意志行事,上帝的意志包含在上帝的《圣经》中;一名好的臣民应当服从国王的意志,国王的意志就包含在国王的法律中。④"

但是,无论我们这些君主如何认为,上述观点从来就没有成为我们古代的宪法和法律的规定。在古代欧洲所有的哥特政府体制中,对君王的权力进行限制曾被当作一项首要的和基本的原则加以确立,不过大多数欧洲大陆的王国已通过武力或欺诈的方式,陆续排除或取消了这些对王权的限制。在前一章中,我们已经看到了尽管彼此之间相隔长达两个世纪之久,但布雷克顿和福蒂斯丘

---

① 指古罗马妇女虔敬的女神,代表贞节与多产。——译者
② 西蒙兹·德埃维斯,《伊丽莎白女王时期的议会日志》,第 479 页(Dewes. 479.)。
③ 同上书,第 645 页。
④ 《詹姆斯一世的作品》,第 531、557 页(King James's works. 531,557)。

的观点何其相似!还有查理一世时代的亨利·芬奇爵士①,他与福蒂斯丘又相隔了两个多世纪。虽然他在制定国王特权的法律规定时使用的是相当肯定而明确的条款,但在涉及人民的自由权时还是用常规的限制性规定对国王的特权作了约束:"国王在所有不损害臣民利益的事情上都享有特权,臣民们必须牢记:国王的特权不包括做任何不法之事。②"因为国王只能依法行事③(*Nihil enim aliud potest rex, nisi id solum quod de jure potest*)。在这一问题上我们欣慰的看到:罗马法的规定与我们的法律简直有天差地别的不同。一方面是法律的权威大于国王的权力,而另一方面(如同一位罗马法学者曾表达过的)则是国王的权力凌驾于法律之上。从布雷克顿的著作中我们可以看到过这样一条英国法律的格言:"国王必须服从法律,因为正是法律设立了国王"(*rex debet esse sub lege, quia lex facit regem*)。而罗马法则告诉我们:"任何情况下皇帝的财产都是豁免的,因为上帝使法律天然服从于皇帝④"(*in omnibus, imperatoris excipitur fortuna;cui ipsas leges Deus subjecit*)。我们不难判断应选择两者中的哪一个,因为其最有益于达到建立社会并使之彼此融合的根本目的。值得一提的是罗马法学家本身似乎也感觉到了他们宪法中的不合理之处,保罗⑤曾

---

① 亨利·芬奇爵士(Sir Henry Finch,1558—1625年),英国法学家,著有《论法律》等著作。——译者
② 亨利·芬奇,《论法律》,第84,85页(Finch. L. 84,85)。
③ 布雷克顿,《论英国的法律和习惯》,第三卷,第一编,第九章(Bract. *l*. 3. *tr*. l. *c*. 9.)。
④ 《新律》(*Nov.* 105. §. 2.)。
⑤ 保罗(Paulus,约220年),古罗马五大法学家之一,著有《解答集》《判例集》等著作。——译者

说过:"国王应当保障法律的实施,但他本人却可以不受法律约束"①(Decet tamen principem, servare leges, quibus ipse solutus est)。这句话一方面确定了专制统治的原则,同时也承认了这一原则的荒谬性。

对于"特权"一词,我们通常将其理解为特殊的优越性,即指国王以其拥有的君王尊位的权力可以凌驾于众人之上,并且不受普通法的一般规定所制约的权力。"特权"(prerogative)一词,从字源上说,源自于"*prae*"②和"*rogo*"③,指某些事物被要求排在其他任何事物之前,或者说这些事物比其他任何事物都要优先。此外还包含有这样的意思:特权本质上必须是独一无二的并且是非常规的;特权不同于其他权利,只能是仅由国王单独享受的权利和身份,不包括国王和其他臣民都能享受的权利。因为一旦臣民们能和国王一样拥有任何一项国王的特权,那这一特权就不再成为一项特权了。所以,芬奇④以法律格言的方式对此作出了规定:特权是只针对国王的法律,即从不适用于臣民的法律。

国王的特权分为主要特权和次要特权。主要特权是国王的身份与权力的实质性部分。其源自于国王的政治身份,并被认为仅源于此,与其他外部因素无关。比如,派遣驻外使节的权力、册封贵族的权力、宣布开战和停战的权力。而次要特权总是与其他因素相关联,这些因素与国王的身份无关。次要特权全部都是一些

---

① 《查士丁尼学说会纂》,第三十二卷,第一编,第二十三节(*Ff*.32.1.23.)。
② 拉丁语:意为"在……之前"。——译者
③ 拉丁语:意为"请求、询问"。——译者
④ 亨利·芬奇,《论法律》,第85页(Finch. L. 85.)。

对于一般法律的例外规定,也就是说这些法律适用于社会的其他部分,但优待国王。比如:与国王诉讼时不得向国王索回诉讼费、国王可以永远不做共同保有人、国王债权的受偿优先于任何他的臣民。当我们在后文中对这些将国王的次要特权视为例外规定的规则本身进行研究时,就能对上述这些例子以及其他不胜枚举的例子进一步加以理解。因此,现在我们将只研究国王的主要特权。

在此我们将讨论的国王的主要特权可以再分成三类:第一,国王的君主身份;第二,他的国王权力;最后,他的国王收入。上述特权对于保持臣民对其本人的尊敬、对其命令的服从、以及保证政府日常开支的充沛供应都十分必要。如果没有这些特权,行政权力机关就不可能保持应有的活力和独立性。不过,对这个范围广泛的统治权力的每一部分,我们崇尚自由的宪法都会设置一些约束、限制规定,以防止其侵害人民的自由权,因为宪法的目的就是要确认和保护人民的自由权。国王特权这个庞然大物(如果像专制政府那样对其听之任之)将会破坏并毁灭所有臣民的运动;但是如果能够通过一定的平衡措施使其得到制约和平衡(比如在我们国家),使之得到适时的、明智的运用的话,国王的特权运用将趋于稳定和规则,同时其还能为整个国家机器的运转增添活力,使国家机器的每一部分都符合设定其的根本目的。

在本章中,我们将仅研究国王主要特权的前两部分,也就是与国王的政治身份和权力有关的部分,换句话说,即:国王的尊位和君权,国王的特权往往会被狭义地限定在君权的范围内。对另一部分——即国王收入的部分,将单独进行研究。根据封建学者们著名的划分方法,他们将国王的特权划分为较大的王权和较小的王权,国王收入的权力被归入后者。因为,用他们自己的话来说:"国王是上帝的臣下,也是上帝在尘世中的代理人;所有的人皆应听命于国王,而国王除上帝外无须听命于任何人[①]"(majora regalia imperii praeeminentiam spectant; minora vero ad commodum pecuniarium immediate attinent: et haec proprie fiscalia sunt, et ad jus fisci pertinent)。

第一,国王的尊位。在任何君主制统治下都必须将国王和他的臣民们相区别,这种区别不仅表现在国王外在衣着服饰的华丽上,也表现为属于国王的若干种特征,这种特征是他的国王身份所内在固有的,区别于并高于这个国家其他所有个人。因为,虽然一个哲学家可以认为国王本人仅仅是一个由人们普遍认同并被任命统治其他人的"人"而已,并且对国王尊敬和所承担的义务只要满足社会基本原则的要求就可以了,但是对于人类中的大多数而言,如果教导他们把国王看成是一个并不比他们自身更了不起的普通人的话,那么这些人就很有可能肆意妄为、犯上作乱。因此,法律赋予国王很高的政治地位,不但包括巨大的权力和极高的薪酬(这些构成了国王的特权和收入),更赋予他一些伟大而卓越的品格,以此引导人民视国王为卓越的领袖,并对其致以极大的敬意,这样便使得国王能够更从容地驾驭政府的事务。这就是我所理解的国王的尊位,接下来我们将讨论它的各个部分。

1. 法律赋予国王最高权力或者说至高无上的地位[②]。"国王

[①] 《特权和自然权利》,第一卷,第一章,第九节(Peregrin. de jure. fisc. *l.* 1. *c.* 1. num. 9.)。

[②] 同上书,第一卷,第八章(*l.* 1. *c.* 8.)。

是上帝在人间的代表,他虽处于万人之上,却在上帝之下"(Rex est vicarius, et minister Dei in terra: omnis quidem sub eo est, et ipse sub nullo, nisi tantum sub Deo)。据认为,他拥有"皇帝"的尊号,在诺曼征服之前的特许状中通常被称为"*basileus*"和"*imperator*",这些称号被不列颠岛东部和西部的皇帝分别采用①。议会的许多规定,特别是《亨利八世二十四年法》第十二章和《亨利八世二十五年法》第二十八章都将他的统治疆域宣布为帝国,将他的皇权宣布为至尊的权力。与此同时,这些法律还宣布国王是帝国国民和教会的最高首脑,因此国王的地位不低于尘世中的任何人,也无须依赖任何人,更无须对任何人负责。以前一种由德国和意大利的罗马法学者传播的荒谬的理论曾经盛行一时,这种理论认为皇帝可以做许多国王不能做的事(比如设立公证员等),而且所有的国王其地位在某种程度上都低于德意志或罗马的皇帝。因此,当我们的立法机关使用"帝国""皇帝的"这些术语,并用它们称呼英国的疆域时,此举唯一的意义就是宣布:和任何其他帝国的皇帝一样,我们的国王在自己的国家也是不受制于人的最高统治者,并且根本不附属于任何其他尘世中的君主。因此,任何针对国王的起诉都是不可行的,哪怕是民事案件,因为所有法院都无权管辖国王。由于所有的司法管辖权都意味着有更大权力存在:如果没有进行救济的权力,那么审判权是没有任何价值,也起不了任何作用的,并且法院的判决也将成为一纸空文,除非法院有权力下命令

---

① 塞尔登,《荣誉的头衔》(Seld. tit. of hon. 1. 2.)。

第七章 国王的特权

对判决进行执行,但是,(根据芬奇的说法①)谁又能命令国王呢?所以同理,根据法律规定,担任国王的人是神圣的,即使其统治时的施政专制而残暴,因为尘世中没有任何司法权力有权对其进行起诉,更不用说判其有罪并施以刑罚了。如果有任何外国司法权有权对国王进行刑事审判,比如像教皇曾经宣布的那样,那么这个国家将不再拥有独立性。如果这样的权力被授予任何国内法院,那么它将摧毁最高立法权的组成部分之一——国王的自由意志,进而使宪法体制立刻土崩瓦解。

那么可能有人会问:英国国民在国王侵害他们的权利时(这种侵犯可能是对个人的侵权,也可能是对公众的迫害)是不是完全没有救济措施了?对此我们可以这样回答,对于上述两种案件,法律都规定了救济措施。

首先,关于对个人的侵权。如果任何人对国王提起有依据的财产方面的诉请,他可以向国王的大法官法院提交诉状,在那里国王的大法官会以国王的恩典(而不是被迫为之)的形式授予起诉者起诉权②。而且,这一过程完全符合学者们制定的自然法规定。普芬道夫说过③:"一个臣民,只要他还是一个臣民,当国王拒绝他的要求时,绝不能强迫国王给予他应得的权益。不过,任何一个严明的国王都不会拒绝接受一份合法的合同。而且,如果国王授权臣民根据上述合同在他自己的法院里对自己起诉,那么这一起诉

236

---

① 亨利·芬奇,《论法律》,第83页(Finch. L. 83.)。
② 同上书,第255页。
③ 《自然法与万民法》,第八卷,第十章(Law of N. and N. *l*. 8. *c*. 10.)。

本身根据的是自然公正的原则,而不是国家的法律。"这一诉讼的目的并非强迫国王遵守合同的约定,而是劝说他遵守。并且,对于国王的个人过错,洛克先生[①]有着很精妙的见解:"最高统治者个人所造成的损害事件看来不可能经常发生,影响也不会很大,仅凭国王个人的力量也不可能颠覆法律或对全体人民造成压迫(即使真有软弱昏庸的国王试图这样做)——所以,当一个鲁莽的国王登上王位时,有时固然会造成一些特殊的损害,但其造成的害处,却可在元首被置身于危险之外的情况下由民众的安宁和政府的稳定这些好处得到充分的补偿。"

其次,对于一般的压迫公众,但宪法体制的主要部分未受破坏的案件,法律也设计了一种救济措施,若不是听信那些心存不良的顾问们的谗言并有奸臣从旁推波助澜,国王不可能误施他的权力,既然如此,就应当是这些人受到调查并接受处罚。宪法还规定了对他们进行控告或由议会弹劾的方法,从而确保没有人胆敢协助国王违反国家法律。不过与此同时,上述法律中还有一条格言:国王本人不可能为违法行为。这是因为任何实在法体系倘若规定可能产生的违法行为而不规定相应的救济措施的话,都将是该法律的一大缺点,同时也是不可思议的。

因为,由于迫害公众的行为将会导致终止宪法体制并颠覆政府基础的基础,法律是不会有失体面地推测可能会发生这种案件的,对于已经被授权行使任何最高权力的国家机构,法律不可能对其不信任,因为这种不信任将造成这种权力不稳固而且无法施政。

---

① 《政府论》,下篇,第205节(on Gov. p. 2. §. 205.)。

这是因为，如果法律有怀疑任何机构可能滥用权力的表述的话，其都必定会授予其他机构更高的权力对该机构进行抑制，这样就完全破坏了"最高统治者"的概念。比如，如果因为上述原因，议会两院或它们中的一个拥有了公开批评国王的权力；或者国王拥有了批评议会两院中任何一个的权力或相互公开批评的权力；那么这个被批评的立法机关的一部分随即将不再成为最高权力机关的一部分，宪法体制的平衡将被彻底破坏，而拥有此项管辖权的部门将成为绝对的最高权力机构。既然对于此类案件法律自身不能提供任何合适的补救措施，所以法律的假定便是：国王和议会两院中的任何一个（也包括两院共同）都不能为任何违法行为。因此，所有对最高权力机构的一个分支可能迫害公众的推断都肯定超出了现在确定的规则，即法律规定的范围，但是如果这种迫害事件真的不幸发生的话，那么在这个审慎的时代，肯定会制定出新的法律规定来应对这些新出现的事件。

实际上，我们根据经验发现：无论何时违反宪法的压迫行为大肆开展并威胁到国家的安全稳定时，哪怕这种压迫来自最高权力机构，人类也不会丧失理性，失去对人性的感觉，也不会牺牲他们的自由来迂腐地遵循那些所谓的政治原则，尽管规定那些原则本来是用来保持自由的。因此，虽然实在法对此没有明确规定，但历史经验却会向我们提供一个不同寻常的案例，一个自然与理性占上风的案例。当詹姆斯二世国王违反了王国的根本法宪法时，议会遂宣布其退位，王位因此而空缺，从而引发了一次新的王位转让。只要有这个案例作为指导，无需更多的案例，现在我们便完全可以制定针对公众迫害的救济性法律规定了。因此，如果将来任何国王试图违反国王和人民之间签订的原始契约并以此颠覆宪法体制,同时还违反了国家的根本法律,并离开本王国的话;我们现在就有权宣布上述情况同时发生便相当于一次国王退位,王位将因此而出现空缺。但对于我们而言,若只出现上述任何一个或两个情况,那么这些要素尚不足以构成一次国王退位,因为那样不符合先例。因此,如果发生我们充分发挥想象力当可预料到的其他情况,既然既无历史上的先例又无法律上的规定,那么我们应当保持沉默,把制定针对公众压迫的法律的工作留给将来的后人处理。无论何时出于全体人民的安全考虑需要这一法律时,社会的内在的力量(尽管这一力量是潜在的)会发挥其作用,不论任何政治气候、不论哪种宪法体制、不论什么原始契约都不能破坏或削弱这一力量。

2. 除了最高统治者的特性,法律还规定国王就他的政治身份而言是绝对完美的。国王不可能为违法之事。这一古老而基本的法律原则不应被理解为任何由政府处理的事肯定都是公正而合法的,而仅仅意味着两件事:一是无论对公共事务的处理引起怎样的争议都不能归咎于国王,国王个人也无需对此事向民众负责。否则的话,将会完全破坏国王在宪法上的独立性,而这一独立性对于我们自由、积极同时又是由不同部分共同组成的宪法体制中各种权力的平衡是必需的。二是这一原则表示国王的特权不包括损害民众利益:国王的特权是为了民众的利益才设立的,因此其不能用来侵害他们①。

---

① 埃德蒙·普洛登,《判例注释和汇编》,第487页(Plowd. 487.)。

第七章 国王的特权

不仅如此,国王不但不可能做违法之事,甚至连想都不可能想。国王永远不可能有任何不当行为,他永远是圣明睿智、完美无缺的。因此,当国王受骗授予任何臣民特权时,如果这种授权有违理性或是会对国家或个人的合法权益造成损害的话,法律并不认为这是国王的不智之举或国王做了不正当的事,而是会宣布国王进行授权时受到了欺骗,因此,这个依据欺诈行为而进行的授权便是无效的,即使这一授权是政府官员们作出的也不例外,因为他们也是国王认为合适才任命的。法律不会像由国王授权行使行政权力的官员故意玩忽职守那样要求他们对受欺骗而作出的授权负责,而是归罪于欺骗行为利用了政府官员极其微小的疏忽(即使是尘世中最完美的人也肯定难免会有这种疏漏)。而如果以此指责国王的决定的话,可能会降低他在臣民心目中的地位。

不过,尽管法律授予最高统治者完美无缺的个人品格,宪法还是允许对此提出不同意见,不过仅限于议会两院。两院中的任何一院在其开会时,都可对国王的行为(甚至包括是国王在内宫中的行为)提出批评和抗议,哪怕这些事情属于名副其实的国王的私事,比如国王本人写的便条,在外流传的国王在宫闱中说的话。但是,对国王本人还是应当保持尊敬的,所以即使两院不论从哪个角度考虑都拥有无可置疑的权力讨论国事,并可以在他们的演说中将此事视为由国王个人造成,但是在议会内部,(为了建立更加完美无缺的上流社会仪制,同时也为了保持更多的言论自由)他们通常会认定这些事是由大臣们的谏言造成的。但是这种可自由调查最高统治君主个人行为(不论这样的调查是直接进行的还是通过所谓的顾问们间接进行的)的特权不属于任何个人,而是仅限于由庄严的议会集体行使,而且对国王提出异议的同时必须怀着最大程度的尊重与敬意。一位议员就曾因暗示国王在回答下议院提问的致词中含有"傲慢的语言,恐吓议员们不得履行职责",而被送入了伦敦塔①,另外还有一位则因为说国王讲话的一部分"似乎是为了使德国,而不是大不列颠王国更加强盛"而遭到了同样的下场②。

随着上述原则被进一步贯彻,法律还规定:国王做事不可能有疏漏,因此,不得以拖延的方式阻碍国王行使权利。"不得以时间阻碍国王"(*Nullum tempus occurrit regi*)是一条在所有情况下都通用的原则,因为法律认为国王一直忙于维护公众的利益,没有空闲时间,因此在普通臣民行使权利所受到的时间限制内国王不可能有空闲的时间主张自己的权利③。国王的血统不可能被败坏④或被玷污:如果王位继承人因犯有叛逆罪或其他重罪被剥夺公权,但此后应由其继承王位的,该罪便可据此事实免于处罚。因此,当亨利七世登基时,其作为里士满伯爵尚处于被剥夺公权状态,但当时人们还是认为议会没有必要通过法案取消这一处罚。这是因为,正如培根爵士在他的《国王史》中告诉我们的:登上王位这一事

---

① 《英国下议院日志》(Com. Journ.),1685年11月18日[伦敦塔为伦敦泰晤士河北岸的一组建筑物,原为一古堡,曾先后充作王宫和监狱。——译者]。
② 《英国下议院日志》(Com. Journ.),1717年12月4日。
③ 亨利·芬奇,《论法律》,第82页(Finch. L. 82.);爱德华·柯克,《英国法学阶梯》,第一卷,第90页(Co. Litt. 90 *b*.)。
④ 血统败坏(corruption of blood),古代英国法律对于犯有叛国罪和重罪的罪犯剥夺民事权利能力和行为能力的处罚手段,包括没收财产,剥夺继承权和被继承权等。——译者

实便可以立即使所有的公权剥夺处罚被赦免①。国王在作出法律上的判决时,永远不会被视为未成年人或尚不足龄。因此,尽管就其自然年龄而言,他还没有达到法定的 21 岁具有行为能力的年龄②,但他的国王特许状和对议会进行的批准都是有效的。事实上,《亨利八世二十八年法》第十七章赋予未来的国王们撤销或废止所有他二十四岁以前通过的议会法律的权力。但此规定又被《爱德华六世一年法》第二章所撤销,该法律规定,只要是涉及国王本人的法律便不能废止,而上述两部法律现在都已经被《乔治二世二十四年法》第二十四章宣布终止效力。人们通常认为,若王位继承者明显过于年幼,在一段限定的时期里为他任命一名保护人、监护人或摄政王是一种深谋远虑之举,但实际上这一特别规定的必要性充分证明了一条普通法原则的正确性:即国王不存在未成年状态,因此他没有法定监护人③。

① 亨利·芬奇,《论法律》,第 82 页(Finch. L. 82.)。
② 爱德华·柯克,《英国法学阶梯》,第一卷,第 43 页(Co. Litt. 43.)。
③ 由于任命该监护人或摄政王的办法各有不同,同时,该职位的任职期亦无明确规定,仅从这两点便可推断出这一规定并非是由普通法规定的,因此,(正如爱德华·柯克所说)[《英国法学阶梯》,第四卷,第 58 页(4 Inst. 58.)]最稳妥的办法就是由议会的大咨询会议以议会的权力对其加以任命。在一段非常动荡的岁月里,彭布罗伯爵曾凭借自己的权威担任了亨利三世的摄政王,当时亨利三世年仅 9 岁。但当其年满 17 岁时,教皇便宣布亨利三世为成年人,他 18 岁时确认了《大宪章》,并在 20 岁时取代摄政王管理政府。爱德华三世时曾有过两个分别名为监护人和摄政委员会的机构,它们是议会在废黜了其父亲的王位后设立的。小国王当时年仅 15 岁,3 年后他才得以掌管政府。当理查二世 11 岁继承王位时,由兰开斯特公爵代其掌管政府,直到议会召开后,才任命了一个象征性的委员会协助兰开斯特公爵。亨利五世在其临终前于病榻上为其尚在襁褓中的儿子亨利六世指定了一名摄政王和一个监护人,亨利六世当时只有 9 个月大,但议会更改了这一安排,任命了拥有特定有限权力的一名保护人和一个摄政委员会。上述国王都是直到 23 岁才结束未成年人状态的。在爱德华五世　　(接下页注释)

3. 国王陛下的第三个特征是他的永恒性。就他的政治身份而言,法律赋予其绝对永存不朽的效力。国王永远不死。亨利、爱德华、乔治可能会死,但国王比他们都长寿。因为一旦统治君主作为自然的人已经死亡,根据法律,他的君主之位或国王的身份立刻被授予他的继承人,他的继承人即成为实际上的国王,中间没有任何空位期或间隔。法律甚至在设想国王死亡的可能性的问题上都保持着相当程度的敏感,其自然死亡被称为逊位(demise)、称为国王的逊位或王权易主,而国王的逊位,更确切地说,应该是国王的新生(demissio regis, vel coronae),这一表述意味着这是财产的转移。因为正如普洛登所说①,当我们提到国王逊位时,我们仅指由于国王的自然躯体与他的政治身份分离,王国因此被转移于他的继承人,所以国王这一尊贵的职位保持永恒。也正因如此,爱德华四世在他统治的第十年曾被兰开斯特家族赶下王位达数月之久,这次短暂的王位转移被称为他的逊位,当时所有的诉讼都中断了,

---

(接上页注释) 13岁时,其父推荐格罗斯特公爵照料他,后者被枢密院宣布为国王的保护人。《亨利八世二十五年法》第十二章(25 Hen. VIII. c. 12.)、《亨利八世二十八年法》第七章(28 Hen. VIII. c. 7.)规定王位继承人如为男性且低于18岁、女性低于16岁的,应在达到上述第七章规定的年龄之前由其亲生母亲(如果国王同意的话)以及现任国王陛下通过遗诏或其他方式任命的其他顾问加以管教。因此亨利八世据此规定任命了16名遗嘱执行人来管教他的儿子爱德华六世及管理政府,而这16人又推选了赫特弗德伯爵为国王的保护人。《乔治二世二十四年法》第二十四章(24 Geo. II. c. 24.)规定,万一王位由已故威尔士亲王弗雷德里克小于18岁的子女继承,在国王成年之前任命亲王的遗孀为国王监护人及摄政王,并由一个摄政委员会辅佐;根据《乔治三世五年法》第二十七章(5 Geo. III. c. 27.)规定,万一作为王位继承人的现任国王子女出现类似的情况,授权国王指定现任王后,即将来的遗孀,或任何在此王国居住的乔治二世国王的后裔为国王监护人及摄政王,并由一个摄政委员会辅佐,直至新国王成年;上述两项法律的权力由若干部成文法明确规定范围并加以确定。

① 埃德蒙·普洛登,《判例注释和汇编》,第177、234页(Plowd. 177、234.)。

如同国王自然死亡时一样①。

我们接着讨论国王特权的这几部分:这些特权被授予国王,使其政治身份成为完美的和不朽的。这些特权还赋予国王众多的职权和权力,对这些权力的运用还包括了政府的行政权力。英国宪法很明智地将这些特权置于一人之手,以使国家更团结、更强大、更高效。倘若该权力由多人执掌,其必定会服从于多种意志,这些意志如果不团结或出现分歧时,将造成政府的软弱无力,而要统一这些意志并将其合而为一又将需要很长时间和很多耽搁,当国家出现紧急情况时,是经不起这样的拖延和耽搁的。因此,英国国王不仅仅是国家的首席行政长官,更确切地说应当是唯一的行政长官;所有其他官员都根据他的授权行事,并应当是他的下属。这种方式和古罗马的伟大革命时相似,所有共和国的古代行政长官的权力都集中在一位新的皇帝手中,如格拉维纳所言②,因此"以前共和国的权力与威严都通过行政官员们权力的统一,被集中于一人之手"(in ejus unius persona veteris reipublicae vis atque majestas per cumulatas magistratuum potestates exprimebatur)。

根据本章中已经设定的前提,(我确信)我将不会被当作一个专制统治的倡导者。当我把"在合法的行使特权时,国王是且应当是不受任何限制的"这句话规定为一个法律基本原则时,我的意思是,由于不存在可以阻止或耽搁国王行使权力的法律机构,从这一意义上说,国王是不受限制。只要国王愿意,他可以否决议会的任

---

① 米迦勒庭期,亨利六世四十九年,诉讼 1—8(M. 49 Hen. VI. pl. 1-8.)。
② 《市民法的起源》,第一卷,第 105 节(Orig. I. §. 105.)[格拉维纳(Gravina, 1664—1718 年),意大利人文主义法学家,著有《市民法的起源》著作。——译者]。

何法案,可以和外国签订任何条约,可以铸造任何货币,可以册封任何人为贵族,也可以赦免任何罪行;除非法律明文或是通过明显可得出的结论的方式规定了特定的除外情况或限制,此时法律将宣布:国王的特权范围只能到此为止,不可超过。如若不然,如果那些明确属于国王权力管辖范围的事务,任何个人或团体还是可以应用常规的法律手段不服从其管辖的话,那国王的权力便会成为徒有虚名的幻影,而这样便无法达到建立政府的目的。不过在这里我指的仅仅是常规的法律手段,并非指那些诉诸首要原则的非常规手段,当社会契约濒临解体的危险,而法律对于使用暴力讹诈或压迫提供的救济手段又无能为力时,这些非常规手段是必需的。但是由于对国王的绝对权力与人民为了国家的利益而对此进行的抵制之间的区别没有进行仔细考虑,使得上述这些原则被两种人——奴役人民制度的拥护者们以及蛊惑人心的号召约束国王权力的政客们极大地曲解和滥用了。前者声称国王的绝对主权和英明统治在法律中以最着重强调的语气被规定下来,这些规定与我们在布道时的训诫共同排除了任何可能例外于上述普遍而明确规则之外的情况。但他们忘记了对于任何实际应用的法律体系而言,要预先规定非常情况下的救济措施(在国家突然发生危机事件时需要采取这样的救济措施,也只有这样的危机事件发生时,采取这样的救济措施才是正当的)是根本不可能的!但只有这些措施才是合理有效的。另一方面,过分狂热的共和主义者们感到无休止地被动服从非常不合理,于是妄想(或者是拉帮结派地)转向另一极端。由于当国家存亡处于危险中时反抗国王个人是正当的行为,并且公众的意见也表明这些反抗是必要的,因此共和主义者们

第七章 国王的特权

主张任何个人都有决定国家存亡是否处于危险之中的权利以及使用个人的力量反抗哪怕是来自于个人的压迫的权利。这是一种会导致无政府状态的学说,最终会和专制主义一样对公民的自由产生致命的后果。因为公民的自由,其真正的含义包括了通过社会的统一力量保护所有个人的权利。而没有对于某些最高统治权力的服从,社会将不能继续存在,自然也就不能对个人施以保护。如果每个人都有权决定其本人应当在多大程度上遵守法律的话,那么"服从"一词将只是一个空泛的名称而已。

因此,根据宪法体制,国王在行使法律赋予他的特权时是不受限制的,并且不允许任何人对其抗拒。但是,如果国王行使特权明显将遭致民众的怨恨或使王国蒙羞的话,议会将要求国王的顾问们就此事作出严格而公正的解释。因为国王的特权(正如洛克先生[①]下过的精妙定义)的特点就在于在那些法律没有明确规定的地方,国王有权为了公众的利益根据自己的判断采取行动,如果该权力被滥用于损害公众利益之处,那么这种特权便是以一种违宪的方式行使的。因此,国王可以与外国缔结一项对国家具有不可撤销的约束力的条约。但是,当该条约被发现会损害国家利益时,那么当初订立这些条约的部门的大臣或建议缔约的大臣们将受到议会的弹劾。

国王的特权,(就我们现在所研究的这些特权而言)不是涉及这个国家与其他国家的交往,就是涉及国家内部的政体与国内政府。

---

① 《政府论》,下篇,第 166 节(on Gov. 2. §. 166.)。

在涉外事务方面，国王是他的人民的代表或代理人。一个国家的所有个体成员是不可能以集体的身份与另一同样人口众多的国家交涉国际事务的。他们在采取行动时肯定不够团结一致，而他们在执行计划时肯定也缺乏力量。因此，国王就像一个辐射中心，所有的臣民所放出的射线都集中到这个中心，从而组成了一个壮丽辉煌、坚不可破的强有力的统一体，令所有的外国君王都对其感到敬畏。而这些外国君王们在对外签署任何协议时都会有所顾虑，因为这些协议在签订后还必须经过公民大会的复查和批准。在与外国政府签订协议时，如果是根据国王的权力进行的，那么国王的行为就是整个国家的行为，如果此协议未经国王同意，就仅仅是个人行为。到目前为止，我们的法律仍然是这样认为，并且有这样的规定①：即使英国所有的臣民与一个和英国国王结盟的国王开战，如果英国国王没有同意向其宣战，这场战争便不能打破这种同盟关系。而且，根据《亨利五世二年法》第六章的规定，任何臣民，凡对同国王结盟的国家有敌对行为的，将被宣布为重叛国罪。虽然这以法律中涉及此种行为应判为重叛国罪的规定已被《亨利六世二十年法》第二章所撤销，但是此种行为依然是一种违反国际法的严重罪行，我国的法律可以对行为人进行处罚，将根据案件的情节判处死刑或其他刑罚。

1. 因此，被视为他的人民的代表的国王，是唯一有权向外国派遣使节，并且在王宫中接见外国使节的人。对此我们将进行一次简短的讨论：英国的国内法律究竟在多大程度上干预、或者说保

---

① 《英国法学阶梯》，第四卷，第 152 页 (4 Inst. 152.)。

护由一个君主派遣到另一个君主那里的使者——也就是我们称之为大使的人的权利。

驻外使节的权利、权力、义务及特权依据的是自然法和国际法的规定,而非任何国内的法律。这是因为这些驻外使节分别代表了他们各自的君主,他们除了自己国家的法律外,没有义务服从任何其他法律,他们的行为并不属于他们受命出使国家的私法的管辖范围。服从于法律强制力者必然受制于制定法律者的权力,但是一名大使除了派遣其出使的权力机构之外,不受其他权力机构的管辖。因此,其不应当受其执行大使任务所在国的纯粹的国内法律的管辖。如果大使严重违法或者不适当地利用了他的大使身份时,他应当被遣送回国,并在他的君主面前接受指控[1]。而他的君主有义务对其公正审判,否则就等于承认自己也是犯罪者的帮凶[2]。但是,驻外使节的外交豁免权是否适用于所有的犯罪,应适用于违反自然法的犯罪还是违反实在法的?另外豁免权是不是应该仅限于法律所禁止的行为(*mala prohibita*),比如制造伪币,而不包括本质上不合法的行为(*mala in se*),比如杀人[3]?这一问题在国际法的学者中存在很大争议。似乎我们的法律以前的规定倾向于仅限于法律禁止的行为,也就是一般豁免。因为我们的普通

---

[1] 如在1716年,瑞典国派驻大英帝国的大使于伦伯格伯爵就曾有此经历。
[2] 孟德斯鸠,《论法的精神》(Sp. L. 26. 21.)。
[3] 范·利文,《民法大全》(Van Leeuwen *in F f*. 50. 7. 17.);塞缪尔·普芬道夫,《自然法与万民法》,巴贝拉克译,第八章,第九章,第 9、17 节(Barbeyrac's Puff. *l*. 8. *c*. 9. §. 9. &. 17.);范·宾克肖克(Van Bynkershoek),《市场代表》,第十七、十八、十九章(*de foro legator*. *c*. 17,18,19.)。

法学者和罗马法学者都认为①：大使是根据自然法和国际法享有外交特权的,如果其所犯罪行已违反了理性和自然法,他将丧失外交特权②。因此,如果一个大使妄图谋害其所驻国的国王,他可以被宣布犯有叛国罪,并以该罪接受刑罚,但如果他所犯的是其他任何种类的叛国罪罪行,则情况就不一样了,该大使就必须被遣送回其本国接受处理③。驻外使节的这些不同的地位看来是有坚实的理性基础的。因为,根据我们前文所述,所有的国内法律的规定都服从于基本的自然法规定,而且国内法为自然罪行添加刑罚之处,仅仅是对自然法的说明和辅助。因此,驻外使节和所有国家的其他人一样,都受到这一公正的、普遍的自然规则的管辖,所以无论他们在何处违反了自然法的规定,他们都有义务在违法之地接受处罚,这是理所当然的④。但是,无论以前是如何遵循上述原则的,当今的欧洲一般在实践上似乎已经采纳了在此问题上造诣深厚的格劳秀斯的观点：驻外使节的安全比对于个别犯罪的处罚更为重要⑤。所以,一个世纪过去了,却几乎没有大使因犯有任何罪行(无论该罪行的性质有多恶劣)受到处罚的案例发生。

在民事诉讼领域,所有的外国法律学者都认为,驻外使节和他

---

① 《亨利·罗尔判例汇编》,第一卷,第 175 页(1 Roll. Rep. 175.);《爱德华·布尔斯鸠德判例汇编》,第三卷,第 27 页(3 Bulstr. 27.)。
② 《英国法学阶梯》,第四卷,第 153 页(4 Inst. 153.)。
③ 《亨利·罗尔判例汇编》,第一卷,第 185 页(1 Roll. Rep. 185.)。
④ 《福斯特刑法》,第 188 页(Foster's reports. 188.)。
⑤ 驻外使节的安全比对于个别犯罪的处罚更为重要(*Securitas legatorum utilitati quae ex poena est praeponderat. de jur. b.* & *p.* 2. 18. 4. 4.)。

第七章 国王的特权

的任何随员都不应当因任何债务或合同纠纷而在其派驻国法院中受到指控。但爱德华·柯克爵士还是坚持认为：如果一个驻外使节订立的合同按照国际法的规定是有效的，那么他就应该在当地对该合同引起的诉讼负责[1]。而且事实上，在安妮女王时代之前，我们在英国的法律中根本找不到任何允许外国使节及其仆人可以拥有外交特权的规定，甚至在民事诉讼中也不例外。因此，在1708年才会发生俄国沙皇彼得大帝派出的一位大使因债务纠纷在合同缔约地伦敦被拖出马车并确实遭到拘押的事件。沙皇对此勃然大怒，要求（我们被告知）惩罚那些制造拘押事件的官员，对他们处以死刑。但是，（让那个专制朝廷感到惊讶的是）女王命令手下大臣如此告知彼得："迄今为止，英国的法律还不保护不偿还他们合法债务的外国使节，因此，这次拘捕行动并未触犯法律。除非得到国家法律的授权，否则女王不能对（哪怕是她最卑贱的）臣民进行处罚。[2]"然而为解决外交使节对此提出的集体抗议（他们已将外交豁免权作为一项通行的法律条款），同时也为了平息彼得的怒火，议会制定了一部新的法律[3]，承认所发生的拘押事件[4]："对于女王陛下向外交使节提供的保护不够重视，不符合国际法，并损害了外交使节的权利和外交特权，这些权利和特权是大使和其他公共使节无论何时都应当享有的，并且应当是神圣不可侵犯。"此外该法律还规定：以后凡涉及拘押任何外交使节个人或其仆人，或

---

[1] 《英国法学阶梯》，第四卷，第153页（4 Inst. 153.）。
[2] 《现代通史》，第三十五章，第454页（Mod. Un. Hist. xxxv. 454.）。
[3] 《安妮七年法》，第十二章（7 Ann. c. 12.）。
[4] 这一部解释此事的法律还被制作了一份正式誊写并烫金的副本，送往莫斯科，作为给沙皇的礼物。

扣押其财物的诉讼程序都不具有法律约束力，并且是无效的。凡提起、教唆他人提起或者执行上述诉讼程序者将皆被视为国际法的违犯者和公共安宁的破坏者，应据此处以大法官和其余两个首席法官共同或其中的两人认为适度的刑罚及体罚。但是，该法律也明确规定，向任何外交使节提供服务的商人，由于已经受到《破产法》保护并享有特权，因此不享有本法提供的保护和特权，此外，拘捕外交使节的仆人者不应受到处罚，除非该仆人的名字已于国务大臣处登记，并通过国务大臣转交于伦敦和米德尔塞克斯郡的司法行政官。如同大多数文明国家规定的那样，英国法律规定的这些免责条款也是严格符合外交使节的权利的[1]。并且，由于这一法律实施了国际法的规定，因此这些外交特权现在通常已经在普通法法院得到承认[2]。

---

[1] 经常有人问这个问题：那些跟随大使一起来到的人，比如商人们，并不是为了使大使馆的工作更好地开展而被委派的，而是为了他们自己的私人事务，他们也获得了外交身份，这些人是否应当被包括在享受外交特权的大使随员之中？虽然大使经常为这些人提供保护，并希望他们也能包括在随员行列之中，但是很明显他们不是大使本人公开招募为其服务的，也不是由大使馆聘用的，所以不属于大使馆的工作人员。不过，由于此事经常造成纠纷，所以一些法院以前曾判定，解决此事最好的办法就是要求大使开列一份其随员的名单（Saepe quaesitum est an comitum numero et jure habendi sunt, qui legatum comitantur, non ut instructior fiat legatio, sed unice ut lucro suo consulant, institores forte et mercatores. Et, quamvis hos saepe defenderint et comitum loco habere voluerint legati, apparet tamen satis eo non pertinere, qui in legati legationisve officio non sunt. Quum autem ea res nonnunquam turbas dederit, optimo exemplo in quibusdam aulis olim receptum suit, ut legatus teneretur exhibere nomenclaturam comitum suorum. Van Bynkersh. c. 15. propc sinem.）。

[2] 约翰·菲茨-吉本斯，《威斯敏特宫王座法院相关争议和既决案例汇编（1732年）》，第 200 页（Fitzg. 200.）；约翰·斯特兰奇，《既决案例汇编》，第 797 页（Stra. 797.）。

第七章 国王的特权

2. 与其他国家及其君主缔结条约、构建同盟及联合也是国王的特权。根据国际法,一个有效的国家同盟必须是由各国最高统治者建立的①;这样它才能对整个社会有约束力。而在英国,最高统治权是由国王一个人执掌的,因此无论国王缔结任何条约,王国内的其他权力机构如果迟滞条约的缔结、反对或废除这一条约都是非法的。不过,为防止这个巨大的权力被滥用以致损害公众的利益,宪法(如以前曾暗示过的那样)于此权力上设立了一项限制措施,该措施即——如果该条约事后被认为是有损于国家尊严或利益,将通过议会弹劾的方法对那些建议国王缔结或本人直接缔结这一条约的大臣进行处罚。

3. 根据同样的原则,国王还单独拥有宣战或者媾和的特权。因为所有的自然法和国际法学者都认为,宣战的权力本质上属于每个个人,但在加入社会时每个个人都放弃了这一权力,并将其授予了国家最高权力机构②。而且,这一权力不仅仅是被个人所放弃,而且在最高统治之下的全体人民作为一个整体也放弃了该权力。如果有臣民(不论人数多少)拥有权力限制最高行政长官,使其违背自己的意愿让国家进入战争状态,这毫无疑问是极端错误的。所以,无论有公民们个人怎样进行战斗,国家都不应该因此受到影响,除非他们能证明其行为的合法性,否则这些人将成为共同犯罪人。根据罗马法的规则③,这些未经批准参战的志愿军并未被

---

① 塞缪尔·普芬道夫,《自然法与万民法》,第八卷,第九章,第六节(Puff. L. of N. b. 8. c. 9. §. 6.)。

② 塞缪尔·普芬道夫,《自然法与万民法》,巴贝拉克译,第八卷,第六章,第八节(Puff. l. 8. c. 6. §. 8 and Barbeyr. in loc.)。

③ 《查士丁尼学说汇纂》(Ff. 50. 16. 118.)。

归入国家公敌的行列,而是被当成海盗或强盗来对待:我们的敌人是那些公开对我们宣战的人,或者我们对他们宣战的人,所有其他人都是小偷和强盗(hostes hi sunt qui nobis, aut quibis nos, publice bellum decrevimus: caeteri latrones aut praedones sunt)。为什么根据国际法,在实际战斗开始之前总是要对于战争进行谴责?根据格劳秀斯提出的理由①,这并非因为敌方可能因此加强警戒(这样做虽然高尚但并不正确),而是为明确战争并非是由单个的人进行的,是根据整个社会的共同意志进行的,而根据社会的基本法律,根据整个社会的意志进行宣战的权力全都被转让给了最高行政长官。所以,为使战争完全合法,我们英国的战争必须由国王根据他的权力进行公开和正式的宣布。而交战各国的所有部分,从最高权力机关到最底层的国民都因此而受这一规则的约束。而且,掌握着开始一场国家间战争的权力的机构,必然也掌握着结束其的权力,或者称为媾和的权力。议会同样也有制约国王的手段,对在一场战争的开始、进行、结束阶段的不当行为或不光彩行径进行弹劾,总体而言,这一措施足以防止国王的大臣们恶意或不正当地行使这一伟大的特权。

4. 但是,由于延迟发动战争有时可能会损及那些遭受外国君主侵害的英国人,因此,我们的法律指示大臣们应国民的合理要求颁发报复特许状(letters of marque and reprisal),从而在某些方面授予国民敦促国王行使权力的权利。这种特权的授予与宣战的特权紧密相关,而且明显就是由此产生的;因为毫无疑问,颁发报复

---

① 《战争与和平法》(de jur. b. & p. l. 3. c. 3. §. 11.)。

特许状仅仅是一种不完全状态的敌对状态,通常情况下这种状态将以一份谴责战争的正式声明而告终。只要一国的国民受到另一国国民的压迫或伤害,而后者所属的国家又拒绝为前者主持公道,那么颁发这种特许状便是符合国际法的①,在这种情况下,受压迫的国民可以获得报复特许状(其词语本身便含有以牙还牙的意思),从而不论于何时何地发现要报复的国家的人员或货物,均可对其进行扣押,直到该国做出满意的答复。实际上这一以牙还牙的传统习惯看来似乎是人类本身的天性使然,相应的我们在古代还可以找到一些这方面的著名事例②。但很显然,在英国必须诉诸最高权力机关才能决定何时可以进行报复,否则的话,每一个受害者都可以成为自己诉讼请求的法官了。而且,在这一原则的实施过程中,我们曾制定的《亨利五世四年法》第七章宣布:如果帝国的任何臣民在停战期内受到任何外国人的迫害,国王将有权对受到伤害的人根据一定的程序授予报复特许状。下面的程序规定是必须遵守的:受害者必须首先向掌玺大臣提出申请,然后掌玺大臣将据此发出一张权利请求特许状并加盖国王的私玺,如果在这张要求作出满意答复的权利请求特许状发出后,被申请方依然未能在合理时间内作出满意的答复或对受害者作出赔偿,那么大法官将为受害者颁发加盖国玺的报复特许状,受害者便可凭此特许状

---

① 格劳秀斯,《战争与和平法》(Grot. de jur. b. & p. l. 3. c. 2. §. 4. & 5.)。
② 见内斯托在《伊埃得》(Iliad)一书的第十一卷中的叙述,由其本人进行的对于伊比利安国的报复。由于该国的人在与他的父亲内鲁斯进行埃连(Elian)比赛时失利,而且还对皮利安(Pylian)王国的许多国民负有债务未还,因此,他从该国抢掠了很多牛。国王从战利品中得到了他本人需要的 300 头牛,其余的牛被平均分配给了其他的债主。

攻击或扣押侵略者所在国家的财产,并且无需担心被控为强盗或海盗而入狱。

5. 正是基于相同的原因,国王才有权颁发入境许可证,根据国际法,没有该证件,一个国家的国民就无权进入另一个国家。因此,普芬道夫才会非常准确地解释①:对于所有国家的权力机关而言,只要他们认为需要,便可以对意图入境的外国人使用此项规定,不过必须登岸避险的船员和乘客或者由于其他任何值得同情和怜悯的原因而入境的人士则不受此规定的约束。我们的法律不仅在对待身陷困境的外国人的入境(这方面的规定我们将在讨论船难事故时遇到),还在涉及主动要求入境的外国人的问题上显示出巨大的仁慈。因为只要这些人所在的国家与我们的国家和平相处,并且他们本人与我们和睦相处,他们便可得到国王的保护。当然只要国王认为有必要,也可随时将他们遣送回国。但是根据国际法,凡与我国交战国家的国民,如果其本人进入大英帝国或在公海上旅行或运送货物经过上述地域的,如果没有战时通行证,将可能被英国臣民扣押。根据多种古代的法律的规定②,这一通行证必须由国王授权颁发,加盖国玺,并且要在大法官法院登记,如未经上述手续,该通行证无效。而国王则被认为是对于一般的战争法律中出现的例外的紧急情况的最佳评判者。

作为一个商业国家,英国的法律确实在不计其数的案件中对外国商人的法律地位予以高度重视。有一项规定是我不能忽略

---

① 《自然法与万民法》,第三卷,第三章,第九节(Law of N. and N. b. 3. c. 3. §. 9.)。
② 《亨利六世十五年法》,第三章(15 Hen. VI. c. 3.);《亨利六世十八年法》,第八章(18 Hen. VI. c. 8.);《亨利六世三十年法》,第一章(30 Hen. VI. c. 1.)。

的,根据《大宪章》规定①,除战争时期外,所有的外国商人(除非已经被事先公开禁止)都可以安全地进出英国国境或于英国停留,或在英国旅行,并且无须负担任何不合理的关税。而且,如果我国与他们的国家发生战争的话(如果当时他们在英国),他们将被扣押,但在国王及其首席法官得到我国的商人在战时于该国受到怎样的待遇的正式消息之前,不得侵犯其人身安全及货物。如果我国商人在该国受到保护,那么他们也将在我国受到保护。上述规定在北方国家似乎已经成为了一项通用的公正的规则,从斯蒂恩胡克的著作中我们可以了解到②,在哥特和瑞典人中有这样一条法律格言:外国人对我们适用怎样的法律,我们也对他们适用相同的法律(quam legem exteri nobis posuere, eandem illis ponemus)。但是,我们在《大宪章》中竟然找到了该规定,这在某种意义上便非同寻常了,因为《大宪章》是一份国王和他的本国出生的国民之间签订的纯粹的内部契约。这使博学的孟德斯鸠非常羡慕地评论道:"英国人已经使保护外国商人的规定成为国内自由权的条款之一。"③而且这番话实际上还证明了他的另一句评论言之有理:"英国人比世界上任何其他国家的人都要了解这句话的意义所在,即:怎样同时重视这三项巨大的优势——宗教、自由、贸易。"④这与罗马人的民族精神大不相同,罗马人的习惯、他们的性格甚至他们的法律都把商业贸易看成是一项不光彩的职业,并且禁止出身高贵、

---

① 第三十章。
② 《瑞典法律与古代哥特人法律》,第三卷,第四章(de jure Sueon. *l. 3. c. 4.*)。
③ 孟德斯鸠,《论法的精神》(Sp. L. 20. 13.)。
④ 同上书(Sp. L. 20. 6.)。

地位显赫或者是富有的人从事商业贸易①。这同样亦与古板的教会学者们的观点不同,他们认为贸易是有悖于基督教精神的②,公元1090年在教皇乌尔班二世统治时的梅尔菲会议规定:从事任何贸易活动或法律职业的人都将不可能获得良心上的安宁③。

以上就是国王在涉及国家与外国交往方面的一些主要特权,在这些交往中,国王都被视为他的国民们的代表或者说代理人。而在国内事务中,国王被认为具有许多种不同的身份,并且由此衍生出其他许多种国王特权。

1. 首先,国王是最高立法机关的一个组成部分。国王对于他认为不妥的议会法案,拥有否决的特权。该种组织结构的必要之处,早已在前文中详细表述过了④。此处我只想进一步补充:除非在法律中特别提到国王的名字,否则国王不受该法律的限制。法律所使用的最常见的用语——"任何个人或若干个个人、政治团体、法人团体"——如果其他人想用这样的规定来限制、缩小国王

---

① 我们禁止那些出身高贵者、荣誉显赫且声名远扬者以及祖产丰厚的富家子弟从事对城市非常有害的贸易活动(Nobiliores natalibus, et honorum luce conspicuos, et patrimonio ditiores, perniciosum, urbibus mercimonium exercere prohibemus. C. 4. 63. 3.)。

② 上帝永远讨厌商人,因此所有基督徒都不应成为商人,否则的话,如果有基督徒成为商人,他将被逐出上帝的教会(Homo mercator vix aut nunquam potest Deo placere; et ideo nullus Christianus debet esse mercator; aut si voluerit esse, projiciatur de ecclesia Dei. Decret. 1. 88. 11.)。

③ 作为一名基督教信徒,如果他未能全部放弃他的法律职业以及商业的话,他的忏悔将是对上帝的欺骗,因为从事这两项职业肯定会产生某种形式的罪恶(Falsa fit poenitentia [laici] cum penitus ab officio curiali vel negotiali non recedit, quae sine peccatis agi ulla ratione non praevalet. Act. Concil. apud Baron. c. 16.)。

④ 原书第二章,第149页。

的特权和利益的话①,那根本对国王毫发无伤。因为如果未经行政机关本身明确同意,根据臣民对法律的含义的解释就可能使行政机关的权力受到限制的话,那最终受到最大伤害的还是公众的利益。不过,当一部议会法律明确是为了保护公众的权利并抑制公共不法行为而制定,并且该法律并不妨碍国王的现有权利时,一般认为该法律对于国王和臣民具有同样的约束力②,当然国王同样也可以享受任何特定的法律赋予他的利益,即使这些法律没有特别提及国王③。

2. 其次,国王被认为是整个王国军事部队的最高统帅。社会的重要目的就是通过联合整个团体的力量保护每个脆弱的个体。而且政府的首要作用便是管理这股联合力量,使其处于最佳、最有效的状态,以符合这一目的的需要。君主制政府被认为是所有政府类型中最符合这一目的的政府,因此,为符合君主制政府体制设立的目的,君主政体下所有军事力量都必须被授权由君主掌握。

根据"王国的将军"这一身份,国王是唯一有权招募并指挥整个王国海陆军队、提拔军官的人。至于招募及控制军队的方式,我将在后文研究军队时进行更详细的论述。现在我们仅讨论国王招募和指挥军队的特权。这一特权实际上在查理一世时的长期议会中曾引起很大争议,当时议会违反常理和先例主张这一权力。不

---

① 《判例汇编》,第十一卷,第 74 页(11 Rep. 74 b.)。
② 同上书,第十一卷,第 71 页(11 Rep. 71.)。
③ 同上书,第七卷,第 32 页(7 Rep. 32.)。

过查理一世之子复辟后,通过《查理二世十三年法》第六章规定,庄严地宣布该权力属于国王一人所有:对国王陛下统治的国土上海陆武装力量、民兵及所有地方所有种类的军队的最高管理权和指挥权从古至今都无可置疑地属于英国国王陛下及其前任的国王们、女王们,议会两院或其中的任何一个都不能也不应当伪称拥有同样的权力。

255　很明显可以看出,该法律不但涉及海军和陆军,还延伸到了城堡以及全国范围内拥有武装的其他地方。建立武装力量的权力,以及对部队进行指挥和为其配置军官的权力都属于拥有"王国的将军"身份的国王一人所有①。以前所有的土地都必须缴纳一种税赋,用于在国王选定的地方修建城堡。这是所有土地无一例外地上缴税收所完成的三件工作之一,我们的撒克逊祖先称之为三大义务(trinoda necessitas):即修复桥梁、建造高塔以及防御入侵②(sc. pontis reparatio, arcis constructio, et expeditio contra hostem)。根据爱德华·柯克爵士引用帕里斯的资料③,我们相信在当时人们经常被要求参与这项工作,在亨利二世的时代,整个英国有1115座城堡。当这些城堡被授予臣民个人,也就是那个时代的男爵贵族们时,整个王国都感到了此事带来的巨大麻烦。根据斯蒂芬国王统治时期的纽伯里的威廉的说法:"在英国,有多少个城堡的主人,实际上就有多少国王,更确切地说是暴君"(erant in Anglia

---

① 《英国法学阶梯》,第二卷,第 30 页(2 Inst. 30.)。
② 考威尔,《注释家》(Cowel's interpr.),标题为 *castellorum operatio*;塞尔登,《背后的脸》(Seld. Jan. Angl. I. 42.)。
③ 《英国法学阶梯》,第二卷,第 31 页(2 Inst. 31.)。

quodammodo tot reges vel potius tyranni, quot domini castellorum）。不过,对此感受最深的还是连着的两任英国国王,约翰国王和亨利三世国王。因此,这些城堡中的绝大部分都在诸侯战争中[①]被摧毁,而此后的国王们在允许他们重建城堡的问题上一直持一种小心翼翼的防备态度。爱德华·柯克爵士曾明确提到过这一点[②]：未经国王批准,任何公民不得建造城堡、可用于作战的坚固建筑物或其他防御性堡垒,因为如果每个人都能随心所欲地这样做的话,危险将随之来临。

对于军事特权的部分,还应提一下的是《查理二世十二年法》第四章和《乔治二世二十九年法》第十六章授予国王陛下的权力,包括禁止向王国以外出口武器弹药,对违法者施以严厉的处罚的权力,而且还规定：国王有权在他认为适当的任何时候,限制臣民出国,并可召回身在海外的臣民。根据普通法的规定[③],任何人都可以以任何理由出国,无须得到国王的许可,只要他未受任何规定其必须呆在国内的禁止令的制约（这一自由权在约翰国王的《大宪章》中已被明确宣布,不过,在亨利三世的《大宪章》中,该权力并未被提及）。但是,由于每个人都有责任保卫国王和他的国土,所以国王可以根据自己的意愿通过命令要求臣民不得出国,或者未经国王许可不得出国,如果臣民违反这些规定,将因为不遵守国王的命令受到处罚。在古代,一些人因为他们身份上的原因,未经许可

[①] 诸侯战争（barons' wars）,指1264—1267年因贵族反对亨利三世的政策而引起的内战。——译者
[②] 《英国法学阶梯》,第一卷,第5页（1 Inst. 5.）。
[③] 菲茨赫伯特,《新令状选编》,第85页（F. N. B. 85.）。

永久禁止出国,其中包括:所有的贵族,因为这些人是国王的顾问;所有的骑士,他们有义务保卫王国免受入侵;所有的神职人员,《克拉伦登宪章》(constitutions of Clarendon)①明文规定禁止其出国,因为他们在教皇时代与罗马教廷有所勾结;所有的弓箭手及其他工匠兵亦在此列,因为这可以防止他们将其技术及武器制造方法教授于与我们为敌的外国人。该法律规定大约始于布立吞人②的时代,在爱德华一世统治时期被制定为成文法律,爱德华·柯克爵士③曾向我们举过很多爱德华三世时期这方面的案例。在接下来的王朝中,对出国旅行事务方面的规定又与以前有很大不同。曾有一部议会法律规定④:禁止任何人未经许可前往任何国家,仅有贵族及王国的其他重要人物、享有声誉的真正的商人们和国王的士兵不在此列。但是该法律被《詹姆斯四世四年法》第一章的规定所废止。因此目前每个人都有权,至少是被假定有权随时出国。不过毫无疑问,如果国王认为有必要禁止臣民出国,并通过加盖国玺或私玺的禁止出境令对其下达命令;或者国王向任何身在海外的臣民送达命令要求其回国的话,对于上述命令臣民如有不遵,就将被认定为严重藐视国王的特权,其土地将被查封直至其回国为止,同时其本人回国后还将受到入狱及罚款的处罚⑤。

---

① 《克拉伦登宪章》,一部旨在限制教会特权和宗教法庭权力的法律,于1164年经亨利二世批准并颁布。——译者
② 第123章。
③ 《英国法学阶梯》,第三卷,第175页(3. Inst. 175.)。
④ 《理查二世五年法》,第二章(5 Ric. II. c. 2.)。
⑤ 霍金斯,《论王室的诉讼》,第一卷,第22页(1 Hawk, P.C. 22.)。

第七章 国王的特权

3. 在国内事务中,国王具有另一种身份,即被认为是公正的源泉和王国和平的最高守护者。所谓"公正的源泉",法律并不是指国王是公正的创造者或起源,而只是指其是公正的分配者。公正并非源自于国王,是国王的免费礼物,国王只是一名公众的管理者,将公正分配给应当得到它的人[1]。国王并不是公正的源泉,而只是储存公正的水库,通过成百上千条渠道,将公平与正义传送到每个个人。根据社会的基本属性,最初的司法权属于整个社会,但是由于在这种集体的身份下要给予每个个人以完全的公正不太符合实际,所以每个国家都将司法权委托于若干精选的法官,这些人能够比一般人更轻松、快捷的审问并处理争议。而在英国,很久以前这一权力就由国王或他的代理人行使。因此,国王是唯一有权设立作为司法机构的法院的人。这是因为,虽然王国的宪法将全部的法律执行权授予了国王,但国王不可能,同时也不便由其个人来执行这项内容广泛而重要的权力,因此,才有必要设立法院以协助国王行使这一权力,同时法院也必须根据国王的授权设立。因此,所有法院的司法管辖权或直接或间接来源于国王,法院的诉讼程序的运转一般以国王的名义进行,法院的判决加盖御玺,并由国王的官员们进行执行。

在距今非常久远的年代,在我们的宪法体制达到成熟完善之前,国王很有可能(几乎是肯定)经常亲自审理并判决在两方当事人之间的诉讼。不过到了现在,通过许多世纪的长期不变的惯例,

---

[1] 不过设立国王的职位并选任国王就是为了让所有的人得到公正(*Ad hoc autem creatus est et electus, ut justitiam faciat universis.* Bract. *l*. 3. *tr*. 1. *c*. 9.)。

我们的国王已将民众授予的全部司法权力全部授权于若干个民众法院的法官们,这些法院是王国基本法律的受托人,已获得了广为人知的固定的司法权,这一权力由一些既定的法律加以规范,对于这些法律现在除了议会的法律以外,即使是国王本人也不能对其进行变更①。为保持高等级法院法官们审判的独立性及法官尊严,《威廉三世十三年法》第二章规定法官的任命应当不能再像以前那样对法官可以根据国王命令随意撤换(durante bene placito),而是只要他们本人工作中品行良好(quamdiu bene se gesserint)就不会被免职,而且他们的薪酬也应当是固定且有保障的。不过,经议会两院批准,还是可以合法地免去他们的职务。现在的《乔治三世一年法》第十三章曾对上述法律进行了一次著名的改革,规定:应国王本人以国君身份郑重请求,法官如表现良好,可一直担任这一职务,即使国王逊位对此亦无任何影响(按照以前的规定②,国王一旦逊位,法官必须立即辞职)。而且法官在任职期间,对其薪酬应当予以绝对保证。国王陛下高兴地宣布:"他视法官的独立性与诚实性为司法公正必不可少的条件,同时也是他的臣民们的权利与自由的最有力保障之一;并且,也是最有益于国王的荣誉的。③"

在刑事诉讼,或者对犯罪的控诉中,如果国王处于法官的地位,将显然更加不合理,因为此时国王还表现为另一种身份——检察官。所有的犯罪不外乎不是扰乱了国王的社会秩序,就是损害

---

① 霍金斯,《论王室的诉讼》,第二卷,第2页(2 Hawk, P. C. 2.)。
② 《王座法院和皇家民事法院案例汇编》,第747页(Ld Raym. 747.)。
③ 《英国下议院日志》(Com. Journ.),1761年3月3日。

了国王的王权或尊严,而且在所有的刑事起诉中确实也是这么陈述的。这是因为,虽然就犯罪的结果而言,一般犯罪(除了叛国罪和很少一部分其他犯罪外)似乎都是侵犯国家的利益而不是国王的利益,但是,由于社会公众——这一无形的主体,将所有涉及法律执行的权力与权利都授予了一个有形的行政长官,所以,所有对这一权力的藐视及对权利的侵犯都是对这一行政长官——也就是接受公众授予的权力与权利的长官的直接犯罪行为。因此,国王作为法律眼中妨害公共利益和破坏社会秩序犯罪行为的受害者,是对这些犯罪提起控诉的合适人选。在古代哥特人法律中这一理念被贯彻得如此之深(哥特国王受其加冕时的誓词约束,须保护社会治安),以至于任何对国王的臣民造成伤害者都将被控以伪誓罪,因为他违背了国王在加冕时所宣读的誓言,他被认为违背了国王的誓言(*dicebatur fregisse juramentum regis juratum*)[①]。同时,此处还产生了另一种国王特权,即赦免犯罪的权力。因为这是十分合乎情理的:只有被伤害者才应当拥有宽恕的权力。不过也正因如此,对于议会弹劾的案件,国王就无权进行赦免。因为这些案件是以大不列颠王国下议院的名义,而不是国王的名义提起控诉的;而且被弹劾的罪行主要是被认为公然损害了公众利益。关于控诉与赦免我将在后面的章节进行更多的研究,此处仅粗略带过,主要为了说明国王权力的宪法基础及这一系列如此之多的国王特权一般是怎样相互联系在一起的。

对于公众自由进行保护的主要方式存在于独立的司法权以及

[①] 斯蒂恩胡克,《瑞典法律与古代哥特人法律》,第三部,第三章(Stiernh. *de jure Goth. l. 3. c. 3*),在《正义宝鉴》(*the mirrour. c. 1. §. 5.*)中有与之相似的一种理念。

于由一些人组成的特别团体中,这些人虽然实际上由国王任命,但国王不能随意免去他们的职务。除非公共法官在某种程度上独立于立法权力,同时也独立于行政权力,否则不论在哪个国家,公众的自由都不可能长久保持。如果司法权与立法权结合,人民的生命、自由及财产将全部落入独断专行的法官们手中,到那时法官们将只根据自己的判断,而不是法律的基本原则进行判决,对于这些法律基本原则虽然议会可以不加遵守,但法官们却必须遵守。如果司法权与行政权结合,这一联合可能立刻打破了他们与立法权之间的平衡。正是因为担心出现上述结果,废除了星室法院的《查理一世十六年法》第十章才会特别注意将所有的司法权从国王的枢密院中移除,从最近的案例中明显可以发现,当时枢密院很快就会试图使司法权与行政权的结合成为法律,而这正中了国王和他的官员们的下怀。因此,在自由的宪法体制下,最应避免的事情就是把国家的大臣和法官的职权结合起来。我们的邻国虽然宣布的和实行的都是专制的权力,但比起东方的各个帝国确实还好一些,这很大程度上归功于他们将司法权力授予了他们的议会,这使司法机关独立于立法和行政机关。如果将来该国恢复了以前的自由体制,那么这将归功于他们的议会所作的努力。而在土耳其,所有的权力都集中在苏丹和他的大臣们手中,专制势力可谓登峰造极,因此更显得面目狰狞。

这一特权的后果之一就是国王在法律上是无所不在的。虽然国王本人不能亲自主持公道[①],但是从法律角度而言,国王陛下总

[①] 《福蒂斯丘王座法院判例汇编》,第八章(Fortesc. c. 8.);《英国法学阶梯》,第二卷,第186页(2 Inst. 186.)。

是出席所有在他的法院进行的审判。国王的法官们是一面面镜子,正是通过他们,国王的形象得到了反映。为了臣民们的利益,也为了保护他们,而一直出现在法院审判中,时刻准备好负起控诉的责任或者宣判判决的,是"国王"这一职位,而不是"国王"个人。而且这种无所不在同时意味着国王永远不得放弃诉讼①,因为放弃诉讼是一种起诉人通过不出席法院审判的办法放弃诉讼的行为。也是基于同样的理由,在法律诉讼体制中,不应认为国王和其他人一样,是通过他的代理人出席庭审的,因为根据立法意图推断,国王本人总是亲自出席庭审的②。

同样根据"国王是公正的源泉"的理论,我们还可以推导出国王发布公告的特权,这同样又是一项仅授予国王行使的权力。(正如爱德华·柯克爵士评论的③)当公告是根据王国的法律颁布或者是为执行王国的法律而颁布时,那么它们便具有法律约束力。因为虽然制定法律完全是最高统治权力的另一不同的分支——立法机构的工作,但是,在什么时间、什么环境下、以何种方式执行法律通常必然会被授权于最高行政长官进行自由裁量。因此国王就此制定的规章或布告,也就是我们所谓的公告只要不与原有的法律相矛盾,同时又不会导致订立新的法律,而只是以国王认为必要的方式强化那些早已存在的法律的执行,那么这些公告对臣民就是有约束力的。因此若现有的法律规定:国王可以禁止任何他的臣民离开王国,那么一项规定在战时禁止进出港口的为时三周的

---

① 爱德华·柯克,《英国法学阶梯》,第一卷,第139页(Co. Litt. 139.)。
② 亨利·芬奇,《论法律》,第81页(Finch. L. 81.)。
③ 《英国法学阶梯》,第三卷,第162页(3 Inst. 162.)。

全面禁令将与议会法律具有相同的约束力①,因为其依据的是先前的法律。一项解除天主教徒武装的公告亦具有约束力,因为其仅仅在执行立法机关首先制定的法律。但一项允许天主教徒拥有武装或者解除任何新教徒武装的公告便不具有法律约束力,因为前一个公告意味着法律的豁免权,后一个公告则意味着立法权,将上述两项权力中的任何一项授予任何个人,这对于英国法律而言都是完全没有先例的。实际上根据《亨利八世三十一年法》第八章规定,国王的公告具有议会法律的效力。这一制定法竟然打算引入最专制的独裁统治!要不是在大约五年后该法律幸运地在亨利八世的继承人未成年时被废除的话,该法将肯定会对这个王国的自由权造成毁灭性的打击②。

4. 同样,国王也是荣誉、官职和特权的源泉。而且这与他被称为公正的源泉的含义又有所不同,因为此处他是荣誉、官职和特权的真正产生者。如果没有一个适当的附属等级关系的话,政府不可能得以维持,人民也不可能知道并辨别出在他们上面所设立的各个等级的官员,并对这些官员产生应有的恭顺和敬意。同时官员们本身也会由于彼此之间竞逐更高职位,并且因为有升至更高职位的希望的存在而受到鼓舞,从而会更好地履行他们的职责。法律推定:没有人比国王——即这些官员的雇佣者——更能准确判断官员们的优点和贡献了。因此,法律将授予高位显职和荣誉

---

① 《现代英国王座法院判例汇编》,第四卷,第 177、179 页(4 Mod. 177, 179.)。
② 《爱德华六世一年法》,第十二章(Stat. I Edw. VI. c. 12.)。

第七章 国王的特权

的权力单独授权于国王,并确信国王会将它们仅赐予那些应当得到它们的人。因此,所有的贵族、骑士和其他头衔都由国王直接授予,或者如册封贵族和准男爵那样,通过书面形式以命令或特许状方式授予,或者像对初级骑士那样,通过授衔仪式授职。

基于同样的原则产生了国王设立和任免官职的特权,因为荣誉与官职本质上是统一并且可以相互转换的。从法律的角度而言,国王以下的所有官职都带有一种荣誉,因为,人们认为这些职位总是由那些最有能力执行这些职务的人所担任的,所以这些官职都必然需要一种高人一筹的才华和能力。而从另一方面说,所有的荣誉本质上都附带有一种责任或者说职责。一个伯爵,亦称为"*comes*",是全郡居民的保护者或管理者。而一名骑士,亦称为"*miles*",则有义务加入国王的战争。所以出于同样的理由,荣誉在国王的处置范围之内,官职应当也是如此,而且正如国王可以创立新的封号,同样他也可以设立新的官职。不过这其中有一个限制,即国王不能在设立新官职时为其摊派新的税赋,也不能将新的税赋附于旧的官职之上征收,因为那样的话等于向臣民们征税,而税收只有根据议会法律才能征收[①]。因此,在亨利八世十三年,根据国王的特许状设立了一个测量布匹的新官职,并为该职位附加了一笔新的税赋,但正是由于附加了这笔新的税赋,这一特许状在议会中被宣告无效并撤销。

根据相同或类似的道理,国王也有授予个人特权的权力。比

---

① 《英国法学阶梯》,第二卷,第 533 页(2 Inst. 533.)。

如只要国王判断为有益①,即可以将土地或优先权授予他的任何臣民,又如国王有权批准外国人的入籍,将在国王统治疆域之外出生者的身份转变为拥有居留权的外籍居民,这样他们便能享受到大量本土出生的居民才有的特权。再如国王有创立社团的特权,许多人正是藉此被统一和联合在一起,享受到了很多政治身份上的特权、权力和豁免权,这些都是他们作为自然人完全无法享有的。关于外国人、拥有居留权的外籍居民、本国出生的公民和归化入籍的公民,我将在下面的章节里作更多的论述,同样我还会在本书的最后对法人的特权进行论述。现在,我仅仅是附带提到他们,以此来显示国王有设立它们的特权的权力,这种特权是根据这一原则:单独拥有并掌握政府的行政权力的国王,就其身份、其享有的特权和其显要的地位而言,是他的臣民最应当为之效劳的、在其指导下行事的、最好的、同时也是唯一的法官。该原则早在罗马法中就已得到最大程度的贯彻:即使是对国王是否任命了正确的国家官员一事提出质疑,也将被判为渎圣罪②。

5. 此外,英国法律认为国王在国内事务方面另有一重身份,即是贸易纠纷的仲裁者。此处我所说的贸易仅仅指国内贸易。如果我试图开始研究国际贸易的性质,包括其特权、规则和限制,那将把本文引入一个过于宽泛的范围中,并将使讨论超出本书释义的目的范围,因为这本书只限于对英国法律进行释义。鉴于没有

---

① 《英国法学阶梯》,第四卷,第 361 页(4 Inst. 361.)。
② 对皇帝的判断力提起争议是不妥当的,因为怀疑皇帝所选择的官员是否合格是一种大逆不道之事(Disputare de principali judicio non oportet; sacrilegii enim instar est, dubitare an is dignus sit, quem elegerit imperator. C. 9. 29. 3.)。

任何国内法律能够为广泛而复杂的国际商业和贸易活动制定规则,这些法律对此也不具有正当的权威性。这是因为国际间的交易活动是在两个各自独立的国家的臣民间进行的,因此一个国家的国内法将不能约束另一国的国民。基于上述理由,贸易上的事务由商人们自己的法律来管辖,称为商法,亦称为"lex mercatoria",所有的国家都认可并遵循这一法律。而且英国法律在许多案件中也会特地参照商法,并且允许商人之间的诉讼根据他们自己的特有习惯进行审判,甚至在涉及国内贸易中,比如涉及签发、接受及转让汇票的案件也经常如此[1]。

在我们英国,涉及纯粹的国内贸易方面的国王特权基本上可以归为以下几条:

第一,授权设立公共贸易集市,或者说进行买卖的场所,如市场和集市的建立及市场使用费用的收取。只有取得国王的授权,才能建立这些集市,或者就是根据年代久远的传统或惯例,这种传统或惯例也可以假定为取得国王的授权[2]。这种将公众聚集之所的开办限制在对于附近的人们而言最便利的时间和地点的规定构成了国内经济学或者说是国内政权组织的一部分,这种国内经济学视王国为一个大家庭,国王作为这一家庭的主人显然有权根据自己的愿望发布命令处理这些事务。

第二,确定度量衡的规则。为了公众的利益,这些单位作为一种通用的,能将所有的东西简化为相等的价值单位的标准,必须在

---

[1] 爱德华·柯克,《英国法学阶梯》,第一卷,第172页(Co. Litt. 172.);《王座法院和皇家民事法院案例汇编》,第181、1542页(Ld Raym. 181. 1542)。

[2] 《英国法学阶梯》,第二卷,第220页(2 Inst. 220.)。

全国范围内普遍一致。但是,由于重量和计量从本质上说是任意且不确定的,因此必须要将它们简化为一些固定的规则和标准。不过这些标准却不可能根据书面的法律或者口头的宣布加以确定,因为没有人可以仅仅根据言词表达就使另一个人对一英尺长的刻度或一磅重的砝码形成清晰的概念。因此有必要通过将所有的重量和计量单位都可以化为一种统一的尺度后再相互比较的方法,借以形成一些可见的、有形的、实在的标准。而我们古代的法律把确定这一标准的特权授予了国王,而在诺曼底,这一权力属于公爵①。该标准最初在温彻斯特市范围内使用,我们发现大约在诺曼征服前的一个世纪,埃德加国王的法律中有一条命令规定②:某一种在温彻斯特市使用的计量标准必须在整个王国范围内适用。大多数国家都把与人体的若干部位相比较的标准作为长度的计量标准,比如手掌、手、拃③、脚、腕尺④、厄尔⑤、脚步、臂展的长度。但是,由于上面这些人体部位的尺寸因人而异,我们古代的历史学家告诉我们⑥,亨利一世国王因此确定了一种新的长度测量标准。他规定肘或者叫古厄尔的单位(即与现代的"码"相符合的单位)应当根据国王本人的手臂的精确长度制定。而且一种长度

---

① 《诺曼底习惯法大汇编》,第十六章(Gr. Coustum. c. 1b.)。
② 第八章。
③ 即手掌张开拇指与小指的距离,约 23 厘米或 9 英寸。——译者
④ 自肘至中指尖的距离,约 18.22 英寸。——译者
⑤ 即手臂,是古代英国布的长度单位,约 45 英寸。——译者
⑥ 马姆斯伯里的威廉,《英国历代国王编年史》(William of Malmsb. in vita Hen. I.);亨利·斯佩尔曼,《英格兰王国古法典与立法》,及大卫·威尔金斯,《盎格鲁-撒克逊教会法与民法》,第 299 页(Spelm. Hen. I. ap. Wilkins. 299.)。

的度量标准被确定后,所有其他的长度标准都可以由此产生,那些较大的长度单位可通过对该原始标准乘以倍数而得到,那些较小的单位可通过对其除以倍数得到。因此,根据一部名为《杆码构成法》(compositio ulnarum et perticarum)的法律规定,$5\frac{1}{2}$ 码为 1 杆[①];1 码可等分为 3 英尺,1 英尺等分为 12 英寸,每英寸相当于三颗大麦谷粒的长度。面积的测量方法为长度的平方,体积为长度的立方。重量的标准单位源自于小麦的谷粒,因此,我们至今仍将最小的重量单位称为格令[②]。根据《计量法》规定,32 格令为 1 本尼威特[③],20 本尼威特为 1 盎司,12 盎司为 1 磅[④],更大的重量便可依此类推。第一个标准单位一旦依此原则由国王首先确定,其后的标准单位则一般由国王通过议会制定。因此,在理查一世国王时期,于 1197 年在威斯敏斯特召开的议会规定:在整个王国范围之内只应有一种重量标准和一种计量标准,在每个市镇该法定的重量和计量标准都应由一些特定的人员进行监管[⑤],可能正是由此产生了一种古代官职——国王的规格管理官,其职责是测量所有已制成供出售的布匹,并据此征税。该职位后来被《威廉三世十一、十二年法》第二十章的规定所撤销。在约翰国王的时代,

---

① 杆为长度单位,等于 $5\frac{1}{2}$ 码或 5.03 米,尤用于丈量土地。——译者
② 格令(grain),在英语中原为"谷粒"之义,1 格令等于 1/7000 磅或 0.0065 克。——译者
③ 根据现在的标准,每本尼威特(penny weight)相当于 24 格令。——译者
④ 根据现在的标准,16 盎司为 1 磅。——译者
⑤ 罗杰·霍夫顿,《编年史》(Hoved. Matth. Paris.)。

理查国王的这一规定常因资金不足而被搁置①,这种情况直接导致了在约翰国王和他的儿子统治时期的《大宪章》中制定了专门的条款执行这一规定②。这些原始的标准被称为"国王的重量单位"③(pondus regis)和"国王的计量单位"④(mensura domini regis),后来的众多法律规定,这些标准应保存在英国财政部,以后所有的重量和计量单位都要与之相符⑤。但是根据爱德华·柯克爵士的评论⑥,虽然该标准是以议会的权威加以规定的,但从未生效过,因为民众的习惯一旦形成,将具有很强的影响力。

第三,由于货币是商业的媒介,如同作为国内贸易的仲裁人一样,国王拥有赋予货币官方的权威性及使货币流通的特权。货币是一种通用的媒介,或者说是共同的标准,通过与之比较,所有货物的价值即可确定。也可以说,货币是符号,代表了所有商品各自不同的价值。各种金属可以很容易地折算成这种符号,因为金属具有耐久性且可以进行多次分割,而一种贵金属更适合用于上述目的的折算,因为其最具易携性。一种金属也最适合于成为一种共同的计算标准,因为它可以很容易地在所有的国家简化为同样

---

① 霍夫顿(Hoved),《编年史》,公元1201年。
② 《亨利四世九年法》,第二十五章(9 Hen. III. c. 25.)。
③ 《爱德华一世三十五年法》(35 Edw. I.);考威尔,《注释家》,标题为"国王的负担"(apud Cowel's Interpr. tit. pondus regis.)。
④ 《福莱特》(Flet. 2. 12.)。
⑤ 《爱德华三世十四年法律一》,第十二章(14 Edw. III. st. 1. c. 12.);《爱德华三世二十五年法律五》,第十章(25 Edw. III. st. 5. c. 10.);《理查二世十六年法》,第三章(16 Ric. II. c. 3.);《亨利六世八年法》,第五章(8 Hen. VI. c. 5.);《亨利六世十一年法》,第八章(11 Hen. VI. c. 8.);《亨利七世十一年法》,第四章(11 Hen. VII. c. 4.);《查理二世二十二年法》,第八章(22 Car. II. c. 8.)。
⑥ 《英国法学阶梯》,第二卷,第41页(2 Inst. 41.)。

的标准。而且每一个国家都在金属上铸有自己的印记,只要对这一印记进行检查,该金属的重量和成色(这构成了其内在价值)便都一目了然了。

由于贵金属总量的增长,也就是说,更多的贵金属从矿藏中被冶炼出来,这一通用的媒介,或者说共同的货币符号的价值将有所下降,并且也不及以前贵重了。据估计,在不到三个世纪的时间里,就有超过十亿的金银锭从美洲输入了欧洲,而且这一数字每天都在增长。其后果便是,与一百年前相比,如今对同一商品必须付出更多的钱。如果发生金银总量减少的情况的话,那么金银的价值便会同比例增长。一匹马,原先的价格为 10 英镑,现在可能值 20 英镑,如果现行的货币出现任何短缺现象的话,那么其价格便可能降低到和以前一样。但是实际上马的价值在一个时代与另一个时代相比,既没有变贵也没有变便宜,因为如果铸造货币的金属以前比现在稀有一倍的话,那么那时商品的价格也只有现在的一半。

在所有的国家,铸造货币的工作都是由最高统治者进行的。理由刚刚我们已经提过,即货币的价值必须是通过检查便可以了解的。总体而言,关于货币币制,有三种因素要考虑:材料、铸造、面值。

关于材料,爱德华·柯克爵士已经明确[1]:英国的钱币必须由黄金或白银铸造,在查理二世国王于 1672 年铸造了铜制的法寻[2]和 1/2 便士的钱币,并通过公告下令这种货币通用于所有的低于 6 便士的支付行为,并不得以任何理由拒收之前,还从未出现过用

---

[1] 《英国法学阶梯》,第二卷,第 577 页(2 Inst. 577.)。
[2] 法寻(farthing),英国旧时铜币,相当于 1/4 便士。——译者

其他金属铸造的货币。不过铜制的钱币还是和其他钱币在很多方面有本质区别，特别是在涉及对伪造该钱币的罪行进行处理时。

关于铸造，制造货币的铸造模具毫无疑问是国王的特权。因为，虽然各种修道院和主教以前曾拥有铸造货币的特权，不过，根据马修·黑尔爵士的评论[1]，这些特权通常得到了国王的特别恩准，或者是凭借推定取得的国王的同意，因此，这种铸币特权实际源自于国王的特权，因而无损于国王的特权。此外，他们所享有的仅仅是铸造货币的利润，但其无权决定铸造样式及货币的面值，通常他们的货币铸造模具是由财政部提供的。

货币的面值，或者说钱币在流通中的价值，同样也由国王决定。不仅如此，如铸造任何非常规的钱币，其价值必须通过国王的公告加以确定。为确定货币价值，应当对其重量及金属的纯度进行全面考虑。当指定重量的黄金或白银具有指定纯度，那么其便符合了标准的规格，被称为标准纯度金属。对于这一名称的由来有许多种不同的说法[2]，但是没有任何一种是完全令人满意的。根据《爱德华三世二十五年法》第十三章规定，王国所有的钱币都必须使用这种标准纯度金属制造。因此，尽管马修·黑尔爵士好像对此有不同意见[3]，但看来国王并没有提高或降低货币价值，使之低于或高于标准纯度的价值的特权[4]。国王也可以通过公告的形式宣布外国的货币合法，可在英国流通，并公布其在支付中所代

---

[1] 《王室诉讼史》，第一卷，第 191 页（1 Hist. P. C. 191.）。
[2] 亨利·斯佩尔曼，《古史词典》，第 203 页（Spelm. Gloss. 203.）。
[3] 《王室诉讼史》，第 194 页（1 H. P. C. 194.）。
[4] 《英国法学阶梯》，第二卷，第 577 页（2 Inst. 577.）。

表的价值①。不过根据我的理解,外国货币的价值应当通过与我国货币规格相比较后才能确定,否则的话就必须取得议会的认可。目前还没有这样的合法的外国货币,葡萄牙币是唯一一种由民间认可而流通的货币,正因如此,任何人都可自行决定是否拒绝接受以该货币进行的支付。国王还可以在任何时候使王国境内的货币贬值或者使其退出流通②。

6. 最后,根据英国的法律,国王被认为是国教教会的首脑和最高统辖者。

要探究国王的这一特权所依据的理由更多的是一个神学而不是法律问题。因此,我将仅仅提一下《亨利八世二十六年法》第一章,(该法指出了国王陛下作为英国教会的最高首脑的公正性与合法性,而且这一点已被王国的教士们在他们的宗教会议上所确认)该法规定:国王应当被称为英国教会在尘世间的唯一最高首脑,而且此称谓应和"王国的至尊国王"的称谓联系起来,并拥有上述头衔与称谓,以及所有应属于前述神圣教会最高首脑的教会司法管辖权、权力及利益。另外,另一部法律《伊丽莎白一年法》第一章也是基于同样目的制定的。

利用教会首脑的权威,国王不但可以召集、终止宗教会议,还可以对其进行控制和约束及宣布其解散。从《亨利六世八年法》第一章及许多法学家和历史学家的著作中我们可以确认,上述权力早在亨利八世时代之前即已成为国王的固有特权,这一点已得到

---

① 《王室诉讼史》,第 197 页(1 H. P. C. 197.)。
② 同上。

了爱德华·柯克爵士的证实①。因此《亨利八世二十五年法》第十九章只不过是对原有的普通法进行解释而已,该法第十九章规定:禁止召开任何制定或执行与国王的特权或法律及王国的习惯法和成文法不符的教规的宗教会议。该法中仅这部分规定是以前没有的,这也使得每一部教规的合法性都必须得到国王的实际认可。英国的宗教会议在其体制上与其他基督教国家有着很大不同。其他国家的宗教会议成员完全由主教构成,而我们的宗教会议就像一个缩小规模的议会,主持会议的大主教地位类似于君主,宗教会议上层机构的主教们代表议会上院,下层机构则大体上包括了若干个主教辖区的代表们,其中的每一个单独的分会则像议会下院中代表各郡和自治市的骑士代表②。据说这一体制应归功于爱德华一世的政策,而且爱德华一世在允许宗教会议召开的同时,还一并授予了低级教士制定教规的特权(他们以前从未有过这一权力),并且还推行了在征得宗教会议同意后,对教士的圣俸进行征税的方法③。

作为教会的首脑,国王的这一特权还衍生出了国王对空缺的主教职位进行任命的权力和其他几种教会的人事权,这方面的内容我们会在论及神职人员时作进一步研究。这里我仅仅提一下,现在的这项特权是由《亨利八世二十五年法》第二十章规定的。

---

① 《英国法学阶梯》,第四卷,第 322、323 页(4 Inst. 322,323)。

② 在瑞典的宗教会议中,瑞典的教会是立法机构的一个分支,其神职人员的会议类似于英国的宗教会议。该会议成员既包括主教和教会负责人,也包括很多代表,每一个牧区或乡村牧区可以选举一名代表(Mod. Un. Hist. xxxiii. 18.)。

③ 吉尔伯特,《论财政署法庭》,第四章(Gilb. hist. of exch. c. 4.)。

第七章 国王的特权

作为教会的首脑,国王在所有的教会诉讼中拥有类似终审权的权力。任何对教会法院所作判决的上诉都将最终由国王通过大法官法院进行受理。《亨利八世二十五年法》第十九章恢复了国王的这一权力。这方面的内容我们将在后文进行更详尽的论述。

第八章　国王的收入

271　在上一章里,我们从总体上研究了国王拥有的各种有助于维持其尊严,同时又构成政府行政权力的特权。现在我们接着讨论国王的财政特权——亦即国王收入方面的特权。财政特权是由英国宪法授予身处国王之位者的,用以维护其王位的尊严,同时为他行使权力提供资金。每一个臣民均应贡献一定的财产以构成国王的收入,并以此来保护他其余的财产。

　　国王的收入包括常规收入和非常规收入两部分。国王的常规收入包括国王自古以来一直就有的收入,以及由议会拨付的用以购买或交换国王原有收入的补贴,这些收入是世袭的,但如今已经不再适宜向臣民们征收了。

　　当我说这些收入是国王自古即有的收入时,并不代表现在国王实际拥有的这些全部收入。这笔收入的很大一部分(不,应当说绝大部分)今天已经归臣民们所有,英国国王一直以来都会时不时地将其授予臣民们,而这已经导致国王在某种程度上需要依赖民众的资助维持其日常的开销和供给。因此我有必要在此说明:作
272 为国王收入的一部分,尽管一些领地的领主和其他一些臣民经常会视领地收入为他们本身的绝对权利,因为这些领地已授予他们和他们的祖先很长时间了,但实际上这些权利最初源自于我们古

第八章 国王的收入

代国王们的赏赐。

1. 我将关注的第一种国王的日常收入是一种与教会有关的收入,(后面三种也是如此)亦即,监管主教们的世俗财产,包括所有属于大主教或主教教区的世俗收入、土地、保有地(这其中也包括男爵封地)。只要主教的职位出现空缺,国王马上可以行使监管主教们的世俗财产的权力,这是国王在教会事务方面特权的体现。在此,国王被视为所有大主教和主教职位的创始人,在这些职位空缺期间,其职位重新归国王行使。根据同样的道理,在修道院被解散前,若大修道院和小修道院院长逝世①,国王有权监管由王权建立的所有大小修道院的世俗财产(但不包括由臣民建立的修道院)。为什么法律的政策会将监管权授予国王?还有一个理由就是:由于继任者未确定,如果没人对其行使财产权的话,这些附属于教区的土地和封地很可能遭到破坏甚至被夺走。因此法院授予国王的不是这些世俗财产本身,而只是世俗财产的监管权,直到继任者被任命为止。监管权中还包括自行获得这些财产的所有直接收益而无须对继任者有所交待,以及在有俸圣职职位发生空缺时,对此进行授予(国王一直非常频繁地行使这一权力)或通过晋升来填补空缺的权力②。这笔收入事关重大,因此国王在取得监管权之前,甚至是在取得之后,都不能将其授予臣民。不过现在根据《爱德华三世十四年法律四》第四及第五章的规定:国王可以在出现主教职位空缺之后将世俗财产出租给教长和修道院全体神职人

---

① 《英国法学阶梯》,第二卷,第 15 页(2 Inst. 15.)。
② 《爱德华二世十七年》,第十四章(Stat. 17 Edw. II. c. 14.);菲茨赫伯特,《新令状选编》,第 32 页(F. N. B. 32.)。

员,国王本人则保留主教推荐权、无主财产充公权及类似权力。我们古代的国王们,尤其是红脸威廉,为了享用教会的世俗财产,不但使主教的职位长时间空缺,而且肆无忌惮地挥霍浪费这些土地上的树木和其他东西。同时所有这些国王在教职空缺被填补后,都从不向继任主教归还他的世俗财产,除非他以超出这些财产价值很多的价格赎回这些财产。为纠正这一情况,亨利一世国王甫一继位便授予教会一项特权[1],承诺在教职空缺期间,对于教会托管的土地财产既不出卖,也不允许他人在上面耕种或从那里拿走任何东西,直到继任者就职为止。而且这一规定还成为了《大宪章》中的一条[2]:不得滥用主教职位的世俗财产,也不得出售被监管的世俗财产。同样对此规定的还有《威斯敏斯特法律一》[3],而《爱德华三世十四年法律四》第四章,(正如我们前面看到的,该法允许将教会的世俗财产出租于教长和修道院全体神职人员)还进一步明确禁止了其他强行索要这些财产的行为。另外还经常会出现另一种滥用权力的行为:国王随随便便,甚至没有任何理由就扣押了主教们的世俗财产,有些财产甚至在主教在世期间就一直遭到扣押。不过,根据《爱德华三世一年法律二》第二章,这一行为也已被禁止。

国王的这一收入以前曾经非常可观,现在却由于国王经常性

---

[1] 马修·帕里斯,《大编年史》(Matth. Paris.)。
[2] 《亨利三世九年法》,第五章(9 Hen. III. c. 5.)。
[3] 《爱德华一世三年法》,第二十一章(3 Edw. I. c. 21.)[《威斯敏斯特法律一》(Statute of Westminster the first),1257年由爱德华一世颁布的法律,共分51章,其内容可视为对《大宪章》的补充。——译者]。

第八章　国王的收入

的赏赐行为而所剩无几。因为,现在新的主教一旦获得批准并进行就职仪式,他通常立刻就会从国王处原封不动地收到归还给他的世俗财产。此后,而不是之前,他就在他的主教辖区里拥有了一块封地,并有权为他的封地进行诉讼①。

2. 国王还有权从每位主教处获得法律上所说的王室教士生活补贴;亦即,由国王向学校、监狱、军队等地派遣一名他手下的教士,并由当地主教为其提供生活必需品,或者向该教士发放津贴,直到当地主教将他晋升为有俸圣职教士为止②。这一行为在本质上是对国王作为教职创建者的承认,因为在古代,国王同样有权获得每一所由国王建立的大小修道院的年金或王室教士生活补贴。我认为,这一权力现在已被彻底废止,虽然马修·黑尔爵士认为③,这是国王应得的普通法上的权利,因此没有成文法规定能撤销这一权利。

3. 国王还(如前文所述④)拥有在特别牧区的所有什一税收入。不过有人或许会对这一收入和前一项收入究竟应在多大程度上被视为国王本人的收入有所置疑,因为既然王室教士生活补贴仅仅是属于国王派驻当地的教士们的,那么这些特别牧区的什一税⑤也应受一种隐含的信托关系条款的约束,即国王应当从全体教士们的利益出发来分配该笔收入。

---

① 爱德华·柯克,《英国法学阶梯》,第一卷,第 67、341 页(Co. Litt. 67. 341.)。
② 菲茨赫伯特,《新令状选编》,第 230 页(F. N. B. 230.)。
③ 同上书,第 230 页注解。
④ 原书第 110 页。
⑤ 《英国法学阶梯》,第二卷,第 647 页(2 Inst. 647.)。

4. 另一部分的国王收入由王国内所有获得晋升的神职人员的初年收入和什一税组成，这两者我将合并在一起论述。

初年收入和什一税起源于教皇篡夺英国教士权力行动的一部分，最早由罗马教皇使节潘达尔夫①在约翰国王和亨利三世国王统治时期于诺里奇教区②推行。此后大约在十四世纪初克莱门特五世和约翰二十二世教皇又试图使之成为一种普遍适用的制度。初年收入，又称"*primitiae*"或者"*annates*"，是获得晋升神职人员第一年的全部收益，这一收益是根据诺里奇的沃尔特主教按照教皇英诺森四世的指令，在亨利三世三十八年制定的利率确定的。此后，在公元1292年，也就是爱德华一世二十年，根据教皇尼古拉斯三世的命令③，该标准又有所上涨，尼古拉斯教皇规定的这一利率评估值的原本至今还保存在英国财政部④。什一税，或者称为"*decimae*"，是每个神职人员每年收益的十分之一，这一收益根据的也是同一个利率评估值。什一税也是由罗马教廷根据一种欺骗的理论宣布的，这一理论的依据是伪称的，其实是滥用了利未人法律中的原则，该法规定⑤："利未人应当将他们什一税的十分之一部分作为举祭献给耶和华，并交付于祭司亚伦。"不过教皇的这一规定受到了英国议会的积极抵制，议会通过了多部法案阻止这一规定的实施，特别是《亨利四世六年法》第一章的规定更是将其

---

① 潘达尔夫(Pandulph,？—1226)，约翰国王统治时期教皇派往英国的特使，经历约翰和亨利三世两任国王统治时期，于1221年被召回罗马。——译者
② 诺里奇(Norwich)，英格兰东部伦敦东北的城镇。——译者
③ 菲茨赫伯特，《新令状选编》，第176页(F. N. B. 176.)。
④ 《英国法学阶梯》，第三卷，第154页(3 Inst. 154.)。
⑤ Numb. 18.26.

称为可怕的、有害的、应当受到诅咒的习俗。但是天主教的教士们盲目地热烈拥护一位外国主子的旨意,仍我行我素,只不过有时较为隐蔽,有时更为公开而已。因此,在亨利八世统治时期,据估计,在五十年时间里仅初年收入一项就有800000达克特①被送到了罗马。而且,由于教士们明确表达了这种愿望:将他们收入中的很大一部分奉献于教会的首脑,所以,当亨利八世统治时期教皇权力被废除,国王被宣布为教会最高首脑时,将这笔收入同时并入国王的收入便显得顺理成章了,这一规定是由《亨利八世二十六年法》第三章作出的,(《伊丽莎白一年法》第四章对此进行了确认),当时还制定了新的《圣俸评估记录》②,现在的教士等级就是以此确定的。

根据上面提到的这些法律,所有年俸低于十英镑的牧师及年俸低于十马克的牧区长免于缴纳初年收入(all vicarages under ten pounds a year, and all rectories under ten marks)。而且,上述收入的应缴纳数额取决于圣俸的延续时间:在职时间只有半年的,其仅需缴纳初年收入的四分之一;如仅为一年的,那么就要缴纳初年收入的一半;如果是一年半,缴纳四分之三;如果是两年,就应全额缴纳初年收入,此外没有其他规定。类似规定还有,根据《亨利八世二十七年法》第八章规定:任职第一年无需缴纳什一税,因为当时已经应当缴纳初年收入了。根据安妮女王于其统治的第十五、十六年颁布的其他一些法律,如果一份圣俸净值低于50英镑每年

---

① 达克特(ducat),旧时通用于欧洲国家的一种金币。——译者
② 《圣俸评估记录》(valor beneficiorum),俗称"国王之书"(king's book),是确定神职人员级别及圣俸的记录文件。——译者

的标准，其将免于缴纳初年收入和什一税。

因此，那些较为富有的牧师们，由于他们的那些有罪又固执的前任者们的缘故，早先曾必须向外国交税，后来，当他们摆脱这一束缚后，又可能遭受另一种类似的对他们收入的误用，即被当时统治的君主贪婪地挥霍掉。最后，直到虔诚的安妮女王才将这种曾一度以间接方式取之于教会的收入归还教会。她并不是通过全部免除初年收入和什一税，而是本着一种名副其实的公平精神，将这些数额较大的圣俸的多余部分来弥补数额较小的圣俸的不足。并且为了达到这一目的，她还颁布了王室特许状，《安妮二年法》第二章也对这一特许状予以确认。藉此规定，所有的初年收入和什一税都被永久授权于受信托人，以成立一笔永久基金增加贫穷教士的收入。这一授权通常被称为安妮女王的奖金，后来的法律还对此作了更进一步的规定，因为数量太多，在此就不一一列举了。

5. 国王常规收入的下一个部分（这一部分和以后的部分一样，具有世俗的或非教会的性质）由国王所拥有土地的地租和收益构成。这些私有土地，即国王自用地（*terrae dominicales regis*）在古代幅员非常之辽阔，它们或者是在对获得的财产进行最初分配时保留给国王的份额，或者是后来通过没收充公或其他方式转化成国王私有土地的。在这些土地中包括各种不同的采邑、领地和领主权。这些土地的保有人拥有非常特殊的特权，这些特权我们将在本书第二卷论及古代私有土地的保有权时加以说明。如今，这些国王私有土地的面积已经变得非常狭小，因为它们几乎全部被授予了臣民个人。这一结果导致了议会频繁对此干预，特别是在威廉三世把王室财产挥霍一空后,议会通过了一部法律①,根据该法,将来所有由国王授予或出租的土地,凡其期限超过31年或三代人的,都将被宣布为无效,除非上述行为涉及房屋,授予房屋的期限可长至50年。并且订立任何将来占有的租约,其期限与现有土地租约期限之和,也不得超过三代人或31年,这也就是说,如果现在有一份既存租约尚有20年到期,国王授予的在这份合同到期后开始的将来的所有权其期限就不能大于11年。如果承租人对土地房屋有损毁行为,根据法律也将受到处罚,而且通常地租必须被保留,对没有设定地租的土地,地租为土地每年纯收入的1/3②。不幸的是,这一法律的制定为时已晚,它是在几乎每一块国王的值钱的土地都被以永久或期限极长的租约授予或出租于他人之后才出台的。不过,在那些租约到期后,该法律对子孙可能还是有益的。

6. 本条本来可能涉及国王从他的兵役土地保有权中获得的收益中取得的利益,在王国中,大部分土地都受到兵役土地保有制的约束,这种情况一直持续到《查理二世十二年法》的出台,该法第二十四章采取了重大步骤,完全废除了这一制度。了解这种保有制的性质,必须参考本书的第二卷。本条本来还可能涉及王室用品征购和优先购买权这项有利可图的国王特权。该权力是指国王在购买食品和其他生活必需品时所享受到的,国王的王室征购官为王室采购生活用品时,可以以自行评估的价格,优先于其他任何

---

① 《安妮一年法律一》,第七章(1 Ann. st. 1. c. 7.)。
② 根据罗马法的类似规定,国王的不动产遗产(*fundi patrimoniales*)是不能被赠与的,而只能允许别人在上面耕种(*Cod. l.* II. *t.* 61.)。

人,甚至无需征得卖主的同意,便取得这些商品的权力。其还可以在公路上强制征用臣民的马匹和车辆完成国王的差事,运送木材、行李装备这类物品,并且不论该征用会对车辆马匹的所有者带来多大的不便,只需要向其支付一笔固定金额的钱款便可。这一特权,在金银匮乏的时期在整个欧洲都相当普遍,随后价值很高的货币就出现了。在古代,国王的王室(也包括那些级别较低的贵族)依靠从各自私有土地保有人特别进贡的谷物和其他粮食供养,而且在王宫门前还有一个长期固定的市场向王室供应各种粮食①。在那些简朴的岁月里,只要王宫始终建立在任何固定的地点,这样的市场便足以满足所有的需求了。但是,当王宫从王国的一个地方搬到另一个地方时(这种情况以前经常发生),人们发现有必要预先派遣王室征购官为王室采购足够的食品和其他生活用品。而且,为防止出现这种异常的需求过度抬升市场价格的情况,这些采购官员便被授予了前文所述的权力,长期以来,这些采购官员极大地滥用了他们的权力,对当地百姓造成了沉重的压迫而国王却几乎没有从中得到任何好处。(当王室驻地变得较为固定,钱币供应也变得更为充足时)人们根据经验发现在公开市场上,现金变成了最好的生活用品供应者。因此,不论我国还是外国,王室用品征购和优先购买权都在逐渐地衰落,特别是在上世纪初的瑞典,这一权力更是被古斯塔夫斯·阿道弗斯废除②。而在我们英国,这一权力在君主统治暂停时期也被废止,查理国王在复辟后在前文提到

---

① 《英国法学阶梯》,第四卷,第 273 页(4 Inst. 273.)。
② 《现代通史》,第三十三卷,第 220 页(Mod. Un. Hist. xxxiii. 220.)。

的同一部法律中同意：为了臣民们的安宁和便利，完全放弃他的这部分权力和收入。而议会，部分为了对国王进行补偿，将一笔世袭的消费税永久转让给国王及他的继承人及继任者，该税收包括对王国境内出售的每桶啤酒和浓啤酒征收15便士及对其他酒类征收同比例的税金。所以这一世袭的消费税，构成了国王陛下日常收入的第六部分，其性质我们将在本章稍后部分进行进一步解释。

7. 第七部分可以看作来自于葡萄酒的销售执照，或者说是由获得执照在全英国境内（除少数被授予特权的地区之外的）零售葡萄酒的人向国王支付的执照租金。上述收入首先是根据《查理二世十二年法》第二十五章的规定转让于国王的，而且，与世袭的消费税加在一起在价值上相当于对国王失去的兵役土地保有制特权和王室用品征购和优先购买的权力所遭受的损失进行的补偿。不过根据《乔治二世三十年法》第十章的规定，这一收入又被废除，不过一项每年总金额超过7000英镑，对葡萄酒零售执照征收的新的印花税又被授予了国王，以取代上述收入。

8. 通常认为，国王常规收入的第八部分来自于国王的王室猎场中产生的收益。王室猎场是属于国王的未开垦土地，里面到处都是可供狩猎的各种野兽，因为捕猎这些野兽可供王室消遣娱乐，因此它们受到了国王的保护。而且为了达到上述目的，同时也为了保护国王的猎物，国王的王室猎场还拥有专门的法律、特权、法院和官员，所有这些内容都将按照顺序在本书的后几卷中加以阐释。我们现在要研究的只是国王由此获得的收益，主要包括对触犯《猎场法》的犯罪者征收的罚款或罚金。但是，由于自从1632年——也就是查理一世八年以来，几乎从未设立过专门用来征收此类罚金的法院,而且从我们的历史和法律书籍中[1]对该法院的诉讼的纪录来看,如今已没有人希望看到这些罚款制度再次生效,因此也就没有必要(至少在这一部分)继续对此进行深入的研究了。

9. 国王常设法院产生的收益构成了其收入的第九部分。其中不仅包括对违法者的罚款、依法没收的保释金、对未出庭者征收的罚款,还包括在各种各样法律事务中应向国王缴纳的若干种收费,比如,在特许状诉讼、令状原件以及其他法律诉讼文件上加盖国玺,又如准许对土地征收封地易主费以阻止限定继承[2],或者确认这些土地的所有权。由于上述法律行为缺少国王的介入(由国王本人或其官员)便不可能完成,因此法律允许国王收取一定的收益和津贴,以作为其为公众费心劳神的补偿。随着时间的流逝,这些收入几乎都被授予了臣民个人,或者就是被拨作几种特定用途的款项。由于整个王室用度的一部分最初是打算以这些经费来支付的,因此,虽然我们在法律诉讼中仍需支付这些费用,但是现在这些收入极少可以返回到国王的财政部了。不过根据《安妮一年法律二》第七章,所有授予臣民的该收入,其持续时间都不得长于授予该收入的国王的寿命。

10. 国王常规收入的第十部分,据说是基于国王守护和保卫海洋防止海盗和其他强盗侵扰而应取得报酬的考虑——就是对于

---

[1] 《琼斯判例汇编》,第一卷,第 267—298 页(I Jones. 267-268.)。
[2] 限定继承(entails),即土地只能由土地被授予人或受赠人的特定继承人继承,这种方法能使土地在一个家族中世代相传,防止土地被分割,同时也能排除君主的没收。——译者

"御用之鱼"的权力。"御用之鱼"指鲸鱼或鲟鱼,由于它们在鱼类中是出类拔萃的[1],所以这两种鱼无论是在岸边搁浅还是在海岸附近被捕获都是属于国王的财产。而且我们的祖先看来确实极为重视这一权力,该权力曾经是丹麦国王和诺曼底公爵[2]的特权,我们的国王的这项权力可能就源自于他们中的一个。在《国王特权法》(de praerogativa regis)[3]中,"御用之鱼"得到了承认并被公之于众,现存的最古老的法律专著中对此也有提及[4],不过这些专著似乎对鲸鱼和鲟鱼作了区别对待,在前几章中我们曾顺带对此进行了讲解[5]。

11. 另一项海上收入,其依据的理由和上一项一样,是失事船舶的收入。和上一项特权一样,失事船舶收入也是根据《爱德华二世十七年法》第二章的规定被宣布为国王的财产,而且在很久以前的普通法上就有了这样的规定。值得一提的是,为了帮助那些因船难而痛苦不堪的船主们,失事船舶方面的法律已经被大幅修改,那些不近人情的规定已逐步变得温和。根据古代普通法的规定,船舶失事事件是指船舶在海上遇难沉没,其装载的货物被冲到岸上,在此类案件中,这些失事船只的货物依法被判归国王所有。因为根据规定,由于失去了船舶,船上所有的财物就不属于其原来的

---

[1] 埃德蒙·普洛登,《判例注释和汇编》,第 315 页(Plowd. 315.)。
[2] 斯蒂恩胡克,《瑞典法律与古代哥特人法律》,第二卷,第八章(Stiernh. de jure Sueonum. l. 2. c. 8.);《诺曼底习惯法大汇编》,第十七章(Gr. Coustum. cap. 17.)。
[3] 《爱德华二世十七年法》,第二章(17 Edw. II. c. 11.)。
[4] 布雷克顿,《论英国的法律和习惯》,第三卷,第三章(Bracton. l. 3. c. 3.);《布利顿》,第十七章(Britton. c. 17.);《福莱特》(Fleta. l. 1. c. 45 & 46.)。
[5] 原书第四章,第 216 页。

主人所有了①。但毫无疑问,这种规定是雪上加霜,并且既不符合理性也不符合人性。因而亨利一世国王首先对此下令:凡船上有任何人生还的,遇难船只就不应被当成失事船舶②。此后,亨利二世国王通过他的特许状宣布③:如有船舶在英格兰、普瓦图④、奥列隆⑤或者加斯科涅⑥海岸边失事,如果发现船上尚有存活的人或动物,不论他们已逃离船只或仍在船上,船上的货物都应当返还给其主人,但前提是他们必须在三个月内对这些货物主张权利。除此之外,遇难船只应一律被视为失事船舶,并且应当归国王或者其他特权地的领主所有。理查一世国王又一次确认了这一规定,并且还加以改进。他在执政第二年颁布的规定中不但有上述特许状中的内容⑦,即:如果在船舶失事时船主侥幸逃生的话,"他将无可置疑地保留船上的财产且不用支付分文"(omnes res suas liberas et quietas haberet)。而且还规定:如果他死了,他的子女们,如果没有子女时,他的兄弟姐妹们将得到这些财产;如果其也没有兄弟姐妹,那么船上的货物将遗留给国王⑧。而且,直到很久以后的亨利

---

① 《神学博士与英格兰普通法学生问答录》(Dr &. St. d. 2. c. 51.)。
② 亨利·斯佩尔曼,《英格兰国古法典与立法》,及大卫·威尔金斯,《盎格鲁-撒克逊教会法和民法》,第 305 页(Spelm. *Cod. apud* Wilkins. 305.)。
③ 公元 1174 年 5 月 26 日(1 Rym. Foed. 36.)。
④ 普瓦图(Poitou),法国中西部一历史地区,濒临比斯开湾。——译者
⑤ 奥列隆(Oleron),法国第二大岛,位于比斯开湾,面积 175 平方公里。——译者
⑥ 加斯科涅(Gascony),法国西南部一地区,在历史上曾是英王的领地。——译者
⑦ 罗杰·霍夫顿,《编年史》,理查德一世时期(Rog. Hoved. *in Ric. I.*)。
⑧ 君士坦丁大帝发现根据罗马法的规定,失事船舶的收入被国王的财政部或国库所取得的,他以类似的方式通过一道敕令(Cod. II. 5. I.)禁止了这种做法,并下令将这些财产仍归船主所有,还在敕令中添加了如下仁慈的训示:"在如此悲惨的状况下搜刮财源,财政官员们在别人的不幸中的行为有何合法性而言?"

三世统治时期,关于失事船舶的法律看来仍然遵循这一公正而合理的规定的指导。因为在当时,(比如说)船上有一只狗得以逃生,通过它就能找到船主,或者在货物上有一些特殊的标记,通过这些标记,主人可以重新识别出这些货物,那么这种情况将不被视为船舶失事事件①。这样的规定无疑是最符合理性的,国王对失事船舶收入的合理主张只能建立在这样的基础上——即真正的船主无法确定。不过此后的《威斯敏斯特法律一》②的规定似乎更符合亨利二世的特许状的宗旨,现行的对于失事船舶的法律原则正是根据这一法律为基础的。该法规定,如果在此类事件中,有任何活物得以生还(不论是一个人、一只猫或狗;这些情况在布雷克顿的著作里还只是列举的几个例子而已③),不过看来也只有在这类事件中,那么这就显然不是一艘法律意义上的"失事船舶";不过当地的郡长有义务将船上的货物保存一年零一天(在法国,这一期限是一年,符合《奥列隆海事法》④的规定⑤,而在荷兰这一期限是一年半),在此期间如果任何人能证明货物中有一件财产为其所有,那么不论这种权利是其本人所有还是源于代理权⑥,这些货物将被立刻归还于他;不过,如果在此期间无人能证明对上述财产的所有

---

① 《论英国的法律和习惯》,第三卷,第三章(Bract. l. 3. c. 3.)。
② 《爱德华一世三年法》,第四章(3 Edw. I. c. 4.)。
③ 《福莱特》(Flet. I. c. 44.);《英国法学阶梯》,第二卷,第 167 页(2 Inst. 167.)。
④ 《奥列隆海事法》(maritime laws of Oleron),编纂于 13 世纪,是对奥列隆岛海事法院判决的汇编,理查一世将这些法院判决的档案从圣地带回,并下令将其作为法律在英格兰适用。——译者
⑤ 第二十八节。
⑥ 《英国法学阶梯》,第二卷,第 168 页(2 Inst. 168.)。

权,那么它们将成为国王的财产。如果这些货物属于易变质商品,郡长有权将其变卖,并有义务将所得的钱款作为货物的替代品加以保留①。失事船舶的收入经常作为国王的特许权被授予采邑的领主们,不过即使任何人据此取得被冲至其土地上的遇难船舶上的财产,但当属于国王的货物因船舶失事被冲至该地时,国王仍得在任何时候对这些货物主张权利,哪怕是在一年零一天以后②。

应当说明的是,要构成法律上的失事船舶,其船上的货物必须到达陆地。如果这些货物依然在海中,法律则根据三个通俗但不优雅的名称对它们进行区分:水下货物、漂浮货物和系有标记的货物。水下货物指被抛入海中并且仍然沉在水下的货物;漂浮货物是漂泊在海面的货物;系有标记的货物是指虽被沉入海底,但上面系有软木或其他浮标以便货主重新将其找回的货物③。如果它们的主人未能现身主张权利的话,这些货物也将归国王所有,但如果货物的主人出现,他将有权恢复行使所有权。为减轻船舶重量而被抛出船外的货物,即使抛出时未作任何标记,根据该法律,也不被视为船主放弃了其财产权④,更不用说被抛弃时系有浮标的货物了,因为船主已尽其所能来保留并维护其财产权了。因此,上述

---

① 埃德蒙·普洛登,《判例注释和汇编》,第 166 页(Plowd. 166.)。
② 《英国法学阶梯》,第二卷,第 168 页(2 Inst. 168.);《布鲁克英国判例汇编摘要》,标题"失事船舶漂流货物"(Bro. Abr. *tit*. *Wreck*.)。
③ 《判例汇编》,第五卷,第 106 页(5 Rep. 106.)。
④ 那些为减轻船舶重量而抛出船外的东西仍属于其原主人所有。因为很明显在其他任何情况下其主人是不会放弃这些东西而扔掉它们的(*Quae enim res in tempestate*, *levandae navis causa*, *ejiciuntur*, *hae dominorum permanent*. *Quia palam est*, *eas non eo animo ejici*, *quod quis habere nolit*. Inst. 2. I. §. 48.)。

三种货物被视为与前面的货物有非常明显的区别,所以国王授予个人的失事船舶的财产权并不适用于水下货物、漂浮货物和系有标记的货物①。

法律意义上的失事船舶,现在已经不是很多了。首先,现在很少发生船上所有的人和动物全部死亡的事,而只要失事的船上有人或动物存活下来,由于贸易、导航及通讯条件的改善,船主将很有可能得以在法律规定的一年零一天的时限内对船上货物主张权利。而且,为了为船主保管好其全部财产,以及尽最大的可能完全防止船舶失事事件的发生,我们的法律规定了很多非常人道的条款。这些规定的宗旨和那些野蛮的法律截然不同,这些野蛮的法律曾一度盛行于欧洲北部地区,而且直至几年前在波罗的海沿岸仍存在,它们允许沿海居民将他们捕获到的所有物品都作为合法的海上战利品据为己有。或者,根据他们自己的一位学者的描述:"如兀鹰扑向猎物般扑向处于痛苦和不幸之中的遇难船只受害者"②(in naufragorum miseria et calamitate tanquam vultures ad praedam currere)。根据《爱德华三世二年法》第十三章的规定,如果任何船只在岸边遇险并遭到损坏,而船上的货物到达了岸上(这样便不构成法律意义上的失事船舶了),这些货物应被立刻送还商船的主人,而他们仅需为此支付救捞和保管这些货物的合理费用,这种情况被称为"海上救捞"。而且根据普通法的规定,(除郡长之外)任何人如果拿走了任何被冲到岸上的货物,且该货

---

① 《判例汇编》,第五卷,第 108 页(5 Rep. 108.)。
② 斯蒂恩胡克,《瑞典法律与古代哥特人法律》,第三卷,第五章(Stiernh. de jure Sueon. l. 3. c. 5.)。

物并非法定的失事船舶上的,那么货物的主人可以委托他人调查此事、找到这些货物,并将这些货物强制归还原主①。而根据《安妮十二年法律二》第十八章规定(该规定后由《乔治一世四年法》第十二章所确认);为帮助遇险船只,并防止在我们一些海岸边的可耻的、同时也是不合法的习惯(这些习惯与波罗的海沿岸的习惯非常相似),该法规定,所有近海乡镇的主管官员和其他人在接到海上救助的请求后,都应召集实施救助所必需的人手,并派遣他们前去援救遇险船只,违者将被处以100英镑的罚款。同时,在提供救助的情况下,船主应当支付海上救捞的费用,该费用由三名邻近地区的法官共同评估决定。凡私自藏匿船上货物者皆应处以三倍于货物价值的罚款。而所有故意使船舶遭到损毁者,比如在船上凿洞或盗窃船上抽水机或其他任何类似行为均应列为重罪罪行,并不得以教士特权得到豁免。最后,根据《乔治二世二十六年法》第十九章的规定,凡劫掠任何遇险或失事船舶的,不论在船上是否有幸存的人或动物(因为不论该船是否属于"失事船舶",船上的财产都显然不属于平民所有);或者阻止船上的人员逃生,或者故意伤害船上的逃生人员,或者故意发出错误灯光信号欲使任何船只进入险地者,凡有上述罪行者,将皆可被宣告判处死刑;宣告的方式类似于《伊丽莎白八年法》第十三章所规定的,凡破坏树木、教堂的塔尖及其他航海标志的均将被处以200英镑罚款。此外,根据乔治二世的法律,偷窃被海浪冲上岸的货物的行为将以轻盗窃罪论处。为更切实地保护所有的国家的遇险船只,还出台了许多有益

---

① 菲茨赫伯特,《新令状选编》,第112页(F. N. B. 112.)。

的法律规定①。

12. 国王收入的第十二个部分是金银矿的采矿权,采矿权最初是从国王铸币的特权中衍生的,是为了向国王供应铸币的原材料。因此,严格而言,一经发现就立刻属于国王的矿藏只包括金矿和银矿②。根据旧有的普通法的规定,如果在非贵金属矿中发现金银,那么整个矿藏就是王室矿藏,应当属于国王所有。不过也有人坚持认为只有在该矿中的黄金或白银储量大于非贵重金属时,该矿才应当归国王所有③。现在根据《威廉和玛丽一年法律一》第三十章和《威廉和玛丽五年法》第六章的规定,上述争议已显得不那么重要了,这两部法律规定:铜矿、锡矿、铁矿和铅矿都不应被当成王室矿藏,不管从这些矿中可能可以提炼出多少数量的黄金或白银。不过国王或其他对这些矿中的王室矿石主张权利者通过支付该法律中规定的价格就可以拥有这些矿石(德文郡和康沃尔郡的锡矿石除外)。该法律的规定极为明智,因为现在私人矿主们不再由于担心矿藏可能被宣布为归国王所有而对采矿工作丧失积极性,国王收入中应得的权益也不会遭到侵犯,因为国王可以拥有矿石中所含有的贵重金属,而且只需支付矿石中假定含有的非贵重金属的价值,而这些非贵重金属矿的所有者根据理性和法律得到

---

① 根据罗马法,伤害失事船舶上的人或阻碍其救捞船只的行为者将被处以死刑。即使从失事或遇难船舶上偷盗一块木板也将被以按偷盗整个船只及船上货物论处(*Ff*.47.9.3.)。西哥特法律和最早的那不勒斯法律对所有因疏失未能救助遇险船只或劫掠被冲上海岸的船上货物者处以极端最严厉的刑法(Lindenborg. *Cod. LL. antiq.* 146.715.)。

② 《英国法学阶梯》,第二卷,第 577 页(2 Inst. 577.)。

③ 埃德蒙·普洛登,《判例注释和汇编》,第 366 页(Plowd. 366.)。

了所有权。

13. 根据同一起源还可以部分涉及被发现的无主财宝(treasure-trove),("trove"一词起源于法语单词"*trover*",意为发现),在拉丁文中将其称为"*thesaurus inventus*",意为发现在地底下或其他秘密地点藏有主人不明的任何钱币、金、银、金银器皿或者金银锭的,在此种情况下,这些财宝归国王所有。但如果藏匿这些财宝的主人是已知的或后来被找到,那么这些财宝就归其原主而不是国王所有[1]。同样,如果这些财宝在大海里或者陆地表面被找到,而且其主人不出现的话,它们也不属于国王[2],而是归发现者所有。因此,只有藏匿财宝的行为,而不是遗弃财宝的行为才使国王获得财产权,布雷克顿[3]以罗马法学家的用语对其进行了定义,这些财宝是"先前藏匿的钱财"(*vetus depositio pecuniae*)。上述区别源自于法律推定财宝主人的意愿不同。一个将其财富隐藏于秘密地点的人显然不打算放弃这些财产,而是保留其权利并在他们认为适当的时机重新主张这些财宝的权利;如果他死了,而且该秘密也随他而逝,那么法律就把这些财宝授予国王,作为其王室收入的一部分。而当一个人将其财宝扔进大海或撒在公共陆地上时,就应被理解为完全放弃了他的财产,并将这些财产作为世人共有的积蓄,不再抱有任何要求重新对这些财产主张权利的打算。

---

[1] 《英国法学阶梯》,第三卷,第132页(3 Inst. 132.);道尔顿,《郡长的职位和权利》(Dalt. Sheriffs. c. 16.)。

[2] 《布利顿》,第17章(Britt. c. 17.);亨利·芬奇,《论法律》,第117页(Finch. L. 177.)。

[3] *l*. 3. *c*. 3. §. 4.

因此，这些财产就处于无主状态，应属于第一个找到或占有这些财产的人，除非其原主人出现主张其权利，并证明财产的丢失是出于意外，而不是出于放弃财产所有权的意图。

从前，一切被发现的无主财宝归发现者所有①，罗马法的规定也是如此②。此后，人们认为将所发现的部分种类的无主财宝授予国王将有益于国家，特别是对铸币工作很有好处。部分种类指的是所有被藏匿的财产，而那些意外丢失且无人认领的财产以及被人故意丢弃的财产的所有权仍被保留给幸运的发现这些财产的人。根据格劳秀斯的观点③：国王对那些被藏匿财富的所有权现已发展成一种"共同的法律规定，并且已成为国际法"(*jus commune*, *et quasi gentium*)，他还认为：因为这一法律不仅在英国被遵守，而且还在德国、法国、西班牙和丹麦得到奉行。在我国的开国时期发现被藏匿财产的事件比现在司空见惯得多，财富的数量也更为惊人。当罗马人和其他罗马帝国治下的各国居民被北方国家入侵者赶出不列颠岛时，他们把他们的钱财埋藏在地下，打算在入侵的高潮过去、这些家伙又被赶回他们的不毛之地之后再取回这些财产。但是由于这种情况一直没有发生，这些财富也就始终无人问津，在这些财产的主人们死后，财产的秘密也就随他们一起进入了坟墓。那些征服者的将领们也意识到了这些被藏匿的宝藏的价值，所以对于发现这些宝藏后又对政府隐瞒者制定了严厉

---

① 布雷克顿，《论英国的法律与习惯》，第三卷，第三章(Bracton. *l*. 3. *c*. 3.)；《英国法学阶梯》，第三卷，第133页(3 Inst. 133.)。
② 《查士丁尼学说汇纂》(*Ff*. 41. 1. 31.)。
③ 《战争与和平法》(*de jur*. *b*. & *p*. *l*. 2. *c*. 8. §. 7.)。

的处罚措施。因此在英国,从封建法学家的著作中可以了解到①,以前对于发现藏匿财产后隐瞒国王者将被判处死刑,不过现在对此只是判处监禁并课以罚款②。

14. 丢弃的赃物,亦称"bona waviata",是指盗贼在其逃跑过程中因害怕遭到逮捕而丢弃的所盗物品。根据法律规定,这些东西也是国王的收入,并且该规定被当成对失主的一种惩罚,因为其本人并未追赶罪犯,所以就没收了盗贼从他那里所偷的赃物③。如果失主被盗后立刻努力追踪并抓到盗贼(该行为被称为"立即追捕"),或者在此后指证盗贼,或者提供证据证明其有罪,失主将可以重新领回他的失物④。如果有人先于国王得到了被丢弃赃物并自行使用,这种情况下,该赃物也不归国王所有。这样即使在事隔20年之后,如果失主能首先得到赃物,国王也不能对其拥有所有权⑤。如果赃物被盗贼藏匿起来,或者被他留在任何地点,这样当他逃跑时,其身边就没有赃物了,所以也就不存在在逃逸过程中丢弃赃物之说,这种情况也不是"丢弃的赃物",失主可以在任何时候取回它们⑥。外国商人的货物,即使也是被盗走后被盗贼在逃逸中丢弃,也不能作为丢弃的赃物处理⑦,这样规定的理由不但是因为要

---

① 格兰维尔,《论英格兰王国的法律与习惯》,第一卷,第二章(Glanv. l. 1. c. 2.);托马·克雷格,《封建部落法》,第一卷,第16,40页(Crag. 1. 16. 40.)。
② 《英国法学阶梯》,第三卷,第133页(3 Inst. 133.)。
③ 《判例汇编》,"伊丽莎白女王"卷,第694页(Cro. Eliz. 694.)。
④ 亨利·芬奇,《论法律》,第212页(Finch. L. 212.)。
⑤ 同上。
⑥ 《判例汇编》,第五卷,第109页(5 Rep. 109.)。
⑦ 菲茨赫伯特,《年鉴案件汇集节录》,标题为"失主不明的家畜",第一卷(Fitzh. Abr. tit. Estray. 1.);《爱德华·布尔斯鸠德判例汇编》,第三卷,第19页(3 Bulstr. 19.)。

鼓励贸易发展,而且也是因为外国商人不会故意不追赶盗贼,而是因为他们通常对我们的法律、风俗习惯和语言都比较陌生的缘故。

15. 迷途家畜是指在领地或庄园中被找到的价值较高的走失动物,而且没有人知道其主人是谁,这种情况下,法律将这些动物的所有权授予国王,因为国王是整个国家所有物品的主人、全部国土至高无上的领主,以此对这些动物可能在国土上造成的损失对国王进行补偿。现在通过国王的特别授权,它们通常大多属于各领地的领主所有。不过为了授予国王或其授权人没有瑕疵的财产,这些走失的家畜的情况必须在教堂及其发现地邻近的两个乡镇的集市上进行公布,如果没有人对其主张权利,在公布后的一年零一天,它们便属于国王或他的代理人所有①,并且其原主人丧失了对其的追索权。而且即使该新主人是一个未成年人,或者有其他法定的行为能力上的限制也不影响其有效性②。这一规定类似于古哥特法条款,该条款是关于所有被捡到的遗失物的,对这些遗失物须进行三次公告:第一次公告时要有居民和过路旅客在场,第二次公告在邻近村镇进行,最后一次在教堂或法院门前进行(*primum coram comitibus et viatoribus obviis, deinde in proxima villa vel pago, postremo coram ecclesia vel judicio*),而且中间也有一年的时间允许主人领回他的财产③。如果其原主人在一年零

---

① 安德鲁·霍恩,《正义宝鉴》,第三章,第十九节(Mirr. c. 3. §. 9.)。
② 《判例汇编》,第五卷,第 108 页(5 Rep. 108.);《布鲁克英国判例汇编摘要》,标题"失主不明的家畜"(Bro. Abr. tit. Estray.);《判例汇编》,"伊丽莎白女王"卷,第 716 页(Cro. Eliz. 716.)。
③ 斯蒂恩胡克,《瑞典法律与古代哥特人法律》,第三编,第五章(Stiernh. *de jur. Gothor. l.* 3. *c.* 5.)。

一天的期限内要求领回它们,他必须支付搜寻、保管这些家畜的费用及公告费用①。而国王或领主在一年零一天中并不对其享有所有权:因此如果一个领主已经照管一头迷途的家畜三个季度,在未满一年时其又走失了,而另一位领主又发现了它,那么前一位领主就不能领回它②。任何被驯化的走兽都可以成为一头迷途的家畜,而且它还应当是具有一定价值的财产,比如羊、牛、猪、马,我们对其总称为家畜。《福莱特》③是这样定义它们的:没有人寻找、跟随或召回的失散家畜(pecus vagans, quod nullus petit, sequitur vel advocat)。因为一般动物,如狗或猫,由于法律认为其没有价值;以及野生的动物,如熊或狼,都不能成为迷途的家畜。天鹅可以成为迷途的家畜,但其他所有家禽都不可以④,这是因为天鹅被认为是王室的家禽。之所以有这样的区别,原因应当是这样的:家畜和天鹅具有驯兽的特征,主人对它们的所有权并不仅仅因为它们暂时走失而丧失,而且它们本身的价值也足以保证可以抵偿特权地的领主们照管它们一年零一天的支出。因为作为迷途家畜的保管人,只要他保管一天,就有义务为其提供口粮并使其免受伤害⑤,而且不可以役使其劳动,否则他很可能因此遭到起诉⑥。不过,他可以为挤奶牛的牛奶或有其他类似的行为,因为奶可以储

---

① 道尔顿,《郡长的职位和权利》(Dalt. Sh. 79.)。
② 亨利·芬奇,《论法律》,第177页(Finch. L. 177.)。
③ *l. 1. c.* 43.
④ 《判例汇编》,第七卷,第17页(7 Rep. 17.)。
⑤ 《案例节录》,第一卷,第889页(1 Roll. Abr. 889.)。
⑥ 《判例汇编》,"詹姆斯国王"卷,第147页(Cro. Jac. 147.)。

存,而且这也有利于这些动物的健康①。

　　为什么国王应当拥有御用之鱼、失事船舶财产、被发现的无主财宝、丢弃的赃物及迷途的家畜,除了前文所述的具体原因之外,还有一条对全体都适用的普遍原因,亦即,因为它们都是无主财产(bona vacantia),也就是其他人都不能对其主张所有权的动产。正因如此,根据自然法,它们属于先占者或发现者,罗马法延续了这方面的规定。但是在欧洲,为防止对上述收入的纯粹占有权引起并延续的争论和冲突,并且为了以对个人负担最轻的方式对公共权力机关进行财政支持,在大部分欧洲政府处理该问题的现代法律中,都认定根据一个国家实在法的规定,这些财产收入的权利被授予最高权力机构是合理的。所以,正如布雷克顿所表述的②,该权利是这样转变的:"在以前,这些不属于任何人所有的东西根据自然权利属于发现者所有,现在则根据国际法变成了国王的财产"(haec, quae nullius in bonis sunt, et olim fuerunt inventoris de jure naturali, jam efficiuntur principis de jure gentium)。

　　16. 国王收入的下一个部分是从罪犯处没收的动产和不动产。罗马法学者们将其称为充公的财产(bona confiscata)。因为这些财产属于帝国的国库,或者,根据英国法学家的命名"forisfacta"(应没收财产罪行的罚金),就是脱离物主的财产的意思。任何对犯罪进行的罚金处罚的真正原因和唯一的本质上的理论基础就是:所有的财产权都来源于社会,这些财产权是授予个

---

①《判例汇编》,"詹姆斯国王"卷,第148页(Cro. Jac. 148.);《伊丽莎白、詹姆斯、查尔斯时期案件选辑》(Noy. 119.)。

② l. 1. c. 12.

人的诸多公民权利中的一项,是用来交换一定程度的天赋自由权,也就是每个人在进入社会时都必须牺牲掉的那部分天赋自由权的。因此一个属于国家这一团体的成员,如果其由于违反了国内法律而破坏与他所属的社会联盟签订的根本契约,他就丧失了主张由该契约规定的特权的权利。而且国家可以根据非常正当的理由重新获得以前由法律分配给他的那部分财产,或者该财产中的任何部分。因此,在任何暴力型犯罪案件中,英国的法律都没收罪犯的所有动产。而且在这一类型的许多案件中,罪犯不动产的丧失也是永久性的,而在另一些案件中则是暂时的。法律将这些动产和不动产都授予国王所有,因为国王是得到公众授权的国家长官,因此其被推定为遭到犯罪侵害的人。有关这些罚金的详情在论及犯罪和轻罪时再加以列举更为妥当。出于论述完整性的考虑,因此我仅在此作为国王财产的一部分提一下。并且,现在我将把对于所有罚金的更进一步的论述延后——除了一种罚金之外,该罚金与其说源自于罚金主人的罪行倒不如说源自于其不幸,那就是被称为敬神物。

敬神物意思是直接导致任何理性生物死亡的属于个人的动产,不论该动产为何物,国王都应将其没收,并将其用于出于宗教目的的用途之上,由他的高级施赈官员将该动产作为施舍物分发给穷人①。尽管在以前这些东西是规定被用于一些更为迷信的用途上的。在黑暗的教皇统治时期,该敬神物最初应该是用来为那些由于突然死亡而被摄走的灵魂支付赎罪金,而出于上述用途,对

---

① 马修·黑尔,《王室诉讼史》,第 419 页(1 Hal. P. C. 419.);《福莱特》(Fleta. l. 1. c. 25.)。

该物品最适当的处理办法本应是将其交给天主教会①。这种形式与出卖被发现的不明身份死者的衣服,以便为他的灵魂的利益支付弥撒费用相类似。这还可以解释一条法律规定:如果一个未成年的孩子由于从停止的马车或马匹上跌落下来而死亡的②,将不征收敬神物;不过,如果任何成年人因此而死亡的,那么该马车或马匹肯定会被没收。而马修·黑尔先生所提出的理由看来却很不充分,他说:这是由于一个小孩不能自己照顾自己。为什么马车或马匹的主人能免予交纳敬神物,是因为那个小孩咎由自取吗?难道该马车或马匹的主人就不应该更加谨慎,以防止任何意外和悲剧事故吗?这一规定的真正理论基础看来还是因为根据英国法律制定者的出于仁爱考虑的迷信思想,小孩由于缺乏判断力,而被推定为不具备为恶的能力,因此不需要敬神物为其支付合适的弥撒的费用,而所有的死于现实中的罪恶的成年人则需要以这种方式赎罪。

对于一个人因从一直立静止的物体上跌落而身亡的情况,法律就是这样规定的。但是如果是由于行进中的一匹马、一头牛或者一头其他动物导致一个未成年人或成年人死亡的,或者是马车撞人致死的,不论该死者是未成年人还是成年人,它们都将被作为敬神物被没收③。上面的规定是基于另外的理由,即上述不幸事件部分是由于这些动物或车辆的主人的疏忽大意而造成的,所以,

---

① 菲茨赫伯特,《年鉴案件汇集节录》,标题为"犯罪篇"(Fitzh. Abr. tit. Enditement. pl. 27.);斯坦福德,《论王室诉讼》,第 20、21 页(Staunf. P. C. 20, 21.)。

② 《英国法学阶梯》,第三卷,第 57 页(3 Inst. 57.);马修·黑尔,《王室诉讼史》,第一卷,第 422 页(1 Hal. P. C. 422.)。

③ 我们所理解的死亡,是一种类似赎罪奉献物的惩罚(Omnia, quae movent ad mortem, sunt Deo danda. Bracton. l. 3. c. 5.)。

通过没收这些东西对其进行处罚是合乎情理的。根据《摩西律法》①对于此类案件也有类似的处罚措施："若有牛撞杀人者，其应以乱石砸死，且其肉不得食之。"而雅典人有这样的规定②：无论是什么人或动物攻击他人，造成他人死亡的，其将或被处死，或被驱逐出共和国国境。如果有一静止的物体导致他人死亡的，那么只应当没收与其死亡有直接关系的部件。比如一个人因攀爬车轮而跌落死亡，就只应将该车轮作为敬神物③。但是如果该物体在运动中致人死亡，不但直接致人受伤的部件（比如压过受害人身体的车轮）将被没收，而且所有与其一同移动并客观上造成加重其伤害的所有物品都将被充公（比如车身和所载货物，它们都加重了车轮的压力）④。至于主人是否与该死亡有牵涉则无关紧要，因为如果一个人用我的剑杀死了别人，剑将被当成受诅咒之物⑤遭到没收⑥。因此，在所有对杀人者提起的控诉中，涉案凶器都将向大陪审团展

---

① 《摩西律法》，第 21、28 页(Exod. 21. 28.)。
② 埃斯基涅斯，《驳克忒西丰》(Aeschin. contr. Ctesiph.)。
③ 马修·黑尔，《王室诉讼史》，第一卷，第 422 页(1 Hal. P. C. 422.)。
④ 霍金斯，《论王室的诉讼》，第一卷，第 26 章(1 Hawk. P. C. c. 26.)。
⑤ 《神学博士与英格兰普通法学生问答录》(Dr & St. d. 2. c. 51.)。
⑥ 古代哥特人也有类似的法律：如果有任何人没有告诉我就擅自使用我的武器或工具自杀，或者因为从我的马匹上跌落、掉进我的井里、被我的水车压到，而此人因此而死的话，对我进行一些经济处罚吧，因为可以说我由于建造或拥有使一个人死亡的东西，从而对这些不幸事件也负有部分责任(Si quis, me nesciente, quocunque meo telo vel instrumento in perniciem suam abutatur; vel ex aedibus meis cadat, vel incidat in puteum meum, quantumvis tectum et munitum, vel in cataractam, et sub molendino meo confringatur, ipse aliqua mulcta plectar; ut in parte infelicitatis meae numeretur, habuisse vel aedificasse aliquod quo homo periret. Stiernhöök de jure Goth. l. 3. c. 4.)。

示并由其决定凶器价值（即使该致命一击是由一把价值六便士的小折刀刺出的），只有这样国王或其代理人才可以宣判敬神物，因为除非向一个由 12 人组成的陪审团进行过展示①，否则便不构成法律上的敬神物。对于在公海上发生的事故不应征收敬神物，因为公海不属于普通法的管辖范围，但人从淡水中的舰艇或船只上跌落并溺水身亡的话，该船只及其所载的货物应该可以说符合严格意义上的敬神物的条件②。

敬神物以及所有法律上可没收充公的物品，包括失事船舶及其所载财物、御用之鱼、金银矿石、被丢弃的赃物、迷途的家畜，国王都可以把它们作为国王的特权授予特定的臣民。事实上这些特权中的大部分都已经被授予了各领地的领主们或者其他特权区域的贵族们，这种情况显然不符合设计这些收入制度的初衷。

17. 国王常规收入的另一部分来源于充公的地产，这些地产之所以被收归国有，是由于没有人作为继承人继承这些作为遗产的地产，于是它们通常被收归国有并授权国王进行处置，因为从法律上说，国王被尊为王国所有土地的最初所有者。不过对于这个问题在本书的第二卷中讨论更为适宜，那时候我们将单独对获得或者因被充公丧失土地的形式进行研究。

18. 接下来我继续讨论国王常规收入的第十八，也是最后一部分，这一部分内容由对智障人士的监护构成，而且我们还将由此

---

① 《英国法学阶梯》，第三卷，第 57 页(3 Inst. 57.)。
② 《英国法学阶梯》，第三卷，第 58 页(3 Inst. 58.)；马修·黑尔，《王室诉讼史》，第一卷，第 423 页(1 Hal. P. C. 423.)；《海事和贸易条约》，第 2，225 条(Molloy *de jur. maritim.* 2.225.)。

很自然地研究对于精神失常者的监护问题。

智障者,或称先天性痴呆者,是指自出生便不具有理解能力的人,因此法律将其推定为永远不可能拥有领悟力。由于某种原因,以前对于智障者及其土地的监护权属于此人可继承地产所在地区的领主所有①(因此,根据一些领地的特殊习惯法,领主仍拥有对在册的智障及精神错乱的土地保有者的管理权②)。不过,由于臣民们以形形色色的方式滥用这一权力,最终人们普遍同意:为防止智障者随意挥霍其财产,并致使其本人及其继承人陷入贫困③,该监护权将被授予作为他的民众们的总监护人的国王来行使。这一国王的特权是由议会通过的《爱德华二世十七年法》第九章的规定加以宣布的,该法(确认了普通法的④)规定:国王将监管先天性痴呆者的土地,不得滥用或侵吞所得到的收益,并需为被监护者提供生活必需品,而且,在被监护的智障者死后,国王必须将地产归还其继承人,以此来防止这些智障者出让其土地并导致其继承人丧失继承权。

根据古代的普通法规定,有一种涉及智障者的调查令状(*de idiota inquirendo*),用来调查一个人是否是智障者⑤。此类案件必须由一个十二人陪审团进行审判,如果陪审团认定其为一个完全的智障者(purus idiota),那么国王便可以将此人的人身及其不

---

① 《福莱特》(Flet. *l.* 1. *c.* 11. §. 10.)。
② 《戴尔判例汇编》,第 302 页(Dyer. 302.);《理查德·赫顿判例汇编》,第 17 页(Hutt. 17.);《伊丽莎白、詹姆斯、查尔斯时期案件选辑》(Noy. 27.)。
③ 菲茨赫伯特,《新令状选编》,第 232 页(F. N. B. 232.)。
④ 《判例汇编》,第四卷,第 126 页(4 Rep. 126.)。
⑤ 菲茨赫伯特,《新令状选编》,第 232 页(F. N. B. 232.)。

动产的权益授予一些与其有紧密利害关系的臣民进行监护①。很久以来,国王的这部分收入一直被认为会造成贫民家庭的贫困;因此早在詹姆斯一世八年议会就曾考虑过将这一监护权授予当事人的家属行使,并另外转让一笔收入给国王以取代这一收入。但这一制度当时就被认为将和封建保有地的农奴制遭受同样的下场,而后者正是自那时起被废除的②。不过几乎没人能举出国王强制施压运用这一权力的例子,因为很少发生陪审团认定一个人是天生的智障者的案件,而通常只会认定此人从某个特定时间开始精神失常,而法律对这种情况的处理方法与对天生的智障者的有很大不同。

如果一个人表现出任何轻微的思考能力,比如只要他能说出他的父母、他的年龄或类似的常见问题,那么他就不属于智障者③。但如果一个人生来兼具聋、哑及瞎的话,那么根据法律规定,他就被认为与一名智障者处于相同的状态④,因为他将缺乏为人的大脑提供构思材料的感官能力,所以被推定不具思考的能力。

一名精神错乱者,或者称为"*non compos mentis*",是一名曾经有理解能力人,但由于疾病、过度悲伤或者其他意外事件而丧失

---

① 这一权力,现在仍在人们的日常用语中被提到,常见的习惯用语为:"为了个傻子求一个人。"
② 《英国法学阶梯》,第四卷,第 203 页(4 Inst. 203.);《英国下议院日志》(Com. Journ.),1610 年。
③ 菲茨赫伯特,《新令状选编》,第 233 页(F. N. B. 233.)。
④ 爱德华·柯克,《英国法学阶梯》,第一卷,第 42 页(Co. Litt. 42.);《福莱特》(Fleta. *l*. 6. *c*. 40.)。

应用理智的能力的人。实际上,一名精神错乱者更确切地说是一名间歇性头脑清醒的人,有时有健全的心智,有时没有,而且,其心智是否健全经常取决于月亮的变化①。但在"精神错乱者"这一通用名称范围内(爱德华·柯克爵士认为这是最标准的法律名称②)不但包括精神错乱者,还包括那些处于癫狂状态的人、由于疾病丧失思维能力的人;还有那些后天(而不是天生)变得又聋又哑又瞎的人,诸如此类,简而言之,就是不论何种原因导致生活不能自理的人。和智障者一样,国王也是他们的监护人,不过监护的目的完全不同了。因为法律总是设想,发生在这些人身上的意外不幸可能会消除,因此,法律规定仅指定国王为这些不幸者们的受托人,以保护他们的财产不受侵害,如果他们康复了,国王应就所有他们得到的收益对他们作出满意的交待,如果他们死了,就向其遗产管理人交待。因此,根据《爱德华二世十七年法》第十章的规定,国王将照顾精神错乱者并向其提供食物,保管他们的土地和土地的收益,在他们康复后供其使用。而且国王不得从中谋取私利,如果该当事人死后留有遗产,其遗产在扣除支出后的剩余部分将根据宗教推事③的意见,为了其灵魂的安息而使用,而且,根据后来的《遗产管理法》修正案,该遗产现在肯定会被交给其遗嘱执行人或遗产管理人。

确定一个人为精神错乱者的方法与确定智障者的方法非常接近。根据国王的特别授权,大法官负责处理智障者和精神错乱者

---

① 当时的人认为精神病是由月亮的盈亏引起的,故"精神病"(lunatic)的词根就是拉丁文"月亮"(luna)。——译者
② 《英国法学阶梯》,第一卷,第 246 页(1 Inst. 246.)。
③ 指担任教区主教职务,并且具有教会审判权的人。——译者

的监护事宜①，其在收到起诉书或获知情况后，对一个专门调查委员会颁发智障者调查令状（*de idiota inquirendo*），由该委员会调查当事人的心智状况，如果发现其为精神错乱者，通常会把此人置于一些他的朋友的照顾之下，并给予一笔适当金额的生活费，当时将这些人称为精神错乱者的受托监护人。但是，精神错乱者的第一顺序继承人永远不得成为他的受托监护人，这是为了防止某些阴谋篡夺其财产的奸谋得逞，因为如果被监护人死亡，其继承人就有利可图。但是，人们一直认为，只要他最近的血亲不是其继承人，那么这一排除性规定便不再有效了。因为在这种情况下，为了通过更长时间的节约积累更多的个人财产，延长精神错乱者的寿命将增加监护人得到的经济利益，这些节余的财产将在未来供监护人和他的家人享用②。精神错乱者的继承人通常被任命为其财产的受托人或管理人，因为显然通过良好的管理使财产保值增值与其利害攸关，无论如何，该财产管理人需对大法官法院负责，如果精神错乱者康复了，还需对其本人负责，即使其未能康复，也必须对其遗产管理人负责。

在对智障者和精神错乱者进行照管方面，罗马法上的规定和我们的法律较为相似，罗马法一般为他们任命一名监护人保护其人身，同时任命一名财产管理人管理其财产。但在其他程序上，罗马法的规定比英国法更为深入。比如，如果一个人是有名的生活铺张浪费者，其财产很可能会被其挥霍殆尽，那么，他也将被视为

---

① 威廉·皮尔·威廉斯，《高等法院判例汇编》，第三卷，第 108 页（3 P. W^{ms}. 108.）。
② 同上书，第二卷，第 638 页（2 P. W^{ms}. 638.）。

一名精神失常者,并由执政官将其人身或财产置于监护人或财产管理人的监管之下①。而根据梭伦②的法律,这些败家子将永远背负恶名③。而根据我们的法律,当一个人接受智障者调查,并被判定为浪费人而非智障者时④,对此便没有进一步的法律程序了。并且进行调查这种做法本身是否可取也值得怀疑。虽然这一规定毫无疑问是一个有益于个人并能保护其家庭财产的好办法,但其与一个自由国家的精神似乎并不兼容,一个自由的国家公开宣布并实行自由的权利,即人们可以随意支配他们自己的财产。"使用自己的财产时不得妨害他人"(*Sic utere tuo, ut alienum non laedas*)是我们法律中涉及审慎使用财产的唯一限制性规定。而且没有一定程度的奢侈挥霍,是不可能实现如此频繁的土地和财产转让和流通的,我们的混合宪政体制之所以能保持应有的健康和活力,可能也从这些财产的流转中获益匪浅。

上面的内容对于国王的常规收入,或者称为严格意义上的国王的世袭财源收入进行了简要的介绍,这些收入曾经非常庞大,并

---

① 当执政官发现有人的生活支出毫无节制,将其财产肆意挥霍时,他通常会将其作为精神病人一般处理,为其任命一名监护人。由于被当成精神病人,这名挥霍浪费者将一直被置于监护之下,直到其恢复到清醒的神志并且在生活方式上改过自新为止(*Solent praetores, si talem hominem invenerint, qui neque tempus neque finem expensarum habet, sed bono sua dilacerando et dissipando profundit, curatorem ei dare, exemplo furiosi: et tamdiu erunt ambo in curatione, quamdiu vel furiosus sanitatem, vel ille bonos mores, receperit. Ff.* 27. 10. I.)。

② 梭伦(Solon,？前 638—？前 559 年),古雅典的政治家及诗人,曾当选执政官并进行经济和政治改革。——译者

③ 约翰·波特,《希腊古代史》,第一卷,第二十六章(Potter. *Antiqu. b.* 1. *c.* 26.)。

④ 《布鲁克英国判例汇编摘要》,标题"智障者",第 4 页(Bro. *Abr. tit. Ideot.* 4.)。

第八章 国王的收入

且毫无疑问达到了一个惊人的数量，因为自诺曼征服以来，在这个王国中几乎所有的地产都在不同的时期通过没收无主继承或其他途径被授予国王支配过。但是，对国民们自由而言，幸运的是，这些世袭的不动产收入经过一系列挥霍性的安排和处置，几乎已经所剩无几，而产生于国王全部收入（census regalis）的其他部分的临时性收入，也几乎全部被国王以类似方式转让出去了。为补充国王收入的不足，我们现在被迫通过一些我们早期的祖先闻所未闻的新的办法来筹措资金。正是这些新的办法构成了国王的非常规收入。由于公共的世袭财产被臣民们个人所掌握，因此，唯一合理的办法就是由个人来分担公共政府的开支。尽管这一办法有可能使一些人承受更重的负担，因为他们的祖先没能像另一些人的祖先那样，在对国王收入进行的总分配中分得一些财产，但综观全国的情况，只要国王通过非常规收入所取得的收益不大于其损失的常规收入，那么整个国家的负担还是和以前一样的。如果剥夺王国中的所有富绅先前属于国王的地产，并恢复给民众带来不便的王室用品征购和优先购买权、压迫民众的《猎场法》及封建土地保有农奴制，并将国王放弃的所有包括丢弃的赃物、失事船舶收入、迷途的家畜、被发现的无主财宝、敬神物、收归国有的地产在内的类似国王特权收入都恢复由国王来掌握，他们将会发现与支付定额的特定税赋来供应政府日常必需的开支相比，他们本人的损失更大。因此，一个自由的国家的希望及目标，绝不是完全废除税收，因为那样会造成极具破坏性的后果，所以这种极端的设想在政治上是极其荒谬的。而政府及其官员的正确理念被认为应当是：少数几个人根据其余大部分人的授权对公共事务进行掌管，以使人们能够更好地专心处理他们的个人事务，因此人们应当有义务贡献出一部分个人收入用以维持政府的运转，并作为政府官员的报酬，因为是政府及其官员在保护他们享有各自的财产。但是国王收入力图达到的目标是合理和适度。这两者不仅体现在对国王的授权上，也体现在募集必备的政府开支的方法上；通过设计出既最有利于国家的利益同时又与国民的经济情况相符合，并且不破坏国民自由权各项优点于一体的方法：对于臣民们而言，正如前文所述的那样①，当税赋合理时，其只需贡献出其财产的一部分，便能享有另一部分。

人们通常用一些同义词命名这些非常规的补助金，如津贴税、津贴、补给性拨款。我们在前文中②已经了解到这些非常规的收入是由大不列颠王国的下议院授予国王的，当议员们表决通过对国王陛下的拨款并确定了该拨款的金额后，通常议员们会组成一个被称为税赋委员会的机构，以便决定上述经表决通过的拨款的筹措方法。并且该委员会中的每一个成员（虽然这被认为是财政大臣特有的职权）都可以提出其认为对公众侵害程度最低的税制方案。税赋委员会的决议在经下议院表决通过后通常被认为具有最终的和结论性的效力（实际上也确实如此）。这是因为在议会两院的法律规定之前，虽然根据这一拨款决议不可能实际上从国民那里筹款，但是仅仅根据下议院的投票结果，所有的富人们都会毫不犹豫地向政府预支任何数目的现金，哪怕此时还没有通过一部

---

① 原书第 271 页。
② 原书第 163 页。

这样规定的法律。

对于国民的征税分为年度征收和永久性征收两种。每年都要征收的是土地税和麦芽酒税。

1. 现代形式的土地税,已经取代了以前所有的根据财产进行估税及根据个人财产情况进行估税的方法,即以土地津贴税、海得税、免兵役税,或者摊派税的 1/10 或者 1/15 的计算方法。对于上述税种进行简短的说明将非常有助于我们进一步理解我们古代的法律和历史。

由议会授权国王征收的临时性补助金有两种,即什一税及十五分之一税①。在以前这笔补助金确实相当于臣民个人拥有的所有动产的 1/10 或 1/15 一部分。当时的所谓"动产"和现在人们所说的动产有很大的不同,而且其在个人财产中所占的比例要比现在小得多。征收什一税的权力据说最早是在亨利二世统治时期由议会赋予国王的,当时国王利用人们对于十字军的普遍流行的一种狂热来推行这种新税制,以便于支付远征巴勒斯坦进行宗教战争的军费,对于这笔税收,他实际上或者至少表面上是拟定用于与阿拉伯人的皇帝萨拉丁②进行的战争中,因此,这一税收最初还被命名为萨拉丁什一税③。但是此后议会一般授权国王征收的是 1/15

---

① 《英国法学阶梯》,第二卷,第 77 页(2 Inst. 77.),及第四卷,第 34 页(4 Inst. 34.)。

② 萨拉丁(Saladine,? 1137—1193 年),埃及和叙利亚的苏丹,抗击第三次十字军东征的阿拉伯英雄。——译者

③ 罗杰·霍夫顿(Hoved),《编年史》,公元 1188 年;托马斯·卡特,《英国通史》,第一卷,第 719 页(Carte. 1. 719.);大卫·休谟,《英国的历史,从尤利乌斯·恺撒入侵到 1688 年的革命》,第一卷,第 329 页(Hume. l. 329)。

税而不是什一税。起初这些税收的总金额是不确定的,根据每一次下议院新出台的授权方案核定的税额进行征收,马修·帕里斯①就藏有一份这样的授权文书。但在爱德华三世八年,这一税率最终被简化为固定税率。当时,因为国王的授权,所有王国的城镇、自治市镇和城市的税额都得以确定并由财政部记录在案,当时的税率是每一个城镇的价值的 1/15 部分,总计约为 29000 英镑,因此,其仍被命名为 1/15 税。当由于货币价值发生变化及个人财产的增加时,情况发生开始了很大变化。所以,在以后几年,当下议院授权国王征收 1/15 税时,英国的所有的地方自治区都随即知道了自己在其中所占的比例,也就是说,这一数值和爱德华三世八年征收的相同津贴税所确定的评估值相同,因此只需根据一定比率在各地方自治区中征收并上交于国王的财政大臣即可。

另有一种古代税收,其本质类似于现代的土地税,该税收的起源可追溯至兵役土地保有权被引进的年代②。当时,如果受到国王召集,每一个兵役土地的封臣都有义务每年参加国王的军队 40 天。但是这种个人参军的方式在很多方面出现了问题,而封臣们找到了无需参军但继续承租该土地的折衷办法,即通过派其他人顶替其服兵役,并在此期间以金钱补偿国王的方式代替服兵役。最终,对于每一块兵役保有地都以"免兵役税"(scutages)③的名义通过对土地价值的评估来征收这笔补偿金。第一次征收"免兵役

---

① 公元 1232 年。
② 参见《英国法释义》,第二卷(the second book of these commentaries)。
③ 亦译为"盾牌钱"。——译者

第八章 国王的收入

税"可能是在亨利二世五年,起因是亨利二世要对图卢兹[1]进行远征,而且(根据我的理解)只要国王能与臣民达成一致,这一税收的数量完全是不固定的。但是这一先例在后来被滥用并成为一种压迫人民的手段(这种压迫表现为无论何时只要国王参加战争,他为了雇佣一些唯利是图的军队并向他们支付事先无法确定的军费,仅仅根据自己的权力就对土地所有者征收免兵役税),因此,该税收导致全国上下怨声载道,约翰国王被迫在《大宪章》中承诺[2]:未经王国议会同意,不得征收免兵役税。事实上这一条款未能被写入亨利三世的宪章中[3],我们只在其中找到了这样的规定:免兵役税的征收应当与亨利二世国王统治时期的规定相同。此后,根据爱德华一世及他的孙子颁布的各种法律规定[4]:除非经议会两院同意,国王不得征收任何补助金或其他任务税,摊派税或其他税收。

和对骑士土地征收的免兵役税具有相同性质的税收还有所有对其他土地征收的海得税以及向城市和自治市镇征收的摊派税[5]。不过,在理查二世和亨利四世统治时期,由于津贴税的推行,上述三种税费渐渐都不再征收了。津贴税不直接按照财产计算来征收,而是根据每个人公开的财产对个人予以征收,税率也很

---

[1] 图卢兹(Toulouse),法国南部城市,位于加龙河沿岸,波尔多东南。——译者
[2] 第十四章。
[3] 《亨利三世九年法》,第三十七章(9 Hen. III. c. 37.)。
[4] 《爱德华一世二十五年法》,第五、六章(25 Edw. I. c. 5 & 6.);《爱德华一世三十四年法律四》,第一章(34 Edw. I. st. 4. c. 1.);《爱德华三世十四年法律二》,第一章(14 Edw. III. st. 2. c. 1.)。
[5] Madox. hist. exch. 480.

低,对于每英镑的土地征收 4 先令,对于每英镑的动产征收 2 先令 6 便士,对于所有外国人,这一比例翻番。不过,对于财产价值的核定所依据的是古代的估价,由于古代的计算方法非常保守,所以导致王国所征收到的税款非常之低,根据爱德华·柯克爵士说法[①],一种这样的津贴税总计不超过 7 万英镑,而相同税率的现代土地税却可以产生 200 万英镑的税收。根据古代的规定,议会最多只能同时授权国王征收一份津贴税和两份 1/15 税,但这一规定却因出现了 1588 年西班牙入侵的非常事件而被第一次打破。当时议会授权伊丽莎白女王征收两份津贴税和四份 1/15 税。此后,由于货币的贬值,更多的津贴税被议会授予国王,有这样一个例子,在 1640 年第一届议会,国王想要下议院拨给他 12 份津贴税,分三年征收,这一计划看起来非常惊人,不过,克拉伦登爵士[②]却告诉我们[③],当时的下议院议长高级律师格兰维尔向议会作澄清说明时指出,这 12 份津贴税加起来的总数也不算很多,格兰维尔告诉了议员们他计算出的他本人需为此支付的税款,由于众所周知他拥有很多地产,所以当格兰维尔说出他需支付的税款总额时,议员们都认为此事似乎不值得再进行审议了。事实上根据计算,我们会发现,这些分成三年征收的 12 份津贴税的总额,确实还少于现在一年每镑征收两先令土地税的税收额。

由议会下院授权国王征收的免兵役税、摊派税和津贴税并不

[①] 《英国法学阶梯》,第四卷,第 33 页(4 Inst. 33.)。
[②] 克拉伦登(Clarendon,1609—1674 年),英国政治家、历史学家、法学家,著有《叛乱史》等著作。——译者
[③] 《英格兰普通法史》(Hist. b. 2)。

包括宗教职位的收入的税收,该税收通常在宗教大会召开的同时由教士们自行征收,这些教士的税收应当得到议会的认可,否则,该税种便是非法的,教士们便没有义务缴纳该税,根据同一个著名学者①的理论,这一税收是由在1640年第一届议会解散之后继续召开的宗教大会拨付国王的②。由教士们缴纳的津贴税的税率为每英镑征收4先令,根据国王记录的他们的收入的估税值征收。爱德华·柯克爵士告诉我们③,这一税收总额约为2万英镑。虽然这一税收传统始终存在,但宗教会议的召开却不如议会那样频繁,而由神职人员缴纳的最后一笔津贴税,是由《查理二世十五年法》第十章加以认可的,此后,另一种征税方法得到了普遍应用,该税制将神职人员与世俗人士同等对待,有俸的神职人员将其作为获得郡选议员的投票权而付出的报偿④,所以从那时起,缴纳教会津贴税的惯例便被彻底废弃了。

世俗津贴税通常由国王任命的俗务专员或者其他高级官员负责征收。因此,在查理一世和议会之间爆发的内战之初,后者由于没有足够的收入用以支持他们的部队和推行他们的法律,于是议会便推行一种对王国的几个郡每周和每月估价⑤并征收特定金额的税款的做法,对于动产和不动产都征收税额为一英镑的税,这一

---

① 指克拉伦登爵士。——译者
② 英国议会上院由神职议员和世俗议员组成,议会解散后,神职人员便召开宗教会议。——译者
③ 《英国法学阶梯》,第四卷,第33页(4 Inst. 33)。
④ 道尔顿,《郡长的职位和权利》(Dalt. of sheriffs,418.);吉尔伯特,《论财政署法庭》,第四章(Gilb. hist. of exch. c. 4.)。
⑤ 1642年3月4日、11月29日。

不定时的征税在整个议会篡权期间没有停止过，有时税额达到一月 12 万英镑，有时较低一些①。在复辟之后，曾经征收过两次，这也是仅有的两次以征收古老的津贴税取代上述月度征税的办法，即在 1663 年议会授权国王向世俗人士征收四份津贴税，向教士也征收四份津贴税，在 1670 年，通过征收津贴税的办法筹集到了 8 万英镑，这也是最后一次通过这种方式筹集国王的供给。因为现在已经依惯例建立了月度征税的制度，由议会任命的税务专员征收，并能提供更为稳定的收入，从那时起，除了议会由于国家发生紧急情况而授权临时性征税外，我们已很少听到津贴税了。现在的周期性估税及此前的津贴税、更古老的免兵役税、海得税和摊派税，它们在本质上都属于土地税，而且有时在征税是直接以此对它们命名的②。不过现在却流行这样的观点，土地税是在威廉三世国王统治时期首先采用的，因为在 1692 年制定了一种适用于整个王国的新的土地估价办法，虽然这种办法并非完美无缺，但却达到了这样的效果：只要价值一英镑的土地缴纳等于一先令的税金，全英国的土地便可征收 50 万英镑的税款。而且，根据这一提高后的估价办法，从 1693 年到现在，这段超过七十年的时间里，土地税始终是每年对英国国民征收的税收，在此期间有一半时间的税率是 4 先令每英镑，有时为 3 先令，也有时是 2 先令，有两次③ 1 先令，但从未暂停征收过。税率的平均值为 3 先令 3 便士每英镑，相当

---

① 1656 年，其中的一部评估法案被收录在：斯科贝尔，《法条和条例汇编》(Scobell's collection)，第 400 页。
② 《英国下议院日志》(Com. Journ.)，1678 年 6 月 26 日、12 月 9 日。
③ 在 1732 年和 1733 年。

第八章 国王的收入

于以前的二十三份津贴税,每年的税额超过一百五十万英镑。征税方法是:根据1692年确定的土地估价办法,对于每个郡确定一个固定的税收总额,再把这一税收总额由法律设定的税务专员及其下属官员向个人分摊并征收(分摊的依据就是个人有义务纳税的动产和不动产)而纳税者是各郡的主要土地所有者及他们的下属官员。

2. 另一项年度税收为麦芽酒税[①],自1679年以来每年由议会征收,总额为75万英镑。除每蒲式耳[②]的麦芽酒都需缴纳6便士的税金外,该税还按照一定比例适用于的特定液体,如苹果酒和梨子酒,这是因为酿造这些酒也要用麦芽。该税收毫无疑问属于一种年度征收的消费税,由消费税税务专员负责征管,这一种类的税的性质我很快就会进行阐释,在此之前我先提一下,在1760年,议会规定对于每蒲式耳的麦芽酒征收3便士的永久附加消费税,在1763年,议会对于苹果酒和梨子酒征收一定比例的消费税。

永久性的税收为:

(1) 关税,或称为进出口货物税、过境税,指商品出口或进口时应当缴纳的税。这一收入(或者说其较古老的那部分——出口关税)之所以授权由国王征收,据说原因有二[③]:Ⅰ.因为是国王允许臣民出国,并准许其携带货物。Ⅱ.因为根据普通法规定,国王有责任对港口进行维护和修缮,并保护商人免收海盗侵袭。一些

---

① 麦芽酒,由麦芽酿造出的酒类饮料,如啤酒或艾尔酒。——译者
② 蒲式耳为计量单位,等于8加仑或36.4升。——译者
③ 《戴尔判例汇编》,第165页(Dyer.165.)。

人曾猜想,关税之所以被我们称为"customs",是因为国王根据古老的习惯和普通法,而不是议会法律的授权世袭拥有关税①。但是爱德华·柯克爵士已经明白无误地指出②,国王第一次拥有征收关税的合法权力是在爱德华一世三年由议会授权的,虽然该授权的记录未能保留到现在。而且《爱德华一世二十五年法》第七章的规定以明确的语言承认了这一点,在该法中国王承诺,未经王国人民同意,不会向商人征收关税:"……将早先由前述的民众授予我们的征收羊毛、毛皮、皮革关税的权力保留于我们及我们的继承人行使。"这些关税以前曾被称为国王世袭关税,只有在上述三种商品出口时才可征收,而不得对其他商品征收。这三种商品被称为王国的大宗商品(*staple* commodities),是因为他们必须被送往建有国王的市场(staple)的港口③,在那里首先确定其应交关税,然后再出运。在粗鄙的古代拉丁文纪录中,这三种商品被称为习惯(*custuma*),而不是惯例(*consuetudines*)④,在我们的法律语言中,无论该词在哪里出现,其唯一的含义都只表示"习惯"。对于羊毛、毛皮即皮革所征收的出口税被称为:古老的关税或巨额的关税(*custuma antiqua sive magna*);所有的商人,不论是本国人还是

---

① 《戴尔判例汇编》,第 43 页(Dyer. 43. *pl*. 24.)[英文中"关税"(custom)一词也有习惯、惯例之义。——译者]。

② 《英国法学阶梯》,第二卷,第 58、59 页(2 Inst. 58. 59.)。

③ 《爱尔兰王座法院判例汇编》,第 9 页(Dav. 9.)("staple"一词在英文中既有"大宗的""常用的"之义,亦有"集贸市场"之义。——译者)。

④ 这一名称应当是源自于法语"*coustum*"或者"*coǔtum*",意思是指过境税,其字源应当是"*coust*"一词,表示价格、费用。"*Coust*"一词已经被吸收入英语,即"*cost*"。

外国人都需缴纳这一关税,不同的是,外国商人还应多缴纳一笔附加税,该税相当于本国商人纳税额的一半。新的或小额的关税(custuma parva et nova)为一笔税率为3便士每英镑的关税,仅对外国商人征收,适用于所有进出口商品,该关税从爱德华一世三十一年起被授予国王①,通常被称为"外国人税"(alien's duty)。不过,当国家开始意识到本土工业优势的重要性并且由《爱德华三世二年法》第一章规定禁止羊毛出口之后,上述古老的世袭的关税,特别是对羊毛和毛皮的关税已几乎完全征收不到了。

国王还拥有一种古老的世袭关税,名为输入酒税,亦称为管家税。输入酒税是指国王可以从进入英国的载有20吨及以上酒的船上抽取2吨酒作为税收。后来爱德华一世将其改为向进口酒的外国商人征收每吨2先令的税金,因为该税金是向国王的管家(butler)支付的,所以被称为管家税(butlerage)②。

其他进出口货物应支付的关税还包括:津贴关税、吨位税、镑值税及其他关税。津贴关税是由议会对上文提到的三种大宗商品征收的关税,是在古老的关税和巨额的关税(custuma antiqua et magna)上的另行附加的税收;吨位税是除国王征收的酒税和管家税的部分之外,对进口葡萄酒额外征收的关税;镑值税是对于其他所有商品依据其价值(ad valorem)所征收的税款,税率为12便士每英镑;其他税收是指由议会根据时局及形势的变化要求临时征

---

① 《英国法学阶梯》,第四卷,第29页(4 Inst. 29.)。
② 《爱尔兰王座法院判例汇编》,第8页(Dav. 8. b.);《爱德华·布尔斯鸠德判例汇编》,第二卷,第254页(2 Bulstr. 254.)。

收的其他关税①。除了工作直接与之有关的相关部门的官员之外,上述这些关税现在几乎都被人们遗忘了,因为对所有进出口产品所征税收的名目实际上都已合而为一,统称为——关税。

根据上面的论述我们现在知道,进出口货物时在港口对商人们征收的关税是根据议会的职权规定的。由于一些特定的国家原因,国家对部分特殊的进出口贸易实行奖励,亦称为退税。吨位税和镑值税特别是在其最初被授权国王征收时,按照古代的法律,特别是《伊丽莎白一年法》第十九章所表述的,其目的是为了保卫王国,守护海疆,同时也是为了贸易往来的货物安全进出英国海域。最初,这些关税仅授权国王在规定年限内征收,比如在理查二世五年②,议会曾授予其年限为两年的征收权;但到了亨利五世的时代,在其即位的第三年,议会曾通过一部法律授权其终身有权征收关税;后来爱德华四世再次被授予期限为终身的征税权,而且从那时起,这些关税即按惯例被授权于国王的所有的继承人终身征收,这些授权有时由国王们即位的第一届议会,有时则由以后的几届议会作出,直到查理一世即位这种情况才发生了改变。当时发生的事和亨利八世及其他一些国王统治时曾经发生的事一样③,国王由于疏忽没有向议会申请征收关税的权力。不过国王还是违宪且不理智地不经议会批准便征收关税长达15年之久(虽然在此期间召开了不止一届议会)。这一事件也是国王招致不满的原因之一。国王与议会间的冲突最初因种种原因还可算是情有可原,但

---

① 《爱尔兰王座法院判例汇编》,第11、12页(Dav.11,12.)。
② 同上书,第12页(Dav.12.)。
③ 《亨利八世六年法》,第十四章(Stat. 6 Hen. VIII. c. 14.)。

最终演变成的反叛和谋杀却已师出无名。因为换作其他任何人做国王,在遇到这一特殊情况时,(在敌对开始之前)即已为其先前的行为失误通过一部法律向国家致以诚恳的歉意①,并且根据该法律,国王在未得到议会同意的情况下,放弃征收吨位税和镑值税的权力,以及对其他所有商品课税的权力。在复辟之后,该税收被终身授予查理二世国王以及他的两个直接继承人。不过现在,根据《安妮九年法》第六章、《乔治一世一年法》第十二章及《乔治一世三年法》第七章,该税收永久成为了公债的抵押品。议会依此征收的关税主要包括在两本由议会制定的税率登记册中②,一本由查理二世时代的下议院议长赫伯特·格林斯顿爵士签署,另一本附加登记册由乔治一世时代的下议院议长斯宾塞·康普顿爵士签署,在第二册中还包括后来制定的增补税率。外国人的关税税率高于本国国民,即如今通常意义上的外国人税,为免于缴纳这部分关税而申请加入英国国籍已成为议会经常收到入籍申请法案的一个主要原因。

我们发现,这些关税虽然是由进出口商们直接支付的,但其最终却是由消费者支付的。不过这些税收却是人们最不容易感受到的一种税收,而且如果处理得当,人们几乎完全意识不到他们支付了这些税收。精明的商人可以很轻松,因为他们不用自己掏钱支付关税,而真正支付税收的消费者又总是会把关税和商品价格混淆在

---

① 《查理一世十六年法》,第八章(16 Car. I. c. 8.)。
② 《查理二世十二年法》,第四章(Stat. 12 Car. II. c. 4.);《乔治一世十一年法》,第七章(11 Geo. I. c. 7.)。

一起。正如塔西佗对类似现象的评论:虽然尼禄皇帝[①]只是把原先由买方承担的奴隶交易税转而由卖方支付,但却使他获得了废除奴隶交易税的名声,所以正如他所说:"(税收的)赦免更多只是表面的而非实质的,因为当命令卖家支付税收时,他会通过抬高价格转嫁给买家[②]"(remissum magis specie, quam vi: quia cum venditor pendere juberetur, in partem pretii emptoribus accrescebat)。但是由关税提高带来的不良后果却会出现在其他方面:如果关税过高,会束缚和阻碍贸易的开展,尤其是当税金的金额与商品的价格不成比例时。而且征收关税也会导致走私,其在当时已变为非常有利可图的行当[③]。在这种情况下,对于走私的正常的而且是最合理的处罚——没收走私商品已经收效甚微。因为走私者可能失去的全部价值也就是走私品的价款,与偷逃关税所获利益相比,他所失去的显得那么微不足道。所以必须借助特别的刑罚措施来防止走私,甚至可以动用死刑,但这又会破坏刑罚体系的和谐性,因为这样会将并非违反自然法的犯罪置于与谋杀罪一样的量刑基础之上,而前者仅仅是一种实在法上的犯罪。

征收高额商品关税还带来另一项有害的后果,虽然其不是经常被意识到,但它的存在却无可置疑,即商品的税收征收得越早,消费者最后的负担就越重。这是因为所有的商人在货物流经其手时必然会获取利润,该利润不但从原材料及准备原材料的时间和

[①] 尼禄(Nero,37—68年),罗马皇帝,著名的暴君。——译者
[②] 《英格兰普通法史》(Hist. 1. 13.)。
[③] 孟德斯鸠,《论法的精神》(Montesqu. Sp. L. b. 13. c. 8.)。

付出的劳务中取得，也从他向政府预支的税收上取得，否则他不但会失去利用这笔预支的费用的机会，还会损失利息。以从外国进口的纸张为例。进口商在进口时支付了关税，而在他只有出售了这些纸张之后才能收回这笔费用，而这可能已是在三个月之后了。所以，他有权从这笔他向海关支付的关税中赚取利润，正如他从向国外制造商支付的原始价格中赚取利润一样，而他在向文具经销商报价时，也考虑到了关税的因素。当文具经销商再次将纸张卖出时，他向印刷商或书商所要求的利润是根据他向进口商预付的全部价款计算的，而书商也不会忘记从学生或其他最终用户那里取得以全部预支金额计算出的利润。于是，学生或最终消费者不仅支付了最初的关税，还承担了前三位中间商的利润，因为他们依次为消费者预支了关税。这一理论在机械进口或者其他更为复杂的贸易中表现得更加充分。

（2）消费税就其本质而言与关税截然不同，是一种国内税收，有时人们在消费商品时支付该税收，而通常则在消费之前的最后一个环节——商品的零售阶段征收。客观地说，消费税毫无疑问是对国民征税最经济的一种方法，消费税在征集、收款及管理上的成本与收入比例远小于其他任何国王收入的成本与收入比例。与以关税方式征收同样金额的税款相比，对于消费者而言，仅被征收消费税的商品还较为便宜。其中的道理刚刚讲过，因为消费税在流通的较晚阶段才需支付。但另一方面，有关消费税法的法律程序则显得严厉而专横，似乎与一个自由国家的性质不符。由于除非对消费税的征收进行严密的监管，否则有人就可能会以欺骗的方式逃避缴纳这部分国家收入，所以无论税收监管队伍在何处建立,都有必要赋予其入户搜查应纳税商品交易情况的权力,该权力可以在白天的任何时候行使,很多情况甚至在晚上同样也可以行使。在处理违法行为的案件中,诉讼程序是即决的,十分迅速,一个人可能在两天之内就在未经陪审团审理的情况下被治安法官判定有罪并处以数千英镑的罚金,这完全不符合普通法的规定。正因如此,尽管克拉伦登勋爵告诉我们①,据他所知,虽然贝德福德伯爵(他被查理一世国王任命为财政大臣,以迫使议会就范)就曾计划在英国建立消费税制度,但消费税的首次推行是在议会与国王决裂后,由议会参照荷兰的模式建立的。因此最终该税仍未能成为那位不幸的国王的收入的一部分。不过设立消费税的主张总体而言是不得人心的,在1642年议会下院公告中还出现过这样的话:"在下院有一些不怀好意的人散布谣言说他们计划推行消费税,在此,下院对此公开作出澄清:这些谣传是不真实的,并且已经激起了公愤,其始作俑者将被逮捕并依法严惩②。"消费税最初的设立是在1643年,其推进是一个渐进的过程③。首先对受征税影响程度最低的人和商品征收,即啤酒、浓啤酒、苹果酒、梨子酒④的

---

① 《英格兰普通法史》(Hist. b. 3.)。
② 《英国下议院日志》(Com. Journ.),1642年10月8日。
③ 《佩塔维乌斯编年史》(Petavius's chronological history)(伦敦,1659年出版)的修订者和续作者告诉我们,消费税制度首先是在1643年3月28日由普林向议会提议建立的。而且从下议院公报中可以看出当天议会成立了一个委员会研究筹集资金的问题,因而导致了后来对征收消费税进行投票表决。但是直到1648年11月7日,普林先生才成为议会的议员,并且他在1654年发表了"一项反对非法的、可恶的、经常遭到谴责的对所有商品征收和勒索消费税的严正声明"。因此,很可能是该书的出版者犯了一个错误——实际上普林先生是想成为财政大臣,隶属于贝德福德伯爵[克拉伦登伯爵,《生平记》(Lord Clar. b. 7.)]。
④ 《英国下议院日志》(Com. Journ.),1643年5月17日。

第八章 国王的收入

酿造者和出售者。而在牛津的保王党人迅速以他们在威斯敏斯特的对手们为榜样征收了类似的税收。双方都声明,一俟战争结束就不再征收此税,并且将该税制彻底废除①。但在战后不久,位于威斯敏斯特的议会就对肉、葡萄酒、烟草、糖以及大量其他商品征收消费税,征税商品种类之多以至于应当称其为普遍征税。议会当时征税遵循的是皮姆先生(他当时可能已经被称为"消费税之父"了)在给约翰·霍桑爵士②的信中提到了已制定的征税计划,信中指出:"他们已经对很多种商品征收消费税,并计划对更多商品征税,但让人们对其逐渐适应也是必要的。"此后,当人们在几年时间里已经适应了消费税时,继任的自由权利的卫士们公然且不加掩饰地宣布:"消费税是对人民所征税收中负担最轻而且也是最公正的税种③。"并据此在整个篡权期间延续这一税制。在查理国王复辟时,这一税制已设立了很长时间且其"成果"也已是众所周知了。在查理二世十二年,一部分消费税收入被授予国王以补偿国王放弃的封建土地保有制和国王世袭收入中其他会对人民造成压迫的部分。不过从消费税最初建立到现在,英国人民一直憎恶这一名字。而从威廉三世国王统治时期起之后每一位继任国王都对众多其他种商品征收消费税,以支付我们在欧洲大陆进行的战争开销。如此,白兰地和其他烈酒的消费税向酿酒厂征收;经印染

---

① 克拉伦登伯爵,《生平记》(Lord Clar. b. 7.)。
② 威廉·达格代尔,《对于英国后期问题的一些看法》,第 120 页(Dugdale of the trobules, 120.)。
③ 《1649 年 8 月 14 日议会法令》,第五十章,引自斯科贝尔,《法条和条例汇编》,第 72 页(Ord. 14 Aug. 1649. c. 50. Scobell. 72.);《1656 年制定法》,第十九章,引自斯科尔贝,《法条和条例汇编》,第 453 页(Stat. 1656. c. 19. Scobell. 453.)。

的丝绸和亚麻布的消费税向印染厂征收；淀粉和发粉[①]，向其生产商征收；所有的金银丝，向拉丝厂征收；圣餐餐具，不论何种种类，都首先向出售的摊贩征收，他们每年缴纳出售圣餐餐具的执照税，然后向占有这些餐具者征税，他们为能够保管它们每年缴纳年税；而对四轮马车和其他马车，则向其主人征税。涉及马车和圣餐餐具的消费税的征收专断性强且较为严格，其他商品则稍宽松一点。在应纳税商品中我们还可补充咖啡、茶、巧克力和可可酱，其消费税是向零售商征收的；所有人工酿造的，俗称"甜酒"（sweets）的果酒也是一样；纸张和硬板纸首先向制造商征收，然后向印刷者再次征收；麦芽上文已经提过；此外还有醋以及玻璃杯的生产，以上这些商品的消费税由生产者支付；对于啤酒花，由其采集者负责纳税；蜡烛和肥皂，由生产者支付；酿造供出售的麦芽威士忌，由酿造厂纳税；苹果酒和梨子酒，由酒厂纳税；皮革和皮毛，由制革者纳税。对于上述纳税清单，任何国家的赞助人都不会希望看到清单上的种类继续增加。

3. 我继续讨论第三种税，即对盐所征收的税。盐税是国王陛下非常规收入中一个独立的部分，根据威廉国王及后来的其他国王的法律，盐税为对所有的盐征收每蒲式耳 3 先令又 4 便士的消费税。一般不把盐税称为消费税是因为该税隶属于与普通消费税不同的税务官员征管。不过根据《安妮一年法》第二十一章规定，盐税官具有和其他消费税征管官员同样的权力，同时也必须遵守

[①] 发粉（hair powder），一种带香味的粉末，17 到 18 世纪的人们在清理假发时使用。——译者

同样的规章制度。在过去该税收通常是临时税,但《乔治二世二十六年法》第三章将其规定为永久税。

4. 另有一笔非常可观的国王收入,国民在缴纳这笔钱时并不视其为负担,相反非常乐意,因为其明显有利于公众。我指的是邮政税,也就是递送信件的税费。在前面我们已经追溯了消费税的起源于1643年的议会,现在我们不得不公正得说一句,邮政税——这一有益发明的诞生也得归功于同一届议会。虽然在早先的时代也有驿站长(postmaster)这一职位,不过根据我的理解,他们的职责只限于为那些想要长途跋涉的人们喂养驿马及在发生特殊事件时派出不定期的邮轮而已。现在邮政局方案的基本纲要最初是由埃德蒙·普利迪克斯先生构想出的,他在查理国王被谋杀后被任命为国家总检察长。1642年,他被任命为一个专门委员会的主席,该委员会负责研究内陆信函的税费设定①,此后,其又被议会两院任命为英国邮政长官(postmaster)②。在任职期间,他首创了每周邮递至全国各地的制度③,由此为公众节省了一笔每年达7000英镑的供养驿站长们的费用。由于他个人的俸薪可能太高,致使伦敦市议会试图设立另外一个邮政职位来反对他,不过议会下院通过一个决议阻止了这一企图④,该决议宣布:有权支配英国邮政长官这一职位的唯有英国议会。后来在1654年这一职务

---

① 《英国下议院日志》(Com. Journ.),1642年3月28日。
② 同上书,1644年9月7日。
③ 同上书,1649年3月21日。
④ 同上。

被交给了一个名叫曼利的人①。但在 1657 年,藉由护国公②和他的议会的权力建立了一个常设的邮政局,其模式和以前所采用的几乎完全一样,其邮资的费率亦是如此并一直沿用至安妮女王时代③。在复辟之后,根据《查理二世十二年法》第三十五章规定,建立了一个类似的邮政部门,同时也推行了一些改进措施。不过根据《安妮九年法》第十章、《乔治一世六年法》第二十一章、《乔治二世二十六年法》第十二章以及《乔治三世五年法》第二十五章的规定,对信件的邮资进行调整,此外还增加了一些更详细的规定,并且为保证信件的传送仅由公营部门专营(除极少数领域之外),还制定了专门的处罚措施。这样的规定是绝对必要的,因为唯有授予垄断权才能够使此类部门得以维持,除此之外别无他法,许多各自独立的部门相互竞争只会导致它们一个接一个的毁灭。1660年议会下院第一次从法律上设立了现在的邮政局④,同时还宣布寄给议会议员的信件及议员寄出的信件享有免付邮资的特权。不过此后变成了由国王签署一份个人文件⑤,保证所有议会成员能得到这一特权⑥。而且邮政大臣会相应经常收到相应的保证文书⑦,其中还规定了对于重量在二盎司之内的特权信件的津贴。

---

① 斯科贝尔,《法条和条例汇编》,第 358 页(Scobell. 358.)。
② 即克伦威尔。——译者
③ 《英国下议院日志》(Com. Journ.),1657 年 6 月 9 日;斯科贝尔,《法条和条例汇编》,第 511 页(Scobell. 511.)。
④ 《英国下议院日志》(Com. Journ.),1660 年 12 月 17 日。
⑤ 同上书,1660 年 12 月 22 日。
⑥ 同上书,1735 年 4 月 16 日。
⑦ 同上书,1734 年 2 月 26 日。

而一特权最终由《乔治三世四年法》第二十四章明确确认,该法律还增加了许多新规定,由于大量的滥用上述特权的信件已潜入了免付邮资的信件中,使这些规定显然十分必要。由于这些滥用特权的行为,每年的免邮资信件数量都在逐渐增长,其邮资额已从1715年的23600英镑增加到1763年的170700英镑[①]。除了向国民征集资金以外,不可能有其他更加妥当的办法了,因为这样政府和民众就找到了共同的利益所在。政府获得了一笔巨大的收入,而民众们,与没有这种税收存在(当然也没有邮局这一机构)时相比,他们现在能更轻松、快捷、低成本地处理他们的事务。

5. 国王永久性收入的第五部分是印花税。这是一种对于所有记录在羊皮纸或者纸上的法律手续以及几乎所有种类的个人契据所征收的税收。该税收征收范围还包括所有酒类零售执照、所有日历、报纸、广告、扑克牌、骰子及少于六页纸的小册子。根据征税物的性质不同,征税金额有很大的区别,数额自一便士至十英镑依次不等。尽管由于所有的贸易及法律手续的成本因此而急剧增长,很多情况下人们会觉得该税赋很重,但是(如果适度征收的话)这一税收总体上还是有益于公众的,因为其可以证明契据的真实性,并使不论任何种类的契据都比以前更难伪造。这是因为负责征收该收入的官员经常通过在税票上作出只有他们自己看得懂的记号来变换他们的税票样式,一个想伪造威廉国王时代契据的人必须先要了解当时税票的外观并有能力伪造出来。在法国和其他一些国家,该税是根据合同本身来征收的,而不是根据合同所包括

---

① 《英国下议院日志》(Com. Journ.),1764年3月28日。

的契据征收,虽然这造就了成百上千篇优秀论文,但同时也使国民们成百上千次地陷入了对于合同性质及其是否应当纳税的争议之中,这种情况只对租税的包收人有利。我们的税收方法不但符合国家的利益,而且更好地考虑了国民们的纳税便利性。最早的印花税是根据《威廉和玛丽五、六年法》第二十一章的规定设立的,从那以后,印花税的征收不断增加,如今其税额已达到了最初征收金额的五倍。

6. 第六部分是对房屋和窗户的征税。早在诺曼征服的时代,《末日审判书》中就有"Smage"或"Suage"的名称,俗称"烟钱",根据习惯法,这是为房屋的每个烟囱向国王缴纳的税。而且我们在书中读到:爱德华黑太子(其在法国胜利之后不久)就模仿英国的习惯法,在他的法国领地上对每一个壁炉征收一弗洛林(Florin)的税金①。但在英国,议会初次设立该税是通过《查理二世十三、十四年法》第十章的规定,据此,国王永久取得了一笔对所有房屋中每个壁炉收取2先令税金的世袭收入,这笔收入将被转付给教会和穷人。而且,根据后来的法律,为定期确定税额,每年专门任命的一名警察和其他两名牧区的富裕的居民有权对每一幢牧区内的房屋每年检查一次。但在革命之后,根据《威廉和玛丽一年法》第十章的规定,壁炉税被宣布为"不但是一项压榨穷人的措施,而且是对全体人民进行奴役的标志,房主所不认识的人进入每个人的房子并且随意进行搜查,屋内陈设暴露无遗。因此,为在王国每一

---

① 《现代通史》,第二十三卷,第 463 页(Mod. Un. Hist. xxiii. 463.)。亨利·斯佩尔曼《古史词典》,标题为"炉火税"(Spelm, Gloss. *tit. Fuage.*)(弗洛林,为英国旧制硬币,值 2 先令或 1/10 镑。——译者)。

幢房屋内树立一个陛下们美德的永恒标志,壁炉税就此免征并予以废除"。这一美德的标志至今仍伴随着我们,但在六年后,根据《威廉三世七年法》第十八章规定:对所有房屋(简陋的小屋除外)征收 2 先令的税,(现已上涨为 3 先令)并且,如果该房屋的窗户超过九扇,还对所有的窗户征税。上述规定使这一"美德的标志"在某种程度上蒙上了一层阴影。该税的税率不时发生变化(特别是根据《乔治二世二十年法》第三章和《乔治二世三十一年法》第二十二章)而且,由国王任命的税检官员有权检查房屋的外观,在一年中还有两天可以穿越任何房屋进入院子或天井对里面的窗户进行检查。

7. 国王非常规永久性收入的第七部分来自于对伦敦及邻近区域单马及双马出租马车收取的营业执照费用。1654 年,有 200 辆双马出租马车得到许可在伦敦及威斯敏斯特环城 6 英里范围内营业,并由市政官理事会对他们进行管理[①]。根据《查理二世十三、十四年法》第二章的规定,有 400 辆双马出租马车获得了经营许可,而由此征收到的钱款被用于对道路进行维修[②]。根据《威廉和玛丽五年法》第二十二章规定:出租马车的数量增加到了 700 辆,而且征收这一税收的权力被授予了国王。而根据《安妮九年法》第二十三章及后来的其他几部法律规定[③],现在伦敦有 800 辆双马出租马车和 400 辆单马出租马车获得了经营许可。该税收由

---

① 斯科贝尔,《法条和条例汇编》,第 313 页(Scobell. 313.)。
② 《英国下议院日志》(Com. Journ.),1661 年 2 月 14 日。
③ 《安妮十年法》,第十九章,第一百五十八节(10 Ann. c. 19. §. 158.);《乔治一世十二年法》,第十五章(12 Geo. I. c. 15.);《乔治二世三十三年法》,第二十五章(33 Geo. II. c. 25.)。

专门的税务官员进行征管，而且事实上，该税收是有利于国民的。因为人们不会感觉到这一支出的存在，而且出租马车所必不可少的管理规定也已经确立了足够的权威，从而可以对那些难于管理的人进行一定的控制。

8. 国王非常规收入的第八部分，也是最后一个部分是所得税，即对由国王支付的所有薪酬及其他额外收入在扣除所有其他税种后的净收入征收每英镑一先令的税金。这种具有高度普遍性的税收是根据《乔治二世三十一年法》第二十二章的规定设立的，其征管由土地税专员负责。

在扣除征管费用后，上述所有国王收入的净值约为平均每年775万英镑；另外还要加上平均每年可达215万英镑的土地税和麦芽税。这笔庞大的收入是如何使用的是我们要研究的下一个问题。该收入将被首先用于支付国债的利息，同时这也是其主要用途。

为了对国债的性质有一个清晰而全面的了解，我们必须首先确认一个前提，即在革命之后，当我们通过与欧洲国家的交流而引入了一套新的外交政策时，我们国家的开支不仅仅被用于设立新的殖民地机构，还要用来支付旷日持久的战争军费，这些主要在欧洲大陆进行的战争，有的是为了稳固防卫荷兰的屏障[1]，有的是为了破坏法国的君主制，还有为了解决西班牙的王位继承问题[2]，支持奥地利的议会[3]，维持大多数日耳曼人的自由，以及为了达到其他一些目的，它们使国家的开支增加到了一个非同寻常的程度。

---

[1] 指英法两国为争夺荷兰而于18世纪初进行的战争。——译者
[2] 指1701—1714年英国、法国、奥地利为争夺西班牙王位而进行的战争。——译者
[3] 此处可能指英国参加的1740—1748年奥地利王位继承战争。——译者

由于据认为将一年之内的所有开支都在该年度之内通过税收来征收的办法并不可取,因为由它们造成的异常沉重的负担将在人民中引起不满。因此当时政策方针便是先预支子孙后代的收入,即通过外借大量资金来完成国家当前的任务,而国民每年需缴纳的税款只要够支付上述借款的利息即可。通过这一方式,国家把主要的债务转换成一种新的财产权,该财产权可以随时转让,且没有金额上的限制。该制度于1344年起源于佛罗伦萨国,该国政府当时负有6万英镑债务且无力偿付,便将本金设立为一笔定额的总数(aggregate sum),被隐喻地称为山(mount)或河堤(bank),其股份有五厘的利息,可以像我们的股票那样自由转让,其价格随国家政局稳定与否而波动①。该基金才是如今被称为国债的基础,因为那些设立于查理二世统治时期的长期年金(long annuities)不能被冠以此名称。而在安妮女王时期为长期的战争②所设立的基金完全遵循这一模式,而且,由于国债的本金(不论是否已转化为基金的形式)到1765年一月就已超过145000000万英镑,为支付其每年约为475万英镑的利息及征管费用,前文列举的国王收入已首先被作为国债的抵押品并被议会确认为永久性征收。虽然我称其为"永久性征收",不过我认为,这种永久性征收的收入还是可以由征收这些税收的权力机关予以赎回的,也就是说,不论在任何时候,只要能对国债的本金进行清偿,就可以废除那些为偿还其利息

---

① 价格根据时间、预期和价值波动(Pro tempore, pro spe, pro commodo minuitur eorum pretium atque augescit.)。参见《现代通史》,第三十六卷,第116页(Mod. Un. hist. xxxvi. 116.)。

② 即英国与法国国王路易十四在欧洲大陆与海上进行的战争。——译者

而征收的税金。

通过这种途径，王国名义上的财产数量与以前的时代相比有了很大增长，但是如果我们冷静下来分析一下，就会发现财产数量实际上并没有增长。我们可以夸耀国债基金的巨额财富及其资金数量。但这笔钱到底存在于何处？其仅仅存在于名义上、纸面上，公众对其的信任上及议会的抵押品上，毫无疑问公众的债权人们只要有这些做倚仗就足够了。但公众的信任又抵押了什么抵押物来保障这些债务呢？是国民拥有的土地、商业和私人企业，所须缴纳的税收都必须从这些抵押物上征收。因此，国债持有人的财产本质上也是实际上存在于，并且也只存在于这些抵押物之中。而且这些国民的土地、商业、个人企业肯定会在原有价值上有所降低，其降低的金额刚好相当于它们的抵押值。如果甲的收入为每年100英镑，而他对乙负有债务，必须每年向乙支付50英镑作为利息，那么甲财产价值的一半就被转移到了乙那里。债权人的财产只存在于他对债务人的请求权之中，而且不存在于其他地方；对于债务人而言，他只是其债权人的受信托人，信托财产是债务人收入价值的一半。简而言之，公众债权人的财产其实是一定由比例金额的国家税收构成，因此他通过从国家得到了这些税金变得富有了多少，国家就相应地变穷了多少。

一个国家能从公债中得到的唯一好处就是由于其增加了王国的通货，从而增大了流通中的货币量，并产生了一种新的货币，由于其具有可转让的特点，所以可以随时被用于投入有利可图的产业，而且即使在其处于未被充分利用的闲置状态时，仍然能产生一些收益。因此对于商人而言，持有一定比例的国债财产似乎对其很有帮助，不过这个比例是多少却不是由我来说了算的。不过毫无疑问可以肯定的是，现在我们发行的国债给国家造成的负担已远远超过了所有其在商业上带来的利益，并造成了巨大的不便。因为首先，用于支付国债利息而对生活必需品所征收的巨额税款对商业和制造业都造成了损害，因为其既增加了原材料的价格又提高了商品制造者的生活费用，同时更重要的是提高了商品价格本身。第二，如果外国人拥有了部分国债，那么或者他们每年将大量作为利息收入的硬通货汇往国外，或者我们就要为是否授予他们超常规的特权以吸引他们定居此地而争论不休。第三，如果全部国债都只归英国国民所有，那么孜孜不倦辛勤工作并足额纳税的国民就将供养那些懒散而无所事事但却能得到税金的国债持有人。最后也是最主要的，国债削弱了国家的内在力量，因为其预支了应当被保留在必要时用来保卫国家的资源。现在我们为国债支付的利息几乎足以支撑国家出于任何目的而发动的任何战争的军费。而且如果在威廉国王时代，我们的祖先还处于危机之中时能够每年付清国家的开支，这笔支出总额甚至还少于我们现在每年为支付他们的旧账所筹集的税金，他们在战争时期就不会"遗赠"给他们和平年代的子孙任何负担，而且如果这样的话，本来他们在危机结束时就可以解除负担的。

前面所提到的几种税收的所得原本是截然不同各自独立的几种基金，这些税中每一税种是一笔借款的抵押品，并且只为其担保。但最终，由于借款每年都在增加，为防止它们混淆，就必须通过将它们联合并合而为一的方式减少这些各自独立的基金的数目，同时增加以议会的承诺作为所有借款的共同还债保证。因此现在只剩下三种基金,法人基金;共同基金——其得名于上述的基金合并并附加了议会的承诺;南海基金——该基金的税收所得将被拨付用于由南海公司及其公司年金领取者所预支的国债的利息。由此这些各自独立的基金便这样被合而为一,相互之间都成为其他基金的还款保证,它们的所有税收收入也以此方式被汇聚在一起,以前分别由不同基金负担的利息和年金如今都由这种汇聚在一起的税收收入支付。而且立法机关的承诺也保证了在偶尔税收收入短缺时可以对其进行补充。

用以维持上述这些基金的关税、国内货物税及其他税收收入的多少完全取决于由进出口额和消费额所决定的费用,因此其总量无可避免地具有极大的不确定性。但无论如何,用以承担各种利息和年金是绰绰有余的。根据《乔治一世三年法》第七章的规定,在扣除应支付的利息和年金后,三大国内基金,即法人基金、共同基金和南海基金的盈余应集中起来归入由议会支配的财产中,通常被统称为减债基金(sinking fund),因为设立减债基金最初的意图是通过自身不断减少来使国债总额减少。其后几年在减债基金中又补充了若干整体税收(intire duties),这些整体税收从它们各自的债权人处借款,而产生的利息则利用减债基金的收益来承担并予以支付。然而,即使在扣除了所有的支付费用后,每年基金的净盈余及存款的总额仍是相当可观的。尤其是在1764年末圣诞节时,已达到了250万英镑。这是因为,随着国债利息数次被降低(这是获得国债所有者的同意的。通常说来他们只有两种选择,要么接受利息减少的事实,要么选择拿回本金),被占用的减债基金收入中余额的部分必然会非常庞大。减债基金是整

第八章 国王的收入

个国家最后的依靠,我们所有排除障碍、缓和矛盾的希望都寄托在减债基金上。因此如何谨慎地利用从基金中获得的这么大一笔资金是一个至关重要的问题,议会必须以严肃的态度对待之。事实上,今年也就是1765年,这已使国债成功地减少了超过200万英镑。

但是,在法人基金(该基金的盈余是组成减债基金的主要部分之一)的任何部分被应用于减少公债的主要部分之前,其仍被议会抵押用以筹集每年的王室用度及王室专款。为此,在最近几位国王统治期间,消费税和关税的指定部分、邮政收入、酒类执照税、国王所残留的土地的收入及法院所产生的收益(上述项目囊括了国王所有的世袭收入)以及总计有12万英镑的年净收入被终生转让于国王,以供应国王陛下的王室生活开支,并维持王权的荣耀与尊严。而且由于上述这些收入总额不甚确定(虽然在上一位国王统治时期这些收入通常征收总额可以达到将近百万),如果征收到的数额未能达到80万英镑一年,议会保证补偿此一缺额。但现在的国王陛下,在其继位之初便应主动表明其认可此观点:其自有的世袭收入应被用于有利于公众福祉及满足公众需求的领域,其还将接受每年王室费收入不得超出80万英镑的限制(这份收入还要负担威尔士亲王、坎伯兰公爵和亚玛丽公主的三份终身年金,共计77000英镑),上述世袭收入及其他收入现在已被计入法人基金并成为该基金的一个组成部分,而法人基金现在承担了每年80万英镑的整个王室年金①。因此,和其他公共财产一样,国王收入本身

---

① 《乔治三世一年法》,第一章(Stat. 1 Geo. III. c. 1.)。

也被置于同样的照管之下,与以前相比将产生更多的效益并能更有效地征收,由于国王陛下的慷慨大度,公众成为得益者,每年将获得超过十万英镑的收入。如此计算得出的王室费收入加上475万的国债利息,225万的减债基金收入,共计每年775万的净收入,这笔收入以前被规定为我们每年的永久性税收收入。此外另有每年从土地和麦芽上征收到的税款,其总额虽然并不固定但也非常庞大,其每年平均值超过225万,加上前面的金额,不考虑征管费用,便得出了税收的净收入,该收入每年从这个国家的臣民处征收,再返回至国王的财政部,总计高达1000万英镑。

由王室费承担的开销包括国内政府任何形式的支出,如办公场所费用、所有政府官员、法官及国王的随从的薪水、委派到外国的使节的开支、王室的日常开支、国王个人的花费也就是所谓的"君主私有的钱包"及其他不计其数的开支,如向情报机关拨款、年金支出和其他补助金的支出。这些开支有时远远超过了指定的预算,因而不得不向议会申请拨款来王室费欠下的债务。典型的如1724年《乔治一世十一年法》第十七章就曾为此拨出了100万英镑。

实际上,王室费是国王凭借其独一无二的身份几乎所获得的所有收入,剩余的一小部分虽然是由政府官员以国王的名义征收再分配的,但实际上仍属公众,也就是国王的债权人所有。现在的王室费,其作用相当于过去国王的世袭财产收入,随着后者收入越来越少,议会指定征收的王室费数额相应地也越来越大。伊丽莎白女王每年的王室费总计不超过 60 万英镑[1],而查理一世则每年投入 80 万英镑[2]。到查理二世时,议会表决同意国王征收的王室费已高达每年 120 万英镑[3],不过实际上的征收数额从未达到这么多[4]。但另一方面,我们也应当注意到,国王在获取这些收入的同时也必须承担所有的公共开支。克拉伦登爵士在议会演讲时曾作过估算,公共开支中仅海陆军开支这一项,每年的花费就达 80 万英镑,是以前所有公共开支总额的 10 倍[5]。詹姆斯二世每年的王室费收入和查理二世一样多,当然他也要负担同样多的开支。但随着贸易的发展以及管理部门厉行节约,实际上詹姆斯二世每年平均的收入已达到 150 万英镑[6],还不包括议会许可的每年 40 万英镑的关税收入[7]。与此同时,他每年用于维持海军和陆军的费用为 110 万英镑[8]。革命之后,议会负起了每年维持包括海军和陆军在内的军队的责任,因而新国王和女王每年的王室费收入包括世袭财产税在内仅为 70 万英镑[9],在安妮女王和乔治一世时期亦维持同样的水平[10]。而到了乔治二世统治时期,我们可以发现,王

---

[1] 克拉伦登伯爵,《生平记》,第二卷,第 163 页(Lord Clar. continuation. 163.)。
[2] 《英国下议院日志》(Com. Journ.),1660 年 9 月 4 日。
[3] 同上。
[4] 《英国下议院日志》(Com. Journ.),1663 年 6 月 4 日;克拉伦登伯爵,《生平记》,第二卷,第 163 页(Lord Clar, ibid.)。
[5] 同上书,第 165 页(Lord Clar. 165.)。
[6] 《詹姆斯二世一年法》,第一·章(Stat. 1 Jac. II. c. 1.)。
[7] 《詹姆斯二世一年法》,第三、四章(Stat. 1 Jac. II. c. 3 § 4.)。
[8] 《英国下议院日志》(Com. Journ.),1688 年 3 月 1 日、20 日。
[9] 同上书,1701 年 3 月 14 日。
[10] 同上书,1701 年 3 月 17 日、1714 年 8 月 11 日。

室费收入名义上增加到每年80万英镑①,实际上则要多得多。而现在的国王每年的王室费收入被明确限制在80万英镑,在扣除各种开支后,实际只剩70万英镑。总体而言,毫无疑问现在的收入分配法与以前的分配法相比,无论是对国王还是对人民而言,都要好得多。对国王而言,现在他的收入更加确定,征收也更容易;而对人民而言,现在他们可免受封建时期的种种压迫及各种招人怨恨的国王特权的压榨了。虽然有时候王室费增加会招致一些抱怨,但是过去议会允许国王征收的王室费总额要大得多,而现在则受到相当的限制。不仅如此,国王为取得王室费收入还放弃了许多其他收入和国王特权。最重要的是,现在的货币与上世纪相比已大大贬值。考虑过这些因素后,我们就不得不承认这些抱怨都是毫无依据的。而且,现在议会确定的王室费收入哪怕再减少一点,也将使国王无法再维持他作为大不列颠王国的君主的尊严。

以上是我们所要探究的国王拥有的财政特权或者说其常规或非常规收入的最后一部分内容。至此,我们已勾勒出了法律中涵盖极广的一部分,即有关最高行政官亦即国王陛下的若干身份及几种不同视角的各方面内容的基本轮廓。但在我们结束这个主题前,还是应当对过去及现在这位行政官所拥有的权力,亦即国王所享有的国王特权简单地进行一下比较,从比较的结果中我们会发现,几乎所有确定、限制及约束这种特权的法律都是在最近一个世纪,即从查理一世三年通过《权利请愿书》至今这段时间内制定的。

---

① 《乔治二世一年法》,第一章(Stat. 1 Geo. II. c. 1.)。

因此从詹姆斯一世统治时期起,国王的权利显然已被极大地削弱了。这其中起关键作用的事件包括:詹姆斯一世时期解散星室法院和高等宗教事务法院、废除《军事管制法》并放弃了向臣民征税的权力;一个世纪前停止使用《猎场法》;查理二世制定的众多杰出的条例,特别是废除兵役土地保有制、军队获得供给权及军队优先购买权的法案、《人身保护法》和防止议会持续三年以上不召开会议的法案。除此之外,革命之后发生的此类事件还包括《权利法案》和《王位继承法》对人民享有的自由权的着重强调和郑重声明;在议会规定七年举行一次选举后又将其改回三年选举一次的法案;将某些官员排除在众议院之外的举措;设立永久性的法官职位并使其享受独立的薪俸以及限制国王在议会发起的弹劾案件中行使豁免权。不仅如此,考虑到现在的国王已被剥夺了古代国王可获得的所有收益,因此他在很大程度上要依靠议会的施舍才能维持必要的开支,我们可能会忍不住产生这样的想法:现在国王与人民之间的天平已极大地倾向于人民这一边。不仅如此,国王这位行政官现在也已不具备必要的独立性和权力来实现当初的宪法制定者们希望借他的力量来控制议会上下两院的意图。

但另一方面,我们也应该看到,长久以来的惯例是,每位君主在他登基后召开的第一届议会上都会由议会授予除他的世袭财产收入之外的额外的永久性的国王收入。不仅如此,除某些特殊情况,如为承担整个王国范围内的公共必需品的开支外,从未发生过国王请求议会拨款的情况。这使得国王又重新获得了宪法赋予的独立性。必须承认,这种独立性在他登基之初看来是不具备的。

而谈到国王的权力,我们可以发现,或许政府的手段至少是足够强硬可以保证一位英国君主现在至少不会面临被贵族或平民推翻的危险的。现在国王行使权力的各种工具已不像过去那样公开,也因此比较不易招致嫉妒和怨恨,但与此同时,这类工具的力量并未因此而有所减弱。简言之,我们的国债和税收除了造成前文已提到过的种种麻烦外,还很自然地为政府的行政职能注入了极大的权力,这种权力之大,使我们不得不认为这已违背了我们那些热爱祖国的先祖的最初意愿。我们的祖先为废除在当时可说是根深蒂固的王室收入的特权进行了无上光荣的斗争,而后他们建立了如今这样一种体制以取而代之,虽然确实缺乏远见,但责任也不在他们。对如此巨大的收入进行征收和管理的权力完全由国王掌握,这也导致了数不胜数的可由国王任意设立或撤销的新职位的产生,而这些职位的官员则使政府的影响力蔓延到了王国的每个角落。想想举国上下有多少官员吧:王国的每一个港口都有地方长官和许多以征收关税为生的官员。每一个内陆地区都有负责征收国内货物税的地方长官和众多的副手;每一个市镇内、每一条公路上都设有驿站长,驿站长还有许多属下;征收印花税的地方长官及负责分配印花税的官员分散在各地,不计其数;此外还有征收盐税的官员(虽然盐税也属于国内货物税的一种且征收方式也完全相同,但却被作为独立于国内货物税的日常管理之外单独的一部分);监管房屋与窗户的官员;负责征收土地税的官员;彩票管理官以及管理出租马车的地方官员,所有这些官员都是直接或间接由国王任命的。国王可任意撤销他们的职务而无需说明任何理由。只要略有洞察力就会发现这些官员的存在使得他们赖以为生的国王的权力有了无比巨大的影响力。不仅如此，国王还有很多机会可以利用他在贷款、签署、传票，汇款及其他钱款交易方面享有的优先权而将某些特定的义务设定到他人头上，这也极大地增强了他的影响力。对国王而言，通过施加这种影响力而使某些人依附于自己是他最想要的结果，因为这些人通常很富有。所有这些其实都是我们设立国债基金并支持它们规定现行的这些永久性征税项目所带来的虽然可能是无法预见的，但却是自然的结果。这些征税项目都是在1660年复辟后新出现的，而其中最主要的部分则是在1688年革命之后才规定的。而就我们庞大军队中的众多军官及军队设立的基础而言，情况也是相同的。这些因素的共同作用不仅赋予这些国家的行政官员本人令人信服的力量，同时也为他们的朋友和家人带来了巨大的利益，这些都足以弥补他们所丧失的外部特权了。

即使如此众多的官员对个人而言不会产生什么影响，国王还拥有另一种新获得的权力——那就是一支纪律严明的军队所具有的，不光是影响力，更重要的是威慑力。军队的开支虽然最终是由人民负担的，但看上去却是由国王直接承担的。军队也是由国王组建、管理，接受国王的指挥的。诚然，军队需要凭借每年召开一次的议会的权力才能年复一年地存在下去，但只要当年被组建了，那么根据我国宪法军队就必须在一年中绝对服从国王的调遣。只要三言两语就足以表明人民对他们的君主寄以多大的信任了。仅这一种信任就足以可抵过一千种微不足道且行使起来极麻烦的国王特权。

除了上述所有王室费收入外，每年支付给国债债权人或补充入减债基金的总额高达700万英镑的国王收入也是首先存入国王的国库,然后再分发给各个负责征收国王收入的官员的。这种国库收入已由议会通过法案永久确立,任何人都不得拒绝缴纳。仔细想一下,就会发现公众的这种信任实际上也是非常敏感且事关重大的。

说了这么多我想有一点已经很清楚了,那就是无论上个世纪国王名义上拥有的权力发生过怎样的变化,他真正拥有的权力从不曾因政府与人民之间达成的种种协议而被削弱多少。确实,国王放弃了不少权力,但他同样也获得了不少权力。原先行使国王特权时严厉的命令式口吻已经转化为温和得多的潜移默化式的影响;原先那种刻板的、如今已被废除的不抵抗主义也为一支依法组建起来的军队所取代;至于议会的解散,更使国王得到了议会寄予他的极大的并且是永久性的信任。事实上,在减债基金开始自由运作后,我们的国债当有所减少;在我国的外交态势发生变化,同时组织合理的民兵队伍在全国各地被广泛建立起来后,原先那支规模庞大的军队当会在被精简的同时受到更有效的控制,以上种种变化带来的结果是:我国的赋税将会逐渐减少,此时,征税这种国王的外部权力会在不知不觉间慢慢地减弱,就像它过去曾经在不知不觉间慢慢地增强那样。但在上述情况变成现实前,我们作为顺从的臣民和优秀的英国公民,自有我们特殊的义务,那就是要尊敬国王,但同时又要抵抗那些被赋予国王的权力的人对我们施加的任何将使我们腐化堕落或变得奴性十足的影响;我们要对国王忠诚,但同时也要捍卫自由;我们要臣服于国王,但同时也应保持独立。最重要的是,我们应当希望可以长久,或者说永久地由这样一位君主统治：这位君主在任何由他个人发起的公共活动中都应当显示出其对英国自由的宪法的无比尊重并且不止一次地极大巩固了捍卫自由宪法的堡垒；同样，这位君主还应当永远不会产生任何会对公众自由产生哪怕一丁点伤害的想法，更不会被来自其他人的类似观点说服。

第九章　低级司法行政官

在本书的前几章①,我们将官员分为两类:掌握国家最高统治权的最高长官以及职位较低的低级官员。本章以前我们只讨论了前一类,即最高立法机构——议会以及最高行政机关——国王。接下来我们将继续讨论主要的低级司法行政官的权力和义务。

谈到这个问题,我们并不会探究国王陛下的高级官员如财政大臣、宫廷内务大臣和国务大臣或诸如此类的其他主要大臣的权力与职责,因为我并不认为身处那样职位的人会在我国法律的管辖范围内具有举足轻重的地位。此外,除了国务大臣拥有拘押犯罪之人使之受审的权力外②,我也看不出这些高级官员在名义上由他们掌管的地方法庭中承担了多大的职责。同样,在此我也并不会就大法官和高等法院其他法官的职务与职权问题进行任何讨论,因为我想在本书第三卷中再就此展开讨论更为合适。至于市长、高级市政官及其他特定的自治市官员的权力与职责问题,我同

---

① 原书第二章,第142页。
② 《伦纳德判例汇编》,第一卷,第70页(1 Leon. 70.),及第二卷,第175页(2 Leon. 175.);《康伯巴赫王座法院判例汇编》,第343页(Comb. 343.);《现代英国王座法院判例汇编》,第五卷,第84页(5 Mod. 84.);《索尔克尔德王座法院判例汇编》,第一卷,第347页(1 Salk. 347.)。

样不会进行任何深入细致的探究,因为这种权力仅仅是民间的、有严格地区限制的权力,完全取决于各地区间因地而异的公民权的构成形式。除此之外,其他在整个王国范围内拥有管辖权和权威性的现任司法行政官和政府官员,主要如郡长、验尸官、治安法官、警察、公路总监和济贫官等,他们的权力与职责才是我们本章要讨论的主题。对此,我将首先探究一下这些职位的起源与发展历程,其次是职位的任命与撤职方式,最后再讨论这些职位所享受的权利与承担的义务。让我们先从郡长开始我们的讨论。

1. 郡长(sheriff)这一职位在本国的历史可谓由来已久,这个称谓源自两个撒克逊词:"shire"和"reeve",即一郡的副郡长或长官。在拉丁语中,郡长被称为"*vice-comes*",即伯爵(*comes*)的副手(或副伯爵)。据说早在整个王国最初被划分为若干个郡时即由伯爵来担负监督及保护一郡的职责。但随着时间的推移,这些伯爵大多由于随侍国王左右、身居高位、公务繁忙而根本无暇处理郡内事务。因此,他们也就卸下这个负担①,虽然仍在郡内保留伯爵的尊荣,但具体事务却都交由郡长负责了。现在郡长负责处理国王在一郡内的所有事务。虽然他们被称为"伯爵的副手",但实际上他们完全独立于伯爵,无须服从他们的支配。而且,国王也以开封特许证赋予且仅赋予郡长一人对一郡的监护权(*custodiam comitatus*)。

过去郡长由各郡居民推选。《爱德华一世二十八年法》第八章关于各非世袭郡长之郡的居民应自行选举郡长的规定对这种做法

---

① 道尔顿,《郡长的职位和权利》(Dalton of sheriffs, c. 1.)。

予以了确认。之所以特别指出郡长职位是非世袭的,是因为古时候某些郡,尤其是沿边境的一些郡的郡长职位是可以继承的。据我所知,在苏格兰以及威斯特摩兰郡时至今日情况仍是如此。此外,伦敦大行政区的米德尔塞克斯郡也由特许状赋予了可继承的郡长职位①。同一部法律的第十三章则解释了在除此以外的其他地区通过全民选举来指定郡长的原因:"如此,平民就可选择不致对他们进行压迫之人。"这项法规的内容清楚地体现了我国宪法中的民主部分,因为在一个民主政府中,人民可自行选举他们的司法行政官是一项必不可少的条件②。当然,这种选举不能完全由平民来进行,仍须得到国王的批准。哥特法律也同样规定郡法院的法官(他们的职责在我国就是由郡长来行使的)应由人民选举,但须由国王确认。而他们的选举过程也正是这样安排的,即由人民,或者说领土上的居民(*incolae territorii*)选派十二位推选人,再由他们提名三人,国王再从他们中确定一人(*ex quibus rex unum confirmabat*)③。但在英国,这种全民选举的方式由于日渐混乱无序而最终被《爱德华三世九年法律二》所废止。该法案规定,自法案颁布之日起,郡长应由大法官、财政大臣与法官共同指定他们有信心可当此重任的人担任。而《爱德华三世十四年法》第七章及《亨利六世二十三年法》第八章则规定郡长的选举应由大法官、财

---

① 《判例汇编》,第三卷,第 72 页(3 Rep. 72.)。
② 孟德斯鸠,《论法的精神》(Montesq. Sp. L. b. 2. c. 2.)。
③ 斯蒂恩胡克,《瑞典法律与古代哥特人法律》,第一卷,第三章(Stiernhöök. *de jure Goth. l.* 1. *c.* 3)。

政大臣、首席法官及财政法院首席法官于万灵节①次日在财政部共同进行。如今的惯例(应当说是至少自亨利六世的首席法官和大法官福蒂斯丘②的年代起就已存在的惯例)则是由所有的法官和其他一些高级官员于每年万灵节次日[这一日期后来被那项缩短米迦勒节③假期的法案改为圣马丁节(St. Martin)的次日]在财政部共同向国王提名三个人选,国王随后从中指定一人担任郡长。这种由十二位法官提名三个人的做法似乎借鉴了前文提及的哥特法律。所不同的是,根据哥特法律,十二位负责提名的人最初是由人民推选的。此外,我有理由相信,虽然如今在我国的成文法中已找不到相关的内容,但我们的这种做法最初被采用时是有一项法案作为依据的。我之所以这样认为的理由是:首先,这种做法就其本质而言不符合前文提及的任何一项法律的规定,倘若在没有某项法律的权威的情况下,很难相信这十二位法官会一致赞同这种做法,而且福蒂斯丘还会将这种做法记录在其书中。此外,历史记录中也确实明确提到过这样一项法案。爱德华·柯克爵士说过④他从亨利六世三十四年3月3日的议会记录中将相关内容抄录了下来,其内容如下:当时国王自行行使权力任命某人为林肯郡的郡长,而此人拒绝接受这一职位,于是国王就应当如何处理此类情况征求法官的意见。两位首席法官约翰·福蒂斯丘爵士和约翰·普

---

① 万灵节(All Souls' Day),每年11月2日,这一天要专门为炼狱中的灵魂祈祷。——译者
② 《英国法礼赞》,第24章(de L. L. c. 24.)。
③ 米迦勒节(Michaelmas),每年9月29日,纪念天使长米迦勒的基督教节日。——译者
④ 《英国法学阶梯》,第二卷,第559页(2 Inst. 559.)。

利梭特爵士表示了全体法官的一致意见:"国王不从根据法律选举推荐给他的候选人中选择而指定他人为郡长的做法是错误的。此人即使拒绝接受,对他也不能以违抗王命的罪名处以罚金。这不同于根据法律推选的三名候选人中被任命的一位拒绝接受职位的情况。因此他们将建议国王从三位根据法律推选的候选人中选择一位或另选一位合适的人选今年担任这一职位。至于明年,为避免类似的麻烦再次发生,仍应遵循法律在这方面的规定来任命各郡长。"然而,虽然英国所有的法官对此达成了一致的决议并记入了咨询会议记录中,我国一些法律书籍作者却仍坚称[①]国王享有特权,可以按其意愿任命任何人为郡长,不论该人是否是由法官们选定的。他们的这种论断的依据是伊丽莎白女王五年的一个特例。当时由于瘟疫,威斯敏斯特没有过米迦勒节,法官们因此也无法在万灵节的次日(in crastino Animarum)在威斯敏斯特开会提名各郡的郡长。于是女王在法官们未曾先行开会的情况下自行任命了各郡的郡长,当时基本上都是从各郡上一年三位被提名者中未获任命的两位中选择的[②]。处于当时那种特殊情况下的这个例子是我们的记载中唯一一个以如此特殊的方式任命郡长的先例。举这个例子的人还补充到,当时人们确实以为女王拥有不经法官推选而自行任命郡长的国王特权,尽管有相反的成文法规定(*non obstante aliquo statuto in contrarium*),但"尽管"(*non obstante's*)这种说法意味着使国王特权凌驾于法律之上,在革命时最终已经

---

① 《詹金斯八世纪判例汇编(英格兰财税法庭)》,第229页(Jenkins. 229.)。
② 《戴尔判例汇编》,第225页(Dyer. 225.)。

被《权利法案》所废除。换言之,在詹姆斯国王放弃王国时,威斯敏斯特宫也同时放弃了"尽管"这一用语①。因此,现在只有根据已知的既定法律任命的郡长才是合法的。

根据几项古老的法案,郡长的任期不应超过一年。然而另一种说法却是②,郡长可以"*durante bene placito*",或者说根据国王的意愿始终在职。其委任状也可凭国王的意愿而始终有效③。因此在新一任郡长被任命前,现任郡长的任职不会终止,除非郡长本人死亡或任命他的国王逊位。后一种情况下继任国王通常会向原郡长发布新的令状④。而现在的情况则是,根据《安妮一年法律一》第八章的规定,所有由前国王任命的郡长在国王去世后可继续保留职位六个月,除非在此期间被继任者所取代。我们还进一步注意到,根据《查理二世一年法》第十一章规定,任何已担任郡长一年的人在三年内都不应被强迫再次担任同一职务。

当我们考虑一下郡长的权力与职责后,我们就会知道按法律程序来任命郡长是至关重要的。无论他是作为法官、国王的治安法官,还是高等法院的行政官员或国王的副郡长都是一样的。

郡长的司法职能之一是在郡法庭审理并裁决所有案值在40先令以下的案件(40先令以上的案件则应在其他更合适的地方审处)。此外,他在其他各种民事案件中也拥有司法权⑤。此外,他

---

① 尽管,是英国古代的文件用语,常见于国王颁布的法令及签发的特许状中,表示准许某人做某事,尽管议会法律有相反的规定。——译者
② 《判例汇编》,第四卷,第32页(4 Rep. 32.)。
③ 道尔顿,《郡长的职位和权利》(Dalt. of sheriffs. 8.)。
④ 同上书(Dalt. 7.)。
⑤ 同上书(Dalt. c. 4.)。

还负责决定郡骑士代表的选举工作（这一权力受下议院的控制）、验尸官及护林官的人选，判断选民资格，以及向上级报告由他负责正式选举出来的代表和官员。

　　作为国王治安的维护者，无论是根据普通法还是经特别任命，在职期间他都是一郡中级别最高之人①，地位甚至高于此地其他的贵族。他有权逮捕、拘禁任何破坏或试图破坏治安的人，有权要求任何人不得扰乱国王的治安。他有权也有责任追捕并捉拿任何叛国犯、谋杀犯、重罪犯及其他罪犯，将他们逮捕入狱实行监管。当国王的敌人入侵本国时，他同样有责任卫郡抗敌。为此，也为维护治安及追捕罪犯计，他可以命令郡内任何人加入他的行动。这种权力被称为"*posse comitatus*"，即地方武装权②。所有年龄在15岁以上、地位在贵族以下的人，一旦受到召集就必须参加行动③，违者将会遭罚款及入狱的惩罚④。然而，虽然郡长是一郡的最高治安法官，但《大宪章》中却明文规定⑤，郡长以及警官、验尸官和其他一些国王的政府官员都不允许受理任何刑事诉讼，换言之，不允许审理犯罪案件。因为倘若治安执行官同时也是法官，可以进行甚至强行罚款，或是可以某天判处一人死刑并且第二天就亲自执行的话，那将是极为不恰当的。同时，郡长在职期间也不能像普通的治安法官一样行事⑥，那同样也是极为不宜的，因为郡长从各

---

①　《亨利·罗尔判例汇编》，第一卷，第 237 页(1 Roll. Rep. 237.)。
②　道尔顿，《郡长的职位和权利》(Dalt. c. 95.)。
③　兰巴德，《治安法官》，第 315 页(Lamb. Eiren. 315.)。
④　《亨利五世二年法》，第八章(Stat. 2 Hen V. c. 8.)。
⑤　第十七章。
⑥　《玛丽一年法律二》，第八章(Stat. 1 Mar. st. 2. c. 8.)。

方面来说都应是司法机构最忠实的仆从。

至于郡长的行政职能,他必须负责执行国王的法庭在诉讼过程中的所有命令。在民事案件开始审理之前,他须送达令状、实施逮捕及负责保释;当案件进入审理阶段后,他必须召集并公布陪审团成员;在法庭进行裁决后,他还必须确保法庭的判决被切实执行。而在刑事案件中,他也必须负责逮捕罪犯入狱,公布陪审团成员、拘押罪犯并执行法庭的判决,包括死刑判决。

作为国王的执行官,他的职责是要维护国王在他的郡长辖区中所有的权利。郡在令状中经常被称为执行官辖区,这种称呼是由诺曼家族的国王引入的。他显然是在模仿法国,因为法国的领土是按执行官辖区划分的,这种划分就像英国把领土划分为郡一样①。作为执行官,他必须查封因被剥夺公民权或因无人继承而归王室所有的土地供国王之用;他必须征收所有的罚款和没收物;必须收集并保存所有盗贼丢弃的赃物、漂流物、迷途家畜等诸如此类之物,除非国王将其赐予某位臣民;若财政部发布命令,他还必须收取国王在他的执行官辖区内的所有地租②。

为行使上述诸多职责,郡长之下尚有许多下级官员,如副郡长、执行官及监狱看守。这些人绝不允许买卖官职或将职权承包给他人,违者将处以 500 英镑的罚款③。

除极个别必须由郡长亲自到场处理的情况外,副郡长通常负

---

① 《英国法礼赞》,第 24 章(Fortesc. de L. L. c. 24.)。
② 道尔顿,《郡长的职位和权利》(Dalt. c. 9.)。
③ 《乔治一世三年法》,第十五章(Stat. 3 Geo. I. c. 15.)。

责履行郡长的所有职责。任何副郡长任职都不得超过一年[1],违反这项规定者,根据《亨利六世二十三年法》第八章的规定将被处以200英镑的罚款。在当时那种较早的年代,这一罚款数额是非常巨大的。此外,副郡长或郡长以下的其他官员在任职期间[2]不得同时担任律师,因为这极易导致偏袒和压迫的现象。但可耻的是,副郡长经常会假借其他律师的名义行事或是让假的代表充作名义上的副郡长,以此来规避这些积极的规定,也难怪道尔顿(Dalton)[3]认为副郡长和其他的郡长下级官员在各自的职位上已越来越诡计多端,现在他们已有能力(更令人担心的是他们中许多人确实在)欺骗国王、欺骗上级郡长、欺骗整个郡。

执行官是郡长手下的官员,包括百户执行官和特殊执行官。百户执行官是由郡长任命负责一个特定的百户区的官员,在该百户区内负责收取罚款、召集陪审团,在巡回法院及季审法院上协助法官,同时还负责在该百户区内执行令状及诉讼过程中的各种命令。由于这些百户执行官大多为人率直,在履行最后一项职责即执行令状及实施逮捕及执行命令方面缺乏足够的技能与谋略,因此现在通常由特殊执行官与他们共同执行任务。这些人大多社会地位低下,郡长任用他们仅仅是因为他们在追捕、捉拿犯人中表现出来的机智敏捷与高超技巧。郡长必须对这些特殊执行官的不端行为负责,因此特殊执行官通常必须受允诺其正当行使职权的保证文书(bond)的约束,而这些人又被普通老百姓改为更顺口的名

---

[1] 《爱德华三世四十二年法》,第九章(Stat. 42 Edw. III. c. 9.)。
[2] 《亨利五世一年法》,第四章(Stat. 1 Hen. V. c. 4.)。
[3] 《郡长的职位和权利》,第115章(of sheriffs, c. 115.)。

第九章 低级司法行政官

称——"受缚执行官"(bound-bailiffs)。

监狱看守也是受郡长任用的官员,他们的行为同样必须由郡长负责。监狱看守的职责是看管所有经合法逮捕令送交他们看管的人。如果他们让其中任何人逃逸的话,若是刑事案件犯罪,则郡长必须对国王承担责任,若是民事案件则郡长须对受害的一方承担责任①。因此,郡长必须在本郡内辟出足够的土地作为监狱以对国王与该郡人民负责②。另外,《乔治二世三十二年法》第二十八章对监狱看守和郡长手下的其他官员虐待治下的犯人的行为加以严格的限制,以防止此类情况的发生。

郡长任职期间任命众多官员的习惯做法造成巨大的开支,这对人民而言是一个沉重的负担。因此《查理二世十三、十四年法》第二十一章规定,在巡回审判中,任何郡长不得宴请除自己家人外的其他人,不得向法官或法官的仆人赠送礼物,也不得同时拥有40位以上的侍从。同时,为安全与体面计,英格兰的郡长手下的侍从不得少于20人,威尔士则不得少于12人。违反上述任何一项规定,都将被处以200英镑的罚款。

2. 在普通法中,验尸官(coroner)同样也是一个非常古老的职位。之所以被称为验尸官是因为他主要负责处理与王权有关的诉讼,或者说与国王更为密切相关的案件③。从这个意义上说,王座

---

① 道尔顿,《郡长的职位和权利》(Dalt. c. 118.);《判例汇编》,第四卷,第 34 页(4 Rep. 34.)。

② 《查理二世十三、十四年法》,第二十一章(Stat. 13 & 14 Car. II. c. 21.)。

③ 《英国法学阶梯》,第二卷,第 31 页(2 Inst. 31.),及第四卷,第 271 页(4 Inst. 271.)。

法院的首席法官即是王国的首席验尸官,只要他愿意,即可在王国中的任何地区行使他作为验尸官的管辖权①。而在英格兰各郡也有专门的验尸官,通常一郡有四位,有时则是 6 位或少于 4 位②。验尸官这一职位的历史和郡长一样悠久③,在伯爵放弃对郡的监督权后即开始与郡长共同接受任命负责维持郡内治安。

验尸官至今仍是由所有的自由保有不动产权者在郡法庭上选举产生的,正如过去按照我国古老法律的原则,负责处理关系到人民的自由权的案件的郡长④、治安法官及其他地方官员是由全体选民选举产生的一样。此外,负责在执行《猎场法》时同时兼顾国王特权与臣民的权利的护林官和林务官也和验尸官一样,直至今日仍是由全体选民选举产生的。为此,普通法中有一条令状,名为验尸官选举令状⑤(*de coronatore eligendo*),明确命令郡长:"选择知识渊博,既愿意又有能力者担任公职"(*quod talem eligi faciat, qui melius et sciat, et velit, et possit officio illi intendere*)。而为了更切实地保证这一命令被贯彻执行,《威斯敏斯特法律一》规定⑥,只有经合法程序任命同时又为人谨慎的骑士⑦才可被选为验尸官。但现在看来无须真的被册封为骑士,只要拥有足以成为骑士的土地即可当选⑧。但在爱德华三世五年,曾发生过某人因为

---

① 《判例汇编》,第四卷,第 57 页(4 Rep. 57.)。
② 菲茨赫伯特,《新令状选编》,第 163 页(F. N. B. 163.)。
③ 安德鲁·霍恩,《正义宝鉴》,第一章,第三节(Mirror, c. 1. §. 3.)。
④ 《英国法学阶梯》,第二卷,第 558 页(2 Inst. 558.)。
⑤ 菲茨赫伯特,《新令状选编》,第 163 页(F. N. B. 163.)。
⑥ 《爱德华三世一年法》,第十章(3 Edw. I. c. 10.)。
⑦ 骑士(knights),爵位低于男爵的贵族,不能世袭。——译者
⑧ 菲茨赫伯特,《新令状选编》,第 163、164 页(F. N. B. 163,164.)。

只是个商人而被撤销验尸官职务的事件①。作为一个验尸官,还必须拥有足以维持其职位的体面的资产,并有能力承担因其失职而对其所处的罚款②。若他无力承担罚款,则该罚款将向他所在的郡征收,以作为选举了一个不称职的官员的惩罚③。但事实上,由于那些富有的绅士们不可原谅的疏忽,验尸官这一职位的名声如今已极为不光彩,担任这一职务的也都是些地位低下的穷人。因此,虽然在以前没有哪位验尸官会因其为郡效劳而屈尊接受任何酬劳,且前述的《威斯敏斯特法律一》也明令禁止他们接受任何报酬,违者国王将处以重罚,但自多年以前《亨利七世三年法》第一章规定验尸官可领取报酬起,渴望得到这一职位的人就只是为了获得这个职位带给他们的额外收入。虽然爱德华·柯克爵士当时就已在抱怨验尸官的酬劳过高④,但实际上,自他的年代以来,这份酬劳早就已经又大大增加了⑤。

验尸官是终身制的,但也有一些情况可撤销某人这一职务。如被任命为郡长或被选为护林官,因为这几个职位是不能兼任的。或是国王发出撤销验尸官职务(de coronatore exonerando)令状,委派他其他的任务。再如因其他事务缠身、因年老或疾病而无法胜任、因在本郡内没有足够的资产、因在本郡内的居住地交通不

---

① 《英国法学阶梯》,第二卷,第 32 页(2 Inst. 32.)。
② 菲茨赫伯特,《新令状选编》,第 163、164 页(F. N. B. 163,164.)。
③ 安德鲁·霍恩,《正义宝鉴》,第一章,第三节(Mirr. c. 1. §. 3.);《英国法学阶梯》,第二卷,第 175 页(2 Inst. 175.)。
④ 《英国法学阶梯》,第二卷,第 210 页(2 Inst. 210.)。
⑤ 《乔治二世二十五年法》,第二十九章(Stat. 25 Geo. II. c. 29.)。

便①,都可撤销验尸官的职务。此外,根据《乔治二世二十五年法》第二十九章规定,勒索财物、玩忽职守或行为不端亦可构成撤职的理由。

337　　验尸官的职责与职权和郡长一样,也包括司法和行政两方面,但主要是司法。这在很大程度上是由《爱德华一世四年法》中的《验尸官职责法》(de officio coronatoris)确定的。验尸官的司法职能包括:首先,在任何人被杀害或突然死亡之时对其死亡方式进行调查。验尸官必须"亲自验尸"(super visum corporis)②,因为如果尸体未被发现,验尸官是无法开庭的③。此外,验尸官必须在死亡发生地开庭。而调查则由其负责主持,与来自邻近的四个、五个或六个市镇的成员组成的陪审团共同进行。若通过调查发现确有人犯谋杀罪,验尸官应将其关押以待进一步审理,同时还必须对此人即将被没收的土地、财产和牲畜进行调查。但无论这起死亡事件是否是谋杀,验尸官都必须查明国王或该特权地所有者的敬神物是否因这起死亡事件而有所增加。就其所作的所有调查,验尸官都必须在王座法院或下一次巡回审判中进行证明。验尸官的另一项职能是对发现埋藏物的案件进行调查,确定谁是发现者、在何处

---

　　①　菲茨赫伯特,《新令状选编》,第 163、164 页(F. N. B. 163,164.)。
　　②　《英国法学阶梯》,第四卷,第 271 页(4 Inst. 271.)。
　　③　同样,哥特法律也规定,因某人在邻近地区被杀而对该地区处以罚款前,"必须首先确定犯罪事实清楚。所谓'犯罪事实'并非仅指一人被发现在某地区死亡,而是指他确实受到攻击并对其造成伤害或确实被杀害,因为一个人也可能因其他原因而导致突然死亡"(de corpore delicti constare oportebat; i. e. non tam, fuisse aliquem in territorio isto mortuum inventum, quam vulneratum et caesum. Potest enim, homo etiam ex alia causa subito mori. Stiernhöök de jure Gothor. l. 3. c. 4.)。

发现、是否有人有发现财宝后藏匿不报的嫌疑。按爱德华一世时期的古老法规的论断,发现财宝藏匿不报的人"通常都是长期以来在生活上一直不守规矩,经常出入酒馆之人"。对确有嫌疑之人,验尸官应将其扣押且不得保释。

至于验尸官的行政职责,仅仅是在必要时代替郡长的工作。所谓必要时,指的是在郡长有偏袒嫌疑之时,出于公正必须回避的情况,如郡长与该案件有利害关系或者是原告或被告的亲属。此时,执行国王的令状的一切程序都应交由验尸官而非郡长来进行①。

3. 接下来我将讨论的一类低级司法行政官是治安法官(justices of the peace),其中主要的是"*custos rotulorum*",或称为郡记录保管官。普通法一直特别注重维持治安,因为良好的治安是文明社会的目标和基础。因此,早在现行的《治安法官法》尚未制定以前,普通法即已任命专门的官员负责维持公共治安。这些官员中有些还同时担任其他职务,他们作为治安法官的职权曾经,并且现在仍然与他们担任的其他职务的职权紧密相连,而另一些当时则仅仅拥有作为治安法官的职权,被称为监督官(*custodes*)或治安法官(*conservatores pacis*)。前一类治安法官拥有的职位保留至今,而后一类则已被现代司法机构所取代。

国王陛下②因其担任的职务和所享有的尊贵的君王地位而自然成为整个王国及所有附属地的首席治安法官。他可以赋予任何

---

① 《英国法学阶梯》,第四卷,第 271 页(4 Inst. 271.)。
② 兰巴德,《治安法官》,第 12 页(Lambard. Eirenarch. 12.)。

人确保治安不被破坏及对破坏治安之人进行惩罚的权力,因此在英国治安也被称为是"国王的治安"(the king's peace)。而大法官、财政大臣、英格兰国务大臣、内廷总管、英格兰高级警察(在确实有人担当这些职务时)、所有王座法院的法官(因其所处职位)以及高等法院各分院的主事官(按照惯例)是整个王国范围内的治安法官,可对任何破坏治安之人实行关押或要求他们具结保证维护治安①,而其他法官则仅仅是他们各自法庭上的治安法官。验尸官同样也是他所在的郡的治安维持者②,郡长亦然③。两者都可接受保证维护治安的具结或担保。警察、十户长及其他类似官员也是其各自管辖范围内的治安法官,可逮捕任何破坏治安之人,并可对其进行关押直至其提供维护治安的担保④。

那些没有任何官职,纯粹只担任治安法官一个职务的人是由一郡所有拥有自由保有不动产的人在郡长在场的情况下,在郡法院中通过全体共同推选产生的。在为挑选这类治安法官所发布的令状中规定:"治安法官应从一郡中最正直最能干的人中挑选"(de probioribus et melioribus in comitatu suo in custodes pacis)⑤。然而,在爱德华二世的妻子伊莎贝尔王后策划以武力废黜国王另立其子爱德华三世为国王之时,王后担心这一在英格兰史无前例的事件将极大地扰乱民心,尤其是原国王虽然被迫退位后直到早

---

① 兰巴德,《治安法官》,第12页(Lamb. 12.)。
② 《布利顿》,第3页(Britton. 3.)。
③ 菲茨赫伯特,《新令状选编》,第81页(F. N. B. 81.)。
④ 兰巴德,《治安法官》,第14页(Lamb. 14.)。
⑤ 同上书,第16页。

早去世前一直都在几个城堡间仓皇逃命,但在新国王登基时却仍是在世的,因此,为防止造反或其他扰乱治安的事件发生,新国王向英格兰每一郡的郡长发布令状(这份令状的形式由托马斯·沃尔辛厄姆①保存下来),对他取得王位的方式予以肯定,也就是说,他宣称他取得王位"正是出于其父亲的意志"(*ipsius patris beneplacito*),同时,该令状还命令每一个郡长都要负责维护其辖区内的治安,违者将被处以剥夺职位世袭权、生命或肢体的某一部分的刑罚。令状发布几星期后,议会又命令为更好地维护各郡治安②,应选派各郡中为人正直、身份合法、不为非作歹之人负责维持治安。正是这种特殊情况决定了各种在平民中挑选治安法官并由国王批准的方式③,这种任命被看作是国王亲自授权的④。但此类治安法官一直都仅仅被称为治安保护官、治安济贫官或治安管理官,直到《爱德华三世三十四年法》第一章赋予了他们审判重罪犯的权力,至此他们才拥有了治安法官这一更受尊敬的称谓⑤。

  这些治安法官都是由国王颁发加盖国玺的特别委任状加以任命的,特别委任状的形式于1590年由全体法官共同确定⑥。这份委任状⑦委派所有的治安法官各自或在必要时共同负责维持治

---

① 公元1327年(托马斯·沃尔辛厄姆,编年史家——译者)。
② 《爱德华三世一年法》,第十六章(Stat. 1 Edw. III. c. 16)。
③ 兰巴德,《治安法官》,第20页(Lamb. 20.)。
④ 《爱德华三世四年法》,第二章(Stat. 4 Edw. III. c. 2.);《爱德华三世十八年法律二》,第二章(18 Edw. III. st. 2. c. 2.)。
⑤ 兰巴德,《治安法官》,第23页(Lamb. 23.)。
⑥ 同上书,第43页。
⑦ 参见这份委任状(Lamb. 35. Burn. tit. justices, §.1.)。

安，并指定其中两人或两人以上负责各种轻重罪案的调查和判决。委任状还指定在这两人或多人中必须包括某一位或几位治安法官，在没有他们在场的情况下不能对任何事务进行处理。对此在委任状上会出现专门的措辞："我们希望你们中的甲、乙、丙、丁等能够在场"(quorum aliquem vestrum，A. B. C. D. etc. unum esse volumus)，而这些被指名的治安法官也因此被称为法定人数治安法官(justices of the quorum)。按惯例过去仅指名在工作能力及行事审慎方面尤为出众的治安法官作为法定人数法官，且人数确定。而现在的做法则是给予几乎所有的人此种荣誉。在该"法定人数"条款中，对除个别几个行事欠周详的人之外的所有治安法官进行指名。此外，现在也绝不允许在授权命令或其他诸如此类的命令中不明确表明发布此命令的治安法官是属于"法定人数"的例外做法①。

  有关治安法官的人数与资格的问题，《爱德华三世十八年法》第二章规定：各郡应任命郡中声望最高的两到三人为治安法官。但很快就发现仅仅2到3人不足以很好地维持治安，因此《爱德华三世三十四年法》第一章规定各郡都应由一位领主、三位或四位郡中最受尊敬之人以及一些具备相当法律知识的人共同担任治安法官。但随着时间的推移，由于那些野心勃勃的人钻营，治安法官的队伍变得过于庞大。因此《理查二世十二年法》第十章认为有必要把每一郡的治安法官限制在六位，随后《理查二世十四年法》第十章又规定各郡治安法官不得超过八位。但如今这项规定已经完全

---

① 《乔治二世二十六年法》，第二十七章(Stat. 26 Geo. II. c. 27)。

被忽略了,个中原因是(正如兰巴德很早以前就已指出的①)不时制定的各种须由治安法官负责贯彻执行的法律法规越来越多,很自然地导致了治安法官的人数也随之变得非常庞大。至于治安法官的资格问题,前文提及的诸项法律指明各郡治安法官应是该郡声望最高、最受尊敬之人,《理查二世十三年法》第十章则规定治安法官必须是法律意义上最具骑士、乡绅、绅士资格之人。此外《亨利五世二年法律一》第四章及《法律二》第一章规定各郡治安法官都必须定居在本郡之内。另外,鉴于有些家产微薄并因贫穷而变得贪婪可鄙之人已违反法律偷偷混入治安法官委任状的名单之中,《亨利六世十八年法》第十一章规定,任何治安法官若没有每年收入价值 20 英镑的地产则不得被列入委任状上的委任名单之中。由于从那时起的货币价值已发生极大的变化,如今《乔治二世五年法》第十一章的规定是,已被列入委任状的治安法官,每年扣除各项应缴费用后的纯收入不得少于 100 英镑。任何人若在不具备上述资格的情况下仍担任治安法官职务的话,将被处以 100 英镑的罚款。这一数目②与亨利六世时期所要求的 20 英镑基本相当,但现在每位治安法官都必须对此项资格进行宣誓③。此外《乔治二世五年法》还规定任何现任律师、诉状律师及代诉人都不具备担任治安法官职务的资格。

由于治安法官的职位是国王授予的,因此其仅凭国王的意志

---

① 兰巴德,《治安法官》,第 34 页(Lamb. 34.)。
② 参照主教弗利沃德具有极高价值的编年史(*chronicon pretiosum*)中的记载。
③ 《乔治二世十八年法》,第二十章(Stat. 18 Geo. II. c. 20.)。

才得以存在。以下几种情况可使治安法官的职务终止。Ⅰ.国王去世六个月后①,治安法官的职务即自行终止。Ⅱ.国王发布加盖国玺的令状②,撤销某人治安法官的职务。Ⅲ.原先的委任状被中止执行令状(*supersedeas*)所取代,亦即所有治安法官都被暂时停职。但这不同于完全撤职,因为他们的职务可由一份名为恢复令状(*procedendo*)再行恢复。Ⅳ.国王发布新的委任状。这份委任状虽然并非公开发布,但实际上等于撤销了原先所有的治安法官中那些未被包括在新的委任状中的人的职务,因为两份委任状是不能同时有效的。Ⅴ.治安法官升任郡长或者验尸官③。以前若任何人先受到治安委任状的委任后又被授以新的职位的话,此人原先的职务即被认为已经终止,他也不再符合治安委任状中对治安法官必须具备的资格的要求。而如今的规定④则是治安法官即使接受了新的更高职位,他的治安法官的职位仍继续有效。

　　治安法官的职权、职务与职责是由他的委任状及若干部法律所决定的,同样,他的司法管辖权范围也是以此确定的。委任状首先赋予治安法官单独维持治安的权力,这其中包括了按照普通法的规定治安法官自古以来拥有的所有权力,如镇压暴动和其他越轨行为的权力、实行治安保障措施的权力以及逮捕并关押所有重罪及其他犯罪案犯的权力。除此之外,委任状还赋予了两位或两位以上治安法官共同审理并判决任何轻重罪案件的权力。这也正

---

① 《安妮一年法》,第八章(Stat. 1 Ann. c. 8.)。
② 兰巴德,《治安法官》,第 67 页(Lamb. 67.)。
③ 《玛丽一年法律一》,第八章(Stat. 1 Mar. st. 1. c. 8.)。
④ 《爱德华六世一年法》,第七章(Stat. 1 Edw. Ⅵ. c. 7.)。

第九章 低级司法行政官

是他们开庭审案行使管辖权的基础,我们在适当的时候会对此再详加讨论。谈到上述法律赋予单独一位、两位或若干位治安法官的职权,由于经常有大量繁杂事务有待处理,因此几乎没有人乐意接受治安法官这一职务,而能够了解这一职务的人甚至更少。然而这一职务对于公众来说又是如此重要,因此若有任何受人尊敬的司法行政官愿意心无杂念地承担这一吃力不讨好的工作,那么他所在的郡对他甚至可谓是感恩戴德。也正因如此,若有哪位秉性纯良的治安法官在工作中犯下什么无意的过失,法庭通常会对其显示出极大的仁慈与宽大。同时,也有许多法律可使其免于被直接撤职[①]。这些法律以及其他一些治安法官享有的特权,保证了任何正直的治安法官不会在事先未获通知的情况下即因其工作上的失察与疏忽而受到控告。而且,只要他能对过失进行有效的补救,那么即使是已经开始的诉讼也可终止。但另一方面,任何恶意甚至专制地滥用职权的治安法官都必将受到严厉的惩罚。同时对治安法官蓄意或恶意造成的损害提起诉讼并获有利裁决的人则将得到两倍于其损失的补偿。

按照本书现在的计划,我们不可能在对上述几类司法行政官拥有的权力及日常负责的事务分别进行深入细致的探讨,因而在此我将继续进行以下的内容,即对治安法官几乎所有的司法管辖权依次进行探讨。但同时我也想向我的学生推荐兰巴德的《治安

[①] 《詹姆斯一世七年法》,第五章(Stat. 7 Jac. I. c. 5.);《詹姆斯一世二十一年法》,第十二章(21 Jac. I. c. 12.);《乔治二世二十四年法》,第四十四章(24 Geo. II. c. 44.)。

法官》(*eirenarcha*)及伯恩博士[1]的《治安法官》(*justice of the peace*)。仔细研读这两本书的学生会发现其中囊括了关于此问题由古至今的几乎所有资料,而且这些内容详实的资料经过了精细的选择与编排,显示作者思路清晰且极有见地。

接下来我将讨论的是地位较前几类司法行政官更低的一些政府官员。他们的管辖权受到的限制虽然更多,但他们的职位仍然在整个王国的每一地区都存在着。

4. 我们要讨论的第四类司法行政官是警察(constable)。警察一词通常被认为源自撒克逊语中的"koning-staple",表示国王的支持者的意思。但既然我们是从法国借鉴了警察这一职务之名称,我本人以及亨利·斯佩尔曼爵士和考威尔博士[2]都更倾向于认为这一名称是来自法语的推断。若再追根溯源,则很明显其最初是源自拉丁语中的"*comes stabuli*",这一称谓被用来表示在罗马帝国中广为人知的一个职务。之所以被冠以这样的称谓,是因为和法国的大警察(great constable)以及英国的高级警察长(lord high constable)一样,担任这一职务的官员其职责是规范所有有关骑士的事务:包括马上长矛刺杀比赛、马术比赛以及其他在马背上进行的武术技艺比赛。在英国,自白金汉公爵斯塔福德被国王亨利八世剥夺公民权之后,高级警察长这一职位已基本上不复存在,只有在一些诸如新国王加冕典礼之类的隆重庄严的场合才会

---

[1] 伯恩博士(Dr. Burn,1709—1785年),英国法学家和古物收藏家,著有《治安法官》《教会法》等著作。——译者

[2] 考威尔博士(Dr. Cowel,1554—1611年),英国法学家,曾任剑桥大学罗马法讲座教授,著有《注释家》等著作。——译者

偶尔出现。而在法国，这一职位则在大约一百年之后由路易八世颁布的法律废除①。但根据兰巴德的说法②，最初级别较低的警察的派遣正是由他本人所处的这一职位负责的③，若将他本人所处的职位看成一只手，那么此类警察的职务就好像这只手上不可或缺的一个手指。正如根据最初对警察加以任命的《温彻斯特法》④的规定⑤，为了更好地维持治安，每100户区或特权地都必须有两名警察负责对所有涉及武器和盔甲的案件进行调查。

上述警察分为两类：高级警察与小巡警。前者如前文所述，是由《温彻斯特法》设立的，由其所管辖的各特权地或百户区的领地刑事法院负责任命，在没有领地刑事法院的情况下，则由治安法官在季审法院上进行任命。负责任命的法院同时也拥有撤销由其所任命的警察的职务的权力⑥。而小巡警这一职位最初是在爱德华三世统治期间设立的⑦，是每一市镇或牧区中听命于百户区或特权地高级警察的下级官员。这些小巡警集古代与现代的两种职务于一身。他们的古代职务相当于早在阿尔弗烈德国王时期的村长或十户长，对这三类官吏前文已进行过讨论⑧。而他们的现代职

---

① 菲利普斯，《雷金纳德·波尔大主教生平史》（Philips's Life of Pole. ii. III.）。
② 兰巴德，《治安法官》，"级别较低的警察"，第5页（of constable, 5.）。
③ 兰巴德曾担任衡平法院助理法官。——译者
④ 《温彻斯特法》（Statute of Winchester），爱德华一世于1285年通过的一部法律，内容是关于王国的警察和治安，该法于乔治四世时被废止。——译者
⑤ 《爱德华一世十三年法》，第六章（13 Edw. I. c. 6.）。
⑥ 《索尔克尔德王座法院判例汇编》，第150页（Salk, 150.）。
⑦ 亨利·斯佩尔曼，《古史词典》，第148页（Spelm. Gloss. 148.）。
⑧ 原书第110页。

务则仅仅是作为警察。如前文所述,这一职务的任命晚至爱德华三世统治时期,目的是协助高级警察①。基本上古时候村长、村镇官吏及十户长即直接兼任小巡警的职位,然而这一现象并不十分普遍,实际上至今在许多地方他们与小巡警仍是由不同的人担任的。小巡警由领地刑事法院的陪审团委任,若当地没有领地刑事法院则由两名治安法官共同任命②。

在他们各自所属的地区内维持治安是所有警察,包括高级警察、小巡警以及其他官员的共同职责。为此,这些警察拥有非常大的职权,可以实施逮捕、关押、闯入任何房屋及诸如此类的行动。这些警察大多并未意识到他们的权力范围是如此之大,但有鉴于担任警察职务的大部分都是些什么样的人,这或许真可算得上是一件幸事。根据负责对警察进行任命的《温彻斯特法》的规定,警察最主要的职责是负责他们各自辖区内的日夜守卫。日间值勤或称日间守卫(custodia),顾名思义主要在白天进行,目的是为了对暴徒及公路劫匪实行拘押。至于执行任务的方式则可由治安法官及警察自行决定③。但另一方面,每个百户区仍必须对日间发生在村内的抢劫案承担守卫松懈的责任。夜间守卫(我们的条顿祖先称之为"wacht"或"wacta"④)则在夜间进行,也就是说从日间值勤结束时开始,到日间值勤开始时结束。《温彻斯特法》规定所有

---

① 兰巴德,《治安法官》,第9页(Lamb. 9.)。
② 《查理二世十四、十五年法》,第十二章(Stat. 14 & 15 Car. II. c. 12.)。
③ Dalt. just. c. 104.
④ 看守和巡查,被称作"wactas"(Excubias et explorationes quas wactas vocant.)。Capitular. Hludovic. pii. cap. I. A. D. 815.

有城墙的市镇都必须在日落与日出之间关闭城门,每个自治市和普通市镇都必须进行夜间守卫,尤其是在夏季。其目的是为了拘押所有的歹徒、流浪汉和夜间行窃者,使他们今后不再行为不端。警察可以根据本地惯例自行指定巡夜人。巡夜人作为警察的代理人,在进行夜间守卫时与警察本人拥有同样的权力。但要谈到众多法律加诸于警察身上的其他的数不胜数的次要责任,我不得不再次提到兰巴德先生和伯恩博士。从他们的著作中我们可以清楚了解其中有哪些是需由警察和十户长共同负责的,哪些又是只属于警察的责任。警察有权做十户长有权做的任何事,但反之却并非如此,十户长拥有的权力并不等同于警察的权力。

5. 接下来我们要讨论的对象是公路总监。每一牧区对公路都有共有权,也正因如此,每一牧区都必须负责对穿越本牧区的公路进行整修,除非由于公路穿过私人保有地或出于其他原因而由某一特定个人负责承担对公路的养护责任。根据我国的古代法律,没有人可免予承担此项责任,无论他享有其他什么豁免权。这一责任是以每个人的土地为对象的"三重义务"(trinoda necessitas)之一,所谓"三重义务"指的是:抗击敌人、建造要塞、整修桥梁(expeditio contra hostem, arcium constructio, et pontium reparatio)。虽然其中仅指明对桥梁进行整修的义务,但其实该指示亦应被理解为也包括了对公路的整修,正如根据罗马法:任何等级的人,无论其地位或职位高低,都不能免除建造及整修道路与桥梁的责任(ad instructiones reparationesque itinerum et pontium, nullum genus hominum, nulliusque dignitatis ac venerationis meritis,

cessare oportet)①。而现在，实际上绝大部分养护公路的责任都由牧区来承担。而根据《亨利八世二十二年法》，第五章的规定，养护桥梁的责任基本上由整个郡统一负责。若教区疏于对公路的养护，无论是过去还是现在他们都会由于这种疏忽而遭到控告。但由于当时并没有哪位特定的政府官员负有召集牧区居民并命令他们养护公路的责任，因此《菲利普和玛丽二、三年法》第八章命令每个牧区都必须选出本教区的公路总监②。

根据菲利普与玛丽颁布的法律规定，公路总监最初是由该牧区的警察与教会执事任命的。而现在则是由两位邻近的治安法官在那些每年自有土地收入可达 10 英镑或者地租收入可达 30 英镑、私有土地价值达到 100 英镑的富有居民中选派。

根据菲利普与玛丽颁布的法律规定，公路总监最初是由该牧区的警察与教会执事任命的。而现在③则是由两位邻近的治安法官在那些每年自有土地收入可达 10 英镑或者地租收入可达 30 英镑、私有土地价值达到 100 英镑的富有居民中选派。

公路总监的职务与职责包括执行众多有关整修公路，亦即一镇通往另一镇的道路的法律。按照法律规定：Ⅰ. 他们应负责清理公路上的所有占路之物，或通知物主进行清理，对拒不服从的物主

---

① 《查士丁尼法典》(c. II. 74. 4)。

② 根据道尔顿(Just. cap. 50.)的说法，公路总监这一职位即相当于古罗马的"curatores viarum"。但我却认为古罗马的"curatores viarum"一职不仅地位比我们的公路总监高，权力也更大。我之所以得出这样的判断不仅是通过比较罗马和我国的建造及整修道路的方式，更重要的依据是古罗马有一位名叫瑟姆斯的人，他不仅是弗拉明尼安道路的监管者，同时也是尤利乌斯·恺撒时期执政官的候选人之一(Cic. ad Attic. l. 1. ep. 1.)。

③ 《威廉和玛丽三年法》，第十二章(Stat. 3 W. & M. c. 12.)。

可进行处罚。Ⅱ.每年中有六天他们应召集牧区所有居民参与对公路的整修。所有饲养大型牲畜或拥有土地的人每年都必须派遣队伍,按照每饲养一头牲畜或每拥有年收入50英镑的土地派遣一支队伍的比例参与修路,其他人则必须亲自参加或找人代劳。修路工程必须在收割季节到来之前结束。这一方面是为了保持良好的路况用于运输谷物,另一方面则是因为在收割季节所有的劳动力都必须忙于收割。每一条供马车行驶的道路宽度至少不得少于八英尺①,季审法院有权将宽度增加至24英尺。Ⅲ.当牧区款项不足时,公路总监应自己花钱购买修路所需的物资,他的花费可从特别法庭允许征收的房地产税中报销。Ⅳ.当牧区劳动力不足时,公路总监可在得到季审法院批准后向牧区征税(每英镑征税不得超过6便士)作为向个人征收税款的补充。公路总监则必须宣誓合理地使用这些钱款。至于为支持此类税款的征收而被普遍采用的设立收取通行税的关卡的做法及有关的法律则完全取决于特别赋予某些特定修路工程的权力,因此不属于基本法律的概要的讨论范围。

6. 最后我将对济贫官这一职位的起源、任命及职责进行讨论。

直到亨利八世统治以前英国的贫民,一直都完全依赖个人的善行及那些富有同情心的基督教徒的施舍来维持生命。这是因为,虽然按照《正义宝鉴》一书②的说法,普通法规定贫民的生活

---

① 根据古罗马的《十二表法》,这是笔直的道路的标准。若道路是曲折的,则规定的宽度应为16英尺(Ff.8.3.8.)。

② 第一章,第三节(c.1.§.3.)。

"应由牧区国教牧师、牧区司铎以及牧区居民来维持,以确保不会有贫民因缺乏食物而死亡"。而且《理查二世十二年法》第七章及《亨利七世十九年法》第十二章都规定贫民的生活应由其出生的市镇或是在当地定居已达三年的市镇(这看来正是在牧区定居的初级形态)负责维持,但直到《亨利八世二十七年法》第二十六章颁布以前,我没有找到任何与此有关的强制性措施。相反贫民似乎只能依靠邻里出于善心给他们的一点接济来维持生命,尤其是修道院,对贫民而言是主要的生活来源。在修道院面临的诸多负面影响中,它们必须向众多无所事事的贫民(这些贫民就是靠修道院门口每日分发的救济品来维持生命)提供食物和其他供给,这一点或许不能算是其中最无足轻重的因素(虽然经常有人确实这样认为)。而在修道院被全部解散后,整个王国很快就感觉到了那些贫民已经养成的懒惰和安于赤贫的习惯而造成的困境,因此在亨利八世统治时期制定了大量法律以供养那些贫穷及无劳动能力的人。按照其中一些法律的开场白的说法,这类人的数量近年来发生了前所未有的增长。那些贫民被主要分为两类:患病且无劳动能力因此无法从事任何工作的人以及身体健康但游手好闲,也就是说有能力但不愿意从事任何正当职业的人。为了在一定程度上供养这两类人,亨利八世的儿子爱德华六世在伦敦市内及周边地区设立了三个王室慈善机构。其中基督慈善院及圣托马斯慈善院是为了救济那些自幼年时期或是因后天疾病而丧失工作能力的人,而拜德威尔慈善院则对那些身强体壮却游手好闲的人进行惩戒及强制其就业。但仅此三个机构远不足以顾及整个王国内的所有贫民,因此在经过许多徒劳无功的尝试后,《伊丽莎白四十三年法》第二章规定每个牧区都必须任命一位济贫官。

根据前文提及的最后一项法律,这些济贫官每年由居住于牧区附近的两位治安法官于复活节周内或复活节后一月内进行任命。济贫官必须是真正的地产所有者,并且法官在任命时必须明确表明他们的这种身份[①]。

根据同一项法律规定,济贫官的职务与职责主要包括:首先,筹集足够的款项为那些贫穷及丧失劳动力者以及其他因诸如年老、失明等原因而丧失了从事任何工作能力的贫穷者提供必要的救济。第二,为那些有劳动能力但通过其他途径无法找到工作的人提供工作机会。但根据那项有益的法律其中的一条英明的规定,这后一项职责必须与前一项紧密联系,也正因此,如今已完全被忽略了,这不能不说是一种羞耻。然而为了实现这一共同目标,同一项议会法律也赋予了济贫官制定税种向牧区居民征收的权力,并且其后几项法律进一步阐明并加强了这一权力。

这一法律的两大目标是:Ⅰ.向且仅向那些丧失劳动力的人提供救济。Ⅱ.为那些有劳动能力的人提供工作机会。这主要通过向他们提供可在家里进行加工的原料的方式加以实现,这比起将所有的穷人统一集中在一个济贫院里来要有效的多。因为后一种做法往往会将一个人与其亲人的联系完全切断,而这可能是这些诚实勤劳的人唯一的幸福与快乐。并且由于仅以收入作为评判标准,这也使那些稳重勤劳之人被迫与那些行为放荡、游手好闲之人处在同等的地位。反之,如果除了那些无力维持生计的人可按其

[①] 《王座法院和皇家民事法院案例汇编》,第二卷,1394年(2 Lord Raym. 1394.)。

失去劳动能力的程度得到适当的救济外,其他有工作能力的人不会得到任何救济;如果除了那些只能在极差的环境里由游手好闲之人带大的孩子外,再没有孩子会被人从其父母身边带走;如果每一个穷人和他的家人无论何时只要提出要求即能得到工作,并且能保留他们的全部劳动所得的话,那么一种视辛勤劳动为快乐的精神将会很快传遍所有的乡村地区。当劳动成为维持每日生活所需的绝对必要条件时,劳动就会变成一件轻松的日常工作。同样,如果那些勤劳的农民能够确定当他和他的孩子在因为先天不足、年老或体弱而无力继续工作时,并且只有到那个时候,他们能从富有的邻居那里得到供养,那么他们将会毫无怨言地完成他们粗重的劳作。

看来这似乎正是伊丽莎白女王统治时期制定的这项法案的全盘计划。其中唯一的不足就是将对贫民的管理局限于牧区这样一个过小的范围之内,因为这样一个过小的地区经常会无法提供合适的工作或找到一位称职的管理者。然而,当时那些吃苦耐劳的贫民其实拥有到任何能提供工作的地方寻找工作机会的自由。除了那些不能或不愿进行劳动的人之外,任何人都不受必须居住在其定居地的限制。定居地只不过是他们出生或曾经居住过一段时间的地方,起初这段时间规定为三年①,后针对流浪者的特殊情况,只要居住满一年即可被视为定居地②。

斯图亚特王朝复辟后采用的则是一个完全不同的计划。授权

---

① 《亨利七世十九年法》,第十二章(Stat. 19 Hen. VII. c. 12.);《爱德华六世一年法》,第三章(1 Edw. VI. c. 3.);《爱德华六世三年法》,第十六章(3 Edw. VI. c. 16);《伊丽莎白十四年法》,第五章(14 Eliz. c. 5.)。

② 《伊丽莎白三十九年法》,第四章(Stat. 39 Eliz. c. 4.)。

牧区划分为更小范围的地区使得为贫民提供工作变得更加困难重重;将贫民全都限制在各自所属的地区内致使贫民的人数大量增加,而获得定居权的途径变得更多、更容易则导致有关救济贫民的法律愈加错综复杂,其结果是邻里之间经常针对定居与迁居的问题争执不下并由此而产生了数不胜数又花费巨大的诉讼案件。根据《查理二世十三、十四年法》第十二章规定,合法的定居地指出生地或居住、学徒或工作达 40 天的地区。若居住未满 40 天则将被视为强行闯入者,此时除非他是居住在每年租金达到 10 英镑的房屋内,否则会由两位治安法官强行搬迁。这种以 40 天这样短的居住时间来认定定居地的规定自然导致了欺诈行为的产生,因此《詹姆斯二世一年法》第十七章规定,在确定合法定居地之前必须先向牧区政府官员递交书面通知,其后的若干规定又允许某些情况可被视为与递交通知有同样的效力。然而每天制定的新规定总会带来新的不便,进而产生采取补救措施的需求,而这又进一步导致了这些所谓的"某些情况"的具体内容不时被更改,范围不时被扩大或缩小。因此,政府制定了旨在保持各地人口均衡的许可证制度,对个人及其家庭成员进行限制,无论他们在一个新的地点居住多久,都不能获得该地新的定居权,只有两种特殊的情况才可破例。因此牧区在发放此类许可证时总是慎之又慎,而那些贫民也因此而被限制在他们那无法为其提供足够工作机会的家乡。

  现在我们可以把有关定居地的法律归纳为以下基本几条,换句话说,获得定居权的方式包括以下几种:Ⅰ.出生地。出生地通常自一个人出生伊始即成为他的定居地,直到他找到其他的定居地为止①。出生地通常也是所有非婚生子女的定居地,因为从法律观点来看,非婚生子女没有父亲,因此他们与其他儿童不同②,不会有人带他们到其他的定居地去。而对婚生子女而言,虽然出生地自其出生伊始即成为其定居地,但这并非强制性的规定,因为定居地还可以是:Ⅱ.父母的定居地,即一人的父亲或母亲定居的地方。实际上所有的儿童都应定居在他们的父母定居的地方,直到找到自己新的定居地③。新定居地的定居权可通过以下几种途径获得:Ⅲ.婚姻。若妇女嫁给定居在另一牧区的男子,则该妇女的定居地也随之改变,因为法律不允许夫妻分居两地④。但若一女子嫁给一个在英国没有定居地的外国人,那么只要丈夫能维持妻子的生活,则妻子在丈夫有生之年暂时没有定居地,但在丈夫死后她应再回到其原来的定居地⑤。至于其他在一牧区获得定居权的方法则可全部归纳为一条:在该牧区居住40天。但这40天的居住期(在此居住被理解为临时寄宿或逗留)必须属实,且不能是暗中或以其他偷偷摸摸的方式进行的。此外,除40天的居住期外还必须具备以下条件之一,也就是说,第四种获得定居权的方法是:Ⅳ.在事先已通知的情况下居住达40天。若一外来人进入一牧区并向任何一位济贫官递交书面通知(这份通知会在教堂被当

---

① 《王座法院和皇家民事法院案例汇编》,第一卷,第567页(1 Lord Raym. 567.)。
② 《索尔克尔德王座法院判例汇编》,第427页(Salk. 427.)。
③ 《索尔克尔德王座法院判例汇编》,第528页(Salk. 528.)。《王座法院和皇家民事法院案例汇编》,第二卷,第1473页(2 Lord Raym. 1473.)。
④ 约翰·斯特兰奇,《既决案例汇编》,第544页(Stra. 544.)。
⑤ 罗伯特·福莱,《从伊丽莎白女王四十三年到乔治二世国王第三年期间关于贫民的法律》,第249页(Foley. 249.)。

第九章 低级司法行政官

众宣读并登记在案)说明其居住的确切地点及其家庭人数,则只要他们在通知递交后平安居住40天,即被认为在该地区已合法定居①。因为根据法律,这样的人被认为自递交通知之日起不会遭到任何控告,因为如若不然,则一方面他不会冒险递交通知,另一方面,即使他真的递交了通知,牧区也会想办法强制其搬迁。此外,还有其他一些情况被视为等同于递交通知:Ⅴ.在牧区内租住每年租金达10英镑的房屋并在该牧区居住达40天。既然此人有足够的财产能得到出租者的信任租下房子,则他无需递交书面通知②即可获得该牧区的定居权。Ⅵ.被要求承担各种公共税及牧区税并如实支付。Ⅶ.在该牧区担任任何公共或牧区职务(如教会执事)达一年。以上两项条件与书面通知同样有效,只要确实居住满40天即可凭此获得定居权③。Ⅷ.在未婚的情况下被雇佣满一年且一直从事同一行业,以及:Ⅸ.作为学徒满7年。两者都足以使该从业者或学徒获得其最近40天居住的牧区的定居权而无须再递交书面通知④。Ⅹ.最后一种方式是拥有属于自己的地产并在其中居住达40天。无论该地产价值几何,也无论是通过法律途径或从第三人处取得,如通过继承、赠与、土地遗赠等途径,都足以获得定居权⑤。但如果此人是通过自己的行为,如购买(此处指最

---

① 《查理二世十三、十四年法》,第十二章(Stat. 13&14 Car. II. c. 12.);《詹姆斯二世一年法》,第十七章(1 Jac. II. c. 17.);《威廉和玛丽三、四年法》,第一章(3&4 W. &. M. c. 11.)。

② 《查理二世十三、十四年法》,第十二章(Stat. 13&14 Car. II. c. 12.)。

③ 《威廉和玛丽三、四年法》,第十一章(Slat. 3&4 W. &. M. c. 11.)。

④ 《威廉和玛丽三、四年法》,第十一章(Stat. 3&4 W. &. M. c. 11.);《威廉三世八、九年法》,第十章(8&9 W. III. c. 10.);《乔治二世三十一年法》,第二章(31 Geo. II. c. 11.)。

⑤ 《索尔克尔德王座法院判例汇编》,第524页(Salk. 524.)。

通俗意义上的购买，须考虑其支付的金额大小）而取得该地产的话，则此时就必须进一步考虑[1]，除非地产价值确实事实上达到30英镑，否则一旦此人不再继续在该地产内居住则该牧区也就不再是其定居地。虽然他不会被人从自己的土地上强制搬迁，但他也不能仅凭自己数额微小或带欺骗性质的购买行为即获得永久性的定居权。

对于任何未经上述途径定居的人，济贫官将会提出控告，若两位治安法官判定他们可能会在其强行闯入的这一牧区遭到控告，则两位治安法官将命令他们搬迁至他们自己的牧区。除非这些人正处于确定合法定居的过程中，如已租下每年租金不低于10英镑的房子或者已经在某一行业确定一年的雇佣关系，若如此，则他们不得被强行搬迁[2]。此外，在其他所有情况下，若他们所属的牧区向他们发放许可证，承认他们是本牧区居民，则他们不能仅因为可能遭到控告即被强行搬迁，除非是真的遭到控告[3]。但此类拥有许可证的人并不能凭上述除租借每年租金达10英镑的房屋或是在牧区担任某一每年改选一次的职务以外的途径获得定居权。此外，那些拥有此类许可证的人雇佣的雇员或学徒也不能藉此获得定居权[4]。

以上就是涉及贫民的各种法律的几项基本条款。过去一个世纪内通过的众多法院判决已使这些法律的内容变得纷繁复杂。更

---

[1]《乔治一世九年法》，第七章(Stat. 9 Geo. I. c. 7.)。
[2]《索尔克尔德王座法院判例汇编》，第472页(Salk. 472.)。
[3]《威廉三世八、九年法》，第三十章(Stat. 8&9 W. III. c. 30.)。
[4]《安妮十二年法》，第十八章(Stat. 12 Ann. c. 18.)。

糟糕的是，虽然政府为制定修改这些法律可谓煞费苦心，但它们仍然不够完善也不够有力，远不足以达到当初希望它们能够达到的目的，而这其实是我们那些不以普通法为基础的法规的普遍命运。倘若那些郡、百户区及十户村能够维持阿尔弗烈德大王安排的良好秩序，那么当地就根本就不会有任何游手好闲的人，因此也只有丧失劳动能力的人才会需要救济。而《伊丽莎白四十三年法》看来也正是在此原则的基础上制定的。但是，随着阿尔弗烈德的卓越安排被渐渐忽略进而完全地弃之不用，我们只能充满焦虑地看到，政府为了挽回因打乱阿尔弗烈德建立的秩序而造成的千疮百孔的局面所采取的措施是多么软弱无力，最后导致的这种转变又是多么悲惨。对任何社会的体制与组织结构而言，最明确无误也是最不可或缺的一条箴言就是：为保障社会的健康发展，每个人都必须贡献自己的一份力量。因此也难怪那些有一半居民整日游手好闲、行为放荡、没有正当职业的牧区会无力采取任何积极有效的政策，而只能制定一些不切实际的计划。这些牧区最后只会惊讶地发现，仅凭另一半人辛苦工作根本不足以维持整个牧区。

第十章　包括外国人、外籍居民及本国人在内的全体人民

前面八章我一直将个人作为与官员产生公共关系的个体来讨论，接下来我将从个人作为人民中的一员的角度来展开讨论，因此前一章涉及的所有职位较低的和下级的司法行政官员也包括在本章讨论的范围内。

最基本也最明显的区分方法是将人民按外国人和生来籍民加以区别。生来籍民包括在大英王国拥有的全部领土上，即在忠于英国国王的地区（或者按照通常的称呼，效忠英国国王的地区）出生的人，而外国人则是指在这些地区以外的地方出生的人。效忠是一条纽带或者说一种同盟，使臣民受到国王的约束，以此作为国王保护臣民的一种回报。效忠的观念本身完全或者至少在很大程度上是以理性及政府的本质为基础的，而效忠这种提法及其形式则是流传自我们的哥特祖先。在封建制度下，每个拥有土地的人都会臣服于某位地位更高的人或某位贵族，因为这些土地租户或封臣所拥有的土地正是由这位贵族本人或其祖先赐予的。在贵族与封臣之间存在着一种相互信任、相互依赖的关系。一方面，贵族保护封臣对他所赏赐的土地的权利；另一方面，封臣则须忠于贵族，保卫他不受敌人侵犯。封臣的这种义务被称为他的"*fidelitas*"，即

他的效忠。根据封建法律,所有的土地租户都必须宣誓对他们的领主效忠。这种效忠宣誓的措辞与我国古代一般的忠诚宣誓基本上如出一辙[①],所不同的就是在通常的效忠宣誓中经常会表明宣誓中保留或不排除对特别指名的某位地位更高的贵族(对这些领主而言,他们本人可能也只是这位贵族之下的土地租户或封臣)的效忠。但当封臣对地位绝对最高者本人(他不再是任何人的封臣)表示效忠时,则这种宣誓不再被称为效忠宣誓,而被称为忠诚宣誓。在进行忠诚宣誓时土地租户发誓忠于最高统治者,为此可与任何人敌对而不再有任何保留并排除任何例外,"他对着所有人宣誓忠诚"(contra omnes homines fidelitatem fecit)[②]。通过这种比效忠宣誓级别更高的宣誓而取得的土地被称为臣服封地(feudum ligium),即君主采邑,该封臣则被称为效忠者(homines ligii),或称臣仆,而最高统治者则是他们的统治者(dominus ligius),即君主。而当各国统治君主彼此间对他们各自拥有的领土致敬时,通常必须区分这种致敬究竟是单纯致敬,即仅对保有地表示承认[③],还是君王致敬,即包含了前文所述的效忠的含义,并以此表示臣服。因此当爱德华三世于1329年就他在法国所有的公爵领地向法国国王菲利浦六世表示致敬时,围绕着这一致敬究竟是单纯致敬还是君王致敬展开了激烈的争论[④]。而在英国,有关保有地有

---

① 《采邑法律》,第二卷,第5、6、7页(2 Feud.5,6,7.)。
② 《采邑法律》,第二卷,第99页(2 Feud.99.)。
③ 《判例汇编》,第七卷,"凯尔文之案",第7页(7 Rep. Calvin's case.7.)。
④ 托马斯·卡特,《英国通史》,第二卷,第401页(2 Carte.401.);《现代通史》,第二十三卷,第420页(Mod. Un. Hist. xxiii.420.)。

一项既定原则,即王国的所有土地都属于国王所有,是至高无上的最高统治者的财产。对地位低于国王的贵族,除进行效忠宣誓外,不可再进行任何其他内容的宣誓,而忠诚宣誓的对象只能是国王。忠诚宣誓这种说法很快即通过简单的类比被用来表示其他所有臣民向王侯作出的正式承诺以及仅涉及单纯的领土问题的种种臣民的义务。至于忠诚宣誓,正如它600年来一直未变的那样①,包含了这样一种承诺:"对国王及其继承人忠诚、忠贞,并以生命、身体及世俗荣誉作为这种忠诚与忠贞的担保。一旦获悉或听说任何对国王心怀恶意或造成伤害的行为则立即采取行动保卫国王。"马修·黑尔爵士②对这一誓言所作的评论是:这一誓言简单明了,不拘泥于冗长复杂的条款宣言,但却涵盖了臣民对最高统治者应尽的所有义务。但在革命时期,誓言的内容却被认为太过渲染绝对服从的观念。如今的忠诚宣言的形式是由非常议会规定的,其内容与前一宣誓相比较为一般化,语义也较含糊。臣民只需承诺:"他将对国王忠诚,真正效忠于国王"。宣誓内容并没有提及"国王的继承人",也完全没有指定这种效忠以何为担保。此外,承认最高权威的宣誓主要被视为拒绝承认教皇的虚假权力。至于由威廉三世国王③推行的放弃宣誓(oath of abjuration)则是对内容较一般化、语义也不明确的忠诚宣誓强有力的补充。放弃宣誓承认由《王位继承法》赋予国王陛下的权利;承诺以宣誓者最大限度的力

---

① 安德鲁·霍恩,《正义宝鉴》,第三章,第三十五节(Mirror. c. 3. §. 35.);《福莱特》(Fleta. 3. 16);《布利顿》,第二十九章(Britton. c. 29.);《判例汇编》,第七卷,"凯尔文之案",第6页(7 Rep. Calvin's case. 6.)。
② 马修·黑尔,《王室诉讼史》,第一卷,第63页(1 Hal. P. C. 63.)。
③ 《威廉三世十三年法》,第六章(Stat. 13 W. III. c. 6.)。

量支持国王;承诺揭发所有背叛国王的阴谋,并以英语中最清楚明白的表述公开地、指名道姓地严正拒绝对谋反者宣称的任何权利予以承认。任何担任政府职务,担任某项职责或从事某职业的人都必须进行放弃宣誓。此外,若有两位治安官同时认定某人有反叛的嫌疑,都可要求其进行放弃宣誓[1]。至于忠诚宣誓,所有年满12岁的人[2],无论是本国人、外籍居民或外国人,都可被要求在领地刑事法院或在郡长召开的郡刑事法院进行忠诚宣誓。

然而法律认为每个臣民对最高统治者除须公开表明上述种种正式承诺外,还应有一种不言而喻的、原始的、本质上的忠诚。虽然臣民从未以任何的形式对这种忠诚进行宣誓,但它却先于任何公开表明的承诺。因为对国王而言,他与生俱来的王室血统使得他在正式加冕前即已完全享有作为最高统治者的所有权利,同样也必须履行最高统治者的所有义务。因此,每个臣民在那些诸如宣誓、臣服或效忠的外在约束最初产生前即因一种内在固有的忠诚而受到君王的约束。对臣民加以种种外在的约束的目的不过是为了提醒臣民他们固有的义务,以保证他们更好地履行这些义务[3]。因此,无论是正式的表白或还是表示服从的宣誓都只不过是以前由法律暗指的忠诚如今以文字堆砌而成的宣言的形式被表达出来罢了。对于这种情况,爱德华·柯克爵士有很客观的评论[4]:"所有臣民,无论是否进行过宣誓,都同样受到他们的忠诚的

---

[1] 《乔治一世一年法》,第十三章(Stat. 1 Geo. I. c. 13.)。
[2] 《英国法学阶梯》,第二卷,第121页(2 Inst. 121.);马修·黑尔,《王室诉讼史》,第一卷,第64页(1 Hal. P. C. 64.)。
[3] 马修·黑尔,《王室诉讼史》,第一卷,第61页(1 Hal. P. C. 61.)。
[4] 《英国法学阶梯》,第二卷,第121页(2 Inst. 121.)。

约束。因为法律已然将忠诚的观念根植于他们的灵魂深处,至于躯体所进行的宣誓不过是将其内容公开表述出来罢了。"诚然,在有人违背了这种义务时对其采取强制宣誓的制裁手段只会使他的罪行更重,因为这样他的罪名除违背诺言之外还要再加上一条叛国罪,但这种手段并未增加人民对王室应尽的义务,只不过是将社会的约束与宗教的约束结合起来从而加强了社会约束人民的力度。

忠诚,无论是公开的或是默示的,又被法律区分为两个不同的类型,其一是对祖国永恒的忠诚,另一种则是地域性的、暂时的忠诚。对祖国的忠诚是所有在王国的领土上出生的人出生之时即理应具备的[1],因为自他们出生之时起,当他们尚处于幼年时期还无力保护自己时,他们已然处于国王的保护之下。因此,对祖国的忠诚是一种对国王的恩情的亏欠。这种亏欠不能因时间、地点、情势发生变化或是其他任何原因而被收回、取消或改变,除非这是立法机构全体一致通过的决议[2]。一个移居法国或中国的英国人与他身在祖国时一样须对英国国王忠诚,即便20年后仍是如此。因为全人类法律的原则之一[3]就是:任何在某一君主的领土上出生的居民都不能凭自己所采取的任何行动或对另一位君主宣誓忠诚而取消或放弃他对前者即对他的祖国的忠诚,因为对祖国的忠诚是固有的、原始的、先于其他任何内容的忠诚而存在。任何人都不得收回这种对祖国的忠诚,除非这第一位君主同时表示接受这一举

---

[1] 《判例汇编》,第七卷,第 7 页(7 Rep. 7.)。
[2] 威廉·皮尔·威廉斯,《高等法院判例汇编》,第二卷,第 124 页(2 P. W^{ms}. 124.)。
[3] 马修·黑尔,《王室诉讼史》,第一卷,第 68 页(1 Hal. P. C. 68.)。

动。确实,在某一位君主的领土上出生并因此须对其效忠的臣民可能因完全臣服于另一位君主而陷入困境,但正是他自己采取的这种臣服于两位主人的行动将其带入困境。若他这种完全出于自愿的行动反而使他能因此随意摆脱将他与他的祖国的君主联系在一起的种种约束的话,那无疑是极不合情理的。

地域性的忠诚则是外国人或外国出生的人居住于一国领土之上,受该国国王保护期间理应具备的对该国国王的忠诚[1]。一旦该外国人从一国迁移至另一国,则他对该国国王的这种地域性的忠诚也即终止。也就是说,对祖国的忠诚是永恒不变的,而地域性的忠诚只是暂时的。这显然是基于政府的本质,正因如此,我们可以将忠诚理解为臣民对国王的一种负债,这种负债是因臣民与国王之间一种彼此默契的约定而产生的,即只要国王继续为臣民提供保护,臣民就应该保持自己低于国王的身份而对国王忠诚。这种约定使英国国王始终受到约束必须保护他那些本国出生的臣民,无论何时也无论他们身在哪个国家,而同样他的臣民对他的忠诚也应当是永恒的、普遍的。另一方面,既然英国国王只在外国人居住在英国境内期间对他们提供保护,相应的外国人对英国国王的忠诚从时间上来说只在他在英国居住的那段时间持续,从地域上来说则只在大不列颠王国的范围之内。马修·黑尔爵士[2]在对上述事实进行一番思考后推断出它可能导致的后果,那就是,即使有人通过篡位成为国王,但只要他全权掌握着最高统治权,那么任

---

[1]《判例汇编》,第七卷,第 6 页(7 Rep. 6.)。
[2] 马修·黑尔,《王室诉讼史》,第一卷,第 60 页(1 Hal. P. C. 60.)。

何居民若采取任何反抗其王权或冒犯其尊严的行动则将被视为叛国。同理,即使真正的国王又重新夺回王权,但当初反抗篡位者的臣民(除非是为了保卫或支援合法的国王)之后仍会被判处死刑,因为他违背了他作为一个臣民对实际上在位的国王的应有的忠诚。正是基于这种理论,在爱德华四世从兰开斯特家族手中重新夺回被他们占据已久的王位后,虽然议会宣布亨利六世为篡位者,但以前反对亨利六世的人仍以叛国的罪名被判处死刑。

忠诚宣誓,确切地说是忠诚本身,其适用对象并不仅限于国王的政治身份或君王职业,也同样适用于国王本人及他的王室血统。在爱德华二世统治期间斯宾塞父子被驱逐的原因,正是由于他们误用了他们的忠诚①,也就是说,他们将他们的忠诚奉献给君王的身份及王位,而排除了国王本人。自那以后,产生了个人忠诚及挚爱效忠原则,这促使我们的祖先(如形势需要,无疑也同时促使他们的后代)以一切对他们而言最为珍贵的事物——生命、财产和家庭为代价来捍卫他们的君主,支持他们的王权。

这种忠诚,无论是公开的还是默示的,乃是所有国王的臣民共有的义务。当然由于这种义务可被区分为暂时的、地域性的和永恒的、普遍的两类,国王的臣民所享有的权利也可按相同的时间及地域的标准被分为两类。生来籍民由于出生在他们的国王的领土上而获得众多的权利。这种权利只会由于他们自己的不端行为而被剥夺,不会因任何时间或空间上的距离而有所改变。对这些权利的阐释是本书第一、第二卷的主题。而对外国人而言,他们在一

---

① 马修·黑尔,《王室诉讼史》,第一卷,第67页(1 Hal. P. C. 67.)。

第十章　包括外国人、外籍居民及本国人在内的全体人民

定程度上与本国出生的臣民享有同样的权利,然而他们的权利的局限性比起本国臣民来要大得多。对他们来说,只有在他们居住在英国期间才享有这些权利,一旦离开英国,他们的权利也就同时失去了。对于外国人与本国人所享受的权利的区别,这个问题我将冒昧地仅仅勾勒出一个基本框架,具体的细节在适当的时候再加以深入。

　　外国人可以购买土地或其他不动产,但不能是供自己使用,因为国王仅授权其购买非自用的地产①。倘若外国人能在英国取得永久性的土地资产的话,则他对英国国王的忠诚就必须和他拥有的地产一样是永久性的,那么他的这种忠诚将与他对自己祖国的君主的忠诚发生冲突。更何况,若真的让外国人拥有永久性的地产,则英国迟早会受到外国势力的影响从而招致其他种种麻烦。正因如此,罗马法规定任何外国人购买本国土地的交易都是无效的②,但当时的君王并没有没收交易土地的权力,而现在的英国国王却有这个权力。至于我们的宪法对此作出的其他解释,看来其主要目的似乎都是对试图在本国获得地产的外国人进行惩罚,至于土地出售者则并不会受这笔交易的影响,他所做的一切只不过是放弃了他对土地的所有权,同时得回相应的回报。但除了不能拥有土地外,外国人可以在本国获得货物、金钱或其他形式的个人财产,也可租借房屋供居住之用③,因为个人财产是可以被任意运输或移动的。更何况,这种对外国人的宽容对于推动贸易的发展

---

① 爱德华·柯克,《英国法学阶梯》,第一卷,第2页(Co. Litt. 2.)。
② 《查士丁尼法典》(Cod. l. 11. tit. 55.)。
③ 《判例汇编》,第七卷,第17页(7 Rep. 17.)。

而言是必不可少的。此外,外国人还可和其他人一样自由地进行贸易,只不过他们必须为此向海关缴纳一些税率更高的特定税种。另外,亨利八世时期曾制定了一些如今已然过时的法令,禁止任何外国手艺人在本国范围内自行开业,但现在普遍的观点是这些法令实际上已被《伊丽莎白五年法》第七章的规定废除了。除此之外,外国人还有权采取一切与个人财产相关的行动,可订立遗嘱,也可任意处置属于他个人的财产①。这一点与法国不同,在法国,外国人除非享有特别的豁免权,否则他一旦死亡国王有权获得他的所有财产,这种权力被称为外国人遗产没收权(*droit d'aubaine*),是由他们的《外籍居民法》(*jus albinatus*)②规定的。当然,在我提到这些外国人享有的权利时,我们必须意识到此处所说的外国人仅指来自友邦的外国人或来自那些与我国和平相处的国家的外国人。至于来自敌国的外国人,除非出于国王的特别恩典,否则在战争期间不享受任何权利或特权。

当我将外国人定义为在国王陛下的领土以外的地方出生的人时,我们还必须考虑到这种定义尚受到一些限制。然而普通法却极端地采纳这种定义,仅允许存在极个别的例外情况,因此,在斯图亚特王朝复辟后③,国王不得不针对在复辟前的动荡年代中在国外出生的那些英国国王陛下的臣民的孩子们的入籍问题颁布了一项特别法案。这项法案的主旨是基于一条普遍的原则,即每个

---

① 《爱德华·拉特维奇判例汇编》,第 34 页(Lutw. 34.)。
② 词源为"*alibi natus*":出生在另一地点。亨利·斯佩尔曼,《古史词典》,第 24 页(Spelm. Gl. 24.)。
③ 《查理二世二十九年法》,第六章(Stat. 29 Car. II. c. 6.)。

人对其出生的国家都应具备对祖国的忠诚,并且一个人不能同时具备两种这样的忠诚,也就是说不能同时忠于两个君主。然而,国王派驻国外的大使出生在国外的孩子通常仍被认为是国王陛下的生来籍民①,因为孩子的父亲虽然身在国外,但对该国的君主甚至不具备地域性的忠诚,因此就其子女而言,他们也同样被认为[根据一种被称为复境权(*postliminium*)的权利]出生在英国国王的领土上,只不过此时的英国国王是由其父亲——大使先生所代表的。此外,为鼓励海外贸易,《爱德华三世二十五年法律二》规定:任何在国外出生的孩子,只要他的父母在他出生时都对英国国王表示忠诚,并且他母亲是在得到丈夫允许的情况下来到国外的,则此孩子在继承中视同在英国出生的。对于符合上述条件的商人的孩子也都是照此处理的②。而几项年代更近的法律更进一步取消了这些限制③,如今所有在英国以外地区出生的孩子,只要他们的父亲是英国的生来籍民,那么无论他们的父亲是出于何种目的去的国外,只要不是因为犯叛国罪被剥夺公民权或被驱逐或是为与大不列颠政府敌对的国家效命,则这些孩子无一例外都被视为生来籍民。

在英国出生的外国人的孩子一般说来也被视为生来籍民,拥有本国出生的臣民所享有的一切特权。在这一问题上,法国宪法的规定不同于我们。在法国,根据《外籍居民法》,若孩子的父母是

---

① 《判例汇编》,第七卷,第 18 页(7 Rep. 18.)。
② 《判例汇编》,"查理一世国王"卷,第 601 页(Cro. Car. 601.);《马其王座法院判例汇编》,第 91 页(Mar. 91.);《詹金斯八世纪判例汇编(英格兰财税法庭)》,第 3 页(Jenk. Cent. 3.)。
③ 《安妮七年法》,第五章(7 Ann. c. 5.);《乔治二世四年法》,第二十一章(4 Geo. II. c. 21.)。

外国人,则孩子也被视为外国人[1]。

外籍居民指出生在国外,但已获得国王颁发的名为"国王恩准令"(*ex donatione regis*)的开封特许状并因而成为英国臣民的人。颁发此类开封特许状的权力是国王拥有的特权中极为重要且属于国王独有的一部分[2]。外籍居民的地位介乎外国人与生来籍民之间,兼具两者的特点。外籍居民可通过购买或遗赠获得土地,外国人则不可以。但外籍居民不能继承土地遗产[3],因为虽然他有权要求获得父母的财产,但他的父母作为外国人不具备可以继承的血统,因此也没有任何可以转让给其子女的财产。同样,由于相同的血统继承上的缺陷,外籍居民的子女若出生于其父母取得该身份之前,则不能继承父母的财产,但若是出生于其父母取得外籍居民身份之后则可以继承[4]。外籍居民并未被免除外国人须承担的种种义务及特定的贸易赋税[5]。此外,外籍居民也不能加入枢密院或议会上下两员或担任任何文职或军队中的政府职位,他也不具备接受任何国王授予的职位的资格[6]。

入籍则必须经议会法案才能进行,因为入籍之后,一个外国人即被视为等同于在国王的领土上出生的人,获得与之几乎完全相

---

[1] 《詹金斯八世纪判例汇编(英格兰财税法庭)》,第3页(Jenk. Cent. 3.),引自《弗朗索瓦宝藏》,第312页(*treasure françois*,312.)。
[2] 《判例汇编》,第七卷,"凯尔文之案",第25页(7 Rep. Calvin's case. 25.)。
[3] 同上书,第十一卷,第67页(11 Rep. 67.)。
[4] 爱德华·柯克,《英国法学阶梯》,第八卷(Co. Litt. 8.),《约翰·沃恩爵士判例汇编》,第285页(Vaugh. 285.)。
[5] 《亨利八世二十二年法》,第八章(Stat. 22 Hen. VIII. c. 8.)。
[6] 《威廉三世十二年法》,第二章(Stat. 12 W. III. c. 2.)。

第十章　包括外国人、外籍居民及本国人在内的全体人民　　447

同的地位。区别仅在于，入籍的外国人与外籍居民一样，仍不具备成为枢密院、议会或其他政府部门成员的资格①。任何入籍议案若未注明此限制资格条款则不会被议会的任一议院接受②。此外，任何人都必须在议案提交前一月内接受圣餐礼（sacrament of the Lord's super），同时，他还必须在议会进行忠诚宣誓及承认国王最高权威的宣誓，否则不能入籍或重获英国血统③。

以上即是外国人、外籍居民和本国人的主要区别。事实上，自本世纪初以来，尝试以一项对所有外国新教徒普遍适用的入籍法案来完全消除这种区别的努力可谓屡见不鲜。这种尝试曾由《安妮七年法》第五章付诸实施，但在经过三年的试行后，《安妮十年法》第五章又废除了这项法案，只有一项条款得以保留，即刚才已提到过的关于英国父母在国外出生的孩子的入籍问题的法案。然而每位在战争期间在英国船只上服役满两年的外国海员即依此事实入籍④。至于所有的外国新教徒和犹太教徒，只要在英国的任一美洲殖民地居住满七年，期间连续中断时间不超过两个月，即被视为在英国出生，在进行忠诚宣誓和承认最高权威的宣誓后无须任何其他条件即可入籍⑤。这些新教徒和犹太人可获得与在英国出生的新教徒和犹太人完全相同的特权。至于这些特权究竟包括

---

① 《威廉三世十二年法》，第二章(Stat. 12 W. III. c. 2.)。
② 《乔治一世一年法》，第四章(Stat. 1 Geo. I. c. 4.)。
③ 《詹姆斯一世七年法》，第二章(Stat. 7 Jac. I. c. 2.)。
④ 《乔治二世十三年法》，第三章(Stat. 13 Geo. II. c. 3.)。
⑤ 《乔治二世十三年法》，第七章(Stat. 13 Geo. II. c. 7.)；《乔治二世二十年法》，第二十四章(20 Geo. II. c. 24.)；《乔治三世二年法》，第二十五章(2 Geo. III. c. 25.)。

那些内容①,在著名的《犹太法案》②(即《詹姆斯一世七年法》规定所有的犹太人无须接受圣餐礼即可向议会提交入籍议案)颁布时就是一个引起激烈争论的话题。我的意图绝不是再次引发这种争论,因为这项法案仅存在了三个月就被废除了③,因此如今这些争端已然平息了。

---

① 这是在犹太人被依据《爱德华一世八年法》(8 Edw. I.)而驱逐出英国前对他们极精确的描述(Molloy. *de jure maritimo*, b. 3. c. 6.)。
② 《乔治二世二十六年法》,第二十六章(Stat. 26 Geo. II. c. 26.)。
③ 《乔治二世二十七年法》,第一章(Stat. 27 Geo. II. c. 1.)。

第十一章 神职人员

全体人民,无论是外国人、外籍居民或生来籍民,又可被分为两类,即神职人员和普通信徒。本章的讨论主题是神职人员,包括所有担任圣职者及教会官员。

这一受人敬重的团体不仅完全独立于人民之外,而且地位居于人民之上,我们的国内法赋予他们极大的特权以使他们更投入地为全能的上帝效命。以前这种特权甚至还要大得多,只是由于天主教神职人员肆无忌惮地滥用这些特权,所以在宗教改革时才会被削弱。当时法律已经免除了这些神职人员几乎所有的个人义务,但他们仍然试图摆脱所有的世俗约束。爱德华·柯克爵士对此所作的评论是①:"正如泛滥的河水常会导致河流偏离正常的河道,对过去那些试图享有超过合理限度的自由权的牧师而言,其结果只能是失去或者至少不能正常地行使包括自己正当的权利在内的所有特权。"当然,神职人员的绝大部分个人义务还是继续被免除的。神职人员不能被强迫加入陪审团②、在领地刑事法庭出庭或监督十户联保制成员,而几乎所有这些义务对其他人而言都是

---

① 《英国法学阶梯》,第二卷,第 4 页(2 Inst. 4.)。
② 菲茨赫伯特,《新令状选编》,第 160 页(F. N. B. 160.);《英国法学阶梯》,第二卷,第 4 页(2 Inst. 4.)。

必须履行的。但如果是一个普通教徒被召集加入陪审团，而他在审理开始前又开始担任神职的话，他仍然必须出庭并宣誓①。神职人员也不能被选举担任诸如副郡长、地方治安法官或警察等世俗职位，这是基于他始终担负着宗教使命的考虑②。在他担任神职期间，他拥有特权不会因民事案件而遭逮捕③。即使是重罪案件，神职人员也享有特权可免予在手上打上烙印，而且这种特权并不仅限于一次。上述两种神职人员所享有的特权都是普通信徒享受不到的④。但他们在享有特权的同时，也同样因为担任着宗教职务而失去了某些资格。正如我们所见⑤，神职人员没有资格参加下议院会议。此外，根据《亨利八世二十一年法》第十三章规定，神职人员不准获取或保有任何土地进行耕种，违者将被处每月10英镑的罚款，而且相关租约也将被认定为完全无效。神职人员也不得从事任何形式的贸易或出售任何商品，违者将被处以3倍于商品价值的罚款。上述这些禁令与教会法的规定是一致的。

　　根据教会体制的人员结构和组织形式，教会中存在着由高到低的等级划分，属于同一等级的神职人员的级别也有高低之分。此处我将仅围绕英国的世俗法中有所涉及的相关内容对教会的不同等级按顺序分别加以讨论，而不会涉及教会用以自我约束的教

---

① 《伦纳德判例汇编》，第四卷，第190页(4 Leon. 190.)。
② 亨利·芬奇，《论法律》，第88页(Finch. L. 88.)。
③ 《爱德华三世五十年法》，第五章(Stat. 50 Edw. III. c. 5.)；《理查二世五年法》，第十六章(1 Ric II. c. 16.)。
④ 《英国法学阶梯》，第二卷，第637页(2 Inst. 637.)；《亨利七世四年法》，第十三章(Stat. 4 Hen. VII. c. 13.)；以及《爱德华六世一年法》，第十二章(1 Edw. VI. c. 12.)。
⑤ 原书第169页。

会法和章程。对每一不同等级,我都会就Ⅰ.任命的方法;Ⅱ.职权与职责;以及Ⅲ.终止职务与取消职位的方法来展开讨论。

1.大主教或主教是由他所属的大教堂在收到国王的特许状后由全体教士共同选举的。最早的时候,选举是从所有基督教徒中挑选主教的通常方式,但当时的选举对神职人员与普通信徒根本不加区分[①]。直到很长一段时间后,由于大主教与主教选举渐渐陷入混乱之中,皇帝们和欧洲其他国家各自的君主开始保留批准选举结果及向该职位的世俗财产(现在这种世俗财产已普遍地与教会职位合并在一起)授职的权力,从而在一定程度上将神职人员的选举操纵在了自己手中。未经批准及授职,当选的主教既不能就任圣职,也不能得到任何世俗利益。公元773年,教皇哈德良一世和拉特兰(Lateran)会议[②]承认了查理曼(Charlemagne)大帝[③]拥有的批准选举结果与进行授职的权力,随后这种权力被其他信奉基督教的君主广泛行使。但与此同时,罗马教廷的政策开始渐渐倾向于把普通信徒排除在选举之外,藉此将选举完全限制在神职人员的范围之内,最后这一政策终于完全生效了。当国王已掌握了几乎相当于直接任命权的绝对否决权时,选举的形式对人民而言似已无关紧要。这也正是早在撒克逊时代,英格兰国王[④](以及其他欧洲国家的国王)即已被认为拥有任命主教的权力

---

① 《帕尔默王座法院判例汇编》(Palm. 25.);《亨利·罗尔判例汇编》,第二卷(2 Roll. Rep. 102.);马修·帕里斯(M. Pan's),《大编年史》,公元1095年。

② 《教令集》,第一卷(Decret. I. *dist*. 63. c. 22.)。

③ 查理曼(768—814年),法兰克国王,是西罗马帝国灭亡后西欧第一个帝国的创始人。——译者

④ 《帕尔默王座法院判例汇编》(Palm. 25.)。

的原因,因为批准及授职的权力实际上就相当于直接委任的权力,只不过两者在形式上有所不同罢了[①]。但随着时间的推移,在仅有神职人员进行选举的惯例已经完全确立后,教皇开始舍弃进行授职的一般方式,即由国王向大主教或主教递交一枚戒指及一根牧师或主教权杖的形式[即所谓的通过戒指与权杖(per annulum et baculum)]。教皇声称,国王的企图是想以这些象征物来授予宗教管辖权,这实际上是对教会权威的一种侵犯。教皇格列高利七世在11世纪末时颁布一项诏书,内容是所有敢于进行授职的国王和所有胆敢接受国王授职的大主教和主教都将被开除教籍[②]。这是向后来被罗马教廷采纳的使神职人员完全摆脱世俗权力的计划迈出的极大胆的一步。而这种极有争议的做法导致的权力争夺旷日持久,愈演愈烈。但是当亨利五世国王最终同意以后在授职时递交节杖(per sceptrum)而非戒指和权杖(per annulum et baculum),以此表示他同意彻底停止对宗教权力的侵犯;当英国和法国同意在本国改变授职的形式,仅接受主教因世俗财产作出的致敬而不再向他们递交戒指与权杖时,罗马教廷认为暂时搁置其其他要求

---

① 按照印古尔菲的说法,这实际上并非完全自由的、依照教规进行的选举,而只是国王的法院按其意愿以戒指和权杖为象征授予所有的神职职位,包括主教及修道院院长在内。神职人员和修士拥有选举的权力,但他们只有在国王的要求下才能进行选举[Nulla electio praelatorum (sunt verba Ingulphi) erat mere libera et canonica ; sed omnes dignitates tam episcoporum quam abbatum, per annulum et baculum regis curia pro sua complacentia conferebat. Penes clericos et monachos fuit electio, sed electum a rege postulabant. Selden. Jan. Angl. l. I. §. 39.)。

② 《教令集》,第二卷(Decret. 2. caus. 16. qu. 7. c. 12. & 13.)。

附赠品，至于就职人选只须由国王的开封特许状指定就行了①。教堂会议成员是由大教堂教士和受俸牧师组成的，有时由国王任命，有时由主教任命，有时则由成员间互相选举产生。

正如前文所论述的那样，宗教参事会是名义上的主教选举机构。主教则是教长及教堂会议常规意义上的直接领导，一般说来有对他们的工作进行视察及纠正他们的越轨行为和严重罪行的权力。根据普通法的规定，教长及教堂会议还有对主教的行为进行审查的权力，因为直到《亨利八世三十二年法》第二十八章的规定颁布之前，主教的赠与和租赁行为不能约束他的接任者，除非经过宗教参事会的确认②。

和主教一样，教长及受俸牧师的职务可因死亡而撤销、被剥夺或向国王或主教提出辞职③。在此我还想提及一点（在本书中我将仅提这一次），若教长、受俸牧师或其他宗教人员被选为主教的话，则他之前拥有的所有购置财产的优先权都将无效，而国王则可凭其拥有的国王特权取得这些优先权。但这些优先权并非在选举结束后即告无效，而是只有在此人就任圣职之后才被宣布无效④。

3. 副主教在整个主教辖区或是辖区内的某一特定地区内拥有主教直接领导下的宗教审判权。通常副主教是由主教亲自任命

---

① 《吉布森法典》，第173页（Gibs. cod. 173.）。
② 爱德华·柯克，《英国法学阶梯》，第一卷，第103页（Co. Litt. 103.）。
③ 埃德蒙·普洛登，《判例注释和汇编》，第498页（Plowd. 498.）。
④ 《案例节录》，第二卷，第352页（2 Roll. Abr. 352.）；《索尔克尔德王座法院判例汇编》，第137页（Salk. 137.）。

第十一章 神职人员

并协助他处理有关教会法的各项事务。司法官及其他教会官员若是普通信徒或已经婚配的话,则必须拥有特定大学授予的罗马法博士学位①。此外,为他管区内的所有有俸职位举行正式授职仪式及指导就职也是主教的日常工作之一。

大主教及主教的职务可因其死亡而撤销,或因犯有影响极大的严重罪行而被剥夺,也可由本人提出辞职。辞职必须向上一级神职人员提出②,因此主教应向大主教提出辞职,而大主教则只能向国王本人提出辞职。

2. 宗教参事会是主教的顾问。他们向主教提出建议,协助他处理主教管区内的宗教及世俗事务③。在其他神职人员都分散到主教管区下属的各个牧区(这种划分前文已有过论述④)的同时,宗教参事会则留在主教所在的大教堂协助他主持宗教仪式。这一顾问班子中负责领导其他人的级别最高的一位被称为"*decanus*",即大教堂教长。最初的时候一位教长极可能被任命负责管理十位大教堂教士或受俸牧师。

古时所有的大教堂教长都是由教堂会议选举的。选举的方式和主教选举相同,即由国王颁发选举许可令(*conge d'eslire*)并随附公文函件推荐人选。但对那些由亨利八世以从被解散的修道院处获得的战利品为基础组成的教堂会议来说,教长职位只是一个

---

① 《亨利八世三十七年法》,第十七章(Stat. 37 Hen. VIII. c. 17.)。
② 《吉布森法典》,第822页(Gibs. cod. 822.)。
③ 《判例汇编》,第三卷,第75页(3 Rep. 75.);爱德华·柯克,《英国法学阶梯》,第一卷,第103、300页(Co. Litt. 103. 300.)。
④ 参见原书,第108、109页。

后出现的第一个牧师职位的空缺进行任命的权力[1]。爱德华一世统治时期的英国国王也曾行使这种权力[2]。这种权力极有可能促进了我们在前文已提到过的王室教士生活补贴的产生[3]。按惯例，为英国国王及女王加冕也是坎特伯雷大主教的特权。此外，他还有权对违反教会常规的任何行为给予特准，只要教皇也曾经对此类行为给予过特准并且这类行为不违反《圣经》和神法。大主教的这种权力，是他对教士在任何时候、任何地点结婚、教士同时兼任两个有俸职位或诸如此类的行为颁发特别许可令的基础。同样，这种权力也是他在授予学位一事上对牛津、剑桥两所大学特别偏袒的基础[4]。

主教的权力与职权除执行某些专门针对主教这一级别的神职人员的特定教会法规外，主要还包括监督所有普通信徒和神职人员的行为，对行为不端者进行精神上的斥责，以此为惩罚手段进而达到对他们进行改造的目的。为此主教下辖若干法院，并可随意视察他管区内的任何地方。主教的司法官负责为其主持法庭工作

---

[1] 杜·孔日，《中世纪拉丁词汇》(Dufresne. V. 806.)；《现代通史》，第二十九卷，第 5 页(Mod. Un. Hist. xxix. 5.)。

[2] 国王等人发来问候：你给卡莱尔主教写信，让他从今以后给罗伯特·德·艾卡德支付养老金，卡莱尔主教是根据国王的要求给予罗伯特养老金的，同时当下次出现牧师职位空缺时，卡莱尔主教将根据教会法圣职的直接授予仪式，授予罗伯特牧师职位 (Rex. etc, salutem. Scribatis episcopo Karl. quod-Roberto de Icard pensionem suam, quam ad preces regis praedicto Roberto concessit, de caetero solvat; et de proxima ecclesia vacatura de collatione praedicti episcopi, quam ipse Robertus acceptaverit, respiciat. Brev. 11 Edw. I. 3. Pryn. 1264.)。

[3] 原书第八章，第 273 页。

[4] 参见：the bishop of Chester's case. Oxon. 1721。

第十一章　神职人员

改革取消了坎特伯雷大主教辖区教会首领这一职位后[①]，若大主教职位出现空缺，则宗教参事会将作为该职位宗教职务的监管人。若大主教辖区内出现牧师职位的空缺六个月内未被填补，则大主教有权授予他的主教自行处置因此而保留的牧师俸金的权力。此外，若某位主教就任圣职的仪式是由大主教主持的，则这位大主教按惯例享有一种特权，可以指定一位他的主教管区内的牧师或教士，规定其生活所需须由该主教负责供给。而如今取而代之的更通常的做法是，该主教签订一份契约将他的遗嘱执行权和任命权转让给大主教，这样该主教管区内下一个本应由主教任命的有俸圣职的人选即由大主教本人挑选，因此也被称为"他的选择"(his option)[②]。而大主教作出的选择仅对授予大主教这项权力的该主教本人有约束力，对主教的接任者则没有约束力。大主教拥有的这种特权看来应当是源自过去教皇授予坎特伯雷大主教辖区的教皇使节权[③]。此处我还想补充的是，罗马教廷作出的声称其本身（和这个不断侵犯世俗权力的宗教辖区的其他组成部分一样）即很可能是模仿被称为第一推荐权(primae)或首次推荐权(primariae preces)的皇帝特权的结果。这种权力是指由皇帝行使，并且是远古时代起[④]即由皇帝行使的针对每一个他已到过的教堂在他到过

---

①　《案例节录》，第二卷，第223页(2 Roll. Abr. 223.)。

②　考威尔，《注释家》，标题为"选择"(Cowel's interpr. tit. option.)。

③　夏洛克，《选择权，亦名，对主教所做的权利主张的探究(1756年)》，第一部分(Sherlock of options, I.)。

④　格尔达斯特，《皇权法令》，第三卷，第406页(Goldlast. constit. imper. tom. 3. pag. 406.)。

命，必须由国王的开封特许状向所属大主教辖区的大主教表明；若是对大主教进行选举或任命，则须向另一位大主教及两位主教或者向四位主教表明，国王在特许状上会要求上述大主教或主教对经此程序当选之人予以确认，进行授职并行就任圣职之仪式。对此这些大主教或主教必须即刻进行，不得再向罗马教廷进行任何请示。经过上述程序后，当选的主教须向国王提出获得该职位中的世俗财产的请求，须向国王本人而非其他任何人进行宣誓且只能从国王手中得回自己的世俗财产。若教长及教堂会议未按该法案指定的方式进行选举或大主教拒绝对当选的主教予以确认、进行授职并行就任圣职之仪式，他们将因犯有王权侵害罪遭受最重的处罚。

　　大主教是整个大主教辖区内级别最高的神职人员，对其辖区内的主教和下级神职人员负有监察之责。若其违规影响恶劣[①]，大主教还有权剥夺他们的神职。大主教也有自己的主教管辖区，在管区内他行使主教管辖权，而在大主教辖区内他则行使大主教管辖权。作为大主教，他在接到国王的令状后还有权召集辖区内的主教和神职人员开会，但若没有国王的令状他则无权进行召集[②]。在大主教辖区内所有的下级管辖机关的上诉都须向大主教提出。上诉须由主教亲自向大主教本人提出，换句话说，须由各主教管区的教会法院向大主教法院提出。辖区内的主教职位出现空缺时，大主教是该职位宗教职务的监管人（国王则是该职位世俗财产的监管人），他可在该主教管区内完全行使教会管辖权。在宗教

[①]《王座法院和皇家民事法院案例汇编》，第541页（Lord Raym. 541.）。
[②]《英国法学阶梯》，第四卷，第322、323页（4 Inst. 322, 323.）。

还是明智的①。

上述这种妥协是由英国国王亨利一世向那位傲慢倔强的大主教安塞姆作出的②。一个世纪后,约翰国王为了得到教皇庇护以对抗那些对他不满的王公贵族,不得不颁发特许状将自行选举包括修道院院长和主教在内的高级教士的权力下放给王国所有的修道院和大教堂,国王仅保留在职位出现空缺时对这一职务的监管权、颁发选举许可状[这是我们的选举许可令(conge d'eslire)的前身]这一形式(若国王拒绝颁发,则教士们可在没有许可状的情况下进行选举)以及选举结束后对结果进行认可的权力(国王只有在有正当理由的前提下经法律程序才可拒绝认可选举结果)③。约翰国王颁布的《大宪章》④公开承认并确认了这一权力下放,后《爱德华三世二十五年法律六》第三章又再次予以确定。

但《亨利八世二十五年法》第二十章的规定实际上使国王又重新获得了这一古老的任命权。该法规定,自该法颁布后若主教职位出现空缺,国王将向由主教和教堂会议成员组成的宗教参事会颁发一张普通特许状允许他们进行选举。该特许状通常还随附一份国王的公文函件,其中指明国王要求他们选举的人的姓名。若宗教参事会拖延选举超过12天,则国王将重新取得任命权,可按其意愿以开封特许状指定当选之人。若是对主教进行选举或任

---

① 《现代通史》,第二十五卷,第363页,以及第二十九卷,第115页(Mod. Un. Hist. xxv. 363. xxix. 115.)。
② 马修·帕里斯(M. Paris),《大编年史》,公元1107年。
③ 同上书,公元1214年(1 Rym, *Foed*, 198.)。
④ 第一章(cap. 1. edit. Oxon. 1759.)。

的,拥有类似于主教的权力。这种权力最早是由主教授予的,但如今已与主教拥有的权力互相独立,与之并不相同①。因此,副主教可对神职人员进行监督,且副主教有自己独立的法院可对违反教规者以精神上的斥责进行惩罚以及受理其他所有属教会审判权管辖范围内的案件。

4. 乡区主任牧师是教会中一个非常古老的职位②。然而虽然乡区主任牧师辖下的牧区现在仍作为主教或副主教管区的下一级宗教划分区域而存在着,但这一职位实际上已几乎不复存在了。过去的乡区主任牧师看来似乎是主教安排在其整个辖区内的代表,负责监督牧区神职人员的行为,因此他们拥有低级的审判权及强制执行力③。

5. 接下来要讨论的实际上是教会组织体系中人数最多的一个等级,即牧区教堂牧师和牧区牧师。关于这一等级的讨论我将首先从将两者加以区分开始,接着讨论成为教堂牧师或牧区牧师的方法,然后简单介绍一下他们的职权与职责,最后再说明一下这两个职务如何终止。

教堂牧师,或称为"*persona ecclesiae*",是指完全掌握着一座牧区教堂的所有权力的神职人员。他之所以被称为教堂牧师(*persona*),是因为他本人是教堂这一无形团体的一种代表。教堂牧师本人也是一个法人团体,这样他才能通过永不间断的接任者

---

① 伯恩,《教会法》,第一卷,第 68、69 页(1 Burn. eccl. law. 68,69.)。
② 《肯尼特教区古习俗》,第 633 页(Kennet. par. antiq. 633.)。
③ 《吉布森法典》,第 972 页(Gibs. cod. 972.)。

来保护以他本人为人格化代表的教堂的权利不被侵犯[1]。教堂牧师有时又被称为教堂的首席牧师或总管，但教堂牧师这一称谓（无论它如何因一些类似的、可笑的、被滥用的称呼而遭人轻视）都是一位牧区神职人员所能拥有的最合法、最有用也是最尊贵的头衔。因为按照爱德华·柯克爵士的说法，只有教堂牧师这一称谓，也只有他本人，是被认为"代表着一个教堂的"（*vicem seu personam ecclesiae gerere*）。教堂牧师在其有生之年，可自由保有教堂牧师的房屋、教堂的土地及教堂征收的什一税和其他费用的收入。但教堂牧师的财产有时会被拨作他用。也就是说，有俸圣职永远是与某一宗教团体（无论是个人还是团体）结合在一起的，这一宗教团体是牧师俸金的资助者，法律认为这一宗教团体和任何代表个人的神职人员一样可对教堂的礼拜仪式进行资助。这种拨用钱款的计谋看来源自于以前修道院所采取的政策。这些修道院在谋划狡猾的方法以扩大自己的权力、提高自己的收入方面从未计穷过。在牧区神职人员职位最初设立时，牧区的什一税收入被平均分为四份：一份供主教使用，另一份用于对教堂建筑的日常维护，第三份用于救济贫民，剩下的一份则用于提供在职神职人员的生活所需。在主教辖区可以得到充足的资助后，主教们即被取消了他们通常分享什一税的权力，什一税收入也随之仅被分为三份。之后，修道院又自行认定只需什一税收入中很小的一部分即已足够维持在职神职人员生活所需，至于剩余部分在用于修缮教堂和供教堂日常开销后即可完全归修道院使用（对这些修道院进行资助被说

---

[1] 爱德华·柯克，《英国法学阶梯》，第一卷，第 300 页（Co. Litt. 300.）。

第十一章 神职人员

成是对上帝最为虔诚的举动)。因此,这些修道院以为教徒超度亡灵及发布讣告为回报乞求,有时甚至以直接花钱购买的方式来获取他们能够获取的所有圣职授予权,然后再将这些有俸圣职的职位转让给它们自己的教堂。但为了使这种圣职转让更切实有效,这些修道院必须先获得国王的特许状和主教的认可。这首先是因为,随着时间的推移,国王和主教本来迟早都有可能从圣职的授予中获得利益,但如果这种圣职已经被转让给一个永远不会死亡的团体的话,那么这种情况就不会发生了。其次则是因为法律对这些修道院寄以信任,相信他们不会认可任何有损于教堂的事。此外,资助者的同意也是必须的。因为(如前文论述的那样),这些有俸圣职的职位本来是不能转让给其他任何团体而只能由这些本身也是教堂的资助者的宗教团体——修道院所有的。这所有的一切其实只不过是对这些转让圣职者保留什一税收入和教堂土地而不再给予其他任何神职人员的一种许可,当然教堂举行礼拜的开销也由他们自己承担①。当转让圣职是依此被安排的时候,这些转让者及其接任者就永远都能占据教堂牧师的职位,同时必须以教堂牧师的名义就所有事关教堂权力的事由进行起诉及应诉②。

有两种情况可使这种圣职的转让被终止,使教堂的职位无法再被转让。首先,资助者或转让者举荐一位神职人员,对其进行正式授职使其就任教堂牧师的职位,如此被授职并就任的现职神职人员从任何角度来说都是一位真正的教堂牧师。而圣职转让一旦

---

① 埃德蒙·普洛登,《判例注释和汇编》,第 496—500 页(Plowd. 496-500.)。
② 《博学的亨利·霍巴特爵士的判例汇编》,第 307 页(Hob. 307.)。

终止就永不能再重新开始,除非再重复一遍上述郑重的仪式①。若这位被举荐的神职人员不兼任牧师的职位,则授予他的这种牧区首席牧师的职位被称为灵魂拯救(sine-cure),因为这样的话他就无须从事拯救灵魂的工作,在他之下还有一位牧师被委派负责此项工作②。此外,若进行圣职转让的团体被解散,则根据普通法教堂牧师的职位也不能再被转让,因为进行转让所必须的该职位的永续性已经消失了。

如今的圣职转让也是在符合这些条件的前提下通过这种方式进行的。这也正是如今即使不是全部,但也是绝大部分的圣职转让最初进行的方式。这些圣职转让总是与主教、受俸牧师、苦修院③,不仅如此,甚至包括女修道院及某些军人阶级在内的宗教团体联系在一起。在《亨利八世二十七年法》第二十八章及《亨利八世三十一年法》第十三章宣布解散修道院时,如果不是这些法律中另有一项条款将那些苦修院(其总数占英国所有牧区的 1/3 以上④)等宗教团体的院长们原先各自拥有的若干教堂牧师职位的转让权悉数交予国王的话,根据普通法的规定,这些职位就不能再被转让了。这项条款虽然可能根本站不住脚,但却并非无先例可循,因为在亨利八世统治之前即已发生过相同的事件。当时的外国小修道院(即那些全部由外国人担任神职人员的修道院)在被解

---

① 爱德华·柯克,《英国法学阶梯》,第一卷,第 46 页(Co. Litt. 46.)。
② 灵魂拯救也有可能依据其他方式实现。伯恩,《教会法》,第二卷,第 347 页(2 Burn. eccl. law. 347.)。
③ 即隐修院与修道院之合称。——译者
④ 约翰·塞尔登在《什一税历史》第九章的论述(Seld. review of tith. c. 9.);亨利·斯佩尔曼,"关于亵渎教会的论文的道歉",第 35 页(Spelm. Apology. 35.)。

第十一章 神职人员

散时,它们拥有的圣职转让权也被交予了当时的国王[1]。正是由以上两起事件作为基础才会产生我们今日在王国内见到的向普通教徒转让圣职及由世俗人员担任教堂牧师的现象,他们的职位其实都是自那以后由国王不时授予的[2]。

这些拥有圣职转让权的宗教团体或者说苦修院惯于给予本团体下属的一个团体代表它们主持礼拜仪式或安排其他圣事的权力。而在牧区中代表它们的团体就是牧师。这位负责主持圣礼的牧师实际上只不过是该圣职转让者的助理牧师,是一个代表或代理人,因此他们通常被称为"*vicarius*"或"*vicar*",即牧区牧师。牧区牧师的薪俸多少完全是由该圣职转让者决定的,然而这位转让者本身也受公共利益的约束必须指定一个人"就世俗方面的事务向他负责,同时就宗教事务向主教负责"(*qui illi de temporalibus,episcopo de spiritualibus,debeat respondere*)[3]。但是这些宗教团体却以一种简直令人愤慨的方式处理这个问题,使得牧区因它们的不闻不问而饱受苦难,以至于立法机构不得不介入其中。就此《理查二世十五年法》第六章规定,这些宗教团体在向教堂转让职位的同时,管区的主教必须发布命令,要求它们每年必须依据教堂的价值按比例拨出一定数量的钱款分配给贫穷的牧区信徒,同时牧区牧师也必须得到充足的资助。当时看来牧区经常面临的困境不仅是无力举行必要的宗教仪式,还包括得不到任何救济,而最

---

[1] 《英国法学阶梯》,第二卷,第 584 页(2 Inst. 584.)。
[2] 亨利·斯佩尔曼爵士(of tythes,c.29.)说如今这种做法也被称为不当圣职转让,因为这些圣职被极不适宜地转让给了普通信徒。
[3] 约翰·塞尔登在《什一税历史》第十一章第 1 页的论述(Seld. tith. c. 11. 1.)。

初征收什一税的目的之一就是为了发放救济之用。因此这部法律才会规定必须向贫穷的牧区教徒发放抚恤金并为牧区牧师提供足够的薪俸。但由于牧区牧师的职务可由该职位的转让者任意撤销，因此他不可能在得到法定数目的薪俸的问题上态度过于强硬。因此《亨利四世四年法》第十二章又规定，牧区牧师必须为不属于任何苦修院成员的世俗人员。并且他可终生保有牧区牧师的职务，修道院不得随意撤销。此外，他还应依照教规被正式授职并就任，依正常的标准得到充足的资助，以保证他能完成他的三个职责：举行宗教仪式，启发教育民众以及提供留宿之便利。这些法律所规定的资助中的一部分常以属于教堂牧师的教堂附属地或其他土地来代替，另外则以让牧区牧师分享一部分在那些圣职转让者看来收缴起来非常麻烦的什一税的方式来提供。这一部分什一税通常被称为私人的、小部分的或牧区牧师的什一税，而大部分的或称田产的什一税则仍由转让者保留供他们自己使用。但是对牧区牧师的资助并没有一条统一的规则可供遵循，因此有些牧区牧师得到的资助比较丰厚，有些则相对不足。此外，有许多东西，如木材，在有些郡是作为教区长的什一税的征税对象，而在另一些郡却是牧区牧师的什一税的征税对象。

综上所述，教堂牧师和牧区牧师的区别在于，教堂牧师基本上拥有对其牧区内所有的教会收入的所有权。而牧区牧师之上通常还有一个有权得到绝大部分牧区收入的圣职转让者，而牧区牧师实际上永远只是这个转让者的助理牧师，他的薪俸也是不变的。当然，在某些地区，由于可以分享很大一部分征收田产的什一税，因此这些牧区牧师的收入已有了大幅度的提高。这种提高又得到

第十一章　神职人员

对贫穷的牧区牧师和助理牧师有利的《查理二世二十九年法》第八章的极大的支持,使得这种本来只是由圣职转让者给予的暂时性的收入扩大变成了永久性的。

成为教堂牧师和教区牧师的途径是相同的。两者都必须满足四个条件:神职人员的级别、举荐、正式授职及就任。关于神职人员的级别,除了这是成为合法的教堂牧师或牧区牧师的必要条件外,对根据礼拜仪式及教会法规授予教会执事或牧师的级别的方法进行讨论①则并非本书的目的。根据普通法规定,教会执事无论年龄为多少都可被正式授职就任教堂牧师或牧区牧师。但《伊丽莎白十三年法》第十二章规定任何未满 23 岁者,即使已取得教会执事的级别,仍不可被举荐至任何牧师的职位。此外若一教会执事在其就任牧师后一年内仍未接到牧师任命,则他的职务将依事实被剥夺。而现在根据《查理二世十三、十四年法》第四章的规定,任何人都必须首先取得牧师的级别,或用法律用语来表述,成为有级别的教士,才有资格被允许担任任何有俸圣职。但如果他是用钱财或通过其他腐败手段取得神职人员的级别或布道的许可(这虽然并非通常意义上买卖圣职的行为,但其实质是一样的)的话,则给予该级别的人将被处罚款 40 英镑②,而接受该级别的人将被处罚款 10 英镑且取消其在后 7 年内在教会取得神职的资格。

任何教士都可被举荐至③教堂牧师或牧区牧师的职位,方法是由拥有教堂的圣职授予权的资助者将本教堂的教士推荐给管区

---

① 参见伯恩,《教会法》,第二卷,第 103 页(2 Burn. eccl. law. 103.)。
② 《伊丽莎白三十一年法》,第六章(Stat. 31 Eliz. c. 6.)。
③ 普通信徒也可被举荐,但他必须先取得牧师的等级才可获得批准(1 Burn. 103.)。

的主教以接受正式授职。由于圣职授予权或举荐权属于私有财产的一种,因此我们将在本书第二卷中适当的地方再对此加以讨论。但是在一位教士被举荐后,主教可基于多种原因而拒绝这一人选。如第一,该资助者已被逐出教会,且仍在耻辱的 40 日内①或第二,该教士不适合这一职位②。不适合的情况也分很多种。首先,就其本人的身份而言不适合。如他本人是私生子、被剥夺公民权者、被逐出教会者、外国人、未到年龄或诸如此类③。其次,就其信仰或道德而言不适合,如他属于任何异教的教徒或犯有任何本质上是罪恶的(malum in se)过错。但如果主教宣称的理由只是泛泛的,如他已被确认为分裂教会者(schismaticus inveteratus),或者主教所抗议的只是他犯下的一个人法禁止的行为(malum prohibitum),如经常出入酒馆、参加一些不合法的娱乐活动或诸如此类,这些都不成其为充分的理由④。最后,该教士可能因其学识不够而不适合担任牧区职位。上述几种情况都可使主教拒绝这位教士成为教堂牧师。若拒绝的理由是被举荐者为异教徒、分离教会者、学识不够或其他与教会有关的原因,则鉴于举荐他的资助者通常是一位普通教徒,对这些情况无从知晓,主教必须向资助者说明拒绝的理由,不然他现在的过失会导致他以后再无法举荐任何人。但若拒绝的理由是世俗方面的,则主教并没有向举荐者说

---

① 《案例节录》,第二卷,第 355 页(2 Roll. Abr. 355.)。
② 格兰维尔,《论英格兰王国的法律与习惯》,第十三卷,第二十章(Glanv. l. 13. c. 20.)。
③ 《案例节录》,第二卷,第 356 页(2 Roll. Abr. 356.);《英国法学阶梯》,第二卷,第 632 页(2 Inst. 632.);《理查二世三年法》,第三章(Stat. 3 Ric. II. c. 3.);《理查二世七年法》,第十二章(7 Ric. II. c. 12.)。
④ 《判例汇编》,第五卷,第 58 页(5 Rep. 58.)。

第十一章 神职人员

明理由的义务①。

若资助者因主教拒绝他所举荐的人选而起诉主教的话,则主教必须说明拒绝的理由。若该理由是世俗方面的并且事实得到承认(如被剥夺公民权),则国王的法院的法官们必须对拒绝的合法性或者该事实是否足以构成拒绝的理由作出裁决。但若拒绝的理由所基于的情况遭到否认,则须由陪审团来对此作出裁决。若该理由是宗教方面的(如特别被指控为分裂教会者),则如果遭到否认同样须由陪审团决定,若发现此情况确为事实或该事实得到承认的话,则法庭须在咨询过有智识的神学者听取他们的建议后再决定这是否构成充足的理由②。而若主教所给出的理由是学识不够的话,则主教无须具体说明该教士究竟是哪一方面的学识有所欠缺,而只须宣称他的学识确实有所欠缺即可③。因为《爱德华二世九年法律一》第十三章宣布,对被举荐担任某有俸圣职之人合适与否的审查应由教会法官来进行。但倘若资助者被强制服从主教的决定的话,那么在这种情况下再要求主教给出任何理由实际上毫无意义,因为他已经正式宣布该资助者举荐的教士不适合这一职位了。因此,如果主教给出的理由是该教士学识不足(*minus sufficiens in literatura*),则法院须请大主教对他再次进行审查以证明他的资格,而大主教所作的证明则是终局性的④。

---

① 《英国法学阶梯》,第二卷,第 632 页(2 Inst. 632.)。
② 同上。
③ 《判例汇编》,第五卷,第 58 页(5 Rep. 58.);《莱文兹英国王座法院与民诉法院判例汇编》,第三卷,第 313 页(3 Lev. 313.)。
④ 《英国法学阶梯》,第二卷,第 632 页(2 Inst. 632.)。

若主教不表示反对而是接受了教堂资助者的举荐,则该获准的教士接下来就将接受主教的正式授职。这种授职实际上是一种对该职位中宗教部分的职务举行的授权仪式,经正式授职后照管牧区内所有灵魂的职责就由这位教士担负了。若该教士是被正式授职为牧区牧师,则若主教提出要求,这位教士在通常的仪式外还须进行永久定居的宣誓。因为法律中有一条原则:一个牧师不再有代理人(vicarius non habet vicarium),正是由于圣职转让者并不在该牧区内定居,所以才会在牧区内永久设立牧区牧师这一职位。也正因如此,法律才会判定这些圣职转让者取消他们的组织的最基层一级并且因基层的缺失而导致发生种种本当是由他们受委派须进行弥补的道德上的损害的行为是极不合宜的。更何况,如果这些圣职转让者通过自己居住在远离牧区的其他地区而在牧区内安排一个助理牧师能得到任何好处的话,那么他们作为实际上的教堂牧师,无疑有权先获得这些收益。当主教自己也作为资助者并进行有俸圣职的转让时,则举荐和正式授职两个行为实际上是合二而一的,被称为"对有俸圣职的委任"(a collation to a benefice)。通过正式授职或归置,教堂的职位都被占据了,这样直到又一个空缺出现以前都不会再有新的举荐,至少普通的资助者不会再行举荐了。但在正式就任以前,若非出于国王的意愿,教堂的职位空缺是不会被悉数填满的。不仅如此,甚至即使某位教士是由国王举荐并已被正式授职,国王仍可收回前次举荐而再行举荐另一位教士[1]。在被正式授职后,教士即可入住教堂牧师或牧

---

[1] 爱德华·柯克,《英国法学阶梯》,第一卷,第344页(Co. Litt. 344.)。

区牧师的居所,拥有教堂的土地并收缴什一税,但在未就任之前,他是不能赠送或出租房屋、土地或什一税收入给其他人,也不能对它们进行任何处置的。

就任是通过主教向副主教发布命令进行的,副主教通常再向牧区其他神职人员发布命令为该教士进行就任仪式。就任仪式是通过肢体的动作如手握教堂门上的圆环,敲响教堂的钟或诸如此类的动作来完成。这种形式是法律要求的,其目的是使所有的牧区教徒引起足够的注意,向他们充分确认他们的新牧师的身份,从今以后他们将向他缴纳什一税。因此正如正式授职是对该职位中宗教部分的职务进行的一种授权仪式一样,就任仪式是对该职位中世俗部分的职务进行的授权。这样,当一位教士经举荐,正式授职及就任接受牧区的牧师职位时,也只有在此时,而非之前的任何时候,他才合法地确实拥有了这一职务。此时他在法律上被称为"*persona impersonata*",即人格化的牧区的牧师[①]。

作为一个教堂牧师或牧区牧师,在征收什一税及其他教会费用方面有一定的职权。与此相关的内容在本书第二卷中讨论将更为适宜。至于他的职责,除根据法律规定须由其担负的外,主要就是教会方面的事务。事实上这些事务是如此纷繁复杂,在此简明扼要地将其列举出来或是细致精确地对其进行一番探讨的想法都是不切实际的[②]。随着讨论继续进行,我们将会提到其中若干内容,至于剩下的部分我希望各位参考那些就教堂牧师及牧区牧师

[①] 爱德华·柯克,《英国法学阶梯》,第一卷,第 300 页(Co. Litt. 300.)。
[②] 这类专题论文可谓不胜枚举,但内容可信切实的只有两卷吉布森主教的《法典》(*codex*)及伯恩博士的《教会法》(ecclesiastical law)。

的职责这一主题著有专题论文的诸位学者的著作。此外我将在假设法律对不同牧区的牧师以及神职人员确有不同规定的基础上仅就他们的定居问题作一下简单的介绍。根据《亨利八世二十一年法》第十三章的规定，故意离开神职职位连续一个月或一年内累计达两个月者，将被处以向国王及对此提出控告的人各缴纳罚款5英镑的处罚。例外情况则包括①：国王的随军牧师及其他法律中特别提及的牧师因在军队中服务而造成的暂时离开职位、宗教会所成员及司法行政官因工作而暂时离职以及大学教授和40岁以下的大学学生确实居住在学校内从事研究或学习的②。合法的居住不仅指定居在该牧区内，而应该是居住在教堂牧师或牧区牧师的居所内。因为法律对定居作出规定的目的③不仅是为了保证牧师完成他拯救灵魂的职责及提供留宿之便利，同时也是为了对教堂的房屋进行保养，因为牧师的接任者也可能在该房屋内提供留宿。

如我们所见，成为教堂牧师或牧区牧师只有一种途径，然而却有许多情况会导致一人的牧师职务被终止。Ⅰ.死亡。Ⅱ.在接受另一有俸圣职后放弃原职位。根据《亨利八世二十一年法》第十三章规定：任何在国王的登记册中每年薪俸为8英镑或以上（按照现在的货币价值④）的牧师若接受了另一职位，则原有的职位即被依法撤销，除非他能得到国王的特免（这种特免只有国王的随军牧师

---

① 《亨利八世二十五年法》，第十六章（Stat. 25 Hen. VIII. c. 16.）；《亨利八世三十三年法》，第二十八章（33 Hen. VIII. c. 28.）。
② 《亨利八世二十八年法》，第十三章（Stat. 28 Hen. VIII. c. 13.）。
③ 《判例汇编》，第六卷，第21页（6 Rep. 21.）。
④ 《判例汇编》，"查理一世国王"卷，第456页（Cro. Car. 456.）。

及其他法律中特别提及的牧师、贵族及骑士的兄弟子嗣及本国大学的神学或法学博士及学士才能取得)。若未得到国王的特免造成的职位空缺被称为职位的放弃。Ⅲ.主教授职。正如我们前文已有所提及的那样,若一牧师被升任为主教,则在他被正式授职之时他的其他职务即刻撤销。但若有国王的恩典,主教仍可受托(in commendam)保留原来的职位。受托(Commenda)或受托神职(ecclesia commendata)是指国王委托某位牧师先担任一项神职,直至找到新的合适的牧师来担任。这种受托神职可能暂时持续一年、两年或三年,也可能是永久性的。作为国王的一种特免,其目的是为了避免有俸圣职的职位出现空缺,因而被称为保留受托神职(commenda retinere)。此外还有一种受托神职(commenda recipere),即经主教自行授予或经其他资助者的授予而重新接受一个神职职位。这种对主教正式授职并使其就任牧师的程序与对其他教士进行同一程序效力是相同的①。Ⅳ.辞职。但辞职须向主教本人提出,而且在主教接受前辞职是不生效的②。Ⅴ.被剥夺职务。这可以依照教规的惩罚规定(对此我将不予讨论),也可以是通过执行各种处罚法律。后者即宣布因其不履行职务、工作疏漏、渎职或犯罪而使某牧师的职务被撤销。这其中包括:买卖圣职③;主张任何诋毁国王最高权威、《三十九项信条》④和公祷文

---

① 《博学的亨利·霍巴特爵士的判例汇编》,第144页(Hob. 144.)。
② 《判例汇编》,"詹姆斯国王"卷,第198页(Cro. Jac. 198.)。
③ 《伊丽莎白三十一年法》,第六章(Stat. 31 Eliz. c. 6);《安妮十二年法》,第十二章(12 Ann. c. 12.)。
④ 《三十九项信条》,伊丽莎白一世时期修订的英国国教最基本的信仰纲要。——译者

(book of common-prayer)①的行为；在正式授职后未在教堂内宣讲三十九项条款、诋毁反对天主教的宣言或否定放弃宣誓②；采用任何英国国教会规定的礼拜仪式以外的形式进行祈祷③；一年中离开职位超过60天，期间经牛津或剑桥大学举荐服务于天主教的资助者④。所有有上述或类似情形者都可依事实被撤销职务⑤，无须经任何正式的剥夺职务的判决。

6. 助理牧师是教会中级别最低的神职人员，地位与以前的牧区牧师相当。助理牧师只是临时任职的牧师，而非真正的现职牧师。虽然也有被称为永久性助理牧师的职位，可获得所有的什一税收入而无须再给予牧区牧师（这是出于一些可免受亨利四世的法律约束的特殊原因⑥），但此类永久性助理牧师都是由圣职转让者直接任命的。至于其他的助理牧师，有专门针对他们的法律。按照这些法律的规定，在教堂职位出现空缺期间暂行职务的牧师的薪俸应按照主教认为合理的标准从该空缺职位的收益中支取。若收益尚不足够支付，则应由该职位的接任者在上任后14天内支付⑦。若有任何牧区首席牧师或牧区牧师向主教提名一位助理牧师请求准许他担任神职，则主教应以加盖印章的书面文件确定他

---

① 《伊丽莎白一年法》，第一章(Stat. 1 Eliz. c. 1&2)；《伊丽莎白十二年法》，第十三章(13 Eliz. c. 12.)（公祷文，英国国教的祈祷文。——译者）。
② 《伊丽莎白十三年法》，第十二章(Stat. 13 Eliz. c. 12.)；《查理二世十四年法》，第四章(14 Car. II. c. 4)；《乔治一世一年法》，第六章(1 Geo. I. c. 6.)。
③ 《伊丽莎白一年法》，第二章(Stat. 1 Eliz. c. 2)。
④ 《威廉和玛丽一年法》，第二十六章(Stat. 1 W. &. M. c. 26.)。
⑤ 《判例汇编》，第六卷，第29、30页(6 Rep. 29, 30.)。
⑥ 伯恩，《教会法》，第一卷，第427页(1 Burn. eccl. law. 427.)。
⑦ 《亨利八世二十八年法》，第十一章(Stat. 28 Hen. VIII. c. 11)。

的薪俸,每年不得超过 50 英镑,亦不得少于 20 英镑。若未能支付则将扣押该牧区首席牧师或牧区牧师的圣俸收入进行支付[①]。

以上就是有关被称为神职人员的教会官员的一些内容。除此以外,普通法中还提及了一些低级教会官员。他们的职责主要是在教会审判权力度不够时予以协助。对这些低级官员我将仅粗略地介绍一下。

7. 教会执事是教会的守护人及看管人,是牧区内教会这一团体的代表。依照不同的惯例,教会执事有时是由牧师任命的,有时是由牧区任命的,有些则是由两者共同任命的[②]。出于对教会有利的目的,教会执事在普通法中被视为法人的一种。也就是说,他们有权以教会执事的名义拥有动产财产并可对其进行任何处置,以供牧区之用、为牧区谋利。但教会执事不得浪费教会的动产,否则将被牧区撤职并依普通法被起诉要求对其行为作出解释。但必须首先将他们撤职然后才能要求他们解释自己的行为,因为只有接任其职位的人才有权合法地进行这一程序。至于教会的土地及其他不动产,如教堂、教堂庭院等,与他们并无利益关系。若教会的土地及不动产遭到任何破坏,应由教堂牧师或牧区牧师采取行动。此外,修缮教堂也是他们的职责,为此他们可征收捐税,但税款只有通过教会法院才能取得。他们也参与济贫官照管和维护贫民生活的工作。对任何在周日及假日不参加修缮教堂的人,教会

---

① 《安妮十二年法律二》,第十二章(Stat. 12 Ann. st. 2. c. 12.)。
② 在瑞典也有类似的官员,他们被称作"*kiorckiowariandes*"。斯蒂恩胡克,《瑞典法律与古代哥特人法律》,第三卷,第七章(Stiernhöök, *l*. 3. c. 7.)。

执事可对其处以1先令的罚款①。他还有权维持参加修缮工作的人的秩序,为此教会执事被认为可以合法地拉下一个人的帽子而不会被判非法袭击或非法侵占②。除此之外,各种议会法案也分别赋予教会执事大量琐碎的教会权力③。

8. 牧区执事和教堂司事在普通法中也被认为是可以完全自由保有职位。因此虽然教会的处罚措施可对他们进行处罚,但不能撤销他们的职务④。过去牧区执事也属于神职人员的一个级别,时至今日在一定程度上仍是如此。牧区执事由在任牧师任命,也可按惯例由牧区居民选举产生。在由居民选举产生的情况下,由于这一惯例使该职位成为一种世俗的或者说民间的权力,因此,王座法院通常会向副主教发布命令,使其宣誓就任⑤。

---

① 《伊丽莎白一年法》,第二章(Stat. 1 Eliz. c. 2.)。
② 《莱文兹英国王座法院与民诉法院判例汇编》,第一卷,第196页(1 Lev. 196.)。
③ 参见兰巴德在《治安法官》(Lambard of churchwardens)一书结尾的"教会执事"部分(eirenarcha),以及伯恩博士在书中关于教会内容的"巡视权"部分(Dr. Burn, tit. church, churchwardens, visitation)。
④ 《案例节录》,第二卷,第234页(2 Roll. Abr. 234.)。
⑤ 《判例汇编》,"查理一世国王"卷,第589页(Cro. Car. 589.)。

第十二章 公民阶层

国王的臣民中的普通信徒,亦即那些不属于神职人员的人民,按身份不同可被分为三类:公民、陆军军人、海军军人。

公民是本国人民中最主要的也是人数最多的一部分,包括上至最尊贵的贵族下至最卑微的农民的所有社会等级中既不属前文提过的神职人员一类,也不属于上述分类的后两类陆军或海军军人的所有人民。但有时公民中也可能包括属另三类身份的个人,因为贵族、骑士、绅士或农民也可能成为神职人员、陆军士兵或海军士兵。

公民中又分为贵族和平民两个等级。贵族,即大不列颠王国的贵族或世俗贵族,与主教大主教共同构成了立法机构中地位最高的分支中的一支,对此前文我已进行过充分的讨论。在此我们将按照贵族的不同等级即他们的荣誉头衔来展开讨论。

所有不同等级的贵族的头衔和荣誉称号都起源于国王[①],而且国王可按其意愿设立任何新的头衔。因此不同等级的头衔就其古老性而言也不尽相同。如今仍被使用的头衔包括:公爵、侯爵、

[①] 《英国法学阶梯》,第四卷,第363页(4 Inst. 363.)。

伯爵、子爵和男爵[①]。

（1）公爵对我们而言，可能仅仅只是一个历史比大多数头衔都要短的贵族头衔，但其地位却是五个等级中最高的，是仅次于王室的最尊贵的头衔[②]。撒克逊人经常会使用拉丁语中对公爵的称呼，"duces"，而且用法也和罗马人一样，是用来表示军队的指挥官或领导者。而在他们自己的撒克逊语中，公爵则被称为"perecoza"[③]。至于在亨利一世统治时期制定的法律中，（按照兰巴德的翻译）我们可以发现公爵被称为"heretocbii"。但自诺曼征服改变了本国的军队体制后，几代英国国王都自己保留诺曼底公爵的头衔，从未将公爵头衔授予任何臣民。直到爱德华三世宣布成为法国国王，并因此失去了公爵的头衔后，他才在他统治的第11年册封他的儿子黑太子爱德华为康沃尔公爵。此后，许多人，尤其是王室成员，都曾被授予同样的头衔。然而，在伊丽莎白女王统治的公元1572年[④]，公爵的等级已完全消失。但15年后，以赐予荣誉慷慨大方而负有盛名的女王继位者[⑤]，册封乔治·威利亚斯为白金汉公爵，从而恢复了这一头衔。

（2）侯爵（marquess），亦称为"marchio"，则是等级低于公爵的贵族头衔。过去侯爵的职责（我们的祖先从未曾将显赫的头衔

---

① 有关这些头衔在欧洲大陆的起源以及它们随后是如何被引入英国的情况，请参见塞尔登先生所著《荣誉的头衔》（titles of honour）。
② 威廉·卡姆登，《不列颠志》，标题"头衔"（Camden. Britan. tit. ordines.）。
③ 很明显这和古日耳曼人对本国公爵的称谓"herrzagen"是源自于同一个词根（Seld. tit. hon. 2. 1. 22.）。
④ 威廉·卡姆登，《不列颠志》，标题"头衔"（Camden. Britan. tit. ordines.）；亨利·斯佩尔曼，《古史词典》，第191页（Spelman. Gloss. 191.）。
⑤ 指詹姆斯一世。——译者

与应尽的义务分离开来)是负责保卫王国的国界和边界线。以前两者被统称为边境(marches),来自条顿语中的"*marche*"。而边界线则专用于表示当威尔士与苏格兰还是敌国时英格兰与两国的边境。在边境地区拥有指挥权的人被称为边境防务长官大人(lords marchers),也就是侯爵(marquesses)。虽然这一头衔自牛津伯爵罗伯特·威利于理查二世八年被册封为都柏林侯爵后长久以来一直仅仅用于表示一种荣誉头衔,但《亨利八世二十七年法》第二十七章仍正式废除了这一爵位①。

(3) 至于伯爵这一头衔,它的历史是如此悠久,以至于如今我们已很难清楚地探明它的起源,因此很多情况看来只能说应当是可以确定的。在撒克逊语中伯爵被称为"*ealdormen*,*quasi eldermen*",与罗马人的"*sen'or*"或"*senator*"(元老院议员)表示相同的意思。撒克逊人也将伯爵称为"*schiremen*",因为他们各自掌管着若干地区或一郡的文官政府。在丹麦入侵时期,伯爵的称呼被改为"*eorles*"。据卡姆登说②,这是丹麦语中用于表示与伯爵身份相同的人的称呼。在拉丁语中,伯爵作为国王的侍从被称为"*comites*",(罗马帝国是最早使用这一头衔的国家),"他们作为国王的同伴,由国王赐予这一称号"(*a societate nomen sumpserunt, reges enim tales sibi associant*)③。自诺曼征服后,英国又一度采用了借鉴自法语的"*counts*"或"*countees*"作为对伯爵的称呼。然而,虽然由伯爵掌管的郡(shire)自此以后被改称为"county"且这

---

① 《英国法学阶梯》,第二卷,第 5 页(2 Inst. 5.)。
② 同上。
③ 布雷克顿,《论英国的法律与习惯》,第一卷,第八章(Bracton. *l*. 1. *c*. 8.);《福莱特》(Fleta. *l*. 1. *c*. 5.)。

一称呼沿用至今,但"counts"及"countees"的称呼本身都并没有保留多长时间。如今,伯爵只是一个单纯的头衔,与一郡的政府已没有任何联系。正如我们前文已多次讨论过的,现在的郡政府已完全由郡长,即伯爵在该郡的代表,或称为副伯爵(vice-comes)掌管。国王在其所有的令状、委任状或其他正式文件中,总是用"亲爱的、可信赖的表兄弟"来称呼任何地位相当于伯爵的贵族。这一称呼的历史可上溯至亨利四世统治时期。这位国王通过他的妻子、母亲或姐妹的关系而与王国内所有的伯爵有着确实的亲戚关系或结盟关系。国王在他所有的信件和其他公共法案中不断地用这一称呼巧妙地对这种关系进行确认。从那时起,这种称谓就由历代国王流传了下来,当然当初采用这种称谓的理由则早就已经不复存在了。

(4) 子爵(vice-comes),亦称为"viscount",后来在亨利六世统治时期成为一个完全主观意义上的荣誉头衔,不再与原先与之相关的职务产生任何联系。当时亨利六世在其统治第十八年册封约翰·博蒙特为贵族,头衔是博蒙特子爵,这是这一头衔第一次被使用①。

(5) 男爵则是最普遍、最常用的贵族头衔。最初每位拥有等级更高的头衔的贵族都会同时拥有一个男爵头衔②。但有时也会出现这样的情况,古时候某位男爵被升任为新的等级更高的贵族,然后随着几代人的时间推移,这两个头衔的继承被分离开来,一个

---

① 《英国法学阶梯》,第二卷,第 5 页(2 Inst. 5.)。
② 同上书,第二卷,第 5、6 页(2 Inst. 5, 6.)。

可能只能由男性后代继承,而另一个则可由任一继承人继承。如此一来,伯爵或其他等级更高的贵族头衔就是在没有男爵头衔的情况下独立存在。而如今也有这样的情况,即在册封伯爵或子爵时就没有同时再授予其男爵头衔。因此所有贵族都拥有男爵头衔这一准则如今已不具普遍意义。对于男爵头衔的起源和历史,英国的古物研究者已进行了大量的考察工作。其中最具可能性的观点应该是,古时的男爵即相当于如今的领地主。领地主如今亦被称为领地男爵(court baron)[即领地贵族(lord's court),是每一位领地主都有的称号],这一称呼也可作为这种观点的依据。从约翰国王颁布的《大宪章》①中我们可以发现最初所有领地主或男爵在国王驻地召开的大咨询会议或议会中都有席位。直到约翰国王统治时期,他们所有的人聚集起来时人数是如此之多,以至产生了种种不便,国王不得不将他们分散开来。国王本人仅召集那些地位较高的男爵,而让郡长负责召集那些较低的男爵,并且(据说)还让他们选举代表在另一处开会,议会也由此被分成了上下两个议院②。随后,男爵这一头衔逐渐仅限于称呼那些地位较高的、出席上议院会议的男爵。直到国王理查二世以开封特许状将这一头衔授予各色人等,使得这一称号第一次成了一个单纯的荣誉头衔之前,贵族中的男爵一直专指那些因拥有保有地或男爵封地而由国

---

① 第十四章。
② 吉尔伯特,《论财政署法庭》,第三章(Gilb. hist. exch. c. 3.);塞尔登,《荣誉的头衔》(Seld. tit. of hon. 2. 5. 21.)。

王的令状召集开会的男爵,而不包括其他拥有男爵称号的人①。

在对各个等级贵族头衔的起源进行了一番粗略的探究后,接下来我将就册封贵族的具体方法展开讨论。贵族的权力最初看来是地域性的,也就是说与土地、封地、城堡、领地等结合在一起。土地的所有者或占有者因其拥有的不动产而获准成为这片土地上的贵族,由国王召集他们到议会处理案件及为国王效力。在土地被转让时,与之结合在一起的头衔作为附属物也一同被转让。正因如此,主教时至今日仍因继承了与他们的教会土地结合在一起或至少是被认为与他们的教会土地结合在一起的某些古老的男爵头衔而继续在上议院保有席位②。据此,在亨利六世十一年时,对阿代尔城堡(Arundel)的占有使该城堡的伯爵头衔被依法授予该城堡的占有者③。但随后,由于转让越来越频繁,对贵族头衔的继承开始被限制在受封者的家族血统中,这使得贵族头衔成为个人的而不再是地域性的。以拥有男爵封地作为职位保有的切实证明不再是确定上议院贵族的必要条件,一份对他本人或他的祖先进行召集的令状的相关记录即被承认为职位保有的充分证据。

如今的贵族都是通过令状或开封特许状册封的。对那些根据传统自称为贵族的人而言,他们必须被认定他们的祖先确实获得过令状或特许状,即使随着时间的流逝如今已丢失了。通过令状或国王的特许状册封贵族,相当于使一人以按照国王的意愿将要

---

① 《英国法学阶梯》,第一卷,第 9 页(1 Inst. 9.);塞尔登,《背后的脸》(Seld. Jan. Angl. 2. §. 66.)。
② 格兰维尔,《论英格兰王国的法律与习惯》,第七卷,第一章(Glanv. l. 7. c. 1.)。
③ 塞尔登,《荣誉的头衔》(Seld. tit. of hon. b. 2. c. 9. §. 5.)。

授予他的男爵头衔与封号的身份被召集至贵族院的召集令。至于特许状则是赐予一位属于任一贵族等级的臣民的一种王室特许权。通过令状册封是一种比较古老的方式。但是一人并非在接到令状时即成为贵族，他还必须在上议院中实际就职。因此以特许状授予贵族头衔才是具有最大的确定性因而最普遍被采用的方式。特许状在其规定的限制范围内对受封者本人及其继承人都有效力，即使他本人从未使用过这张特许状①。而另一种经常被采用的册封方法是用召集令状将某位贵族的长子以该贵族的父亲所拥有的男爵封号的名义召集至上议院，这样即使该贵族本人从未在上议院就职，他的儿子也不会面临失去该封号的危险，因为他是继承了他祖父的头衔。通过令状册封另外还有一项特许状所不具备的优点，即一位由令状册封的贵族他本人和他的继承人都可保留该头衔，令状中无须任何明确的指示。而在特许状中必须有指示头衔继承的内容，否则该头衔只在受封者有生之年有效②。因为任何绅士或妇人都可在其有生之年被册封为贵族，但头衔却不能传袭给他们的继承人或者只能传袭给特定的继承人。例如某贵族的头衔可能只能由其本人所有，并由他的现任妻子伊丽莎白为他所生的男性继承人继承，不得由他的前妻或将来其他的妻子所生的任何继承人继承。

接下来我们将讨论与贵族身份相伴的一些主要情况。当然对于他们议会成员及世袭国王顾问的身份前文已进行过论述，因此

---

① 爱德华·柯克，《英国法学阶梯》，第一卷，第 16 页（Co. Litt. 16.）。
② 同上书，第一卷，第 9、16 页（Co. Litt. 9, 16.）。

不包括在我们现在的讨论范围内。我们首先必须了解的是,在刑事案件中贵族必须由与他地位相当的贵族来进行审判。因为地位高的人通常会遭到平民百姓卑劣的妒忌,倘若由平民来审理贵族的案件的话,他们将处于受到法官歧视的危险之中,甚至可能会被剥夺连地位最卑微的臣民都有权享有的由与其地位相当之人进行审判的权利,而这一权利是《大宪章》第二十九章保证王国每一公民皆享的。但是与他地位相当的贵族中并不包括主教。因为主教虽然是议会中的贵族,凭借他们通过教会的权力(jure ecclesiae)获得的男爵封地得以在上议院中拥有席位,但他们却不具备贵族的血统,因此不属于与贵族地位相当之人①。至于女贵族,对她们被控叛国或其他重罪的情况过去一直未作任何规定,这种状况一直持续到摄政大臣的妻子格罗斯特女公爵(dutchess of Gloucester)埃莉诺因红衣主教博福特的阴谋安排而在教会会议上被控叛国罪并被认定犯有使用巫术罪。这一不同寻常的审判导致一项特殊的法律《亨利六世二十年法》第九章的颁布。该法规定所有女贵族,无论她是凭世袭血统还是通过婚姻关系取得贵族头衔的,都应和王国内其他贵族接受相同的法官的审判。若一世袭的女贵族嫁给一平民,她仍保留贵族身份,她的案件也仍然应由与她地位相当的贵族负责审理。但如果一女贵族是通过婚姻关系成为贵族的,那么在她再婚嫁给一平民后即失去了原有的头衔,因为既然她的贵族身份是通过婚姻取得的,那么也同样会因婚姻而失去。然而若一位公爵的遗孀嫁给一位男爵,则她仍继续保留女公爵的身份。

---

① 《英国法学阶梯》,第三卷,第30、31页(3 Inst. 30,31.)。

这是因为,所有的贵族头衔都是相当的,因此她的身份不会因婚姻而降低①。贵族或女贵族(无论是世袭的还是通过婚姻的)不会因民事案件而被拘捕②。除此以外,他们在司法诉讼程序进行过程中还因其贵族身份而享有许多专门的特权。负责案件审理的贵族并非像一般的陪审团成员那样在宣誓之后进行裁决,而是以他的贵族荣誉的名义进行裁决③。同样,他是以其荣誉,而非宣誓④,对大法官法院的诉状负责。但另一方面,无论在刑事还是民事案件中,当一位贵族以证人的身份接受讯问时,他必须进行宣誓⑤,因为法律对一位贵族的名誉所表现出来的尊敬还不至于可以推翻一条既定的原则:"任何人在法庭上只有凭其誓言才可被相信"(*in judicio non creditur nisi juratis*)⑥。然而,法律是如此高度维护贵族的名誉,任何传播有关贵族及其他一些特定政府高级官员的谣言的人,与传播有关其他人的谣言的人相比,将遭到重得多的处罚。对散布有损贵族名誉的谣言的行为有一个专门的罪名叫"污蔑贵族罪"(*scandalum magnatum*),犯罪之人将遭到不同的古代法律的专门处罚⑦。

贵族只有因死亡或被剥夺公民权才会失去其贵族身份。虽然

---

① 《英国法学阶梯》,第二卷,第 50 页(2 Inst. 50.)。
② 亨利·芬奇,《论法律》,第 355 页(Finch. L. 355.);《文屈斯判例汇编》,第一卷,第 298 页(1 Ventr. 298.)。
③ 《英国法学阶梯》,第二卷,第 49 页(2 Inst. 49.)。
④ 威廉·皮尔·威廉斯,《高等法院判例汇编》,第 146 页(1 P. W^{ms}. 146.)。
⑤ 《索尔克尔德王座法院判例汇编》,第 512 页(Salk. 512.)。
⑥ 《判例汇编》,"查理一世国王"卷,第 64 页(Cro. Car. 64.)。
⑦ 《爱德华一世三年法》,第三十四章(3 Edw. I. c. 34.);《理查二世二年法律一》,第五章(2 Ric. II. st. I. c. 5.);《理查二世十二年法》,第十一章(12 Ric. II. c. 11.)。

在爱德华四世统治时期,贝德福德公爵乔治·内维尔曾因太过贫穷①,无力维持他的地位而被议会法案贬低身份②,但这只是极个别的例子。一方面,这种情况的发生向我们显示了议会拥有巨大权力,但另一方面,这种情况仅发生过一次又表明议会对行使如此大的权力是何等谨慎。据说过去确实存在这样的案例③,若一位男爵恣意挥霍财产以至无力再维持他的身份,则国王可以降低他的爵位。但后来官方却明确宣布④,不经议会法案不得降低贵族的爵位。

平民和贵族一样也分为若干等级。而且和贵族虽然也有等级高低之分,但都因他们的贵族身份而被认为地位相当一样,平民中虽然也有一些人地位远较其他人为高,但他们都因不具备贵族身份而在法律上被认为是地位相当之人⑤。

古时用以表示地位仅次于贵族的平民的称呼是"*vidames*""*vice domini*"及"*valvasors*"⑥,而当时的英国法学家⑦则将其称之为"有尊严之人"(*viri magnae dignitatis*)。爱德华·柯克爵士⑧

---

① 该法案的开场白值得我们注意:"屡屡可见:当一位贵族居于极高的社会地位,但却没有足够的生计以维持这种地位时,这不仅将使他陷入极度的贫穷,往往还会导致强取豪夺和腐化贿赂行为的产生,维持这种地位也需要消耗大量的生活资料。而所有发生此类情况的国家无一例外地陷入极大的麻烦之中。"
② 《英国法学阶梯》,第四卷,第 355 页(4 Inst. 355.)。
③ 由大法官埃尔斯米尔所判决的塔兰特案。《弗朗西斯·莫尔英国王座法院判例汇编》,第 678 页(Moor. 678.)。
④ 《判例汇编》,第十二卷,第 107 页(12 Rep. 107.);《现代英国王座法院判例汇编》,第十二卷,第 56 页(12 Mod. 56.)。
⑤ 《英国法学阶梯》,第二卷,第 29 页(2 Inst. 29.)。
⑥ 威廉·卡姆登,《不列颠志》(Camden. *ibid*.)。
⑦ 布雷克顿,《论英国的法律与习惯》,第一卷,第八章(Bracton. *l*. 1. *c*. 8.)。
⑧ 《英国法学阶梯》,第二卷,第 667 页(2 Inst. 667.)。

对这一等级的人给予高度的评价。然而如今这些称呼已不复使用,而且我国的法律古物研究者对这些称呼的起源以及在古时所表示的职位所持意见也并不十分统一。

如今用以表示贵族以外的人中地位最高的人的称呼是圣乔治骑士即嘉德勋爵,最初是由爱德华三世于公元1344年设立的[①]。接下来则是方旗武士。实际上根据《理查二世五年法律二》第四章及《理查二世十四年法》第十一章的规定,方旗武士是仅次于男爵的一个等级,而且这种高于嘉德勋爵的地位也已由国王詹姆斯一世于其统治第十年发布的命令加以确认[②]。但是要得到这一等级的头衔必须在开战时期在战场上的王室旗帜下由国王亲自册封[③],否则方旗武士的地位就要比嘉德勋爵之下的准男爵(baronets)还要再低一级。至于准男爵,则是一种由开封特许状册封,可由男性后代继承的世袭头衔。这一头衔最初由国王詹姆斯一世于公元1611年设立,其目的是为使爱尔兰阿尔斯特(Ulster)省[④]成为英国附属地筹集一定的款项,因此所有准男爵在他们自己的家族徽章外还同时拥有阿尔斯特的盾形徽章。接下来一个等级则是由亨利四世最初设立并由乔治一世再度恢复的巴斯勋爵(knights of the bath)。他们因在受册封前夜进行沐浴仪式(ceremony of bathing)而得名。低等贵族中地位最低的是巴其勒

---

① 塞尔登,《荣誉的头衔》(Seld. tit. of hon. 2.5.41.)。
② 同上书,第二卷,第十一章,第三节(Seld. tit. hon. 2.11.3.)。
③ 《英国法学阶梯》,第四卷,第6页(4 Inst. 6.)。
④ 阿尔斯特,原为爱尔兰一地区,今为北爱尔兰及爱尔兰共和国所分割。——译者

骑士（*knight bachelors*），虽然地位最低，却也是我们所有的骑士称号中历史最悠久的一个。我们甚至可以发现国王阿尔弗烈德曾将这一称号授予他的儿子亚瑟尔斯坦①。古日耳曼人的习俗是在大议会上授予他们的年轻人一面盾和一支矛，其意义相当于罗马人的成人长袍（*toga virilis*）。在此之前这些年轻人是不允许佩戴徽章的，他们只被认为是他们父亲家族中的一员，而经此仪式后，他们即被认为是公众的一部分②。在一些西欧国家沦为北欧强国的殖民地并因此使得册封骑士的做法在整个西欧流传开来后，这些国家也沿袭了这一惯例。骑士在拉丁语中被称为"*equites aurati*"，"*aurati*"源自他们佩戴的镀金马刺，而"*equites*"则得名于他们总是生活在马背上。由此我们可以发现③，几乎所有的国家都以某种源自于马的称呼作为对骑士的称呼。此外，我国法律也将这些人称为军队（*milites*），因为他们凭着自封建时代世袭下来的保有权而组成了国王军队的一部分，确切地说是全部。造成这一现象的原因之一是，每个拥有骑士封地（在亨利二世统治时期④的价值为每年20英镑）的人都必须受封为骑士并参加国王的战争，若不顺从将被处以罚款。查理一世在其统治时期行使他的国王特权作出如此规定以作为他筹集钱款的权宜之计的做法，虽然经法律证明为正当行为且已有伊丽莎白女王的规定作为先例，但还是极大

---

① 马姆斯伯里的威廉，《英国历代国王编年史》，第二卷（Will. Malmsb. *lib.* 2.）。
② 塔西佗，《日耳曼尼亚志》，第13页（Tac. *de morib. Germ.* 13.）。
③ 威廉·卡姆登，《不列颠志》（Camden. *ibid.*）；爱德华·柯克，《英国法学阶梯》，第一卷，第74页（Co. Litt. 74.）。
④ 格兰维尔，《论英格兰王国的法律与习惯》，第九卷，第四章（Glanvil. *l.* 9. *c.* 4）。

地冒犯了骑士阶层的人。但在复辟时,由骑士组成的军队和其他由封建法组成的军队一起被撤销。自那以后,骑士作为军队士兵的身份就被完全忽略了。

根据爱德华·柯克爵士的说法[1],以上这些在本王国中都是用于表示身份地位的称谓,而乡绅(esquires)及绅士(gentlemen)则只是用于表示尊敬的称谓。而那些司宗谱纹章的官员则将陆军上校、高级律师和三种有学识的职业的博士生的地位列于乡绅及绅士之上。

爱德华·柯克爵士认为[2]乡绅和绅士指的是同一社会等级。他认为每一位乡绅都是绅士,而绅士则应被定义为穿戴盔甲者(*qui arma gerit*),而被赐予盔甲意味着一个家族地位的提升。盔甲这种形式就像罗马民间贵族拥有法律身份(*jus imaginum*),或者至少拥有一位曾经位列高官的祖先的画像一样。至于究竟乡绅与绅士的区别为何,谁又才是真正的乡绅,这一问题实际上目前尚无定论,因为这种身份地位并不是一人凭其拥有的财产(无论数目有多大)即可取得的。本身也担任司宗谱纹章的官员的卡姆登,对两者的区分最为准确。他还列举了四种类型的乡绅和绅士[3]:Ⅰ.骑士的长子及长子所生的长子,如此一代一代永远延续下去[4]。Ⅱ.贵族的次子及幼子,以及他们的长子,同样一代一代永远延续下去[5]。对这两

---

[1] 《英国法学阶梯》,第二卷,第667页(2 Inst. 667.)。
[2] 同上书,第二卷,第668页(2 Inst. 668.)。
[3] 同上。
[4] 同上书,第二卷,第667页(2 Inst. 667.)。
[5] 亨利·斯佩尔曼,《古史词典》,第43页(Gloss. 43.)。

类乡绅亨利·斯佩尔曼爵士都冠之以"armigeri natalitii"的称呼。Ⅲ.由国王的开封特许状或其他授衔仪式授予称号的乡绅以及他们的长子。Ⅳ.因所居官职而确立的乡绅,如治安官及其他受政府委任担任职务的官员。此外还应加上由巴斯勋爵授予称号的乡绅(每位巴斯勋爵在接受册封的同时都会授予三个乡绅的称号)以及所有外国——即爱尔兰贵族,和大不列颠王国贵族的长子。后两类人虽然是名义上的贵族,但在法律上只是乡绅,在法律程序所有的记录中都必须以乡绅作为对他们的称呼①。至于绅士,按照托马斯·史密斯②爵士的说法③,在本国可被称为绅士的人可谓俯拾皆是。任何在本国学习法律之人、在大学学习之人、以人文学科为职业的人,简言之,任何生活闲散、不必从事体力劳动,同时又有能力负担作为一个绅士的开支,维持绅士的体面和姿态的人都应被认为是一位绅士,以阁下(master)作为对他的尊称。至于自由民(yeoman)则是自由保有每年价值不少于 40 先令的土地的人。凭此他有资格加入陪审团、选举郡骑士代表、从事任何法律要求必须是真正守法的人(probus et legalis homo)才有资格从事的活动④。

---

① 《英国法学阶梯》,第三卷,第 30 页(3 Inst. 30.),及第二卷,第 667 页(2 Inst. 667.)。

② 托马斯·史密斯(Thomas Smith,1513—1577 年),英国法学家、政治家,其代表作为《盎格鲁共和国》。——译者

③ 《盎格鲁共和国》,第一卷,第二十章(Commonw of Ang. book 1. c. 20.)。

④ 《英国法学阶梯》,第二卷,第 668 页(2 Inst. 668.)。

其余的平民则包括商人、工匠和体力劳动者。对这些人(以及所有其他身份的人)都必须遵循《亨利五世一年法》第五章的规定按照他们拥有的财产、所属的阶层及所从事职业的情况在所有法案及法律程序中加以分类。

第十三章　陆军军人与海军军人

陆军军人包括所有的陆军兵士,即那些从人民中被特别挑选出来接受保卫国家安全、抵御外来侵略任务的人。

将以军人为职业的人划分为一个鲜明的等级的做法对一个自由的国度而言是极端危险的。出于保证君主安全的考虑,这种做法只有在绝对的君主制国家是必须的,它产生于那些国家的宪法的主要原则——利用臣民对国王的畏惧来实行统治。但在那些自由的国度里,军人的职业(我们仅仅只将它作为一种职业来考虑),绝对有理由成为众人羡慕的对象。每个人都是出于保卫自己的国家和法律的目的才会拿起武器,因此他在走进军营的同时并没有放弃自己普通公民的身份。恰恰相反,正是因为他是本国公民,并且希望继续保留这种身份,他才会暂时从事军人的职业。也正因如此,自由的国家的宪法和法律并不承认只接受过战争培训而无从事其他行业所需技能的永久性现役军人这样一个阶层。英国也是直到亨利七世统治时期才出现专门负责保卫国王人身安全的卫队。

从忏悔者爱德华制定的法律中我们可以发现,在我们撒克逊先祖的年代,王国的军事力量是由公爵,即统帅掌握的[①]。这一职

[①] 统帅或军事司令官。

位是由在全国所有的大行政区及郡范围内级别最高的贵族中选举出来的在审慎、忠诚、勇敢(sapientes，fideles，et animosi)这三方面最为突出的人担任的。他们以无限的权力担负着统领及管理英国军队的职责。"在他们而言,拥有如此巨大的权力是为了维护王室的尊严及王国的利益"(prout eis visum fuerit, ad honorem coronae et utilitatem regni)因为他们拥有如此巨大的权力,所以对他们进行选举的方式和选举郡长的方式一样,是由全民集会即民众大会选举产生。选举遵循的是撒克逊法律中一条最基本的古老原则:当官员拥有的权力会被滥用并造成对人民的压迫时,就必须经过人民的选举才能授予他此种权力①。我们的祖先撒克逊人的先祖古日耳曼人同样也有公爵的职位。正如他们的国王对普通市民拥有独立的控制权一样,他们的公爵对军队有着独立的控制权。公爵经选举产生,而国王则是世袭的。他们在选择国王时考虑的是家庭出身、王族血统,在选举公爵即军队的统帅时考虑的则是好战的品质,而这正与我们对塔西佗的以下言论的理解相一致②:"他们因一人的高贵出身而选他当国王,因一人的英勇而选他统率军队"(reges ex nobilitate, duces ex virtute sumunt)。正如恺撒在他的时代描述撒克逊人的祖先时所说的:一旦陷入战争,无论是对外侵略还是抵御来敌,他们都会选举统帅来发号施令③。

---

① 这些人和各州及郡的副郡长一样,是由全体议会、国王、整个国家以及郡全民大会为王国的共同利益而选举出来的(LL. Edw. confess. ibid.)。参见:Bede, eccl. hist. l. 5. c. 10。
② 《日耳曼尼亚志》,第 7 页(De morib. German. 7.)。
③ 当一个城市陷入战争时,无论战争的爆发是始于对外侵略还是为抵抗侵略,该市都会选举一位有资格的统帅指挥战斗(Quum bellum civitas aut illatum defendit, aut infert, magistratus qui ei bello praesint deliguntur.)。De bell. Gall. l. 6. c. 22.

这种由人民授予的巨大权力虽说目的是为了维护人民的自由,却可能会极不合理地危及国王的特权。在这一问题上,我们可以发现勇敢者埃德蒙国王统治时期的麦西亚公爵埃德利克就曾经滥用权力危及王权。他作为公爵,即统帅,掌握着国王的军队的指挥权。仗着这种权力他一再背叛国王,最终将英国王位拱手让给了丹麦人卡纽特。

有一点看来是得到所有的历史学家一致认同的,那就是国王阿尔弗烈德最先在这个王国内成立了全国范围内的民兵部队,并凭借严谨的纪律约束使得他领土范围内的所有臣民都变成了他的士兵。不幸的是,虽然他的制度是如此著名,我们对其详情却几乎一无所知。但有一点可以确定的是,正如我们前面所讨论的那样,当时的公爵看来似乎拥有过大,而且还是独立的权力。这种权力使得哈罗德公爵能够在忏悔者爱德华死后以非王室血统的身份排挤了正统的继承人埃德加·亚瑟林,占据英国王位一段不长的时间。

诺曼征服之后,封建法的严谨缜密被悉数引入英国,而整个封建法就是建立在一套军事体制的基础上的。在此我不会深入探究封建法的具体内容,在本书下一卷中再行讨论将更为适宜。此处我仅想提及的是,由于引入了封建法,王国所有的土地被划分为当时所谓的骑士封地,总数超过了6万个。而每一块骑士封地都必须在国王与别国开战时派出一名骑士或士兵(*miles*),加入国王的军队服役40天。而在战争尚未成为一项讲究技巧的活动之前,通常战斗在40天内就会结束,一国不是已经被征服就是已取得了胜利[①]。这就意味着国王在战争期间无须任何开支即可随时有一支6万人的军队可供调遣。在征服者威廉[②]制定的法律中我们也确实找到一条相关法令。该法令以国王的名义命令并强制要求所有的骑士和其他个人加入国王的战争:"他们因拥有封地和保有物并根据法律规定,应向我们提供服役。据此,他们将备好武器和马匹,随时应召提供一切力所能及的服役"(*quod habeant et teneant se semper in armis et equis, ut decet et oportet; et quod semper sint prompti et parati ad servitium suum integrum nobis explendum et peragendum, cum opus adfuerit, secundum quod debent de feodis et tenementis suis de jure nobis facere*)。然而随着时间的推移,这种个人对国王的效命逐渐变质为钱财上的支付或援助,而封建体制中的军事部分最后也在斯图亚特王朝复辟时由《查理二世十二年法》第二十四章废除。

但与此同时我们不应就此认定王国在发生国内暴动或即将遭到外国侵略时丧失了一切防卫能力。除了那些受兵役义务的约束而必须执行在战场上战斗40天的任务的人之外,《温彻斯特法》还规定[③]每个人都必须按照其拥有的财产和相应的地位的不同提供一定数量当时使用的武器以供维持治安之用。此外,每100户区还任命了警察以监督武器的供应。而《菲利普和玛丽四年法律五》第二章则用其他更具时代性的任务取代了提供武器的义务。但该

---

① 波兰人时至今日仍固守他们古老的法律,因此他们的民兵不得被强迫在一年内服役超过6周或40天(Mod. Univ. Hist. xxxiv. 12.)。
② c. 58. 参见《英国法学阶梯》,第一卷,第75、76页(Co. Litt. 75,76)。
③ 《爱德华一世十三年法》,第六章(13 Edw. I. c. 6.)。

法与前一部法律最后都在詹姆斯一世统治时期被废止①。在这两条法律仍然有效时，英国国王通常会不时颁发《兵力部署委任状》（commissions of array）并将其送至各郡可信赖的官员处，要求他们集合本地区所有居民进行部署（即按军队编制编排）。至于委任状的格式则是由议会通过的《亨利四世五年法》确定的②。但与此同时该法还规定③，无论出于何种原因，任何人都不应被强迫离开本王国；同样，除非发生迫不得已的紧急情况，否则任何人也不应被强迫离开自己所在的郡；另外，未经议会同意，任何人也不得向军队提供士兵。大约在亨利八世和他儿子统治时期，陆军中尉的职位开始被采用。他作为国王的长期代表，负责确保各郡维持军队秩序。在《菲利普和玛丽四年法律五》第三章中，我们就能发现陆军中尉作为已知的政府官员被提及。然而这一职位并未被采用多久，因为卡姆登曾说过④，在伊丽莎白女王统治时期，陆军中尉作为特别官员，只有在王国处于困境及危险之中时才会被任命。

事情就一直以这样的状态发展，一直到詹姆斯一世统治时期有关军队的法律被废止。随后，在查理一世在其远征北部期间颁发陆军中尉委任状并行使了其他一些由于长期以来一直由国王行使而被认为是属于国王的军事权力之后，对于召集民兵这种没有任何法律作为依据，完全以年代久远的惯例形式而存在的权力究

---

① 《詹姆斯一世一年法》，第二十五章（Stat. 1 Jac. I. c. 25.）；《詹姆斯一世二十一年法》，第二十八章（21 Jac. I. c. 28.）。

② Rushworth. part 3. pag. 667.

③ 《爱德华三世一年法律二》，第五章、第七章（Stat. 1 Edw. III. st. 2. c. 5 & 7.）；《爱德华三世二十五年法律三》，第八章（25 Edw. III. st. 5. c. 8.）。

④ 威廉·卡姆登，《不列颠志》（Brit. 103. Edit. 1594）。

竟在多大程度上应是国王固有的权力这一问题,终于成为长期议会讨论的主题之一。国王和议会双方都长期受这一问题的困扰,一论及此即情绪激愤、语含怨恨。最终它成为国王与议会决裂的直接原因。议会上下两院不仅否认国王在军事上的特权,甚至还将召集民兵的权力完全握在了自己手中。如果说前一种特权的合法性已经值得怀疑的话,那么议会的后一举措的不合法性则是确实无疑的。

在查理二世复辟斯图亚特王朝并废除了兵役义务制后,人们很快就发现下一步适宜的举措应当是确定民兵组织的权力、承认控制和指挥民兵组织的权力属国王独有并将民兵组织完全纳入对一个下级军事组织而言更为规范的秩序之中①。而如今民兵组织所遵循的规章制度主要也是以当时制定的若干法律为基础的。诚然,这些法律中的最后两部已被明文废止,但其中许多条款后来又被现行的《民兵法》重新启用,并且还补充了一些新的规章条例。《民兵法》的基本方针是每三年一次在各郡抽签选择一定数量的居民进行训练,接受持有国王的委任状的陆军中尉、助理陆军中尉和其他主要的土地所有者的指挥。除非王国面临外国入侵或国内叛乱,否则这些民兵不应被强行派遣到他们所属的郡以外的地方。此外,在任何情况下他们都不能被强行派遣到王国以外的地方。这些民兵的训练都有固定的时间,对他们的纪律约束总体而言也并不十分严格。但一旦他们真的被派遣执行战斗任务,就会受到

---

① 《查理二世十三年法》,第六章(13 Car. II. c. 6.);《查理二世十四年法》,第三章(14 Car. II. c. 3.);《查理二世十五年法》,第四章(15 Car. II. c. 4.)。

军法的严格约束,以确保他们保持良好的秩序。以上就是我国宪法为维护公共治安及保卫国土免受外国侵略和国内暴乱的影响而提供的体制保障。而且法律也宣布①这种保障对王国的繁荣与安宁而言是殊为必要的。

在国家陷入与外国的战争中时,可能就必须有一支比单纯的民兵组织接受更加正规化训练的更专业化的部队,因此在战争期间为组建正规军队并对其进行必要的管理和纪律约束,通常会制定一些专门的条款。这些条款只能被视为是因王国处于骚乱状态中而产生的暂时性的法律衍生物,绝不是本国永久不可更改的法律的组成部分。比如军法,它并没有确定的原则作为基础,所作的决定完全是专制的。按照马修·黑尔爵士的说法②,军法实际上根本不是一种法律,它只是在战时被迁就当成一种法律,并未得到切实的承认,只是出于必须维持军队的纪律和秩序的考虑才使军法得到认可。因此在和平时期,当国王的法院向所有希望凭本国法律得回公道的人民敞开大门时,军法是不允许被沿用的。因此,在肯特伯爵爱德华于爱德华二世十五年在彭迪弗克特被捕,遭军法审判并被剥夺公民权后,这一判决又于爱德华三世一年被撤销,因为当时对他的审判是在和平时期进行的。此外,还有这样一条规定③,若一位陆军中尉或其他拥有国王通过委任状授予的军事权力的人在和平时期运用军法以绞刑或其他方式对一人执行死刑,则他将被认为犯有谋杀罪,因为他的这种行为违反了《大宪章》

---

① 《乔治二世三十年法》,第二十五章(30 Geo. II. c. 25.);及其他法律。
② 《英格兰普通法史》,第二章(Hist. C. L. c. 2.)。
③ 《英国法学阶梯》,第三卷,第 52 页(3 Inst. 52.)。

的规定①。此外,《权利请愿书》②还规定,未经臣民本人同意③,任何士兵不得驻扎在其家中,也不得按照军法的规定签发任何委任状,命令部队在臣民的土地上行进。有鉴于此,查理二世在复辟之后运用自己的权力保留了一支大约5千人左右的常规部队负责守卫及驻防任务。随后詹姆斯二世又逐步将这支部队的人数增加到至少3万人。而所有士兵的薪饷都从国王自己的王室费中支取。为此《权利法案》中包括了这样一项条款④:在和平时期在王国范围内组建或维持一支常备军的行为,除非得到议会的批准,否则即是违法。

但由于保留常备军的风气其后几年已席卷整个欧洲(虽然其中有些国家的统治者自己无力维持这样一支部队,因而不得不求助于一些富有的强国,以附属国的身份接受补助以达到维持常备军的目的),因此过去许多年里我们的立法机构每年都会对常备军的必要性重新进行一次断定,以达到保障本王国安全、保卫大不列颠王国政府的殖民地及维持欧洲各强国间力量均衡的目的,即使在和平时期,保留一支由国王指挥的常备部队仍是必要的。而国王对军队的指挥权在每年期满后即事实上被解除,除非议会继续保留他的权力。

孟德斯鸠男爵曾说过⑤,为防止行政机构拥有压迫民众的能

---

① 第二十九章。
② 《查理一世三年法》(3 Car. I.)。同样可在《查理二世三十一年法》第一章(Stat. 31 Car. II. c. 1.)中看到。
③ 同样,波兰也不允许任何士兵驻扎在中产阶级者(即波兰共和国内唯一的自由人)家中(Mod. Univ. Hist. xxxiv. 23.)。
④ 《威廉和玛丽一年法律二》,第二章(Stat. 1 W. & M. st. 2. c. 2.)。
⑤ 孟德斯鸠,《论法的精神》(Sp. L. 11. 6.)。

力,托付于他指挥的军队不仅必须由人民组成,而且还要保留人民的精神本质。就像马略将意大利的平民收编入古罗马军团,重塑军队形态,从而为后来的军事专制奠定基础之前的罗马军队那样。根据上述原则,一个自由的国家在必须保留自己的军事力量的前提下,首先要防止的就是它的军事力量成为一个与人民过于隔绝的团体。因此如我们的陆军军队,首先必须完全由本国臣民组成,此外,一支部队只能在有限的很短一段时间内保持编制。而且在此期间士兵必须与人民混居,不允许有独立的兵营、营房或内陆要塞。如果我们这种每次在重新组建部队时解散原有士兵重新召集新兵的做法能使我们达到保持军队与人民间的循环的目的,那么普通市民和士兵之间就能更紧密地联系在一起,这对于王国无疑是更为有利的。

为了维持部队的秩序,每年议会都会通过一项内容相同的法案以"惩罚兵变者及逃兵并更好地保证士兵的薪饷和营房的开支的支付"。该法案规定陆军士兵的营房应分散在由旅馆老板和补给品供应商提供的住处内,并对全国范围内士兵营房的分散方式加以规范,并制定军法对其进行管理。该法案与其他若干法案共同规定,若任何军官或士兵发动或参与兵变、知晓兵变内情却对指挥官隐瞒不报、开小差、加入其他步兵团队、在岗值勤时睡觉、在解除值勤任务之前擅自离岗、与反叛者或敌军通信、殴打上级军官或对上级军官使用暴力、不服从上级军官的合法命令,凡犯有以上罪行者,即使正值军事法庭闭庭时期,仍将比照军事法庭可能的判决给予惩处。

无论这种严格的条例在战时作为一种权宜之计是多么必要,

第十三章　陆军军人与海军军人

我们每个人都应该相信,在完全和平的年代,稍稍放松一下严厉的军事制度并不会导致多大的麻烦。正是基于这样的原则,虽然我国已经制定的法律[①](虽然并不被采用,但其效力仍然是存在的)对战时开小差的行为以重罪论处,由陪审团在普通法法官面前审理,即使神职人员也不得享有豁免权,但根据前面提到的《民兵法》的有关规定,对和平时期的开小差行为的惩罚就要轻得多了。同样,罗马法对战时的逃兵将处以死刑,但当国家处于安宁中时对逃兵的惩罚就要轻得多[②]。不过对于兵变却不存在这样的区别对待。因为上述任何罪行,无论是发生在战时还是和平时期,只要军事法庭认为恰当,都是可以被处以死刑的。而军事法庭酌情量刑的权力实际上是依照国王的指示行使的。而在关于部队犯罪的问题上,国王几乎可被认为拥有绝对的立法权。前文提到的法案中也有相应的规定:"国王陛下拥有可以制定军法条例、成立军事法庭、授予法庭运用这些条例审理任何罪案并按条例的指示量刑的权力"。我们对国王寄予的信任是如此巨大又如此至关重要!国王所拥有的是确定新的罪行并为每项罪行确定相应的任何刑罚(只要不涉及剥夺生命或肢体)的无限权力!除了由该法案特别宣布可适用这些刑罚的罪行外(我们可以发现不服从上级军官的合法命令也是其中之一),这些刑罚实际上是被禁止应用于其他罪行的。或许将来在对该法案进行修改时(其中很多方面的修改一定都是在仓促间完成的),议会会觉得将精力专注于确定军队对国王

---

① 《亨利六世十八年法》,第十九章(Stat. 18 Hen. VI. c. 19);《爱德华四世二、三年法》(2 & 3 Edw. VI. c. 2.)。
② 《查士丁尼学说汇纂》(Ff. 49. 16. 5.)。

服从的限度还是值得的,并将会制定一些明确的军法条例以对陆军进行管理,就像现在对海军的管理方式一样。其中尤其应参照民兵组织的做法。根据现行宪法,在民兵组织中担任军官的贵族和绅士阶层在服役期间每年受到的都是不变的强制性规定的约束。

我们英国法最大的优点之一就是,它不仅对所惩罚的罪行本身,同时也对所采取的惩罚措施有清楚明白的规定,两者都不会由独断专行的权力自由裁量。国王可通过法官将已经制定的法律付诸执行,但国王本人并不是立法者。因为,如果让那些曾经以自己的英勇捍卫他们的国家的自由的人在我们这个由自由人组成的国家沦落到必须服苦役的境地,那将是多么令人痛心的一件事!正如爱德华·柯克爵士告诉我们的那样[1],奴役制度的一个明显标记就是使作为本国人民的行为准则的法律暗地里或一旦有机会就公开地"在法律规定尚不明确或未曾涉及的领域开始可耻的强制服苦役行为"(misera est servitus, ubi jus est vagum aut incognitum)。这种行为也不符合其他自由的国家所遵循的政策的要旨。对任何国家而言,它所享受的普遍自由权越大,它在将奴隶制引入任一阶层或行业时通常就越谨慎。孟德斯鸠男爵曾经说过[2],那些处于受人奴役的状况下的人,在发现别人可以享受自由而他却被排除在外后极有可能会永远生活在对社会其他成员的嫉妒和憎恨之中(如东方国家后宫的宦官就是极好的例子)。不仅如此,他们还将不遗余力地破坏那些他无法享受的权利,并沉浸在由此产生的罪

---

[1] 《英国法学阶梯》,第四卷,第 332 页(4 Inst. 332.)。
[2] 孟德斯鸠,《论法的精神》(Sp. L. 15. 12.)。

恶的快感之中。许多没有意识到这一必然规律的自由国家都曾因奴隶的反抗而陷入危险的境地。相反对于那些处于专制君主的绝对统治下的政府而言,由于毫无真正的自由可言,因此也不足以构成负面的对比,这样的危险反而极少发生。在此向那些处事谨慎的自由政府提出两条建议作为防范措施:Ⅰ.绝不引入奴隶制。Ⅱ.若已然引入奴隶制,则不能让奴隶拥有武器,否则他们将发现自己可以打败自由人。此外,绝不能将军队作为特殊团体与普通百姓区别对待,更不能使士兵成为整个国家中唯一受奴役的阶层。

但既然这项每年通过一次的法案可以将士兵置于比其他臣民要差得多的境况之中,那么其他既定法律的人道精神也同样可以使他们在某些情况下得到比一般臣民要好得多的待遇。如《伊丽莎白四十三年法》第三章就规定,为了使患病、受伤或残废的陆军士兵得到进行休养,各郡允许每周征收津贴。此外,不要忘了在切尔西还有一所皇家医院专门对那些在执行任务中耗尽体力的士兵进行治疗和调养。根据在若干次战争结束时分别制定的几部法律的规定,曾为国王服役的陆军军官和士兵可自由选择在王国的任何市镇(两所大学除外)从事适合他们的贸易或其他行业,无论这种行为是否与其他任何法律、惯例或特许状的规定有所抵触。此外,士兵在执行军事任务过程中,可随时立下遗嘱,对他的财产、饷银收入和其他私人财产进行处理,无须遵照法律在其他情况下的要求采用固定的格式,进行正式的仪式,也无须支付任何费用[①]。

[①] 《查理二世二十九年法》,第三章(Stat. 29 Car. II. c. 3.);《威廉三世五年法》,第二十一章,第六节(5 W. III. c. 21. §6.)。

当然，我们的法律并未像罗马法那样将这种特权拓展至极端甚至可说近乎荒谬的地步。对罗马法而言，哪怕是一个陆军士兵在即将死亡时在他的盔甲上写下的血书或是用剑在战场的尘土上写下的内容也是非常有效的战地遗书①。以上就是英国法有关陆军军人规定的相关内容。

　　海军军人虽然在管理上比陆军军人更符合我国自由宪法的原则，但实际上与后者仍是息息相关的。英国的皇家海军一直都是英国最强有力的防卫，也是最大的荣誉。海军从古时候起就一直是英国的内在力量的体现，是保卫本岛的浮动堡垒。而且这支军队无论它拥有多么强大的力量，都不会对自由构成任何威胁。也正因如此，英国从其历史发展最早期就一直在悉心培植着自己的海军力量。到 12 世纪，英国海军的声誉已经达到极致，以至于英国国王理查一世在法国沿海的奥列隆岛上（该岛当时归英格兰王国所有）专门编制了海事法的法典②。这些法典后来被所有的欧洲国家普遍采纳作为它们各自的海事法的基础。然而在这一方面，我们祖先那时候与现在相比仍然差之甚远。即使是在伊丽莎白女王统治下英国称霸海上的年代，爱德华·柯克爵士仍认为③当时英国皇家海军号称由 33 艘舰船组成是经过夸大的。现在英

---

　　① 从军士兵在即将死亡时，在他的盔甲等类似物件上写下的血书或是用剑在战场的尘土上写下的内容，也是非常有效的战地遗书（*Si milites quid in clypeo literis sanguine suo rutilantibus adnotaverint, aut in pulvere inscripserint gladio suo, ipso tempore quo, in praelio, vitae sortem derelinquunt, hujusmodi voluntatem stabilem esse oportet. Cod.* 6. 21. 15.）。

　　② 《英国法学阶梯》，第四卷，第 144 页（4 Inst. 144.）。*Coutumes de la mer*. 2.

　　③ 同上书，第四卷，第 50 页（4 Inst. 50.）。

第十三章　陆军军人与海军军人

国在海洋上的强盛局面很大程度上应归功于被称为"航海法案"（navigation-acts）的法令中的积极条款。该法案不仅鼓励船只数量及海员人数的不断增长，更将这种增长视为非常必要。为了扩大当时已急剧缩小的海军的规模，《查理二世五年法》第三章规定，所有国王的臣仆运出或运入本国的货物都必须由本国的船只运输，违者货物将被全部没收。次年，《查理二世六年法》第八章对这项英明的条款的效力适当予以削弱。新条款仅要求商人在舰只充足且有能力承担运输的情况下优先考虑使用英国的船只。然而，对本国的贸易与商业产生最积极影响的法令莫过于航海法案。该法案的初级形态形成于 1650 年①，形成之初的法案可谓目光短浅且心存偏见。当时制定该法案的目的只是通过中断糖岛（sugar islands）②与荷兰③之间利润可观的贸易往来达到限制我们那些野心勃勃的富有邻国的活动的目的，以此来约束这些对议会不满并且仍在等待查理二世复辟的小岛。当时该法案禁止所有没有国务会议颁发的许可的外国船只与任何英国殖民地开展贸易。1651 年④，这项禁令又被延伸到了英国本土。当时英国及所有附属国只允许进口由英国船只或由该货物的原种植国或原生产国的欧洲国家的船只运输的货物。在查理二世复辟后，上述条款由《查理二世十二年法》第十八章予以保留并进行了实质性的改进。新条款规定，商船船长及 3/4 的水手必须是英国臣民。

---

① 斯科贝尔，《法条和条例汇编》，第 132 页（Scobell. 132.）。
② 糖岛，指糖的生产制造地牙买加与巴巴多斯等岛屿。——译者
③ 《现代通史》，第四十一卷，第 289 页（Mod. Un. Hist. xli. 289.）。
④ 斯科贝尔，《法条和条例汇编》，第 176 页（Scobell. 176.）。

针对皇家海军的兵源问题、船上的水兵应遵守的规章条例以及在水兵服役期间及之后赋予他们特权及向他们支付薪饷的问题,曾制定了许多法律。

(1) 首先是兵源的问题。迈克尔·福斯特爵士[①]言辞凿凿地清楚表明[②],国王强迫男子服海军役并为此目的向海军部授权的做法,不仅古已有之,而且同样的先例在历史上可谓层出不穷,这使得这一做法至今仍被采用。福斯特由此得出结论,认为国王的这一权力已成为普通法的一部分[③]。但尽管如此,围绕国王是否有权发布委任状强制服役的问题始终存在着一些争论,而且那些人即使表示顺从通常也是极不情愿的。问题的关键其实在于,虽然有许多法律已强烈暗示过国王拥有强制服役的权力,但却始终没有哪一项法律公开宣布过国王拥有这种权力的合法性。《查理二世二年法》第四章在对水手被逮捕并强制在国王的海军服役的问题进行规定时,认为这一做法人所皆知,不存在任何争议。该法甚至还针对水手逃跑的情况提出了应对措施。而根据其后一部法律的规定[④],任何在泰晤士河上谋生的船夫若在国王强制服役命令执行期间藏匿起来的话,将遭到极严厉的惩处。另一项法律则规定[⑤],女王强行召集水手的命令必须首先送交两位居住在实行招募的海岸附近的治安法官,再由法官按委任状要求的数目挑选

[①] 迈克尔·福斯特(Michael Foster, 1689—1763 年),英国刑法学家,著有《福斯特刑法》等著作。——译者
[②] 《福斯特刑法》,第 154 页(Rep. 154.)。
[③] 同样参照《康伯巴赫王座法院判例汇编》,第 245 页(Comb. 245.)。
[④] 《菲利普和玛丽二、三年法》,第十六章(Stat. 2 & 3 Ph. & M. c. 16.)。
[⑤] 《伊丽莎白五年法》,第五章(Stat. 5 Eliz. c. 5.)。

身体强壮的男子送至女王的海军服役。若未经以上程序,任何渔夫都不得根据女王的命令被强行招募为海军的水手。而另一些法律①则给予处于某些特定情况下的海员特殊的保护,以免他们被强制服海军役。所有这些法律都明显在暗示我们确实有一机构拥有强制服海军役的权力。若真有这样一个机构的话,那么从我国宪法的精神,以及频频被提及的国王的命令来看,这个机构只可能是国王本人。

但除了以命令强制服役之外(这只能以公共需要为出发点,任何国王个人的需要都不应被考虑),还有其他一些以增加海员人数并为皇家海军招募更多水兵为目的的措施。牧区可留下在商人处当学徒的穷人家的男孩,因为在学徒前三年他们可免于强制服役。三年后若他们被强制服役,则他们的薪饷可由商人获得②。在薪饷问题上自愿入伍的水手可获得极大的优待,以吸引他们为国王服役③。而外国水手只需在战争期间在任何帆式军舰、商船或私掠船上工作满两年,即可依此事实加入英国国籍④。威廉国王在他统治的中期曾开展一个招募总共3万名水手的计划⑤,以长期作为海军舰队的正规兵源补充。凡被招募来的人可享有极大的特权。而另一方面,受到招募却逃避的人则将受到严厉的处罚。但

---

① 《威廉三世七、八年法》,第二十一章(Stat. 7 & 8 W. III. c. 21.);《安妮二年法》,第六章(2 Ann. c. 6.);《安妮四、五年法》,第十九章(4 & 5 Ann. c. 19.);《乔治二世十三年法》,第十七章(13 Geo. II. c. 17.);及其他法律。
② 《安妮二年法》,第六章(Stat. 2. Ann. c. 6.)。
③ 《乔治二世一年法律二》,第十四章(Stat. 1 Geo. II. st. 2. c. 14.)。
④ 《乔治二世十三年法》,第三章(Stat. 13 Geo. II. c. 3.)。
⑤ 《威廉三世七、八年法》,第二十一章(Stat. 7 & 8 W. III. c. 21.)。

这项招募计划被认为是奴役制度的一个标志,因而被《安妮九年法》第二十一章废除。

(2)对皇家海军舰队的水兵发号施令的方式以及对舰队常规纪律的维持都是依据一些明确的规章、条例和程序的指示的。这些制度最初则是由议会在复辟后不久制定的①。其后,为了弥补这些制度在埃克斯拉沙佩勒战争②的执行过程中所暴露出来的致命缺陷,战争结束后又对其进行过结构及具体内容上的变动与修改。在这些条例中对几乎所有可能的罪行及相应的处罚措施都作了明确规定。在这一方面,海军军人拥有比他们的陆军弟兄们大得多的优势。因为陆军的军法条例不是由议会制定的,而是国王按自己的意愿随时更改的。但这种差异究竟是何时产生的,又为什么行政机构的权力在海军部队里被限制在适宜的范围内,而在陆军部队里却可以大得不受任何约束,其中的原因很难说得清楚。唯一的可能性在于海军部队一旦建立即长久存在下去,因此必须有一部持续有效、不可更改的法律来对他们进行规范,而陆军部队都是暂时性的,每支部队仅保留一年,因此对他们实行视具体情况而定的机动管理并不会导致多大风险。但无论当初制定《军纪法案》(the mutiny act)③时是出于何种考虑,如今每年伊始对海军部队进行的常规化更新已使得海军与陆军间的这种差异变得无关紧

---

① 《查理二世十三年法律一》,第九章(Stat. 13 Car. II. st. I. c. 19.)。
② 《乔治二世二十二年法》,第二十三章(Stat. 22 Geo. II. c. 23.)[埃克斯拉沙佩勒战争(Aix la chapelle war),即1740年至1748年的奥地利王位继承战争,由于停战协定于埃克斯拉沙佩勒(即今德国的亚琛)签订而得名。——译者]。
③ 《军纪法案》,1689—1879年间英国议会每年通过的一项法律,该法律既用于维持军纪,也为军队建设的开支提供了依据。——译者

要。而如果我们能凭过去的经验判断未来的发展趋势的话,那么既然现在海军正不断融入英国的基本结构之中,仅凭此就足以使我们断定将来一旦立法机构的各个分支无法在海军是否应继续存在的问题上达成一致意见,海军就很有可能也像现在的陆军一样每年一次由立法机构的某一分支宣布中止其合法存在。

(3)至于赋予海军水手的特权,与赋予陆军军人的特权大体相同。海军军人因残废、受伤或退役后需要休养的,可由郡税收负担,也可由位于格林威治的皇家医院负责。其他如从事贸易及以非正规方式订立遗嘱的特权也与陆军军人享有的特权相同。此外①,根据每年一次通过的《军纪法案》陆军军人可因总数达十英镑(不得少于此数目)的负债而被捕,但任何在国王的船只上服役的水手皆不得因任何负债被捕,除非债务总数经债权人宣誓达到至少 20 英镑。

---

① 《乔治二世一年法律二》,第十四章(Stat. 1 Geo. II. st. 2. c. 14.)。

第十四章　雇主与受雇者

410　　在以司法行政官与人民之间的公共关系为立足点对个人的权利与义务进行了前述讨论之后,按照计划,接下来我将从个人在处理私人事务的过程中与他人产生的关系的角度探讨个人的权利与义务。

个人生活中的三大关系是:I.雇主与受雇者。这种关系是基于寻求便利的需要,即一人仅凭自己的技能与劳力不足以独立承担应由他承担的种种责任时,他便会寻求他人的协助。II.丈夫与妻子。这种关系产生于自然界,而后又经过文明社会的改进。自然产生的关系指引人类通过繁衍后代来延续自己的种族,而经过改进的关系则规定这种本能的冲动必须受到规范和约束以及规范和约束的方法。III.父母与子女。这种关系因上述婚姻关系而产生,是婚姻最主要的目的和意图。由于这种关系的存在,才能保证婴儿能受到保护、得到抚养并接受教育。但是,死亡或其他一些原因可能使作为这些责任的主要承担者的父母在尚未完全履行义务前就不得不离开自己的孩子,因此法律还规定了第四种关系,即,IV.监护人与被监护人。这是一种无血缘关系的父母子女关系,规定这种关系的目的是无论何时当孩子的生身父母再无力承担责任时代替他们承担责任。接下来我将按顺序对这四种关系分别加以讨论。

411　　在有关雇主与受雇者关系的讨论中,首先我将介绍受雇者的若干类型及这种关系是如何确立又如何终止的。其次,这种关系对双方各自的效力以及最后,这种关系对其他人的影响。

1. "受雇者"的若干类型。前文我已讨论过[1],纯粹的、彻底的奴隶制在英国并不存在也不可能存在。我所说的"纯粹的、彻底的奴隶制"指的是一种主人对奴隶的生命及财产享有绝对的无限权力的制度。事实上,若这样一种状态真的存在,则无论其存在于什么地方,都是与理性及自然法的原则相悖的。查士丁尼[2]曾为支持奴隶制的正当性提出了三条理由,可事实上这三条理由本身立论的基础就是错的。查士丁尼提出的第一条理由是,奴隶制产生于在战争被俘的情形,符合万民法(*jure gentium*),因此奴隶才会被称为"俘虏(*mancipia*)——就是用"*manu*"(手)"*capti*"(抓)来的人"(*mancipia, quasi manu capti*)。对此罗马法学者的解释是,征服者对被俘者的生命享有处置权,若他饶恕俘虏的性命,则他因此而获得了按自己的意愿任意处置该俘虏的权力。而事实上这种论点是不合理的。因为虽然从普遍意义上说,根据自然法与国际法,一人确实可以杀死自己的敌人,但是他所拥有的仅仅只是杀死敌人的权力,而且还必须是在特定的情况下为求自卫万不得已而为之。而如果胜利的一方并没有将敌人杀死而只是将其作为俘虏的话,那么很明显这种"万不得已"的情况是不存在的。既然只有以自我保护为原则的战争才是正当的,那么战争赋予胜者对

---

[1] 参见原书第 123 页。
[2] 奴隶不是天生的就是由自由人沦为奴隶的。通过万民法和市民法可使自由人沦为奴隶,而我们的女性俘虏的孩子则天生就是奴隶(*Servi aut fiunt, aut nascuntur: fiunt jure gentium, aut jure civili: nascuntur ex ancillis nostris. Inst. 1. 3. 4.*)。

被俘者享有的处置权,仅仅只在于通过限制他们的人身自由让他们失去战斗力以使他们不能伤害我们,除此之外再无其他。一旦战争结束,任何人都不再拥有杀死、折磨、虐待他的俘虏或掠夺俘虏的财产的权力,也无权将其作为奴隶。因此通过将敌人俘虏而使之沦为奴隶的权力其实是以一种自认为合理的屠杀俘虏的权力为基础的,既然这一基础已被推翻,那么以此为根据推导出的结论也同样是无效的。第二,查士丁尼声称奴隶制也可基于"市民法"(jure civili)而产生,如当某人将自己出售给他人之时。若这种"出售"仅意味缔结为他人服务或工作的契约,那确实是合理的。但看看古罗马及现代北非伊斯兰教地区的法律我们就会发现,要将这种契约关系套用到严格意义上的"奴隶制"上去是根本不可能的。每一次买卖都意味着有一个交易价格,是一次以价值交换价值(quid pro quo)的行为,即买方因卖方向其移转一定价值而向卖方支付的同等价值。但是,何种对价能与生命和自由相等值?更何况在绝对的奴隶制度中,奴隶的生命与自由均操于其主人之手。在一人成为奴隶的同时,他的财产,包括他看似可以获得的"同等价值",都根据这一事实(ipso facto)同时归其主人所有。因此,在这种情况下,买方没有支付任何价值,卖方也没有获得任何价值。既然任何买卖行为都必须遵循的基本原则都已经被破坏了,那么交易的有效性又从何谈起呢?查士丁尼的最后一条理由是,除了上述两种方式可使人沦为(fiunt)奴隶外,奴隶的身份也是世袭的,是可以继承的(servi nascuntur)。奴隶的孩子,依据自然法(jure naturae),因其生来就负有的义务而自出生之日起即为奴隶。但这第三条理由是建立在前两条理由成立的基础上的,因此既然前两条理由已被推翻,第三条理由自然也不成立。如果依据自然法和理性,任何被俘虏或将自己出售的人都不能被当作奴隶的话,那么他们的后代就更不能被当作奴隶看待了。

基于上述原则,英国法排斥,并将永远不能允许奴隶制在英国存在。《爱德华六世一年法》第三章曾规定使所有无业游民都沦为奴隶,仅提供面包、水或其他稀薄的饮料作为食物,不提供肉食。每个人都应在脖子、手臂或腿上戴上铁环,并允许用棒打、栓以锁链或用其他方式来迫使他们完成工作。但是我们的国家随即发现这是有史以来最违背道德的一项法令。我们的民族精神绝不能允许有人处于这样的境况之中,即使他是已完全被社会抛弃的无耻之徒,因此这项法律于两年后被废除①。现在本国已有明确的规定②,任何奴隶或黑人一旦踏上英国土地即成为自由人。亦即是说,法律保障他的人身权、自由权和财产权。至于因签订永远为某人工作的协议或其他类似契约而赋予主人的权力,则和以前一样对待,因为这种情况其实就相当于终身顺从于主人,就像每个学徒都会在七年,有时甚至是更长的时间内顺从于他的雇主一样。同样,我国法律还规定,限制黑人仆人接受洗礼以免他们获得人身自由的做法是一种违反基督教教义的无耻行为,这种行为不仅没有任何根据,也找不到任何可用于为之辩解的理由。英国法的适用遵循普遍和广泛的原则,它在赋予那些宣布信仰基督教的人自由权(更确切地说,是向他们提供保护)的同时,也赋予犹太人、土耳

---

① 《爱德华六世三、四年法》,第十六章(Stat. 3 & 4 Edw. VI. c. 16)。
② 《索尔克尔德王座法院判例汇编》,第666页(Salk. 666.)。

其人或其他异教徒同样的权利。同样,英国法也不会规定在雇主与受雇者中任一方改变了宗教信仰后,他们之间订立的民事合同即行终止,无论这种合同是明示的还是默示的。也就是说,在英国,奴隶在接受洗礼之前与之后享有同等的权利;与此同时,无论一个黑人在他还是异教徒时和他的英国主人之间签订的是何种为其效劳的合同,在他成为一名基督徒后,他仍然必须履行同样的合同义务。

英国法承认的(1)第一种类型的受雇者被称为住家佣工(*menial servant*),该词源自居住在(主人的)住所之内(*intra moenia*)。住家佣工在被雇主雇佣之时双方即确立了雇佣关系。若雇佣时未说明确切的有效期限,则法律默认合同的有效期为一年①。基于自然公正的原则,无论是在有活干还是没活干的季节,换句话说,一年四季,佣工都必须听从主人的差遣,主人则必须供养佣工②。当然契约也可明确规定更长或更短的期限。所有12至60岁的单身男子,30岁以下的已婚男子以及所有12至40岁的单身女子中没有固定收入来源的,都会在两位治安法官监督下强制外出务工,以弘扬诚实工作的精神。在契约到期前或到期时,除非能提出得到治安法官认可的正当理由③,否则雇主要解雇佣工,或佣工要离开雇主,都必须提前一季度通知对方。但若经双方同意或特别协商,则可终止契约。

(2)另一种受雇者被称为学徒(*apprentices*)(该词源于"*apprendre*",意为学习)。他们通常与雇主签订期限为若干年的

---

① 爱德华·柯克,《英国法学阶梯》,第一卷,第42页(Co. Litt. 42.)。
② 菲茨赫伯特,《新令状选编》,第168页(F. N. B. 168.)。
③ 《伊丽莎白五年法》,第四章(Stat. 5 Eliz. c. 4.)。

双联合同①(亦称为师徒合同)为雇主工作,雇主则须负责他们的生活并向他们传授技能。为此,议会法律②特别规定未成年人也有资格自行订立此类合同。此类合同通常与手工业者订立,目的是学习他们的手艺和技术,有时学徒还必须向雇主支付数目相当可观的学费作为他们传授技能的酬金。当然,雇主也可以是农夫,还可以是富绅或其他人。穷人家的孩子③可由济贫官在得到两名治安法官同意后负责送到他们认为合适的人那里当学徒,直至他年满24岁,而那些人则有义务接纳学徒。法律规定,富绅和教士与其他人一样,有接纳学徒的义务④。季审法院或一名治安法官可根据双方中的任一方依据正当理由提出的请求,解除学徒与手工业者之间的雇佣关系,如为一名治安法官作出的判决,当事人还可以向季审法院⑤提出上诉。季审法院根据成文法中的衡平精神,可在其认为合理的情况下要求雇主将当初所收费用中的一部分返还给学徒⑥。牧区学徒(parish apprentices)⑦的雇佣关系也可

---

① 双联或多联合同(deed indented),古时由两个或两个以上当事人签订的契据,依当事人人数制作副本时,各副本顶部以锯齿线或波浪线切割以便彼此契合,容易辨别真伪。——译者
② 《伊丽莎白五年法》,第四章(Stat. 5 Eliz. c. 4.)。
③ 《伊丽莎白五年法》,第四章(Stat. 5 Eliz. c. 4.);《伊丽莎白四十三年法》,第二章(43 Eliz. c. 2.);《詹姆斯一世一年法》,第二十五章(1 Jac. I. c. 25.);《詹姆斯一世七年法》,第三章(7 Jac. I. c. 3.);《威廉和玛丽八、九年法》,第三十章(8 & 9 W. & M. c. 30.);《安妮二、三年法》,第六章(2 & 3 Ann. c. 6.);《安妮四年法》,第十九章(4 Ann. c. 19.);《乔治二世十七年法》,第五章(17 Geo. II. c. 5.)。
④ 《索尔克尔德王座法院判例汇编》,第57、491页(Salk. 57. 491.)。
⑤ 《伊丽莎白五年法》,第四章(Stat. 5 Eliz. c. 4.)。
⑥ 《索尔克尔德王座法院判例汇编》,第67页(Salk. 67.)。
⑦ 牧区学徒(parish apprentices),指根据1601年《济贫法》规定,由教会官员经两名治安法官同意将父母无力抚养的子女送交合适的人收为学徒。——译者

经相同途径解除,不同的是须由两名治安法官共同作出判决①。

(3)第三类受雇者被称为短期劳工(labourers),指那些仅被雇佣若干天或几周,不像住家佣工那样作为家庭成员居住于主人住所之内的受雇者。那部常被引用的法律②就此问题作出了许多很有效的规定:Ⅰ.强制命令所有没有固定财产的人都必须工作;Ⅱ.明确在夏冬两季他们必须持续工作多长时间;Ⅲ.对擅自离开工作岗位或放弃工作的人进行处罚;Ⅳ.在季审法院开庭期间赋予法官确定劳工薪水的权力(平时由郡长确定);Ⅴ.对给予或强制索要比确定的薪水更高的酬劳的雇主或劳工进行处罚。

(4)此外还有第四类受雇者,如果他们能被称为受雇者的话。这些人包括管家、代理人及财产监管人(bailiffs,或称执行管家)。他们其实属于受雇者中地位较高、能力较强可以代表雇主的一类人。虽然这些人的行为关乎其主人或雇主的财产,但是法律上仍将这些人看作临时受雇者(pro tempore)。接下来我将继续讨论:

2.不同雇佣关系对雇主与受雇者的效力。首先,通过持续一年的雇佣关系或师徒合同下的学徒关系,受雇者即可在他最近40天③工作的牧区定居。其次,手工业者的学徒可拥有在英国④任何地区从事其所学行业的专有权利。赋予学徒这种独享权利的法律,依不同时代流行的观点不同,间或被认为太过严厉,间或则被认为非常有益,而这也导致了不同时期的法院依据这一法律所作

---

① 《乔治二世二十年法》,第十九章(Stat. 20 Geo. Ⅱ. c. 19.)。
② 《伊丽莎白五年法》,第四章(Stat. 5 Eliz. c. 4.)。
③ 参见原书第352页。
④ 《伊丽莎白五年法》,第四章(Stat. 5 Eliz. c. 4.)。

的决议也大相径庭。同时,废止这一法律的尝试至今仍屡见不鲜,当然迄今为止从未成功过。根据普通法规定,每个人都可按其意愿选择从事的行业,但这项法律却规定这种权利仅限于那些当过学徒的人方可享有。对此,反对者们认为,所有的限制都会导致垄断,这将有损于手工业的发展。而支持者们则声称,让那些不具备相应职业技能的人从事某行业和垄断一样有损于公众利益。支持者所持的这一观点其实仅适用于那些需要专门技能的行业,而他们提出的另一个理由适用面则广得多。他们认为,学徒制保证年轻人有活可干,可及早教育他们,使其懂得辛勤工作的重要性,因而于王国大有裨益。若没有学徒制,那么在发现其他人同样从事需要技能的工作、获得相同的收益,却无须接受同样的训练后,任何人都不会再被吸引去经历七年苦役式的学徒生活。在这一点上,他们的观点似乎很有道理。然而,法院围绕这一问题作出的各种判决总体上来说仍是对其进行限定解释而不是扩张解释。除了在制定法律时即明确包括在内的行业外①,其他行业都被认为不在受限制的范围内。在村镇从业的人也没有学徒期的要求②。此外,只须从事该行业七年即已足以作为从业资格,不再受其他任何限制。因为该法律仅仅规定,从业者必须以学徒的身份从业满七年,而并未要求这七年间必须真的做学徒的工作③。

---

① 《王座法院和皇家民事法院案例汇编》,第514页(Lord Raym. 514.)。
② 《文屈斯判例汇编》,第一卷,第51页(1 Ventr. 51.);《凯布尔王座法院判例汇编》,第二卷,第583页(2 Keb. 583.)。
③ 《王座法院和皇家民事法院案例汇编》,第1179页(Lord Raym. 1179.)。

对学徒或仆人疏于职守或其他不端行为雇主可依法予以纠正,但必须适度①。而若雇主的妻子殴打受雇者,即足以构成受雇者要求解除雇佣关系②的充足理由。另一方面,任何仆人、工人或劳工若攻击雇主或雇主妻子,都将遭入狱一年的处罚和其他体罚,但不包括剥夺生命或伤残肢体③。

所有的仆人或劳工(不包括学徒)因其为雇主工作而有权获得薪水。住家佣工的薪水视其与雇主间契约而定,农场劳工或工人则由郡长或季审法院确定其薪水。由于对受雇者薪水问题进行规范的法令仅涉及农场劳工④,因此任何司法行政官都不能对住家佣工的雇佣问题作出判决,当然也不能确定他们的薪水。

3. 最后,让我们看一下这种雇主与受雇者之间的雇佣关系对第三者有什么影响。具体而言,雇主是如何代表受雇者与第三方发生关系的,而受雇者在何种情况下可以代表雇主。

首先,雇主可以助讼,即支持并资助受雇者与第三人进行诉讼。然而一般而言,承担仆人的诉讼费以鼓励其诉讼或煽动仇恨的做法是一种有损于公共正义的罪行,在法律上被称为唆讼行为⑤。此外,主人也可起诉任何殴打其仆人或使其致残的第三人。但在这种情况下,主人必须表明失去仆人的服务给他造成的损失,以此作为起诉的特别理由,并且这种损失必须在审理过程中被加

---

① 霍金斯,《论王室的诉讼》,第一卷,第 130 页(1 Hawk. P. C. 130.);兰巴德,《治安法官》,第 127 页(Lamb. Eiren. 127.)。
② 菲茨赫伯特,《新令状选编》,第 168 页(F. N. B. 168.)。
③ 《伊丽莎白五年法》,第四章(Stat. 5 Eliz. c. 4.)。
④ 《琼斯判例汇编》,第二卷,第 47 页(2 Jones. 47.)。
⑤ 《案例节录》,第二卷,第 115 页(2 Roll. Abr. 115.)。

以证明①。同样,主人为保护仆人可以合法地攻击他人,仆人对主人亦然②。这种攻击的合法性,在主人而言,是由于他与他的仆人间存在利益关系,他享受仆人效劳的权利不应被剥夺;在仆人而言,则是因为随时准备保护主人的安全是他的一种义务,他只有履行了义务才能拿到薪水③。同样的,若有人雇佣或扣押了应为我效劳的我的仆人,使得这名仆人离开我而去当了他的仆人,我将就我遭受的损失同时起诉这名仆人和他的新主人,或者单独起诉两者中的一个。但如果这位新主人并不知道此人是我的仆人,那么我将不会提出起诉,除非他在获知全部情况并经我要求后仍拒绝将这名仆人归还给我④。这一观点的基础和根据在于,住家佣工所提供的服务对每个主人而言都是一种财产权,这种权利自雇佣达成时取得,是通过向佣工支付薪水购买的。

至于受雇者代表雇主所为的任何行为,看来都基于同一原则,即,若受雇者的行为是出于主人的命令(无论该命令是明示的还是默示的),雇主都须对受雇者的行为负责:通过他人实施行为者相当于亲自实施⑤(*nam qui facit per alium, facit per se*)。因此,若受雇者在雇主的命令或怂恿下实施了任何侵害行为,其过咎应由雇主承担。当然受雇者并不因此被免除责任,因为他本当听从主人不违背道德与法律的命令。若旅馆老板的伙计抢劫客人财物,

---

① 《判例汇编》,第九卷,第113页(9 Rep. 113.)。
② 《案例节录》,第二卷,第546页(2 Roll. Abr. 546.)。
③ 同样,依据阿尔弗烈德国王制定的法律第三十八章,允许仆人为主人而战,父亲为孩子而战,丈夫或父亲为妻子或女儿的贞洁而战。
④ 菲茨赫伯特,《新令状选编》,第167、168页(F. N. B. 167,168.)。
⑤ 《英国法学阶梯》,第四卷,第109页(4 Inst. 109.)。

则老板必须承担恢复原状之责①。这是因为客人对老板寄以信任，相信他的旅馆里的伙计都是诚实的，因此老板的疏失被视为对抢劫的一种默许，能够禁止而不禁止者是为准许（nam, qui non prohibet, cum prohibere possit, jubet）。同样，若酒馆掌柜向顾客出售质量低劣的酒，致使顾客的健康受到损害的话，则顾客可以起诉酒馆老板②。因为虽然老板没有明确命令掌柜将劣质酒卖给此受伤害的人，但他允许掌柜这么做即被视为一种默示的概括性指示（general command）。

同样，雇员在处理他的日常工作的过程中获准所做的任何事都被视为是出于雇主的概括指示。若我向银行老板的雇员付款，则该银行老板必须对我的付款负责。但若我向神职人员或医生的雇员付款而款项又被该雇员盗用的话，我就必须再次付款，因为代雇主收取钱款并非神职人员或医生的雇员的日常工作。若有一农场管家在事先未告知主人的情况下将农场出租，农场主人必须执行协议，因为管理农场是管家的日常工作之一。一个人的妻子、朋友、亲戚，若经常帮他处理事务，即被认为在这一方面是他的雇员，而这位被代理人则必须对他的"雇员"的行为负责，因为在这种情况下，法律认定雇员是按雇主的概括指示行事。若没有这样的信条的话，人与人之间的相互交往将无法再采取任何便捷的方式。如果我通常亲自与某商人交易，或总是向他支付现金，则我就无须对我的雇员以赊购方式取走的任何货物负责，因为这种情况下我

---

① 《法律之基础与原则》，第四十三章（Noy's Max. c. 43.）。
② 《案例节录》，第一卷，第 95 页（1 Roll. Abr. 95.）。

并没有向该商人提出任何要求他信任我的雇员的暗示。但如果我总是让我的雇员赊购货物,或是有时赊购有时付现款,则我必须对我仆人取走的全部货物负责,因为这个商人不可能分辨出我的雇员何时是奉我的命令行事,何时又是擅自行事①。

最后,若雇员因自己的疏忽而对第三方造成损害,雇主须为其雇员的疏忽负责。如一个铁匠的伙计在为一匹马钉马掌时使马跛了腿,则马主人应追究铁匠而非他的伙计的责任。但只有在伙计确实是在为雇主工作的过程中造成损害的情况下才应追究雇主的责任,否则就应由伙计本人为他的不当行为承担责任。基于这一原则,普通法规定②,若仆人在照管主人家的火烛时疏忽大意,导致邻居的房屋被烧毁,则邻居应起诉主人,因为这是仆人在为主人工作中发生的疏漏。反之,若仆人独自一人手举火把走在大街上时不慎引起火灾,则损失必须由他本人承担,因为此时他并没有直接为主人服务。但对前一种情况,普通法的规定已由《安妮六年法》第三章进行了修改。该法律规定,若是本人的房屋或住所因意外失火,则不应起诉任何人,因为该家庭遭受的损失已足以作为对主人或仆人的粗心大意的惩罚。但若火灾是由仆人的疏忽引起的,由于此种情况下他的损失通常很小,则应对该仆人处以100英镑的罚款,分发给因火灾而遭受损失的人。若仆人拖欠付款,他将

---

① 《神学博士与英格兰普通法学生问答录》(Dr & Stud. d. 2. c. 42.);《法律之基础与原则》,第四十四章(Noy's Max. c. 44.)。

② 《法律之基础与原则》,第四十四章(Noy's Max. c. 44)。

被关押在济贫院做 18 个月的苦工①。最后,若一户人家中有任何人在街道或公路上放置或丢弃任何家中的物品并因而对任何个人造成损害或对国王陛下的人民造成普遍妨碍的话②,则这家的主人会遭到指控。因为主人应对所有家庭成员的行为进行监督和管理。这条规定也与罗马法的规定相一致,罗马法规定③,家父(pater familias)在此种及类似的情况下"被认为应对家中其他人,包括他的仆人和孩子的行为负责"(ob alterius culpam tenetur, sive servi, sive liberi)。

我们可能已经注意到了,在上述种种情况中,雇主经常因对他的雇员寄以信任而成为受损失的一方,却从不会因此成为得利的一方。雇主经常要为雇员的行为不端负责,却从不能通过让他的雇员承担责任而使自己免受处罚。造成这两种情况的原因是相同的,即雇员的错误行为在法律上被认为是雇主本人的错误行为,而"不允许任何人因自己的错误行为得利"是一条永恒不变的真理。

---

① 基于类似的原则,罗马《十二表法》(the law of the twelve tables)规定,因疏忽而引发火灾的人必须向受害者支付两倍于损失的赔偿。若他无力支付则将会遭到体罚。
② 《法律之基础与原则》,第四十四章(Noy's Max. c. 44.)。
③ 《查士丁尼学说汇纂》(Ff. 9.3.1.);《查士丁尼法学阶梯》,第四卷,第五篇,第一部分(Inst. 4.5.1.)。

第十五章　丈夫与妻子

个人关系中的第二种是婚姻关系,包括丈夫与妻子(或者按大多数我国古老的法律书籍里的称呼,"baron"与"feme")相互间的义务。对此问题我将首先探究婚姻关系是如何订立或者说缔结的,接下来则将指出通过何种形式婚姻关系可以被解除,最后则将研究一下婚姻关系的法律效力与法律后果。

1. 我国法律仅将婚姻关系看成一种民事契约。婚姻关系的神圣性完全属于宗教法的管辖范围,因此世俗法院并不拥有将不合法的婚姻判定为一种罪行的裁判权,而只能视之为一种民事上的不便(civil inconvenience)。对乱伦或其他违背圣经的婚姻关系进行惩罚或宣布无效的裁判权属教会法院所有,此时这些法院是为了拯救他的灵魂(pro salute animae)[①]而采取行动。而从民事行为的角度来看待婚姻时,法律将婚姻关系与其他所有的契约关系同等对待。只要在签订契约时双方首先是出于自愿;其次,双方均有资格立约;最后,双方确实按照法律要求的适当形式及正式仪式签约,则法律就承认该契约正当而有效。

首先,双方必须是出于自愿立约。对此罗马法中有一条相关的原

[①] 《索尔克尔德王座法院判例汇编》,第121页(Salk. 121.)。

则:"是双方同意,而非同居行为,使婚姻关系得以确立"(Consensus, non concubitus, facit nuptias)[1]。普通法学家也采纳了这一准则。事实上,普通法学家[2](尤其是古时候的普通法学家)在婚姻关系合法性方面的观念几乎都是借鉴自教会法和罗马法。

其次,双方必须有资格立约。总体而言,所有人都有资格确立婚姻关系,除非他们不具备某些特定的行为能力或资格。在此我们将对究竟哪些是不具备相应的行为能力或资格的情况进行一番探究。

现行的不具备相应行为能力的情况分为两种:首先是依照教会法不具备相应行为能力。对这类情况下成立的婚姻关系教会法院依据教会法足以宣布其无效。而我国法律则只视这种婚姻关系为可宣告无效的关系,在教会法院宣布无效的判决下达前,这种关系并不依事实(ipso facto)而无效。上述依照教规不具备相应行为能力的情况包括婚前已另有婚约、血亲(即通过血缘产生的关系)通婚、姻亲(即通过婚姻产生的关系)通婚以及某些特定的肢体残疾。这些依照教规不具备相应行为能力的情况中一部分是以神法的明文规定为依据,其余则是从神法中推断得到的直接的结论。任何处于这种情况下的男女双方若试图确立婚姻关系,即被认为是一种罪恶。为了使两个罪人别居并命令他们为自己的罪行进行自我惩罚,为了拯救众生(pro salute animarum),教会法官会对他们采用强制手段。但这种婚姻关系并非从确立之初(ab initio)即为无效的,只有通过命令两人别居的判决才能使之无效。而在

---

[1] 《查士丁尼学说汇纂》(Ff. 50. 17. 30.)。
[2] 爱德华·柯克,《英国法学阶梯》,第一卷,第33页(Co. Litt. 33.)。

民事上这种关系则永远是有法律效力的,除非双方在有生之年确实被强制实行别居。因此,在一方死亡之后,普通法法院就会禁止教会法院对两人的婚姻关系进行无效判决,因为这样的判决并不能达到对双方的行为进行矫正的目的[1]。曾经有一男子娶了他第一位妻子的姐妹,主教法院在他的第二位妻子死后马上准备宣称这第二次婚姻是无效的,并宣布这次婚姻留下的子嗣为私生子,然而王座法院却发布禁令阻止了该判决,但与此同时又允许其对丈夫的乱伦行为进行惩罚[2]。这些依据教会法不具备行为能力的情况完全属于教会法院的管辖权限范围内,因此不属于本书的讨论范围。但也有一些议会法律对教会法院处理此类案件有指导作用,对这些法律我们最好还是适当予以关注。《亨利八世三十二年法》第三十八章宣布,除被神法禁止的人之外,其他所有的人都可以合法结婚;所有由合法主体在牧师面前成立的且双方已圆房并育有子嗣的婚姻关系都是不容解除的。此外,鉴于天主教时期规定众多远近不同的亲属之间不允许结婚,但这种亲属关系造成的障碍可花钱解决,因此同一法律还宣布除了神法外没有什么可对任何婚姻关系表示质疑,除非双方的关系在《利未记》规定的亲等范围之内[3](该规定中关系最远的是叔舅与侄女或外甥女)。另外,这一法律还清除了所有因与另一人有婚约而造成的障碍。它宣布

---

[1] 爱德华·柯克,《英国法学阶梯》,第一卷,第33页(Co. Litt. 33.)。
[2] 《索尔克尔德王座法院判例汇编》,第548页(Salk. 548.)。
[3] 吉尔伯特,《衡平法案例集》,第158页(Gilb. Rep. 158.)[《利未记》(*Levitical degrees*)规定的亲等范围,指《旧约全书》的《利未记》第十八章规定的亲等,在该亲等范围内的男女不得结婚。——译者]。

除非双方已圆房,否则这种订婚行为是没有效力的,而教会法则视这种婚约为事实上的婚姻。但这一规定已被《爱德华六世二、三年法》第二十三章废止。至于《乔治二世二十六年法》第三十三章(该法禁止所有教会法院受理任何由依据已订立的婚约而企图强行确立婚姻关系而引发的诉讼)究竟可以在何种程度上间接恢复亨利八世的法律中被废止的内容并清除由婚约而造成的婚姻障碍,这个问题我想还是留给教会法学者们研究吧。

另一类不具备相应行为能力的情况是由国内法明文规定的,或者至少是事实上实行的。其中有一些虽是基于自然法,但本国法律更多地并不是从违反道德准则的角度,而是从由此会给公众带来的困扰的角度来看待这个问题。这类无行为能力的情况使得双方关系自始(ab initio)无效,而非仅仅是经宣布后无效;这类情况使双方根本就没有资格成立任何关系,而非将已然成立的关系解除,换句话说,这类情况并非将已结合的两人拆散,而是在他们结合之前即加以阻止。因此,任何属于这类在法律上不具备相应行为能力的人若走到一起,则他们的关系并不是一种婚姻关系,而只是一种不道德的性关系。

(1)在法律上不具备相应行为能力的情况中首先的一条就是一方之前已经结婚,即在结婚之时另有丈夫或妻子仍然在世。这种情况下的结合,不仅会因犯重罪招致惩罚,而且这第二次婚姻在任何情况下都被视为是无效的[①]。一夫多妻制不仅受到《新约》中

[①] 《布鲁克英国判例汇编摘要》,标题"私生子",诉讼 8(Bro. Abr. tit Bastardy. pl. 8.)。

法律的谴责，而且也为所有审慎的国家的政策，尤其是北欧诸国的风气所不容。而且，查士丁尼时代的法律亦规定（现代土耳其的社会观念也接受这种法律）①："不许一个人同时拥有两个妻子"（duas uxores eodem tempore habere non licet）。

(2) 第二种法律上不具备行为能力的情况是未达到法定年龄。在未达到法定年龄的情况下，由于立约当事人不具备相应的缔约的判断能力，故当事人被禁止订立任何契约，更不用说婚姻——这一所有契约关系中最重要的一种，自然更加应当被禁止。因此，若一未满14岁的男孩或未满12岁的女孩结婚，则这种婚姻关系是不成熟、不完善的。一旦未达到法定年龄的一方达到前述合法年龄，他们无须经过教会法院的离婚程序或审判即可表示不接受该婚姻并宣布其无效，这是有罗马法作为依据的②。而教会法关注的更多是当事人的身体状况而非他们的年龄③，因此无论他们年龄几何，只要他们适宜结婚（habiles ad matrimonium），则他们的婚姻就是合法的。而按照我国法律规定，当事人年龄未到时订立的婚姻仍可算是一种婚姻关系，即，如果双方在达到合法年龄后愿意继续在一起，他们是无须再行一次结婚仪式的④。若丈夫已达到具备判断力的年龄而妻子却未满12岁，则当她达到具备判断力的年龄后，双方皆有权表示不接受该婚姻。这是因为在契约关系中，义务是相互的，双方都应受义务约束，否则双方就皆不

---

① 《查士丁尼法学阶梯》，第一卷，第十篇，第六部分（Inst. 1. 10. 6.）。
② Leon. Constit. 109.
③ 《教令集》，第四卷（Decretal. l. 4. tit. 2. qu. 3.）。
④ 爱德华·柯克，《英国法学阶梯》，第一卷，第79页（Co. Litt. 79.）。

受约束。同样,若妻子已达到具备判断力的年龄而丈夫尚未达到,则情况亦然①。

(3)另一种不具备结婚资格的情况是未经父母或监护人的同意。根据普通法规定,若结婚双方已达到合法年龄,则无须其他人同意他们的婚姻就是合法有效的,这也和教会法的规定一致。但根据我国若干部议会法律的规定②,任何神职人员若为未公布结婚公告(该公告可使婚姻双方当事人的父母或监护人得到他们结婚的消息)或未取得许可证(新人只有在双方父母或监护人已经宣誓同意该婚姻的情况下才能得到该许可证)的新人举行婚礼,将被罚款100英镑。而根据《菲利普和玛丽四、五年法》第八章的规定,任何人若在未得到父母或监护人同意的情况下与未满16岁的少女结婚,都将遭到罚款或入狱五年的惩罚,且该女子的财产在丈夫有生之年都属于她的第一继承人所有,归他们使用。事实上,罗马法要求任何年龄的人结婚都必须得到父母或监护人的同意,除非此人已经获得家长的解放③,或者说脱离了家长权的控制④。若未得到父亲的同意,则婚姻是无效的,且婚后所生的孩子也是私生子女⑤。然而,若父亲或监护人在没有正当理由的情况下不予同意,

---

① 爱德华·柯克,《英国法学阶梯》,第一卷,第79页(Co. Litt. 79.)。
② 《威廉三世八、七年法》,第六章(6 & 7 W. III. c. 6.);《威廉三世七、八年法》,第三十五章(7 & 8 W. III. c. 35.);《安妮十年法》,第十九章(10 Ann. c. 19.)。
③ 在罗马法上,子女是他权人,其婚姻的有效要件便是父母的同意,但也可以通过父母对子女解放(emcipate)使其获得自立,从而可以自由订立婚约。——译者
④ 《查士丁尼学说汇纂》(Ff. 23.2.2. & 18.)。
⑤ 《查士丁尼学说汇纂》(Ff. 1.5.11)。

则法官或行省的省长①可对此进行救济并代为同意。此外，若父亲精神不健全，亦可采取类似的救济措施②。上述这些规定也被法国及荷兰采纳并仿效，但略有差异。在法国，男子在30岁以前未经父母同意不得结婚，女子则为25岁③。而在荷兰，男子只须年满25岁即可拥有婚姻自主权，女子则为20岁④。至于我们的其他邻国，有一些早已存在的类似规定，另一些现在也已开始采纳。而近来人们也开始认为在我国的法律中引进某些类似的政策是可行的。《乔治二世二十六年法》第三十三章规定，所有已获得许可证的婚姻（这种婚姻被认为已经公布过结婚公告）若有一方未满21岁（不包括寡妇或鳏夫，因为他们被认为已经自立了），且这一方未得到父亲的同意，或父亲已不在世而未得到母亲或监护人的同意，则这种婚姻关系是完全无效的。在罗马法中也有类似的规定，但罗马法同时还规定若母亲或监护人精神不健全（non compos）、身在海外或性格异乎寻常的乖僻，则大法官可对此进行自由裁量，但若父亲心智不健全或在其他方面有残疾，则不适用该规定。对于《乔治二世二十六年法》第三十三章对我国古代法律和制度进行这种改革，支持和反对意见都已经提得很多了，而且将来还会更多。一方面，对此进行改革可以防止未成年人秘密结婚的情况发生，而这种秘密婚姻通常对双方各自的家庭都会造成极大的困扰。但另

---

① 《查士丁尼法典》(Cod. 5.4.1. & 20.)。
② 《查士丁尼法学阶梯》，第一卷，第十篇，第一部分(Inst. 1.10.1.)。
③ 孟德斯鸠，《论法的精神》(Montesq. Sp. L. 23. c. 7.)。多玛，《自然秩序中的民法》，第2节"论嫁妆"(Domat, of dowries. §.2.)。
④ 《文纽斯论查士丁尼法学阶梯》(Vinnius in Inst. l. 1. t. 10.)。

一方面,由于这种对婚姻(尤其是对处于社会底层的人的婚姻)加以限制的做法阻碍了人口的增长,因此显然会对社会的利益造成损害。同时,由于这种限制助长了单身男子和单身女子间的放荡、淫乱的风气,所以还会危及宗教和道德观念,并彻底破坏人们结成社会和建立政府的根本目的之一——禁止淫乱行为(concubitu prohibere vago)。对于最后这种可能由限制婚姻导致的困扰,罗马法已有所察觉,因此罗马法在禁止未经父母或监护人同意的婚姻的同时,又因此而放松了对当事人其他方面的约束。比如,若父亲不允许女儿结婚,则一旦她达到25岁并且其后又在操行上失足的话,父亲也不得因此剥夺她的继承权。因为她所犯的过失被认为并非因她自己的过错造成的,而是由她父母导致的(quia non sua culpa, sed parentum, id commisisse cognoscitur)[①]。

(4)第四种没有结婚资格的情况是不具备应有的判断能力。当事人没有一定的判断能力和其他缺陷一样,都会导致婚姻关系无效。根据旧的普通法的规定,智障者和精神失常者都可结婚[②],但这种规定的缺陷是显而易见的。而罗马法的相应规定就要高明的多。虽然根据罗马法规定,丧失判断能力的情况若发生在婚后并不能成为离婚的理由,但若发生在婚前,则是不允许结婚的法定理由之一[③]。当然,我国法律中有关精神错乱者和精神失常者的结婚问题的规定所存在的缺陷已由《乔治二世十五年法》第三十章的明义规定加以弥补。至于智障者的结婚问题,虽然在法律中没

---

① 《新律》(Nov. 115. §. 111.)。
② 《案例节录》,第一卷,第357页(1 Roll. Abr. 357.)。
③ 《查士丁尼学说汇纂》(Ff. 23. tit. I. l. 8. & tit. 2. l. 16.)。

有明确说明,但亦被认为属于该规定的合理的适用范围内。

最后,婚姻双方不仅必须是在出于自愿、具备相应资格的前提下确立婚姻关系,还必须经过正当的法律程序,才能使之成为合法有效的民事婚姻。任何在具备相应资格的双方间订立的以现在时(*per verba de praesenti*)措辞的婚约,或在双方已然同居的情况下以将来时(*per verba de futuro*)措辞的婚约,在前述法律颁布前在很多情况下都被认为是有法律效力的,但教会法院也可能强制要求双方在教堂内(*in facie ecclesiae*)[①]举行婚礼。但这种书面婚约如今已不具有法律效力[②]。如今,除非得到坎特伯雷大主教的特准,任何婚姻,若未在某个牧区教堂或其他非国教教堂举行过婚礼,都被认为是不具法律效力的。另外,婚礼举行之前还必须公布结婚公告或获得教会法院颁发的许可证。前述法律还规定了其他许多必要的程序[③],当然,若不经这些程序,虽会受到处罚,却并不会使婚姻无效。相反,虽然牧师介入婚礼的举行仅仅只是实在法的规定(*juris positivi*),而非自然法或神法的规定(*juris naturalis aut divini*),但由一位拥有一定神职的人主持婚礼仍被认为是必不可少的。据说是教皇英诺森三世首先规定必须在教堂内举行婚礼[④],在此之前婚姻完全是一种民事契约行为。不过,在

[①] 在英格兰,婚礼只有在教堂举行,或者由神职人员主持在别处举行,才被当成"in facie ecclesiae",妻子才能得到她的嫁妆。——译者
[②] 《乔治二世二十六年法》,第三十三章(Stat. 26 Geo. II. c. 33.)。
[③] 《索尔克尔德王座法院判例汇编》,第119页(Salk. 119.)。
[④] 《弗朗西斯·莫尔英国王座法院判例汇编》,第170页(Moor. 170.)。

内战时期[①],所有的婚礼都是由治安法官主持的,而且《查理二世十二年法》第三十三章宣布上述婚姻无须再重新举行婚礼即是合法的。但我们可以发现,按照如今的法律规定,总体而言任何依世俗法确立的婚姻只要满足下列条件就不会依事实(*ipso facto*)被宣布无效:由一名牧师主持婚礼、在牧区教堂或其他非国教教堂举行婚礼(或得到特准)、公布结婚公告或获得许可证、婚姻双方皆为单身、双方同意、双方心智健全、年龄达到 21 岁或者男方达到 14 岁,女方达到 12 岁并得到父母或监护人的同意,或虽未得到同意但原因是母亲已守寡。而且根据教会法的规定,即使夫妻一方去世婚姻关系依然是不可撤销的。并且除非存在下列情况之一,否则在夫妻双方的有生之年婚姻关系也是不可撤销的,这些情况是:结婚之前已另有婚约且婚约仍然存在,或者在婚姻关系确立前双方是血亲关系、姻亲关系,或一方在婚前就已经存在身体残疾或智力缺陷。

2. 接下来我将讨论的是解除婚姻关系的方式,包括死亡和离婚。离婚还分为两种:一种是完全离婚,另一种是部分离婚。前者是完全解除婚姻关系(*vinculo matrimonii*),后者则仅仅是在生活起居上分开(*mensa et thoro*)。完全离婚,即解除所有义务的离婚,必须是出于前述依照教会法不允许结婚的原因。这些原因必须是在婚姻关系成立之前即存在的,如血亲关系就是这样,而不能是嗣后产生的,换言之就是不能在婚姻关系成立之后产生的,如姻

---

① 内战期间(grand rebellion),指 1642—1651 年,即自查理一世同议会开战至克伦威尔进占苏格兰为止。——译者

亲关系、身体残疾或智力缺陷。在完全离婚的情况下,婚姻关系是由于在成立之初(*ab initio*)就是完全不合法的而被宣布无效,婚姻双方是因为为了拯救他们的灵魂(*pro salute animarum*)而被分开。正因如此,如前面已讨论过的那样,只有在双方皆在世的情况下才能进行离婚。由于这种婚姻关系乃完全地被解除,因此留下的子嗣是私生子[①]。

在生活起居上分开(*mensa et thoro*),即别居,适用于婚姻关系在确立之初正当、合法的情况,因此除非是由于某些婚后发生的意外情况,如一方脾气坏得令人无法容忍或是有通奸行为,使得双方确已不再适宜或已不可能再生活在一起,否则法律对解除这种关系是非常谨慎的。教会法(普通法在这一点上也一样)怀着如此无法言传的虔敬将婚姻关系看得如此神圣,以至于任何在双方结合后才产生的理由都不会使它允许这种关系被解除。虽然教会法明确指出生活淫乱正是一男子抛弃妻子另行娶妻的原因[②],并且实际上是唯一的原因,但却仍声称它这种不允许解除婚姻关系的规定是以神启法为基础的。而罗马法因为有部分异教起源,因此承认很多种情况为完全离婚的理由。其中有一些确实非常严苛(如妻子在未告知丈夫并得到他同意的情况下去戏院或其他公共娱乐场所[③]),但其中最主要的一条仍是通奸,且很自然地被排在首位[④]。

[①] 爱德华·柯克,《英国法学阶梯》,第一卷,第 235 页(Co. Litt. 235.)。
[②] 《马太福音》19:9(Matt. xix. 9.)。
[③] 《新律》(*Nov.* 117.)。
[④] 《查士丁尼法典》(*Cod.* 5. 17. 8.)。

而在我们英国,通奸只能成为别居的理由①。对此最好的解释是,正如过去只须任何一方主动承认不具备依照教规应具备的相应行为能力即可获准离婚,而这种做法现在已为教规②所禁止一样,若离婚仅凭可由任意一方加以控制的某种情况即可实现③,那么离婚案件必会层出不穷。然而,近几年来,因通奸而要求完全解除婚姻关系(*vinculo matrimonii*)的案件经常会由议会通过法案而获得批准。

在生活起居上分开(*mensa et thoro*)的情况下,法律允许妻子获得生活费,即为使妻子在离开丈夫后仍能维持生计而给予她的补助,具体金额由教会法院法官在全盘考虑了案件所有具体情况后予以确定。这笔生活费有时被称为妻子的应得的生活必需品(*estovers*)。若丈夫拒绝支付该笔费用,除通常的将其逐出教会的程序外,妻子还可利用普通法中的别居必需品给付令状(*de estoveriis habendis*)来获得应得的生活费④,数目大小通常与双方社会地位和身份成一定比例。但如果是妻子与人私奔或与通奸者共同生活,则法律将不允许她获得生活费⑤。

3. 在解释了婚姻关系如何确立及解除之后,最后我将就婚姻关系的确立及解除在法律上的后果进行探讨。

---

① 《弗朗西斯·莫尔英国王座法院判例汇编》,第683页(Moor. 683.)。
② 《现代英国王座法院判例汇编》,第二卷,第314页(2 Mod. 314.)。
③ 《1603年教会法和教令集》,第一百零五章(Can. 1603. c. 105.)。
④ 《莱文兹英国王座法院与民诉法院判例汇编》,第一卷,第6页(1 Lev. 6.)。
⑤ 考威尔,《注释家》,标题为"赡养费"(Cowel. tit. Alimony.)。

第十五章　丈夫与妻子

丈夫与妻子通过婚姻关系在法律上成为一个主体[1]，亦即是说，在婚姻存续期间，妻子在人身上和法律上的存在处于暂时中止的状态，或者至少是在人身上和法律上被丈夫吸收，与之合并，成为他的一部分。妻子在丈夫的保护、庇佑下从事所有活动，因而在法语的法律用语中，一个有夫之妇（*feme-covert*），被称为"*covert-baron*"，即受其夫君（*baron*）、丈夫或先生支配和保护的妻子。她在婚姻期间的身份被称为受监护者（*coverture*）。几乎所有夫妻双方各自通过婚姻而取得的法律上的权利、义务或无行为能力的情况其实都是基于夫妻双方是一个统一主体这一原则。此处我所说的并不涉及财产权，而是单纯地针对人身权而言。因为夫妻是同一主体，所以一个男子不能向他的妻子赠与任何东西，也不能与她签订任何有法律约束力的协议[2]。因为赠与行为相当于认定妻子的独立存在，而与她签订协议则相当于只是与他自己签订协议。因此，丈夫与妻子之间在两人都还是单身时达成的所有契约在他们结合之后即归于无效[3]，一般而言这并非言之无据。妻子实际上可以作为丈夫的代理人[4]，因为这并非意味着妻子独立于丈夫而存在，而只是妻子作为她丈夫的一个代表。当然，丈夫也可订立遗嘱将任何东西遗赠给妻子，因为该遗嘱在丈夫死亡[5]、妻子受监护的地位终结前并不生效。法律规定丈夫有义务为妻子提供生活

---

[1] 爱德华·柯克，《英国法学阶梯》，第一卷，第112页（Co. Litt. 112.）。
[2] 同上。
[3] 《判例汇编》，"查理一世国王"卷，第551页（Cro. Car. 551.）。
[4] 菲茨赫伯特，《新令状选编》，第27页（F. N. B. 27.）。
[5] 爱德华·柯克，《英国法学阶梯》，第一卷，第112页（Co. Litt. 112.）。

必需品,且不得少于他自己享用的数量。妻子为获得生活必需品而欠下的债务,丈夫有义务偿还①。但妻子为获得生活必需品以外的物品而欠下的债务则不应由丈夫偿还②。此外,若妻子与人私奔或与他人同居,即使是生活必需品的费用丈夫亦没有义务支付③。或者至少是为夫妻双方提供生活必需品的人,如果其在确实获知女方与人私奔后仍向她提供生活必需品,丈夫即可不再偿还此部分债务④。若妻子在结婚之前已有负债,则丈夫在结婚之后有义务偿还债务,因为他是把妻子和她的经济状况一同吸收的⑤。若妻子的人身或财产受到损害,她只有在得到丈夫的同意情况下才能提出起诉请求赔偿,而且起诉必须以丈夫和她自己共同的名义⑥。同样,若要控告妻子,也只有在把丈夫作为共同被告的前提下才能进行⑦。事实上有一种情况下妻子会仅作为一个个体提出起诉或被控告,那就是丈夫已发誓弃国或被驱逐的情况——因为在这种情况下丈夫在法律上已经死亡⑧。当丈夫再无能力为妻子提出起诉或辩护时,若妻子因此再也无法得到任何救济或自行进行辩护,那将是极不近情理的。诚然,由于丈夫与妻子

---

① 《索尔克尔德王座法院判例汇编》,第 118 页(Salk. 118.)。
② 《塞德芬王座法院判例汇编》,第一卷,第 120 页(1 Sid. 120.)。
③ 约翰·斯特兰奇,《既决案例汇编》,第 647 页(Stra. 647.)。
④ 《莱文兹英国王座法院与民诉法院判例汇编》,第一卷,第 5 页(1 Lev. 5.)。
⑤ 《现代英国王座法院判例汇编》,第三卷,第 186 页(3 Mod. 186.)。
⑥ 《索尔克尔德王座法院判例汇编》,第 119 页(Salk. 119.);《案例节录》,第一卷,第 347 页(1 Roll. Abr. 347.)。
⑦ 《伦纳德判例汇编》,第一卷,第 312 页(1 Leon. 312.),这也是雅典法院所沿用的惯例(Pott. Atiqu. b. I. c. 12.)。
⑧ 爱德华·柯克,《英国法学阶梯》,第一卷,第 133 页(Co. Litt. 133.)。

的结合只是民事上的，所以在刑事诉讼中，妻子可能单独被控告并接受惩罚①，但在任何形式的审判中，夫妻双方都不得提供支持或反对对方的证据②。这其中的一部分原因是他们的证词不可能不存在偏袒的情况，但更主要的原因是他们是结合在一起的，因此倘若夫妻双方获准作为对方案件的证人，这将与法律的一条原则："任何人都不得作为自己诉讼之证人"(nemo in propria causa testis esse debet)有所抵触；而如果他们作为反对对方的证人，又与另一条法律原则："任何人都没有指控自己的义务"(nemo tenetur seipsum accusare)相悖。但当违法行为是直接以妻子本人为目标时，这条准则通常会被忽略③。也正因如此，《亨利七世三年法》第二章才会规定，若一妇女被强行带走、强迫结婚，为了使她所谓的丈夫被判有罪，她可作为反面证人。因为既然他们之间的婚姻关系缺少一项基本要素——女方的同意，那么在这种情况下，再把她看成是她丈夫的妻子是极不恰当的。同时，法律上还有一条原则：任何人都不能从自己的过错中得益。倘若强掳者通过强行与受害女子结婚能够阻止她成为自己所犯罪行的证人(可能这名妇女是事实的唯一证人)的话，那么他就从自己的过错中得益了。

在罗马法上，丈夫与妻子被看成两个不同的人，可各自拥有独立的财产、可独立订立契约、有独立的债务，也可能独立受到

---

① 霍金斯，《论王室的诉讼》，第一卷，第 3 页(1 Hawk. P. C. 3.)。
② 同上书，第二卷，第 431 页(2 Hawk. P. C. 431.)。
③ 《国家审判》，第一卷，(State trials, vol. I.)；约翰·斯特兰奇，《既决案例汇编》，"奥德利领主之案"，第 633 页(Lord Audley's case. Stra. 633.)。

伤害①。因此，在我们的教会法院里，妻子可在不牵涉丈夫的情况下单独提出起诉或被控告②。

但是，虽然我国法律通常将丈夫与妻子看作是一个人，但在某些情况下，妻子却是作为一个地位低于丈夫，并在他的强迫下行事的个体被单独考虑的。也正因如此，她在受夫监护期间履行的所有契约和所作的所有行为都是无效的或至少是可宣布无效的。但其中不包括支付"土地出让金"或其他类似的被记录在案的事件。在此类情况下，她必须被单独秘密审问，以确定她的行为是否出于自愿③。除某些特殊的情况外，通常妻子不能订立遗嘱向丈夫馈赠土地，因为她在订立遗嘱时被认为是受到丈夫胁迫的④。另外，妻子受丈夫逼迫所犯的某些重罪及轻罪会得到法律的宽恕⑤，但不包括叛国罪和谋杀罪。

根据原有的法律，丈夫也可对妻子进行适当的惩戒⑥。这是因为，既然他必须为妻子的行为不端负责，那么赋予他运用家庭内部的惩戒手段对妻子进行约束的权力在法律上也是合理的。所谓适当的惩治其力度相当于一人被允许对其仆人或孩子进行惩戒的力度，因为他作为主人或父亲在某些情况下同样必须为仆人或孩子的行为负责⑦。但这种惩戒妻子的权力被限制在合理的范围

---

① 《查士丁尼法典》(Cod. 4. 12. 1.)。
② 《案例节录》，第二卷，第 298 页(2 Roll. Abr. 298.)。
③ 利特尔顿，《土地保有》，第 669、670 节(Litt. § 669, 670.)。
④ 爱德华·柯克，《英国法学阶梯》，第一卷，第 112 页(Co. Litt. 12.)。
⑤ 霍金斯，《论王室的诉讼》，第一卷，第 2 页(1 Hawk. P. C. 2.)。
⑥ 同上书，第一卷，第 130 页。
⑦ 《弗朗西斯·莫尔英国王座法院判例汇编》，第 874 页(Moor. 874.)。

内,除了那些丈夫为恰如其分地实施权威及适度地惩治妻子而采取的合理、合法的行为外[①](*aliter quam ad virum ,ex causa regiminis et castigationis uxoris suae ,licite et rationabiliter pertinet*),法律禁止丈夫对妻子实施任何暴力行为。而罗马法则赋予丈夫同样、甚至更大的对于妻子的权力。在妻子犯某些轻罪时罗马法甚至允许丈夫用鞭子及棍子严厉地责打妻子(*flagellis et fustibus acriter verberare uxorem*),而在其他情况下则只能采取适度的惩戒手段[②](*modicam castigationem adhibere*)。但在我们国家,在查理二世统治时期礼仪之风较以往更盛,丈夫惩戒妻子的权力开始遭到质疑[③]。现在妻子可得到不受丈夫伤害的安全保障[④],反过来,丈夫也可得到同样的保障[⑤]。但那些处于社会底层的人通常热衷于采用原有的法律,他们至今仍在主张并行使丈夫的古老的特权。并且法院现在仍允许丈夫在妻子的行为严重不轨时限制她的自由[⑥]。

　　以上就是在妻子受监护期间婚姻关系的主要法律效力。从中我们当能得出这样一个结论,那就是:对妻子而言,哪怕是规定她们不具有行为能力,其主要目的仍是为了对她进行保护,维护她的利益。由此可见,英国法管辖下的女性是何等的幸运啊!

---

① 菲茨赫伯特,《新令状选编》,第 80 页(F. N. B. 80.)。
② 《新律》(*Nov.* 117. c. 14.);范·利文,《民法大全献词》(Van Leeuwen *in loc.*)。
③ 《凯布尔王座法院判例汇编》,第三卷,第 433 页(3 Keb. 433);《塞德芬王座法院判例汇编》,第一卷,第 113 页(1 Sid. 113.)。
④ 《莱文兹英国王座法院与民诉法院判例汇编》,第二卷,第 128 页(2 Lev. 128.)。
⑤ 约翰·斯特兰奇,《既决案例汇编》,第 1207 页(Stra. 1207.)。
⑥ 同上书,第 478、875 页。

第十六章　父母与子女

接下来的一种个人关系是自然界中最普遍的一种关系,这种关系是前述婚姻关系最直接的产物,那就是父母与子女的关系。

子女可分为两类:婚生的子女和私生的子女。我们将依此分别对他们进行讨论,首先是婚生子女。

1. 婚生子女指在合法婚姻关系存续期间或在婚姻关系结束后的一段特定时间内所生的子女。对此,罗马法中有一条特定规则①:"婚姻确定孩子的父亲是谁"②(Pater est quem nuptiae demonstrant)。这也与罗马法学家的观点相一致,即不考虑结婚行为是发生在孩子出生之前,还是出生之后。但在英国这条规则受到了一定限制,即结婚必须发生在孩子出生之前。对此我们将在讨论私生子的问题时再详细展开。现在我们将探讨:Ⅰ.父母对婚生子女负有的法律义务;Ⅱ.父母对婚生子女享有的权力以及;Ⅲ.婚生子女对父母的义务。

(1) 首先是父母对婚生子女应尽的义务,主要包括三方面的具体内容,即父母为子女提供抚养、保护及教育的义务。

---

① 《查士丁尼学说汇纂》(Ff.2.4.5.)。
② 根据此规则,法律推定母亲的丈夫即为孩子的父亲,生母对此免负举证责任。——译者

第十六章 父母与子女

父母抚养子女的义务是自然法的原则之一。普芬道夫曾说过①,这种责任并不仅仅是自然本身加诸于父母的,更是由父母自身的行为——将子女带到人世——而产生的。倘若父母仅仅只是赋予子女生命,随后就看着子女的生命再度消失,这无疑是对子女最大的伤害。父母在生育子女的同时也自愿承担起相应的责任,那就是要尽他们最大的力量来保证由他们赋予的生命能得到抚养并得以继续生存下去。因此,子女应享有得到父母抚养的绝对权利。孟德斯鸠议长②对此作过非常精辟的评论:在任何文明的国度里,婚姻关系的确立都是以父亲供养子女的自然义务为基础的,因为婚姻关系确定并公开表明究竟应由谁来承担供养子女的责任。反过来说,在随意的、非法的结合中,孩子的父亲是谁根本无从得知。而母亲则将因此而面临重重障碍——耻辱、悔恨、性别的限制,还有法律的严酷——这些都压制了母亲履行义务的意愿。更何况通常而言,母亲总是缺乏履行义务的能力的。

所有治理有序的国家的国内法都非常注重这种义务的强制履行。然而,上天已经将一种对孩子的最深的爱意植入每个做父母的心中,因而上天能比任何法律都更有效地保证这种义务的履行。并且无论是生理的畸形、智力的缺陷,还是子女的道德沦丧、忘恩负义或忤逆不孝都不会完全抑制或扼杀父母对子女的这种爱。

罗马法强制③父亲为他的子女提供生活必需品,若他拒绝的

---

① 《自然法与万民法》,第四卷,第十一章(L. of N. *l.* 4. *c.* 11.)。
② 孟德斯鸠,《论法的精神》(Sp. L. l. 23. c. 2.)。
③ 《查士丁尼学说汇纂》(F *f.* 25. 3. 5.)。

话,"法官可对此进行审理"(judex de ea re cognoscet)。不仅如此,罗马法将这种义务贯彻得如此彻底,以至于罗马法甚至不允许父亲在死亡时完全剥夺其子女的继承权,除非他明确地提出这样做的理由。并且罗马法还列举了总共 14 条可用于合法剥夺继承权的理由①。若父亲提不出任何理由,或给出的理由不够充分或不真实,则子女可以不顾及他的遗嘱,因为这份遗嘱是荒唐的遗嘱(tanquam testamentum inofficiosum),与家长的自然义务相矛盾。值得注意的是子女在这种情况下为寻求救济而给出的理由,即暗示父亲是在失去理智的情况下订立这份违反道德上的义务的遗嘱的。正如普芬道夫所评论的那样②,这样暗示的目的并非为了对立遗嘱人是否有权剥夺自己子女继承权的问题提出质疑,而是为了审查他如此订立遗嘱的动机究竟是什么。若如此订立遗嘱的理由确实不够充分的话,那么这些遗嘱就不会被理会了。但可能这一规定确实走得太远,不管怎么说,遵照社会的法律,每个人都有,或者说应该有支配他自己的财产的权利。并且正如格劳秀斯鲜明地指出的那样③,自然权利要求父亲为子女提供必需的生活用品,但除此以外的其他东西,除非是父母出于对子女的宠爱给予的或者是国内法中的成文法赋予他们的,否则子女并没有得到这些东西的必然权利。

接下来我们再来看看对于父母的这种自然义务,我国的法律制定了哪些相应的规定。每个男人都有责任为他亲生的子女提供

---

① 《新律》(Nov. 115.)。
② 《自然法与万民法》,第四卷,第十一章,第七节(l. 4. c. 11. §. 7.)。
③ 《战争与和平法》(De j. b. & p. l. 2. c. 7. n. 3.)。

生活所需，这是法律的一条原则①，法律同时还明确指出了承担这一责任的方式②。任何生活贫困之人的父母、祖父母，只要有足够的能力，就必需遵照季审法院的指示用自己的收入来维持他们的子女或孙辈的生活。如果一名家长离家出走，离开了他的子女，则牧区教堂执事（churchwardens）③和济贫官可以没收他的全部动产和地租收益，并将这些财产用于对其子女的救济。根据法院对上述这些法规的解释，若母亲或祖母再婚，即使她们在再婚之前有足够的能力抚养子女，再婚后抚养子女的费用④仍应由她们再婚后的丈夫承担。因为这也是妻子在单身时的债务，因此和其他债务一样应由丈夫支付。但一旦妻子死亡，由于婚姻关系已经解除，则丈夫无须再承担任何义务。

没有人会被强迫为子女提供生活必需品，除非他的子女因先天缺陷或后天的疾病或意外事故而丧失了劳动能力。即使在这种情况下，父亲的责任也仅仅只是为他们提供生活必需品。若父亲拒绝，对他的罚款也不会超过每月 20 先令。这是因为我国法律的政策并不是要强迫一位父亲维持他那游手好闲的懒惰子女过着安逸懒散的生活，相反，法律认为违背父亲本人的意愿强迫他向子女提供过多的生活必需品和过量的财富是极不公平的，因为法律认定：如果这些确实是子女应得的话，父亲应当会听从他天性的冲

---

① 《王座法院和皇家民事法院的案例汇编》，第 500 页（Raym. 500.）。
② 《伊丽莎白四十三年法》，第二章（Stat. 43 Eliz. c. 2.）。
③ 《乔治一世五年法》，第八章（Stat. 5 Geo. I. c. 8.）（牧区教堂执事，指英格兰国教会中代表牧区全体教民的充当牧区教堂监护者和保管人的没有神职的世俗信徒。——译者）。
④ Styles. 283.《爱德华·布尔斯鸠德判例汇编》，第二卷，第 346 页（2 Bulstr. 346.）。

动。然而,鉴于没有什么会比宗教的狭隘更能扼制天性的呼唤,因此法律又规定①,若任何信奉天主教的父亲拒绝提供他的新教徒子女应得的生活必需品,试图以此来强迫子女改变宗教信仰的话,大法官可通过法院发布命令强制父亲采取正当、合理的行动。但这条规定并不适用于信仰其他宗教的人,即使这一宗教尖刻、狭隘的程度不逊于天主教。因此在该法规颁布的次年我们就能发现这样一个例子:一个非常富有的犹太人的独生女儿皈依了基督教,这个犹太人因此将女儿赶出了家门,在她提出申请寻求救济时却被认定无权得到任何救济②。但这一事件却成为另一条法律颁布的起因③,该法律④规定,若犹太人父母拒绝他们的新教徒子女得到与他们拥有的财富相称的生活必需品的话,则一旦大法官收到控告,只要他认为合适即可发布上文已提到过的这种命令。

在我国法律中并没有任何禁止父亲订立遗嘱剥夺子女继承权的条款。诚然,强制要求父亲在死后至少要为子女留下必要的生活用品或许并没有什么错,但我国法律仍以公民在订立遗嘱及其他行为中享有自由权利为原则赋予每个人自行处置他的财产的权利。事实上,伦敦地区的惯例是(过去也曾是全国通行的惯例),自由人的子女有权获得他们父亲 1/3 的财产,在子女间平均分配,这种权利父亲不得剥夺。而对于任何有一定地位或财产的人而言,

---

① 《威廉三世十一、十二年法》,第四章(Stat. 11&12 W. III. c. 4.)。
② 《王座法院和皇家民事法院案例汇编》,第 699 页(Lord Raym. 699.)。
③ 《英国下议院日志》(Com. Journ.),1701年2月18日、3月12日。
④ 《安妮一年法律一》,第三十章(1 Ann. st. I. c. 30.)。

通常根据婚前财产协议[1],较年幼的子女只能获得足够维持生活的财产,而大部分财产都由长子或长女获得。同样,男性继承人及未成年子女也和长子长女一样受我国法院的偏袒。根据法院要求,立遗嘱人要剥夺男性继承人及未成年子女的继承权的意图必须以最明确无误的方式表达出来,任何有争议或模棱两可的措辞都不足以剥夺他们的继承权[2]。

从父母抚养子女的义务我们可以很自然地联系到父母保护孩子的义务。但各国国内法与其说是在强制父母履行这一义务,还不如说是允许他们履行义务。在这一方面天性有如此巨大的影响力,因此对这种天性与其说需要激发,还不如说需要加以抑制。根据我国法律,父亲在其子女卷入诉讼案件时既可给予财产上的支持,也可在法院上作证支持自己的子女,他不会因此被判犯有非法帮讼罪[3]。父亲也可为保护子女的人身安全而合法地攻击殴打他人[4]。不仅如此,若一男子的儿子被另一个男孩打了,这位父亲为替儿子报仇找到该男孩并殴打他,最终导致该男孩死亡,这位父亲的行为也不会被认定为谋杀,而仅仅是非预谋杀人罪[5]。由此可见我国法律对人类本性中因父爱而产生的弱点是多么纵容。

---

[1] 婚前财产协议(marriage-articles),指夫妻双方在婚前达成的协议,为将来的丈夫、妻子和子女的利益对财产进行安排,通常会同时签订一份信托协议,将财产交受托人按照协议进行管理。——译者

[2] 《莱文兹英国王座法院与民诉法院判例汇编》,第一卷,第130页(1 Lev. 130.)。

[3] 《英国法学阶梯》,第二卷,第564页(2 Inst. 564.)。

[4] 霍金斯,《论王室的诉讼》,第一卷,第131页(1 Hawk. P. C. 131.)。

[5] 《判例汇编》,"查理一世国王"卷,第296页(Cro. Jac. 296.);霍金斯,《论王室的诉讼》,第一卷,第83页(1 Hawk. P. C. 83.)。

父母对子女的最后一项义务是给予子女与其社会地位相符的教育。这种以理性为基础的责任其实是三者中最为重要的。因为正如普芬道夫曾说过的那样①：如果一位父亲在其子女出生后完全忽视了他的教养和教育，任凭他像动物一样长大，过着不仅对他人无用，对自己而言也是一种耻辱的生活的话，这种情况将使我们很难产生或认同父亲将子女带到这个世界就已经是对子女极大的恩惠的观念。然而似乎绝大多数国家的国内法在这一点上都存在着缺陷，它们都不曾强制父亲为子女提供合适的教育。或许在这些国家的国内法看来，让那些忽视对子女教导的父亲遭受一个没教养的家庭必定会遭受的苦难和麻烦，对他们而言已经是足够严厉的惩罚了。诚然，在我国的法律中也不可否认地存在着这种缺陷，但在对成长中的一代的培养上，我国法律也确实制定了一项英明的规定②，那就是在那些社会上的穷人和体力劳动者的孩子过了哺育期后，即运用使贫民的孩子成为学徒的法律规定将他们从父母身边带走并托付于公众，以一种能使他们的能力在他们各自所属的社会阶层中对社会发挥最大作用的方式加以培养。对于富人而言，他们有权自己决定是将自己的子女培养成为家庭增光添彩的人，还是使他沦落为家庭的耻辱。但有一种情况下，即在宗教方面，富人受到特殊的限制。按照规定③，任何人若将由他照管的孩子送到国外，目的是防止他在英国接受良好的教育或是为了使

---

① 《自然法与万民法》，第六卷，第二章，第十二节(L. of N. $b.6.c.2.$ §.12.)。
② 参见原书第414页。
③ 《詹姆斯一世一年法》，第四章(Stat. 1 Jac. I. c. 4.)；及《詹姆斯一世三年法》，第五章(Stat. 3 Jac. I. c. 5.)。

他进入任何天主教学校学习生活,以教导劝服他皈依天主教或强化他的天主教信仰,在这种情况下,不仅被送至海外的孩子会因此被剥夺一定的资格,将他送去的父亲或其他人也会遭到罚款100英镑的处罚。而这笔罚金①将全部由揭发这一罪行的人获得,归他使用。此外,如果②任何父亲或其他人将任何人送到国外的任何小修道院、修道院、女修道院、天主教大学、学院、学堂或天主教修会会士、天主教神职人员、天主教徒的家中学习生活,以教导、劝服他皈依天主教或强化他的天主教信仰,或者是以任何借口为上述身在国外的人提供资助帮他维持生活所需的话,送人出国的人和任何被送出国的人都将被剥夺在普通法法院和衡平法法院提出起诉的资格,他们也不再有资格担任任何人的遗嘱执行人和财产管理人,也不能接受任何遗赠或赠与,并将被剥夺在本国担任任何公职的资格,且他们的所有动产与不动产都将被终身没收。

(2) 父母对子女的权力是由我们讨论的前一个主题——父母对子女的义务衍生出来的。父母之所以被赋予这种权力,一部分原因是为了使父亲更有效地履行义务,另一部分则是作为对父亲为忠实地履行义务所花费的精力及经历的艰难困苦的补偿。在这一方面,有些国家的国内法赋予父母的权力要比其他国家大得多。如古罗马的法律依据"赋予生命的人亦有权带走生命"③这一原则赋予父亲操纵子女生死的权力。但这些严酷的法律在其后若干部

---

① 《威廉三世十一、十二年法》,第四章(Stat. 11 & 12 W. III. c. 4.)。
② 《查理一世三年法》,第二章(Stat. 3 Car. I. c. 2.)。
③ 《查士丁尼学说汇纂》(Ff. 28. 2. 11.);《查士丁尼法典》(Cod. 8. 47. 10)。

法律颁布后亦日趋温和，因此我们才又能发现这样的例子①：哈德良皇帝（emperor Hadrian）②依据"家长权应由慈爱而非暴行组成"（*patria potestas in pietate debet, non in atrocitate, consistere*）的法律原则，将一位杀死自己儿子的父亲流放到了国外，虽然他儿子所犯的是十恶不赦的罪行。但时至今日，父亲仍保留了极大的绝对权利，如在其父亲在世期间，儿子不能拥有属于自己的财产；儿子取得的财物，或者至少是该取得（acquisitions）行为③所带来的收益，在其父亲的有生之年都归父亲所有④。

而英国法赋予父亲的权力则要适度得多，但也足以保证使子女听话、顺从。在子女未达到一定年龄前，为了更好地对子女进行教育，父亲可以合理的方式合法地责罚他们⑤。此外，我国古代法律已明确规定未到一定年龄的人结婚必须得到父亲的同意，而到了现在，父亲的同意已经成为结婚的一种绝对的必不可少的条件，没有得到父亲同意而缔结的婚姻关系是无效的⑥。这也是法律为保证父亲更好地履行义务而允许父亲采取的另一种手段。通过这种手段，父亲一来可以保护子女不落入别有用心的狡诈之人设下的陷阱，二来又可以避免太早或过于仓促的婚姻产生的不良后果，从而使子女能更好地安顿自己的生活。对于孩子的个人财产，父

---

① 《查士丁尼学说汇纂》(*Ff*. 48. 9. 5.)。
② 哈德良皇帝(76—138年)，罗马皇帝，曾多次巡游整个帝国。122年，他在不列颠巡游期间下令建造了哈德良长城。——译者
③ 取得，指成为某项财产所有人的行为，分为原始取得和继受取得。——译者
④ 《查士丁尼法学阶梯》，第二卷，第九篇，第一部分(*Inst*. 2. 9. 1.)。
⑤ 霍金斯，《论王室的诉讼》，第一卷，第130页(1 Hawk. P. C. 130.)。
⑥ 《乔治二世二十六年法》，第三十三章(Stat. 26 Geo. II. c. 33.)。

亲除作为受信托人及监护人外并不享有其他的支配权。虽然父亲在子女未成年期间可从他们的财产中获取收益,但一旦子女到了一定的年龄时父亲对他所获得的收益有作出说明的义务。父亲虽然也可以在子女与他生活在一起时通过子女的劳动获取收益并用于维持自己的生活,但这种权利和他对所雇佣的学徒和雇工所享有的权利无甚区别。父亲的法定权力(由于母亲除受子女的爱戴与尊敬外不享有其他任何权力,因此这里我所说的是父亲对子女享有的权力)在子女年满21岁时(因为子女在年满21岁达到责任年龄时即获得自由)或在达到法律确定的(因为必须确定这样一个年龄界限)父亲或监护人的绝对支配权让位于理性支配的年龄时即告终止。但在此之前,父亲或监护人的绝对支配权甚至在他死后仍继续存在,因为他可订立遗嘱为子女指定监护人。父亲也可以将他在世时所拥有的家长权部分委托给子女的家庭教师或学校校长。而受委托的人从此处于父亲的地位(*in loco parentis*),拥有父亲托付于他的那部分权力,亦即为达到父亲聘请他的目的而对其子女进行必要的管教和责罚的权力。

(3) 子女对父母的义务源于自然公正及知恩图报的原则。对于那些赐予我们生命的人,我们自然应在未成年时受其支配并顺从于他,并在成年后仍始终尊敬、爱戴他;那些人在我们尚未成年还非常脆弱时保护了我们,在他们年老体衰时理应得到我们的保护;那些人为后代提供食物和教育使他们茁壮成长,作为回报,他们在需要资助时理应得到后代的赡养。正是基于这一原则才产生了子女对父母的义务,并且由实在法的规定强制子女履行这种义务。雅典的法律①在运用这一原则时秉承了一种一丝不苟的严谨态度。根据雅典法的规定:所有子女在父亲陷入贫困时都必须为他提供生活所需,但有三种情况可以例外:一是私生子女;二是在父亲的授意下贞操已经被糟踏的子女;三是没有从父亲处学会任何谋生之道的子女。根据孟德斯鸠男爵的说法②,立法者认为,在第一种情况下由于父亲的身份是无法确定的,因此这种自然义务也是不确定的;第二种情况下,父亲玷污了由他创造的生命,毁掉了子女的名声,给子女造成了莫大的伤害;至于第三种情况,由于父亲没有教会子女赖以维生的技能,使得现在暂时由他负责的子女的生活将来会变成一种子女自己无法承受的负担。

在第一种情况——私生子的问题上,我国法律的规定与雅典的法律一致。而在另两种情况下,法律并不认为父母与子女间的自然联系会因父亲的不当行为而中断。因此,对待品行恶劣的父亲和品行优良的父亲,子女有同样正当的理由保卫他们的安全或是在他们被卷入案件或诉讼中时资助他们。同样,对于一位缺德的甚至是丧尽天良的父亲,在子女有足够能力的情况下,其也有义务像对待一位有着最大的仁慈和最深的父爱的父亲一样赡养他,维持他的生活所需③。

2. 接下来我们将继续讨论没有合法身份的孩子,即私生子。讨论的内容包括:Ⅰ.什么样的孩子是私生子。Ⅱ.父母对私生子的法定义务,以及Ⅲ.私生子享有的权利和不具备的资格。

---

① 约翰·波特,《希腊古代史》,第四卷,第十五章(Potter's Antiq. b. 4. c. 15.)。
② 孟德斯鸠,《论法的精神》(Sp. L. l. 26. c. 5.)。
③ 《伊丽莎白四十三年法》,第二章(Stat. 43 Eliz. c. 2.)。

(1) 什么样的孩子是私生子。根据英国法,私生子指的不仅是在合法婚姻关系建立前怀胎,而且还必须是在此之前出生的子女。而在罗马法和教会法上,如果孩子的父母在孩子出生后结婚,即可认定他们的子女不再具有私生子的身份①。在这一点上,罗马法、教会法和我国的法律有着本质上的不同。我国的法律虽然还不至于严格到要求子女必须是在合法的婚姻关系建立之后怀胎,但在此之后出生却是子女拥有合法身份的不可或缺的条件。如果我们单从民事角度,而不是以完全不涉及子女的身份合法与否的宗教的眼光来看待确立婚姻关系的主要目的和意图,我们就会发现英国法这样规定远比罗马法要合理得多。从民事上看,婚姻的主要目的和意图是要确定并指定一个人来担负起照管、保护、抚养及教育子女的责任。无疑,仅赋予婚姻关系确立之后出生的子女以合法身份比起赋予同一对夫妻的所有子女,包括尽管他们后来结婚,但在结婚之前即已出生的子女以合法身份来,能更好地达到这一目的。这是因为:Ⅰ.对该子女确实受孕于丈夫的证明通常存在着极大的不确定性。相反,若仅限定对孩子出生时,而非受孕时的父亲的身份加以证明,则法律就能非常清楚地确定该子女是否有合法的身份以及应由谁来负责照管。Ⅱ.根据罗马法的规定,因父母在事实发生后(*ex post facto*)是否选择结婚的不同,他们的子女可能继续是个私生子,也可能取得合法的身份,这样就可能会导致诈骗及偏见的滋生,而我国的法律则避免了这种情况。

---

① 《查士丁尼法学阶梯》,第一卷,第十篇,第十三部分(*Inst*.1.10.13);《教令集》,第四卷(*Decretal*.*l*.4.*t*.17.*c*.1.)。

Ⅲ.根据罗马法和教会法的规定,一男子可能直到40岁时仍是个私生子,然后又因他的父母结婚而取得合法的身份。这样的话,婚姻的主要目的——保护幼小的子女——就完全落空了。Ⅳ.罗马法上的这一规则对取得合法身份的子女的数量及取得时间没有限制,这样就可能有十几个子女在出生20年后因他们的父母结婚而同时获得了拥有合法身份的孩子所享有的所有权利。这一规定显然是对合法婚姻的极大打击,因为对婚姻而言,人们缔结婚姻最大的诱惑通常不仅在于拥有子女的渴望,还在于生育合法继承人的渴望。与之相反,我们的法律在避免这种有伤风化的行为发生的同时又充分包容了人类本性中的弱点。因为若有一个子女是在父母双方尚且单身时受孕的,那么他们就会尽最大的努力尽快对所犯过失加以补救,在几个月内结婚。我国的法律在这一点上非常宽容,即使该子女不是在合法的婚姻关系确立以后受孕的,但只要是在那以后出生的,就不会被认为是私生子。而且这种情况只可能发生一次,这对夫妻以后的子女一定都会是在有名誉、符合文明社会的规则的情况下受孕、出生的。我们可以想象,那些贵族在默顿议会上拒绝制定法律宣布所有在父母结婚之前出生的孩子也应被认为具有合法的身份时,他们所依据的也正是上述这些理由[①]。

上述内容表明所有在婚姻关系确立前出生的子女都被我国法律认定为私生子。同样,所有在丈夫死亡已久之后出生,从正常的

[①] 所有的主教都要求贵族认同在结婚之前出生的孩子和结婚之后出生的孩子一样拥有合法的身份,因为教会是如此认为的。但所有的伯爵和男爵一致回答说:他们绝不会更改已经沿用多年并获得认同的英国法。《亨利三世二十年法》,第九章(Stat. 20 Hen. III. c. 9.)。参见《大宪章》简介(the introduction to the great charter, edit. Oxon. 1759. sub anno 1253)。

第十六章 父母与子女

妊娠过程来看不可能是受孕于丈夫的子女在我国法律上也被认定为私生子。但由于法律对这一期限并未明确规定①,因此在这方面还存在着一定的不确定性。这使得普通法上发生过这样的案件:当时一个寡妇被怀疑在她丈夫去世时佯装已经怀孕以期将来能生出一个冒充的继承人继承丈夫的财产。严厉的哥特法律将这种企图视同为最卑劣的盗窃,将处以死刑②。在我国,当发生这种情况时,假定继承人可获得查孕令状(de ventre inspiciendo),检查这名寡妇是否确实怀着孩子③,这种做法与民法的规定完全一致④。若该寡妇经正常的检查后被认定并没有怀孕,则她将来生出来的子女即使是在丈夫死后 9 个月内出生亦会被认定为私生子。但若在丈夫去世后他的遗孀很快再嫁,并且不久后生下孩子,根据自然的妊娠过程,这个孩子可能是她亡夫的子女,也可能是她现在丈夫的子女,在这种情况下,这个孩子被认为具有特别的合法身份,在他达到责任年龄后,他可按自己的意愿选择一个父亲⑤。为避免类似的麻烦,罗马法规定⑥所有寡妇在哀丧期内⑦(infra annum luctus)不得再嫁。这一规定即使不是早在罗穆卢斯⑧统治时期,

---

① 《判例汇编》,"詹姆斯国王"卷,第 541 页(Cro. Jac. 541.)。
② 斯蒂恩胡克,《瑞典法律与古代哥特人法律》,第三卷,第五章(Stiernhöök. de jure Gothor. l. 3. c. 5.)。
③ 爱德华·柯克,《英国法学阶梯》,第一卷,第 8 页(Co. Litt 8.)。
④ 《查士丁尼学说汇纂》(Ff. 25. tit. 4. per. toty)。
⑤ 爱德华·柯克,《英国法学阶梯》,第一卷,第 8 页(Co. Litt 8.)。
⑥ 《查士丁尼法典》(Cod. 5. 9. 2.)。
⑦ 寡妇需居丧一年方可再嫁。——译者
⑧ 罗穆卢斯(Romulus),传说中的罗马城的创建者,"王政时代"的第一个国王,他是战神玛尔斯的儿子,他和孪生兄弟瑞摩斯由狼抚养和哺育。——译者

也至少在奥古斯都①统治时期即已被推行。而罗马人则很有可能将在他们统治这个岛屿时将同样的规定流传给了我们的祖先,因为我们可以发现在撒克逊和丹麦人统治时期对此已有明确的规定②。

私生子可能是在妻子受丈夫监护或者说步入婚姻状态之前、之初或在婚姻关系终结后出生的,而在婚姻关系存续期间出生的子女在某些情况下同样也会被认定为私生子。如丈夫离开本王国(或者,如某些法律对此情况的笼统的表述——在英国以外(*extra quatuor maria*))已超过9个月,因而被认定不可能与妻子有接触,妻子在此期间生下的子女即被认定为私生子③。但是,在结婚期间丈夫通常会被认定与妻子有过性接触,除非存在相反的证据证明事实并非如此④。而这种反面的证据只有通过表明他当时确实身处异地才能被切实证明,因为法律一般的规则是:推定应有利于婚生子女(*praesumitur pro legitimatione*)⑤。对于在生活起居上分开(*mensa et thoro*)的部分离婚的夫妻双方,若妻子在分居期间生育子女,则他们会被推定为私生子。这是因为法律会认定丈夫和妻子都遵守了要求他们分居的判决,除非可以证明他们确实

---

① 但当时一年只有10个月(Ovid. Faft. I. 27.)[奥古斯都(Augustus,前63—14年),原名屋大维,罗马帝国第一任皇帝,恺撒的侄孙,"奥古斯都"是元老院授予他的荣誉称号。——译者]。

② 寡妇需居丧一年方可再嫁。大卫·威尔金斯,《盎格鲁-撒克逊教会法和民法》(LL. Ethelr. A. D. 1008. LL. Canut. c. 71.)。

③ 爱德华·柯克,《英国法学阶梯》,第一卷,第244页(Co. Litt. 244.)。

④ 《索尔克尔德王座法院判例汇编》,第123页(Salk. 123.);威廉·皮尔·威廉斯,《高等法院判例汇编》,第三卷,第276页(3 P. W. 276.);约翰·斯特兰奇,《既决案例汇编》,第925页(Stra. 925.)。

⑤ 《判例汇编》,第五卷,第98页(5 Rep. 98.)。

有过性接触。但在双方协商同意自愿分居的情况下,除非存在相反的证据①,否则法律会假定双方有过性接触。此外,若丈夫明显不可能有生育能力,如丈夫年仅八岁或诸如此类的情况,则妻子生育的子女将被认定为私生子②。同样,对于最后由教会法院作出的完全解除婚姻关系(vinculo matrimonii)的离婚判决,所有在婚姻关系存续期间生育的子女都会被认定为私生子③。这是因为此种情况下法院判定离婚的理由总是那些会导致婚姻关系从建立之初开始即是不合法的、无效的理由。

(2)接下来让我们看看我国法律规定的父母对私生子应尽的义务,主要就是抚养的义务。虽然私生子在民事上并不被看作是父母的子女,但他们与父母间的自然联系(抚养义务是其中之一)却不是轻易就能被中断的。事实上,法律规定父母对私生子的抚养义务还有许多其他意图,尤其是为防止一男子与他的私生子姐妹或私生女结婚④。因此,无论客观公正地看来私生子的父母有多么放荡、多么邪恶⑤,罗马法拒绝给予那些在一些特定的、不道德的情况下受孕的私生子以得到抚养的权利的规定不仅违背人类的天性,也与理性相悖。

英国法规定的抚养私生子的方式如下⑥:当一女子产下或宣

---

① 《索尔克尔德王座法院判例汇编》,第123页(Salk. 123.)。
② 爱德华·柯克,《英国法学阶梯》,第一卷,第244页(Co. Litt. 244.)。
③ 同上书,第一卷,第235页。
④ 《王座法院和皇家民事法院案例汇编》,第68页(Lord Raym. 68.);《康伯巴赫王座法院判例汇编》,第356页(Comb. 356.)。
⑤ 《新律》(Nov. 89. c. 15.)。
⑥ 《伊丽莎白十八年法》,第三章(Stat. 18 Eliz. c. 3.);《詹姆斯一世七年法》,第四章(7 Jac. I. c. 4.);《查理一世三年法》,第四章(3 Car. I. c. 4.);《查理二世十三、十四年法》,第十二章(13 & 14 Car. II. c. 12.);《乔治二世六年法》,第三十一章(6 Geo. II. c. 31.)。

称她怀有私生子时,只要她在一名治安法官面前宣誓,指控某人为使她怀孕的那个人,该法官应该将此人逮捕并拘押,直到他做出抚养这个私生子或在下一次季审法院上出庭参与对事实的辩论和审理的保证。但若该名妇女在生产前死亡或结婚、流产或被证实并未怀孕,则被指控的男子应获得释放。若母亲没有遭遇上述情况,则季审法院(若其休庭时则为两名法官)应依据早先母亲向他们提出的申请,发布命令,要求母亲或据说是孩子父亲的那个人支付一定的钱款或提供食物以供抚养该私生子之用。若这个公认的父亲或放荡的母亲逃离牧区,则济贫官可根据两名法官的指示没收他们所有的地租和动产用于养育他们的私生子。但我国法律还有一条极为仁慈的规定,任何妇女在她生产满一个月前都不应被强迫接受关于孩子父亲究竟是谁的讯问。但这种宽容经常会给牧区造成困难,因为在此期间孩子的父母常会出逃。

(3) 接下来我将讨论私生子享有的权利和不具备的资格。私生子可享受的权利极少,只包括获得抚养的权利。私生子不能继承财产,因为他被看作不是任何人的子女。私生子有时被称为无父之子(*filius nullius*)[1],有时则被称为公众之子(*filius populi*)。然而,私生子虽没有继承得来的姓氏,但却可凭借自己的声誉[2]取得一个姓氏。其他的孩子都定居在父亲所在的牧区,私生子由于没有父亲[3],因此只能定居在他出生的牧区。但是为了防止欺诈行为的发生,如果当一女子由法官发布命令被遣送至

---

[1] 《英国法礼赞》,第 40 章(*Fort. de L. L. c.* 40.)。
[2] 爱德华·柯克,《英国法学阶梯》,第一卷,第 3 页(Co. Litt. 3.)。
[3] 《索尔克尔德王座法院判例汇编》,第 427 页(Salk. 427.)。

并非她定居的牧区并生下私生子,则这个孩子将定居在其母亲被非法强迫离开的那个牧区①,而当一女子是作为流浪者来到某个牧区乞讨并生下私生子,若母亲因流浪而被捕②,则这个孩子将以母亲定居的牧区为定居地。至于私生子不具备的资格则主要包括私生子不能成为任何人的继承人,除了亲生子女外,也不能有其他继承人。因为作为私生子(*nullius filius*),他不是任何人的亲属,也没有祖先赋予他可世袭的血统。此外,严格说来私生子没有资格担任神职。虽然这一规定被忽略已久,但私生子过去绝对没有资格在教会担任任何显要的职位③,不过这一教规现在似乎也已过时。除此之外,私生子和其他人在其他方面没有任何差别。其实,考虑到后代在他父母所犯的罪行中是无辜的,除了从民事原则上看必要的私生子没有继承权的差别外,其他任何对私生子的区别对待都是可憎的、不公的,并且是极为残酷的。然而总是鼓吹自己的判决是多么公正合理的罗马法,却在某些情况下甚至连私生子接受父母馈赠的资格也剥夺了④。最后,至高无上的议会法律可赋予私生子合法的身份和继承的资格,但这是私生子取得合法身份唯一的途径⑤。如冈特的约翰的私生子就是通过理查二世颁布的法律取得合法的身份的⑥。

---

① 《索尔克尔德王座法院判例汇编》,第 121 页(Salk. 121.)。
② 《乔治二世十七年法》,第五章(Stat. 17 Geo. II. c. 5.)。
③ 《福蒂斯丘王座法院判例汇编》,第四十章(*Fortesc*. c. 40.)。《判例汇编》,第五卷,第 58 页(5 Rep. 58.)。
④ 《查士丁尼法典》(*Cod*. 6.57.5.)。
⑤ 《英国法学阶梯》,第四卷,第 36 页(4 Inst. 36.)。
⑥ 冈特的约翰是理查二世的叔父。——译者

第十七章　监护人与被监护人

448　　现在唯一尚未讨论过的常规个人关系就是监护人与被监护人了。这种关系和前面的父母与子女的关系非常相似，而且显然是源于后者。监护人只是暂时的父亲，也就是被监护人尚未成年时或未达到一定年龄前的父亲。在考察这一类个人关系时我将首先讨论一下几类不同的监护人，他们是如何被指定的，以及他们各自的权力和责任，接下来将介绍法律对不同年龄的被监护人的规定。最后则是未成年人或其他未达到法定年龄而受到监护的人拥有的特权及其不具备的行为能力。

　　(1) 我国的监护人通常身兼罗马法上的未成年人监护人(tutor)和保佐人(curator)两种职能，罗马法上的未成年人的监护人负责对未成年人进行抚养和教育，罗马法上的保佐人则负责管理其财产。或者根据衡平法院的措辞：监护人是未成年人本人的保护人，而保佐人是未成年人的财产的保护人。但在罗马法中①，这两种职能通常是合而为一的。在我国法律中，通常未成年人的监护人也是如此，但精神失常者、智障者的监护人和保佐人则通常是由不同的两个人担当的。

---

① 《查士丁尼学说汇纂》(Ff. 26.4.1.)。

第十七章 监护人与被监护人

在几类不同的监护人中,我们将首先介绍自然监护人,亦即孩子的父亲或(在某些情况下为)母亲。如果一个未成年人得到了一笔财产,根据普通法的规定他的父亲就是监护人,他必须就这份财产的收益情况向其子女作出交代[1]。至于女儿,根据《菲利普和玛丽四、五年法》第八章的规定,父亲可立下契据或遗嘱为任何未满16岁的女儿指定一个监护人,若没有指定,则此种情况下母亲将作为女儿的监护人[2]。此外,还有一种监护人被称为养育监护人[3],在未成年人年满14岁前[4],他的养育监护人理所当然是他的父亲或母亲。在没有父母的情况下,教会法官通常会指定一个言行审慎的人照管这一未成年人的个人财产并负责提供他的生活所需及负责他的教育[5]。接下来一类是农役土地保有者的监护人(对这一名词我们将在本书第二卷中再详细解释),通常也被称为普通法上的监护人。这类监护人只有当未成年人获得土地财产时才会被指定。根据普通法规定,农役土地保有者的监护人应由该未成年人不可能继承这一土地财产的最近血亲担任。比如,当财产是从父亲处继承时,该未成年人的舅舅是母亲方面的亲属,就不可能继承这份财产,因此可以被指定为监护人[6]。这样规定是因

---

[1] 爱德华·柯克,《英国法学阶梯》,第一卷,第88页(Co. Litt. 88.)。
[2] 《判例汇编》,第三卷,第39页(3 Rep. 39.)。
[3] 爱德华·柯克,《英国法学阶梯》,第一卷,第88页(Co. Litt. 88.)。
[4] 《判例汇编》,第三卷,第38页(3 Rep. 38.);《弗朗西斯·莫尔英国王座法院判例汇编》,第738页(Moor. 378.)。
[5] 《琼斯判例汇编》,第二卷,第90页(2 Jones. 90.)。《莱文兹英国王座法院与民诉法院判例汇编》,第二卷,第163页(2 Lev. 163.)。
[6] 利特尔顿,《土地保有》,第123节(Litt. §.123.)。

为法律认为让可能成为该未成年人的继承人的人来担任该未成年人的监护人很不妥当,因为人们不能确信这样的监护人会没有滥用别人信任的企图①,甚至连这种嫌疑都没有。而罗马法采取的却是完全相反的原则,将照管未成年人的责任托付给他的第一继承人,并推定这第一继承人将会最好的照管这份财产,因为按继承顺序他也有可能获得这份财产。罗马法鼓吹这一原则是"最为审慎的"(summa providentia)②。但与此同时他们却没有考虑到,实际上这个监护人也与这份财产利害攸关,若他能够清除使他无法获得这份财产的障碍——他的被监护人的话,他又将获得多大的利益啊!③ 这使得福蒂斯丘④和爱德华·柯克爵士⑤有了为本国法律骄傲的充足理由,他们认定,将照管未成年人的责任托付给其第一继承人无疑是"送羊入虎口任其吞噬⑥"(quasi agnum committere

---

① 任何有嫌疑能够或将会有权对被监护人的遗产主张继承权者都不应对被继承人拥有正当的监护权(Nunquam custodia alicujus de jure alicui remanet, de quo habeatur suspicio, quod possit vel velit aliquod jus in ipsa hereditate clamare. Glanv. l. 7. c. 11.)。

② 《查士丁尼学说汇纂》(Ff. 26.4.1.)。

③ 罗马的讽刺作家充分意识到了这种危险,他借一个自私的监护人之口说出了这样一段私底下的祈祷:"哦,愿我的被监护人突然死亡,这样我就能取得财产了。"(Pers. 1. 12.)

④ 《英国法礼赞》,第44章(c. 44.)。

⑤ 《英国法学阶梯》,第一卷,第88页(1 Inst. 88.)。

⑥ 英国法这一政策的合理性可以在由梭伦制定的英明法律中得到证明。他规定:任何人若在一人死后将会得到他的财产,则此人不能作为他的监护人(Potter's Antiqu. l. 1. c. 26.)。而另一位希腊立法者查伦达斯[查伦达斯(Charondas),公元前六世纪西西里卡塔拉地区的著名立法者。——译者]规定:孩子死后他所继承的遗产应由父亲的亲属继承,但对孩子的教育应由母亲的亲属负责。也就是说对孩子的监护权和孩子的遗产的继承权应由两个不同的人分别拥有(Petit. Leg. Att. l. 6. t. 7.)。

lupo，*ad devorandum*)。农役土地保有者的监护人的责任和养育监护人一样只持续到未成年人年满14岁为止,因为这两种情况下被监护人都被认定已经有足够的判断能力可以自行选择监护人。此时除非他的父亲已经为他指定了监护人,否则他就可以根据《查理二世十二年法》第二十四章的规定自行选择监护人。考虑到刚满14岁的孩子判断力仍然低下以及骑士役领地监护人制度(骑士役领地监护人的职责持续到被监护人年满21岁,稍后我们会再提到)已被废除这两个因素,该法规定:任何父亲,无论是未成年的,还是成年的,都可立下契据或遗嘱将其已出生或未出生的子女的监护权转让给除天主教徒外的任何人,这种转让既可以是即时的也可以是将来的,直到孩子年满21岁。这样的监护人被称为法定监护人或遗嘱监护人。此外,还有依据伦敦地区或其他地区的习惯①指定的特殊监护人,但这类监护人是极个别的特例,因此不被纳入一般法律的考虑范围内。

监护人和被监护人间的权利及相应的义务与父亲和子女间的一样,只不过是暂时的(*pro tempore*),因此我将不再重复。在此我只想补充一点,监护人在被监护人达到法定年龄后,有义务对所有他代表被监护人的利益而处理的事务作出说明,并且必须对所有因他故意或过失而造成的损失负责。有鉴于此,为了避免和年轻的绅士发生不愉快的争端,现在许多监护人,尤其是代管大笔财产的监护人普遍采取这样一种做法,即向衡平法院提出申请,然后依照法院的指示处理事务并且每年向该法院法官汇报一次,这样

---

① 爱德华·柯克,《英国法学阶梯》,第一卷,第88页(Co. Litt. 88.)。

他们就能使自己免于受罚。因为大法官凭借国王赋予的权力,是所有未成年人以及智障者和精神失常者(换句话说,所有不具备足够的判断力可以自行处理自己事务的人)的共同最高监护人。一旦监护人滥用了对他的信任,法院将对他进行审查和惩罚。不仅如此,法院有时还会进一步撤销他的监护人身份,另行指定他人来取代他[1]。

(2) 接下来我们将讨论被监护人或者说未达到法定年龄的人,即法律指定的那些监护人要给予资助和抚养的人。我们将探讨一下所谓未达到法定年龄的人究竟是指哪些人。出于不同的目的,法律对男性和女性的法定年龄规定也有所不同。男性在12岁时可以进行效忠宣誓;14岁为自主年龄,此时他可以同意或拒绝结婚,可以自行选择监护人,此外,如果他的判断能力被切实证明,他也可以订立遗嘱处置他的个人财产;男性从17岁起可被指定为遗嘱执行人;年满20岁后即可自行处理所有事务,也可转让他的所有动产和不动产。女性同样在7岁时可被允许许配他人或订婚;9岁起即可获得寡妇应得的亡夫之财产;12岁为成熟年龄,可同意或拒绝结婚,若被证明有足够的判断能力亦可遗赠她的个人财产;14岁为法律上的自主年龄,可自行选择监护人;17岁起可被指定为女遗嘱执行人;年满21岁后即可自行处理与她本人或她所有的不动产有关的事务。因此,男性和女性的成年年龄都是21岁,这一年龄在21岁生日前一天即视为达到[2],在此之前则一直都

---

[1] 《塞德芬王座法院判例汇编》,第一卷,第424页(1 Sid.424.);威廉·皮尔·威廉斯,《高等法院判例汇编》,第703页(1 P,Will.703.)。

[2] 《索尔克尔德王座法院判例汇编》,第44、625页(Salk.44.625.)。

是未成年人，在法律上也被如此称呼。而在古希腊和古罗马，妇女永远都不足龄，将受到永久监护①，除非她们结婚，"除非她们处于丈夫的监护之下"(nisi convenissent in manum viri)。我们发现随着这种永久监护制度随着时间推移而慢慢消失，男性和女性的成年年龄最初都变成了 25 岁②。随后，未成年时期——这种纯粹由立法者决定的、遵循实在法(juris positivi)规定的时期——根据各国的不同法律，被规定在不同的年龄结束。在这一点上，苏格兰与英格兰有相同的规定(有可能两者都是照搬自欧洲大陆撒克逊法律，根据该法规定未成年时期结束的年龄，直到 21 岁；此前，未成年人处于监护之下)(ad annum vigesimum primum, et eo usque juvenes sub tutelam reponunt)③，但那不勒斯的成年年龄是 18 岁，法国在涉及婚姻问题时的成年年龄为 30 岁，而荷兰则为 25 岁。

(3) 未成年人享有各种特权，也有众多不具备的行为能力。但实际上他们所不具备的各种行为能力是为了防止他们因自己的鲁莽行为对自身造成伤害，也是一种特权。未成年人只能在监护人的保护之下和监护人联名被起诉，因为监护人有责任保护他免受任何攻击，不管这种攻击是通过法律还是通过其他方式进行的④。但未成年人可以通过他的监护人或"prochein amy"，也就

---

① 约翰·波特，《希腊古代史》，第四卷，第十一章(Pott. Antiq. l. 4. c. 11.)；西塞罗，《驳穆雷纳》，第 12 页(Cic. pro Muren. 12.)。
② 《查士丁尼法学阶梯》，第一卷，第二十三篇，第一部分(Inst. 1. 23. 1.)。
③ 斯蒂恩胡克，《瑞典法律与古代哥特人法律》，第二卷，第二章(Stiernhöök. de jure Sueonum. l. 2. c. 2.)。这也是现在瑞典的国王及他的臣民成年的年龄(Mod. Un. Hist. xxxiii. 220.)。
④ 爱德华·柯克，《英国法学阶梯》，第一卷，第 135 页(Co. Litt. 135.)。

是并非他的正式监护人的次代理人来提出起诉。次代理人可以是能够承担该未成年人的诉讼的任何人。而且经常会发生这样的情况，即未成年人通过他的次代理人在衡平法院提起诉讼控告欺诈他的监护人。在刑事案件中，年满14岁的未成年人若犯有死罪则可以被判处死刑①，但7岁以下的未成年人则不行。而对于7岁至14岁之间的情况则存在极大的不确定性。因为一般而言，处于这一年龄阶段的未成年人从表面上看（*prima facie*）会被认为是很单纯的。但若他已具备犯罪能力（*doli capax*）并且在犯罪时能够分辨善恶是非的话，那么即使他尚未达到适婚年龄或自主年龄②，他仍会被判有罪，接受审判甚至被判死刑。马修·黑尔曾为我们举过两个例子。其一是一个13岁的女孩由于杀死了他的女主人而被处以火刑；另一个则是一个更年幼的男孩，他在杀死他的伙伴后还藏匿起来，最后他被处以绞刑。因为他藏匿的行为可以表明他知道自己做了错事并且能够分辨善恶是非。对此类案例，法律有一条原则，那就是恶意弥补年龄之不足（*malitia supplet aetatem*）。

在财产和民事所有权方面，未成年人享有许多特权。若我们能够从更为具体的案例入手将会对这些特权有更深刻的理解。但这些特权也可以被抽象地概括为，未成年人不应由于未在法定期限内主张权利或是由于疏失未能主张权利而遭受任何损失。并且除极个别特殊情况外，其他人也不应将任何迟误或"laches"（疏忽行使）权利的责任归咎于一个未成年人。

---

① 马修·黑尔，《王室诉讼史》，第一卷，第25页（1 Hal. P. C. 25.）。
② 同上书，第一卷，第26页（1 Hal. P. C. 26.）。

一般而言,未成年人确实不能转让他的土地、从事任何法律活动,也不能立下使他负有义务的契据或其他任何形式的契约。但在这些规则中仍然存在着一些例外情况。其中一部分在刚才讨论不同年龄的未成年人具备的不同资格时已有所提及,而除此之外的另一些例外情况中有一部分其实很适宜被提出来作为这些例外的一个颇具普遍性的样本。首先,未成年人确实不能转让他的财产,但①未成年的受托人或抵押权人却有权在衡平法院或财政法院的指示下将由其掌握的信托财产或抵押财产转让给法院指定的人。通常说来,未成年人也确实不能从事任何法律活动,但拥有圣职推荐权的未成年人在该职位出现空缺时可推荐他人担任这一有俸圣职②。此种情况下法律放弃了它的一项规则以维护其他一些远为重要的原则。也就是说,法律宁愿允许一个未成年人推荐一位神职人员(若该人选不合适,主教会加以拒绝),也不愿让教会的职位在他达到法定年龄前一直空缺,或是使这个未成年人因未能在一定期限内向主教履行义务引起权利失效而被剥夺他应有的权利。此外,未成年人也可以购买土地,但他的购买行为是未完成的,在他达到法定年龄后,只要他认为他的判断是明智或正确的,他可以对该行为的效力表示确认或不确认,而无须提出任何理由。若他在尚未完成该购买行为前即已死亡③,则他的继承人也有同样的权利。此外,一般而言,未年满21岁的未成年人确实不能实

---

① 《安妮七年法》,第十九章(Stat. 7 Ann. c. 19.)。
② 爱德华·柯克,《英国法学阶梯》,第一卷,第172页(Co. Litt. 172.)。
③ 同上书,第一卷,第2页(Co. Litt. 2.)。

施任何具有强制力或法律约束力的行为[①],但他可以签订双联合同或师徒合同做七年学徒,他[②]也可以立下文据或遗嘱为他的子女(如果他有子女的话)指定监护人。最后,未成年人通常确实不能订立其他对其有约束力的契约,但他可以为了支付必要的肉食、饮品、衣物、药品或其他生活必需品的费用,或是为了得到今后能使他得益的良好教育而使自己承担一定的法律义务[③]。以上就是未成年人享有的特权和不具备的行为能力的主要内容。

[①] 《伊丽莎白五年法》,第四章(Stat. 5 Eliz. c. 4.)。
[②] 《查理二世十二年法》,第二十四章(Stat. 12 Car. II. c. 24.)。
[③] 爱德华·柯克,《英国法学阶梯》,第一卷,第172页(Co. Litt. 172.)。

第十八章 法人

至此我们已讨论过个人的自然身份及其权利和义务。然而，由于一切属于个人的权利都会随着这个人的死亡而消失，而一个接一个地赋予个人以相同的权利即使谈不上不切实际，至少也是极为不便的，因此为公众利益计，应确保某些特定的权利能够始终存在并一直延续下去，为此有必要设立拟制的人的身份。这种身份可以一直被传递下去，从而在法律上永久存在。

这些拟制的人被称为政治团体、法人团体（corpora corporata）或法人。出于推动宗教、学术或商业的发展的不同目的，法人的形式也多种多样，但其目的都是为了永久地完整保留团体享有的权利与豁免权。这些权利与特权若仅仅被授予组成法人团体的个人的话，那么一旦此人死亡，不仅这一团体将就此失去这些权利，而且事实上这些权利本身将就此不复存在。为了表明法人团体的优点，让我们以两所大学中任意一个为学习或祈祷（ad studendum et orandum）而建立的（换句话说，为鼓励和支持宗教或学术的发展而设立的）学院为例。若这个学院仅仅只是一个自愿组织的集体，诚然，集体中的所有个人确实可以一起学习、祈祷、研究及进行学术活动，只要这些人都同意这么做，但他们既不能自己制定，也不能采纳任何法律规章，或者说至少是任何有约束力的法律规章来规范成员的行为，因为这样一个集体不具有能够确立任何足以构成法律上的义务的强制力。这些个人也没有资格获得任何特权或豁免权，因为倘若他们的特权受到攻击，在这个成员之间互无联系的集体中又有谁有这种权利或能力来保护他们的权利不受侵害呢？而且，当这个集体因成员去世或其他原因而解散时，他们又该如何才能把他们享受的特权或豁免权转让给另一个和他们一样的成员之间互无联系的学生集体呢？同样，考虑一下拥有土地或其他财产的问题，假设为了宗教或学术上的目的有一片土地被赠与20个并未组成法人团体的个人，而其后出于相同的目的又要使这份土地财产继续归另一个集体所有，那么这其中将没有任何其他的合法途径，而只能经过和这份财产被转手次数一样多的一次又一次的转让。相反，若这些个人联合在一起组成一个法人团体，则他们和他们的继任者在法律上将被视为一个人。而作为一个人，他们将拥有单一意志，即由这些人中的大多数人的意见汇总形成的意志。这个单一意志可以确立用以规范这个整体的规章制度，即相当于这个小社团内部的一种国内法；又或者在法人团体成立之初即可制定相应的制度法规，这些制度法规将起到自然法的作用。法人团体所拥有的特权和豁免权以及动产和不动产，一旦授予了他们，就是永久性的授予，永远无须再转让给新的继任者，因为从这个法人团体组成至今的所有个人成员，以及该团体将来的所有个人成员，在法律上都是一个人，是个永远不会死亡的人。这就好像泰晤士河的组成部分虽然每时每刻都在变化，但泰晤士河永远是同一条河流。

最早发明这类政治组织的荣誉完全属于罗马人所有。据普卢

第十八章 法人

塔克①所说,这类组织最初是由努马②引进的。努马在登基后发现整个罗马城已经被两个敌对的派系——萨宾人③和罗马人弄得四分五裂。因此他认为按不同的手工业及其他行业设立各自分开的团体从而将这两个派系再分成若干更小的部分不失为一个审慎得当的措施。这种团体的划分后来得到罗马法的极大重视④,这些团体在罗马法中被称为"*universitates*",意为由许多个人组成的一个整体;也被称为"*collegia*",取意聚集到一起。为了维持教会的秩序,教会法也采纳了这种团体划分方法,而我国的宗教法人正是源出于此。但另一方面,我国法律在努马的基础上根据英国独有的特点对其进行了相当程度的改良。尤其是仅由一个人组成的单独法人,罗马的法学家对此完全没有概念。他们的原则是"由三人组成一个法人团体"(*tres faciunt collegium*)⑤。但同时他们也认为,若一个最初由三个人组成的法人团体后被"减少到只剩一个人"(*si universitas ad unum redit*),它仍然以法人的身份存在,"其法人团体的名称仍应保留"(*et stet nomen universitatis*)⑥。

在继续讨论英国法中有关法人的几个案例之前,让我们先来看一下法人的种类。这样我们就能对它们各自的特点有更深的了解。

---

① 普卢塔克(Plutarch,约46—119年),古希腊传记作家和哲学家,著有《希腊罗马名人列传》《道德论丛》等著作。——译者
② 努马(Numa,前714—前671年),罗马传说中的七王中的第二位。——译者
③ 萨宾人(Sabines),古代意大利中部一民族,公元前3世纪被罗马征服。——译者
④ 《查士丁尼学说汇纂》(*Ff.l.3.t.4.per.tot.*)。
⑤ 同上书(*Ff.50.16.85.*)。
⑥ 同上书(*Ff.3.4.7.*)。

法人的第一种分类是将其分为法人团体和单独法人。法人团体由结合成一个团体的许多人共同组成，通过永不间断的成员更替得以维持并永远存在下去。属于法人团体的有一市的市长和下议院议员、一个学院的院长和所有成员、大教堂的教长和教堂会议成员等。单独法人是在特定情况下由一人或者他的继任者组成的法人。单独法人是依据法律设立的，目的是赋予他们一些作为自然人无法获得的法律身份和优势，尤其是永久存在这一优势。从这个意义上来说，国王是一个单独法人①，主教以及不同于教堂其他成员的教长和受俸牧师亦然。此外还包括所有牧区牧师和教堂牧师。只要我们考虑一下牧区牧师的例子就会发现设立单独法人的必要性，或者至少其实用性是显而易见的。在最初捐助设立牧区教堂时，教堂的自由保有的土地、教堂庭院、牧区牧师的住宅、教会附属地以及牧区什一税收入都是由慷慨的捐助者赠与当时的牧区牧师的，以作为他照管牧区居民灵魂的世俗报酬。捐助者的意图是，这些馈赠将继续作为以后负有同样照管责任的牧区牧师的报酬。但这种情况如何才会发生呢？自由保有的土地是被赠与牧区牧师的，若我们认定它是被赠与牧区牧师的自然身份的，那么在这位牧区牧师去世后，土地将由其继承人继承，有可能被用于偿还他生前的债务和其他负担。最好的情况也只能是他的继承人被强迫经受一些麻烦、花去一些费用，将这些财产的所有权再转让给接任的牧区牧师。有鉴于此，法律很明智地将牧区牧师及他的接任者确立为一个法人，以此确保该牧区牧师，或者说他在牧区牧师的

---

① 爱德华·柯克，《英国法学阶梯》，第一卷，第43页（Co. Litt. 43.）。

法人的身份存在着，从未出现过例外的情况，因此在法律上这类法人的设立有着强有力的依据。虽然这类法人的成员不能出示任何法律上的法人特许状作为它们存在的合法依据，但鉴于这类法人有着如此悠久的历史，因此法律认定曾经确实存在过这样的法人特许状，只不过因很长一段时间内发生的种种意外情况而遗失或遭到了毁坏。国王明确表示批准的形式通常是议会法案或特许状。在议会法案中国王的御准是必不可少的要素，凭借议会法案法人的设立就是无可置疑的[①]。但是我们也会发现，绝大部分通常被引用作为设立法人的依据的法令，其内容不是对已由国王设立的法人加以确认（如由亨利八世十年颁布的特许状设立的内科医生学会就是这样[②]，这份特许状是后来才由议会确认的[③]）就是允许国王将来设立一个法人并赋予其这样那样的权力（如英格兰银行[④]及英国渔业协会[⑤]）。由此可见设立法人的最直接的行为通常都是由国王个人利用其特权完成的[⑥]。

因此，所有设立法人的方法，包括依据普通法、国王的命令及议会法案在内，基本上都可被概括为凭借国王颁发的开封特许状或法人特许状设立。国王可用于设立法人的措辞包括"设立、建立、组建、组成"（*creamus，erigimus，fundamus，incorporamus*）诸如此类

---

① 《判例汇编》，第十卷，第 29 页（10 Rep. 29.）；《案例节录》，第一卷，第 512 页（1 Roll. Abr. 512.）。
② 《判例汇编》，第八卷，第 114 页（8 Rep. 114.）。
③ 《亨利八世十四、十五年法》，第五章（14 & 15 Hen. VIII. c. 5.）。
④ 《威廉和玛丽五、六年法》，第二十章（Stat. 5 & 6 W. & M. c. 20）。
⑤ 《乔治二世二十三年法》，第四章（Stat. 23 Geo. II. c. 4.）。
⑥ 参见原书第 263 页。

第十八章 法人

1. 根据罗马法规定,似乎仅凭设立的行为及成员的自愿联合即可设立法人。当然这样的集体不能触犯法律,否则就是非法团体(*illicitum collegium*)[①]。看来似乎君主并不需要真的对法人的设立予以批准,而只要确定这些自愿组织的友善团体(它们确实也只不过就是这样的团体)最初的创立者不会组织任何有悖于本国法律的集会即可。

而在英国,要设立任何法人,国王的批准——明示或默示的批准——都是绝对必要的。国王默示的批准通常是针对那些依据普通法而存在的法人。普通法作为由整个社会普遍达成的一致演变而成的惯例被认为已经为过去的历代国王所认可。依据普通法而存在的法人包括国王本人、所有的主教、牧区牧师、教堂牧师、教堂执事等。这些人在普通法上一直都被认为是依职权存在的法人,至少我们的所有书籍都是这样表述的。这类法人与他们的职位是如此密不可分地联系在一起,除非我们同时对法人有一个清晰的概念——法人可以将自己的权利转让给接任者,否则我们不可能对他们的个人身份形成任何完整的法律概念。另一种可被认定获得国王默示批准的方法是通过国王的命令对如伦敦市或其他许多类似的法人进行批准[②]。这类法人从人类有记忆开始就一直是以

[①] 任何地区都不得自行设立学会、学院或类似的团体。因为设立团体的许可权是由法律、议会的法案及君王的设定命令批准的(*Ff.* 47. 22. 1. *Neque societas*, *neque collegium*, *neque hujusmodi corpus passim omnibus habere conceditur*; *nam et legibus*, *et senatus consultis*, *et principalibus constitutionibus*, *ea res coercetur. Ff.* 3. 4. 1.)。

[②] 《英国法学阶梯》,第二卷,第 330 页(2 Inst. 330.)。

内的世俗之人比神职人员要多,因此很明显这两所大学不是宗教或教会法人。另一方面,虽然大学内某些特定的长官和教授可得到一定的薪俸,而不像其他的法人团体的任职官员领取的是固定的薪水,但它们也不属于慈善基金会一类的法人团体。这是因为这些长官和教授的薪俸是对他们的工作和劳动的报酬,而不仅仅是慈善捐赠,每一份薪俸都是因他们为学校服务、履行自己职责而给予的。这样看来这两所大学应该是纯粹意义上的民事法人。而慈善机构法人则是由以分发免费救济品和施舍物为目的而设立的组织的创立人和他领导下的其他成员组成的。这类慈善机构法人包括所有为穷人、病人及无劳动能力的人提供生活必需品的济贫院以及各个属于或不属于两所大学的学院①。设立这些学院的目的不外乎两个:Ⅰ.运用适当的条例和规定宣扬宗教虔诚、推动学术发展。Ⅱ.为这些团体成员提供资助以使他们能够在更轻松地保持宗教热情的同时更专注地投入学术研究。虽然所有这些慈善法人都是由教会人员组成②并且在某些方面体现出教会团体的特性,拥有的特权和受到的限制都和教会团体相同,但严格说来他们仍属于世俗法人而非教会法人。

在对法人的不同种类加以归纳后,让我们接着讨论:Ⅰ.通常而言法人是如何被设立的;Ⅱ.法人的各种权力、资格以及法人所不具备的资格;Ⅲ.法人是如何被监管的;以及Ⅳ.法人是如何被解散的。

---

① 比如曼彻斯特大学、伊顿公学、温切斯特公学。
② 《王座法院和皇家民事法院案例汇编》,第一卷,第6页(1 Lord Raym. 6.)。

身份范围内永远不会死亡,至少在现任国王在位时不会。按照法律规定,该牧区牧师所有的固有权利都完全留给了他的接任者。因此现任神职者和他700年前的前任在法律上是同一个人,任何东西在被赠与这个人的同时也就是被赠与了另一个人。

按照另一种对法人的分类方法:法人,包括单独法人和法人团体在内,都可被分为教会法人和世俗法人。教会法人的成员完全由宗教人员组成。其中的单独法人包括主教、某些教长和受俸牧师、所有的副主教、牧区牧师和教堂牧师,而现在的教长和教堂会议全体成员,以及过去的小修道院院长和所有修女、男修道院院长和所有修士等则是法人团体。教会法人是为了促进宗教发展,使教会能够永久保留它的权利而设立的。世俗法人又可分为两类,民事法人和慈善机构法人。民事法人的设立是出于各种不同的世俗目的。举例来说,国王就是出于从总体上杜绝王位出现空缺的空位期及保留王室的所有财产的目的而设立的法人,因为如我们前面讨论过的那样,国王一旦去世,他的继位者即刻完全享有国王的所有权力和尊贵地位。另外还有一些世俗法人则是为了更好地管理市镇或某一特定地区而设立的,如市长和下议院议员、副郡长和自治市议员代表等。也有为了对制造业和商业进行规范、促进其发展而设立的法人,如伦敦及其他市镇的贸易商行。另外还有一些则是为更好地达到各种不同的特殊目的而设立的法人,如为保管牧区的动产而设立的教会执事、为推动医学进步而在伦敦设立的内科医生学会和外科医生团体、为促进自然学科的发展而设立的皇家学会以及为支持古物研究而设立的古物学家协会。此外我认为牛津和剑桥两所大学也应被归入这一类法人。这两所大学

第十八章 法人

的词汇。不仅如此,普遍的观点是如果国王授予一伙人拥有商人行会(gildam mercatoriam),即组织商人会议或商人集会的权利①,那么对他们而言,藉此就足以组成一个永久性的法人②。

我们已经讨论过,议会也可以凭借它至高无上的绝对权力设立法人或采取其他任何行动。不仅如此,《伊丽莎白三十九年法》第五章的规定其实就是议会在很大程度上行使了它的权力的一个例子。该法将所有由善心人创立的济贫院和感化院都直接设立为法人,不再经其他任何繁复的程序。此外,对其他一些慈善组织议会也曾做过同样的规定。但无论如何侵犯国王特权总非寻常之举,国王若愿意可能会加以阻止。而在前述议会直接将慈善组织设立为法人的例子中,如爱德华·柯克爵士所说③,这样做的目的其实是为了使那些数目较小的捐赠可以免于支付设立法人及获得允许法人拥有不可转让的法人财产的许可证的费用。在爱德华·柯克爵士所处的年代,这笔费用是如此庞大,挫伤了很多人从事慈善事业的积极性。

国王可赋予他的臣民设立法人的权力④,虽然这与以前的观点是相悖的⑤。事实是,国王可以允许他的臣民任意提名组成法

---

① "Gild"一词在撒克逊语中意指从事相同职业的人,源自动词"gildan",意为"支付",因为团体中的每个人都会支付一部分的团体开支。而他们聚会的地方则常被称为"支付大厅"。

② 《判例汇编》,第十卷,第 30 页(10 Rep. 30.);《案例节录》,第一卷,第 513 页(1 Roll Abr. 513.)。

③ 《英国法学阶梯》,第二卷,第 722 页(2 Inst. 722.)。

④ 《布鲁克英国判例汇编摘要》,标题"特权",第 53 页(Bro. Abr. tit. Prerog. 53.);《瓦伊纳判例汇编》,标题"特权"(Viner. Prerog. 88. pl. 16.)。

⑤ 《年鉴》(Yearbook),亨利七世二年法,第 13 页(2 Hen VII. 13.)。

人的成员并决定赋予该法人的权力,但真正设立法人的仍是国王,这个臣民不过是工具。国王之所以可以这样做是因为虽然只有国王本人才能设立法人,但"通过代理人所做的事就相当于是本人做的"(qui facit per alium, facit per se)①。因此,牛津大学的校长也拥有特许状赋予的设立法人的权力。事实上当校长将现有的几个已经注册入学但地位低于学生的商人团体设立为法人时,他就是在切实行使这种权力。

一个法人在被设立时必须给它一个名称。以后这个法人提出起诉、被控告或采取任何法律行动都只能用这个名称。当然,略有一些变动无伤大雅②。法人的名称代表着这个组织的存在。虽然设立法人是出于国王的意志,但名称就像将成员联系起来的纽带上用于固定的结一样,没有名称的法人根本无法行使职能③。爱德华·柯克爵士说过,法人的名称就像人的正式名字或是洗礼名一样。因此,当某人为其个人创建的学院或济贫院命名时,他所扮演的不过是教父的角色,而国王则是那个用这个名称为该法人施洗礼的人④。

2. 在一个法人被设立并命名后,它就取得了多种权力、权利及资格,当然也有不具备的资格,接下来的讨论就此展开。这其中有些权力是密不可分地与法人联系在一起⑤,对每个法人而言都

---

① 《判例汇编》,第十卷,第33页(10 Rep. 33.)。
② 同上书,第十卷,第122页(10 Rep. 122.)。
③ 吉尔伯特,《民事诉讼法庭的历史和实践》,第182页(Gilb. Hist. C. P. 182.)。
④ 《判例汇编》,第十卷,第28页(10 Rep. 28.)。
⑤ 同上书,第十卷,第30页(10 Rep. 30.);《博学的亨利·霍巴特爵士的判例汇编》,第211页(Hob. 211.)。

是不可或缺的。这些权力无疑是在每个法人合法设立之时即默许给它的。包括：Ⅰ.保持永不中断的成员更替。这是设立法人最根本的目的，因为不设立法人就无法保证成员永久性的更替[1]。因此所有的法人团体都有默许的、不公开选举成员的权力[2]。Ⅱ.以法人的名义起诉及被起诉、控告及被控告、赠与及接受赠与，以及采取其他所有自然人皆可采取的行动。Ⅲ.购买并保留土地供其成员及其继任者使用。这后两项权力都是随第一项权力而产生的。Ⅳ.拥有公章。因为法人是一个无形的实体，无法通过人性化的动作或口头表述来阐明自己的意图，因此法人只能借助公章来采取行动和表达意愿。虽然每一位成员都可以用语言或签名来表示他们个人对任何行动的同意意见，但个人的意见对法人并没有约束力。将组成集体的个人的同意意见集中起来形成一个属于整个团体的共同意见的是加盖的印章，并且也只能是加盖的印章[3]。Ⅴ.为更好地对法人进行管理而制定章程或内部条例。这类章程或条例（除非因与法律相矛盾而无效，否则）对法人具有约束力。这种权力也被法律包括在了法人采取的每一个行动中[4]。因为正如自然主体都有天生的理性来管理一样，章程或条例就是用于管理每个政治团体的政治理性。这种通过制定不与国内法相矛盾的章程进行自我管理的权力为罗马的《十二表法》所认可[5]。但在我

---

[1] 《判例汇编》，第十卷，第 26 页（10 Rep. 26.）。
[2] 《案例节录》，第一卷，第 514 页（1 Roll. Abr. 514.）。
[3] 《爱尔兰王座法院判例汇编》，第 44、48 页（Dav. 44. 48.）。
[4] 《博学的亨利·霍巴特爵士的判例汇编》，第 211 页（Hob. 211.）。
[5] 让所有团体自行制定它们自己的法律，只要这样的法律不违背公共法律（Sodales legem quam volent；dum ne quid ex publica lege corrumpant，sibi ferunto.）。

国,除非获得大法官、财政大臣、法院院长,或者是巡回法院法官的共同许可,否则任何贸易商行都不得制定章程,因为这可能会侵犯国王的特权或损害人民的普遍利益①。以上五种权力是与每个法人紧密联系在一起,或者说至少是与每个法人团体紧密联系在一起的。之所以这样说,是因为这其中有两种权力虽然也可能会被单独法人行使,但对他们而言却并非是必不可少的,即拥有公章作为其个人同意的证明以及为规范其个人的行为而制定条例的权力。

此外还有一些特定的属于法人团体所有的特权和法人团体不具有的行为能力也是不适用于单独法人的。因为这些特权和不具备行为能力的情况存在于单独法人的合理性并不存在,其合法性自然也无从谈起。法人团体每次出现通常都是由代理人代表,因为如爱德华·柯克爵士所说②,法人团体是无形的,它无法以人的形态出现,而只能出于法律上的意图和考虑而存在。法人团体既不能助讼,也不能成为殴打罪或其他类似的人身伤害罪的被告,因为以政治团体的身份它是不可能殴打别人或遭到殴打的③。虽然法人团体的成员可以以他们个人的身份犯叛国罪、重罪或其他罪行,但作为一个法人团体而言是不可能以它的法人身份犯这些罪行的④。法人团体也无法受到对叛国者或重罪犯进行的惩罚,因为它既不能接受体罚,也不能被剥夺公权、没收财产或

---

① 《亨利七世十九年法》,第七章(Stat. 19 Hen. VII. c. 7.)。
② 《判例汇编》,第十卷,第 32 页(10 Rep. 32.)。
③ 《布鲁克英国判例汇编摘要》,标题"法人",第 63 页(Bro. Abr. tit. Corporation 63.)。
④ 《判例汇编》,第十卷,第 32 页(10 Rep. 32.)。

血统败坏①。法人团体不能做遗嘱执行人或财产监管人,也不能履行任何个人义务,因为它无法进行正当履行职责的宣誓。法人团体不能作为受托人,因为这样的信托与其组织的目的是格格不入的;它也不能被强迫履行这类职责,因为它无法被捕入狱②——既然它的存在也只是观念中的,自然也没有任何人能逮捕或拘押它。因此同样的,法人团体亦无法被剥夺公民权,因为剥夺公民权通常意味着一方有实施逮捕的先行权,而这种权力的行使因另一方潜逃而受到阻挠,而潜逃同样也是法人团体不可能做得到的。因此,强迫法人团体由代理人代表在任何案件的审理中出庭的诉讼程序通常都是通过扣押法人团体的土地和动产来加以执行的③。法人团体也不能被逐出教会,因为正如爱德华·柯克爵士曾严肃指出的那样④,法人团体并没有灵魂。也正是由于同样的原因,法人团体也不会因任何理由而受到宗教法庭的传唤,因为这些法庭审理案件的目的只能是"为保持灵魂的虔诚"(pro salute animae),他们的判决也只能通过宗教上的责难来执行。这一情况只要被加以充分的考虑,凭此就足以表明宗教法庭干涉任何世俗权力的行为是多么的不恰当。

除此之外还存在着一些属某一类法人特有而其他法人没有的附属于财产的权利及权力。法人团体可以拥有动产供现任成员和

---

① 罗马法还规定,在法人团体有任何不当行为时,团体的领导人只能以其个人的身份,而非法人团体的身份承担相应的责任(Ff.4.3.15.)。
② 埃德蒙·普洛登,《判例注释和汇编》,第538页(Plowd.538.)。
③ 《布鲁克英国判例汇编摘要》,标题"法人"(Bro. Abr. tit. Corporation II.),标题"逐出法外"(Outlawry.72.)。
④ 《判例汇编》,第十卷,第32页(10 Rep.32.)。

继任者使用,而单独法人则不可以①。这是因为可移动的财产极易遗失或被盗用,这将在现任者和继任者之间引发无尽的纠纷,对此法律是严加防范的。对教会法人或慈善机构法人而言,国王或创办者会为它们制定各种规则、法律、条例及法规,对此它们必须遵守。而出于民事目的设立的纯粹的世俗法人则无须服从任何特定的制定法,只须遵守普通法及它们自己制定的不违背本国法律的章程即可②。此外,法人团体只要在其组织结构中设有诸如教长、院长等的领导人职位,那么在领导人职位出现空缺时,该法人团体除了任命新领导人外,不得采取任何行动。彼时它也没有资格接受赠与,因为这样的法人团体在没有领导人的情况下是不完整的③。但也有法人团体在设立时就没有领导人的情况④,如在诺丁汉郡地区集体组织的教堂就全由受俸牧师组成,再如伦敦卡尔特修道院的众多管理者,他们都拥有同等的权力,没有谁是主持工作或地位高于其他人的。此外,法人团体中大多数成员的行动即被认为是团体的整体行动⑤。根据罗马法规定,大多数成员应包括全体成员的2/3,否则不能采取任何行动⑥。这也可能是罗马法要求至少3个人才能组成法人团体的原因之一。不过在我国,只要任意多数即足以决定整个团体的行动。但另一方面,虽然法律

---

① 爱德华·柯克,《英国法学阶梯》,第一卷,第46页(Co. Litt. 46.)。
② 《王座法院和皇家民事法院案例汇编》,第8页(Lord Raym. 8.)。
③ 《英国法学阶梯》,第一卷,第263、264页(Co. Litt. 263,264.)。
④ 《判例汇编》,第十卷,第30页(10 Rep. 30.)。
⑤ 《布鲁克英国判例汇编摘要》,标题"法人",第31、34页(Bro. Abr. tit. Corporation. 31,34.)。
⑥ 《查士丁尼学说汇纂》(Ff. 3.4.3)。

第十八章　法人

如此规定,但某些法人团体的创办者却制定了藐视普通法的章程条例,经常规定法人团体要采取任何行动必须得到全体成员的一致同意。而对亨利八世而言这是他实施获取教会法人放弃的土地的计划的极大障碍。因此《亨利八世三十三年法》第二十七章规定所有私自制定的章程条例都应被彻底废止。因为这些条例的存在,法人团体的领导人在获得团体多数成员同意的情况下进行的任何赠与或选举活动都有可能遭到一个或作为少数派的几个成员的阻挠。但这部法律所指的少数意见并不包括法人团体创建者向领导人提出的否定的或必要的意见。

我们之前已经谈到过,为团体成员和他们的继任者购买土地是每个法人团体设立之初即有的资格之一。这一点在普通法上确实没错[1]。但法人团体这种身份并不为《遗嘱法》所认可[2],因此《伊丽莎白四十三年法》第四章规定[3],除非用于慈善活动,否则任何订立遗嘱向法人团体遗赠土地的行为都是无效的。不仅如此,根据众多不同的法律的规定[4],甚至连法人团体从在世的让与人手中购买土地的特权也已被极大地削弱了。因此,现在任何法人团体,无论是教会法人还是世俗法人,在其利用普通法赋予它们的购买土地的资格前必须先从国王处取得购买许可证[5]。不仅如

---

[1] 《判例汇编》,第十卷,第 30 页(10 Rep. 30.)。
[2] 《亨利八世三十四年法》,第五章(34 Hen. VIII. c. 5.)。
[3] 《博学的亨利·霍巴特爵士的判例汇编》,第 136 页(Hob. 136.)。
[4] 从《大宪章》(magna carta)、《亨利三世九年法》第三十六章(9 Hen. III. c. 36.)到《乔治二世九年法》第三十六章(9 Geo. II. c. 36.)。
[5] 根据罗马法规定,法人团体没有拥有土地的资格,除非是获得了皇帝授予的特权。"毫无疑问,若没有特权,团体是不能继承财产的。"(Cod. 6.24.8.)

此,如今在许多情况下仅凭国王的许可证也已不足以使它们有资格购买任何土地。这些法律通常被统称为《土地死手保有法》(statute of mortmain)①,而法人团体进行的所有购买活动都被认为是购买不可转让的法人财产,或者说是在已死的人手中(in mortua manu)。对于为何会得此称呼的原因,爱德华·柯克爵士曾进行过很多推测②,而其中有一条看来似乎比他给出的其他推测的可能性要大的多。那就是,此类购买行为通常都是由教会团体作出的,而教会团体的成员在表明宗教信仰后即被认为在法律上已经死亡,因此他们拥有的土地自然就会被当成是属于在已死的人手中(in mortua manu)所有的。

此处我暂时先不对这些不可转让法人财产的法令的内容作详细解释,留待本书第二卷讨论不动产的性质和保有时再进行深入的探讨。而且我也不准备过多解释伊丽莎白女王颁布的限制教会法人和慈善机构法人转让其合法拥有的土地的法律。我仅在此提一下这些法律,作为法人团体设立之初即不具备的与之相关的各种资格的内容,这完全是出于条理性的考虑。

所有政治团体以它们法人团体的身份而必须履行的各种义务,和自然人应履行的各种义务一样,都可被概括为一项义务。对法人团体而言,就是遵循创立者当初设立它们的目的和意图(无论是什么目的和意图)行事。

3. 接下来我将探讨的是对这些法人进行监管的方法。法人

---

① 土地死手保有是指土地占有的一种状态,土地一旦被法人团体所购买,便不能再进行转让。——译者

② 《英国法学阶梯》,第一卷,第 2 页(1 Inst. 2.)。

是由个人组成的,因此在法人身上无可避免地会存在人性的弱点。和个人一样,法人也很可能会偏离当初设立它们的目的。因此法律对任何法人,无论是单独法人还是法人团体、教会法人、民事法人还是慈善机构法人,都规定了适当的人选对它们所有不合常规的行为进行监管、调查和纠正。对所有的教会法人而言,宗教推事就是它们的监管人。这一制度是教会法制定的,并且从制定伊始就一直被我国采纳。过去教皇是最高宗教推事,现在这一职责则由国王担当。作为最高宗教推事,国王是所有大主教及都主教的监管人。而都主教则负责监管所有协助他管理教区的副主教,其监管行为对他们具有强制力。至于主教,在他们各自的主教管区内是所有教长和教堂会议成员、所有牧区牧师和教堂牧师以及其他所有教会法人的监管人。而对于所有世俗法人而言,无论是民事法人还是慈善机构法人,它的设立人、创办者的继承人或由设立人所指定的人就是它的监管人。因为对世俗法人宗教推事既不能也不应进行监管①。

诚然,一般认为民事法人除本国普通法外不会受到来自其他方面的监管,在此我有必要解释一下这个问题。但首先,既然我前面已提到这样一条原则,即所有世俗法人的设立人、设立人的继承人或由设立人所指定的人就是它的监管人,那么我们理当先探讨一下究竟何为设立人。任何法人团体的设立人,从最严格、最基本的意义上来说,都只能是国王一个人,因为只有国王能设立团体。对那些不拥有所有物也不接受捐助的民事法人,如市长和大众团

---

① 《判例汇编》,第十卷,第 31 页(10 Rep. 31.)。

体而言，就只有国王才是它们的设立人。但对会得到土地捐助的慈善机构法人，如学院或济贫院而言，法律又将这类法人的设立基础作了两层不同含义的区分。其一是设立(*fundatio incipiens*)，侧重于法人团体的设立，从这个意义上说，国王是所有学院和济贫院一般意义上的设立人。另一层含义则是捐助(*fundatio perficiens*)，侧重于对法人团体进行捐赠，从这个意义上说，法人团体的设立应以其接受第一笔团体收入的捐助为准，而进行捐助的人即是该团体法律意义上的创办者①。而我们通常称某人为一所学院或济贫院的创办者正是基于后一种情况。但在此种情况下国王仍享有特权。若国王与另一个个人共同捐助设立了一个慈善机构法人，则只有国王一个人被视为该法人团体的创办者。简言之，国王是所有民事法人唯一的设立人，而所有慈善机构法人的捐助者即是捐赠创办者。根据我刚才所说的原则，对前者进行监管的权力属国王所有，而对后者进行监管的权力则属它的资助者或捐助者所有。

国王作为法律授权的所有民事法人的监管人，还由法律指定了行使这一管辖权的场所，即王座法院。所有民事法人的不端行为都应由，也只能由王座法院进行调查，在王座法院寻求救济并对双方的争辩进行裁决。这就是我所理解的，我们的法学家所说的民事法人不会受到监管的含义。那就是，法律依据年代久远的惯例指定它们的设立人国王陛下在他的王座法院对它们进行监管和审查。根据普通法的规定，它们既不能在其他场所，也不能由其他机构进行监管。不仅如此，由于这条规定是如此严格，所以虽然国

---

① 《判例汇编》，第十卷，第33页(10 Rep. 33.)。

王曾颁布开封特许状使内科医生学会接受四位德高望重的人士，即大法官、两位首席法官和财政大臣的监管，并且学会也以全然顺从的态度接受了这一规定并在近一个世纪的时间里一直遵循这一规定行事，但在1735年，这一规定的权威性仍然受到了质疑。在一次向据信是监管人的这四位提出的上诉中，此四人认为对他们所受任命的合法性应加以讨论。由于学会是纯粹的民事法人而非慈善机构法人，所以他们在经过几天严肃的辩论后最终认定他们没有作为监管人的管辖权。最后他们将这一上诉（如果确实是权利受到了侵害）移交给了其通常寻求救济的地方——国王陛下的王座法院。

对慈善机构法人而言，创办者及其继承人因对法人进行捐赠而享有作为法定监管人的一般权利。亦即，对这些本来可归监管人自己使用，现在却被他捐赠出去的财物，监管人有权确保接受捐赠的法人对之加以合理的利用。但若创办者指定委托另一个人担任监管人的话，则被指定的受托人拥有创办者拥有的所有权力，不必受创办者的继承人的干涉。慈善机构法人主要包括济贫院及大学内的学院。对这些法人进行监管在天主教神职人员看来完全属教会的管辖权限范围内。然而，本国的法律的规定却并非如此。就济贫院而言，长期以来的观点是[①]，由教会创办的济贫院应由主教监管，而世俗济贫院则由资助来监管。事实上，世俗捐助者的监管权曾被《亨利五世二年法》第一章削弱，该法规定，任何臣民创

---

① 《年鉴》(Yearbook)，爱德华三世八年法，第28页(8 Edw. III. 28.)；《巡回法院案例汇编与王座法院答辩》，第八卷，第29页(8 Ass. 29.)。

办的济贫院都应由宗教推事进行监管,但同时国王仍保留派遣特派官员对王室创办的济贫院进行监管的权力。但《伊丽莎白十四年法》第五章又部分恢复了臣民的这一权力。该法规定主教仅有权对那些创办者没有指定监管人的济贫院进行监管。此外所有根据《伊丽莎白三十九年法》第五章的规定,创办的济贫院都应由它们各自的创办者所任命的监管人实施监管。但若创办者未曾指定监管人,则主教辖区的主教必须负责对之进行监管①。

  无论普通法过去或现在是如何规定的,大学里的学院在过去负责对他们进行管理的天主教神职人员看来,毫无疑问是属于教会或至少是教权的法人团体。主教辖区的宗教推事也正是藉此宣称他有权对这些学院进行监管。其实宗教推事的这种权力再清楚不过了,因为在许多最为古老的学院里,若创办者有自行任命监管人对之进行监管的想法,都必须先取得教皇的诏书以使这些学院免受宗教推事的监管。这些诏书中有一部分时至今日仍保留在这些学院各自的档案里。同时,我有理由相信,在我们大学中有一个学院根本就没有经学院章程任命的特定的监管人,而是自古以来就一直是由过去由牛津大学组成的主教辖区的主教在对这所学院行使监管权。因此主教的介入的依据只可能是将该学院视为众多宗教团体中的一个,并以其所谓的"宗教推事"的头衔来监管这个学院。同样,剑桥大学的若干学院至今仍由伊里的主教负责监管部分是出于同样的缘由也是不无可能的。

  但无论神职人员过去持何种观念,所有的学院即使有时完全

---

① 《英国法学阶梯》,第二卷,第725页(2 Inst. 725.)。

由教会人员组成,仍然属于世俗法人团体,这一点已被确立为普通法的成文规定。而监管权也不是基于任何教会法的原则,相反无可否认地是由普通法确定的[1]。但普通法对监管者的具体职权和管辖权限的规定是如此模糊,以至于这一准则直到威廉国王统治的第六年发生著名的菲利浦和布利事件之前一直都未被明确地确定下来[2]。这一案件中的关键问题是爱塞特的主教作为爱塞特学院的监管者撤销布利博士的院长职务的判决是否可由王座法院进行审查并寻求救济。王座法院三位低级法官的观点是,王座法院理应对此进行复审,因为监管人的管辖权亦属于普通法的管辖范围,于是王座法院作出了这样的判决。但首席法官霍尔特先生[3]却持相反的观点,他认为:根据普通法的规定,监管人的职责是依据学院章程进行判断、在有正当理由的前提下将某人逐出学院或剥夺某人的学院职务及依程序听取上诉。而受损害的一方应在监管人那里并且也只能在监管人那里寻求救济。既然学院的创办者给予监管人完全的信任,相信他会毫无偏袒地主持公道,那么监管人的裁决就理应是终局的,不应再接受任何法院的复审。鉴于此,一份纠正错误令状被递送至上议院,议员们同意约翰·霍尔特的意见并驳回了王座法院的判决。此例一开,其后所有的裁决都与

---

[1] 《王座法院和皇家民事法院案例汇编》,第 8 页(Lord Raym. 8.)。

[2] 同上书,第 5 页(Lord Raym. 5.);《现代英国王座法院判例汇编》,第四卷,第 106 页(4 Mod. 106.);《肖沃判例汇编》,第 35 页(Shower. 35.);《斯金纳王座法院判例汇编》,第 407 页(Skinn. 407.);《索尔克尔德王座法院判例汇编》,第 403 页(Salk. 403.);《卡休王座法院判例汇编》,第 180 页(Carthew. 180.)。

[3] 约翰·霍尔特(John Holt,1642—1710 年),英国法学家,曾任王座法院首席法官。——译者

之保持一致。但在监管人暂时无法履行职责时,王座法院就会介入,以免公道受损。因此虽然切斯特的主教是曼彻斯特学院的监管人,但若他同时又担任学院院长一职,则法院将认定他的职权因同时兼任着两个职位而暂时中止。随后法院向他作为院长的身份发布强制性命令书,要求他将学院教士的资格授予别人①。另一项规定则是②在慈善机构法人的创办者指定一位监管人并利用学院规则和章程对他的管辖权进行限制的情况下,若该监管人的裁决逾越了规则的限制,则他将遭到起诉。但若他是在职权范围之内的事务处理上犯了错误,则不会被起诉。

4. 现在我们将讨论最后一个内容,即解散法人的方法。法人团体中的任何成员都可能因任何违反团体章程或本国法律的行为而被剥夺在团体内的权力或失去团体内的职务,当然成员也可出于自愿而离开团体③。而法人团体本身也可能由几种方式解散,这种解散被看作是法人在民事上的死亡。在此种情况下,法人团体所有的土地和财产都应归还当初向团体进行赠与的个人或他的继承人。因为法律其实对每一个赠与行为都附带了一个条件,那就是一旦团体被解散,赠与者应重新得回土地,因为当初进行赠与的理由现在已不复存在了④。赠与行为实际上只在法人团体存在期间有效。这种存在可能会永远持续下去,但是一旦因团体的解散而使这种存在中止,则和其他所有在受赠者有生之年有效的馈

---

① 约翰·斯特兰奇,《既决案例汇编》,第 797 页(Stra. 797.)。
② 《爱德华·拉特维奇判例汇编》,第二卷,第 1566 页(2 Lutw. 1566.)。
③ 《判例汇编》,第十一卷,第 98 页(11 Rep. 98.)。
④ 爱德华·柯克,《英国法学阶梯》,第一卷,第 13 页(Co. Litt. 13.)。

赠行为一样,赠与者应重新得回他馈赠的财产。由此可见,那些将修道院解散后留下的土地都归亨利八世,而非赠与者继承人所有的法令,对个人及公共权利的伤害是多么巨大。在法人团体解散时,它所有的债权和债务将全部失效,此后团体成员以他们自然人的身份不能收回团体的债权,也不会因团体的债务而被起诉[①]。这与罗马法的原则相一致[②]:"属于团体的债权并不属于任何成员个人;同样,成员个人也无须对团体的债务负责"(*si quid universitati debetur, singulis non debetur; nec, quod debet universitas, singuli debent*)。

法人可以以下几种方式解散:Ⅰ.通过议会法案解散,这种法案在行使权力时是不受限制的;Ⅱ.法人团体的所有成员都已自然死亡;Ⅲ.法人向国王交出法人的特权,这相当于法人的自杀行为;Ⅳ.因法人有疏失或滥用特权的行为而没收当初设立法人时颁发给它的特许状。因为此类情况下法律认定该团体已破坏了当初设立它的条件,因而其法人身份已不再有效。解散法人的一般程序是颁布资格审查令状(*quo warranto*),查明法人团体的成员究竟是凭借何种授权来行使权力的,然后经这样或那样的法律程序将这种授权收回。在查理国王及詹姆斯二世统治时期,法律为了政府的利益而采取的此类措施,尤其是收回伦敦市的特许状的行为,虽然从严格的法律意义上说其程序或许是非常合乎规范的,但仍

---

① 《莱文兹英国王座法院与民诉法院判例汇编》,第一卷,第 237 页(1 Lev. 237.)。

② 《查士丁尼学说汇纂》(*Ff*. 3.4.7.)。

极大地触犯了众怒。而现在则规定[1],任何理由都不足以导致伦敦市的特许状被没收。不仅如此,若一市市长或首脑不是在特许状上指定的日期经正当程序选举出来或是由国王的命令任命的话,依据普通法该法人应被解散。鉴于此,现在又规定[2],为国家的前途计,任何法人都不得因此被解散。而且若一市未在特许状规定的日期或国王命令的日期举行选举或选举无效,还必须对该市进行任命新首脑的详尽指导。

---

[1] 《威廉和玛丽二年法》,第八章(Stat. 2 W. & M. c. 8.)。
[2] 《乔治一世二年法》,第四章(Stat. II Geo. I. c. 4.)。

古代英国王系一览*

撒克逊及丹麦系　　　　　　　　　　　　　　　**在位时间**

Egbert	埃格伯特	802—839
Ethewulf	埃塞沃尔夫,埃格伯特之子	839—855
Ethebald	埃塞巴德,埃塞沃尔夫之子	855—860
Ethebert	埃塞伯特,埃塞沃尔夫之次子	860—866
Ethelred	埃塞雷德,埃塞沃尔夫之三子	866—871
Alfred	阿尔弗烈德,埃塞沃尔夫之幼子	871—899
Edward the elder	老爱德华,阿尔弗烈德之子	899—924
Alfweard	埃尔夫维尔德,爱德华之次子	924—924
Athelstan	埃瑟尔斯坦,爱德华之子	924—940
Edmund I	埃德蒙一世,爱德华之三子	940—946
Edred	伊德雷德,爱德华之四子	946—955
Edwy	埃德威格,埃德蒙之子	955—959
Edgar	埃德加,埃德蒙之次子	959—975
Edward	爱德华,埃德加之子	975—978
Ethelred	爱塞雷德,埃德加之次子	978—1016
Edmund II	埃德蒙二世,爱塞雷德之子	1016—1016
Canut	卡纽特,丹麦王	1016—1035
Harold I	哈罗德一世,卡纽特之子	1035—1040

* 本部分内容由译者编制。译者在编制时参考了伊·勒·伍德沃德的《英国简史》一书附录的内容。——译者

Hardicanute	哈迪卡纽特，卡纽特之次子	1040—1042
Edward the Confessor	忏悔者爱德华，爱塞雷德之子	1042—1066
Harold II	哈罗德二世，最后的撒克逊系王	1066—1066

诺曼底王朝   在位时间

William I	威廉一世（即威廉·诺曼）	1066—1087
William II	威廉二世（即"红脸威廉"），威廉一世之三子	1087—1100
Henry I	亨利一世，威廉三世之幼子	1100—1135
Stephen of Blois	布鲁瓦的斯蒂芬，威廉一世之女阿德莉西娅之子	1135—1154

金雀花（或安茹）王朝   在位时间

Henry II	亨利二世，亨利一世之女玛德之子	1154—1189
Richard I	理查一世，亨利二世之子	1189—1199
John	约翰，亨利二世之幼子	1199—1216
Henry III	亨利三世，约翰之子	1216—1272
Edward I	爱德华一世，亨利三世之子	1272—1307
Edward II	爱德华二世，爱德华一世之子	1307—1327
Edward III	爱德华三世，爱德华二世之子	1327—1377
Richard II	理查二世，爱德华三世之孙	1377—1399

兰开斯特王朝   在位时间

Henry IV	亨利四世，爱德华三世之孙，兰开斯特公爵冈特的约翰之子	1399—1413
Henry V	亨利五世，亨利四世之子	1413—1422
Henry VI	亨利六世，亨利五世之子	1422—1461

约克王朝 在位时间

Edward IV	爱德华四世,爱德华三世之曾孙,约克公爵之子	1461—1483
Edward V	爱德华五世,爱德华四世之子	1483—1483
Richard III	理查三世,爱德华三世之弟	1483—1485

都铎王朝 在位时间

Henry VII	亨利七世,爱德华三世之子冈特的约翰的外孙	1485—1509
Henry VIII	亨利八世,亨利七世之子	1509—1547
Edward VI	爱德华六世,亨利八世之子	1547—1553
Mary I	玛丽一世,亨利八世之女	1553—1558
Elizabeth I	伊丽莎白一世,亨利八世之次女	1558—1603

斯图亚特王朝 在位时间

James I	詹姆斯一世,亨利七世长女玛格丽特之孙	1603—1625
Charles I	查理一世,詹姆斯一世之子	1625—1649

共和政体时期 在位时间

Oliber Cromwell	奥利弗·克伦威尔	1653—1658
Richard Cromwell	理查·克伦威尔	1658—1659

斯图亚特王朝 在位时间

Charles II	查理二世,查理一世之子	1660—1685
James II	詹姆斯二世,查理一世之次子	1685—1688
William III	威廉三世,查理一世之外孙	1689—1702

and Mary II	和玛丽二世，詹姆斯二世之女	1689—1694
Ann	安妮，詹姆斯二世之次女	1702—1714

汉诺威王朝   **在位时间**

George I	乔治一世，詹姆斯一世孙女索菲娅之子	1714—1727
George II	乔治二世，乔治一世之子	1727—1760
George III	乔治三世，乔治二世之子	1760—1820

人名译名对照表[*]

A

Adelicia 阿德莉西娅
Aeschines 埃斯基涅斯
Ahab 亚哈
Albertus Magnsus 阿尔贝图斯·马格努斯
Alexander 亚历山大
Alfred 阿尔弗烈德
Alonzo X 阿龙佐十世
Alvarez 阿尔瓦雷斯
Amalfi 阿马尔菲
Andrew Horne 安德鲁·霍恩
Ann Boleyn 安妮·博琳
Anselm 安塞姆
Anthony 安东尼
Athelstan 亚瑟尔斯坦
Arthur 亚瑟
Atticus 阿提库斯
Aulus Gellius 阿鲁斯·基利乌斯

B

Barbeyrac 巴贝拉克

Beaufort 博福特
Betts 贝茨
Bologna 博洛尼亚
Boniface 卜尼法斯
Bracton 布雷克顿
Buckler 布克勒
Burleigh 伯利
Burn 伯恩
Bury 布利
Britton 布利顿

C

Caesar 恺撒
Caligula 卡利古拉
Calvin 凯尔文
Canute 卡纽特
Capitolinus 卡普脱利努斯
Caracalla 卡拉卡拉
Cassius 卡修斯
Catherine Swinford 凯瑟琳·斯温福德
Child 查尔德

---

[*] 本表由译者编制。——译者

Christopher St. Germain　克里斯托弗·圣·吉尔曼
Cicero　西塞罗
Clarendon　克拉伦登
Clement　克莱门特
Clotharius　克洛塔尔
Coberbach　康伯巴赫
Commodus　康茂德
Cowel　考威尔
Croke　科洛克

D

Dalton　多尔顿
David Hume　大卫·休谟
David Wilkins　大卫·威尔金斯

E

Edric　埃德利克
Edgar Atheling　埃德加·亚瑟林
Edmond Mortimer　爱德蒙·莫蒂默
Edmond Plowden　埃德蒙·普洛登
Edmond Prideaux　埃德蒙·普利迪克斯
Edmundus　埃德蒙德
Edred　伊德雷德
Edric　埃德利克
Edward Bulstrode　爱德华·布尔斯鸠德
Edward Coke　爱德华·柯克
Edward Lutwyche　爱德华·拉特维奇
Edward Poyings　爱德华·波伊宁斯

Egbert　埃格伯特
Eleanor　埃莉诺
Ellesmere　埃尔斯米尔
Ethelbert　埃瑟尔伯特
Ethelstane　埃瑟尔斯坦
Evans　埃文斯

F

Ferdinando　费迪南德
Festus　费斯图思
Fitzherbert　菲茨赫伯特
Flaminian　弗拉明尼安
Fleetwood　弗利沃德
Francis Moore　弗朗西斯·莫尔
Francis Sandford　弗朗西斯·桑德弗德
Frederick　弗雷德里克

G

Gaius Ceasar　盖尤斯·恺撒
Geoffry　杰弗里
George Croke Knight　乔治·克罗克·奈特
George Nevile　乔治·内维尔
George Villiers　乔治·威利亚斯
Gervase of Canterbury　坎特伯雷的杰拉斯
Gervace of Tilbury　蒂尔伯里的吉维斯
Gibson　吉布森
Gilbert　吉尔伯特
Glady　格雷迪

Glanvil 格兰维尔
Goldast 格尔达斯特
Good 古德
Gratian 格拉提安
Gravina 格拉维纳
Gregorious 格列戈利尤斯
Grotius 格劳秀斯
Grogory 格列高利
Gruiscard 格鲁伊斯卡德
Gustavus Adolphus 古斯塔夫斯·阿道弗斯

H

Hadrian 哈德良
Harbottle Grimston 赫伯特·格林斯顿
Hardicanute 哈迪卡纽特
Halley 哈雷
Harley 哈利
Henry of Bolinbroke 亨利·博林布鲁克
Henry Chichele 亨利·彻切利
Henry Finch 亨利·芬奇
Henry Hobart 亨利·霍巴特
Henrietta Maria 亨利埃塔·玛丽娅
Henry Plantagent 亨利·金雀花
Henry Rolle 亨利·罗尔
Hermogenes 海默基尼斯
Higgs 希格斯
Honorius 洪诺留
Hugh Spencer 休·斯宾塞
Humphry 翰弗瑞

Hyde 海德

I

Ina 伊那
Ingulphi 印古尔菲
Innocent IV 英诺森四世
Isabel 伊莎贝尔

J

Jean Domat 让·多玛
Jehu 耶户
Jenkins 詹金斯
Joan Sarisburiens 琼·塞若斯必瑞斯
Joannis Andreae 约翰·安德伦
John Beaumont 约翰·博蒙特
John De Stanley 约翰·德·斯坦利
John Fitz-Gibbons 约翰·菲茨-吉本斯
John Fortescue 福蒂斯丘
John·Holt 约翰·霍尔特
John Hotham 约翰·霍桑
John Mason 约翰·梅森
John of Gant 冈特的约翰
John Prisot 约翰·普利梭特
John Strange 约翰·斯特兰奇
John Vaughan 约翰·沃恩
Julian 尤利安
Julianus 尤利安努斯
Justinian 查士丁尼

L

Lambarde 兰巴德

Lewellin ap Jorweth　莱维林·乔威斯
Leonard　伦纳德
Lettou　利透
Lionel　莱昂内尔
Littleton　利特尔顿
Livy　李维
Locke　洛克
Louisa　路易莎

M

Machlinia　马克利尼亚
Macrinus　马克里努斯
Malcolm　马尔科姆
Manley　曼利
Margaret　玛格丽特
Marius　马略
Matilda　马蒂尔达
Matthew Hale　马修·黑尔
Maud　玛德
Michael Foster　迈克尔·福斯特

N

Navarre　纳瓦拉
Neleus　内鲁斯
Nestor　内斯托
Nicholas　尼古拉斯

O

Offa　奥发
Orange　奥伦治
Ossory　奥索雷

Otho　奥索
Othobon　奥索蓬
Owen Tudor　欧文·都铎
Owen ap Meredith ap Theodore　欧文·玛利迪斯·都铎

P

Papinian　帕比尼安
Papirius　帕比利乌斯
Paulus　保罗
Philip　菲利普
Phillips　菲利普斯
Philippa　费拉帕
Plutarch　普卢塔克
Polydor Vergil　波利多尔·弗吉尔
Pompeius　庞培
Pontefract　彭迪弗克特
Pymme　皮姆

Q

Quintus Mutius Scaevola　昆图斯·慕迪乌斯·斯凯沃拉

R

Robert　罗贝尔
Robert Foley　罗伯特·福莱
Robert Lowth　罗伯特·洛斯
Robert Sanderson　罗伯特·桑德森
Robert Vere　罗伯特·威利
Roberto de Icard　罗伯特·德·艾卡德
Rog Bacon　罗格·培根

Roger Hoveden　罗杰·霍夫顿
Roger Twysden　罗杰·泰斯登
Ronulplus Cestrensis　罗努普鲁斯·塞斯特利西斯

S

Saladine　萨拉丁
Salkeld　索尔克尔德
Samuel von Puffendorf　塞缪尔·普芬道夫
Sands　桑兹
Schardelow　舒德勒
Scobell　斯科贝尔
Selden　塞尔登
Servius Tullius　塞尔维乌斯·图利乌斯
Sherlock　夏洛克
Simmonds Dewes　西蒙兹·德埃维斯
Skipwith　斯奇朴维斯
Solomon　所罗门
Sophia　索菲娅
Spelman　斯佩尔曼
Spenser Compton　斯宾塞·康普顿
St. Ferdinand　圣·费迪南
Stafford　斯塔福德
Stephen Langton　斯蒂芬·朗顿
Stenphen of Blois　布鲁瓦的斯蒂芬
Stiernhöök　斯蒂恩胡克
Sulla　苏拉
Sulpicius Servius　塞维尤斯·苏尔皮西乌斯

T

Tacitus　塔西佗
Talbot　塔尔伯特
Tarrant　塔兰特
Taylor　泰勒
Theobald　西奥博尔德
Theodosius　狄奥多西
Thermus　瑟姆斯
Thomas Carte　托马斯·卡特
Thomas Lorge　托马斯·洛奇
Thomas Smith　托马斯·史密斯
Thomas Walsinghan　托马斯·沃尔辛厄姆
Tribonia　特里波尼
Tully　图利

U

Urban　乌尔班
Ulpain　乌尔比安

V

Vacarius　瓦卡里乌斯
Van Bynkershoek　范·宾克肖克
Van Leeuwen　范·利文
Viner　瓦伊纳

W

Walter　沃尔特
West　韦斯特
Whalley　威利
Wigmore　维格莫尔
William Aldred　威廉·阿尔德雷德

William Camden 威廉·卡姆登
William Dugdale 威廉·达格代尔
William Hawkins 威廉·霍金斯
William of Malmsbury 马姆斯伯里的威廉
William of Newbury 纽伯里的威廉
William Peere Williams 威廉·皮尔·威廉斯
William Prynne 威廉·普林
William Temple 威廉·坦普尔
William the Norman 威廉·诺曼

译后记

经过我们两位译者利用一年零三个月的业余时间来翻译,《英国法释义》第一卷的译稿终于完成了。在此谨对向我们提供过帮助、支持和鼓励的师长、同学和朋友致以最真挚的感谢。首先要感谢的是何勤华教授、李秀清老师和周伟文老师,没有何勤华教授对我们的支持,很可能就不会有本书中文版的面世,李老师和周老师也一直在关心和鼓励本书的翻译工作。在翻译过程中,我们还得到了许多同窗好友的倾力支持:梅益峰和徐震宇通读了本书的翻译初稿,并提出了不少建设性的宝贵意见,梅益峰和徐文炯还帮助我们进行了部分文稿的电脑输入工作,吴旭阳和朱剑锋也向我们提供了不少帮助,在此一并致谢。在一年多的时间里,我们两位译者的父母始终在默默支持我们的工作,但对他们的感激之情则是无法用语言表达的。

翻译一本名著对译者的学识、体力和毅力是一种很大的挑战,但翻译完成的作品却是译者最大的欣慰。过去一年多的艰辛工作换来的是:一本对世界法制史有着深远影响的巨著被介绍到了中国,所以译者坚信其所付出的种种艰辛和努力都是值得的。当然,虽然译者在工作过程中已尽了最大努力翻译这部巨著,但谬误可能还是在所难免,望广大读者不吝批评指正。

译后记

本书中文版是依据1765年在牛津克拉伦登出版社出版的《英国法释义》一书第一版影印本来翻译的，该影印本由美国芝加哥大学出版社于1979年出版。

本书中译稿于2004年6月翻译完成，2006年9月由上海人民出版社出版。2019年初，商务印书馆联系我们两位译者，希望再次出版本书。因此，我们对原文的注释又进行了修订，此修订工作主要由同济大学的研究生高媛女士完成，我的大学同学梅益峰也给予了很多帮助，在此一并致谢。

2003年翻译此书时，我们两位译者，一位是华东政法学院研究生，一位是上海外国语大学本科生。十多年过后，我们已经变成了金融领域和知识产权法律实务领域的从业者，虽然我们已经远离了法律史的学术工作，但遥想当年艰苦的翻译和校对工作，仍然觉得十分值得。

游云庭　缪苗

初稿于2004年6月30日

修订于2019年12月

图书在版编目(CIP)数据

英国法释义.第1卷,论人之权利/(英)威廉·布莱克斯通著;游云庭,缪苗译.—北京:商务印书馆,2023
(法哲学名著译丛)
ISBN 978-7-100-21935-8

Ⅰ.①英… Ⅱ.①威…②游…③缪… Ⅲ.①法律—研究—英国 Ⅳ.①D956.1

中国版本图书馆CIP数据核字(2022)第256312号

权利保留,侵权必究。

法哲学名著译丛

英国法释义

第一卷

论人之权利

〔英〕威廉·布莱克斯通 著

游云庭 缪苗 译

商 务 印 书 馆 出 版
(北京王府井大街36号 邮政编码100710)
商 务 印 书 馆 发 行
北京艺辉伊航图文有限公司印刷
ISBN 978-7-100-21935-8

2023年5月第1版　　开本880×1230 1/32
2023年5月北京第1次印刷　印张19½
定价:120.00元